Pierre Riché · Die Karolinger

Pierre Riché

Die Karolinger

Eine Familie formt Europa

Aus dem Französischen
übersetzt und herausgegeben von
Cornelia und Ulf Dirlmeier

Deutsche Verlags-Anstalt
Stuttgart

CIP-Kurztitelaufnahme der Deutschen Bibliothek

Riché, Pierre:
Die Karolinger : e. Familie formt Europa /
Pierre Riché. Aus d. Franz. übers. u. hrsg.
von Cornelia und Ulf Dirlmeier. –
Stuttgart : Dt. Verl.-Anst., 1987.
Einheitssacht.: Les Carolingiens <dt.>
ISBN 3-421-06375-3

Lektorat: Wolfgang Stammler
Typographische Gestaltung: Christine Wegener
Satz: IBV Satz- und Datentechnik GmbH, Berlin
Druck und Bindearbeit: Clausen & Bosse, Leck
Printed in Germany

Inhalt

Vorwort zur deutschen Ausgabe 9
Vorwort 11
Einführung: Das Abendland im 7. Jahrhundert 15

ERSTER TEIL
Der Aufstieg der Karolinger
(Anfang des 7. bis Mitte des 8. Jahrhunderts)

KAPITEL I: Die Anfänge der karolingischen Familie 27

KAPITEL II: Die Hindernisse auf dem Weg zur Macht 35
Der Ehrgeiz Grimoalds I. 35 – Der »Staatsstreich« Grimoalds und sein Scheitern 39 – Die Pippiniden warten auf ihre Stunde 40

KAPITEL III: Das Frankenreich unter der Vorherrschaft Pippins des Mittleren (687–714) 43
Pippins politische Ziele 43 – Pippins Erfolge im germanischen Osten 46 – Klöster und Pfalzen 50

KAPITEL IV: Das Frankenreich unter Karl Martell (714–741) 52
Die Probleme der Anfangsjahre 52 – Karls Gegenmaßnahmen 55 – Karl Martell und die Grenzsicherung des Reiches 59 – Karl Martells Eingreifen in Aquitanien, der Provence und Burgund 64 – Der Hilferuf aus Rom 67 – Das Ende der Herrschaft Karl Martells 71

KAPITEL V: Pippin der Jüngere und Karlmann als Hausmeier (741–751) 74
Die Aufstände und deren Niederwerfung 74 – Die Wiedereinsetzung der Merowinger 76 – Die Reform der fränkischen Kirche 77

Zweiter Teil
Pippin der Jüngere und Karl der Große als Begründer des karolingischen Europa (751–814)

Kapitel i: Die Regierung Pippins des Jüngeren (751–768) . . 87
Der Aufstieg der Karolinger zum Königtum 87 – Die Gründung des Kirchenstaats 93 – Die Eroberung Aquitaniens 98 – Die Fortführung der Kirchenrefom 100 – Das Ansehen Pippins des Jüngeren 104

Kapitel ii: Die Expansionspolitik Karls des Großen – Voraussetzungen und Ziele 112
Die gemeinsame Herrschaft der beiden Brüder 112 – Die Voraussetzungen für die Eroberungen Karls des Großen 114 – Das Heer Karls des Großen 117 – Die einzelnen Abschnitte der Expansion 121

Kapitel iii: Die Eroberungen Karls des Großen 125
Italien 125 – Karl und die Germania 130 – Mittel- und Osteuropa 138 – Ein unfertiges Europa 142

Kapitel iv: Das Kaisertum Karls des Großen 149
Der vorbereitende Weg zur Krönung 149 – Die Kaiserkrönung 152

Kapitel v: Karl der Große – Kaiser oder Stammesführer? . . 157
Das Reich und seine Verwaltungsstruktur 157 – Die Hindernisse auf dem Weg zur Reichseinheit 164 – Die Regionalisierung der Macht 166 – Karl der Große als Oberhaupt der Franken 169

Dritter Teil
Das Schicksal des karolingischen Europa (814–877)

Kapitel i: Die Regierungszeit Ludwigs des Frommen. Das Scheitern der Bemühungen um die Reichseinheit (814–840) 179
Die Anfänge einer vielversprechenden Regierung 179 – Die Herausbildung der rivalisierenden Parteien 183 – Der erste Aufstand – ein Fehlschlag 186 – Das Scheitern der großen Empörung von 833 189 – Das Ende der Regierung Ludwigs des Frommen 192

Kapitel II: Der Teilungsvertrag von Verdun (843) 195
Die Entwicklung bis zum Vertragsabschluß 195 – Die Verhandlungen (Frühsommer 842 bis August 843) 199 – Die Vertragsbestimmungen 201

Kapitel III: Das geteilte Frankenreich (843–869) 206
Die Verteidigung der Idee der Reichseinheit 206 – Die Könige in ihren Teilreichen 216

Kapitel IV: Karl der Kahle als letzter großer Karolingerkaiser 237
Karls Zielsetzungen 237 – Karl der Kahle als Kaiser 239 – Das Ende der Regierungszeit Karls des Kahlen 243

Vierter Teil
Der Zerfall des Karolingerreiches und die Entstehung der ersten europäischen Nationen

Kapitel I: Das Ende des Traums vom Kaisertum (877–888) 249
Die Suche von Papst Johannes VIII. nach einem geeigneten Kaiser 249 – Die Regierung Karls III. des Dicken: verfehlte Hoffnungen 255 – Die Wahl neuer Könige 258

Kapitel II: Neue Königreiche und Fürstentümer 261
Die italienischen Fürsten 262 – Die burgundischen Fürstentümer 265 – Die Machtbildungen im Ostfrankenreich 267 – Die Prinzipate im Westfrankenreich 272

Kapitel III: Die territoriale Neugliederung in der ersten Hälfte des 10. Jahrhunderts 280
Die Wiederherstellung des Königtums in Italien durch Hugo von der Provence (926–947) 280 – Die Wiederherstellung des Königtums in Ostfranken-Deutschland: Heinrich I. als Erbe der Karolinger 284 – Die Wiederherstellung des karolingischen Königtums in Westfranken 288

Kapitel IV: Die karolingische Restauration (936 bis Ende des 10. Jahrhunderts) 298
Die Rückkehr der Karolinger und die Anfänge Ottos I. 298 – Die Könige, ihre Gefolgsleute und ihre Untertanen 302 – Die Wiedererrichtung des Kaisertums 312 – Die ostfränkisch-deutschen und karolingischen Könige im Streit um Lothringen 320

Fünfter Teil
Die Könige und die Kultur Europas gegen Ende des ersten Jahrtausends

Kapitel I: Die karolingische Kirche 331
Der Aufbau der Kirche 331 – Die Kirche unter dem Einfluß des Königs 336 – Das Papsttum 341 – Die Ausbreitung des Christentums 347

Kapitel II: Die Merkmale des Königtums 353
Das sakrale Königtum 353 – Der König als Richter 356 – Der König als oberster Kriegsherr 358

Kapitel III: Die Karolinger und der Wiederaufstieg der Wirtschaft im Abendland 363
Die Grundsätze 363 – Die wirtschaftlichen Fortschritte 367 – Das Erbe der Karolingerzeit 375

Kapitel IV: Erste Ansätze zu einer Kultur des Abendlandes . 378
Das Schulwesen 379 – Der Hof als Mittelpunkt des Geisteslebens 385 – Die Könige und ihre Bücher 390 – Die Könige als Sammler von Kunstgegenständen 393 – Die Könige als Bauherren von Pfalzen und Kirchen 396 – Die Nachfolger der karolingischen Herrscher im 10. Jahrhundert 407

Schlußbetrachtung 419

Anhang

Zeittafel von Anfang des 7. bis Ende des 10. Jahrhunderts . . 427
Stammtafeln 436
Karten 451
Bibliographische Hinweise 464
Personen- und Ortsnamenregister 468

Vorwort zur deutschen Ausgabe

Das Werk von Pierre Riché konfrontiert deutschsprachige Leser und besonders die Nicht-Historiker unter ihnen mit neuartigen und überraschenden Aspekten. Das beginnt bereits bei der Periodisierung: Darstellungen, die unter dem Blickwinkel der deutschen Geschichte geschrieben sind (deren »exakter« Beginn in der Forschung übrigens weiter umstritten bleibt), setzen in der Regel eine deutliche Zäsur mit dem Ende der Karolingerdynastie in der Osthälfte des Reiches. Das 10. Jahrhundert, die Ottonenzeit, wird dementsprechend, abweichend von Riché, nicht so eindeutig als karolingische Restauration, als Fortsetzung der Entwicklung des 9. Jahrhunderts interpretiert; trotz der unbestrittenen karolingischen Traditionen am Ottonenhof werden die Neuansätze stärker hervorgehoben.

Neuartig für viele Leser wird auch Richés Darstellungsweise sein, die parallele Schilderung des Entwicklungsgangs sämtlicher Teile des Karolingerreiches. Bei grundsätzlich gleichrangiger Behandlung ergibt sich dabei de facto doch ein deutliches Schwergewicht bei der Geschichte Westfrankens. Die Technik der Paralleldarstellung bedingt partielle Wiederholungen, die angesichts von Fülle und Kompliziertheit der behandelten Probleme didaktisch außerordentlich hilfreich sind. Bei einer breit angelegten Gesamtdarstellung ist es auch nicht zu vermeiden, daß der aus deutscher Sicht besonders am Werdegang des ostfränkischen Reiches Interessierte auf manche Einzelinformation verzichten muß. Dafür wird aber – eine mehr als ausreichende Entschädigung – das einseitig auf den Ostteil fixierte Geschichtsbild durch die Hinlenkung auf das *ganze* Frankenreich nachdrücklich korrigiert.

Ungewohnt wird für viele Leser auch Richés weniger auf Institutionen als auf Personen ausgerichteter Ansatz sein. Man erfährt auf diese Weise nicht nur abstrakt, daß neben dem jeweiligen Herrscher zahlreiche Größen an den Geschicken des Reiches und seiner Teile mitgewirkt haben. Die bedeutenden Adelsfamilien, ihre Beziehungen untereinander und zum Herrscherhaus werden konkret und mit profunden Detailkenntnissen erörtert. Das konfrontiert den Leser mit einer Fülle von Namen, die nur Spezialisten der frühmittelalterlichen Geschichte vertraut sind. Aber dies ist der einzige Weg, um nachprüfbar darzustellen, daß und wie die Geschichte des Karolingerreiches in erster Linie von persönlichen Bindungen und Abhängigkeitsverhältnissen bestimmt wurde, nicht von Institutionen. Der vielverwendete Begriff des »Personenverbandsstaates« wird von Riché mit lebendiger Anschaulichkeit gefüllt.

Die Botschaft von Richés Werk ist die gemeinsame Geschichte der mitteleuropäischen Völker im Frühmittelalter. Die Rückbesinnung darauf erfordert eine Überwindung der vielfach noch immer zu stark nationalstaatlich geprägten, jeweils eigenen Geschichtsbilder. Für Deutschland und Frankreich leisten Richés »Karolinger« dabei wertvolle Dienste.

Für die deutsche Ausgabe wurden die Quellenzitate auch bei fehlender Verfasserangabe identifiziert und nach dem Originaltext übersetzt. Dabei waren einige Ergänzungen möglich, die nicht eigens vermerkt sind. Die Stammtafeln wurden auf das nötigste beschränkt, die Kartenskizzen der französischen Vorlage konnten leider nicht durch mehrfarbige Wiedergaben ersetzt werden. Die kurze Auswahlbibliographie mit Hinweisen auf weiterführende Literatur wurde neu zusammengestellt.

Siegen Ulf Dirlmeier

Vorwort

Europa ist seit einiger Zeit zum Gegenstand des Nachdenkens, der Diskussion und der Hoffnung geworden. Wer über Europa spricht, muß auch nach seinen Ursprüngen fragen, hinabsteigen in die fernste Vergangenheit, sich seiner Wurzeln vergewissern.

Für manche beginnt Europa mit der römischen Expansion, denn die Römer haben ein Gebiet unter ihrer Herrschaft vereinigt, das von Nordafrika bis zu den britischen Inseln reichte, sie haben Straßen gebaut und Städte gegründet, und ihre Baudenkmäler haben zum Teil bis heute überdauert. Aber die Romanisierung hat nur die Mittelmeerländer tiefergehend geprägt, jenseits von Rhein und Donau ist sie kaum wirksam geworden, und auch das westliche Europa konnte den Germaneneinfällen des 5. Jahrhunderts keinen erfolgreichen Widerstand leisten.

Als Konsequenz entstand ein romanisch-germanisches Europa, in dem bestimmte Stammesgruppen für ihre Wohngebiete namengebend wurden: Die Franken, die Angelsachsen, die Burgunder, die Langobarden brachten neue Lebensweisen und bildeten Sprachgrenzen aus, die in ihren Grundzügen noch heute bestehen. Während aber das oströmische Reich als Einheitsstaat überlebte, war das Europa der Völkerwanderungszeit nicht mehr als ein Nebeneinander von Kleinkönigtümern, die untereinander fast ständig Krieg führten und die auch von der beginnenden Christianisierung zu keiner Einheit zusammengeschlossen werden konnten.

Muß man folglich das Erwachen und den beginnenden Aufstieg Europas erst in das 11. und 12. Jahrhundert datieren? Hat Europa erst zu sich selbst gefunden, als es zur Eroberung des Heiligen Landes antrat, als das Städtewesen neu erstand und sich die westeuropäischen Monarchien etablierten?

Der Zweifel daran war Anlaß für dieses Buch. Es untersucht die Entstehung Europas vom 7. bis zum Beginn des 11. Jahrhunderts, das heißt im Zeitalter des Karolingerreichs und seiner Nachfolgestaaten. Damals wurde ein erster Ansatz zur Einheitlichkeit Europas verwirklicht, eine neue gesamteuropäische Kultur als Voraussetzung des mittelalterlichen Europas geschaffen. Im 7. Jahrhundert wurde »Europa« nur als geographischer Begriff verwendet, Isidor von Sevilla wiederholt in seinen *Etymologiae* die Worterklärung antiker Autoren: Abgegrenzt gegen Asien und Afrika, ist demnach auch für ihn Europa der Raum zwischen dem Don, dem Atlantik und der Iberischen Halbinsel. Zu Beginn des 11. Jahrhunderts hat sich das geändert, weil Europa Schritt für Schritt zu einer Art Institution geworden ist. Die politischen und geistig-zivilisatorischen Maßnahmen der weltlichen und geistlichen Großen haben die Voraussetzung geschaffen für ein erstes Gesamteuropa, das vom Atlantik bis zur Weichsel und bis zur ungarischen Tiefebene reichte.

Das vorliegende Buch beschäftigt sich folglich zu einem großen Teil mit einer einzigen adligen Großfamilie, mit deren Verwandten und mit deren Verbündeten: Die Karolinger, ihre Vorfahren und ihre Gefolgsleute haben sich zunächst Schritt für Schritt in Gallien durchgesetzt, dann einen großen Teil des Abendlandes unter ihre Herrschaft gebracht. Die Frage nach dem Schicksal der Karolinger bedeutet zugleich also die Beschäftigung mit dem Schicksal Europas. Mit Nachdruck ist dabei die Rolle der großen Persönlichkeiten herauszustellen, die zwar von den politischen und gesellschaftlichen Rahmenbedingungen profitieren konnten, die sich aber durch eigenen Einsatz mit Gewalt, Diplomatie und kultureller Überlegenheit durchsetzen mußten. Zumindest für das frühe Mittelalter darf man den Einfluß von Einzelpersonen auf Entscheidungsabläufe nicht unterschätzen, gleich ob es sich um Könige und Fürsten, um Eroberer und Verwaltungskräfte handelt oder um Missionare und selbst um Künstler, die mit ihrer Gestaltungskraft Volksgruppen aus fremden Kulturkreisen beeinflußt haben.

Das politische Programm der Karolinger und ihrer Nachfolger ist in der Forschung oft scharf kritisiert worden; viele Historiker sprechen von Illusionen, Luftschlössern, von einem fehlerhaften oder sogar verfehlten Aufbruch Europas. Es ist eine Tatsache, daß sich das Reich Karls des Großen nicht in *der* Form behaupten konnte, wie sein Begründer das gewünscht hatte: Aber es überdauerte noch ein Jahrhundert nach seinem Tod, wurde dann von Otto I. als »neuem Karl« wiedererrichtet und bestand auch nach dessen Tod noch weiter. In diesem Reich haben sich Herrschaftskomplexe ausgebildet, die zum Ursprung der europäischen Nationen wurden, und hier bildeten sich Institutionen, die über die Jahrhunderte hinweg Bestand hatten. Neben diesen Aspekten verdient das Wirken Karls des Großen besondere Aufmerksamkeit. Seine Herrscherlaufbahn ist ohne Zweifel außergewöhnlich; durch die Dauer seiner Regierung, durch seine Eroberungen, seine Gesetzgebung und auch durch sein legendenhaftes Nachleben hat er die abendländische Geschichte maßgeblich beeinflußt. Dagegen ist das Wirken seiner Vorgänger und Nachfolger unverdient in den Hintergrund getreten. Das gilt besonders für seinen Vater Pippin I. den Jüngeren, der richtiger »der Große« statt »der Kleine« oder »der Kurze« genannt werden sollte, aber auch für Karl den Kahlen. Nicht vergessen darf man schließlich die Taten der vielen mit den Karolingern verwandten Adelsfamilien und die Leistungen der Könige und Kaiser des 10. Jahrhunderts, die ebenfalls zur Entstehung Europas beigetragen haben.

Um zu verstehen, wie sich das karolingische Europa entwickelt hat, müssen die politischen, gesellschaftlichen und religionsgeschichtlichen Ereignisse über einen größeren Zeitraum erfaßt werden. Er reicht von der Grundlegung der Macht durch die Vorfahren der Karolinger bis zum Ende des 1. Jahrtausends. Die Ereignisabläufe dieser Periode sind oft verwirrend, vor allem im 10. Jahrhundert. In der vorliegenden Darstellung wird daher versucht, die großen Entwicklungslinien möglichst klar herauszuarbeiten, wobei folgendes Schema zugrunde gelegt ist: Zunächst wird der Aufstieg der Karolinger von den austrischen Anfängen bis zu den ersten Erfolgen Mitte des 8. Jahrhunderts nachgezeichnet. Im zweiten Abschnitt werden die Regierungszeiten Pippins des Jüngeren und Karls des Großen gewürdigt, daran schließt sich ein Überblick über die Wandlungen des Karolingerreiches im 9. Jahrhundert, über die Ausbildung von Teilreichen und deren erneuten Zusammenschluß. Den Abschluß bildet eine Schilderung der Kulturzustände Europas, wobei die politischen, religiösen, wirtschaftlichen und geistigen Aktivitäten der Herrscher im Mittelpunkt des Interesses stehen.*

Dieses Buch möge all denen dienen, deren Interesse einer Epoche gilt, die früher gern als das »dunkle Jahrhundert« bezeichnet wurde. Ohne Kenntnis dieser Zeit ist die Entstehung der europäischen Kultur nicht zu verstehen.

* Stammtafeln und Übersichtskarten finden sich am Ende des Bandes

Einführung: Das Abendland im 7. Jahrhundert

Das 7. Jahrhundert hat seit alters einen schlechten Ruf. Während im 6. Jahrhundert das Abendland noch vom letzten Widerschein der erlöschenden römischen Zivilisation erleuchtet wurde, fiel es im darauffolgenden Jahrhundert jäh in tiefste Finsternis. Der Staat, seine Institutionen, die gesamte Kultur erlebten den völligen Niedergang. Das Abendland wurde zum Opfer fortgesetzter Unruhen und Gewaltakte, bis die Karolinger der Entwicklung wieder eine andere Richtung gaben.

Dagegen sehe ich das 7. Jahrhundert ganz anders; denn ganz offensichtlich werden in dieser Zeit die ersten bestimmenden Züge jenes anderen Abendlandes erkennbar, das man Europa zu nennen beginnt. Neue politische, soziale, kirchliche und wirtschaftliche Strukturen setzen sich durch, die dem Okzident ein neues Gesicht geben.

Bis zum Tod Kaiser Justinians I. (565) waren die Mittelmeerländer noch das Zentrum der zivilisierten Welt. Nach der Rückeroberung Nordafrikas von den Wandalen und dem Sieg über die Goten in Italien und Südspanien mochte Justinian glauben, das weströmische Reich wiedererobert zu haben, das seine Vorgänger durch ihre Untätigkeit verloren hatten. Aber bereits drei Jahre nach seinem Tod besetzten die Langobarden Italien, das in den Jahrzehnten der Gotenkriege ausgeblutet war. In Norditalien, das von da an Lombardei genannt wurde, errichteten die Langobarden eine gut fundierte Herrschaft; mit der Gründung der Herzogtümer Spoleto und Benevent versuchten sie, die Verbindung zwischen Rom und Ravenna zu unterbrechen, die beide noch byzantinisch waren. Da Byzanz zu weit entfernt war, blieb Italien nun sich selbst überlassen. Auch die von Theoderich dem Großen bewahrten Reste römischer Staatlichkeit und Kultur verschwanden Schritt für Schritt. Papst Gregor der Große (590–604) beobachtete mit Entsetzen den Untergang all dessen, was noch im 6. Jahrhundert Roms Größe ausgemacht hatte: »Es ist offensichtlich, in welchem Zustand sich Rom, einst Herrin der Welt, jetzt befindet. Denn wo ist der Senat, wo ist das Volk? Wo sind all die, die sich einstmals am Ruhm der Stadt entzückten? Wo ist ihr Pomp, wo ihre Hoffart? An Rom wird erfüllt, was der Prophet über das zerstörte Ninive sagte: ›Deine Kahlheit breite aus wie die des Adlers. Denn die Kahlheit des Menschen trifft nur sein Haupt, aber die Kahlheit des Adlers erfaßt den ganzen Körper, weil ihm, wenn er sehr alt geworden ist, die Federn überall ausfallen!‹« So erlebte Gregor voller Schrecken den Untergang einer Welt, den er für das Weltende schlechthin hielt.

Im 7. Jahrhundert verlor Byzanz nicht nur die Kontrolle über große Teile Italiens, sondern auch über Nordafrika, wo diesmal die Angreifer aus dem Nahen Osten kamen. Innerhalb weniger Jahrzehnte eroberten die Araber einen wichtigen Teil des oströmischen Reichs, zuerst Ägypten, dann Nordafrika. Karthago fiel endgültig im Jahr 698, und zu Beginn des 8. Jahrhunderts wurden die Berber von den Arabern zur Eroberung Spaniens getrieben. Innerhalb einiger Wochen wurde das westgotische Reich erobert, nur ein paar Unterführern gelang es, sich in den Norden der Halbinsel zu flüchten, in das Gebiet des späteren Königreichs Asturien. Dabei schien das Reich der Westgoten lange Zeit eine der machtvollsten Staatsgründungen der Völkerwanderungszeit zu sein. Trotz seiner zivilisatorischen und kulturellen Leistungen, die noch ganz in antiker Tradition standen – Isidor von Sevilla ist hier an erster Stelle zu nennen –, blieb das Reich doch zu eng mit der Mittelmeerwelt und mit Byzanz verbunden, zweifellos ein ausschlaggebender Faktor für seine politische Schwäche.

Ein großer Teil der Küsten des Mittelmeers kam so unter arabische Kontrolle. Im Gegensatz zur Ansicht von Henri Pirenne wurden die Beziehungen zwischen Orient und Abendland zwar nicht vollständig unterbrochen, aber die byzantinischen Kaiser verloren mehr und mehr das Interesse am Westen, weil sie mit den Kämpfen gegen den Islam, die Perser, die Slawen und mit der Beilegung der internen politischen und kirchlichen Spannungen vollauf beschäftigt waren. Dabei gehört das Vordringen der Slawen auf der Balkanhalbinsel selbst zu den Faktoren, welche die Entfremdung zwischen der ehemaligen West- und Osthälfte des Römischen Reiches verstärkten. Zweifellos verlor das Mittelmeergebiet damit seine zentrale Bedeutung für das Abendland, doch bahnte sich im Norden bereits Ersatz dafür an: Zwischen den Anliegern der nordischen Meere und des Ärmelkanals wurden Beziehungen geknüpft, die den Austausch von Waren, Menschen und Ideen möglich machten.

Voraussetzung für diese neue Konstellation war die Christianisierung Englands seit Beginn des 7. Jahrhunderts – ein Ereignis, das in seiner Bedeutung nicht unterschätzt werden darf. Gregor der Große stand als Papst zwar ganz in römischer Tradition, zeichnete sich aber dadurch aus, daß sein Blick über die Küstenländer des Mittelmeers hinausreichte. Auf sein unermüdliches Drängen hin wurde eine neue Welt für das Christentum gewonnen. Die Angeln, Jüten und Sachsen hatten während des 6. Jahrhunderts weite Teile Englands besetzt, die Kelten waren teils unterworfen, teils nach Westen in die Gebiete von Wales, Cornwall, Cumberland abgedrängt worden. Die Kelten waren zwar katholisch, ebenso wie die Iren, die nie zum Römischen Reich gehört hatten, doch durch die Invasionen der Völkerwanderungszeit wurden ihre Verbindungen zur Mittelmeerwelt unterbrochen, und diese völlige Isolierung führte zu Abweichungen von der römischen Liturgie. Nach dem politischen Erfolg der Angelsachsen hatten sie jede Art von Beziehungen zu den Siegern abgelehnt und wollten sie auch nicht zum Christentum bekehren, weil sie, wie sie sagten, »ihnen auch im Paradies nicht mehr begegnen wollten«. Der Entschluß zur Bekehrung der Angelsachsen mußte deshalb in Rom gefaßt werden. Gregors des Großen erstem Missionar, Propst Augustinus, gelang es zwar, König Aethelberht von Kent und dessen Krieger zu taufen (596/97). Aber es dauerte dann noch rund ein Jahrhundert, bis ganz England christianisiert war. Rom unterstützte die junge Kirche weiter durch die Absendung von Mönchen und Priestern sowie durch Handschriften. Seit 653 betrieb der Angelsachse Wilfrid seine theologischen Studien lieber in Rom als in Irland, wohin seine Landsleute üblicherweise zu diesem Zweck fuhren. Im Jahr 669 schickte Papst Vitalian eine neue Mission unter Leitung der Mönche Theodor und Hadrian, und diesmal gelang es endgültig, die angelsächsische Kirche zu begründen. Daß Papsttum und Mönche an ihrem Anfang stehen, ist von der Kirche Englands immer sowohl gefeiert als auch beklagt, aber nie vergessen worden.

Bei ihrer Missionstätigkeit trafen die römischen Mönche und deren Schüler stets auch auf Iren, die seit etwa 630 ihrerseits daran gingen, das nördliche England zu bekehren. Nach zahlreichen Streitgesprächen übernahm ein Teil der iro-schottischen Mönche die römische Liturgie, so daß der Einfluß des Papsttums in diesem Teil des Abendlandes noch verstärkt wurde. Im übrigen beschränkten die iro-schottischen Mönche ihre Aktivitäten nicht auf England; einige von ihnen gingen in das merowingische Frankenreich und schufen damit neue Bindungen zwischen den britischen Inseln und dem Kontinent.

Im Zusammenhang mit diesem kirchlich-kulturellen Austausch ist auch ein erster, bescheidener Aufschwung von Wirtschaft und Münzwesen im Norden Mitteleuropas erkennbar. Die Kanal- und Nordseehäfen – Rouen, Quentowik an der Canche und Dorestad am Rhein – werden von Pilgern und Kaufleuten besucht, die von jenseits des Ärmelkanals kommen. Rhein, Schelde und Maas sind natürliche Verkehrswege, auf denen man jetzt immer häufiger Friesen begegnet, halb Piraten und halb Kaufleute, die den Warenverkehr zwischen ehemals getrennten Welten vermitteln. Seit ungefähr 650 verwenden die Friesen Silbermünzen, die sogenannten *sceattas*, von denen die Goldprägungen antiker Tradition zunehmend verdrängt werden. Der Beginn des Atlantikhandels und das erste Auftreten des bis ins 13. Jahrhundert dominierenden Silbergeldes sind Marksteine einer neuen Epoche.

Vor allem die nördlich der Loire gelegenen Gebiete der Gallia profitierten von den neuen Wegen des Warenaustauschs. Die Merowinger, die ihr Reich im 6. Jahrhundert bis ans Mittelmeer ausgedehnt hatten, richteten ihre Interessen jetzt mehr und mehr auf die germanisch besiedelten Regionen und legten damit in gewisser Weise das Fundament des karolingischen Europa. Seit 536 stand Alemannien

– das Gebiet zwischen Neckar, Rhein, Donau und Iller – vollständig unter fränkischer Kontrolle und wurde nach und nach durch die Mönche von Sankt Gallen missioniert. König Dagobert I. setzte wahrscheinlich Herzöge ein und ließ vielleicht die erste Fassung des *Pactus Alamannorum* niederschreiben. Die Bajuwaren ließen sich zuerst an der oberen Donau nieder, dann in dem Gebiet zwischen Donau, Iller, Enns und den Alpen. Sie standen unter der Führung mehrerer Adelsfamilien, bis sich die Agilolfinger allein durchsetzen konnten. Dennoch hieß es im Prolog der ersten Fassung der *Lex Baivariorum* (um 640 niedergeschrieben): »Die Herzöge müssen vom Frankenkönig bestätigt werden«. Thüringen, zwischen Main, Werra, Unstrut und Saale gelegen, wurde von den Merowingern seit 531 unterworfen. Ihre Herzöge fränkischer Abstammung mußten Austrien gegen die Bedrohungen aus dem Osten schützen, gegen die Sachsen ebenso wie gegen die Slawen.

In der Tat waren die Slawen im 6. Jahrhundert auf dem Vormarsch; längs der Donau und im nordosteuropäischen Tiefland besetzten sie die Positionen, die von den Germanen geräumt worden waren. Dieser Vormarsch wurde noch beschleunigt, weil ein neues, asiatisches Reitervolk auf die Slawen drückte, die Awaren, die dem Vorbild der Hunnen folgten und sich am Donauknie festsetzten. Kurz nach 625 rebellierten die Slawenstämme gegen die Awaren und schlossen unter der Führung des fränkischen Sklaven- und Pelzhändlers Samo eine Art Konföderation. Samos Einflußbereich umfaßte Böhmen, Mähren, das heutige Niederösterreich und Kärnten, reichte also von Thüringen bis Friaul. Dagobert I. unternahm 631 einen erfolglosen Versuch zur Niederwerfung Samos, wahrscheinlich in der Absicht, den Verkehr der fränkischen Kaufleute auf der Donaustraße zu sichern. Erst nach Samos Tod um 660 löste sich sein Reich wieder auf. Zeit seines Lebens konnte oder wollte er nicht weiter nach Osten vorstoßen und die Awaren angreifen. Diese konnten ihre Stellung in Südosteuropa behaupten, bis es unter Karl dem Großen 795 und 796 gelang, den »Ring« der Awaren zu zerstören.

Die oben erwähnte Ausdehnung des Merowingerreiches nach Osten wurde von einer politisch einigermaßen stabilen Lage in der ersten Hälfte des 7. Jahrhunderts begünstigt. Nach Chlodwigs erfolgreicher Gründung der Merowingerdynastie hatten seine Söhne und Enkel das Reich wie Familienbesitz geteilt. Jeder Erbberechtigte herrschte über ein Teilreich und stritt sich voller Habgier um den Besitz angrenzender Gebiete. Aquitanien, die Region, in der römische Zivilisation am längsten überlebt hatte, wurde zum Spielball königlicher Begehrlichkeit, die verhinderte, daß hier ein autonomes Teilreich entstehen konnte. Zwischen Neustrien bzw. der *Francia* (dem Gebiet zwischen Somme und Seine), Burgund und Austrien (dem Gebiet zwischen Reims und dem Rhein) wurden erbitterte Bürgerkriege geführt. Es war ein Glücksfall für das Reich, daß es seit 613 wieder unter Alleinherrschaft stand, erst unter der Chlothars II., dann unter Dagobert I. († 638 oder 639). Das sogenannte Zeitalter Dagoberts, das nur 25 Jahre dauerte, war ein sehr ruhiger Abschnitt der Reichsgeschichte. Teils mit Einschüchterung, teils mit Diplomatie konnten die Könige die Einheit der Gallia bewahren – trotz aller auseinanderstrebenden Kräfte in diesem heterogenen Gebilde –, wobei sie durchaus bemüht waren, auch regionale Sonderinteressen zufriedenzustellen.

In dieser Zeit trug auch der Verschmelzungsprozeß zwischen den verschiedenen Volksgruppen erste Früchte. Zwar behielten die einzelnen Stämme jeweils ihr eigenes Recht, aber sie unterstanden der gleichen Staatsgewalt. Die in jeder *civitas* eingesetzten *comites* waren Repräsentanten der königlichen Autorität. Sie beriefen die Volksversammlungen, sorgten für die Rechtsprechung und erhoben Steuern. Alle Freien wurden zum Kriegsdienst gerufen und entwikkelten dabei allmählich ein Zusammengehörigkeitsgefühl: Angesichts eines Reichsfeindes waren sie alle *»Franci«*. Wie noch zu zeigen sein wird, wurde der Adel zum wichtigsten Machtfaktor der Gallia; in ihm mischten sich Senatoren gallo-römischer Abstammung und fränkische Stammesführer. Zwischen den maßgeblichen Familien wurden Heiratsverbindungen abgeschlossen, die Angehörigen der Reichsaristokratie suchten den Königsdienst, die Söhne wurden beim Eintritt ins Erwachsenenalter an den Hof geschickt. Der Königshof wurde auf diese Weise zu einer Art Kaderschmiede, die Heerführer und Verwaltungsleute hervorbrachte. So kamen an den Hof Clothars II. und seines Nachfolgers junge Männer, die ihre Proben bestanden und danach mit Verwaltungsaufgaben betraut wurden, die Kanzlei leiteten, den Königsschatz beaufsichtigten und schließlich zu Grafen und Bischöfen aufstiegen.

Gestärkt wurde die Herrschaft der Merowinger durch das Bündnis zwischen Königtum und Kirche, das schon am Ende des 5. Jahrhunderts geschlossen wurde. Denn während alle Germanenherrscher im Westteil des Römischen Reichs Arianer und folglich Häretiker waren, hatte sich der Heide Chlodwig zum katholischen Glauben bekehrt. Er mußte sich dabei im klaren darüber sein, welche tiefgreifenden Folgen dieser Schritt für seine Dynastie und für sein Königreich haben würde. Schon lange bevor die Karolinger dies mit Einsatz ihrer ganzen Autorität für sich bekräftigten, bezeichneten sich die Merowingerkönige als Erwählte des Herrn und betrachteten die Bischöfe als ihre wichtigsten Helfer.

Der Bischof bemühte sich an seinem Amtssitz um ein gutes Stadtregiment in Zusammenarbeit mit dem Grafen, und häufig wurde er zum Verteidiger der Einwohner gegen Willkürakte der Staatsgewalt. Öfter noch aber hielten diese ehemaligen Verwaltungsbeamten an ihren alten Gewohnheiten fest und stellten ihren weltlichen Auftrag über die seelsorgerischen Pflichten. Dank der Mönche von den britischen Inseln und ihrer Schüler fand ein Teil des Klerus jedoch wieder zu seiner ursprünglichen, geistlichen Berufung zurück.

Tatsächlich ist der Aufschwung des Mönchtums eine der wichtigsten Entwicklungen des 7. Jahrhunderts, nicht nur in der Gallia, sondern im ganzen Abendland. Im 6. Jahrhundert waren die bedeutenden Klöster noch auf die Provence, Burgund und Aquitanien konzentriert, im nachfolgenden Jahrhundert entstanden dann auch überall in Nord- und Ostgallien Mönchs- und Nonnenklöster. Diese Entwicklung steht zweifellos in engem Zusammenhang mit dem Auftreten der irischen Mönche und ihren erstaunlichen Erfolgen. Sie gewannen Anhänger durch ihren unerbittlichen Ernst, ihren Nonkonformismus und ihre geistige Unabhängigkeit. Mit den aus Irland mitgebrachten liturgischen Gewohnheiten und religiösen Übungen erregten die Mönche zwar bei einigen Bischöfen Anstoß, aber sie zogen damit Laien, Männer wie Frauen, in ihren Bann. Könige, Bischöfe und Adlige siedelten Mönche auf ihren Ländereien an und nahmen sie in ihren Schutz. Um Mönche und Nonnen in wachsender Zahl unterbringen zu können, errichtete man weitläufige, solide Gebäude, was gegenüber den ursprünglich primitiven Hütten einen großen Fortschritt bedeutete. Schon bald unterschieden sich

Klöster in nichts von einer großen Grundherrschaft. Sie holten Bauern heran, besaßen Hörige, sogar Sklaven, erhielten Immunitätsprivilegien des Königs, kurz, sie wurden zu Machtfaktoren, mit denen gerechnet werden mußte.

Dieser Erfolg führte jedoch bei den Mönchen nicht zur Abnahme des religiösen Eifers. Im Norden und Osten Galliens waren sie die aktivsten Träger des Missionsgedankens. Außerdem übernahmen sie schon bald eine gemischte Regel, zusammengesetzt aus irischen Elementen und Teilen der Benediktinerregel, die bis dahin nur in Italien und England verbreitet war. Mit dieser Verschmelzung gaben sie den Institutionen des Mönchtums zusätzliche Festigkeit. Nicht weniger wichtig war aber auch, daß sich dank der iro-fränkischen und angelsächsischen Mönche der Einfluß des Papsttums im Abendland ausdehnen konnte.

Nach Papst Gregors des Großen Tod (604) folgten vierundzwanzig Päpste, von denen nur drei eine Amtszeit von mehr als sieben Jahren erreichten. Sie mußten Rom gegen die Langobarden verteidigen und sich gegen die byzantinischen Kaiser behaupten, die auf die Zulassung neuer Glaubenssätze drängten. Dennoch konnten diese Päpste ihre Position schrittweise festigen. Die endgültige Bekehrung der Langobarden zum katholischen Glauben um 680 ließ sie auf die Befriedung Italiens hoffen. Zwar wurde Papst Martin I. noch 653 auf Befehl des byzantinischen Kaisers aus Rom deportiert, während Sergius I. (687–701) vor dem gleichen Schicksal vom Volk, voran den Einwohnern Ravennas, geschützt wurde. Im Verlauf des 7. Jahrhunderts wurde im Lateran eine Liturgie vollendet, die dem ganzen Abendland als Vorbild diente. In den Germanenreichen bestanden zwar enge Bindungen der Bischöfe an den Herrscher, aber sie respektierten gleichermaßen den Primat des Stellvertreters Christi auf Erden. Die Pilgerreisen zu den Apostelgräbern vervielfachten sich, immer mehr Kirchen wurden dem heiligen Petrus und dem heiligen Paulus geweiht, Klöster wie Bobbio und Jarrow unterstellten sich direkt dem Schutz des Papstes. Lange bevor sich das Bündnis zwischen Papsttum und Karolingern angebahnt hatte, galt der Papst als höchste moralische Instanz des Abendlandes, man kann auch sagen: Europas. Der heilige Columban muß dies intuitiv erkannt haben, als er Papst Bonifatius IV. »das Oberhaupt aller Kirchen in ganz Europa« nannte.

Diese ersten Ausführungen sollen einen Überblick über die wesentlichen Entwicklungen des Abendlandes im 7. Jahrhundert vermitteln. Es war notwendig, dieses Bild zu zeichnen, um zu verstehen, wie eine austrische Adelsfamilie sich Schritt für Schritt über ihre Konkurrenten erheben und dann, wenn auch unter Schwierigkeiten, ihre Herrschaft zuerst über Gallien und danach über den größten Teil Europas ausdehnen konnte.

Erster Teil

Der Aufstieg der Karolinger (Anfang des 7. bis Mitte des 8. Jahrhunderts)

Die Geschichte des karolingischen Europa beginnt mit dem Aufstieg einer Adelsfamilie, die in den erzählenden Quellen erstmals zu Beginn des 7. Jahrhunderts erwähnt wird. Begünstigt von den Krisen, die die merowingische Gallia erschütterten, konnte sie sich schrittweise eine Führungsposition erringen, erst in Austrien, dann im gesamten Königreich. Dieser Weg an die Spitze schloß freilich auch gravierende Rückschläge und ernsthafte Gefährdungen ein. Aber mit Geduld wurden alle Hindernisse aus dem Weg geräumt, und im Lauf von rund einhundertfünfzig Jahren eroberten sich die Karolinger Stück für Stück die erste Position im Reich, bis sie sich Mitte des 8. Jahrhunderts schließlich die fränkische Königswürde selbst sichern konnten.

Kapitel 1

Die Anfänge der karolingischen Familie

Der Erfolgsweg der Karolinger beginnt mit zwei Familien, die in jenem Teil des Frankenreichs ansässig waren, der seit dem Ende des 6. Jahrhunderts Austrien genannt wurde. Austrien war eines der Teilreiche der merowingischen Gallia, es reichte von Reims im Westen bis zum Oberlauf der Weser im Osten, im Norden vom Niederrhein und Unterlauf der Maas bis nach Süden zum Quellgebiet von Mosel und Maas, zum Plateau von Langres. Austrien wurde also von der Maas, der Mosel und vom Mittelrhein samt dessen Nebenflüssen durchzogen. Es umfaßte drei ehemalige römische Provinzen: Belgica I mit dem Hauptort Trier, Germania I mit dem Hauptort Mainz, Germania II mit dem Hauptort Köln. Dazu kam noch der östliche Teil der Belgica II mit der Hauptresidenz Reims. Zusätzlich hatten die austrischen Könige ihren Machtbereich jenseits des Rheins bis in das Maingebiet, an die Grenzen Thüringens, Alemanniens und Bayerns ausgedehnt und hier ein kleines, fränkisch kontrolliertes Herzogtum errichtet. Durch diesen engen Kontakt zu den Gebieten östlich des Rheins wurde Austrien von allen Teilreichen am stärksten germanisiert. Spuren der römischen Zivilisation überlebten nur in einigen Städten mit mehr oder weniger verfallenen antiken Bauwerken und in isolierten Restgebieten der romanischen Bevölkerung. Im Verlauf des 6. Jahrhunderts erneuerten die Franken die alten Bistümer der Römerzeit am Rhein (Köln, Mainz, Worms, Speyer), an der Maas (Maastricht, Verdun) und an der Mosel (Trier, Metz). Auf Kosten des verfallenden Trier wuchs Metz schon damals in die Rolle einer austrischen Hauptresidenz hinein (vgl. Karten II und III).

Die Städte erhielten so zwar Zentralfunktionen als Bischofs- und Grafensitz, aber das eigentliche Leben war auf die Landsitze der großen Adelsfamilien konzentriert, deren Einfluß am Ausgang des 6. Jahrhunderts auf allen Gebieten dominierend war – nicht nur in Austrien, sondern im gesamten Abendland. Während des ganzen 6. Jahrhunderts war der Adel, gleich ob römischer oder germanischer Herkunft, die aufsteigende Kraft schlechthin. Adlige waren ursprünglich Gefolgsleute eines Stammesfürsten, nahmen teil an dessen Kriegszügen und eroberten sich Landbesitz oder erhielten ihn als Geschenk. Nach dem Aufstieg des Stammesführers zum Königtum blieben sie gewöhnlich in seinem Dienst. Auszeichnendes Merkmal gegenüber der sonstigen Bevölkerung war in erster Linie die lange Ahnenreihe.

Am Beginn stand ein Vorfahre, der sich besonders ausgezeichnet hatte, dessen Andenken die Familie sorgfältig bewahrte und dessen Namen von Generation zu Generation weitergegeben wurde. Unterscheidungsmerkmale waren auch Lebenshaltung, Kleidung und Waffen der Adligen, die in erster Linie eben Krieger waren und die sich deswegen nach ihrem Tod zusammen mit Pferd und Waffen bestatten ließen. Die Adelsfamilien besaßen riesige Ländereien, oft viele tausend Hektar, aber nicht in geschlossener Fläche, sondern aufgeteilt auf verschiedene Regionen. Aus diesen Ländereien zogen sie ihren Unterhalt: In den bewaldeten Teilen wurde gejagt, das kultivierbare Land wurde von freien Bauern und hörigen Arbeitskräften bestellt. Tatsächlich war trotz der Ausbreitung des Christentums die Sklaverei noch nicht verschwunden, sie hatte sogar durch die ständigen Kriege wieder zugenommen, und durch den Verkauf ganzer Sklavenscharen bereicherten sich einige Fernhändler. Sklaven arbeiteten in den Werkstätten, die dem Herrenhaus unmittelbar angegliedert waren, sie wurden aber auch auf die umliegenden Ländereien verteilt. Die großen Landbesitzer tendierten zunehmend dazu, ihre Sklaven auf kleinen Landstücken zu »behausen« *(servi casati)*. Das führte zur Angleichung der unfreien Arbeitskräfte an die freien Bauern, die sich ihrerseits in den Schutz eines Mächtigen begeben mußten. So entwickelte sich allmählich die Organisationsform der mittelalterlichen Grundherrschaft, der Villikation, bestehend aus dem herrschaftlichen Eigenbetrieb (Salland, *terra salica*) einerseits, den ausgegebenen Bauernhufen andererseits.

Die Adligen saßen also in befestigten Häusern, verfügten über genügend Dienstpersonal und versuchten, ihren Landbesitz durch Zukäufe oder Heirat zu vermehren. Ihr Ziel war die Steigerung ihres Reichtums, weil ihnen dieser konkrete Macht verschaffte. Er ermöglichte den Aufbau eines Beziehungssystems zu Freunden und Gefolgsleuten, das bei der Durchsetzung politischer Pläne nützlich werden konnte. Der Traum eines jeden Adligen war es nämlich, sich in seiner Gegend zur dominierenden Macht aufzuschwingen, entweder im Dienst des Königs oder auch als dessen Gegner, wenn sich das Glück der Krone gerade neigte.

Nach diesem Muster profitierte der austrische Adel seit der Mitte des 6. Jahrhunderts von den ständigen Kriegen zwischen den Königen Neustriens und Austriens. Nach dem Tod König Chlothars I. (561) hatte Sigibert I. das Teilreich Austrien erhalten, sein Bruder Chilperich I. aber Neustrien. Die beiden kämpften gegeneinander, und dabei wurde Sigibert auf Anstiften der berüchtigten Fredegund, der Gemahlin Chilperichs I., ermordet (575). Danach regierte in Austrien zeitweise Sigiberts Witwe, die westgotische Königstochter Brunichild, erst anstelle ihres unmündigen Sohns Childebert II., dann anstelle ihrer Enkel Theudebert und Theuderich. Während sich auch diese beiden Brüder mit Waffen gegenüberstanden, versuchte König Chlothar II. von Neustrien zu intervenieren und Austrien zu erobern. Der austrische Adel lehnte Brunichilds autoritäres Regiment ab, ließ die alte Königinwitwe schließlich im Stich und schloß sich im Jahr 613 König Chlothar II. an. Zu den Großen, die am Sturz und an der Hinrichtung Brunichilds mitwirkten, gehörten auch die Stammväter der Karolinger, Arnulf (seit 614 Bischof von Metz) und Pippin der Ältere.

Über Arnulfs Leben gibt es ziemlich legendenhafte Erzählungen aus dem 8. und 9. Jahrhundert. Damals wollte man nämlich das Lebenswerk des berühmten Vorfahren der Karolinger überhöht darstellen. So wollte man Arnulf in Verbindung bringen mit dem Adel Aquitaniens und sogar mit den Merowingern selber – eine reine Fiktion. Verläßlichere Nachrichten bringt die *Vita Arnulfi,* die ein Augenzeuge der Geschehnisse um die Mitte des 7. Jahrhunderts niederschrieb.

Arnulf wurde wohl um 580 geboren und stammte aus einer Familie mit riesigen Besitzungen im Gebiet zwischen Metz und Verdun, aber auch in der Gegend um Worms. In seiner Kindheit wurde er von einem Hauslehrer im Lesen und Schreiben unterrichtet, was ganz dem traditionellen Verhalten der Adelsfamilien entsprach, die darum bemüht waren, den Kindern Elementarunterricht und religiöse Unterweisung zukommen zu lassen. Im Jugendalter ging er, wie damals viele Söhne aus bedeutenden Adelsgeschlechtern, an den austrischen Königshof. Hier wurde er dem Hausmeier Gundulf anvertraut, der mit Sicherheit aus der Familie Gregors von Tours stammte und in der Umgebung von Metz begütert war. Arnulf fiel durch seine militärischen Fähigkeiten auf, trat in den Dienst König Theudeberts II., Sohn des Childebert, wurde *consiliarius regis* und *domesticus* über sechs Amtssprengel. Wohl von dieser Zeit an plante er, zusammen mit seinen Freunden Romarich und Bertulf, der Welt zu entsagen und sich den irischen Mönchen anzuschließen, die sich seit 590 am Rand der Vogesen niedergelassen hatten. Zwar war Columban gezwungen worden, nach Italien ins Exil zu gehen, hinterließ aber Schüler, deren asketische Lebensweise auf die jungen austrischen Adligen anziehend wirkte. Arnulfs Eltern wollten jedoch, daß das Familienerbe weitergegeben und durch eine Heirat vergrößert würde. Schließlich willigte er in die Ehe mit einem Mädchen aus vornehmer Familie ein. Aus dieser Verbindung gingen mehrere Kinder hervor; über zwei von ihnen, Chlodulf und Ansegisel, wird später noch zu berichten sein. In seiner einflußreichen Stellung am austrischen Königshof wandte sich Arnulf, wie erwähnt, gegen Brunichild und verbündete sich mit König Chlothar II. Durch diesen Schritt verband er seine Interessen mit denen eines anderen Adligen, Pippins des Älteren. Diese Verbindung wurde in der Folgezeit durch die Heirat von Arnulfs Sohn Ansegisel mit der Tochter Pippins, Begga, noch besonders verstärkt (siehe Stammtafel II).

Pippin, der seit dem 13. Jahrhundert nach einer seiner Besitzungen auch den Beinamen »von Landen« trägt, wird richtiger als Pippin der Ältere bezeichnet. Auch er stammt aus einer bedeutenden, sehr begüterten Familie, deren Besitzungen in einem anderen Teil Austriens lagen als die der Arnulfinger: in Brabant, im Haspengau und um Namur, also im Bereich der Maas, dieses wichtigen Wasserweges, dessen Bedeutung als eine der Hauptachsen für den Warenaustausch Nordeuropas bereits erwähnt worden ist. Pippin heiratete Itta-Iduberga, die Schwester Modoalds, des späteren Bischofs von Trier. Sie war eine reiche Erbin und, nach Aussage einer Quelle, berühmt »durch ihre Tugend, den Umfang ihrer Ländereien und die Zahl ihrer Sklaven«. Die Gegend um Metz einerseits und das Maasgebiet andererseits waren also die Regionen, die das Fundament des Reichtums der ersten Karolinger bildeten (vgl. Karte II).

Chlothar II., als Sieger von 613 zum Herrn des gesamten Frankenreiches geworden, belohnte die beiden Adelsfamilien für ihre Unterstützung. Er gab das frei gewordene Bistum Metz 614 an Arnulf, dessen kirchliche und verwaltungstechnische Fähigkeiten er inzwischen schätzen gelernt hatte. Das Amt des Bischofs von Metz war besonders wichtig, weil Metz Hauptresidenz der austrischen Könige war. Die Stephans-Kathedrale, das Baptisterium und einige weitere Kirchen bildeten einen eigenen Bezirk innerhalb der Stadt, die ungefähr 70 Hektar umfaßte und von einer römischen Wehrmauer umgeben wurde. Im Süden des Stadtgebiets standen weitere Basiliken und einige Klöster, deren berühmtestes, St. Peter auf der Zitadelle, bis heute erhalten blieb. Ein merowingischer Bischof war mehr als nur das Oberhaupt seiner Kleriker und der Hirte seiner Gläubigen, er war auch mit Verwaltungsaufgaben betraut, sorgte für die Entwicklung seiner Stadt und unterstützte die Politik des Königs. Gerade für Arnulf war übrigens die Kumulation geistlicher und weltlicher Ämter bezeichnend, denn nach dem Bericht seiner *Vita* behielt er auch als Bischof seine Funktionen als *domesticus* und *palatinus* bei. Damit nicht genug: Um den austrischen Sonderinteressen entgegenzukommen, setzte Chlothar II. 623 seinen zehnjährigen Sohn Dagobert I. als Unterkönig in Metz ein und berief Arnulf sowohl zum Prinzenerzieher als auch zum Regenten des Teilreichs. Um diese schwere Verantwortung zu teilen, ernannte er gleichzeitig Pippin zum Hausmeier Austriens.

Das Amt des Hausmeiers ist sehr alt. Im 6. Jahrhundert war der *maior palatii* dem König oder der Königin persönlich unterstellt und kontrollierte die Verwalter, die die Königsgüter bewirtschafteten. Diese verantwortungsvolle Aufgabe verschaffte dem Hausmeier so große Einflußmöglichkeiten, daß er allmählich zum wichtigsten Ratgeber des Königs, manchmal aber auch zu dessen Rivalen wurde. Jedenfalls wurde Pippin durch die Ernennung zum Hausmeier de facto zum Herrscher über Austrien, zunächst zusammen mit Arnulf, später dann allein.

Arnulf machte sich nämlich im Alter von etwa vierzig Jahren an die Verwirklichung seines Jugendtraums: den Rückzug in das Mönchsleben. Immer häufiger besuchte er Einsiedeleien, die auf seinen Gütern um Metz und am Rand der Vogesen lagen. Sein Freund Romarich hatte den Hof schon 613 verlassen, hielt sich dann einige Jahre in dem Kloster Luxeuil auf und gründete danach auf Eigenbesitz das Kloster Habendum, das später Remiremont genannt wurde. Ihm wollte sich Arnulf anschließen, aber er stieß auf den entschiedenen Widerspruch Chlothars II. Erst nach dem Tod des Königs im Jahr 629 konnte er sein Vorhaben verwirklichen. In Begleitung einiger Mönche zog er in die Nähe des Klosters Habendum und widmete sich mit Demut der Leprosenpflege. Hier starb er auch um 640. Schon bei seinem Begräbnis in Remiremont/Habendum galt er als Heiliger, was später nicht unwesentlich zum Prestige seiner Familie beitrug.

Von nun an regierte Pippin als Hausmeier allein. In der Chronik des sogenannten Fredegar, der den Pippiniden sehr wohlgesonnen war, wird er so vorgestellt: »Er war besonnener als alle anderen, wußte immer Rat, hielt seine Treue unverbrüchlich und wurde von allen wegen seiner Liebe zur Gerechtigkeit... sehr verehrt.« Andere Quellen lassen freilich erkennen, daß Pippin eine Reihe von austrischen Adelsfamilien in Schach halten mußte, die ihrerseits versuchten, Einfluß im Bereich von Kirche und Politik zu gewinnen. Die Pippiniden und die Arnulfinger, diese jetzt vertreten durch Arnulfs Söhne Ansegisel und Chlodulf – beide *domestici* –, waren damals jedoch nicht mehr als zwei eng liierte Familien, die mit anderen Großen rivalisierten, denen ebenfalls beachtliche Machtmittel zur Verfügung standen.

Chrodoald, ein sehr reicher Angehöriger der vornehmen Familie der Agilolfinger, die später in Bayern erfolgreich war, widersetzte sich bereits im Jahr 624 den Arnulfingern. König Dagobert I. sah dem Treiben zunächst eine Weile zu, setzte ihm dann jedoch durch die Ermordung Chrodoalds ein Ende. Dies ist nur ein Beispiel von vielen für die Rivalität zwischen den Großen, zwischen Adels-Clans könnte man sagen, die Blutrache übten und in ihren Familien den wechselseitigen Haß wachhielten. Zu diesen Clans gehörten auch die Gundoine-Chrodoine, die um Toul und an den Grenzen Burgunds begütert waren. Sie spielten eine wichtige Rolle bei der Ausbreitung des von Columban geprägten Mönchtums. Gundoin empfing 614 auf einem seiner Güter im Quellgebiet der Maas den Abt von Luxeuil, Eustasius. Seine Tochter Salaberga (Sadalberga) gründete auf Anraten Waldeberts von Luxeuil das vornehme Marienkloster in Laon. Sein Sohn Leudoin-Bodo wurde Bischof von Toul, seine Enkelin Teutberga war Äbtissin des Klosters Bonmoutier bei Lunéville. Nachdem dieser Gundoin Herzog des Elsaß geworden war, schenkte er dem Abt von Luxeuil Ländereien zur Versorgung des aus Trier stammenden Adligen Germanus, der erster Abt und Mitbegründer des Klosters Grandval (Granfelden) im Sornegau wurde.

Es erstaunt jedoch, daß Pippin der Ältere nach der Regierungsübernahme Dagoberts I. im Jahr 629 keine wirkliche Verantwortung mehr für Austrien ausübte. Dagobert, der ja sein Zögling gewesen war, veranlaßte ihn, mit ihm nach Neustrien zu gehen, wohin er den politischen Schwerpunkt des Reichs verlegt hatte. Zu Beginn seiner Herrschaft versuchte Dagobert, Austrien seiner unmittelbaren Kontrolle zu unterstellen, aber nach dem Zeugnis des sogenannten Fredegar reagierten die Austrier darauf mit Unzufriedenheit. Als Dagobert den Feldzug gegen Samo anordnete, kämpften die Austrier lustlos und ließen sich 631 bei Wogastisburg im Egerland schlagen. Austrien wurde zunehmend von den Slawen bedroht, die Thüringen besetzt hatten, und auch die Sachsen, mit denen Dagobert einen Vertrag geschlossen hatte, konnten keinen wirksamen Grenzschutz gewährleisten. Mehr versprach es, die Austrier selbst damit zu beauftragen, das Vorrücken dieser neu auftretenden Barbaren wachsam zu beobachten.

So mußte sich Dagobert dazu entschließen, dem Beispiel seines Vaters zu folgen und dem austrischen Partikularismus Zugeständnisse zu machen. Er tat dies, indem er dem Land wieder einen eigenen Unterkönig gab, und zwar seinen ältesten Sohn aus der Verbindung mit einer austrischen Konkubine, den gerade dreijährigen Sigibert III. Er berief aber nicht Pippin den Älteren zum tatsächlichen Regenten des Teilreichs, sondern wandte sich an Familien, die mit den Pippiniden rivalisierten. Mit dem dux Adalgisel und Bischof Kunibert von Köln ernannte er zwei Männer, die in dem entstehenden niederrheinischen Dukat Ribuarien mit der Hauptstadt Köln eine wichtige Rolle spielten. Als Erzieher Sigiberts holte er außerdem Otto, den Sohn eines seiner Verwalter. Dieser entstammte einer Familie aus Weißenburg (Elsaß), die wohl mit der des elsässischen dux Gundoin verbunden war. Auch diese Familie stand dem Pippiniden-Clan ablehnend gegenüber. Schließlich wurde in dem unter fränkischer Hoheit stehenden Thüringen der austrische Adlige Radulf als dux* eingesetzt, auch er ein Verwandter der Gundoine. Da Arnulf in seiner Einsiedelei saß und Pippin nach Paris geschickt worden war, schienen die ehrgeizigen politischen Ziele der beiden Familien auf absehbare Zeit ernsthaft gefährdet zu sein.

Der Tod Dagoberts I. am 19. Januar 638 oder 639 ermöglichte es Pippin, nach Metz zurückzukehren. Folgt man dem sogenannten Fredegar, schloß er wieder ein Bündnis mit Bischof Kunibert, um die Austrier für die Anerkennung Sigiberts III. zu gewinnen. Nach den Worten des Chronisten vereinbarten beide, die austrischen Gefolgsleute »durch geschicktes und leutseliges Verhalten« auf ihre Seite zu ziehen, was bedeutet, daß Pippin den Einfluß seiner Partei verstärken wollte. Dagobert I. hatte erkannt, daß die Zweiteilung des Frankenreiches unvermeidbar war: einerseits Austrien, auf der anderen Seite Neustrien und Burgund, die seinem jüngeren Sohn Chlodwig II. anvertraut wurden. Über den Königsschatz verfügte zunächst freilich noch die Königinwitwe Nanthilde. Es gehörte zu Pippins ersten politischen Maßnahmen, einen Teil dieses Schatzes zu beanspruchen und nach Metz zurückführen zu lassen. Dort wurde er Sigibert vorgewiesen und inventarisiert. Kurz vor der erneuten Übernahme des Amts eines Hausmeiers starb Pippin der Ältere im Jahr 640.

* *Dux* ist hier gebraucht als die römische, von den Merowingern übernommene Amtsbezeichnung für den Befehlshaber über ein größeres Gebiet (*ducatus*, Dukat). Ein *dux* war zuständig für die militärische Sicherung seines Amtsbezirks, er war aber auch Stellvertreter der königlichen Gewalt in vollem Umfang. Zuerst in den Randgebieten des Reichs, vor allem östlich des Rheins, verselbständigt sich dieses Amt zum weitgehend autonomen Herzogtum (»älteres Stammesherzogtum«). (d. Übers.)

Kapitel II

Die Hindernisse auf dem Weg zur Macht

Der Ehrgeiz Grimoalds I.

Pippin der Ältere hinterließ drei Kinder: Begga, die Gemahlin Ansegisels, Geretrudis, die sich mit ihrer Mutter Itta in deren Klostergründung Nivelles zurückzog, und Grimoald, der beim Tod seines Vaters 24 Jahre alt war. Grimoald war nun Oberhaupt der Pippiniden, außerordentlich unternehmungslustig und, nach dem Bericht des sogenannten Fredegar, von sehr vielen verehrt. Sein Ziel war das Hausmeieramt, das der Erzieher des unmündigen Sigibert III., Otto, innehatte. Zu Grimoalds Gegnern gehörte auch der Herzog von Thüringen, Radulf, dem Dagoberts I. Tod die Möglichkeit gab, die fränkische Schutzherrschaft abzuschütteln. Unterstützt wurde er dabei von Fara, dem Sohn Chrodoalds, den König Dagobert I. auf Anstiften der Arnulfinger hatte töten lassen. Radulfs Aufstand kann aber nicht als nationale Opposition interpretiert werden, er entsprang vielmehr dem Selbständigkeitsstreben eines Herzogs, der die Herrschaft des jungen Merowingerkönigs nicht anerkennen wollte.

Unter diesen Umständen folgte Grimoald gerne König Sigibert III. und dux Adalgisel auf ihrem Feldzug (640/41) gegen Radulf. Aber das austrische Heer wurde vernichtend geschlagen. Der König verdankte es nur dem Eingreifen Grimoalds, daß er mit dem Leben davonkam. Nach der verunglückten Expedition konnte Grimoald die Freundschaft des jungen Herrschers gewinnen. Außerdem gelang es ihm, sich seines Rivalen Otto zu entledigen, den er 642/43 vom Alemannenherzog Leuthar ermorden ließ. Damit war der Weg frei zum Hausmeieramt. »Er hält das gesamte Königreich Austrien in Händen« und verdient die Bezeichnung *rector regni*, die ihm Bischof Desiderius von Cahors, mit dem er in Briefwechsel stand, um 643 zuerkannte.

Grimoald verfügte über sehr ausgedehnten Besitz, der von Friesland bis ins Gebiet zwischen Maas und Rhein reichte. Er hatte Güter in Utrecht und Nimwegen, in Togern, Maastricht, im Tal der Maas und im Gebiet um Reims. Der reiche Landbesitz erlaubte es Grimoald, Klöster zu stiften, in denen er Verwandte und ihm nahestehende Personen unterbrachte. Damit konzipierte er eine Politik, die später auch sämtliche Karolinger befolgten: Er bemühte sich um den Besitz zahlreicher Klöster, denn damit verfügte er über Mönche, die zum einen für seine Familie beteten und zum anderen seine Unternehmungen unterstützten.

Der Zeitpunkt war günstig, denn das von Columban geprägte Mönchtum setzte sich in ganz Austrien durch, nicht nur in den Vogesen, sondern auch im Schelde- und Maasgebiet. Zwei Mönche, die sich besonders hervortaten, Amandus und Remachus, schlossen eine dauerhafte Verbindung mit Grimoald und seiner Familie. Der heilige Amandus war ein Aquitanier, der sich Columban angeschlossen hatte und in Rom zum Bischof geweiht worden war; entsprechend der irischen Tradition hatte er aber kein eigenes Bistum erhalten. Er gründete das Kloster Elno (später Saint-Amand) und predigte von dort aus mit Unterstützung König Dagoberts I. in der nördlichen Gallia. Auf sein Anraten stiftete die Witwe Pippins des Älteren im Jahr 640 auf ihrem Eigengut das Kloster Nivelles. Von den drei dazugehörenden Kirchen wurden Reste zwischen 1941 und 1953 ausgegraben. Es ist bemerkenswert, daß eine dieser drei Kirchen dem heiligen Petrus geweiht war, dessen Verehrung als erster Bischof von Rom damals im südlichen Gallien eben begann. Durch den heiligen Amandus trat Grimoalds Mutter in geistige Verbindung zum Papsttum und zu den Apostelgräbern. Itta hatte sich in Nivelles mit ihrer vierzehnjährigen Tochter Geretrudis niedergelassen. Der Sohn eines austrischen dux, möglicherweise Adalgisel, hatte versucht, sie zur Ehe zu zwingen, aber Geretrudis hatte sich für ein Leben im Dienste Gottes entschlossen. 652, im Todesjahr ihrer Mutter, wurde sie Äbtissin von Nivelles. Ihr erster Biograph, der Verfasser der Vita Geretrudis, berichtet uns, daß die Äbtissin über ein fundiertes theologisches Wissen verfügte und daß sie Handschriften aus Irland und Rom kommen ließ. Ihr Kloster war ein

Doppelkonvent mit Mönchen und Nonnen, der die Mönchsregel Columbans befolgte. Wie der Verfasser ihrer Heiligenvita berichtet, hatte sich ihr Ruf über Austrien hinaus in »ganz Europa« verbreitet. Geretrudis starb 659, im Alter von 33 Jahren. Ihre Nachfolgerin wurde Grimoalds Tochter Vulfetrude, die 669 starb. Der heilige Amandus setzte seine Missionsreise fort und hielt sich drei Jahre in der Diözese Tongern auf, die richtiger Diözese Maastricht heißen müßte, weil sich die Bischöfe immer häufiger in dieser *villa* an der Maas aufhielten. Wahrscheinlich mit Unterstützung Grimoalds gelang es Amandus im Jahr 650, seinen Schüler Remaclus dort zum Bischof wählen zu lassen.

Auch Remaclus stammte aus Aquitanien. Er war der erste Abt des Klosters Solignac bei Limoges, das der heilige Eligius 632 gegründet hatte. Später folgte er dann dem heiligen Amandus in den Norden der Gallia. Im Jahr 643 erscheint sein Name in einer Urkunde, die König Sigibert III. von Austrien für den *vir inluster* Grimoald, seinen Hausmeier, ausstellte. Nach Beratungen mit seinen Bischöfen und Großen hatte der König beschlossen, zu Cugnon an der Semois ein Kloster zu Ehren der heiligen Petrus, Paulus und Johannes zu stiften. Doch ist dieses Projekt anscheinend nie verwirklicht worden. Denn wenig später sah sich der erwähnte Remaclus durch eine weitere Urkunde Sigiberts III. mit der Sorge für die beiden Ardennenklöster Stablo und Malmedy betraut. Sie lagen im Wald, in »einer Gegend des Schreckens und der Einsamkeit, in der Rudel wilder Tiere überhandnehmen«. Der Herrscher stiftete einen Teil des Königsforstes, und Grimoald erhielt den Auftrag, die Mittel zum Bau der Konventsgebäude zu beschaffen: Kloster Stablo wurde an der Amblève, Kloster Malmedy einige Kilometer weiter östlich errichtet. Nach seiner Wahl zum Bischof von Maastricht stand er weiterhin seinen beiden Abteien vor, die einen Doppelkonvent nach irischer Tradition bildeten und die Mönchsregel Columbans befolgten. Grimoald unterstützte die Anfänge von Stablo-Malmedy und beschenkte beide Klöster aus seinem Eigenbesitz und aus den Gütern, die ihm der König überlassen hatte. Dabei ergab sich für ihn die Möglichkeit, irische Mönche aufzunehmen, die auf dem Weg von der Insel nach Neustrien waren. Fursa, der Gründer von Lagny und Péronne, hatte einen Bruder, Foillan, den der neustrische Hausmeier Erchinoald vertrieben hatte. Itta und Geretrudis beherbergten die Iren in ihrem Kloster Nivelles, Grimoald schenkte ihnen Brebona (später Fosses-la-Ville), eine Domäne im Gebiet von Namur, ungefähr vierzig Kilometer südlich von Nivelles. Das hier gegründete Kloster hieß noch im 9. Jahrhundert *monasterium Scottorum* und diente als Stützpunkt für die missionierenden Wandermönche, die den Norden der Gallia durchzogen. Es wäre übertrieben zu behaupten, daß Grimoald Eigenklöster gründete, wie dies später bei den Karolingern üblich wurde. Aber man kann sagen, daß er sich Rückhalt bei den dynamischsten Kräften der damaligen Kirche schuf und das tugendhafte Wirken jener Heiligen, die sich auf seinem Boden niedergelassen hatten, seine Position stärkte.

Als Hausmeier des austrischen Königshofs residierte auch Grimoald in Metz. Diese Stadt sollte nun durch den Besitz der Gebeine Arnulfs, der inzwischen bereits als Heiliger galt, bereichert werden. Die Überführung von Remiremont nach Metz wurde unter dem Nachfolger Arnulfs, dem Bischof Goericus-Abbo, vorgenommen. In Metz wurden Arnulfs Gebeine in der Apostelkirche (später Abtei Sankt Arnulf) geborgen, die im Bereich der Gräberfelder südlich der Stadt lag. Da der heilige Arnulf so in seine Stadt zurückgekehrt war, schien es nur natürlich, daß sein Sohn Chlodulf, Kleriker in Metz, um 656 zum Bischof erwählt wurde – wahrscheinlich nicht ohne das Zutun Grimoalds.

Chlodulf pflegte übrigens die Beziehungen zu dem Kloster Nivelles und zu Remaclus in Stablo. Dieser schickte ihm einen jungen Adligen aus dem Haspengau zur Erziehung, Trudo, einen Vetter Grimoalds. Trudo gründete später auf seiner *villa Sarchinium* ein Kloster (das heutige Saint-Trond) und vermachte sein gesamtes Vermögen der Metzer Kirche. Diese Entwicklungen verstärkten noch die bereits bestehenden Verbindungen zwischen der Region um Metz, dem Stammland der Arnulfinger, und dem nördlichen Teil Austriens mit dem Familienbesitz der Pippiniden.

König Sigibert III. starb 656, erst 26 Jahre alt. Dieser Herrscher wurde zwar in einigen Teilen Lothringens als Heiliger verehrt, aber zu Lebzeiten konnte er sich nie aus der Vormundschaft seines Hausmeiers befreien. So hielt sich Grimoald bereits für stark genug zu einem Schritt, der als »erster Staatsstreich der Karolinger« bezeichnet worden ist: Er hob seinen Sohn auf den austrischen Königsthron.

Der »Staatsstreich« Grimoalds und sein Scheitern

Über Grimoalds Usurpation berichtet nicht mehr der den Pippiniden günstig gesonnene sogenannte Fredegar, sondern der anonyme Autor des wohl 727 in Neustrien verfaßten *Liber Historiae Francorum*. Eine Gegenüberstellung dieses Berichts mit den wenigen übrigen zeitgenössischen Zeugnissen kann dabei helfen, den eigenartigen Versuch darzustellen, den der Sohn Pippins des Älteren zu unternehmen wagte.

Sigibert III., ohne Hoffnung auf eigene Nachkommenschaft, hatte sich dazu bereit gefunden, Grimoalds Sohn zu adoptieren, und ihm den merowingischen Königsnamen Childebert gegeben. Ganz überraschend brachte die Königin aber doch noch einen Sohn zur Welt, der den Namen seines Großvaters, Dagobert, erhielt. Sigibert III. änderte nun seine Nachfolgepläne und beauftragte den Hausmeier Grimoald damit, für die Erziehung des kleinen Dagobert zu sorgen. Als Sigibert III. 656 starb, hätte ihm sein Sohn Dagobert II. folgen sollen. Doch nach dem Bericht des *Liber Historiae Francorum* ließ Grimoald den Knaben zum Mönch scheren und übergab ihn Bischof Dido von Poitiers, der ihn nach Irland brachte. Auf den Königsthron Austriens hob der Hausmeier seinen Sohn Childebert (III.), der den Beinamen »der Adoptierte« erhielt.

Die Überlieferung zu diesen Ereignissen ist in der Forschung viel erörtert worden. Einige Historiker versuchten anhand anderer Quellen den Nachweis zu führen, daß Dagobert II. einige Jahre unter Grimoalds Vormundschaft regierte und dann unter dem Einfluß des Hausmeiers freiwillig beschloß, sich nach Irland zurückzuziehen. Erst danach habe Grimoald seinen Sohn Childebert den Adoptierten auf den Königsthron gesetzt. Es fällt aber sehr schwer zu glauben, daß Dagobert II. wirklich freiwillig, aus Frömmigkeit, Mönch werden wollte und daß er aus rein religiösen Gründen nach Irland ging, auch wenn die Insel damals als Zentrum geistiger Bestrebungen den besten Ruf hatte. Für die Übergabe Dagoberts II. an Bischof Dido wird man Grimoald als Erwartung unterstellen dürfen: Zum Mönch gemacht und im Exil am äußersten Rand des Abendlandes, würde der junge Merowinger für immer von den weltlichen Angelegenheiten ausgeschlossen bleiben.

Ein weiteres Forschungsproblem ist das Verhalten der Neustrier in der ganzen Angelegenheit. Seit dem Tod Dagoberts I. regierte in Neustrien Chlodwig II. unter der Vormundschaft eines Verwandten, des Hausmeiers Erchinoald. Auf dessen Rat hin heiratete der König eine seiner Sklavinnen, die Angelsächsin Balthild, die ihm zahlreiche Söhne gebar. Als im Jahr 656 Sigibert III., der Bruder Chlodwigs II., starb, waren die Neustrier möglicherweise an einer Übereinkunft mit Grimoald interessiert, da durch die Verbannung von Sigiberts III. Sohn die Reichseinheit unter Chlodwig II. wiederhergestellt werden konnte. Jedenfalls ließen es die Neustrier zu, daß Bischof Dido mit Dagobert II. nach Irland übersetzte. Der sogenannte Staatsstreich Grimoalds durchkreuzte dann freilich diese Pläne. Vor diesem Hintergrund wird der Bericht des *Liber Historiae Francorum* verständlich, wonach die Neustrier Grimoald einen Hinterhalt legten und ihn hinrichten ließen, wobei die zeitliche Fixierung dieses Ereignisses schwierig bleibt (661 oder 662?). Grimoalds Frau fiel anscheinend in die Hände eines Austriers mit Namen Frodebert-Chrodebert, der später Bischof von Tours wurde. Da er sie nicht heiraten konnte, ließ er sie in einem Kloster einsperren. Auch Grimoalds Tochter, Äbtissin von Nivelles, hatte unter Verfolgungen zu leiden. Die Neustrier konnten sie zwar nicht zum Rücktritt zwingen, aber sie hielten sich am Klosterbesitz schadlos.

So endete Grimoalds aufsehenerregender Versuch auf tragische Weise. In seinem Wagemut war es ihm gelungen, den eigenen Sohn für einige Zeit zum ersten König aus der Familie der Karolinger zu machen. Sein Scheitern beweist aber, daß die Zeit für eine karolingische Dynastie noch nicht reif war. Die Pippiniden verloren zunächst Macht und Einfluß, in der Folgezeit verstanden sie es dann sehr viel klüger, auf den richtigen Zeitpunkt zum Handeln zu warten.

Die Pippiniden warten auf ihre Stunde

Nach dem Tod Chlodwigs II. im Jahr 657 regierte seine Gemahlin Balthild im Namen ihres unmündigen Sohnes Chlothar III. Ihre politischen Fähigkeiten sind unbestreitbar, denn sie nutzte die Lage nach dem Tod Grimoalds und Childeberts des Adoptierten, um ihren zweiten Sohn, Childerich II., als König von Austrien einsetzen zu lassen. Da er noch unmündig war, wurde er der Witwe Sigiberts III., Himnichilde, und dem Austrier Wulfoald als faktischem Hausmeier anvertraut. Wulfoalds Name erscheint in zahlreichen Urkunden, er war ein sehr begüterter Adliger und wahrscheinlich mit dem Clan der Gonduine-Chrodoine verbündet, die bereits als Rivalen der Pippiniden erwähnt wurden. Wegen der Feindseligkeit des von ihr selbst ernannten neuen Hausmeiers Ebroin mußte sich Balthild um 664 in das von ihr gegründete Kloster Chelles-sur-Marne zurückziehen. Nun folgte eine Periode größer Verwirrungen. Die Adligen beider Teilreiche sorgten, als Verbündete oder Gegner der Hausmeier, ausschließlich für den eigenen Vorteil; sie setzten Könige ein und ab, die nicht mehr waren als Marionetten in den Händen der Mächtigen.

Der einzige, der den Königstitel noch verdiente, war Childerich II. von Austrien, der letzte Merowinger, der über das Gesamtreich herrschte: Als Chlothar III. 673 starb, machte Bischof Leodegar von Autun, ein Neffe Bischof Didos von Poitiers, seinen Einfluß geltend und erreichte, daß die Großen Neustriens und Burgunds Childerich II. als König anerkannten. Bis 675 blieb das Reich vereinigt, und der König garantierte jedem Teilreich die hergebrachte *lex et consuetudo*.

Vielleicht auf Anstiften der Parteigänger Ebroins wurde Childerich II. schon 675 ermordet. Den meisten Einfluß in Austrien gewannen nun der amtierende Hausmeier Wulfoald und der elsässische dux Adalricus-Eticho, ein Vorfahre der bedeutenden Adelsfamilie der Etichonen. Sie verfolgten die Spur Dagoberts II. und holten ihn im Jahr 676 aus Irland zurück. Aber Ebroin und eine Gruppe austrischer Adliger bereiteten eine Verschwörung gegen den König vor, der Dagobert im Jahr 679 schließlich bei Stenay in den Ardennen »auf verräterische Weise durch die List der Herzöge und mit Zustimmung der Bischöfe« zum Opfer fiel. Zur gleichen Zeit verschwand auch Wulfoald aus dem politischen Geschehen.

Es ist aber nicht zu übersehen, daß zwischen all diesen Großen auch noch Parteigänger Grimoalds, seiner Nachfolger und seiner Verwandtschaft existierten. Nach dem Tod von Grimoalds Sohn wurde der Arnulfinger Pippin der Mittlere, Sohn Beggas und Ansegisels, Oberhaupt der Familie. Ansegisel war schon einige Jahre zuvor der Blutrache zum Opfer gefallen, und Begga hatte sich als

Witwe auf Familienbesitz an der Sambre zurückgezogen, wo sie das Kloster Andenne stiftete. Pippin der Mittlere und der mit ihm verwandte dux Martin konnten sich nicht mit dem neustrischen Hausmeier Ebroin verständigen, der davon träumte, die ganze Gallia unter seiner Herrschaft zu vereinigen. Pippin und seine austrischen Anhänger verloren die Schlacht gegen die Neustrier im Bois-du-Fays bei Laon (680). Pippin konnte sich durch die Flucht retten, dagegen wurde Martin in Laon eingeschlossen und auf Ebroins Befehl in hinterhältiger Weise erschlagen.

Doch auch Ebroins Gewaltherrschaft nahm ein tragisches Ende. Er wurde von einem Domänenverwalter erschlagen, der nach seiner Mordtat Zuflucht bei Pippin fand. Das Teilreich Neustrien wurde nun im Namen Theuderichs III. von dem neuen Hausmeier Waratto regiert. In der Folgezeit gelang es Pippin nicht, mit ihm und seinem Sohn Gisilmar einen dauerhaften Frieden zu schließen. Der Krieg wurde wieder aufgenommen, und bei Namur erlitt Pippin erneut eine Niederlage. Als aber Warattos Schwiegersohn Berchar als neuer Hausmeier an die Politik Ebroins anzuknüpfen suchte, erregte er den Unmut vieler Neustrier. Eine Gruppe von Adligen, darunter Reolus, der Bischof von Reims, wandte sich an den austrischen dux Pippin. Ihr Ziel war der Schutz der eigenen Freiheiten und vielleicht in erster Linie die Beendigung des anhaltenden Bürgerkriegs. Pippin bereitete seinen Feldzug sehr sorgfältig vor. Er rief die Männer seiner Besitzungen im Maasgebiet zur Heeresfolge auf und marschierte auf der alten Römerstraße von Tongern über Bavai bis Cambrai. In Tertry bei Saint-Quentin gelang es ihm dann, die Neustrier zu schlagen (687), und diesmal war der Sieg endgültig, die Arnulfinger hatten Grimoald gerächt. Pippin brachte Theuderich III. samt dem Königsschatz in seine Gewalt und war fest entschlossen, seinen Führungsanspruch beim Adel des Gesamtreichs durchzusetzen.

Kapitel III

Das Frankenreich unter der Vorherrschaft Pippins des Mittleren (687–714)

Pippins politische Ziele

Pippin II., der Mittlere, der im 13. Jahrhundert den Beinamen »von Heristal« erhielt, regierte nun das gesamte *regnum Francorum,* also Austrien, Neustrien und Burgund. Er verstand es, durch eine kluge Politik den Adel für sich zu gewinnen. So verheiratete er seinen Sohn Drogo mit Adeltrud, der Tochter des Hausmeiers Waratto und Witwe Berchars. Das neustrische Hausmeieramt behielt er bei und besetzte es mit einem seiner Anhänger, Norbert, dem *comes* von Paris. Am neustrischen Königshof findet man jetzt alte Parteigänger Pippins, darunter Ermenfred, den Mörder Ebroins, und Adlige sowohl gallo-römischer als auch germanischer Abstammung.

Pippin regierte offiziell im Namen des Merowingerkönigs Theuderich III., der mehrfach Urkunden selber unterschrieb und um 690 starb. Pippin ließ den jungen Königssohn Chlodwig III. nachfolgen, dessen nominelle Herrschaft nur vier Jahre dauerte, danach ernannte er dessen Bruder Childebert III. (694–711) zum König. Auf Childebert, der in der Pfalz von Choisy-au-Bac (Oise) starb, folgte Dagobert III. (711–715) (vgl. Stammtafel I). Die von Pippin eingesetzten Könige residierten in neustrischen Pfalzen, darunter Compiègne, Valenciennes, Noisy, Montmacque-sur-Oise, und er ließ den Kontakt zu ihnen nicht abbrechen. Der Kompilator* der *Annales Mettenses priores* (Metzer Annalen), der zu Beginn des 9. Jahrhunderts schrieb und Pippins Bedeutung noch zu vergrößern

* Bearbeiter eines ganz überwiegend nicht selbständig verfaßten, aus wörtlichen Übernahmen zusammengesetzten Werkes (Kompilation). Die Metzer Annalen stützen sich hauptsächlich auf die Reichsannalen und auf die Fortsetzungen des sogenannten Fredegar. (d. Übers.)

suchte, berichtet dazu: »Jedes Jahr am 1. März berief der Hausmeier Pippin eine Reichsversammlung aller Franken. Wegen der Achtung, die man dem Namen des Königs schuldet, ließ er dabei den Vorsitz vom König führen. Dabei empfing der König von allen Großen unter den Franken die jährlichen Geschenke, er hielt eine Ansprache zur Sicherung des Friedens und über den Schutz der Kirchen Gottes, der Waisen und der Witwen, er verbot entschieden Frauenraub und Brandstiftung, schließlich gebot er dem Heer Bereitschaft zum Aufbruch für den festgesetzten Tag. Danach schickte Pippin den König zurück in die *villa* Mamaccae (Montmacq), damit dieser dort mit Respekt und Ehrerbietung bewahrt werde, während in Wirklichkeit der Hausmeier das Frankenreich regierte.«

Dieses Reich bestand aus drei Teilen jeweils eigener Prägung: Austrien, Neustrien und Burgund. Pippin selbst residierte in Austrien, wo seine eigentliche Machtbasis lag und seine Gefolgsleute lebten. Seine Ehe mit Plektrud begründete die Verbindung mit einer Familie, die in der Gegend von Köln und Trier begütert war. Sein Schwiegervater, Pfalzgraf Hugobert (Hucbert), war verheiratet mit Irmina, die nach dem Tod ihres Gemahls die zweite Äbtissin von Oeren wurde (vgl. Stammtafel III). Außer Plektrud stammten aus dieser Ehe noch weitere Töchter, von denen, wie noch zu zeigen sein wird, bedeutende austrische Familien begründet wurden. Pippin der Mittlere konnte sich jedenfalls auf den Adel verlassen, der im Dukat Ripuarien ansässig war, dessen Mittelpunkt Köln bildete. Aber auch die elsässischen Herzöge traten nach einigem Zögern auf die Seite Austriens. Adalricus, der durch die Nebenform Eticho namengebend für die Familie der Etichonen wurde, war zwar ein gewalttätiger Mensch, aber man konnte auf seine Dienste rechnen, wenn die Alemannen den Kampf mit dem Frankenreich suchten.

In Neustrien verlieh Pippin an seine Gefolgsleute Bistümer und Abteien. Auf den Reimser Bischofsstuhl brachte er im Jahr 690 nach dem Tod des Reolus einen ripuarischen Adligen namens Rigobert. Bischof Ansbert von Rouen, der zugleich Abt von Fontenelle (Saint-Wandrille) war, wurde in die Diözese Cambrai verbannt und durch einen gewissen Grifo ersetzt, der anscheinend zur Familie der Arnulfinger gehörte. Saint-Wandrille wurde erst dem Austrier Hildebert, dann Bischof Bainus von Thérouanne verliehen. Pippin praktizierte also eine Art von Säkularisierungspolitik, die sein Sohn Karl

Martell dann, wie noch zu zeigen sein wird, im großen Maßstab fortsetzte. Um 700 ersetzte Pippin den neustrischen Hausmeier Norbert durch seinen eigenen Sohn Grimoald II., so daß Vater und Sohn über die beiden Hausmeierämter im Reich verfügten.

Den nördlichen Teil von Burgund gab Pippin an seinen älteren Sohn Drogo, der den Titel eines dux der Champagne erhielt oder, nach anderer Quelle, den eines dux der Burgunder. Als Drogo im Jahr 708 starb, übernahm sein Bruder Grimoald einen Teil dieser Ämter. Im südlichen Teil von Burgund, in der Gegend von Lyon, ist um 701 ein anderer burgundischer dux belegt, von dem aber nicht mehr überliefert ist als ein möglicher Konflikt mit Bischof Godinus. Nach dem einige Jahrzehnte zurückliegenden Beispiel Leodegars von Autun begannen übrigens die Bischöfe damals mit dem Aufbau eigener Herrschaftsbereiche, ohne damit bei Pippin zunächst Anstoß zu erregen. Im äußersten Süden Burgunds, in der Provence, saß Antenor, der am neustrischen Hof Stellvertreter des Hausmeiers gewesen war und jetzt versuchte, sich unabhängig zu machen.

Im Innern des Frankenreichs gab es also keine großen Probleme, ganz im Gegensatz zu den ernsthaften Bedrohungen von außen. Der Kompilator der *Annales Mettenses* wußte zu berichten: »In dieser Zeit mußte der siegreiche *princeps* Kriege nicht so sehr zur Erhaltung der Herrschaft über die Franken führen als vielmehr zur Unterwerfung verschiedener Stämme, die früher bereits den Franken untertänig waren. Es handelte sich um die Sachsen, Friesen, Alemannen, Bayern, Aquitanier, Basken und Bretonen.« Über Pippins Beziehungen zu den Basken berichten die Quellen nichts, aber es ist belegt, daß er sich zeitweilig für die Ereignisse in Aquitanien interessierte. Im 6. und 7. Jahrhundert war Aquitanien so etwas wie ein Anhängsel der nördlichen Teilreiche, es unterstand den Herrschern von Austrien und Neustrien. Dieses reiche und noch immer von Spuren der römischen Zivilisation geprägte Land hatte sich mit der Oberhoheit der Merowinger aber nie abgefunden, mehrfach war es zu Aufständen der Einwohner gekommen, die im Norden als *»Romani«* bezeichnet wurden. Doch scheiterten alle Versuche zur Erringung der Selbständigkeit. Es sah so aus, als würden die Aquitanier die Schicksalsgemeinschaft mit den Franken hinnehmen, und sie gaben durch ihre Künstler, Gelehrten und Missionare dem nördlichen Teil des Frankenreichs kulturelle und zivilisatorische Impulse.

Die Verbindungen von Metz und Trier mit Aquitanien waren noch im 7. Jahrhundert so eng, daß die spätere, legendenhafte Überlieferung von Verwandtschaftsbeziehungen zwischen den gallo-römischen Senatorenfamilien im Süden und den Arnulfingern berichtet.

Am Ende des 7. Jahrhunderts wurden die Aquitanier jedoch von dem kriegerischen Bergstamm der Basken bedroht, der sich bis zum linken Ufer der Garonne vorschob. Um gegen diese gefürchteten Reiterkrieger zu kämpfen, etablierten sich örtliche Anführer. Gestützt auf den ansässigen Adel und Klerus, versuchten sie, selbständig Politik zu machen. Als Sieger über die Basken profitierte Herzog Lupus von den Konflikten zwischen Ebroin und den Austriern; es gelang ihm, sich südlich der Garonne einen Herrschaftsbereich aufzubauen. Nachdem sich Pippin der Mittlere im Frankenreich durchgesetzt hatte, mußte er sich auch mit Aquitanien befassen. Dies besonders, weil austrische Kirchen Besitzungen südlich der Loire hatten, und weil aquitanische Mönche wie Amandus und Remaclus mit Unterstützung der Pippiniden im Norden des Reiches Klöster gegründet hatten. Über ein eigenes kleines Herrschaftsgebiet verfügten in der Auvergne Bischof Avitus II. von Clermont und, ihm nachfolgend, sein Bruder Bonitus, Abkömmlinge einer alten provençalischen Senatorenfamilie. Beide standen aber in freundschaftlichen Beziehungen zu Pippin. Bonitus trat im Jahr 701 zurück, neuer Bischof wurde ein gewisser Norbert, vielleicht ein Verwandter des Grafen von Paris, vielleicht aber auch dieser selbst. Pippin verfolgte die Ereignisse in Aquitanien aus der Nähe: Nachdem Herzog Lupus gegen Ende des 7. Jahrhunderts vom Schauplatz verschwand, nahm Eudo dessen Stelle ein und erreichte den Rang eines Stammesfürsten. Will man dem Bericht der *Miracula Austrigisili* glauben, ging Pippin gegen Eudo im Berry vor. Er entwarf so eine Politik, die sein Nachfolger dann mit wesentlich mehr Energie weiter verfolgte.

Pippins Erfolge im germanischen Osten

Was Pippin in erster Linie beschäftigte, war zweifellos die von Friesen und Alemannen ausgehende Bedrohung im Norden und Osten. Die Friesen saßen, wie schon erwähnt, im Gebiet der Rheinmündung und versuchten, ihre Herrschaftsgebiete bis zur Schelde auszudehnen. Sie waren zugleich Händler und Piraten, verfügten über eine bedeutende Flotte, und von Dorestad als Ausgangspunkt betrieben sie einen lebhaften Handel mit England und Skandinavien. Das beweisen auch die *sceattas,* Silberprägungen, die bei Ausgrabungen in großen Mengen geborgen werden konnten.

Auf Drängen Bischof Kuniberts von Köln hatte schon König Dagobert I. ein *castellum* in Utrecht errichten lassen, um die Bewegungen der Friesen beobachten zu können, und wohl auch in der Absicht, ihre Christianisierung einzuleiten. Dank dem Entgegenkommen des Friesenführers Aldgild konnten nach 678 zwei angelsächsische Missionare, erst Wilfrid von York, dann Wikbert, das Evangelium predigen. Ihr Werk wurde von ihrem Landsmann Willibrord fortgeführt, einem früheren Mönch des Klosters Ripon bei York. Er ließ sich nach 690 in Friesland nieder, trat aber nicht nur mit den Friesen in Verbindung, sondern auch mit Pippin dem Mittleren. Die Begegnung zwischen dem Missionar und dem Herrn des Frankenreichs war von entscheidender Bedeutung für die Zukunft Frieslands und der Arnulfinger-Karolinger.

Pippin hatte in der Tat bereits beschlossen, die Expansion der Friesen aufzuhalten. In zwei Feldzügen gelang es ihm, den heidnischen Herzog Radbod zu schlagen. Utrecht und Vechten – das Fectio der Römerzeit – konnte Pippin zurückgewinnen. Er erweiterte seine Herrschaft bis zum Alten Rhein, dorthin also, wo schon die Grenze des römischen Reichs verlaufen war. Das neugewonnene Gebiet erlebte eine regelrechte Kolonisationsphase, in der sich fränkische Adlige große Domänen aufbauten. Pippin wollte ursprünglich auch erreichen, daß sich Radbod taufen ließ, aber dieser weigerte sich entschieden. Dazu berichtet die *Vita Vulframni*: Auf die Frage, ob mehr Fürsten der Friesen im Himmel oder in der Hölle seien, wurde Radbod erwidert, seine ungetauften Vorfahren seien gewiß verdammt. Wer aber von jetzt an glaube und sich taufen lasse, erhalte das ewige Leben bei Christus. Da verweigerte der ungläubige Herzog die Taufe und erklärte, er könne auf die Gesellschaft seiner fürstlichen Vorfahren nicht verzichten, nur um mit einer kleinen Schar unbedeutender Begleiter im Himmelreich zu sitzen. Immerhin war er aber damit einverstanden, daß seine Tochter getauft und mit Pippins Sohn Grimoald vermählt wurde. Die fränkische Eroberung wurde von der Gründung zahlreicher Kirchen und der Errichtung des Bistums Utrecht begleitet. Pippin hielt Willibrord für den fähigsten Leiter der neuen Kirche, und mit päpstlicher Zustimmung wurde er auch Bischof – ein wesentlicher Faktor für die spätere Entwicklung der Beziehungen zwischen der neuen Dynastie und Rom.

Die besonders engen Bindungen zwischen der angelsächsischen Kirche und dem Papsttum wurden bereits erwähnt. Es liegt daher nahe, daß Willibrord um das Jahr 692 eine Pilgerreise nach Rom unternahm, um vom Papst Sergius I. den Segen für die geplante Friesenmission zu erbitten. Nach seinem Sieg über Radbod sandte Pippin den erfolgreichen Missionar erneut nach Rom, damit er vom Papst zum Bischof geweiht werde. Sergius war nicht nur dazu bereit, sondern machte Willibrord sogar zum »Erzbischof der Friesen«, was bedeutete, daß nun auch eine neue Kirchenprovinz geschaffen werden sollte. In Utrecht wurde der Grundstein zur Kathedralkirche (Oud Munster) gelegt, die dem Erlöser geweiht war, zweifellos in Anspielung auf das ursprüngliche Patrozinium der Lateranbasilika. Außerdem wurden zwei Bischöfe eingesetzt und einheimische Kleriker ausgebildet. Verschiedene Adlige stifteten Willibrord Ländereien; die wichtigste Schenkung, Echternach, erhielt er von Pippin. Hier wurde dann eines der Zentren für die Heranbildung von Missionaren eingerichtet.

Gestärkt durch die Erfolge in Friesland, wollten Willibrords Schüler ihren Sendungsbereich noch erweitern. So machte sich Missionsbischof Suidbert auf, um zwischen Lippe und Ruhr den fränkischen Stamm der Brukterer zu bekehren. Da aber die Sachsen das südliche Westfalen wieder in ihre Gewalt gebracht hatten, erhielt Suidbert von Pippin eine Rheininsel nahe der heutigen Stadt Düsseldorf als Zufluchtsort. Dort entstand wenig später das Kloster Kaiserswerth. Zwei andere Angelsachsen, Ewald der Weiße und Ewald der Schwarze, die versuchten, die Sachsen zu missionieren, erlitten dabei das Martyrium. Ihre Gebeine ließ Pippin nach Sankt Kunibert in Köln überführen. Weiter im Osten waren die Thüringerherzöge Theotbald und Heden II. (†717) dem Christentum günstig gesonnen; sie verliehen Willibrord Besitzungen in der Gegend von Kitzingen am Main.

Die Herzöge der Alemannen und der Bayern als südöstliche Nachbarn Austriens hatten bisher die Oberherrschaft der weit entfernt residierenden Merowingerkönige anerkannt; jetzt aber wollten sie fränkischen duces nicht untertan sein. Dazu berichtet das Breviarium Erchanberts: »In jener Zeit wollten der Alemannenherzog Gottfried und die übrigen Herzöge ringsum den Herzögen der Franken nicht gehorchen, weil sie nicht den Merowingerkönigen dienen konnten, wie sie es zuvor gewohnt waren. Deshalb hielt sich jeder für sich.« Für den Augenblick fand sich Pippin mit dieser Lage ab. Als Herzog Gottfried starb (wohl 709), unternahm er jedoch vier Feldzüge gegen dessen Nachfolger und bezog Alemannien wieder in die Einflußsphäre des Frankenreichs ein, ohne dabei jedoch das Herzogtum zu annektieren (vgl. Karte II).

In Bayern bemühten sich die Agilolfinger-Herzöge intensiv um eine selbständige Politik. Aufgrund der geographischen Lage ihres Herrschaftsbereichs orientierten sie sich nicht nur an ihrem Stammland Austrien, sondern genauso am Langobardenreich. Als erster Bayernherzog war sich Theodo (ca. 680–725/28) voll bewußt, welche Macht er repräsentierte. Er zielte darauf ab, sein Herzogtum zu einem bedeutenden Reich auszubauen. Zwischen Bayern und dem Langobardenreich unter König Liutprand (seit 712) bestanden enge Beziehungen. Wie Liutprand wollte auch Theodo für seinen Machtbereich eine eigenständige Kirchenorganisation aufbauen. Möglicherweise ließ er deswegen den Wormser Bischof Chrodobert-Rupert kommen und übertrug ihm die alte Römerstadt Juvavum, heute Salzburg. Etwa gleichzeitig nahm er den aquitanischen Missionsbischof Emmeram in Regensburg auf, während sich ein anderer Missionar, Corbinian, in Freising niederließ. Aber Theodo wollte mehr: Ihm ging es um förmliche Bistumsgründungen in Regensburg, Salzburg, Freising und Passau. Er wandte sich in dieser Angelegenheit an den Papst, und während einer Pilgerreise nach Rom im Jahr 716 bat er bei Gregor II. um die Errichtung bayrischer Bistümer. Wegen des wachsenden Interesses an der Bekehrung der germanischen Länder stand die Zustimmung der Kurie außer Frage. Eine Gesandtschaft ging von Rom nach Bayern, um dort die Diözesanordnung einzurichten. Der Tod Theodos (725 oder später) und die Teilung des Herzogtums unter seine Söhne machten aber die Verwirklichung des Projekts unmöglich. Pippin der Mittlere gab sich damit zufrieden, daß die Beziehungen zu Bayern weiterbestanden und daß er für seine Familie Eheverbindungen zu den Agilolfingern herstellen konnte.

Klöster und Pfalzen

Pippin war es durch eine geschickte Politik gelungen, sich Achtung bei den Stammesherzögen zu verschaffen und den Frieden in Mitteleuropa herzustellen. Er war zwar *princeps Francorum*, blieb aber in erster Linie Herzog von Austrien, dem Land seiner Vorfahren. Wie sein Onkel Grimoald wußte auch er, daß seine Macht um so größer würde, je mehr er sich auf Kirchen und Klöster stützen konnte, die ebendamals im Begriff standen, in den Eigenbesitz großer Adelsfamilien überzugehen. Auf Ländereien von Pippins Mutter Begga wurde das Kloster Andenne gegründet; in Lobbes bei Lüttich setzte Pippin Abtbischof Ursmar († 713) ein, dessen Nachfolger Ermino wurde. Nördlich von Maastricht, im Maasgau *(in pago Mosao)*, wurden drei Klöster gegründet: Odilienberg (bei Roërmond), dessen erster Abt nach der örtlichen Überlieferung ein Geistlicher aus Pippins Gefolgschaft wurde, dann Susteren, das Willibrord von Pippin und dessen Gemahlin als Geschenk erhielt, schließlich das nahegelegene Aldeneyck, wo sich Harlindis, Reinila und deren Verwandtschaft um 705–710 niederließen. In der Diözese Trier gründete Liudwin, ein Gefolgsmann Pippins und späterer Bischof der Stadt, das Kloster Mettlach, das dem heiligen Dionysius geweiht war. Die Verehrung dieses Heiligen verbreitete sich in Austrien, seit Pippin Paris (mit dem Kloster Saint-Denis) an sich gebracht hatte. Seine Schwiegertochter Adela stiftete ein Kloster in Pfalzel (*Palatiolum* = kleine Pfalz), einer ehemaligen römischen *villa* am Ufer der Mosel. Schließlich besaßen die Arnulfinger-Pippiniden mit Echternach ein regelrechtes Familienkloster. Pippins Schwiegermutter Irmina hatte Willibrord Ländereien für die Erstgründung geschenkt. Pippin und Plektrud erweiterten dann mit Urkunde vom 13. Mai 706 den Klosterbesitz und legten fest, daß der Abt und dessen Nachfolger Schutzbefohlene der Stifterfamilie bleiben sollten: »Wir gestehen zu, daß sie nach Willibrords Ableben einen aus ihren Reihen erwählen und zum Abt machen, aber nur unter der Bedingung, daß er uns und unseren Erben in allen Dingen die Treue bewahre und daß sie unter unserer Schutzherrschaft verbleiben.«

Pippins bevorzugte Aufenthaltsorte lagen auf seinen Besitzungen im Maasgebiet: Herstal, Jupille und das beherrschend über der Vesdre gelegene Chèvremont. Die Maas war damals bereits ein wichtiger Handelsweg; in den Zentren Namur, Huy und Maastricht wurden Münzwerkstätten betrieben. Lüttich war zunächst nur eine *villa* des Bischofs von Tongern-Maastricht, doch unter Pippins Herrschaft wurde es Bischofssitz. Bischof Lambert, den Pippin wieder in sein Amt eingesetzt hatte, wurde 705 in Lüttich ermordet. Sein Schüler und Nachfolger Hubert ließ die Gebeine Lamberts um das Jahr 718 von Maastricht nach Lüttich überführen und residierte von nun an in diesem kleinen Marktort, nahe an den Besitzungen der Arnulfinger-Pippiniden (vgl. Karte IV).

Pippin der Mittlere, häufig von Krankheiten geplagt, mußte im fortgeschrittenen Alter an die Regelung der Nachfolgefrage denken. Sein älterer Sohn Drogo war 708 gestorben und in Metz in einer Klosterkirche bestattet worden, die ungefähr zu dieser Zeit den Namen Sankt Arnulf erhielt. Drogo hatte vier Söhne, von denen Hugo, zum Geistlichen bestimmt, im Jahr 720 Bischof von Rouen wurde, während von dux Arnulf, Gottfried und Pippin nicht mehr als die Namen überliefert sind. Pippins jüngerer Sohn Grimoald wurde im Jahr 714 auf dem Weg nach Jupille ermordet, als er in Lüttich in der Kirche des heiligen Lambert beten wollte. Pippin der Mittlere hatte jedoch noch zwei weitere Söhne, Childebrand und Karl, die aus der Verbindung mit seiner Friedelfrau (Konkubine) Chalpaida stammten. Beide wurden zwar vom Vater bei der Nachfolgeregelung für das Hausmeieramt übergangen, aber nicht, weil sie als illegitim gegolten hätten: Bei den Adelsfamilien germanischer Abstammung war die Mehrehe verbreitet, ein Zustand, an dem sich noch auf längere Sicht nichts ändern sollte. Bezeichnenderweise war es Grimoalds Bastardsohn, der sechsjährige Theudoald, den Pippin bei den Großen als neuen Hausmeier durchsetzte. Diese Wahl war zweifellos von seiner Gemahlin Plektrud beeinflußt. Ihr Ziel war es, die Söhne Chalpaidas von der Nachfolge auszuschließen und selber das Reich zu regieren. Von Alter und Krankheit geschwächt, fügte sich Pippin in diese Nachfolgeregelung; er starb am 16. Dezember 714.

Kapitel IV

Das Frankenreich unter Karl Martell (714–741)

Die Probleme der Anfangsjahre

Pippins des Mittleren Herrschaft über das Frankenreich hatte weitgehend auf der starken Wirkung seiner Persönlichkeit beruht. Nach seinem Tod übernahm aber eine Frau die Macht, und da die Stellung der Arnulfinger im Reich noch nicht genügend gefestigt war, erschien die neue Situation für die eben von Pippin Unterworfenen als günstige Gelegenheit zum Aufstand. Der Adel Neustriens, der den Sieg der Austrier nur widerwillig anerkannt hatte, kämpfte nach dem Bericht einer Fortsetzung des sogenannten Fredegar »gegen Theudoald und die Leute der verstorbenen Pippin und Grimoald«. Die Austrier unterlagen im Forst von Cuise (bei Compiègne), und so benützten die Neustrier den Tod Dagoberts III. (715), um einen neuen König ihrer Wahl einzusetzen. Sie holten den Mönch Daniel aus seinem Kloster, einen wirklichen oder angeblichen Sohn Childerichs II., den sie als Chilperich II. zum König ausriefen. Die tatsächliche Macht lag allerdings in den Händen Raganfreds, der nun neustrischer Hausmeier geworden war. Er begann damit, Anhänger Pippins aus einflußreichen Stellungen zu vertreiben. So wurde Abt Bainus-Benignus von Fontenelle (Saint-Wandrille) durch Abt Wando ersetzt, und nach dem Zeugnis einer Urkunde des Jahres 716 mußte Abt Grimo von Corbie einem gewissen Sebastian weichen. Für seinen Angriff auf Austrien fand Raganfred Unterstützung bei Theudoalds Großvater, dem Friesenherzog Radbod, und sogar bei den Sachsen. Er entschied sich schließlich für den Weg von Reims nach Köln, durchquerte den Kohlenwald, der die Grenze zwischen Neustrien und Austrien bildete, und stieß bis nach Köln vor. Dorthin, in den Hauptort des Dukats Ripuarien, hatte sich Plektrud zurückgezogen. Es gelang Raganfred, einen Teil des von Pippin aufgehäuften Königsschatzes in seine Hand zu bekommen (716).

Zu diesem Zeitpunkt griff Karl, der Sohn aus Pippins Nebenehe, in das Geschehen ein. Bis 714 hatte er in der unmittelbaren Umgebung seines Vaters gelebt, von ihm hatte er den Namen Karl erhalten, den bis dahin noch kein Mitglied der Familie getragen hatte. Jetzt sollte der Name freilich bedeutungsvoll werden, denn auf ihn geht die Bezeichnung »Karolinger« zurück. Karl war damals knapp dreißig Jahre alt, also im Vollbesitz seiner Kräfte. Zwar ist über seinen Charakter nichts überliefert, aber aus seinen Handlungen kann man auf besondere Energie und politische Fähigkeiten schließen. Nach Pippins Tod mißtraute ihm Plektrud zutiefst und ließ ihn in Haft halten. Durch glückliche Umstände konnte Karl entkommen, er vereinigte sich mit Anhängern und versuchte, die heranrückenden Friesen zu schlagen. Dabei unterlag er allerdings, so daß er sich auf seine Besitzungen in den Ardennen zurückziehen mußte. Er überraschte dann das von Köln zurückkehrende neustrische Heer und fügte ihm bei Amblève nahe dem Kloster Malmedy schwere Verluste zu (716). Anschließend gewann Karl einige Orte zurück, darunter Verdun, das Wulfoald, der Enkel des Hausmeiers König Dagoberts II., gehalten hatte, ein überzeugter Anhänger der Merowinger. Da Bischof Poppo von Verdun Karls Sieg unterstützt hatte, erhielt er einige Besitzungen als Belohnung, die seine weltliche Macht vergrößerten. Im folgenden Jahr (717) gelang Karl zunächst weder der Friedensschluß mit Neustrien noch die Rückeroberung von Reims, wo Rigobert Bischof war. In Vinchy, acht Kilometer von Cambrai entfernt, konnte er dann jedoch seine Gegner stellen und errang am 21. März 717 einen vollständigen Sieg über die Neustrier, die bis Paris zurückweichen mußten.

Trotzdem fühlte er sich noch nicht stark genug, um endgültig mit seinen Feinden abzurechnen: Ihm fehlten Geldmittel und ein Scheinkönig, in dessen Namen er regieren konnte. Er zog es daher vor, nach Austrien zurückzukehren und Plektrud zu zwingen, ihm die Reste von Pippins Königsschatz auszuliefern. Plektrud starb Jahre später in Köln und wurde in der von ihr gestifteten Kirche Sankt Maria im Kapitol bestattet. Karl übernahm das Amt des austrischen Hausmeiers und ernannte einen Merowingerherrscher, Chlothar IV., vielleicht ein Sohn König Theuderichs III. In erster Linie ging es ihm nun darum, die Grenzen seines »Königreichs« zu sichern: 718 trieb er die Sachsen bis zur Weser zurück, und nach dem Tod Herzog Radbods (719) fiel es ihm nicht schwer, auch die Friesen zum Rückzug zu zwingen.

Es erscheint wenig wahrscheinlich, daß sich Karl, wie seine Vorfahren, mit der direkten Herrschaft über Austrien zufriedengeben wollte. Sein Ziel blieb die endgültige Abrechnung mit den Neustriern. Diese waren bei ihren erneuten Bemühungen um Bundesgenossen auf Aquitanien gestoßen. Wie erwähnt, hatte sich hier Herzog Eudo so etwas wie ein selbständiges Reich aufgebaut, vielleicht wollte er sogar König werden. Eudo rief die Basken zu den Waffen, die tüchtigsten Krieger Aquitaniens, und marschierte mit seinem Heer zur Unterstützung der Neustrier nach Norden, bis Paris. Sofort schlug Karl zurück und siegte 719 bei Soissons. Eudo konnte sich durch die Flucht retten, mit sich führte er den kleinen König Chilperich II. und dessen Schatz. Der neustrische Hausmeier Raganfred entkam nach Angers, wo er sich ein kleines Herrschaftsgebiet sichern konnte. Eudo kam nun zu der Überzeugung, daß er verhandeln mußte. Er war bereit, Frieden mit Karl zu schließen. Im Jahr 720 übergab er ihm König Chilperich samt dessen Schatz. Da Chlothar IV., König von Austrien, schon 719 gestorben war, konnte Chilperich jetzt, unter der Vormundschaft Karls, des Hausmeiers beider Teilreiche, König von Austrien und Neustrien werden. Als Chilperich II. starb, wurde er durch einen Sohn Dagoberts III., Theuderich IV., ersetzt.

Karl beherrschte nun beide Teilreiche, wie sein Vater nahm er die Stellung eines *princeps* ein.

Dennoch war seine Lage noch immer unsicher. Er mußte mit einigen geistlichen und weltlichen Großen rechnen, die Einhard später als »Gewaltherrscher« bezeichnete und die sich selbständige kleine Herrschaftsbezirke im Norden des Reichs aufgebaut hatten: Raganfred saß in Angers und blieb dort bis zu seinem Tod im Jahr 731; Godinus, Bischof von Lyon, herrschte unangefochten in seinem Gebiet; Savaricus, Bischof von Orléans und Auxerre, träumte von der Wiedererrichtung eines *ducatus Burgundiae;* seine Nachfolger Ainmarus in Auxerre und Eucherius in Orléans hielten an seinen ehrgeizigen Plänen fest. Aber auch die Herzogtümer in Randlage, Bayern und Alemannien, entglitten der Kontrolle Karls, während im Norden die Friesen zur Wiederaufnahme ihrer Angriffe bereit waren. Als wahrer Beherrscher des Reiches mußte sich der Karolinger also an allen Fronten zur Wehr setzen und nach geeigneten Mitteln suchen, um zu verhindern, daß sein eben errungener Sieg über die Neustrier entwertet wurde.

Karls Gegenmaßnahmen

Um seine Herrschaft in Neustrien zu festigen, brachte Karl, wo immer er konnte, Anhänger und Verwandte in einflußreiche Stellungen. Der Politik seines Vaters folgend, sicherte er sich wichtige Orte in der Kirchenprovinz Rouen. Abt Wando von Fontenelle (Saint-Wandrille), den Roganfred eingesetzt hatte, wurde nach Maastricht verbannt. Ihn ersetzte Karl durch seinen Neffen Hugo, der nicht nur Abt von Fontenelle und von Jumièges wurde, sondern außerdem auch Bischof von Rouen, von Bayeux und sogar von Paris. Auf ihn folgte ein gewisser Raganfred in Rouen; ein Alemanne namens Teutsind wurde gleichzeitig Abt von Fontenelle und Sankt Martin in Tours, und nach ihm kam der Laie Wido, vielleicht ein Verwandter von Karls Gemahlin Rotrud.

In Le Mans, dem wichtigen Ort zwischen Seine und Loire, wurde Bischof Herlemundus zunächst durch einen verläßlichen Laien, Charivius-Herveus, ersetzt, einen Sohn des Grafen Rotger. Auf ihn folgte sein Bruder Gauciolenus, ein völlig ungebildeter Geistlicher, was unter den Bischöfen dieser Zeit jedoch keine Ausnahme darstellt. Graf Agatheus wurde Bischof von Nantes und gleichzeitig Abt des Klosters Redon. Im Norden des Reichs wurde Abt Celestius von Sankt Peter in Gent abgesetzt; er beendete sein Leben in Rom. Nach Corbie kehrte Abt Grimo zurück, der das Kloster erneuerte und in der Folgezeit eine Vermittlerrolle zwischen Karl und dem Papst spielte. Bischof Rigobert von Reims, der seine Stellung nicht räumen wollte, wurde von Karl auf ein Landgut verbannt. Für ihn wurde Milo eingesetzt, ein Angehöriger der Familie der Widonen. Milos Vater Liudwin war Bischof von Trier und Gründer des Klosters Mettlach an der Saar. Sein Sohn, der vielleicht an der Seite

Karls in der Schlacht von Vinchy gekämpft hatte, wurde Nachfolger des Vaters in Trier und in Mettlach. Dann übertrug ihm Karl das Erzbistum Reims, das er bis 744 behaupten konnte. Bischof Milo hängt zwar der Ruf eines gewalttätigen und sittenlosen Mannes an, aber er war einer der wirkungsvollsten Helfer der Politik der frühen Karolinger. Bistümer und Abteien waren also in die Hände treuer Gefolgsleute gegeben. Mochte darunter das kirchliche Leben auch leiden – politisch ging die Rechnung jedenfalls auf.

Es genügte jedoch nicht, nur über verläßliche Männer zu verfügen. Notwendig war vielmehr, sie durch ein dauerhaftes Gefolgschaftsverhältnis zu binden. Karl zog dabei Vorteil aus der Anwendung des Lehnswesens, das seit dem 7. Jahrhundert zu einer der Grundlagen der abendländischen Gesellschaft wurde.

Die Ursprünge des Lehnswesens können hier nicht ausführlicher erörtert werden. Aber es ist daran zu erinnern, daß seit dem 6. Jahrhundert zunehmend personale Bindungen entstanden: Von den schwierigen Zeitumständen gezwungen, waren Menschen bereit, sich dem Schutz großer Herren zu unterstellen und dafür Dienste zu leisten. Einen guten Beleg für die Rechtsformen, die das Verhältnis zwischen zwei ungleich gestellten Männern regeln, enthalten die *Formulae Turonenses*, eine in Tours zu Beginn des 8. Jahrhunderts entstandene Formelsammlung:

»*Wer sich in die Gewalt eines anderen kommendiert.*

An den großherzigen Herrn... N, ich... n.

Da es allgemein bekannt ist, daß es mir an Nahrung und Kleidung fehlt, habe ich mich bittend an Eure Barmherzigkeit gewandt und habe freiwillig beschlossen, mich in Eure Munt (Schutzgewalt) zu begeben und zu kommendieren. Und das habe ich getan unter der Voraussetzung, daß Ihr mich mit Speise und Kleidung unterstützt und unterhaltet in dem Maße, in dem ich Euch dienen und so Eure Hilfe verdienen kann. Bis zu meinem Tod muß ich Euch dienen und gehorsam sein, wie ich es als Freier vermag. Zeitlebens werde ich mich Eurer Gewalt und Munt nicht entziehen können, vielmehr werde ich, solange ich lebe, unter Eurer Schutzgewalt stehen. Und daher kamen wir überein: Falls einer von uns beiden sich diesen Abmachungen entziehen sollte, muß er seinem Vertragspartner soundso viel Schillinge bezahlen; die Vereinbarung selber bleibt jedoch trotzdem gültig. Es wurde deshalb für richtig befunden, daß zwei Urkunden gleichen Wortlauts von den Vertragschließenden verfaßt und bestätigt werden, was sie hiermit auch getan haben.«

Dieser Eintritt in die Schutzgewalt eines Herrn, die Kommendation, war ursprünglich ein rein privater Vorgang, aber er wurde allmählich zu einem gestaltenden Gesellschaftselement. Auf sich allein gestellt zu sein, bedeutete in der damaligen Zeit eine tödliche Gefahr, es war zwingend notwendig, in den Dienst eines Mächtigen zu treten, seine Patronage zu gewinnen. So wuchs die Zahl der »unfreien Freien«, wie sie in einer Quelle bezeichnet werden. Solange die Merowingerkönige mächtig warten, trat man bevorzugt in ihren Schutz, aber inzwischen war der Hausmeier zum wirklichen Machthaber geworden, an den man sich wandte. Die *Formulae Marculfi,* eine zwischen der Mitte des 7. und dem Beginn des 8. Jahrhunderts erstellte Sammlung, enthalten auch das Formular einer Schutzerklärung *(carta mundeburde).* Zwar wird der Rechtsakt förmlich vom König erlassen, aber zugesichert wird die Protektion des Hausmeiers: »Es ist gerecht, daß die Königsmacht denen Schutz gewährt, deren Bedürftigkeit erwiesen ist. Deshalb möge Eure Herrlichkeit und Wohlfahrt wissen, daß wir den Bischof ... N oder den verehrungswürdigen ... N aus dem Kloster ... n, zu Ehren des heiligen ... N erbaut, förmlich unter unseren Schutz gestellt haben, mit allen seinen Besitzungen, seinen Bediensteten, seinen Freunden, allen seinen rechtmäßigen Vertretern, wer immer sie seien. Dies geschah auf seine Bitten wegen der unrechtmäßigen Angriffe schlechter Leute. Das Schutzversprechen ist so zu verstehen, daß der Betreffende unter Schutz und Munt des ... N, unseres Hausmeiers, mitsamt allem seinem Kirchen- oder Klosterbesitz in sicherem Frieden leben möge....« Wer sich an einen Herrn (*dominus,* häufiger *senior* – davon französisch *seigneur*) übergab, wird dessen »Mann« *(homo).* Dafür begegnet zu Beginn des 8. Jahrhunderts in der *Lex Alamannorum* und der *Lex Baivariorum* als neuer Ausdruck die Bezeichnung *vassus,* ein Wort keltischen Ursprungs. Es hat sich so allgemein durchgesetzt, daß man seitdem von der »Vasallität« sprechen kann.

Die vasallitische Kommendation enthielt nicht bloß die Schutzverpflichtung eines Herrn gegenüber seinem Mann, sondern verlangte auch, daß der Vasall Hilfe leistete. In einer Zeit, in der sich die Großen gewaltsam durchsetzten, bestand diese Hilfe in erster Linie im Kriegsdienst. Die Adligen gewannen sich die Gefolgschaft tüchtiger Männer, die jederzeit bereit waren, tatkräftig für ihre Interessen einzutreten. Wer die größte Anzahl von Getreuen um sich sammelte, konnte sich gegen seine Mitbewerber durchsetzen. Der Hausmeier und sein Clan umgaben sich mit ihren ergebenen Kriegern, die von der Aussicht auf Kriegstaten, vor allem auf reichliche Belohnung angelockt wurden.

Denn jeder Dienst verlangte natürlich eine angemessene Gegenleistung. Um sich ihre Gefolgsleute zu verpflichten, schenkten die Adligen nicht nur Geld, sie vergaben auch Landbesitz als die unabdingbare Voraussetzung jeden Vermögenserwerbs. Die Merowingerkönige waren auf diesem Gebiet besonders großzügig und verteilten einen Großteil der Krondomäne, des sogenannten *fiscus,* was nach und nach dazu führte, daß ihnen disponible Vermögenswerte fehlten und sie infolgedessen außerstande waren, sich eine weitere Klientel zu verpflichten. Wie schon erwähnt, besaßen die Arnulfinger-Pippiniden ausgedehnten Grundbesitz, den sie auch zur Ausstattung von Klöstern heranzogen. Sie wollten jedoch vermeiden, daß durch die Vergrößerung ihrer Gefolgschaft ihr Vermögen an Grund und Boden zu nichts zusammenschmolz. Deswegen griff Karl Martell auf Kirchenbesitz zurück, nach Ansicht von Jean Dhondt »ein Geniestreich, der die Macht der Karolinger begründet hat«. Viele Forscher, vor allem Spezialisten der Kirchengeschichte, haben Karl deswegen der Säkularisation von Kirchenbesitz beschuldigt. Doch haben zahlreiche Herrscher vor und nach ihm ebenso gehandelt, ohne einer derartigen *damnatio memoriae* zu verfallen. Wie noch gezeigt werden wird, war Karl ein persönlich frommer Herrscher und wohlwollend gegenüber Äbten und Bischöfen, die seine Ziele unterstützten. Er hat nichts anderes getan, als gegebene Umstände für die Befestigung der eigenen Macht auszunutzen, und er hatte Erfolg dabei.

Seit langem sieht die Forschung einen Zusammenhang zwischen den »Säkularisationen« Karl Martells und der Aufstellung eines berittenen Heeres, das die Franken bis dahin nicht gekannt hatten. Sie waren Kämpfer zu Fuß, bewaffnet mit Wurfaxt, Lanze, zweischneidigem Langschwert (bis zu 90 cm lang) und Kurzschwert. Sie schützten sich durch ein Lederhemd, das mit Metallplättchen (Metallschuppen) besetzt war, durch einen konischen Helm und einen großen Holzschild. Zwar gab es nach dem Zeugnis Gregors von Tours bereits einzelne Berittene, doch nur als seltene Ausnahme. Die Ausrüstung eines Kriegers zu Pferd erforderte den Einsatz erheblicher Mittel: Nach der *Lex Ribuaria* betrugen die Kosten für die Ausrüstung eines Pferdes vierzig Schillinge, das entsprach dem Wert von zwanzig Rindern. Dabei sind noch unberücksichtigt Futterkosten, Zaumzeug und der Unterhalt der Männer, die dem Berittenen folgten. Der Steigbügel, dessen Verwendung wahrscheinlich durch die Awaren im 7. Jahrhundert verbreitet wurde, erlaubte dem Reiter den erfolgreichen Einsatz von Lanze und beidhändig geführtem Schwert. Das fränkische Aufgebot wurde freilich nicht schlagartig aus einem Fußheer zu einer Reiterarmee umgebildet. Es ist durchaus denkbar, daß die bessere Ausrüstung der Krieger und die Einführung des Steigbügels eine neue Kriegstaktik als Voraussetzung für die Siege Karl Martells ermöglicht haben. Doch hatte der Entwicklungsprozeß eben erst begonnen, der die Reiterei zur schlachtentscheidenden Waffe des Mittelalters werden ließ.

Karl Martell und die Grenzsicherung des Reiches

Während Karl sich im Norden des Frankenreiches durchsetzte, erweiterte er gleichzeitig seinen Einfluß in den Randgebieten, gestützt auf militärische Macht, aber auch auf den Einsatz von Missionaren. Dabei denkt man in erster Linie an die überragende Rolle des Angelsachsen Bonifatius, »der die Geschichte Europas tiefgreifender beeinflußt hat als jemals irgendein anderer Engländer« (Christopher Dawson).

Der Tod Herzog Radbods im Jahr 719 war in Friesland allgemein als das Ende eines Alptraums begrüßt worden. Von Antwerpen und Utrecht aus konnte Willibrord nun die Christianisierung dieses Gebietes fortsetzen. Er hatte 716 und 719 die Hilfe seines Landsmanns Winfrid, des künftigen Bonifatius, erhalten, den er gerne zu seinem Nachfolger in Utrecht gemacht hätte, doch fühlte sich Bonifatius für ein anderes Missionsgebiet berufen. Die Ausbreitung des Christentums in Friesland wurde 734 durch den Aufstand Herzog Bubos unterbrochen. Diesmal wollte Karl Martell die friesische Gefahr endgültig beseitigen und wandte ein neues Mittel an: den kombinierten Angriff zu Wasser und zu Land. Er brachte einige Schiffe zusammen und drang in den Norden Frieslands vor. Nachdem er den Herzog durch Verrat hatte töten lassen, zerstörte er die heidnischen Heiligtümer, machte viel Beute und legte die friesische Grenze bis an die Lauwers zurück. Unter dem Schutz der Krieger Karl Martells konnten Willibrords Schüler nun ihre Missionstätigkeit wiederaufnehmen. Bonifatius freilich war nicht mehr beteiligt. Er hatte von Papst Gregor II. den Missionsauftrag für Germanien erhalten.

Bonifatius hatte im Jahr 719 eine Pilgerreise nach Rom unternommen. Papst Gregor II. wollte, wie sein Vorgänger gleichen Namens, gerne die heidnischen Barbaren bekehren, und er erkannte, welche Vorteile ihm dabei dieser Angelsachse bringen konnte. Er schickte ihn nach Germanien und gab ihm einen Brief mit auf den Weg, der den genauen Missionsauftrag enthielt. Bonifatius sollte den Heiden das Christentum predigen und die Heilige Schrift bei den Unkundigen in angemessener Weise verkünden. Er sollte sich ferner nach der römischen Liturgie richten und mit dem Papst in Verbindung bleiben.

Bonifatius begann sein Bekehrungswerk in Thüringen und in Hessen. Obwohl diese Gebiete dem Frankenreich einverleibt worden waren, gab es nur schwache Ansätze der Christianisierung; außerdem bestand eine dauernde Bedrohung durch Angriffe der Sachsen. Karl Martell konnte hier nicht mehr tun, als die Politik der Merowinger fortzusetzen: Er veranlaßte eine Reihe von Strafexpeditionen gegen die Sachsen, um so die Bevölkerung Hessens und Thüringens zu schützen. Der Hausmeier sorgte für den Unterhalt der Straßen und ließ Befestigungen anlegen. Einige davon konnten archäologisch nachgewiesen werden, so die Kesterburg (heute Christenberg) nördlich von Marburg. Unter dem Schutz fränkischer Waffen gründete Bonifatius sein erstes Kloster in Amöneburg. 723/24 fällte er die berühmte Donarseiche von Geismar und gründete nahe dabei das Kloster Fritzlar. Zu diesen ersten Erfolgen kam noch Bonifatius' erneute Reise nach Rom, wo er von Gregor II. die Bischofsweihe erhielt (722). Außerdem übergab ihm der Papst Empfehlungsbriefe an mächtige Adlige im Frankenreich, in Thüringen und vor allem an

Karl Martell selbst. Dieser ließ ihm in seiner Kanzlei einen Schutzbrief ausstellen, der an die Bischöfe, Herzöge, Grafen, an alle Unterbeamten und Sendboten im Reich gerichtet war und mit dem er Bonifatius förmlich in seinen Schutz und Schirm aufnahm (723). Diese Unterstützung war auch notwendig, denn einige Gefolgsleute Karls, darunter besonders Bischof Gerold von Mainz, waren mit den Maßnahmen des landfremden Angelsachsen durchaus nicht einverstanden. Nach Gerolds Tod im Kampf gegen die Sachsen wurde sein Sohn Gewilib Nachfolger im Bischofsamt; er blieb für Bonifatius zeitlebens ein hartnäckiger Widersacher.

Trotz dieser Schwierigkeiten konnte Bonifatius seine Missionserfolge ausbauen, denn er bekam neue Helfer. So fanden sich vor allem Landsleute zu seiner Unterstützung ein, aber auch fränkische Große leisteten Hilfe, darunter Bischof Gregor von Utrecht, Enkel der Adela von Pfalzel. In rascher Folge konnte Bonifatius neue Klöster gründen: Ohrdruf (südlich von Gotha) auf dem Besitz eines Thüringer Adligen, ferner im Maingebiet Tauberbischofsheim, Kitzingen und Ochsenfurt, die er zwei angelsächsischen Nonnen, Lioba und Thekla, anvertraute. Mehr noch: Gegen den Willen der austrischen Bischöfe konnte er die drei Bistümer Würzburg, Büraburg und Erfurt gründen, die bestimmt waren, eine neue Kirchenprovinz zu bilden. Schon 732 hatte Papst Gregor III., den Absichten seines Vorgängers entsprechend, Bonifatius das Pallium verliehen, der somit als Erzbischof kanonisch Bistümer einrichten konnte. Es handelte sich also nicht um eine bloße Auszeichnung ehrenhalber, sondern um eine Bekräftigung der engen Bindungen zwischen dem Papst und Bonifatius, der dadurch über die austrischen Bischöfe erhoben wurde. Aber Rom war weit entfernt, die kirchliche und moralische Autorität des Papstes konnte die konkrete Hilfe des Hausmeiers keinesfalls ersetzen. In einem Brief an Bischof Daniel von Winchester wird das von Bonifatius selbst eingestanden: »Ohne den Schutz des Frankenfürsten kann ich weder das Volk der Kirche leiten, noch die Priester und Geistlichen, die Mönche und die Gottesmägde beschirmen, noch ohne seine Anordnungen und ohne die Furcht vor ihm heidnische Bräuche und die Greuel des Götzendienstes in Germanien verhindern.« Auf den weltlichen Arm konnte Bonifatius nicht verzichten. Dagegen erkannte auch Karl Martell, wieviel er dem Missionsbischof für die Festigung seiner Macht in Thüringen und Hessen verdankte. Er verfolgte deswegen eine entsprechende Politik auch in den übrigen östlichen Randgebieten, indem er einen anderen Missionar, Pirmin, bei seinem Bekehrungswerk unterstützte.

In Alemannien regierte Herzog Lantfrid (712–725) wie ein unabhängiger Fürst, wie es die *Recensio Lantfridana* der *Lex Alamannorum* belegt. Karl Martell unterwarf zwar den Hegau, aber nach dem Tod des Herzogs (ca. 730) mußte er dessen Nachfolger Theutbald in seiner Stellung belassen. Tatsächlich war die Autorität dieses Herzogs aber auf den Ostabhang des Schwarzwalds im Bereich des oberen Neckar beschränkt. Karl Martell förderte nun einen Missionar, der vielleicht aus dem westgotischen Spanien stammte: Abtbischof Pirmin, den er gerne zum Bonifatius Alemanniens machen wollte. Er unterstützte daher Pirmins Klostergründung auf der Bodenseeinsel Reichenau (724). Aber unglücklicherweise konnte sich der Missionar nur für drei Jahre halten, dann wurde er vom Alemannenherzog vertrieben, der in ihm ein Werkzeug Karl Martells sah. Pirmin verlegte seine Tätigkeit ins Elsaß, wo er von der Herzogsfamilie der Etichonen freundlich aufgenommen wurde. Sie besaß aufgrund von Schenkungen und Eroberungen mehr als siebzig Güterkomplexe. Der Schwerpunkt dieser Besitzungen lag in der elsässischen Rheinebene, im Ajoie-Elsgau (um Porrentruy-Pruntrut) und im Sornegau (um Delemont-Delsberg). Adalbert, ein Sohn Etichos, gründete im Jahr 722 auf einer Rheininsel nördlich von Straßburg das Kloster Honau und setzte dort irische Mönche als Missionare ein. Adalberts ältester Sohn Liutfrid gab große Schenkungen an das Kloster Weißenburg, das zwischen 630 und 680 von der moselländischen Familie der Gundoine-Chrodoine gegründet worden war. Sein zweitältester Sohn Eberhard († 747) gründete im Jahr 727 Murbach und übergab dieses Kloster dann an Pirmin. Eberhard zog sich später ganz nach Remiremont zurück und vermachte Murbach einen großen Teil seines Grundbesitzes. Es bleibt noch zu erwähnen, daß Adalberts Schwester Odilie im Kloster Hohenburg untergebracht war, das in der Folgezeit Odilienberg genannt wurde. Ihre weitgehend legendenhafte Lebensbeschreibung entstand erst gegen Ende des 9. Jahrhunderts.

Nach dem Tod Herzog Liutfrids (ca. 740) zog Karl Martell den *ducatus Alsatiae* an sich und teilte ihn in zwei Diözesen: die Diözese

Basel, das Oberelsaß und den Jura umfassend, zu der auch das Kloster Murbach gehörte, und die Diözese Straßburg, die dem heutigen Département Bas-Rhin entsprach. Bischof Heddo von Straßburg, ein Schüler Pirmins, beauftragte Mönche mit der Christianisierung seiner Diözese.

Pirmin erhielt einen neuen Auftrag von Bischof Sigebald von Metz (716–741), einem Anhänger Karl Martells. Mit ihm zusammen erneuerte er Maursmünster (Marmoutier), eine Gründung des 7. Jahrhunderts, und brachte Mönche nach Hilariacum, das später Saint-Avold genannt wurde. Anschließend ließ sich Pirmin in Hornbach in der Pfalz nieder. Dieses Kloster hatte Graf Warnharius aus der Familie der Widonen gegründet. Pirmin brachte von hier aus die ganze Umgebung bis nach Weißenburg unter seinen Einfluß. Mit Hilfe der Mönche aus Pirmins Schule und einiger bedeutender Adelsgeschlechter konnte Karl Martell diesen östlichen Reichsteil unter seine Herrschaft bringen. Die von den Großen so reich dotierten Abteien kamen allmählich unter die Kontrolle der Karolinger.

Dagegen waren Karl Martells Erfolge in Bayern begrenzter. Hier versuchten die mächtigsten Großen, die Herzöge aus dem Geschlecht der Agilolfinger, ihre Unabhängigkeit zu bewahren. Nach dem Tod Herzog Theodos (ca. 725) konnte sich Karl Nachfolgestreitigkeiten zunutze machen und unternahm zwei Heereszüge nach Bayern. Dabei zwang er Herzog Hucbert, ihm einen Teil des bayrischen Nordgaus abzutreten, ein Gebiet, das etwa der späteren Diözese Eichstätt entsprach. Wahrscheinlich zu dieser Zeit wurde die *Lex Baiuvariorum* neu überarbeitet, formell im Namen des Merowingerkönigs Theuderich IV. (721–737). Karl Martell hoffte, durch Einschaltung von Bonifatius seinen Einfluß auf Bayern behaupten zu können. Tatsächlich griffen auch die Herzöge Hucbert und Odilo (seit ca. 736) auf die Pläne Theodos zurück und beriefen Missionare zur Reorganisation der bayrischen Kirche. Bonifatius ging darauf ein und gründete in enger Verbindung mit Rom vier Bistümer: Salzburg, Freising, Regensburg und Passau. Odilo verteidigte aber seinen Einfluß auf die neuen Diözesen und verhinderte das Eindringen fränkischer Geistlicher. Karl Martell konnte somit nicht mehr erreichen als die Herstellung familiärer Verbindungen mit dem bayrischen Herzogshaus: Nach dem Tod seiner Gemahlin Rotrud heiratete er Swanahild, eine Verwandte Odilos.

Karl Martells Eingreifen in Aquitanien, der Provence und Burgund

Karl hätte sich damit zufriedengeben können, die Ämter des neustrischen und austrischen Hausmeiers auf sich zu vereinigen und durch Mittelsmänner in Thüringen, Alemannien und im Elsaß zu herrschen. Aber ein unterwartetes Ereignis gab ihm die Möglichkeit, über die Loire und über das Plateau von Langres hinaus nach Süden vorzustoßen. Damit drang er in Gebiete ein, die sich der Autorität der Merowingerkönige entzogen hatten und die auch Pippin der Mittlere nicht ernsthaft anzugreifen wagte. Dieses unerwartete Ereignis war die Invasion der Araber.

Seit 711 beherrschten die Berber, militärisch von den Arabern organisiert, den größten Teil der Iberischen Halbinsel. Die Führer der Westgoten und einige Adlige waren in die Berge des Nordwestens geflohen und hatten um Oviedo ein kleines christliches Königreich begründet. Die Moslems hatten damit Handlungsfreiheit gewonnen für ihre nach Osten gerichteten Unternehmungen und drangen von Septimanien aus nach Aquitanien vor. Toulouse wurde im Jahr 721 durch den aquitanischen Herzog Eudo gerettet, sein Sieg wurde bis hin nach Rom sehr beachtet. Die Araber wandten sich nun zum Unterlauf der Rhone, zogen flußaufwärts und stießen weit nach Burgund vor, wo sie Autun plünderten (725). Herzog Eudo, den sein Erfolg kühn gemacht hatte, versuchte seine Stellung durch das Bündnis mit einem Berberfürsten zu festigen. Er hatte auch keine Bedenken, Feinde Karl Martells in Aquitanien aufzunehmen, so den ehemaligen neustrischen Hausmeier Raganfred und Bischof Rigobert von Metz.

Um die Aquitanier in Verruf zu bringen und Karl Martells Eingreifen zu rechtfertigen, behauptete die karolingische Propaganda sogar, Eudo sei noch weiter gegangen und habe die moslemischen Truppen gegen Karl selber ins Land gerufen. Das Gegenteil ist richtig: Als der neue Statthalter Spaniens, Abd-arrahmān, im Jahr 732 durch das Baskenland in Aquitanien einfiel und plündernd in Richtung Bordeaux marschierte, rief Eudo Karl Martell zu Hilfe. So kam es zur berühmten Schlacht von Poitiers. Die Araber hatten bereits die Hilariusabtei vor Poitiers niedergebrannt und wollten nun Sankt Martin in Tours einnehmen, dessen Reichtum sie verlockte.

Nachdem es eine Woche lang nur zu Geplänkel gekommen war, konnten Eudo und Karl Martell das arabische Heer an der Römerstraße von Poitiers nach Tours besiegen. Der genaue Ort ist höchstwahrscheinlich Moussais, das Datum der 25. Oktober 732.

Ob man es wahrhaben will oder nicht, der Sieg von Poitiers erregte im ganzen Abendland größtes Aufsehen. Der Angelsachse Beda Venerabilis notierte in seiner *Historia Ecclesiastica*: »Zu dieser Zeit verheerte das fürchterliche Unheil der Sarazenen Gallien mit einem erbarmungswürdigen Blutbad. Aber sie erlitten kurz darauf in diesem Land die ihrem Unglauben angemessene Strafe.« In Spanien verfaßte ein anonymer christlicher Chronist, der in Córdoba lebte, einige Jahre später einen Bericht über die Schlacht. Er erinnerte daran, wie Eudo Hilfe erbat vom »Hausmeier Austriens im Inneren der Francia, einem Mann namens Carrulus, kriegerisch von jung auf und erfahren in der Kriegskunst«. Dann schildert er den Kampf zwischen den Sarazenen einerseits und den »*Europenses*« andererseits, die nach ihrem Sieg die Rüstungen der Feinde und andere Beute unter sich teilten und dann frohen Mutes in ihre Heimat zurückkehrten. Sicher wollte der anonyme Chronist keinen ersten »europäischen« Sieg feiern, aber ihm war der tiefe Gegensatz zwischen zwei Welten und zwei Kulturen bewußt: auf der einen Seite die mohammedanischen Araber und auf der anderen Seite die von ihm als Franken, Nordmänner und Austrier Bezeichneten, die für ihn die Völker Europas repräsentieren.

Manche Historiker halten den Sieg von Poitiers für ein militärisch zweitrangiges Ereignis, das lediglich einen arabischen Beutezug beendet habe. Aber es steht fest, daß dieser Erfolg für das weitere Schicksal Karls und der Karolinger entscheidende Bedeutung hatte. Der Ausgang der Schlacht wurde als Gottesurteil zugunsten Karls gedeutet. Später, im 9. Jahrhundert, erhielt er von den Geschichtsschreibern den Beinamen »*Martellus*« (Hammer), wobei sie wohl daran dachten, daß der Kriegsheld des Alten Testaments, Judas Makkabäus (Hammer), den gleichen Beinamen erhalten hatte und ebenso von Gott gesegnet worden war.

Poitiers setzte auch den Ambitionen Herzog Eudos ein Ende. Karl Martell nützte seinen Sieg und Eudos Tod (735), um einen Vorstoß bis an die Garonne zu unternehmen. Er besetzte Bordeaux und die Festung Blaye und zwang den neuen Herzog Hunoald – der Huon von Bordeaux des altfranzösischen Heldenepos – zum Treueid (736).

Sein Erfolg in Aquitanien ermöglichte es Karl, auch im Rhonetal und in der Provence einzugreifen. Er schlug dort die Araber und unterwarf außerdem die einheimischen Großen, die sich seit langem an Unabhängigkeit gewöhnt hatten. Unterstützt von seinem Halbbruder Childebrand und mehreren Herzögen und Grafen, unternahm Karl eine Reihe von Feldzügen in Südfrankreich und forderte die Langobarden auf, den Arabern in den Rücken zu fallen. Er belagerte Avignon, das der dux Maurontus nicht verteidigen konnte oder wollte. Nach dem Bericht eines Fortsetzers des sogenannten Fredegar wurde die Stadt wie Jericho angegriffen und erobert (737). Karl wandte sich nun nach Septimanien, belagerte Narbonne und schlug ein arabisches Entsatzheer an der Berre, konnte die Stadt aber trotzdem nicht nehmen. Um die Araber ihrer Stützpunkte zu berauben, zerstörte er Agde, Nîmes, Béziers und Maguelonne. Die Bevölkerung der Gegend bewahrte noch lange die Erinnerung an diese Verwüstungen. Ein erneuter Aufstand des dux Maurontus im Jahr 738 veranlaßte Karl nochmals zu einem Feldzug, danach war die Provence »befriedet«. Die Besitzungen der aufständischen Adligen ließ er einziehen, um sie an seine Getreuen zu verteilen, so beispielsweise an Graf Abbo, Stifter des Klosters Novalese am Fuß des Mont Cenis, dessen Herrschaftsbereich die Täler der Arc und der Dora Riparia umfaßte: Hier bestanden Verbindungsmöglichkeiten zum langobardischen Oberitalien.

Jahrelange Kämpfe waren notwendig gewesen, bis sich die Karolinger in den südlichen Alpen und in der Provence durchgesetzt hatten. Weite Landstriche waren verwüstet, und die Bevölkerung empfand die Leute aus dem Norden als fremde Eindringlinge. Aber es war für die Zukunft entscheidend wichtig, daß die Franken wieder an die Mittelmeerküste gelangt waren.

Um seine Hand auf das gesamte Frankenreich zu legen, mußte Karl Martell auch Burgund erobern, in das sich mehrere Adelsdynastien teilten. Die Nachfolger des Bischofs Savaricus, sein Neffe Eucherius in Orléans und Ainmarus in Auxerre, wurden verbannt, Eucherius nach Saint-Trond in die Obhut des dux Robert, Ainmarus nach Bastogne in den Ardennen. 736 stieß Karls Aufgebot bis Lyon vor, und die burgundischen Großen wurden gezwungen, seine Herrschaft anzuerkennen. Karl setzte seine Söhne Pippin und Remedius/Remigius in Burgund ein, er gab Güter und Abteien an bayrische Adlige, die dort seßhaft werden sollten. Er konnte auf die Treue seiner Verbündeten und Verwandten rechnen, darunter Theuderich und dessen Bruder, die Grafen von Autun und Vienne sowie Graf Adalhard von Chalon-sur-Saône. Verlassen konnte er sich auch auf ihm ergebene Äbte wie auf den Abt des Klosters Flavigny, das ein bedeutendes monastisches Zentrum der Karolingerzeit werden sollte. Die Verbindungswege, die über den Jura in das Wallis und weiter nach Italien führten, standen unter karolingischer Kontrolle.

Der Hilferuf aus Rom

Im Jahr 737 starb Theuderich IV. nach sechzehnjährigem Schattenregiment, und Karl Martell verzichtete darauf, einen neuen Merowingerkönig einzusetzen. Er wagte es aber nicht, den Thron selber zu besteigen oder die Herrschaft einem seiner Söhne zu übertragen, sicher in Erinnerung an die tragische Erfahrung, die sein Großonkel Grimoald machen mußte. Karl entschied die Angelegenheit des Frankenreichs in eigener Machtvollkommenheit, ließ Urkunden im Namen des verstorbenen Königs ausstellen, verteilte Klosterbesitzungen an seine Gefolgsleute, ernannte und entfernte Bischöfe, setzte in eroberten Städten Grafen und Vasallen ein. Obwohl er den Titel nicht führte, war Karl Martell König, genauer: Unterkönig *(subregulus)*. Diesen Titel gab ihm jedenfalls Papst Gregor III., als er ihn 739 schriftlich um Hilfe bat. Dieser Aufruf aus Rom war der Beginn wichtiger neuer Entwicklungen in der karolingischen und europäischen Geschichte. Es ist deswegen angebracht, kurz auf die Hintergründe einzugehen.

Rom gehörte seit der Rückeroberung durch Justinian in der Mitte des 6. Jahrhunderts wieder zum Byzantinischen Reich. Als Nachfolger Petri galt der Bischof von Rom als oberster Würdenträger der Kirche. Gewiß waren die Beziehungen zwischen Rom und Konstantinopel nicht frei von Spannungen. Dafür gab es mehrere Ursachen, so die Rivalität zwischen dem Patriarchen von Konstantinopel, dem neuen Rom, und dem Oberhaupt der abendländischen Kirche, aber auch die Religionspolitik der byzantinischen Kaiser, die sich um einen Kompromiß zwischen Katholiken und Monophysiten bemühten. Mitte des 7. Jahrhunderts ließ der Kaiser Papst Martin I. sogar in den Osten deportieren. Aber alle diese Konflikte waren seit dem VI. Ökumenischen Konzil in Konstantinopel (681) vergessen. Papst Leo II. erhöhte wenig später Kaiser Konstantin IV. zum »Sohn der Kirche und neuen David«. Diese Bezeichnung verdient festgehalten zu werden, weil sie später für Kaiser im Westen benützt wurde.

Das Einvernehmen war aber nur von kurzer Dauer, und der Konflikt eskalierte erneut, als Kaiser Leon III. der Isaurier (717–741) den Bilderstreit auslöste. Das Bilderverbot und die anschließenden Heimsuchungen der Klöster konnte Papst Gregor II. keinesfalls hinnehmen. Von Kaiser Leon III. mit Gewalt bedroht, sah sich der Papst von der einheimischen Bevölkerung des römischen Dukats unterstützt. Im *Liber Pontificalis* wird dazu berichtet: »Die Vornehmen und das einfache Volk verbündeten sich mit einem heiligen Eid. Sie schwuren, sie würden niemals zulassen, daß der Papst als Verkünder des wahren Glaubens und Verteidiger der Kirche angegriffen und gewaltsam weggebracht werde; sie seien bereit, freudig zu sterben, um sein Leben zu retten.«

Zusätzlich erhielt der Papst den Beistand des Abendlandes, das inzwischen durch den Einsatz der eng mit Rom verbundenen Missionare weitgehend für das Christentum gewonnen war. In einem Brief, dessen lange angezweifelte Echtheit inzwischen nachgewiesen wurde, konnte Gregor II. mutige Worte an den Kaiser Leon richten: »Es erfüllt mich mit Traurigkeit zu sehen, wie zwar die wilden, barbarischen Völker Sitte und Gesetz angenommen haben, aber Du, der Gebildete, in wilde Gewalttätigkeit zurückfällst. Alle Völker des Abendlandes blicken mit gläubiger Ehrfurcht auf den heiligen Petrus, dessen Bild zu zerstören Du uns prahlerisch androhst. Wir haben kürzlich aus dem entferntesten Westen eine Einladung erhalten: Man bittet mich, um der Liebe Gottes willen, dorthin zu kommen, um das Sakrament der Taufe zu spenden. Damit man uns nicht wegen Nachlässigkeit und mangelndem Eifer zur Rechenschaft ziehen kann, rüsten wir uns zum Aufbruch...« Dieser erstaunliche Quellentext ist Beweis für ein Papsttum, das sich seiner eigenen Stärke, seines eigenen Ansehens bewußt geworden war.

Trotzdem wurde damals die Stellung des Papsttums im Abendland bedroht, und zwar durch die Expansion der Langobarden. Damit war eine außerordentlich komplizierte Lage gegeben. Die Langobardenherrscher waren zwar gegen Ende des 7. Jahrhunderts vom Arianismus zum Katholizismus übergetreten, aber ihr Ziel war die Eroberung ganz Italiens. Liutprand, der seit 712 regierte, war ein energischer König. Er sicherte seine Autorität durch Vervollständigung der Gesetzeswerke seiner Vorgänger, durch Verwaltungsverbesserungen, durch den Ausbau seiner Kanzlei in Pavia und durch das Zusammengehen mit den Herzögen und deren Gefolgsleuten. Von 726 an versuchte Liutprand, die bis dahin selbständigen Herzogtümer Spoleto und Benevent zu unterwerfen. Vielleicht beeinflußt von der Politik Karl Martells, wollte er ganz Italien einigen und den Adel unter seine Herrschaft zwingen. Dabei wurde er von der krisenhaften Lage in Italien begünstigt und mit Zufriedenheit konnte er erleben, wie sich die Italiener gegen den Exarchen von Ravenna erhoben.

Bei seinem Widerstand gegen die Bilderstürmerei Kaiser Leons III. hätte sich Papst Gregor II. die sogenannte italienische Revolution gegen Byzanz zunutze machen können. Er verließ diese Linie aber wieder in der klaren Erkenntnis, daß ein endgültiger Bruch mit dem Kaiser ihn den Langobarden ausliefern und Rom zu einem Bistum unter der Herrschaft Liutprands machen würde. So konnte es zu der eigenartigen Situation kommen, daß Gregor intervenierte, um den Exarchen wieder nach Ravenna zu führen. Gegenüber den Langobarden setzte er auf Verhandlungen, um Zeit zu gewinnen. Im Jahr 728 eroberte Liutprand einige byzantinische Gebiete in Mittelitalien und rückte bis in die Gegend von Rom vor. Gregor II. gelang es damals, den König zu überreden, die von ihm eroberte Stadt Sutri dem »heiligen Petrus zurückzuerstatten«. Diese Begründung verdient Aufmerksamkeit, sie wird uns später erneut begegnen.

Auch Papst Gregor III., Nachfolger Gregors II. im Jahr 731, hielt an dieser schwierigen Politik fest: Unterstützung für den Exarchen von Ravenna, Verhandlungen mit den Langobarden. Im Jahr 739 hielt er es sogar für angeraten, dem Herzog von Spoleto Zuflucht in Rom zu gewähren, nachdem Liutprand ihn besiegt hatte. Um die Angelegenheit endgültig zu bereinigen, marschierte der König auf

Rom und besetzte vier strategisch wichtige Befestigungen nahe der Stadt. An wen konnte sich Gregor III. nun noch um Hilfe wenden? Byzanz war weit, und die Beziehungen zu Kaiser Leon III. hatten sich zunehmend verschlechtert. Als Vergeltung ließ der bilderfeindliche Kaiser den Besitz des heiligen Petrus in Kalabrien und Sizilien einziehen, außerdem löste er den Balkan und Süditalien aus der römischen Jurisdiktion. Nun beschloß Gregor III., sich an die Franken zu wenden.

Die Beziehungen zwischen Karl Martell und dem Papsttum waren angeknüpft worden, als Bonifatius seinen Missionsauftrag von Gregor II. erhielt. Im Jahr 724 hatte sich der Papst brieflich an seinen treuen Sohn, den *»patricius«* Karl gewandt. Von da an erst konnte Bonifatius Gregor II., dann dessen Nachfolger über die Lage im Frankenreich informieren. Die Erfolge Karl Martells und besonders sein Sieg von Poitiers waren in Rom bekannt geworden. So hatte es hier den Anschein, als sei Karl Martell von allen Herrschern des Abendlandes am besten dazu geeignet, dem Oberhaupt der Christenheit Hilfe zu leisten. In drei Briefen, von denen zwei im *Codex Carolinus* im Wortlaut erhalten sind, bat der Papst den *subregulus* dringend, zu seinen Gunsten einzugreifen. Er riet Karl Martell, einen Sendboten nach Italien zu schicken, um sich von der Not der Kirche zu überzeugen, und er ersuchte ihn, wie ein ergebener Sohn des Apostelfürsten Petrus zu handeln. Um seinem Schreiben mehr Gewicht zu geben, schickte der Papst wertvolle Geschenke mit, darunter besonders Schlüssel und Ketten des heiligen Petrus: Dabei handelte es sich um ein Reliquiar, das einige Eisenspäne von den Ketten Petri, eingearbeitet in einen Schlüssel, enthielt. Auf diese Weise wollte der Papst wohl daran erinnern, daß der heilige Petrus als Apostelfürst auch über die Schlüsselgewalt zur Himmelspforte verfügte und denen das Paradies öffnete, die seine Sache unterstützten. Er hoffte, mit dieser Anspielung auch das Gemüt eines »Barbaren« erreichen zu können.

Aber Briefe und Geschenke blieben wirkungslos, weil Karl Martell gute Beziehungen zu den Langobarden unterhielt: 734 hatte er seinen Sohn Pippin nach Pavia geschickt, um ihn von König Liutprand adoptieren zu lassen. Außerdem brauchte er die Unterstützung der Langobarden im Kampf gegen die Araber. So empfing Karl Martell zwar die päpstliche Gesandtschaft mit allen Ehren, aber als einzige Reaktion schickte er Abt Grimo von Corbie und Sigibert von Saint-Denis mit guten Worten und Geschenken für den heiligen Petrus nach Rom. Der Hilferuf Papst Gregors III. belegt, auch wenn er folgenlos blieb, welches Ansehen der Karolinger genoß. Und er war, wie noch zu zeigen sein wird, zukunftsweisend.

Das Ende der Herrschaft Karl Martells

Karl Martell beherrschte das Frankenreich jetzt unangefochten. Im Unterschied zu seinem Vater hielt er sich häufiger in Neustrien auf. Seine bevorzugten Pfalzen waren Vinchy, Quierzy, Laon und Verberie an der Oise. Gelegentlich mußte er aber auch längere Zeit in Austrien verbringen, so in Amblève bei Stablo, in Bastogne und in Herstal, das erstmals 722 als Königspfalz erwähnt wird. Zu Karls Gefolge gehörten auch die Geistlichen seiner »Kapelle«. Wie es der Name andeutet, wurde hier neben anderen wertvollen Reliquien ein Stück vom Mantel (= lat. *cappa*) des heiligen Martin verwahrt. Die Kanzlei war einem Verwandten anvertraut, Chrodegang von Metz, der als *referendarius* eine glänzende Karriere begann, auf die später noch einzugehen ist. Karl Martell begünstigte die Mönche von Saint-Denis, denen er sogar die Erziehung seines Sohnes Pippin anvertraute. Dies bedeutete den Bruch mit einer Tradition der Merowingerkönige, die ihre Söhne stets Prinzenerziehern übergaben. Vorbild waren die angelsächsischen Herrscher, die seit dem 7. Jahrhundert ihre Kinder von Mönchen unterrichten ließen. Mit Pippins Aufenthalt in Saint-Denis begannen Mönche auch zu Historiographen der Franken zu werden. Der anonyme Verfasser des *Liber historiae Francorum,* der ganz aus neustrischem Blickwinkel schrieb, beendet sein Werk mit einer Rechtfertigung des Hausmeiers. Unter der Aufsicht von Karl Martells Halbbruder Childebrand wurde als Fortsetzung des sogenannten Fredegar eine Chronik mit offiziösem Charakter verfaßt, die nach Wilhelm Levison »zu einer Familienchronik des karolingischen Hauses« wurde. In der Umgebung Karl Martells und seines Halbbruders entstand auch die Legende von der trojanischen Abstammung des Frankenvolkes. Man hielt es nämlich für dringend notwendig, einen historischen Zusammenhang mit den zivilisierten Völkern der Antike nachzuweisen.

Karl Martell, jetzt in königsgleicher Stellung, fühlte die Beschwerden des Alters. Er näherte sich tatsächlich wohl dem sechzigsten Lebensjahr, was für die damalige Zeit ein sehr hohes Alter war. So mußte Karl Martell an die Regelung der Nachfolge denken. Aus legitimen und illegitimen Verbindungen hatte er mehrere Kinder. Seine erste Gemahlin hatte ihm Karlmann und Pippin geschenkt, ein dritter Sohn, Grifo, stammte aus der Ehe mit der Agilolfingerin Swanahild. Da Karl Martell das Hausmeieramt auf jeden Fall seiner Familie sichern wollte, strebte er eine Nachfolgeregelung noch zu Lebzeiten an. Seinem älteren Sohn Karlmann sprach er Austrien, Alemannien und Thüringen zu, Pippin erhielt Burgund, Neustrien, die Provence und dazu nach neuesten Forschungsergebnissen auch den *ducatus Moslinsis* mit Metz und Trier. Denn jeder der beiden Brüder sollte an jenen Gegenden Austriens teilhaben, die den Ausgangspunkt für den Aufstieg der Karolinger gebildet hatten. Grifo schließlich erhielt kurz vor dem Tod Karl Martells einige verstreute Gebiete im Reichsinnern. Diese wie von einem König vollzogene Teilung wurde von den Großen bestätigt, die ihrerseits daran interessiert waren, daß die Karolinger im Besitz der Hausmeierämter von Austrien und Neustrien blieben.

Karl Martell versuchte, sein Leben durch vermehrte Geschenke an das Kloster Saint-Denis zu verlängern, starb aber am 22. Oktober 741 in der Pfalz Quierzy. Sein Leichnam wurde nach Saint-Denis gebracht und dort neben den Merowingerkönigen bestattet. In Echternach notierte der Nachfolger Abt Willibrords (†739) in den Ostertafeln, die auch der Aufzeichnung wichtiger Ereignisse dienten: »Oktober 741 Tod König Karls«.

Zweifellos war eine sehr bedeutende Herrschaft abgeschlossen. In einer Regierungszeit von mehr als einem Vierteljahrhundert hatte Karl Martell dank seiner Kriegstüchtigkeit und seiner politischen Fähigkeiten die vorausgehende Periode der Unsicherheit beendet. Zu Beginn des 8. Jahrhunderts schien Europa auf dem Weg zu einem System selbständiger Teilreiche, in denen Herzöge herrschten, die den Adel unterworfen hatten. Karl Martell hat diese Entwicklung unterbrochen und fast alle Gebiete des christlichen Abendlandes wieder in den Einflußbereich einer starken Zentralgewalt einbezogen. Dies gelang ihm mit Hilfe seiner Krieger und Gefolgsleute, die er in den unterworfenen Gebieten einsetzte und mit Landbesitz,

Abteien und Bistümern ausstattete. Er erkannte richtig, daß er durch die Unterstützung der Missionare Bonifatius und Pirmin die Ausbreitung des Evangeliums fördern und so die Germanen in die fränkische Stammesgemeinschaft einbeziehen konnte.

Trotz dieser großen Herrscherleistung wird man weiterhin wohl allzuoft nur an zwei Ereignisse denken: an den Sieg von Poitiers und an die Säkularisation der Kirchengüter.

Kapitel V

Pippin der Jüngere und Karlmann als Hausmeier (741–751)

Der Tod Karl Martells mußte zwangsläufig zu einer neuen Krise des Frankenreichs führen. In Germanien und Aquitanien benutzten Herzöge die Gelegenheit zum Aufstand, der fränkische Adel dachte an den eigenen Vorteil, und die Anhänger der Dynastie der Merowinger rührten sich. Sechs Jahre brauchten Karlmann und Pippin, um das Werk ihres Vaters erfolgreich zu bewahren und abzusichern.

Die Aufstände und deren Niederwerfung

Die ersten Gegner erwuchsen Karlmann und Pippin dem Jüngeren aus der eigenen Familie heraus. Nach dem Zeugnis eines Briefs von Bonifatius galt ihr Halbbruder Grifo, Sohn der Agilolfingerin Swanahild, als Erbe gleichen Rechts wie seine Brüder. Jetzt wollte er seine Güter in Besitz nehmen, aber weder Pippin noch Karlmann waren damit einverstanden. Sie ließen den Jüngling in Chèvremont nahe Lüttich gefangensetzen und verwiesen seine Mutter Swanahild unter die Aufsicht der Nonnen des Klosters Chelles. Auch Hiltrud, die Schwester der beiden Hausmeier, verließ mit Unterstützung einiger Freunde heimlich das Reich und beschloß, Herzog Odilo von Bayern zu heiraten. Odilo hoffte, mit dieser verwandtschaftlichen Beziehung zu den Karolingern politisch an Gewicht zu gewinnen. Seine Ambitionen wurden noch verstärkt, weil er sich vom Papst unterstützt sah und weil er ein Bündnis mit dem Aquitanierherzog Hunoald abschließen konnte, der seinerseits gegen die Söhne Karl

Martells rebellierte, sobald er vom Tod ihres Vaters erfahren hatte. Schließlich versuchte auch Theutbald, der Sohn des von Karl Martell unterworfenen Lantfrid, seine Handlungsfreiheit zurückzugewinnen und das Herzogtum Alemannien zu erneuern. Über mehrere Jahre hin mußten Karlmann und Pippin so ihre Kräfte auf den Süden und Osten des Reichs konzentrieren.

Sie begannen mit einem Angriff auf Aquitanien und schlugen dabei, wie sich die Fortsetzung des sogenannten Fredegar ausdrückt, die »Romanen« vernichtend. Sie eroberten Bourges, machten die Burg von Loches dem Erdboden gleich und teilten in der Nähe von Poitiers das Herzogtum untereinander. 745 hatte ein erneuter Aufstand Hunoalds wiederum einen Feldzug der beiden Hausmeier zur Folge. Der Herzog wurde gezwungen, Geiseln zu stellen und einen Treueid zu schwören. Wenig später mußte er sich in ein Kloster auf der Île de Ré zurückziehen; den Versuch, weiteren Widerstand zu leisten, überließ er seinem Sohn Waifar. Hunoalds Bündnispartner, der Bayernherzog Odilo, erhielt die Unterstützung der Sachsen, die stets bereit waren, gegen die Franken anzutreten. Trotzdem konnte er den Vorstoß der Hausmeier bis zum Inn nicht verhindern. Karlmann wagte aber nicht, Odilo das Herzogtum ganz zu entziehen, und gab sich mit der Abtretung des Nordgaus zufrieden. Außerdem schickte Pippin den Iren Virgil als Abt nach Sankt Peter in Salzburg. Virgil hatte sich zwei Jahre am Hof aufgehalten und Pippin durch sein Wissen in weltlichen und religiösen Dingen tief beeindruckt; wenig später wurde er Bischof von Salzburg. Pippin hoffte jetzt, mit dessen Hilfe die Schachzüge der Bayern überwachen zu können. Auch von seiten der Alemannen war der Widerstand hartnäckig, und mehrere Feldzüge wurden notwendig, um die Aufständischen niederzuwerfen. Schließlich setzte sich Karlmann mit Gewaltmaßnahmen durch und ließ im Strafgericht von Cannstatt einen Teil des alemannischen Adels umbringen. Alemannien wurde danach in zwei Grafschaften aufgeteilt, die den fränkischen Adligen Warin und Ruthard anvertraut wurden. Mit Ruthard setzte sich die später berühmte Familie der Welfen in Alemannien fest. Mit Hilfe von Großen und von Mönchen, die Schüler Pirmins waren, wurden am Rand des Schwarzwalds die Klöster Gengenbach und Schuttern gegründet. Auch die Abteien Reichenau und Sankt Gallen wurden unter fränkische Autorität gestellt. Weiter im Süden kontrollierten die

Karolinger den Kirchenbesitz von Chur und sicherten sich so einen der Alpenübergänge nach Oberitalien.

Die Wiedereinsetzung der Merowinger

Die Aufstände der Herzöge bewiesen Pippin dem Jüngeren und Karlmann, daß ihre Macht noch ungesichert war. Deswegen beschlossen sie im Jahr 743, wieder einen Merowingerkönig auf den Thron zu setzen, um damit ihre Stellung zu stabilisieren. Im Kloster Saint-Bertin fanden sie einen jungen Mann, der als merowingischer Prinz galt und den sie als Childerich III. an ihre Seite setzten.

Es ist erstaunlich, daß die alte Herrscherdynastie überhaupt noch Ansehen genoß, wo doch die Propaganda der Karolinger alles tat, um diese in der Neuzeit als »Schattenkönige« bezeichneten Herrscher in Verruf zu bringen. Über ihre Stellung berichtet Einhard, der im 9. Jahrhundert schrieb, aber ältere Quellen benützte: »Dem König blieb nichts übrig, als zufrieden mit dem bloßen Titel mit langem Haupthaar und ungeschorenem Bart auf dem Thron zu sitzen.« Er durfte die Gesandtschaften empfangen, die aus zahlreichen Ländern anreisten, und besaß angeblich nur ein einziges, wenig ertragreiches Hofgut mit einem Wohnhaus und Knechten in geringer Zahl. »Wohin auch immer er sich begeben mußte, fuhr er auf einem Wagen, den Ochsen zogen und den ein Rinderhirte nach Bauernweise lenkte. So fuhr er zur Pfalz, so zu der allgemeinen Volksversammlung, die alljährlich zum Nutzen des Reiches zusammentrat, und so kehrte er dann wieder nach Hause zurück.« Diese bildhafte Schilderung entspricht freilich keineswegs der Wirklichkeit. Es mag nebensächlich sein, daß der »ungeschorene Bart« nicht zu dem jugendlichen Childerich III. paßt und daß der ochsenbespannte Wagen das übliche Transportmittel der Zeit war. Aber es ist sehr zu beachten, daß Childerich, wie sein Vorgänger Theuderich IV., zweifellos mehr als nur ein Hofgut besaß; das belegen die Ortsangaben der von ihm unterschriebenen Königsurkunden. Außerdem waren beide Herrscher auch in der Lage, Fiskalland zu verschenken. An sie richteten die Großen ihre Gesuche, sie stellten Urkunden aus, und ihre Unterschrift machte Rechtsverfügungen zugunsten von Adligen erst rechtskräftig. Natürlich erließen sie Gesetze nur nach dem

Rat der Hausmeier, trotzdem konnten die Merowingerkönige, von der kurzen Unterbrechung unter Karl Martell abgesehen, ihre formale Herrscherstellung behaupten. Und auch von den Stammesherzögen wurden sie als höhere Instanz anerkannt. Die Herzöge von Alemannien und von Bayern erhoben sich 741 nur deshalb, weil sie wußten, daß der Thron vakant war und weil sie sich mit den Karolingern ranggleich sahen. Von Bedeutung war auch, daß die Merowinger eine Dynastie bildeten, die, vergleichbar den angelsächsischen und langobardischen Königshäusern, seit Jahrhunderten herrschte und deren Anfänge sich im mythischen Dunkel verlieren. Zu einer Zeit, in der das Heidentum noch keineswegs völlig überwunden war, spielte es durchaus eine Rolle, wenn man seine Abstammung auf eine bestimmte Gottheit zurückführen konnte. Schließlich war nach germanischer Auffassung der König Heilsträger für sein Volk, der Garant für eine geordnete Welt und für den Frieden. Auf ihn konnte man nicht einfach verzichten.

Mit der Einsetzung Childerichs III. entsprachen die Hausmeier also den abergläubigen Ansichten der Einwohner des Frankenreichs. Der König war, wie es in einer von ihm ausgestellten Urkunde heißt, »glücklich, wieder auf den Thron gelangt zu sein«. Im übrigen begnügte er sich damit, Königsdiplome zu unterschreiben; die Hausmeier konnten »ihr« Reich regieren, gestützt auf ihre Gefolgschaft weltlicher und geistlicher Großer.

Die Reform der fränkischen Kirche

Die beiden Hausmeier trafen eine weitere Entscheidung von grundlegender Bedeutung für ihr Reich und für das Abendland: Sie beschlossen, die fränkische Kirche zu erneuern. Die Initiative zu diesem Unternehmen geht zu gleichen Teilen zurück auf die von Mönchen erzogenen Karlmann und Pippin wie auf Bischof Bonifatius, der seit Beginn des 8. Jahrhunderts an der Missionierung Germaniens arbeitete. In einem Brief an den neuen Papst Zacharias schrieb er: »Eure Väterlichkeit möge auch wissen, daß der *dux Francorum* Karlmann mich zu sich bestellt hat und vorschlug, in dem seiner Gewalt unterstehenden Teil des Frankenreichs eine Synodalversammlung einzuberufen. Und er hat versprochen, wegen der Kirchenverfassung, die schon lange, nämlich seit mindestens sechzig oder siebzig Jahren, mit Füßen getreten und zerrüttet war, einige Besserung und Regelung zu veranlassen.« Dann folgt eine Schilderung der kirchlichen Zustände im Frankenreich: »Die Franken haben nach dem Zeugnis älterer Männer seit mehr als achtzig Jahren keine Synode mehr gehalten, keinen Erzbischof gehabt und keine kirchenrechtlichen Bestimmungen irgendwo erlassen oder erneuert. Jetzt aber sind zum größten Teil die Bischofssitze in den Städten Laien überlassen, die nach dem Besitz gieren, oder unzüchtigen und wucherischen Geistlichen, die ihr Amt zu weltlichem Genuß gebrauchen.« Etwas weiter berichtet Bonifatius dann von Bischöfen, die zwar versichern, keine Hurer und Ehebrecher zu sein, die aber trunksüchtig, nachlässig und eifrige Jäger sind. »Sie kämpfen bewaffnet im Heer und haben eigenhändig Menschenblut vergossen, von Heiden wie von Christen.« Die sogenannten Diakone charakterisiert Bonifatius als Leute, »die seit ihrer Jugend immer in Unzucht, immer im Ehebruch und immer in allerlei Schmutzereien gelebt haben«. Nach dem Erreichen des Diakonats haben sie »vier oder fünf oder noch mehr Beischläferinnen im Bett und empfinden dennoch weder Scham noch Furcht beim Verlesen des Evangeliums«, sie erreichen schließlich den Priesterstand und sogar die Bischofsweihe. Man darf sich fragen, wie diese Priester überhaupt das Evangelium lesen konnten, denn die meisten von ihnen waren völlig ungebildet. Die von merowingischen Bischöfen eingerichteten Kirchenschulen waren verfallen, die Sprache der Liturgie, das Latein, war unbekannt. Bonifatius berichtet von einem Priester in Bayern, dessen Taufformel lautete: »Im Namen das Vaterland und die Tochter« *(in nomine patria et filia)*.

Solche Zustände machen verständlich, warum Volksgruppen, die im 6. und 7. Jahrhundert christianisiert worden waren, wieder heidnische Gebräuche annahmen. Eine zeitgenössische Quelle, der *Indiculus superstitionum,* enthält eine lange Liste der besorgniserregenden, abergläubischen Praktiken: Gelage bei Kirchen und Gräbern, Opfer im Wald bei Quellen und auf Felsen, Wiederaufleben der Verehrung von Wodan und Donar, Zaubersprüche, verschiedene Arten von Wahrsagerei und Zeichendeutungen. Zwar ist der Wortlaut nicht erhalten, aber man weiß, daß schon Karl Martell hohe Geldstrafen für die Ausübung abergläubischer Praktiken festsetzte, die sich aber unbeeinträchtigt behaupten konnten. Das wundergläubige Volk wurde zudem von Scharlatanen verführt, die sich als Priester oder Bischöfe ausgaben. So versammelte in Neustrien ein Pseudo-Bischof Adalbertus das Volk unter freiem Himmel an Quellen oder um Kreuze, die er errichtet hatte. Er berief sich auf einen Brief Christi und seine Beziehungen zu Engeln, verteilte wie Reliquien seine Haare und Fingernägel, schmähte die Priester und bezeichnete die Sakramente als wertlos. Ein Ire namens Clemens, der sich ebenfalls als Bischof bezeichnete, und weitere Bettelmönche von den britischen Inseln verbreiteten häretische Glaubenssätze.

Es war also höchste Zeit für Gegenmaßnahmen. In engster Verbindung mit Rom richtete Bonifatius seine ganzen Bemühungen auf die Reform und erbat Anweisungen von Papst Zacharias: »Wenn ich nämlich auf Ansuchen des genannten Herzogs durch Euer Wort diese Angelegenheit in Gang bringen und beginnen soll, möchte ich gerne über eine Anweisung und Entscheidung des Apostolischen Stuhls sowie über die kirchenrechtlichen Bestimmungen verfügen.« Die Antwort des Papstes konnte nur entgegenkommend sein, und er schickte sowohl an Bonifatius wie an Karlmann präzise Anweisungen.

So begann am 21. April 742 oder 743 die Kirchenversammlung, die gewöhnlich als *Concilium Germanicum* bezeichnet wird. Karlmann, der den Vorsitz führte, erklärte: »Ich, Karlmann, *dux et princeps Francorum,* ... habe unter Beirat der Knechte Gottes und meiner Großen die Bischöfe meines Reiches mit ihren Priestern zu einer Synode versammelt, ... damit sie mit mir beratschlagen, wie Gottes Gesetz und die kirchliche Ordnung, die sich unter den früheren Fürsten aufgelöst hat und zusammenstürzte, wiederhergestellt werden kann. Auch soll beratschlagt werden, wie das christliche Volk zum Seelenheil gelangen kann und nicht, von falschen Priestern verführt, zugrunde gehen muß.« Karlmann verkündete den Beschluß, Bischöfe in den Städten einzusetzen und über sie als Erzbischof Bonifatius zu bestellen, den Abgesandten des heiligen Petrus. Vom Beginn des Konzils an war so die Richtung festgelegt: Die Erneuerung der Kirche sollte in enger Verbindung mit dem Papst durchgeführt werden. Auf die weiteren Reformbeschlüsse des *Concilium* wird später nochmals einzugehen sein. Entsprechend der Entscheidung für eine alljährliche Synode, traf sich Karlmann im folgenden Jahr erneut mit seinen Bischöfen und Großen, diesmal in der *villa Listinas* – dem heutigen L'Estinnes – im Hennegau, nahe der Grenze zwischen den Bistümern Cambrai und Lüttich. Pippin konnte gar nicht anders, als dem Beispiel seines älteren Bruders zu folgen. Ebenfalls im März 744 versammelte er in Soissons dreiundzwanzig Bischöfe aus den Kirchenprovinzen Sens, Rouen und Reims. Zunächst wurden die Irrlehren des Adalbertus verdammt, dann ließ Pippin kirchenrechtliche Entscheidungen verkünden, die den Beschlüssen der austrischen Synode entsprachen.

Kurz zusammengefaßt, wurden auf dem *Concilium Germanicum* folgende Reformmaßnahmen getroffen: In erster Linie wurden die Geistlichen verpflichtet, ein ihrer Stellung entsprechendes Leben zu führen. Die falschen Priester, die unsittlichen Kleriker und Diakone wurden abgesetzt. Künftig war es Geistlichen untersagt, Waffen zu tragen, zu kämpfen oder mit dem Heer zu ziehen, nur zum Zweck der Militärseelsorge durften sie sich dem Herrscher anschließen. Verboten wurde auch die Jagd, besonders mit Hunden und Falken. Kein Geistlicher durfte eine Frau in seinem Haus wohnen lassen, und schließlich wurde zur Unterscheidung von den Laien eine besondere Kleidung vorgeschrieben; Kleriker sollten künftig eine *casula* tragen, d. h. einen langen Rock ähnlich der Mönchskutte. Auch die Ordensangehörigen wurden übrigens nicht vergessen. Für sittliche Verfehlungen drohte der Kerker, Nonnen wurden zusätzlich kahlgeschoren. Außerdem wurde die Regel des heiligen Benedikt als allein zulässig vorgeschrieben. An zweiter Stelle kam die Wiederherstellung der bischöflichen Autorität über den Klerus. Es gab viel zu viele bettelnd herumziehende Geistliche, die nun ohne vorherige Überprüfung nicht mehr zum Kirchendienst zugelassen wurden. Wegen der Zunahme der von Adligen auf ihren Gütern errichteten Eigenkirchen wurde auch angeordnet, daß jeder Inhaber einer Pfarrstelle mindestens einmal jährlich Rechenschaft vor dem Bischof abzulegen hatte. Ein drittes Hauptanliegen der Reformen Karlmanns und Pippins war die Unterdrückung heidnischer und abergläubischer Praktiken im Volk, der Kampf gegen das Tragen von Amuletten, gegen Wahrsagerei, Zaubersprüche und Tieropfer. Karlmann verpflichtete die Grafen als Vertreter der staatlichen Gewalt, gegen heidnische Gebräuche vorzugehen. Hier wird bereits eine politische Linie erkennbar, die auch später von den Karolingern befolgt wurde: Einflüsse, die das Volk an der Erlangung der ewigen Seligkeit hinderten, mußten notfalls mit Gewalt ausgerottet werden.

Ausgehend vom Frankenreich, setzte sich die kirchliche Reformbewegung auch in anderen Teilen des Abendlandes durch. So versammelten sich zu einem nicht genau fixierbaren Zeitpunkt die Bischöfe Bayerns und faßten Beschlüsse zur Liturgie und zur Hebung der Sittlichkeit. Auch die angelsächsischen Bischöfe und Äbte, die mit ihrem Landsmann Bonifatius korrespondierten, wurden für die Reform gewonnen. Erzbischof Cudberth von Canterbury berief im Jahr 747 eine Synode nach Cloveshoe, die einige Rechtsentscheidungen der kontinentalen Kirchenversammlungen aufgriff. Papst Zacharias, der ja zur geplanten Kirchenreform um Rat gefragt worden war, sah sich veranlaßt, dem Beispiel auch für Rom zu folgen. Im Jahr 743 berief er eine römische Synode in den Lateran. Er ließ den unsittlichen Lebenswandel der Geistlichen verurteilen, eine besondere Kleidung vorschreiben und heidnische Festgebräuche, speziell zu Neujahr, verbieten. Im Jahr 745 ließ der Papst auf einer weiteren Synode die Irrlehren der beiden Häretiker Adalbertus und Clemens detailliert examinieren. Dabei wurde unter anderem festgelegt, daß nur den Erzengeln Michael, Gabriel und Raphael die Verehrung der Gläubigen zustehe. Im folgenden Jahr richteten Pippin sowie seine Bischöfe und seine Äbte ein Schreiben an Papst Zacharias, in dem um Rechtsauskunft zu siebenundzwanzig Fragen ersucht wurde. Sein Antwortschreiben enthält die Grundelemente kanonischen Rechts, die den Absendern bis dahin gefehlt hatten.

Auf den Reformsynoden in Austrien und Neustrien waren auch zwei für die Kirche des Frankenreichs hochwichtige Probleme erörtert worden: die Rückerstattung des beschlagnahmten Kirchenbesitzes und die Wiedereinsetzung von Metropolitan-Bischöfen. Aus politischen Gründen zeigten sich die Hausmeier hier sehr zurückhaltend.

Auf dem *Concilium Germanicum* hatte Karlmann eindeutig entschieden, den Kirchen das entzogene Vermögen zurückzugeben. Aber im folgenden Jahr, auf der Synode von L'Estinnes, bestimmte er, »daß wir wegen der Kriegsgefahr und ringsum drohender Einfälle anderer Völker einen Teil des kirchlichen Vermögens mit Gottes nachsichtiger Duldung... für einige Zeit zurückbehalten«. Es war Karlmann tatsächlich unmöglich, den Adligen die ihnen verliehenen Kirchengüter wieder zu entziehen, ohne dadurch ihre Gefolgschaftstreue empfindlich zu schwächen. Man fand aber einen Kompromiß durch die Anwendung einer besonderen Art der Landleihe, der Prekarie. Diese Rechtsform war seit Jahrhunderten bekannt: Sie enthielt das Ansuchen, die Bitte *(precaria)* eines Freien an einen Grundherrn um die befristete Überlassung eines Stücks Land. Die Prekarie ähnelte insofern Lehen, die ein Grundherr seinem Vasallen auf Lebenszeit verlieh. Um das kirchliche Eigentumsrecht abzusichern, wurde in L'Estinnes ein jährlicher Zins von 12 Denaren pro Hofstätte bestimmt, den Laien an jene Kirchen und Klöster entrichten mußten, deren Ländereien sie innehatten. Um die Bischöfe und Äbte zu beruhigen, versprach Karlmann, darauf zu achten, daß Kirchen und Klöster nicht Mangel und Not leiden müßten. Es ist freilich eindeutig zu erkennen, daß die für den Hausmeier günstige Regelung des Problems den Weg frei machte zu weiteren, diesmal legalisierten Inanspruchnahmen von Kirchenbesitz. Pippin der Jüngere gebrauchte in Soissons zwar nicht das Wort »Prekarie«, aber auch er bestimmte, daß an Klöster ein Zins als Entschädigung für entzogenen Besitz zu zahlen war. So sicherten sich die beiden Hausmeier ein Verfügungsrecht über Kirchengüter für den Fall eines besonderen Bedarfs zu Kriegszwecken.

Ein weiteres zu lösendes Problem waren die Ernennung neuer Bischöfe und die Wiederherstellung der kirchlichen Hierarchie. In diesem Punkt widersprachen die Reformideen des Bonifatius den politischen Erfordernissen des Augenblicks. Es war für die Hausmeier unmöglich, jene Adelsfamilien vor den Kopf zu stoßen, die gewohnheitsrechtlich die Bischofsstühle besetzten. Man kennt nur einen einzigen Fall, in dem ein reformfeindlicher Bischof abgesetzt wurde: ein erklärter Gegner des Bonifatius, Gewilib von Mainz, der aber an den Papst appellierte. Bischof Reginfried von Rouen wurde erst nach fünfzehn Jahren unwürdiger Amtszeit entfernt. Als Milo, der die Erzbistümer Trier und Reims gleichzeitig besaß, auf dem Reimser Stuhl durch einen gewissen Abel ersetzt werden sollte, leistete er lange Widerstand, bevor er endlich wich. Und besonders im Süden Frankreichs blieben viele Bistümer sogar ohne Amtsinhaber, wie Lyon, Bordeaux, Chalon, Arles, Aix-en-Provence.

Die beiden Hausmeier hatten die Wiedereinführung der Metropolitanverfassung zugesichert, und auf Bonifatius' Bitte hin übersandte Papst Zacharias das Pallium an die neuernannten Erzbischöfe Grimo von Rouen, Ardobert von Sens und Abel von Reims. Aber die Verwirklichung seiner Pläne scheiterte an der ablehnenden Haltung des Klerus und der Hausmeier. Bonifatius wurde von dieser Politik selbst persönlich betroffen. Im Jahr 745 wurde ihm das Erzbistum Köln versprochen, und von der Stadt Köln aus hätten für ihn günstige Einflußmöglichkeiten auf Friesland, Hessen und Sachsen bestanden. Aber Bonifatius konnte sich hier nicht durchsetzen und schrieb an den Papst, daß die Franken bezüglich Köln »nicht bei dem Versprechen geblieben sind, das sie gegeben haben«. Erst später erhielt Bonifatius das Erzbistum Mainz. Dieser ganze Vorgang zeigt, daß seine Autorität schwand. Sein Einfluß war auf einige Teilgebiete der östlichen Reichshälfte beschränkt. Kein einziger Bischof der Trierer Kirchenprovinz trat in Verbindung zu ihm. Milo war zwar aus Reims vertrieben worden, behauptete sich aber in Trier. Bonifatius beklagte zutiefst, daß »Milo und seinesgleichen ... den Kirchen sehr viel schaden«. Im Elsaß und in Alemannien ignorierten die von Pirmin eingesetzten Geistlichen und Mönche den »Apostel Germaniens« vollständig. Und in Bayern nahm sein Ansehen derart ab, daß Herzog Odilo sogar in Rom um die Absendung eines neuen Legaten bat.

Bonifatius, der sich dem sechzigsten Lebensjahr näherte, nach den damaligen Verhältnissen also ein Greis war, spürte wohl, daß seine Stunde vorüber war. Jüngere Männer wie Fulrad und Chrodegang, auf die später noch einzugehen ist, gewannen bei Pippin den meisten Einfluß. Bonifatius stützte sich hauptsächlich auf Karlmann, von dem er im Jahr 744 Ländereien erhalten hatte, auf denen die Abtei Fulda errichtet werden sollte. In einem Dankbrief dafür, daß Papst Zacharias die Neugründung unter seinen Schutz stellte, schrieb Bonifatius im Jahr 751: »Dieses genannte Gebiet habe ich von frommen und gottesfürchtigen Männern, vor allem von dem ehemaligen Frankenfürsten Karlmann ... und habe es dem heiligen Erlöser geweiht. Mit Eurer huldvollen Zustimmung will ich hier für einige Zeit oder auch nur für ein paar Tage den vom Alter matt gewordenen Leib in der Stille sich erholen und nach meinem Tod ruhen lassen. Denn bekanntlich wohnen um diesen Ort die vier Völker, denen wir durch Gottes Gnade das Wort Christi verkündet haben. Mit Eurer Gunst kann ich diesen nützlich sein, solange ich lebe...«

Aber schon einige Jahre vorher hatte Bonifatius seinen Beschützer, den austrischen Hausmeier Karlmann, verloren. Nachdem er einen Teil seines Besitzes westlich und östlich der Maas an die Abtei Stablo-Malmedy geschenkt hatte, beschloß Karlmann im Jahr 747, sich aus der Welt zurückzuziehen, und entsagte der Herrschaft. Er ging nach Rom, erbat dort von Papst Zacharias die Priesterweihe und ließ sich auf dem Soracte in einem Kloster nieder. Einige Quellen betonen besonders, daß diese Entscheidung ganz aus eigenem Entschluß getroffen worden sei – so als sei Pippin in den Verdacht geraten, seine Hände im Spiel gehabt zu haben. Sicher ist jedoch, daß ihm die Abdankung seines Bruders nicht unangenehm war, denn nun konnte er die Alleinherrschaft im Frankenreich antreten.

Der Verzicht Karlmanns führte zunächst zu einiger Unruhe in der Familie der Karolinger. Karlmanns ältester Sohn beanspruchte einen Anteil am Erbe, wurde aber rasch ausgeschaltet. Grifo, der von seinem Halbbruder Pippin unüberlegt aus der Haft entlassen worden war, floh erst zu den Sachsen, dann nach Bayern. Die Bayern versuchten nach dem Tod Herzog Odilos erneut, ihre Selbständigkeit zu festigen. Pippin reagierte schnell und heftig: Er schlug die Sachsen und erneuerte den alten Tribut von jährlich fünfhundert Kühen; dann zog er nach Bayern, ließ sich Grifo ausliefern und erzwang von den Bayern die Anerkennung des unmündigen Tassilo III. als Herzog. Die Regentschaft führte seine Mutter Hiltrud, eine Schwester Pippins; einige fränkische Grafen wurden als zusätzliche Aufpasser bestellt. Als guter Bruder verzieh Pippin Grifo und stattete ihn mit einigen Grafschaften in Maine aus, von wo er die Bretonen überwachen sollte.

Nun konnte sich Pippin der Jüngere nach Bereinigung der Familienangelegenheiten um eigene Probleme kümmern. Die offiziöse Geschichtsschreibung vermerkt, daß nach der triumphalen Rückkehr aus Bayern »das Land zwei Jahre lang von Kriegen frei war«. Für Pippin sollten diese zwei Jahre die Chance bringen, einen schon länger heranreifenden Plan zu verwirklichen: seine Krönung als König der Franken.

Zweiter Teil

Pippin der Jüngere und Karl der Große als Begründer des karolingischen Europa (751–814)

Viele Historiker bewerten die Leistungen Pippins des Jüngeren und seines Sohnes in chronologischer Abfolge, wobei dann die Herrschaft des Vaters als bloßes Vorspiel zur herausragenden Regierung Karls des Großen erscheint. Es erscheint aber ausgesprochen problematisch, in einer Gesamtdarstellung zwischen Vater und Sohn scharf zu trennen. Denn seit der Regierungszeit Pippins waren die Grundzüge der Entwicklung festgelegt, die für ein halbes Jahrhundert die abendländische Geschichte prägte: die Umorientierung der zentralen Gebiete des Abendlandes auf das Frankenreich, das Bündnis mit dem Papsttum, die Sakralisierung des Königtums, die Durchsetzung der römischen Liturgie, das Eingreifen in Italien, die Münzreform, die Wiederaufnahme von Beziehungen zum Orient, um nur die wichtigsten zu nennen. Pippins Regiment ist somit kein bloßes Vorspiel zur Herrschaft Karls des Großen, da dieser nur den Wegen zu folgen brauchte, die sein Vater vorgezeichnet hatte. Beide zusammen haben das karolingische Europa geschaffen.

Kapitel 1

Die Regierung Pippins des Jüngeren (751–768)

Der Aufstieg der Karolinger zum Königtum

Pippins Machtbasis

Vor der Darstellung der Umstände bei dem sogenannten Staatsstreich von 751 ist an die wichtigsten Stützen von Pippins Macht zu erinnern. Er verfügte über ausgedehnten Landbesitz in Neustrien und noch mehr in Austrien, außerdem hatte er Rückhalt bei seinen geistlichen und weltlichen Gefolgsleuten, die noch immer über große Teile des Kirchenbesitzes verfügten. Ihn unterstützten die eigene Familie und der austrische Adel wie beispielsweise Warin, Autchar, Rothard, Gerhard, die alle durch Heiraten auch verwandtschaftliche Bindungen mit dem Hausmeier eingingen. Im Jahr 744 hatte Pippin die Ehe mit Bertrada geschlossen. Ihr Vater war Graf von Laon und stammte aus der Familie Plektruds, der Großmutter Pippins (vgl. Stammtafel III). Dieses Adelsgeschlecht war in der Eifel reich begütert, es hatte, wie oben erwähnt, die Klöster Oeren und Pfalzel gestiftet sowie an der Gründung Echternachs mitgewirkt. Plektruds Schwester Adela war die Großmutter von Gregor, einem Schüler des Bonifatius, der später als Abt Verwalter des Bistums Utrecht wurde. Von Chrodelind, einer weiteren Schwester Adelas, stammte Graf Theoderich von Autun ab, der Begründer des Geschlechts der Wilhelmiden.

Auch für die beiden geistlichen Ratgeber Pippins, Chrodegang und Fulrad, lassen sich verwandtschaftliche Beziehungen zu den Karolingern nachweisen. Chrodegang war Angehöriger einer bedeutenden Familie aus dem Haspengau. Seine Mutter war eine Verwandte, vielleicht sogar die Schwester des dux Robert, der Karl Martell unterstützte und in der Abtei Saint-Trond bestattet wurde. Chrodegang war sowohl ein Vetter von Roberts Sohn Graf Cancor als auch von Bischof Rupert (Hrodbert) von Salzburg und Bischof Chrodegang von Sées. Chrodegang war in Saint-Trond erzogen worden, diente Karl Martell als *referendarius* und wurde im Jahr 742 durch Pippin zum Bischof von Metz erhoben. In der Folgezeit war es für Pippin eine Selbstverständlichkeit, Chrodegang zu unterstützen, der ja dort residierte, wo sein eigener Vorfahre, Arnulf, Bischof gewesen war. Er förderte die Gründung des Klosters Gorze (748) nahe bei Metz, wo Chrodegang wahrscheinlich Schüler Pirmins einsetzte. Bischof Chrodegang vermied bei seinem Wirken den Einflußbereich von Bonifatius. Er beteiligte sich weder am *Concilium Germanicum* (742 oder 743) noch an der von Bonifatius im Jahr 747 einberufenen Synode, denn für ihn gab es nur den Einsatz im Dienste Pippins.

Die Herkunft der Familie Fulrads von Saint-Denis ist schwer zu bestimmen, denn er besaß Güter in ganz verschiedenen Gegenden Austriens. Sein Testament, eine außerordentlich wertvolle Quelle, vermittelt eine Vorstellung vom Familienbesitz oder doch wenigstens von dem Teil, den Fulrad als jüngerer Sohn geerbt hatte. Er besaß Güter an zehn elsässischen Orten, um Straßburg, Schlettstadt, Hagenau, Colmar, ferner im Tal der Seille, bei Château-Salins, bei Nancy, bei Saarburg (Lothringen) und bei Dieuze; weitere sechs Güterkomplexe besaß er um Saargemünd an der Saar und im Tal der Blies. Diesem reichen Grundherren übertrug Pippin im Jahr 749 die Abtei Saint-Denis. Er war nicht der erste Austrier, der dieses Kloster leitete, denn schon Karl Martell hatte hier einen Adligen namens Godobald eingesetzt, der aus Avroy nahe Lüttich stammte. In seine Amtszeit fallen Pippins Erziehung und Karl Martells feierliche Bestattung in Saint-Denis, dem berühmtesten Kloster, das die Karolinger an sich gezogen hatten. Dazu kamen aber noch zahlreiche andere, denn seit den Tagen Pippins des Mittleren bemühten sich die Hausmeier mit Erfolg, Abteien der bischöflichen Kontrolle zu entziehen, um sie der eigenen Familie zu sichern oder an Gefolgsleute zu vergeben (vgl. Karte IV).

Die Vorbereitung des »Staatsstreichs«

Nachdem sich Pippin sicher sein konnte, von seinen Gefolgsleuten und den ihm ergebenen Klerikern und Mönchen uneingeschränkt unterstützt zu werden, hielt er die Zeit für reif, auch förmlich an die Stelle des Merowingerkönigs zu treten. Aber die Geschichte seiner Familie und eigene Erfahrung hatten ihn gelehrt, daß man einen Merowingerherrscher nicht so einfach beiseite schieben konnte, auch wenn er nur eine Marionette war. Die Parteigänger der Karolinger waren deswegen darum bemüht, die Meinung zu verbreiten, ein untätiger König sei seines Amtes unwürdig. Es genüge nicht, daß er aus einem uralten Geschlecht stamme, er brauche auch entsprechende politische und charakterliche Qualitäten. Man verwies auf die Etymologien Isidors von Sevilla mit der Worterklärung *»rex a regendo«* (rex/König kommt von regieren). Es war auch bekannt, daß im westgotischen Spanien Herrscher wegen Unfähigkeit abgesetzt worden waren. Aus Irland kam eine Schrift mit dem Titel *»De duodecim abusivis saeculi«* (Über die zwölf Mißstände in der Welt), in der ebenfalls die Handlungsfähigkeit des Königs gefordert wurde. Schließlich schützt die *Lex Alamannorum* nur jenen Herzog uneingeschränkt in seiner Stellung, der »noch rüstig ist, tauglich zum Herzogamt und sattelfähig«.

Die karolingische Propaganda wurde in Saint-Denis und am Hof selbst besorgt. Pippins Onkel Childebrand und später dessen Sohn Nibelung waren mit der offiziösen Fortsetzung des sogenannten Fredegar beauftragt. Sie erinnerten an die Leistungen, die Pippins Vorfahren Grimoald und Pippin der Mittlere vollbracht hatten, und feierten die Siege, die Karl Martell mit Gottes Hilfe erringen konnte. In Saint-Amand kopierte ein Bruder Pippins die Lebensbeschreibung Bischof Arnulfs von Metz, außerdem wurde die Verehrung der Geretrudis und anderer Äbtissinnen aus dem karolingischen Haus gefördert. Eine Familie, die so viele siegreiche Kriegshelden und dazu Heilige unter ihre Vorfahren rechnen konnte, war einfach zur Herrschaft bestimmt. Schon damals waren vielleicht die Genealogien mit einer Verbindungslinie zwischen Arnulf von Metz und den Merowingern gefälscht worden.

Bei diesem Stand der Dinge kamen Pippin und seine Anhänger auf die Idee, an den Papst zu appellieren. Dieses Vorgehen ist nur für den erstaunlich, der an eine saubere Trennungslinie zwischen den Bereichen von Politik und Religion glaubt. Pippin und seine Bischöfe waren es bereits gewöhnt, Papst Zacharias in Fragen der Kirchendisziplin zu konsultieren; warum sollten sie seine Meinung nicht auch in einer politischen Angelegenheit einholen? Pippin sandte also im Jahr 750 Abt Fulrad von Saint-Denis und Bischof Burchard von Würzburg nach Rom. Gerne wüßte man mehr über ihre Unterredungen im Lateran, aber die römische Überlieferung schweigt darüber.

Papst Zacharias war ein geschickter Diplomat. Er hatte es verstanden, die Langobarden aus der unmittelbaren Umgebung von Rom und Terni zu entfernen, und hatte sogar einen zwanzigjährigen Waffenstillstand erlangen können. Nach dem Tod König Liutprands (744) wurde dieser Waffenstillstand von seinem Thronfolger Ratchis erneuert. Dieser beschloß im Jahr 749 sogar, in Sankt Peter zu Rom in den geistlichen Stand zu treten und sich nach Monte Cassino zurückzuziehen. Er traf dort Karlmann, der den Soracte zugunsten dieser bedeutenden Benediktinerabtei verlassen hatte. Papst Zacharias mochte sich über die Abdankung zunächst freuen, aber der neue Langobardenkönig Aistulf verursachte ihm bald neue Unruhe: Er kehrte zur Politik Liutprands zurück und beschloß, sie mit der Eroberung des Exarchats von Ravenna zu vollenden. Wahrscheinlich dachte Papst Zacharias bei der freundlichen Aufnahme von Fulrads Gesandtschaft bereits an ein mögliches Eingreifen Pippins in Italien.

Fulrad und Burchard hatten den Auftrag, Papst Zacharias »wegen der Könige in Francien, die damals keine Macht als König besaßen, zu fragen, ob das gut sei oder nicht«. Der Papst stützte sich bei seinem Bescheid auf die Ordo-Vorstellungen des heiligen Augustinus und gab die Antwort, »es sei besser, den als König zu bezeichnen, der die Macht habe, statt den, der ohne königliche Macht sei«. Sehr wahrscheinlich gab Papst Zacharias den Gesandten auch ein Schreiben mit, durch das er »Kraft seiner apostolischen Autorität Pippin zum König machen ließ«. Unglücklicherweise ist dieses Dokument in keinem Archiv erhalten geblieben.

Gestützt auf das günstige Ergebnis seiner Anfrage und gestärkt durch die päpstliche Entscheidung, konnte Pippin nun im November 751 den fränkischen Adel in Soissons versammeln und sich zum König der Franken wählen lassen. Der junge Childerich III. wurde geschoren und in das Kloster Saint-Bertin verwiesen, wo er im Jahr 755 starb. Sein Sohn Theuderich wurde im Kloster Saint-Wandrille (Fontanella) verwahrt und erzogen. Damit waren nach der Ausdrucksweise der Historiker des 17. Jahrhunderts die Könige der »ersten Dynastie« durch die der »zweiten Dynastie« ersetzt.

Unsicher ist, welche Rückwirkungen der »Staatsstreich« im Frankenreich auslöste. Keine offizielle Quelle erwähnt irgendwelche Widerstände. Immerhin spielt Willibalds *Vita Bonifatii* auf Unruhen an, und andere Quellen berichten davon, daß Pippin einen gewissen Grafen Wulfoald aus einer von dessen Burgen vertreiben mußte, die in der Gegend von Verdun an der Stelle des späteren Klosters Saint-Mihiel lag. Bei diesem Wulfoald handelte es sich wohl um einen Nachfahren des gleichnamigen Hausmeiers König Dagoberts II., der ein Gegner der Pippiniden gewesen war.

Die Königsweihe

Um sich gegen möglichen Widerstand abzusichern, der von Anhängern der Merowinger ausgehen konnte, entschloß sich Pippin der Jüngere zu einem weiteren Schritt von grundlegender Bedeutung für die Geschichte der Karolinger: Er ließ sich von den Bischöfen seiner Umgebung, vielleicht sogar von Bonifatius als Stellvertreter des Papstes im Frankenreich, zum König weihen.

Diese Neuerung macht einige Bemerkungen erforderlich. Pippins Ratgeber hatten sich die Weihezeremonie nicht völlig selbständig ausgedacht, sie benutzten vielmehr zeitnahe, aber auch sehr weit zurückliegende Vorbilder. Dank der von westgotischen Flüchtlingen nach Gallien gebrachten Kirchenrechtsammlung *Hispana* wußten sie, daß im Jahr 672 der Westgotenkönig Wamba, bedroht von einer Adelsopposition, den Metropoliten von Toledo um die kirchliche Weihe gebeten und so die enge Bindung zwischen Königtum und Kirche noch verstärkt hatte. Wambas Nachfolger wurden nach seinem Vorbild geweiht, bis das Königreich 711 zusammenbrach. Möglicherweise war die Königssalbung auch bei Kelten und auf den Britischen Inseln bekannt. Die Angelsachsen hätten demnach einen insularen Brauch in Gallien eingeführt. Die meisten Hinweise auf die Bedeutung der Königsweihe gewannen die Geistlichen in der Umgebung Pippins aber sehr wahrscheinlich aus dem Alten Testament und aus dem Kommentar zum Ersten Buch der Könige. Der Prophet Samuel hatte mit heiligem Öl erst Saul, dann David gesalbt und so vor aller Augen bekräftigt, daß sie von göttlicher Gnade erfüllt waren. Papst Gregor der Große, der im angelsächsischen Kulturkreis viel gelesen wurde, schrieb in seinem Kommentar zum Ersten Buch der Könige, das Sakrament der Königsweihe erhalte, wer über das Volk des Herrn erhoben werde. Der König werde gesalbt, weil der vom Herrn zur Herrschaft Bestimmte eine besondere Gnadenfülle erhalte. Durch die Weihe wurde der Karolingerkönig damit in den Rang der Könige des Alten Testaments erhoben. Schon Jahre vorher waren erst Karl Martell, dann Pippin der Jüngere mit Josua verglichen worden, der das Volk Israel zum Sieg führte. Auch die im Missale von Bobbio überlieferte *missa pro principe* enthält Vergleiche mit bedeutenden Gestalten des Alten Testaments. Der König war somit nicht nur ein Heerführer oder Reichsoberhaupt, sondern er wurde zum Träger des göttlichen Heils und damit unverletzlich. Pippins Vorgänger konnten, christlicher Tradition entsprechend, von sich behaupten, ihre Macht komme von Gott. Der neue König ging aber viel weiter, indem er beanspruchte, von Gott auserwählt zu sein. Pippin betonte das gern in seinen Urkunden mit Formeln wie: »Die göttliche Vorsehung hat uns für den Königsthron gesalbt«; »Mit dem Beistand des Herrn, der uns auf den Thron erhoben hat«; »Unsere Thronerhebung geschah mit der Hilfe des Herrn«.

Es genügte Pippin jedoch nicht, nur für seine Person ein Gesalbter des Herrn zu sein, diese besondere Gnade sollte vielmehr seinem ganzen Geschlecht zuteil werden. Es wird noch ausführlicher darzustellen sein, wie Papst Stephan II. im Jahr 754 das Frankenreich besuchte; damals salbte er erneut den Herrscher der Franken – ein bis dahin einzigartiges Ereignis – und anschließend dessen zwei Söhne Karlmann und Karl. Ein Zeitgenosse, Mönch in Saint-Denis, hat diese bedeutsame Zeremonie in der *Clausula de unctione Pippini* für die Nachwelt festgehalten: »Der erwähnte sehr glänzende Herrscher, der fromme König Pippin, wurde vor drei Jahren auf den Königsthron erhoben durch die Autorität und Anweisung Papst Zacharias' seligen Angedenkens, durch die Salbung mit heiligem Öl, empfangen aus den Händen der segenspendenden Priester Galliens und durch die Wahl aller Franken. In der Kirche der erwähnten Märtyrer Dionysios, Rusticus und Eleutherius, in der als Abt der verehrungswürdige Erzpriester Fulrad amtiert, wurde er später durch die Hand des schon genanntern Papstes Stephan erneut zum

König und Patricius gesalbt. Zugleich mit ihm wurden auch seine Söhne Karl und Karlmann gesalbt. Der Papst verbot allen Franken unter der Strafe von Interdikt und Exkommunikation, jemals zu wagen, einen König aus anderem Geschlecht zu erwählen als aus dem dieser Herrscher, die Gottes Gnade zu erhöhen geruht habe und die er auf Fürbitte der heiligen Apostel durch die Hände des segenspendenden Kirchenoberhauptes, seines Stellvertreters auf Erden, bestätigt und geweiht habe.« Der König war diesmal also nicht von einem einfachen Bischof, sondern vom Papst in Person, vom heiligen Petrus selbst geweiht worden. Gott hatte nicht mehr nur einen einzelnen, sondern ein neues Königsgeschlecht zur Herrschaft über die Franken bestimmt. Die Anhänger der germanischen Tradition der Königswahl und die noch übrigen Verteidiger des merowingischen Herrschaftsrechts waren dadurch in der Folgezeit handlungsunfähig. Ein Jahrhundert nach dem sogenannten Staatsstreich Grimoalds war das austrische Adelsgeschlecht der Karolinger mit Hilfe der römischen Kirche in den Besitz der Königswürde gelangt, die über mehr als zweihundert Jahre behauptet werden konnte.

Die Gründung des Kirchenstaats

Der Hilferuf Papst Stephans II.

Pippin der Jüngere, durch »apostolische Autorität« König der Franken, sah sich sehr bald mit einem päpstlichen Hilfeersuchen konfrontiert. Wie oben erwähnt, hatte bereits im Jahr 739 Papst Gregor III. um Karl Martells Unterstützung gebeten, freilich erfolglos. Vierzehn Jahre später hatten sich die Voraussetzungen beiderseits der Alpen völlig gewandelt.

Was Papst Zacharias so sehr befürchtet hatte, war eingetreten: König Aistulf nahm Ravenna ohne Schwertstreich ein und beendete damit die byzantinische Herrschaft in Oberitalien. Jetzt konnte er an die Einigung Italiens gehen, indem er Rom eroberte und den Papst in den Rang eines langobardischen Bischofs herabdrückte. Für die Kurie erschien diese Situation natürlich unhaltbar. Seit einigen Jahrzehnten war der Papst der eigentliche Herrscher über den byzantinischen Dukat von Rom, er konnte sich unmöglich der

Autorität von Barbaren unterwerfen, die zwar katholisch waren, sich aber nach Sitten und Gesetzen scharf von der romanischen Bevölkerung unterschieden. Der Papst fühlte sich verantwortlich für die, wie man damals sagte, *res publica Romana*. Dazu kam, daß die römische Kirche Landbesitz hatte, von dem sie ihre gesamten Einkünfte bezog und der ihr um so wertvoller war, weil die Besitzungen in Sizilien und Kalabrien von Byzanz beschlagnahmt worden waren. Und schließlich war der Bischof von Rom der Nachfolger des Apostelfürsten Petrus, des Hüters der Pforte zum Himmel. Der römische Primat konnte nur in einer politisch selbständigen Position behauptet werden.

In dieser Lage führte Stephan II., seit 752 Nachfolger von Papst Zacharias, erste Verhandlungen mit dem neuen Frankenkönig Pippin und kündigte ihm an, nach Gallien zu kommen, um mit ihm die Lage Roms zu besprechen. Päpste waren sehr häufig, manchmal allerdings unter Zwang, nach Osten in das Byzantinische Reich gereist, hatten es aber noch niemals gewagt, die germanischen Länder des Westens aufzusuchen. Pippin ging auf den Vorschlag ein und sandte zwei Vertraute, Chrodegang von Metz und den dux Autchar, um die Papstreise vorzubereiten. Stephan II. zog nicht auf direktem Weg in das Frankenreich, sondern entsprach zunächst einer Aufforderung des byzantinischen Kaisers Konstantin V. und ging nach Pavia, um zu versuchen, König Aistulf zur Rückgabe von Ravenna zu bewegen. Es mag überraschen, daß der Papst noch immer Beziehungen mit Byzanz unterhielt, obwohl bekanntlich Konstantin V. die bilderfeindliche Politik seines Vaters verschärfte und gerade ein Konzil vorbereitete, das die Bilderverehrung verurteilen sollte. Aber genauso wie seine Vorgänger konnte Stephan II. eine Aufforderung aus Byzanz nicht einfach zurückweisen, auch wenn er wußte, daß die vorgeschlagene Maßnahme kaum erfolgversprechend war. Nach Aistulfs endgültiger Rückgabeverweigerung hatte der Papst dann keine Bedenken mehr, die Reise fortzusetzen. Begleitet von führenden Mitgliedern der Kurie, Kardinälen, Priestern und Diakonen, wählte er im November 753 den Weg durch das Aosta-Tal. Wie er später in einem Brief an Pippin schrieb, »wurden sie bedroht von Schnee und Frost, durch Überschwemmungen und reißende Flüsse, durch schauerliche Berge und viele andere Gefahren«. Noch vor Einbruch des Winters erreichten sie Saint-Maurice im

Wallis. Zu ihrer Enttäuschung trafen sie dort nicht den König, sondern nur zwei Abgesandte, Fulrad von Saint-Denis und den dux Rothard, die beauftragt waren, den Papst zu der Königspfalz Ponthion unweit von Vitry-le-François zu geleiten. Nahe bei Langres wurde Stephan II. von Pippins Sohn Karl empfangen, der damals wohl erst sechs Jahre alt war. Schließlich erreichte der Papst die Königspfalz am Dreikönigstag, dem 6. Januar 754.

Zum Inhalt der Verhandlungen zwischen Stephan II. und Pippin berichten die fränkischen Quellen, daß der Papst darum bat, Rom und die Umgebung der Stadt von den lastenden Bedrohungen durch Aistulf zu befreien. Ausführlicher ist der Bericht im *Liber pontificalis* mit der bestimmten Angabe, Pippin sei aufgefordert worden, dem Papst das Exarchat von Ravenna wieder zu verschaffen. Einige Historiker, darunter Louis Halphen, haben die Vermutung geäußert, bei dieser Gelegenheit habe der Papst die berühmteste Fälschung des Mittelalters, die »Konstantinische Schenkung«, vorgelegt. Sie besagt, anläßlich der Residenzverlegung nach Byzanz habe Kaiser Konstantin an Papst Sylvester I. außer Rom auch Italien und die *occidentales regiones* geschenkt. Es gilt heute als sehr wahrscheinlich, daß diese wichtige Fälschung erst nach der Mitte des 8. Jahrhunderts im Lateran angefertigt wurde. Es ist aber möglich, daß die legendenhafte Überlieferung in Rom schon vorher verbreitet war. Die Beweisführung der späteren urkundlichen Fassung hätte also schon in den Verhandlungen des Papstes mit Pippin vorgebracht werden können.

Während sich der Papst in Saint-Denis zur Überwinterung einrichtete, drängten einige Große aus der Umgebung Pippins, wenig begeistert für ein italienisches Abenteuer, den König zur Aufnahme von Verhandlungen mit Aistulf. Dieser kam aber auf die seltsame Idee, Pippins Bruder Karlmann zum Eingreifen zu veranlassen, der im Kloster Monte Cassino lebte. Pippin ließ ihn auf seiner Reise in das Frankenreich in Burgund festnehmen und nach Vienne in ein Kloster verweisen, wo Karlmann noch im Jahr 754 starb. Auf einer Reichsversammlung in Quierzy (April 754) konnte Pippin bei seinen Großen den Beschluß zu einer Heerfahrt nach Italien durchsetzen. Dem Papst versprach er – ob mündlich oder schriftlich, ist in der Forschung umstritten – die Rückgabe der von den Langobarden eroberten Gebiete. Nach Abschluß dieser Vereinbarungen wurde

Pippin, wie oben erwähnt, vom Papst in Saint-Denis erneut gesalbt, ebenso seine beiden Söhne. Seine Gemahlin Bertrada wurde zur Königin geweiht. Nach dem Bericht der bereits zitierten *Clausula* verlieh der Papst auch noch den Titel *patricius Romanorum* an Pippin und seine Söhne. Es ist ganz undenkbar, daß der Papst, wie manchmal angenommen, diese Würde namens des Ostkaisers verliehen hat. Byzanz war weit, und vielleicht hatte der Papst bereits Kenntnis vom Zusammentreten des bilderfeindlichen Konzils von Hiereia am 10. Februar 754. Stephans II. Aufenthalt im Frankenreich bedeutete tatsächlich das Ende der Bindung des Papsttums an Byzanz. Die Erhebung Pippins und seiner Söhne in den Patricius-Rang sollte deutlich machen, daß man nun auf ihren Schutz für die Stadt des heiligen Petrus rechnete.

Pippins Eingreifen in Italien

Nachdem der Feldzug beschlossen war, drang das fränkische Heer im Frühjahr 755 in Oberitalien ein und belagerte Pavia, während der Papst, begleitet von Pippins Bruder Hieronymus, einen triumphalen Einzug in Rom feierte. Der Frankenkönig zwang Aistulf zu dem Versprechen, Ravenna zurückzugeben. Er nahm zur Sicherstellung einige Geiseln und zog dann, reich mit Beute beladen, nach Gallien zurück.

Kaum war das fränkische Heer über die Alpen zurückgekehrt, erneuerte Aistulf im Januar 756 seinen Versuch, Rom zu erobern. Der Papst schickte drei Briefe an Pippin, von denen einer ungewöhnlicherweise als persönliches Schreiben des Apostels Petrus stilisiert war. Darin hieß es unter anderem: »Ich, der Apostel Petrus, bitte und ermahne euch, meine Adoptivsöhne, kommt herbei, entreißt die Stadt Rom den Händen ihrer Feinde, verteidigt das mir von Gott anvertraute Volk und schützt meine Begräbnisstätte vor der Entweihung durch diese Heiden. Kommt und befreit die Kirche Gottes, die schwerste Bedrückungen und Bedrängnisse durch das abscheuliche Volk der Langobarden erleidet. Unter allen Völkern steht mir das der Franken besonders nahe. So beschwöre und ermahne ich euch, Pippin, Karl und Karlmann, als christliche Herrscher und euch, Angehörige des Priesterstandes, ihr Bischöfe, Äbte, Priester und Mönche, aber auch euch, ihr Richter, Herzöge, Grafen und das gesamte Frankenvolk: Folgt meinen Ermahnungen, als wenn ich leiblich vor euch stünde, denn wenn ich auch nicht körperlich anwesend bin, so bin ich doch im Geiste bei euch.« Das Schreiben geht in diesem Ton weiter, schließt dann aber mit einer Drohung: »Die Mißachtung unserer Aufforderung würde euch vom Reich Gottes und dem ewigen Leben scheiden.«

Pippin konnte die vom heiligen Petrus geforderte Hilfe nicht gut verweigern. Ein neuer Heereszug wurde unternommen und Pavia abermals belagert. Während dieses Unternehmens empfing Pippin eine byzantinische Gesandtschaft, die ihm erläuterte, daß die von ihm dem Papst versprochenen Gebiete in Wirklichkeit dem Kaiser gehörten. Nach der Papstvita im *Liber pontificalis* versuchten die Gesandten auch, den Frankenkönig durch mannigfache Geschenke umzustimmen, aber Pippin »beteuerte, keine Schätze der Welt könnten ihn dazu bewegen, dem heiligen Petrus zu nehmen, was er ihm bereits geschenkt habe«. Der besiegte Langobardenkönig Aistulf mußte Geiseln stellen und die Schlüssel der von Pippin dem Papst versprochenen Städte ausliefern lassen. Abt Fulrad legte am Grab des heiligen Petrus in der Vatikan-Basilika diese Schlüssel nieder, zusammen mit einer auf ewig gültigen Schenkungsurkunde. Dieses Diplom, das nach kirchlicher Aussage im Lateran-Archiv aufbewahrt wurde, ist spurlos verschwunden. Trotzdem weiß man, welche Gebiete den seit damals so zu bezeichnenden »Kirchenstaat« ausmachten: der Dukat von Rom und zweiundzwanzig Städte im Exarchat von Ravenna, der Emilia, der Pentapolis. Verbunden wurden die nördlichen und südlichen Besitzkomplexe des Papstes durch einen Gebietsstreifen längs des Tibertals.

Im Jahr 756 starb plötzlich König Aistulf, nach kirchlicher Überzeugung aufgrund göttlicher Vorsehung. Nun konnte sich der Papst einschalten, um in Pavia die Wahl von Abt Fulrads Kandidaten, Herzog Desiderius von Tuscien, durchzusetzen. Desiderius versprach, die Verpflichtungen seines Vorgängers einzuhalten und darüber hinaus den Kirchenstaat noch zu vergrößern. Stephan II. und sein Bruder Paul I., der ihm 757 nachfolgte, hatten trotzdem Ursache, sich bei Pippin über die mangelnde Vertragstreue des Königs Desiderius zu beklagen. Brief auf Brief ging an Pippin, der von den beiden Päpsten als »neuer Moses« und »neuer David« angeredet wurde, aber auch an die Prinzen Karl und Karlmann, die als päpstliche Adoptivsöhne bezeichnet wurden. Paul I. ließ die sterblichen Überreste der heiligen Petronilla nach Rom überführen, und von diesem Tag an galt sie, als angebliche Tochter des heiligen Petrus, als Patronin der Karolinger. Zudem war der Papst bereit, die Patenschaft für Pippins Tochter Gisela zu übernehmen. Zwischen den Päpsten und den Karolingern entstand so eine regelrechte geistige Verwandtschaft. Doch obwohl Pippin durchaus wußte, daß Desiderius neue Angriffe gegen Rom unternehmen konnte, verweigerte er eine erneute Intervention. Ihn beschäftigten damals, wie noch zu zeigen ist, andere Sorgen in seinem Königreich, und so empfahl er dem Papst Geduld und das Bündnis mit den Langobarden.

Aber trotz alledem war durch das Bündnis zwischen Frankenkönig und Papsttum ein neuer Staat in Italien entstanden. Das *Patrimonium Petri,* üblicherweise als »Kirchenstaat« bezeichnet, sollte in der Geschichte Europas eine sehr wichtige Rolle spielen; nicht nur im Mittelalter, denn sein Ende kam erst 1870.

Die Eroberung Aquitaniens

Der Grund für Pippins Fernbleiben aus Italien war seine Konzentration auf ein langwieriges Unternehmen in Gallien selbst: Er wollte endgültig die Lage in Aquitanien bereinigen, das sein Vater bereits unterworfen hatte, das aber unter dem Regiment von Hunoalds Sohn Waifar den Kampf um die Unabhängigkeit noch keineswegs aufgegeben hatte. Der Kampf wurde von den Aquitaniern wie von den Franken ohne Erbarmen geführt und dauerte über zehn Jahre. Die aquitanischen Ereignisse werden in der von Nibelung redigierten dritten Fortsetzung des sogenannten Fredegar ungewöhnlich ausführlich in über elf Kapiteln berücksichtigt. Das zeigt, daß Pippin entschlossen war, die partikularen Bestrebungen in Aquitanien zu beseitigen, koste es, was es wolle.

An Vorwänden zum Eingreifen fehlte es nicht. So hatte Waifar im Jahr 751 Grifo bei sich aufgenommen, als dieser erneut gegen seinen Bruder rebelliert hatte. Außerdem hatte der Herzog von Aquitanien südlich der Loire Güter beschlagnahmt, die Kirchen im Norden Galliens gehörten. Pippin war bis zum Jahr 760 mit der Vorbereitung der Eroberung beschäftigt, indem er sich zunächst durch die

Mithilfe einiger westgotischer Grafen das bis dahin von den Arabern gehaltene Septimanien sicherte, dann in die Grafschaft Vannes eindrang, um die Bretonen an Waffenhilfe für die Aquitanier zu hindern, und vor allem sein Heeresaufgebot verstärkte.

Im Jahr 755 verlegte er die Einberufung des Heeres vom Monat März (»Märzfeld«) in den Mai (»Maifeld«), weil zu dieser Jahreszeit bereits genügend Futter für die Pferde wuchs. Die Sachsen, von Pippin ein weiteres Mal geschlagen, mußten ihm seit 758 statt der fünfhundert Kühe einen Tribut von dreihundert Pferden entrichten. Beides deutet darauf hin, daß die schwere Reiterei im fränkischen Heer an Bedeutung zunahm. Pippin verstärkte die Lehnsbindungen mit den Großen, die ihm Waffenhilfe leisten konnten. So kam im Jahr 757 der junge Bayernherzog Tassilo, eben großjährig geworden, nach Compiègne, um den Vasalleneid abzulegen. Über die näheren Umstände berichten die Reichsannalen: »Indem Tassilo dem König als Vasall huldigte, schwur er unzählige Eide, dabei die Reliquien der Heiligen mit Händen berührend. Er gelobte Treue dem König Pippin und dessen Söhnen Karl und Karlmann, als Vasall aufrichtig und ergeben dem Recht gemäß, wie ein Vasall sich gegen seinen Herrn verhalten soll.« Tassilo führte sein Heeresaufgebot nach Italien, dann nach Aquitanien und blieb, mindestens bis zum Jahr 763, ein treuer Gefolgsmann.

Von 760 bis zu seinem Todesjahr 768 unternahm Pippin alljährlich einen Heereszug nach Aquitanien. Dabei stieß er immer weiter in das Landesinnere vor, in die Auvergne, die Grafschaften Berry und Quercy, das Limousin. Mit seinen verbesserten Belagerungsmaschinen eroberte er Stadt für Stadt. Ganz im Gegensatz zu den zeitüblichen Gewohnheiten überwinterte er sogar im Feld, um im Frühjahr den Kampf sofort wiederaufnehmen zu können. Im Jahr 768 erreichte er die Garonne und konnte die Unterwerfung der Basken entgegennehmen. Herzog Waifar, beständig auf der Flucht vor seinen Verfolgern, wurde schließlich von seinen eigenen Leuten getötet, auf Betreiben Pippins, wie es hieß.

Aquitanien war zwar unterworfen, aber schwer verwüstet: weite Landstrecken verbrannt, Städte eingeäschert, Klöster zerstört. Der kulturelle und zivilisatorische Entwicklungsstand Aquitaniens seit den Einfällen der Völkerwanderungszeit war vernichtet. Es sollte lange dauern, bis sich das Land vom Trauma der karolingischen Eroberungszüge erholen konnte. Für Pippin war es nicht schwer, 768 in Saintes als Zeichen der Befriedung ein Kapitular zu verkünden, das dem aquitanischen Adel die Bewahrung seines eigenen, römischen Rechts versprach. Aber dieser Schritt konnte die grausamen Kriegsjahre nicht vergessen machen.

Die Fortführung der Kirchenreform

Pippin war nicht nur Heerführer. Durch die Königsweihe war seine Herrschaft auf göttliches Recht gegründet worden, damit hatte er aber auch den Auftrag übernommen, für die Ausbreitung des Christentums in seinem Reich zu sorgen. Er bemühte sich um die Regelung der Glaubensangelegenheiten und um die Weiterführung der zusammen mit seinem Bruder Karlmann begonnenen Kirchenreform. Dabei wurde er jetzt nicht mehr von Bonifatius, sondern von Bischof Chrodegang von Metz unterstützt.

Es ist noch immer umstritten, ob Bonifatius persönlich Pippin geweiht hat; sicher ist aber, daß er seit einigen Jahren nicht mehr zur Umgebung des Hofes gehörte. Durch Fulrad als Vermittler bat er Pippin im Jahr 752 darum, seinen Schüler Lul als Nachfolger im Erzbistum Mainz einzusetzen. Er dachte daran, sich nach Fulda zurückzuziehen, aber den etwa Achtzigjährigen ergriff noch einmal der Missionseifer. Er kehrte nach Friesland zurück, dorthin also, wo er sein Bekehrungswerk begonnen hatte. Er wurde vom Bischof von Utrecht sowie einigen Priestern und Mönchen begleitet, als er in das Grenzgebiet zwischen Friesen und Sachsen zog und sich im nordfriesischen Dokkum niederließ. Hier wurde er von einer Schar plündernder Friesen angegriffen. Am 5. Juni 754 starb er unter den Hieben der heidnischen Räuber. Sein Leichnam wurde erst nach Utrecht und nach Mainz gebracht, dann aber von den Mönchen Fuldas beansprucht. Dort wurde sein Grab zu einem der meistbesuchten Wallfahrtsziele, und es machte die Abtei zum Mittelpunkt der von Bonifatius christianisierten Gebiete Germaniens.

Ungefähr zur gleichen Zeit entschloß sich Papst Stephan II. während seines Aufenthalts in Saint-Denis, Bischof Chrodegang von Metz das Pallium zu verleihen und ihn als seinen Stellvertreter im Frankenreich zu bestellen. Chrodegang leitete von da an die Fortführung der Kirchenreform in enger Verbindung mit Pippin. Auf einer Synode in der Königspfalz Ver im Jahr 755 wurde die Stärkung der Befugnisse der Bischöfe beschlossen, ohne daß man an die Wiederherstellung der Metropolitanverfassung dachte. Man einigte sich darauf, daß der König die Bischöfe in regelmäßigen Abständen versammeln solle, 756 in Verberie, 757 in Compiègne. Wahrscheinlich beschloß Pippin damals die Zahlung der Zehntabgabe. Damit sollten die Kirchen für den ihnen auferlegten Besitzverlust entschädigt werden. Denn Pippin verzichtete nicht nur auf die geplante Rückgabe der entzogenen Kirchengüter, er ließ sogar eine Bestandsaufnahme des weltlichen Kirchenbesitzes durchführen und plante die Vergabe an seine Großen. So wurden beispielsweise in Auxerre hundert Pachthöfe oder Mansen dem Bischof vorbehalten, der Rest der Ländereien wurde bayerischen Adligen übergeben. Eine ähnliche »Güterteilung« gab es in Mâcon zwischen dem Bischof und weltlichen Großen.

Im Jahr 762 versammelten sich Ortsbischöfe, Klosterbischöfe als Diözesanverwalter und Äbte in der Königspfalz Attigny. Man unterschied nun regionale Gruppierungen: die Vertreter der Kirchenprovinzen Germaniens (Mainz, Köln, Reims), der Provinzen Rouen, Sens und Tours, der Provinz Trier, ferner die Abgesandten aus dem Elsaß, Alemannien und Nordburgund. Mit diesen Geistlichen vereinigten sich die Klosterbischöfe von Agaunum (Saint-Maurice und Wallis) und Novalese sowie der Bischof von Chur, die alle drei in Gebieten saßen, welche für die Verbindung zwischen Gallien und Italien von herausragender Bedeutung waren. Nur die Vertreter der Kirchenprovinzen Aquitaniens, der Provence, der Gallia Narbonensis und des südlichen Burgund blieben der Versammlung in Attigny fern. Im Jahr 767 bestimmte Pippin einen Bischof für Vienne, und 769 waren auch die Bistümer Bourges, Lyon und Narbonne besetzt. So gewann allmählich das Bischofskollegium Galliens seine Einheitlichkeit zurück. Pippin hielt an der Aufsicht über Bistümer und wichtige Abteien seines Reiches fest. Auch wenn nicht alle Bischofsstühle besetzt werden konnten, waren Fortschritte nicht zu bestreiten.

Die Kirchenreform wurde abgerundet durch die Einführung der römischen Liturgie im Frankenreich. Zwar waren in Gallien schon einige liturgische Bücher verbreitet, so das *Sacramentarium Gela-*

sianum und *Gregorianum*, aber die einzelnen Kirchen behielten weitgehende Freiheiten und hielten sich hier und da noch an die altgallische Liturgie. Nach einer Periode völliger Unordnung mußten nun die Gottesdienstformen erneuert werden, Pippin und Chrodegang ergriffen die Initiative dazu. Nach Cyrille Vogel ist die »Einführung der stadtrömischen Gottesdienstgewohnheiten in Gallien für die Entwicklung des abendländischen Kultus vergleichbar mit der Bedeutung, die dem Zusammengehen zwischen Franken und Papsttum für das politische Schicksal Europas zukommt«. Mit guten Gründen wurde vermutet, daß diese Reform in den Jahren 753 bis 755 während Papst Stephans II. Besuch im Frankenreich beschlossen wurde. Zu seiner Begleitung gehörten römische Priester und Diakone; sie konnten Chrodegang und dessen Geistliche über die Gottesdienstformen ihrer Stadt unterrichten. Aber auch Pippins Bruder Remigius, Bischof von Rouen, beteiligte sich an dieser Aufgabe: Von einer Romreise im Jahr 760 brachte er den Leiter der *schola cantorum* mit in seine Stadt und bat ihn, die Geistlichen im neuen Kirchengesang zu unterrichten. So wurde das *Sacramentarium Gelasianum* des 8. Jahrhunderts niedergeschrieben, von dem einige Kopien erhalten sind, so das berühmte Sakramentar von Gellone. Mit dieser Sammlung wurden die Gebete und Formeln der römischen Liturgie eingeführt, doch blieb aus Rücksicht auf Lokalgewohnheiten ein reduzierter Raum auch für den fränkischen Ritus. Für den Entschluß zur Durchsetzung des römischen Gottesdienstes im Frankenreich waren gleichermaßen politische und religiöse Gründe ausschlaggebend. Man hielt es für notwendig, die Geistlichen zu einheitlichen Gebetsformen zu veranlassen und so den Zusammenhalt zwischen den Kirchen zu verstärken, um damit auch die Reichseinheit zu sichern. Das war natürlich eine langfristige Aufgabe, an der sich aber nicht alle Kirchen beteiligen wollten. Das liturgische Reformwerk wurde schließlich von Karl dem Großen, der die Leistungen seines Vaters respektvoll anerkannte, neu aufgegriffen und abgeschlossen.

Chrodegang konnte in seiner Bischofsstadt Metz als einer der ersten die neue Liturgie durchsetzen. Die Stadt des heiligen Arnulf war es sich schuldig, beispielhaft voranzugehen. Der Bischof ließ die Kathedrale Sankt Stephan erweitern, die Kathedralgruppe ausbauen und organisierte den fastenzeitlichen Stationsgottesdienst, der sich an der römischen Liturgie orientierte. Unter seinem Episkopat wurde Metz auf Jahrzehnte hin zu einer Schule der *cantilena Romana.*

Chrodegangs Wirken ging aber noch weiter. Da er wußte, in welcher Vernachlässigung sein Klerus lebte, schrieb er zwischen 754 und 756 eine Kanonikerregel, die weitgehend der Benediktinerregel folgte. Chrodegang wollte, daß seine Geistlichen ein gemeinsames Leben nach dem Vorbild der Mönche führten. Sie sollten in einem gemeinsamen Schlafraum schlafen, in einem gemeinsamen Speisesaal essen, das Armutsgebot einhalten, Kranke versorgen, sich beim Messelesen gegenseitig unterstützen, sie sollten lesen und Predigten vorbereiten. Der Stiftsgeistliche (Kanoniker, *canonicus*) war demnach ein Kleriker, der unter Aufsicht seines Bischofs Vorschriften *(canones)* befolgte, die seine Lebensführung bestimmten. Chrodegangs erklärtes Ziel war die Befolgung der Kanonikerregel an allen Kirchen des Frankenreiches. Zahlreiche Geistliche versuchten aber, ihre Handlungsfreiheit zu bewahren. So war es nur schrittweise und gegen manchen Widerstand zu erreichen, daß andere Kirchen im Reich die Institution des Kanonikats übernahmen, das im europäischen Kirchenleben dann eine so große Rolle gespielt hat.

Chrodegang war zutiefst vom Mönchsideal durchdrungen, und seit seinem Amtsantritt in Metz hatte er besonders auf die Mönche aus der Schule Pirmins geachtet, die schon unter seinem Vorgänger tätig waren. Zwischen 748 und 754 gründete er mit Hilfe Pippins das südwestlich von Metz gelegene Kloster Gorze, das er mit großem Landbesitz ausstattete. Mönche aus Gorze sollten sich in der Folgezeit in Gengenbach niederlassen, einer Gründung des heiligen Pirmin am Fuße des Schwarzwaldes. Im Jahr 764 beteiligte sich Chrodegang an der Gründung des Klosters Lorsch, auf der rechten Rheinseite gegenüber von Worms gelegen. Graf Cancor, Sohn des dux Robert und Vetter Chrodegangs, verlieh die Abtei erst ihm, dann Chrodegangs Bruder Gundeland. Sie sollte eine der bedeutendsten karolingischen Reichsabteien werden.

Die Aktivitäten des Bischofs, seit 754 Erzbischof, waren unermüdlich und vielseitig. Dank Chrodegang wurde Metz zum Mittelpunkt der Kirchenreform und wichtigste Bischofsstadt im Reich. Paulus Diaconus, der um 783 die »Geschichte der Metzer Bischöfe« verfaßte, erwähnt die Arbeiten, die Chrodegang an der Kathedrale durchführen ließ. Die Einführung der Kanonikerregel zog Baumaßnahmen nach sich; um den Kreuzgang des Doms entstanden die Kapellen Alt- und Neu-Sankt Peter, Sankt Paul und Sankt Maria Rotonda. Von diesem Kirchenensemble ist nichts erhalten, die Metzer Kathedrale bewahrt nur noch Chrodegangs Bischofsthron, der aus einer geäderten Marmorsäule geschnitten ist. Ungefähr fünfhundert Meter südlich des Bischofsbezirks gibt es noch Sankt Peter auf der Zitadelle (Saint-Pierre-aux-Nonnains), ein Nonnenkloster, das im 7. Jahrhundert in einer römischen Basilika des 4. Jahrhunderts errichtet wurde. In dieser Klosterkirche wurden Fragmente der Chorschranken ausgegraben, d. h. der steinernen Absperrung zwischen Chor und Kirchengemeinde. Die Fragmente bestehen aus elf Platten, die jetzt im Museum von Metz aufbewahrt werden. Bis heute ist es unter den Kunsthistorikern umstritten, ob die Arbeit in die Zeit Chrodegangs zu datieren oder etwas später anzusetzen ist. Aber die Bildthematik mit oberitalienischen und koptischen Anklängen, die spielerisch verflochtenen Lilien, die Bögen und die verschlungenen Kreuzgitter, die Tier- und Pflanzenmuster sind jedenfalls ein glänzendes Zeugnis für die künstlerische Renaissance der Karolingerzeit. Sie wird gleichzeitig greifbar in Jouarre, in Saint-Denis und durch das 754 entstandene Gundohinus-Evangeliar. Die karolingische Renaissance entfaltete sich nicht erst unter der Regierung Karls des Großen, sie ist vielmehr untrennbar verbunden mit der Erneuerung der Kirche unter Pippin dem Jüngeren.

Das Ansehen Pippins des Jüngeren

Chrodegang starb im Jahr 766. Er wurde in Sankt Arnulf bestattet, der Begräbniskirche der ersten Karolinger und der Bischöfe von Metz. Pippin folgte ihm nur zwei Jahre später in das Grab: ein bedeutender König, dessen Ansehen außerordentlich groß war.

Pippin und der Orient

Pippins Ruf reichte weit über die Grenzen des Frankenreiches und auch Italiens hinaus. So konnte er als erster Beziehungen zu mohammedanischen Herrschern anknüpfen. Im Jahr 750 wurde das

Kalifat der Omajjaden in Damaskus gestürzt und durch das der Abbasiden ersetzt, die in Bagdad residierten. Der einzige überlebende Omajjade, Abd al-Rahman, floh nach Spanien, eroberte Córdoba und begründete dort ein nahezu selbständiges Emirat. Es ist leicht einzusehen, daß unter diesen Umständen der Kalif von Bagdad Verbindungen zu Pippin suchte, der ja seinerseits die Araber in Septimanien bekämpfte und im Jahr 759 Narbonne zurückerobert hatte. Zwischen dem Kalifen und dem Frankenkönig wurden Botschaften ausgetauscht, Gesandte aus Bagdad verbrachten sogar den ganzen Winter des Jahres 768 in Metz.

Im Jahr davor hatte eine byzantinische Gesandtschaft Quartier in der Pfalz Gentilly bei Paris bezogen. Die Beziehungen zwischen Pippin und Byzanz waren während des zweiten Italienzuges in Gang gekommen, aber wie oben erwähnt, hatte Pippin die Rückgabe der von den Byzantinern beanspruchten Gebiete verweigert. Trotzdem hatte Kaiser Konstantin V. die Hoffnung noch nicht aufgegeben, Ravenna doch wiedergewinnen zu können. Sein Vorteil war, daß zwischen dem Papst und dem Langobardenkönig Desiderius ein Konflikt ausbrach und Pippin sich weigerte, erneut einzugreifen. Zwischen Konstantinopel und dem fränkischen Hof wurden Botschaften gewechselt, wobei Pippin den ersten Schritt tat. Nach der offiziösen Fortsetzung des sogenannten Fredegar schickte er Gesandte »aus Freundschaft und zum Heil seines Reiches«. Kaiser Konstantin V. schickte eine Gegengesandtschaft mit vielen Geschenken, die Griechen nahmen sogar an der Reichsversammlung des Jahres 757 in Compiègne teil. Aber der Bericht fährt fort: »Ich weiß nicht, wie es kam, daß später diese wechselseitige versprochene Freundschaft keinerlei Auswirkungen zeigte.« Trotzdem gab die griechische Diplomatie noch nicht auf, man verhandelte über eine mögliche Ehe zwischen Pippins Tochter Gisela und dem Sohn Kaiser Konstantins. Im Jahr 762 trafen sich Gesandte des Papstes und des Königs in Konstantinopel, und 765 hielt sich eine byzantinische Gesandtschaft unter Führung des Eunuchen Sinesius in Gallien auf. Man wollte seitens der Byzantiner offenbar das Eingreifen Pippins in den Bilderstreit erreichen, in dem die Kirche Galliens noch nicht Stellung genommen hatte. Der Papst war sehr besorgt und fürchtete das Schlimmste. Am Osterfest des Jahres 767 versammelte sich in der Königspfalz Gentilly eine Synode, auf der griechische und fränkische Theologen Probleme der Trinität und der Bilderverehrung diskutierten. Dabei ließen sich offenbar einige fränkische Geistliche von den bilderstürmerischen Thesen der Byzantiner einfangen; denn als im Jahr 769 ein Laterankonzil in Anwesenheit fränkischer Bischöfe über diese Frage debattierte, konnten die Grundsätze der Ikonoklasten erst nach langer Diskussion verurteilt werden. Damit war aber noch keine endgültige Entscheidung gefallen, vielmehr kündigten sich schon die Auseinandersetzungen an, die auf das Konzil von Nicaea (789) und die Abfassung der *Libri Carolini* folgten.

Die Anwesenheit von Byzantinern am Hof Pippins legt die Frage nahe, wie es mit den Griechischkenntnissen im Abendland bestellt war. Seit dem 6. Jahrhundert vernachlässigten die Gelehrten Europas das Griechische vollständig. Ausnahmen gab es nur in einigen bevorzugten Bildungsstätten Süditaliens und in Rom. Trotzdem ist festzustellen, daß während der Regierung Pippins griechische Handschriften nach Gallien gebracht und dort übersetzt wurden; man weiß auch, daß Papst Paul I. Grammatikbücher und die Werke des Dionysios Areopagites, in griechischer Sprache geschrieben, König Pippin zum Geschenk machte. Diese Gabe war Anlaß für viele gelehrte Vermutungen, weil der eigentliche Empfänger fraglich ist. Die Erwähnung des Dionysios Areopagites legt die Vermutung nahe, daß die Bücher für die Bibliothek von Saint-Denis bestimmt waren. Denn für die Mönche stand schon damals fest, daß der Paulus-Schüler Dionysios, der Märtyrer Dionysios von Paris und Dionysios Areopagites, der Pseudo-Dionysios, ein und dieselbe Person waren. Völlig falsch ist dagegen die Behauptung, diese Bücher seien für die »Hofschule« gedacht gewesen, die es Mitte des 8. Jahrhunderts sowenig gab wie zur Merowingerzeit. Dagegen gab es eine Verwaltung, die von Pippin ausgebaut und verbessert wurde.

Die Organisation des Hofes

Als König übernahm Pippin Teile der merowingischen Verwaltungseinrichtungen. Die wichtigsten Ämter wurden beibehalten: der Seneschall, der für die Tafel und die Versorgung der Königspfalz zuständig war, der *buticularius* als oberster Mundschenk, der Marschalk (*comes stabuli*, davon frz. Connétable) als Aufseher über die königlichen Stallungen. Dagegen verschwand offenbar das Amt des Hausmeiers, an dessen Stelle der Kämmerer *(camerarius)* trat. Dieser hütete den Königsschatz, die Sammelstelle für Geschenke aus dem Orient und Okzident, für Bußzahlungen, für die Einkünfte aus Zöllen und anderen indirekten Abgaben. Pippin bestand grundsätzlich auf dem Regalcharakter des Zollwesens, trotzdem schenkte er die Einkünfte einzelner Zollstellen an Kathedralkirchen und Klöster. Dabei behielt er aber stets einen Anteil an den Einnahmen, so in Mâcon, wo er zwei Drittel für sich beanspruchte.

Eine weitere Einnahmequelle war das Münzwesen. Die Merowingerkönige hatten das Münzmonopol schon seit langem eingebüßt, jeder Bischof, Abt oder Graf schlug seine eigenen Denare. Dabei war Silber das einzige Münzmetall, seit um 670 die Goldprägung in Gallien aufgehört hatte. Im Norden waren weiterhin die friesischen *sceattas* ein in großer Stückzahl umlaufendes Gepräge. Mit diesem Durcheinander wollte Pippin Schluß machen. Auf der Synode von Ver verkündete er im Jahr 755: »Über die Münze bestimmen wir, daß künftig aus dem Gewichtspfund nicht mehr als zweiundzwanzig Solidi geprägt werden dürfen. Und von diesen zweiundzwanzig Solidi erhält der Münzer einen Solidus, die übrigen hat er dem Herrn zu übergeben, dem sie zustehen.« Es handelt sich hier um die erste Münzordnung, die ein Frankenkönig erlassen hat. Ungefähr hundertfünfzig Münzen Pippins wurden bisher geborgen, ihre Prägeorte sind Lyon, Angers, Paris, Chartres. Als gemeinsames Merkmal tragen sie den Namen des Königs, was seit einem Jahrhundert nur noch ausnahmsweise vorgekommen war. Pippin konnte sich sogar das Münzatelier in Dorestad sichern, in dem die friesischen *sceattas* geprägt wurden. Er schuf so ein königliches Münzwesen, das sich für Jahrhunderte behaupten konnte.

Auch der Aufbau der Kanzlei für die Ausfertigung der königlichen Urkunden wurde verändert. Während sich Pippin, damals einundzwanzig Jahre alt, am Hof in Pavia aufhielt, konnte er feststellen, wie gut die langobardische Verwaltung funktionierte. Sie knüpfte an die römische Tradition an und verfügte über qualifiziertes geistliches und weltliches Personal. Als Hausmeier betraute Pippin ausschließlich Angehörige seiner Kapelle mit der Leitung der Kanzlei. So verschwand nach 751 der weltliche *referendarius* der

Merowingerzeit als Leiter der Verwaltung. An seine Stelle trat der Kanzler *(cancellarius)*, ein Notar aus der königlichen Hofkapelle. Man beobachtet hier einen wirklichen Umsturz, denn von diesem Zeitpunkt an bis zum Ende des 13. Jahrhunderts blieben Laien von der Leitung der Königskanzlei ausgeschlossen. Der Wechsel des Personals brachte Fortschritte bei der Abfassung der Urkunden mit sich. Zunächst wurde die äußere Form verbessert. Es genügt ein Vergleich zwischen der letzten merowingischen Königsurkunde und den ersten Urkunden des Hausmeiers, um festzustellen, wie sorgfältig man um Aufmachung und einheitlicheres Schriftbild bemüht war. Noch wichtiger war der sprachliche Fortschritt. Während des 7. Jahrhunderts und in der ersten Hälfte des 8. Jahrhunderts beobachtet man eine ständige Verschlechterung der Orthographie und Grammatik. Aber von der Mitte des Jahrhunderts an beginnt das sprachliche Niveau wieder zu steigen, eine Entwicklung, die bis zum Ende des Jahrhunderts anhält. Doch ist zu bemerken, daß die Verbesserung des Lateins überwiegend auf die Königsdiplome beschränkt bleibt, denn in den Privaturkunden läßt die sprachliche Korrektheit weiter sehr zu wünschen übrig. Mit gutem Grund vermutet man, daß die zunehmenden Lateinkenntnisse auf Geistliche der Kanzlei zurückzuführen sind, denen Grammatikbücher und orthographische Abhandlungen zur Verfügung standen. Chrodegang, der der letzte *referendarius* Karl Martells gewesen war und über eine gründliche lateinische Bildung verfügte, hatte wohl schon in diesem spracherzieherischen Sinn gewirkt. In der Folgezeit haben sicher die Mönche von Saint-Denis eine Rolle bei der Fortentwicklung der Verwaltungstechniken gespielt. Neben diesen Notaren, die fähig waren, eine Urkunde in gutem Latein abzufassen, gab es auch einige Juristen, die nicht nur die gebräuchlichen Formelsammlungen benützten, sondern auch Abrisse und Handbücher des römischen Rechts. In einem seiner Diplome zählt Pippin auf, wer zusammen mit dem Herrscher entscheidet: die Großen, der *comes* und die sonstigen *legis doctores*. Pippin hat das Gesetz neu belebt, der Schriftlichkeit wieder Bedeutung verschafft und damit das Werk Karls des Großen eingeleitet.

Pippin und das Kloster Saint-Denis

Wie die Merowingerkönige hatte auch Pippin keine feste Residenz. Seine Urkunden sind in ganz unterschiedlichen Orten ausgestellt worden: im Tal der Oise sind es die Pfalzen Compiègne, Ver, Berny-Rivière, Verberie; in der austrischen Champagne Corbeny, Samoussy, Ponthion; dazu noch im Maasgebiet die Pfalzen Herstal, Jupille, Düren und Aachen. Notker von Sankt Gallen überliefert die Legende von Pippins siegreichem Kampf gegen einen Dämon, der in den Gebäuden der römischen Thermen sein Unwesen trieb, noch bevor dort die erste Kapelle und die Gebäude der noch bescheidenen *villa* errichtet wurden. Pippin hielt sich gerne auch in den Reichsabteien auf, deren Zahl ständig zunahm: Seine erste Königsweihe fand im Kloster Saint-Médard zu Soissons statt, die zweite in Saint-Denis.

Seit den Zeiten, als König Dagobert Interesse an der Kirche von Saint-Denis zeigte, hatte sich das Kloster gut weiterentwickelt und war eine richtige Klosterstadt geworden. Dazu gehörten außer der Abteikirche und den Nebenkirchen noch der Kreuzgang, das Dormitorium, das Refektorium, das Skriptorium, die Bibliothek, Werkstätten sowie Lagerhäuser, in denen die Erzeugnisse gespeichert wurden, die von den zahlreichen, dem Kloster seit dem 7. Jahrhundert übereigneten Landgütern eingingen. Alljährlich am 9. Oktober, dem Tag des heiligen Dionysios, wurde ein Jahrmarkt abgehalten, auf dem sich Kaufleute vom Festland und von den britischen Inseln trafen. Dabei konnten die Mönche Schiffsgebühren und Handelsabgaben erheben, ein Recht, das ihnen aber vom Grafen von Paris bestritten wurde. So mußte Pippin im Jahr 753 ein Privileg zugunsten der Mönche erlassen, in dem durch Zeugenaussagen bekräftigt wird, »daß die Abgaben seit jeher zugunsten des Klosters erhoben worden sind«.

Die Einkünfte waren dringend notwendig, weil Abt Fulrad die alte Basilika erneuern lassen wollte und sich dabei am Vorbild italienischer Bauwerke orientierte. Von der neuen Kirche sind einige Reste archäologisch nachgewiesen. Der Chor war bereits im Planungsstadium, als Papst Stephan II. Aufenthalt in Saint-Denis nahm, aber das Bauensemble der Abteianlage wurde erst im Jahr 755 vollendet. Abt Fulrad, der reiche austrische Grundherr, war ein

Vertrauter Pippins. Wie schon erwähnt, spielte er während des Italienzugs eine wichtige Rolle. Er erhielt den Titel *archicapellanus* (Erzkaplan), weil er die Reliquien der Hofkapelle aufbewahrte, darunter den Mantel *(cappa)* des heiligen Martin. Dies bedeutete aber auch, daß er die Hofverwaltung in seinen Händen hatte, da die Notare ja aus der Hofkapelle hervorgingen.

Die Mönche von Saint-Denis waren den Karolingern treu ergeben, sie hatten einen bedeutenden Anteil am sogenannten Staatsstreich und an der Königsweihe Pippins. Auch danach unterstützten sie weiter die karolingische Propaganda. Als Grabeshütern der Merowinger und der ersten Karolinger gelang es ihnen sogar, beide Geschlechter zusammen in ein und derselben Lobrede zu feiern. So verfaßte im Jahr 763 ein Mönch aus Saint-Denis Prolog und Epilog zur *Lex Salica,* die Pippin überarbeiten ließ. Der Text, den man als die »Marseillaise der Franken« bezeichnen könnte, beginnt folgendermaßen (*Lex Salica* D und E, langer Prolog):

1 Das berühmte Volk der Franken, von Gott selbst erschaffen, tapfer in Waffen und beständig im Friedensschluß, weise im Rat, von edlem Aussehen, von unversehrter Reinheit, von ausgezeichneter Gestalt, wagemutig, schnell und stürmisch, zum katholischen Glauben bekehrt und frei von Häresie, suchte, während es noch am heidnischen Brauchtum festhielt, auf Eingebung Gottes nach dem Schlüssel der Weisheit, strebte seiner Gesittung gemäß nach Gerechtigkeit und bewahrte Frömmigkeit.

2 Das salfränkische Gesetz *(Salicam legem)* diktierten damals vier Männer, die von den Großen des Volkes zu Anführern erwählt waren...

3 Dann aber empfing durch die Gnade Gottes Chlodwig, der gewaltige und herrliche Frankenkönig, als erster die katholische Taufe...

4 Heil sei Christus, der die Franken liebt. Er möge ihr Reich wahren, erfülle ihre Herrscher mit dem Licht seiner Gnade, schütze ihr Heer, verleihe ihrem Glauben Stärke. Jesus Christus, der Herr der Herrschenden, schenke ihnen die Freude des Friedens und glückliche Zeiten um der Frömmigkeit willen. Denn dies ist ein Volk, durch Festigkeit stark, weil es tapfer war. Das drük-

kendste Joch der Römer schüttelten die Franken kämpfend von ihrem Nacken ab, und nach der Anerkennung der Taufe schmückten sie die von ihnen gefundenen Leichen der Märtyrer mit Gold und kostbaren Steinen, jener Märtyrer, die von den Römern mit Feuer verbrannt, mit dem Schwert verstümmelt oder wilden Tieren zum Zerfleischen vorgeworfen wurden.

Hier ist alles beisammen: die Überhöhung des Frankenvolkes, die Beteuerung der Rechtgläubigkeit der Könige, die Verherrlichung der Märtyrer von Saint-Denis. Der Text ist bereits eine Vorstufe der *Laudes regiae*, jener am Ende des 8. Jahrhunderts verfaßten Loblieder auf den König, in denen Christus, der Papst und der Frankenkönig mit einer gemeinsamen Gloriole umgeben wurden.

Pippin der Jüngere erkrankte während des Sommers 768, gerade als es ihm gelungen war, die Aquitanier endgültig zu unterwerfen. Er ließ sich nach Saint-Denis bringen und starb am 24. September 768, im Alter von vierundfünfzig Jahren. Wohl wegen seiner geringen Körpergröße erhielt er von Historikern die Beinamen »der Kurze« oder »der Kleine«, aber er war ein großer Herrscher. Ohne ihn ist die Regierungszeit Karls des Großen nicht denkbar. Pippin verdankte seinen Erfolg günstigen Umständen wie auch seiner Bildung und seinem Charakter. Der fränkische Adel, der sich schon mit seinem Vater Karl Martell verbündet hatte, sah in ihm einen Herrscher, der die Standesinteressen am besten fördern konnte. Die Kirche des Frankenreiches und das Papsttum fanden in Pippin einen Beschützer, beide verbanden für Jahrhunderte ihr Geschick mit der von Gott auserwählten Dynastie. Pippin war ein frommer Fürst, aber zugleich ein überlegter und hartnäckiger Feldherr, was die Aquitanier zu spüren bekamen. Er verteidigte die materiellen Interessen seines Reiches, er erneuerte das Herrschaftsgefüge, um effektiver regieren zu können, er empfing an seinem Hof die Gesandten des Papstes ebenso wie die des byzantinischen Kaisers und des Kalifen von Bagdad: Er konnte sich bereits als der wichtigste Herrscher Europas durchsetzen. Kurz vor seinem Tod glaubte er sich stark genug, um fränkischem Gewohnheitsrecht ein Opfer zu bringen: Mit der Zustimmung der weltlichen und geistlichen Großen teilte er das Frankenreich unter seine beiden Söhne. Damit ging er zwar ein Risiko ein, aber ist gute Politik nicht stets eine Abfolge kalkulierter Risiken?

KAPITEL II

Die Expansionspolitik Karls des Großen
Voraussetzungen und Ziele

Die gemeinsame Herrschaft der beiden Brüder

Nach Pippins Tod und seiner Beisetzung in Saint-Denis mußte Gallien in zwei Teile geteilt werden. Karls Reichsteil lag in einem großen Kreisbogen um die Gebiete Karlmanns. Karls Anteil reichte von Thüringen über Friesland bis zur Gascogne, er umfaßte Austrien, das Stammland der Familie, und Neustrien. Karlmann fiel der Rest zu: das Zentralmassiv, das Languedoc, die Provence, die Gegend um Paris, der Süden Austriens, das Elsaß und Alemannien. Beider Brüder Hauptorte – Noyon und Soissons – lagen dicht beieinander. Die Motive für diese Teilung konnten von der Forschung nicht erschlossen werden: Karlmanns Reichsteil war zwar ein geschlossener Länderblock, aber aus sehr unterschiedlichen Gebieten zusammengesetzt. Der Anteil Karls war zwar reicher an Fiskalland und Klöstern, aber ein Reich mit dieser Grenzziehung war nur schwer regierbar.

Alle Quellen berichten übereinstimmend, daß sich die beiden Herrscher schlecht verstanden. Karl, der ältere Bruder, zählte einundzwanzig Jahre. Er wurde nicht, wie man lange glaubte, im Jahr 742 geboren, sondern erst 747, drei Jahre nach der Hochzeit zwischen Pippin und Bertrada. Die angeblich uneheliche Geburt Karls des Großen sollte endgültig in den Bereich der Legende verwiesen werden. Karl zeigte sehr frühzeitig Interesse an politischen Ereignissen, denn im Jahr 753 wurde ihm die Ehre zuteil, Papst Stephan II. zu geleiten; er begleitete auch seinen Vater auf den Feldzügen in Aquitanien. Über seine Erziehung am Hof und über seine Jugend ist nichts überliefert. Einhard bekennt selber seine völlige Unkenntnis. Karlmann war bei seinem Regierungsantritt erst siebzehn Jahre alt.

Er zeigte sofort seine Abneigung gegen den älteren Bruder, indem er seine Hilfe bei der Niederschlagung eines Aufstands der Aquitanier verweigerte. Gleich nach Pippins Tod hatte nämlich ein gewisser Hunoald gegen die Franken rebelliert. Karl, der ja über gute Landeskenntnisse verfügte, griff ohne seinen Bruder ein. Er ließ über der Dordogne die Burg *Fronciacus* (Fronsac) errichten und verfolgte Hunoald bis an die Grenzen der Gascogne. Von Lupus, dem *dux Wasconum,* erzwang er die Auslieferung des Flüchtlings.

Das Zerwürfnis zwischen den Brüdern veranlaßte ihre Mutter, die Königinwitwe Bertrada, zum Eingreifen. Ihr schwebte der Plan vor, durch Bündnisse einerseits mit dem Bayernherzog Tassilo III., andererseits mit dem Langobardenkönig Desiderius die Macht des Frankenreiches zu stärken.

Tassilo hatte 757 König Pippin den Vasalleneid geschworen, hatte sich aber sechs Jahre später aus diesem Abhängigkeitsverhältnis gelöst. Der gerade Einundzwanzigjährige wollte sein Herzogtum unbedingt zu einer bedeutenden Macht ausbauen. Dabei wurde er von der Geistlichkeit unterstützt: von den Bischöfen Virgil von Salzburg und Arbeo von Freising, ferner von den irischen und angelsächsischen Mönchen der Klöster Mondsee, Niederalteich und Kremsmünster. Nach dem Vorbild der Frankenkönige griff auch Tassilos Kanzlei in Regensburg auf Verwaltungsmethoden der Langobarden zurück; auch Gelehrte und Künstler wurden am Herzogshof aufgenommen. Das berühmteste Zeugnis für diese kulturellen Aktivitäten ist der Kelch mit dem Namen Tassilos und seiner Gemahlin Liutberga, der im Kloster Kremsmünster bewahrt wird. Dank der Bemühungen Bertradas, des bayrischen Abtes von Fulda, Sturmi, und auch auf Vermittlung des Papstes kam es zur Aussöhnung zwischen Tassilo und Karl. Eben damals heiratete Karl eine Tochter des Langobardenkönigs Desiderius und schlug damit die Politik Bayerns ein, des traditionellen Verbündeten der Langobardenherrscher.

Desiderius, seit 757 Langobardenkönig, hatte keineswegs auf den Versuch verzichtet, Ravenna und die dem heiligen Petrus abgetretenen Gebiete zurückzugewinnen. Mit diesem Ziel mischte er sich in die innerrömischen Verhältnisse ein, die wenig günstig für den schwachen Papst Stephan III. waren. Gleichzeitig plante Bertrada, durch Heiraten wieder eine engere Verbindung zwischen

Franken- und Langobardenreich herzustellen: Ihre Tochter Gisela wurde mit dem Sohn des Königs Desiderius verlobt, dessen Tochter wurde Karl versprochen. Obwohl Karls Konkubine Himiltrud ihm eben einen Sohn geboren hatte, war er damit einverstanden, eine legitime Ehe mit der Langobardenprinzessin einzugehen, die von seiner Mutter aus Italien geholt werden sollte.

König Desiderius stand nun auf dem Gipfel seiner Macht. Er kam als angeblicher Pilger nach Rom, konnte die beiden wichtigsten Ratgeber des Papstes, den Primicerius Christophorus und dessen Sohn Sergius, beseitigen und sich schließlich gar als Retter Papst Stephans III. feiern lassen. Die Ehe einer seiner Töchter mit dem Herzog von Benevent ließ ihn auch im Süden des Stiefels Fuß fassen. Aber zwei Ereignisse durchkreuzten seine Erfolge: der Tod Karlmanns (Dezember 771) und Papst Stephans III. (Januar 772).

Karlmann hinterließ zwei Söhne, und seine Witwe Gerberga hätte Anspruch auf eine Regentschaftsregierung in deren Namen gehabt. Aber Karl sah das anders. Er zog einen Teil von Karlmanns Gefolgsleuten an sich – darunter seinen Vetter Adalhard, Abt Fulrad, Graf Warin – und vereinigte dann den Reichsteil des Bruders mit seinem eigenen. Gerberga und ihre Kinder flohen an den Hof des Langobardenkönigs Desiderius. Mit ihm ließ es Karl zum Bruch kommen: Leidenschaftlich verliebt in ein dreizehnjähriges Mädchen, seine künftige Gemahlin Hildegard, schickte er seine langobardische Ehefrau zurück zu ihrem Vater. Dem neuen Papst Hadrian I. konnte das nur willkommen sein. Diese beiden Maßnahmen Karls machen deutlich, daß der junge Herrscher – er war damals vierundzwanzig Jahre alt – zu einer sehr selbständigen Politik entschlossen war. Gleich die ersten Kriegszüge über die Reichsgrenzen hinweg, kurz nach Karlmanns Tod unternommen, lassen in Karl sehr rasch den Eroberer erkennen.

Die Voraussetzungen für die Eroberungen Karls des Großen

Karls des Großen Regierungszeit als Alleinherrscher ist überwiegend mit Eroberungskriegen ausgefüllt. Bei seinem Tod umfaßte das Reich ungefähr eine Million Quadratkilometer und damit einen großen Teil des alten weströmischen Reiches. Eine zusammenfassende Schilderung der Eroberungen gibt Karls Biograph Einhard, der damit die *dilatatio regni* verdeutlichen will: »Dies sind die Kriege, die der allermächtigste König in den siebenundvierzig Jahren seiner Herrschaft in verschiedenen Ländern mit größter Klugheit und ebensoviel Erfolg geführt hat... Denn vorher gehörte nur der zwischen Rhein, Loire, dem Ozean und dem balearischen Meer gelegene Teil Galliens und von Germanien der Teil zwischen Sachsen, Donau, Rhein und der Thüringen von den Soraben trennenden Saale, der von den sogenannten Ostfranken bewohnt wird, zum Frankenreich. Dazu kamen noch die Alemannen und Bayern. Durch die erwähnten Kriege hat Karl zuerst Aquitanien, dann die Gascogne, das gesamte Pyrenäengebirge und das Gebiet bis zum Ebro unterworfen... Dann fügte er ganz Italien hinzu, das von Aosta über mehr als tausend Meilen bis Südkalabrien reicht, wo bekanntlich die Grenze zwischen Griechen und Beneventanern verläuft. Er unterwarf ferner Sachsen..., beide Pannonien, das angrenzende Dacien, auch Istrien, Liburnien und Dalmatien... Schließlich unterwarf er alle barbarischen und wilden Volksstämme, die Germanien zwischen Rhein, Weichsel, Meer und Donau bewohnen, und machte sie tributpflichtig...« Einhard entwirft so ein glänzendes Bild, berichtet aber wenig darüber, unter welchen Umständen die Eroberungen durchgeführt wurden.

An erster Stelle ist zu beachten: Karl der Große war zwar ständig unterwegs, um seine Heere zu führen und Besitzungen zu inspizieren, trotzdem hat er nur einen kleinen Teil des Okzidents durchzogen. Das belegt eindeutig sein von deutschen Forschern erarbeitetes und kartographisch dargestelltes Itinerar. Zwar hat er einen Zug nach Aquitanien unternommen und war viermal in Italien, aber das eigentliche Tätigkeitsfeld des Herrschers waren der Norden der Francia, Austrien, Germanien. Karl besuchte weder den Westen des Reiches noch Burgund oder auch nur das Lyonnais, obwohl dort Bischof Leidrad eigens eine Pfalz für ihn erbaut hatte. Seine bevorzugten Aufenthaltsorte lagen im Maas-, Mosel- und Rheingebiet, also in den Ländern seiner Vorfahren: Frankfurt, Mainz, Worms, Diedenhofen und vor allem Herstal waren seine Lieblingspfalzen, bevor Aachen gebaut wurde. Der Schwerpunkt des Reiches wurde also eindeutig nach Osten verlagert (vgl. Karte VI).

An zweiter Stelle ist zu berücksichtigenn, daß die immer weiter ausgreifende Expansionspolitik Karls des Großen ohne vorgefaßten Plan durchgeführt wurde. Der von ihm selber in Gang gebrachte Ablauf der Ereignisse zwang den Herrscher förmlich zu weiteren Maßnahmen. Wie noch zu zeigen sein wird, zählte dabei für ihn nur der Erfolg. Um Krisensituationen zu meistern, mußte er sich genauso auf Verhandlungsgeschick wie auf Waffengewalt verlassen. Er verstand es, einen momentanen Rückschlag einzugestehen, auf den Rat seiner Freunde zu hören, zu gewalttätige Entscheidungen aufzuheben und die Schwäche seiner Gegner auszunützen.

Alles in allem hielt Karl aber bis zu seinem Tod an einigen Leitvorstellungen fest. Besonders lag ihm am Schutz des vom Vater ererbten Reiches. Er unterwarf die Sachsen und beendete dadurch die seit Jahrhunderten ständig wiederholten Einfälle dieser Heiden in Hessen, Thüringen und Austrien. Nach der Eroberung Sachsens mußte er sich dann aber gegen slawische Angriffe absichern. Er eroberte Bayern, was ihn dann veranlaßte, auch in Böhmen zu intervenieren und in der Donauebene gegen die Awaren vorzugehen, die von hier aus seit dem 7. Jahrhundert Schrecken über ganz Mitteleuropa verbreitet hatten. Seine Aquitanienpolitik brachte ihn in Berührung mit mohammedanischen Fürsten; zwischen deren Einflußsphäre und seinem Reich schuf er die sogenannte Spanische Mark. Zu Karls Wesenszügen gehören auch die tiefe Frömmigkeit und das Bewußtsein, als Herrscher in Glaubensangelegenheiten Verantwortung zu tragen. Er war verpflichtet, sein Reich gegen heidnische Angriffe seitens der Sachsen wie der Moslems zu verteidigen. Unter diesem Aspekt konnten Kriegszüge *auch* den Charakter eines Unternehmens für den Glauben annehmen. Vor dem Aufbruch zum Kampf gegen die Awaren im Jahr 791 betete und fastete das fränkische Heer drei Tage lang. Außer den Kranken, den Alten und den ganz jungen Kriegern durfte niemand Wein und Fleisch zu sich nehmen, die Geistlichen gingen barfuß und rezitierten Psalmen. Als Vorbereitung des Heeres auf den unmittelbar bevorstehenden Kampf erscheinen diese Maßnahmen ungewöhnlich. Karl der Große wollte die Herrschaft Christi so weit wie möglich ausdehnen und das Gottesreich *(Civitas Dei)* wieder errichten. Wie sein Vater war er *Patricius Romanorum* und wurde als solcher zum Eingreifen im langobardischen Italien veranlaßt.

In der Hauptsache sind die Eroberungen aber zweifellos von Karls Ehrgeiz als Herrscher und Kriegsmann bestimmt. Weil er im Abendland allein regieren wollte, mußte er seine Rivalen schlagen, so den Bayernherzog oder den Langobardenkönig. Karl war mit Leib und Seele Krieger, liebte das Schlachtengetümmel und kannte keine Ruhepause. Im Frühjahr rief er zur Heeresfolge *(ostis)* auf und begab sich dann auf einen der Kriegsschauplätze. Das Ausbleiben eines Feldzugunternehmens wurde in manchen Annalen als Besonderheit vermerkt. Der Krieg, eine feste Einrichtung im Leben der Franken, ermöglichte auch den Erwerb von Reichtümern, die dann an Kirchen und Gefolgsleute verteilt werden konnten. Die Reichtümer der königlichen »Kammer« wurden 772 durch den Schatz der Irminsul, 774 durch den Hort des Königs Desiderius, 795 durch die Awarenbeute vermehrt, dazu kamen Tribute, die den Beneventanern auferlegt wurden, und vieles andere, das den Feinden abgenommen werden konnte. Solange die Expansionspolitik anhielt, konnte der Herrscher den Adel ungefährdet kontrollieren und auf dessen Unterstützung setzen. Er entstammte ja der gleichen sozialen Gruppe und kannte die Bedürfnisse, Wünsche und Begehrlichkeiten der karolingischen Reichsaristokratie.

Das Heer Karls des Großen

Die militärischen Erfolge Karls des Großen waren abhängig von der Schlagkraft seines Heeres. Dieser Aspekt ist in der Forschung intensiv diskutiert worden. Einerseits hat man die erstaunliche militärische Stärke des Herrschers betont, andererseits wurden seine Probleme mit der unsicheren Einsatzfähigkeit seiner Truppen erklärt. Grundsätzlich war, mit Ausnahme der Geistlichen, jeder Franke, das heißt jeder freie Mann, zum Kriegsdienst verpflichtet. Innerhalb seines Zuständigkeitsbereichs rief der Graf die Männer zur Heeresfolge: die Vasallen des Königs, kirchliche wie weltliche, und die Inhaber von Lehen. Oft zitiert wird das Schreiben Karls des Großen an Abt Fulrad von Saint-Quentin; darin heißt es unter anderem: »Es wird dir hiermit bekanntgegeben, daß wir unsere Reichsversammlung dieses Jahr in das östliche Sachsen einberufen haben… Daher befehlen wir dir, daß du mit allen deinen Leuten an den 15. Kalenden des Juli dorthin kommst. Deine Gefolgschaft muß vollständig ausgerüstet sein, mit Waffen, sonstigem Kriegsgerät, Lebensmitteln und Kleidung. Jeder Reiter muß einen Schild, eine Lanze, ein langes und ein kurzes Schwert, einen Bogen und einen pfeilgefüllten Köcher haben. In den Troßwagen müßt ihr Kriegswerkzeug aller Art mitführen... Vom Datum der Versammlung an muß der Proviant für drei Monate reichen, Waffen und Kleider sind für ein halbes Jahr mitzuführen. Auf dem Weg zum Versammlungsort darf nichts beansprucht werden außer Futter, Brennholz und Wasser.« Der Aufruf wurde von vielen nur mangelhaft befolgt: Manche weigerten sich, andere kamen verspätet, wieder andere desertierten. Solche Verstöße wurden verfolgt, der Schuldige mußte eine hohe Geldstrafe, die Heerbannbuße, bezahlen; bei Desertation drohte auch der Tod. Natürlich wußte Karl, daß die jährliche Einberufung aller waffenfähigen Männer die Verwaltung lahmgelegt und Wirtschaftsabläufe durcheinandergebracht hätte. Denn die Feldzüge fielen jahreszeitlich mit den wichtigsten Landarbeiten zusammen. Zwar mußten die Hörigen keinen Kriegsdienst leisten, aber die Freien brauchten eine Möglichkeit, sie zu beaufsichtigen. So kam Karl zu der sinnreichen Unterscheidung zwischen Teilnahme und Unterstützung: Er staffelte den Kriegsdienst nach der Größe des Landbesitzes und berücksichtigte die Anzahl der Hufen, die ein freier Mann besaß. »Jeder Freie, der vier vollbewirtschaftete Hufen als Eigengut oder Lehen besitzt, nehme seine Ausrüstung und leiste Heeresfolge, sei es mit seinem Herrn, falls dieser auch teilnimmt, oder mit dem Grafen. Wer drei Hufen besitzt, soll sich mit dem Eigentümer einer Hufe zusammenschließen, der ihn unterstützt, so daß er den Dienst für beide leisten kann... Wer nur eine einzige Hufe besitzt, schließe sich mit drei Gleichgestellten zusammen. Einer davon leistet Heeresfolge und wird von den drei Zurückbleibenden unterstützt.«

Die Heeresorganisation ist hauptsächlich durch Kapitularien überliefert, also durch Soll-Vorschriften, deren Verwirklichung schwierig zu beurteilen ist. Die Ordnungsaufrufe und die Drohungen mit hohen Geldstrafen zeigen allerdings, daß sich Karl nur mit Mühe Gehorsam verschaffen konnte. Um dem Kriegsdienst zu entkommen, strebten viele nach Eintritt in den Klerus, andere zahlten einem Grafen oder Abt, um daheim bleiben zu dürfen.

Die Frage nach der tatsächlichen zahlenmäßigen Stärke der Heere Karls des Großen ist kaum zu beantworten, die vorgelegten Schätzungen sind jedenfalls nicht verifizierbar. Manche Historiker gestehen Karl nicht mehr als fünftausend Krieger zu, sie erklären damit seine militärischen Probleme, vor allem in Sachsen. Andere Forscher errechnen dagegen aus der Zahl der Krongüter, Bistümer und Abteien im Frankenreich ein für den König verfügbares Aufgebot von 36000 Reitern; dazu kämen dann noch Fußsoldaten und Hilfstruppen mit einer grob geschätzten Gesamtstärke von 100000 Mann. Tatsächlich beruhte die Schlagkraft von Karls Heeren aber weniger auf der Größe als auf Bewaffnung und Strategie. Ein Heerführer konnte mit zahlenmäßig geringen Kräften Erfolg haben, wenn die Bewaffnung gut und der Einsatz wirkungsvoll war. Wie erwähnt, nahm die schwerbewaffnete Reiterei seit der Zeit Karl Martells an Bedeutung zu; sie bildete jetzt den Hauptteil des fränkischen Heeres. Die besonders begüterten Gefolgsleute des Königs, deren Besitz Tausende von Hufen umfaßte, konnten Panzerreiter ausrüsten und Eisenwaffen, Lebensmittel und Kleidung bevorraten. Unter den Berittenen gab es eine besondere Elitetruppe, aus der die sogenannten *scarae* gebildet wurden. Dies waren kleine Abteilungen, die schnelle Kommandounternehmen durchführen und Befestigungen stürmen konnten. Bei der Eroberung von Sachsen spielten diese *scarae* eine entscheidende Rolle. Die gepanzerten Reiter wirkten wie Schrecken verbreitende Männer aus Eisen. Notker von Sankt Gallen schildert in seinen *Gesta Karoli* die Ankunft Karls des Großen vor Pavia mit epischer Ausschmückung: König Desiderius und der zu ihm geflohene fränkische dux Autchar beobachten von einem hohen Turm aus die Ankunft des fränkischen Heeres. Sie sehen den Troß, das allgemeine Aufgebot, die Palastgarde, die Bischöfe und Äbte. Schließlich erscheint der »eiserne Karl« selbst, mit Eisenpanzer, Beinschienen, Lanze und Schwert. Eisen erfüllte die ganze Ebene und warf den Glanz der Sonne zurück. Überall Eisen, und »wegen des Eisens erzitterten die Mauern und der Mut der Jungen, der Rat der Alten verging vor dem Eisen«. In einer überwiegend auf der Verwendung von Holz beruhenden Zivilisation ist natürlich überlegen, wer über Eisen verfügt. So war das fränkische Schwert wegen seiner Tauglichkeit im Kampf derart berühmt, daß es auch bei auswärtigen Völkern sehr gefragt war. Karl der Große mußte daher den Waffenschmuggel nach Skandinavien und in die slawischen Länder bekämpfen. Vom Jahr 779 an verbot Karl die Ausfuhr von Brustpanzern, es handelte sich dabei um Ledergewänder, die mit kleinen Metallplatten besetzt waren. Eine solche Rüstung (Brünne) allein kostete den Preis von vier Zugochsen oder sechs Kühen (12 Schillinge). Neben der schweren Reiterei waren die nur mit Schild, Lanze und Schwert bewaffneten Reiter sowie die Masse der Fußsoldaten gewiß nicht bedeutungslos, aber sie spielten doch nur eine zweitrangige Rolle.

Der Erfolg eines Militärunternehmens hing davon ab, wie schnell Truppen mobilisiert und konzentriert werden konnten. Karl ließ die benötigte Anzahl von Kämpfern in den Landschaften aufbieten, die dem Kriegsschauplatz möglichst nahe lagen. In der Regel standen ihm so viele Männer zur Verfügung, daß er mehrere Heeresabteilungen aufstellen konnte, die dann konzentrisch gegen den Feind vorgingen, der am Ende eingeschlossen wurde. Karl sorgte für den Unterhalt von Straßen und Wegen und für die Sicherung der Flußübergänge. Die Errichtung einer Holzbrücke über den Rhein bei Mainz war eines der großen Bauunternehmen seiner Regierungszeit. Einhard hat es gepriesen, Notker von Sankt Gallen spricht davon, als habe ganz Europa an diesem Bauvorhaben Anteil genommen. Es war ein Unglück, daß die Brücke im Jahr 813 verbrannte und Karl der Große nicht mehr dazu kam, den geplanten steinernen Neubau ausführen zu lassen. Er träumte noch von einem weiteren großen Bauwerk, das durch seine ehrgeizigen Dimensionen überrascht: der Anlage eines Kanals zwischen Rhein und Donau, genauer zwischen Nebenflüssen dieser großen Ströme. Darüber berichten die Lorscher Annalen: »Nun war Karl von einigen Leuten, die sachverständig sein wollten, überzeugt worden, daß, falls zwischen Rezat und Altmühl ein schiffbarer Graben gezogen würde, man ganz bequem von der Donau in den Rhein fahren könne. Denn der eine dieser Flüsse münde in die Donau, der andere in den Main. Daher zog er sogleich mit seinem ganzen Gefolge in jene Gegend, ließ eine große Menge Menschen dorthin kommen und den ganzen Herbst hindurch an diesem Werk arbeiten. Zwischen diesen beiden Flüssen wurde also ein Graben gezogen, zweitausend Schritte lang und dreihundert Fuß breit, aber vergebens. Denn bei anhaltendem Regen und weil der sumpfige Boden schon von Natur aus zu naß war, konnte das Werk keinen Bestand haben. So viel Erde tagsüber von den Erdarbeitern herausgeschafft wurde, soviel kam des Nachts durch Abrutschen an die alte Stelle zurück.« Der im Jahr 793 während des Krieges gegen die Awaren begonnene Kanalbau konnte deswegen nicht glücklich vollendet werden. Seine Überreste, die *Fossa Carolina* zwischen den Dörfern Graben und Dettenheim, sind archäologisch nachgewiesen.

Diese unvollständigen Hinweise belegen hinreichend, wie beträchtlich die Leistungen waren, die der Bevölkerung des Reiches von Karl dem Großen zur Durchführung seiner Eroberungen abverlangt wurden; sie zeigen aber auch, welche Schwierigkeiten der Herrscher zu überwinden hatte. Um die Gesamtheit von Karls Eroberungsunternehmen zu verstehen, erscheint es nützlich, die Schritte zur Schaffung des karolingischen Reiches einzeln zu betrachten.

Die einzelnen Abschnitte der Expansion

Wie schon gezeigt wurde, war Karl in der ersten Periode, von 768 bis 771, mit begrenzten Feldzügen innerhalb des Reiches beschäftigt, vor allem in Aquitanien. Nach Karlmanns Tod Ende 771 begann der König dann im Jahr 772 seine Expansionspolitik. Er brach das von seiner Mutter so geförderte Bündnis mit den Langobarden, entschied sich dafür, auf das Hilfeersuchen des neuen Papstes Hadrian I. einzugehen, und beschloß die Eroberung des Langobardenreiches. Das Unternehmen verlief ohne Schwierigkeiten: Desiderius ergab sich, und Karl wurde im Jahr 774 selber König der Langobarden. Während der Belagerung von Pavia unternahm er eine Pilgerreise nach Rom und bestätigte die zwanzig Jahre vorher verfügte Schenkung seines Vaters Pippin an den heiligen Petrus.

Der zweite wichtige Kriegsschauplatz war Sachsen. Karl begann mit der Eroberung im Jahr 772 und erreichte damals eine Unterwerfungserklärung zu Bedingungen, auf die noch näher einzugehen ist. Im Jahr 777 empfing er in seiner neuen Pfalz Paderborn die sächsischen Häuptlinge und hoffte, ihre Bekehrung zu erreichen. Hier erschienen im gleichen Jahr auch mohammedanische Große vor Karl und forderten ihn auf, in Nordspanien einzugreifen. Der Feldzug nach Saragossa wurde vorzeitig abgebrochen, auf dem Rückmarsch wurde die fränkische Nachhut von den Basken in Roncesvalles vernichtet. So war 778 ein Jahr, das Karl besondere Schwierigkeiten brachte: Zu dem hart empfundenen Schlag von Roncesvalles kam ein von Widukind entfachter Sachsenaufstand, und in Italien entstand Unruhe durch Herzog Arichis von Benevent, der versuchte, sein Herzogtum auf Kosten des Kirchenstaates zu vergrößern.

Aber Karl erholte sich rasch vom Krisenjahr 778. In Herstal verkündete er 779 ein Reformkapitular, das François Louis Ganshof, Spezialist auf diesem Gebiet, zu den wichtigsten gesetzgeberischen Verfügungen seiner Regierungszeit rechnet. Der König nahm dabei Anordnungen seines Vaters Pippin auf, er stellte Überlegungen an, wie die Ordnung in Kirche und Staat zu sichern sei und wie die Macht des Herrschers gestärkt werden könne. Dann machte sich Karl an die Erledigung der ungelösten Probleme, zuerst in Italien. Eine zweite Pilgerfahrt nach Rom ermöglichte ihm, seinen Sohn Pippin 781 zum König von Italien krönen zu lassen. So wurde nicht nur das ehemalige Langobardenreich, sondern ein Großteil Italiens karolingischem Gesetz unterworfen. Papst Hadrian I. mußte sich dareinfinden, Stellvertreter Karls auf der Halbinsel zu sein. In Unteritalien starb Herzog Arichis von Benevent im Jahr 787, sein ältester Sohn wurde von Karl als Nachfolger eingesetzt, aber verpflichtet, die karolingische Oberhoheit anzuerkennen. Schließlich wurde auch das byzantinische Istrien erobert und zum Langobardenreich geschlagen.

Gleichzeitig setzte Karl der unzuverlässigen Politik seines Vetters Tassilo III., Herzog von Bayern, ein Ende. 787 hatte Tassilo seinen Vasalleneid erneuert; da er ihn aber nicht einhielt, wurde ihm sein Herzogtum entzogen. Bayern wurde einem Schwager Karls anvertraut, dem Präfekten Gerold. Für Sachsen wurden diese Jahre entscheidend. Der König unternahm mehrere Feldzüge und stieß 780 bis zur Elbe vor. Um die ständigen Sachsenaufstände zu beenden, entschloß sich Karl zu einer Abschreckungspolitik: Es kam zu Massenhinrichtungen, und die *Capitulatio de partibus Saxoniae* ließ den Sachsen nur die Wahl zwischen Unterwerfung und Bekehrung oder Tod. Auch Friesland wurde damals besiegt und christianisiert. Zum Schutz des Königreichs Aquitanien, das 781 Karls Sohn Ludwig erhalten hatte, ließ er schließlich noch einige Gebiete jenseits der Pyrenäen erobern und schuf so die Voraussetzungen für die spätere Spanische Mark.

Auf diese entscheidenden Jahre folgte eine neue Krise, womöglich eine noch ernstere als die von 778. Die Araber überquerten nochmals die Pyrenäen und kamen bis zum Fluß Orbieu in Südfrankreich, wo sie das fränkische Aufgebot schlugen (793). In Benevent zwang ein Aufstand Karls Sohn Pippin zum Eingreifen. Die Sachsen revoltierten erneut gegen die fränkische Mission und Verwaltung, gerade als Karl den Feldzug gegen die Awaren vorbereitete. Damit nicht genug, gab es auch noch innere Probleme: Eine Hofgruppe um Karls ältesten, aber illegitimen Sohn Pippin den Buckligen konspirierte gegen den König. Und im gesamten Reich gab es eine schwere, witterungsbedingte Hungersnot.

Jetzt sechsundvierzig Jahre alt, war Karl erneut gezwungen, in einer Notsituation die richtigen Gegenmaßnahmen einzuleiten. Dabei traf er wichtige Entscheidungen, die ihn schließlich zur Kaiserkrönung des Jahres 800 führten. Er berief 794 eine Synode nach Frankfurt, auf der, wie 779 in Herstal, Ordnungsmaßnahmen im kirchlichen und staatlichen Bereich beschlossen wurden. Dabei trat Karl als Oberhaupt der fränkischen Reichskirche auf, bezog Stellung zu Glaubensfragen wie zur Irrlehre des Adoptianismus oder zum Bilderstreit, schuf Ordnung im Welt- und Ordensklerus, darüber hinaus erließ er aber auch Verfügungen im Bereich von Wirtschaft und Münzwesen. Im gleichen Jahr machte er endgültig Aachen zu seiner Residenz. Auch unvorhersehbare Ereignisse begünstigten seine Politik: der Tod Papst Hadrians I. im Jahr 795 und die Nachfolge durch den schwachen Papst Leo III., ferner die Palastrevolte des Jahres 797 in Byzanz. Der Weg zum Kaisertum war damit eingeschlagen. Während einer weiteren Romreise erhielt Karl der Große im Jahr 800 die Kaiserkrone aus der Hand Papst Leos III. In diesem Zeitraum unternahm der Herrscher noch einige Feldzüge: Sachsen wurde nach zahlreichen Heerfahrten endgültig unterworfen, 796 wurde ein Großunternehmen gegen die Awaren bewerkstelligt, das zur Eroberung des »Rings« und Erbeutung des Awarenschatzes führte. In Spanien konnte die Mark ausgebaut werden, und nach zweijähriger Belagerung kapitulierte Barcelona im Jahr 801.

Im letzten Abschnitt der Regierung Karls des Großen, zwischen 800 und 814, war die Zeit der großen Eroberungen vorüber. Aber der alternde Kaiser in Aachen blieb keineswegs untätig. Seine Hauptaufgabe sah er jetzt in der Verteidigung des Reiches gegen die Angriffe neuer Feinde. Dies waren die Slawen im Elbegebiet und in Böhmen; die Dänen, die Friesland plünderten und gegen die Karl eine Flotte aufstellen ließ; im Süden die sarazenischen Piraten, die in Korsika und Sardinien landeten. Der Kaiser bemühte sich auch um die Aufrechterhaltung der Ordnung im Inneren, jedoch nicht überall mit Erfolg. Wenn François Louis Ganshof die letzten Regierungsjahre Karls als Periode der Auflösungserscheinungen bezeichnet, ist dies sicher eine Übertreibung. Aber es steht fest, daß der Kaiser das Räderwerk seiner Verwaltung nur mit Mühe und Not funktionsfähig erhalten konnte. Das bezeugen die Kapitularien dieser Zeit. Karl erweiterte die Aufgaben der *missi dominici,* der »Königsboten«, die dem Gesetz Respekt verschaffen sollten. Im Jahr 813 berief er fünf Reformsynoden nach Mainz, Tours, Reims, Chalon und Arles. Bei der im Jahr 806 getroffenen Regelung der Nachfolge griff er die Tradition der Frankenkönige auf und verfügte die Reichsteilung zwischen seinen Söhnen Karl, Pippin und Ludwig. Nach dem Tod der beiden älteren Brüder wurde Ludwig 813 zum Mitkaiser erhoben und von seinem Vater in Aachen gekrönt. Karl der Große starb in Aachen am 28. Januar 814, nach einer Regierungszeit von siebenundvierzig Jahren, der längsten aller karolingischen Herrscher. Seine politischen Leistungen, deren stufenweise Entwicklung hier dargestellt wurde, mündeten schließlich in die ersten Ansätze zur Schaffung des mittelalterlichen Europa. Seinen tatsächlichen Anteil an der Entstehung dieses Europa kann man nur dann erfassen, wenn man seine Eroberungspolitik Region für Region genauer betrachtet.

Kapitel III

Die Eroberungen Karls des Großen

Italien

Das Bündnis zwischen Franken und Papsttum hatte Rom gerettet, ohne damit auch schon das künftige Schicksal Italiens zu entscheiden. Der Langobardenkönig Desiderius herrschte seit 757 über das Gebiet der Po-Ebene. Andere langobardische Fürsten herrschten über die Herzogtümer Spoleto und Benevent in weitgehender Unabhängigkeit. Die Päpste hatten zwar von Pippin ehemals byzantinische Gebiete erhalten, aber diese Schenkung an den heiligen Petrus war weit mehr Theorie als Realität. Es war ihnen nicht gelungen, die Übergabe der versprochenen Städte durchzusetzen, und sie beobachteten mit Schrecken die fränkisch-langobardische Annäherung, die von der Königinwitwe Bertrada propagiert wurde. Für kurze Zeit wurde dieses Bündnis durch die Eheschließung zwischen Karl und einer langobardischen Königstochter besiegelt. In Süditalien wurde das Herzogtum Benevent seit 758 von Arichis II. beherrscht, einem Schwiegersohn des Königs Desiderius. Der bemerkenswerte Fürst wurde von Paulus Diaconus gefeiert wegen seiner Frömmigkeit, Bildung und wegen der unter seiner Regierung errichteten Bauten. Der Herzog war reich, seine Verwaltung hoch entwickelt, und er unterhielt gute Beziehungen zu den bedeutenden Abteien seines Herzogtums, San Vincenzo am Volturno und Monte Cassino. Schließlich konnten auch die Byzantiner noch einigen Besitz behaupten: die Küstenstädte Gaeta, Terracina, Neapel, Amalfi und ganz im Süden das Gebiet um Otranto sowie Kalabrien unter der Herrschaft des Patrikios von Sizilien.

Zwei aufeinanderfolgende Ereignisse wendeten die für das Papsttum sehr gefährliche Lage: der Tod Karlmanns im Dezember 771 und die Wahl Hadrians I. zum neuen Papst im Januar 772. Karl, jetzt Herrscher über ganz Gallien, hatte seine langobardische Gemahlin wieder zu ihrem Vater zurückgeschickt. Er wußte, daß Karlmanns Witwe mit ihren beiden Söhnen im Langobardenreich Aufnahme gefunden hatte, und es hieß sogar, Desiderius bemühe sich darum, den Söhnen Karlmanns die Königsweihe zu verschaffen. Folglich mußte er dem Frankenkönig als gefährlicher Gegner erscheinen. Papst Hadrian schickte seinerseits eine Gesandtschaft auf dem Seeweg in das Frankenreich, weil die Klausen an den Alpenübergängen gesperrt waren. Er ließ den König daran erinnern, daß er Patricius der Römer und Beschützer des Papsttums war. Karl war sich im klaren darüber, daß es keinerlei Verhandlungsmöglichkeiten mit Desiderius gab, und entschloß sich zum Handeln, trotz der Opposition einiger fränkischer Adliger, die dem Bündnis mit den Langobarden noch immer den Vorzug gaben.

Da das langobardische Heer durchaus zu fürchten war, mußte mit einem schwierigen Eroberungszug gerechnet werden. Zwei fränkische Aufgebote wurden über die Alpen geschickt. Ihnen gelang es, Desiderius in seiner Hauptstadt Pavia einzuschließen. Die Belagerung begann und sollte sich neun Monate hinziehen. Adelchis, der Sohn des Königs Desiderius, und die Familie Karlmanns flohen nach Verona. Karl eroberte die Stadt, brachte Gerberga und ihre Söhne in seine Gewalt und nahm die Unterwerfung des dux Autchar an.

Während sein Heer Pavia belagerte, beschloß Karl, zum Osterfest des Jahres 774 eine Pilgerfahrt nach Rom zu unternehmen. Dies war ein beispielloses Ereignis, denn zum ersten Mal besuchte ein Frankenkönig die Stadt Rom. Der königliche Wallfahrer kam in Begleitung seiner Bischöfe, Äbte, Grafen und eines Teils des Heeres. Man kann sich gut vorstellen, welche Bewegung Karl ergriff, als er nach Rom kam, in die Heimatstadt des heiligen Petrus, des Apostelfürsten, dessen Verehrung sich über das ganze Abendland verbreitet hatte. Papst Hadrian I. dagegen war über die Ankunft Karls beunruhigt, weil er mit seiner Politik die Vereinigung des Herzogtums Spoleto mit dem Dukat von Rom erreicht hatte. Karl wurde mit den gleichen Zeremonien begrüßt, die beim Eintritt eines byzantinischen Exarchen oder Patrikios üblich waren, aber der Papst ergriff Vorsichtsmaßnahmen und verlangte vom König einen Sicherheitseid, bevor er ihn in die Stadt einließ. Nach dem Osterfest kehrte Karl nach Pavia zurück, aber vorher wurde ihm bei einem letzten Treffen mit dem Papst noch die Schenkungsurkunde vorgelesen, die Pippin zwanzig Jahre davor für den heiligen Petrus ausgestellt hatte.

Über dieses Ereignis berichtet der *Liber pontificalis:* »Mit den vorgefundenen Vereinbarungen waren der König und alle seine Großen einverstanden. Aus eigenem Entschluß, freiwillig und von selbst, ließ Karl, der sehr christliche Frankenkönig, dann von seinem Hofkaplan und Notar Hitherius eine neue Schenkungsurkunde ausfertigen, ganz nach dem Muster der früheren. Er schenkte damit dem heiligen Petrus dieselben Städte und Landschaften und versprach, sie dem Papst im Umfang jener Schenkung zu überantworten.« Die Grenze zwischen dem künftigen Kirchenstaat und dem Langobardenreich wurde genau festgelegt. Ausgehend von Luna bei La Spezia, bezog sie Parma, Mantua, das Exarchat von Ravenna, Venetien und Istrien in die Schenkung ein, zu der auch Korsika sowie die Herzogtümer Spoleto und Benevent gehörten. Man hat sich über Karls Großzügigkeit gewundert und hervorgehoben, daß nur päpstliche Quellen seine Verpflichtungen erwähnen. Zweifellos liegt hier der Anlaß für Mißverständnisse zwischen Karl und Hadrian: Der König hatte es eilig, nach Pavia zurückzukehren, er war ergriffen von den Bitten des Papstes, eingeschüchtert vom kirchlichen Zeremoniell und der Größe der Stadt, er war erfüllt von den Emotionen seiner Pilgerfahrt und hatte so zweifellos ein sehr allgemein gehaltenes Versprechen abgegeben. Dagegen glaubte der Papst, die Bestätigung einer Schenkung erhalten zu haben, an die er sich Buchstaben für Buchstaben halten konnte. Hadrian I., ein römischer Adliger, sah sich nicht nur als Nachfolger des heiligen Petrus; er hatte die Qualitäten eines Staatsmanns und wollte einen möglichst großen Teil der Halbinsel Italien unter seine Herrschaft bringen. Karls erste Romreise endete also ohne eindeutige Entscheidung.

In Pavia konnte Desiderius nicht länger Widerstand leisten, und im Juni 774 ergab er sich dem Sieger. Ohne weiteren Zeitverlust betrat Karl die Stadt, zog im Königspalast ein, verteilte den Schatz an seine Männer, und am 5. Juni 774 beschloß er, selber an die Stelle des Langobardenkönigs zu treten. Seither ließ er sich König der Franken und der Langobarden nennen. Um sich gegen mögliche Rachepläne des Desiderius zu sichern, ließ er ihn als Mönch in einem Kloster verwahren, möglicherweise in Corbie. Damit war die Königsherrschaft über Italien nach zwei Jahrhunderten widerstandslos auf einen neuen Inhaber übertragen. Die Zeitgenossen bewunderten die Leichtigkeit des Sieges und die Großmut des Siegers, »der zwar alles hätte vernichten können, der sich aber milde und nachsichtig zeigte, den Langobarden ihre Gesetze ließ und Verrätern Verzeihung schenkte«.

Trotzdem waren nicht alle Italiener damit einverstanden, entweder vom König oder vom Papst beherrscht zu werden. Der Erzbischof von Ravenna träumte von einem eigenen Herrschaftsbereich nach dem Vorbild des römischen Kirchenstaats; er unterwarf sich einige Städte, das Herzogtum Ferrara und das Kloster Bobbio. Herzog Hrodgaud von Friaul, dem Karl vertraut hatte, rebellierte in der Hoffnung, sich die Langobardenkrone selber verschaffen zu können. Adelchis, der Sohn des Königs Desiderius, hatte nach Konstantinopel entkommen können. Jetzt sammelte er einige Langobarden um sich, und es schien, als könne er sich mit Herzog Arichis von Benevent, Herzog Hildebrand von Spoleto und sogar den Griechen Süditaliens verständigen. Der Papst drängte den Frankenkönig zu erneutem Eingreifen, damit die Versprechungen von 774 auch verwirklicht werden könnten. Aber Karl beschränkte sich im Frühjahr 776 auf eine schnelle Intervention in Friaul, vielleicht erreichte er auch Istrien, das grundsätzlich dem Papst versprochen war.

Erst Ende 780 beschloß Karl, erneut nach Rom zu gehen, um dort in Begleitung seiner Gemahlin Hildegard, seiner Tochter Gisela und seiner Söhne Karlmann und Ludwig das Osterfest zu feiern. Das Unternehmen war diesmal aber keine bloße Pilgerreise, sondern verfolgte höhere Ziele. Am Ostertag 781 ließ Karl seinen Sohn Karlmann vom Papst taufen, der Vierjährige erhielt dabei den Namen seines Großvaters, Pippin. Auf Ersuchen des Frankenherrschers wurde Pippin anschließend vom Papst zum König von Italien, Ludwig zum König von Aquitanien gekrönt und gesalbt. Das bedeutete einen weiteren Schritt: Pippin war nicht nur König der Langobarden, sondern König von Italien geworden. Sein Vater ließ ihn nach Pavia bringen und stellte ihm seinen Vetter Adalhard sowie einige fränkische Amtsträger zur Seite. Der junge König hatte seinen eigenen Hof, eine eigene Verwaltung, eigene Gesandte, und er ließ Kapitularien verkünden; trotzdem hatte er nur die Stellung eines Vizekönigs, der im Auftrag des Vaters handelte. Grafen und fränkische Krieger wurden in den Städten eingesetzt, nördlich der Alpen gelegene Klöster erhielten Landbesitz in Italien. So begann die Niederlassung einer fränkischen Bevölkerungsschicht, ein Vorgang, der von Eduard Hlawitschka so gründlich erforscht worden ist.

Innerhalb dieses Königreichs Italien war der Kirchenstaat, das *Patrimonium Petri,* nominell selbständig, aber die karolingischen Amtsträger scheuten sich nicht vor Übergriffen. Der Papst erhob vielfachen Widerspruch, protestierte gegen die Willkürakte der Vertreter des Königs und führte Klage darüber, daß sich römische Beamte direkt an Karl wandten. Aber gegen diesen übermächtigen Beschützer konnte er nichts ausrichten. Als Patricius der Römer und obendrein Nachfolger der Langobardenkönige wollte Karl die Einheit Italiens zum eigenen Vorteil verwirklichen.

Seine zielbewußte Politik veranlaßte ihn dazu, auch im Süden der Halbinsel, im Herzogtum Benevent, einzugreifen. Nachdem König Desiderius gescheitert war, hatte sich hier Arichis zum Herrscher aller Langobarden ausgerufen. Er war ein tapferer Gegner, der auf sein großes Ansehen, seinen Reichtum und das Bündnis mit Byzanz setzen konnte. Karl überstürzte nichts, bis ihm die Ereignisse in Konstantinopel Gelegenheit zur Intervention gaben. Seit dem September 780 regierte dort Kaiserin Irene anstelle ihres unmündigen Sohnes Konstantin VI. Diese fähige und ehrgeizige Frau brach mit der ikonoklastischen Politik ihrer Vorgänger und suchte die Wiederannäherung an den Westen. Sie plante sogar eine Eheverbindung zwischen ihrem Sohn und Rotrud, einer Tochter Karls des Großen, dem diese Verbindung mit dem berühmten byzantinischen Herrscherhaus nur willkommen sein konnte. So durfte Arichis nicht mehr auf das Ostreich setzen, und als Karl 787 nach Rom kam, versuchte der Herzog vergeblich, den Angriff auf Benevent zu verhindern. Karl schlug den Weg nach Süden ein, besuchte Monte Cassino und drang dann bis Capua vor. Arichis mußte sich unterwerfen und dem Frankenkönig eine jährliche Tributzahlung von siebentausend Goldsolidi versprechen. Aber sobald Karl in das Frankenreich zurückgekehrt war, wurde Arichis eidbrüchig, versuchte die fränkische Oberherrschaft abzuschütteln und erneuerte seine Beziehungen zur wechselhaften Kaiserin Irene, die ihm den Patricius-Titel versprach. Der Tod des Herzogs machte die Ausführung dieser Pläne unmöglich, aber seine Witwe Adelperga hielt an dem Bündnis fest, weil sie hoffte, ihren Vater Desiderius rächen zu können. Obwohl Papst Hadrian I. dies heftig tadelte, zog es Karl vor zu verhandeln, statt gewaltsam einzugreifen. Er ließ Grimoald, Arichis' jüngeren Sohn, als Herzog einsetzen unter folgenden Bedingungen: Der Name des Frankenkönigs mußte auf die Urkunden und Münzen gesetzt werden, zum Zeichen der Unterwerfung mußten die Langobarden ihr Kinn nach fränkischer Sitte rasieren. Grimoald war einverstanden, und so wurde das Herzogtum Benevent, das eigentlich dem Papst versprochen war, zum Pufferstaat zwischen dem karolingischen Italien und dem byzantinischen Machtbereich. Um aber Konstantinopel zu demonstrieren, daß er weiter Herr der Lage war, annektierte Karl das byzantinische Istrien an der Ostgrenze des langobardischen Italien. Der byzantinische *hýpatos* wurde durch den dux Johannes ersetzt. Nur Venedig hielt weiter zum byzantinischen Reich.

So beherrschte Karl einen Großteil Italiens. Die Halbinsel war nach Jahrhunderten der Anarchie wieder geeinigt und mit dem fränkischen Gesamtreich verbunden. Dies war von großer Bedeutung ebenso für die politische wie für die kulturelle Entwicklung Europas.

Karl und die Germania

Die Einbeziehung Bayerns in das Frankenreich

Bei Karls Herrschaftsantritt gehörte ein Teil der Germania bereits zum Frankenreich. Christianisiert und fest in die Reichsorganisation einbezogen waren Thüringen, Hessen, Alemannien und die Rheinlande. Die Bindungen zwischen den austrischen Familien dieser Gebiete und Austrien selbst waren so eng, daß Karl zu keinem Zeitpunkt Furcht vor einem Aufstand haben mußte.

Anders im Süden: Hier war das im wesentlichen zwischen Donau, Enns und Lech gelegene Herzogtum Bayern praktisch unabhängig. Tassilo III. hatte zwar im Jahr 757 seinem Onkel Pippin den Vasalleneid geschworen, aber bald seine Unabhängigkeit zurückgewonnen. Zweifellos war er entschlossen, sich der fränkischen Oberhoheit auf Dauer zu entziehen. Als Erbe der Agilolfinger, die den Ruhm des Herzogtums begründet hatten, konnte er mit der Unterstützung außerordentlich reich begüterter Klöster rechnen. Seine Expansionspolitik richtete sich nach Südosten; er schickte Missionare nach Karantanien, in die slawisch besiedelten Gebiete an Save und Drau. Die von den Awaren bedrohten Slowenen kamen so unter bayerischen Schutz. Nach dem Bruch zwischen Karl und den Langobarden war Tassilo klug genug, seinem Schwiegervater Desiderius keinen Beistand zu leisten; er hoffte, dies würde ihm hoch angerechnet. Aber Karl mißtraute seinem Vetter, den er für einen gefährlichen Rivalen hielt. Vielleicht war er auch einfach eifersüchtig auf den Herzog, der es verstanden hatte, seinen Regensburger Hof zu einem ausgesuchten kulturellen und zivilisatorischen Mittelpunkt zu machen.

Aber Tassilos Stellung war weniger sicher, als es scheinen mochte, denn seit Karl das Langobardenreich und Friaul erobert hatte, war das Herzogtum von ihm eingekreist. 781 forderte der Frankenkönig vom Herzog die Erneuerung der früher Pippin geleisteten Eide. Tassilo willigte ein, nach Worms zu kommen, wenn ihm die Sicherheit seiner Person durch Geiseln verbürgt würde – ein Mißtrauen, das für die künftigen Beziehungen nichts Gutes versprach. Der Herzog, der den Sturm heraufziehen sah, wandte sich 787 um Vermittlung an den Papst, von dem das katholische Bayern seit je gefördert worden war. Aber diesmal stellte sich Hadrian I. auf Karls Seite und erklärte den bayerischen Abgesandten, falls »der Herzog in seiner Verstocktheit den Worten des erwählten Papstes nicht gehorchen wolle, dann seien König Karl und sein Heer von jeder Sündengefahr frei, und was in seinem Land geschehe an Brand, Mord und sonstigen Untaten, das komme über Tassilo und dessen Genossen, während König Karl und die Franken von jeder Schuld unberührt blieben«. Karl hatte nun die Hände frei. Er bestellte Tassilo nach Worms, und da der Herzog nicht gehorchte, beschloß er den Kriegszug gegen ihn. Drei fränkische Heere stießen an den Lech, zur Donau und nach Tirol vor und brachten den Herzog auch zur Raison. Am 3. Oktober 787 unterwarf sich Tassilo auf dem Lechfeld nahe bei Augsburg und erneuerte den Pippin geleisteten Vasalleneid. Nach Regensburg zurückgekehrt, folgte der Herzog den Einflüsterungen seiner langobardischen Gemahlin Liutberga, nahm seine unruhige Politik wieder auf und verhandelte sogar mit den Awaren. Aber Karl der Große wurde von dem ihm ergebenen Teil der bayerischen Adligen unterrichtet und zitierte nun den ungehorsamen Vasallen nach Ingelheim, um über ihn zu urteilen. Tassilo, von den Seinen im Stich gelassen, gab seinen Hochverrat zu und gestand alles, was man von ihm hören wollte. Er wurde daraufhin im Jahr 788 zum Tode verurteilt. Da man aber einen Verwandten des Königshauses nicht umbringen wollte, wurde er von Karl begnadigt und zur Buße in das Kloster Jumièges verwiesen. Auch seine Frau und seine Kinder wurden in verschiedenen Reichsklöstern verwahrt.

Karl ging nun nach Regensburg und schickte einige ihm noch immer feindliche bayerische Große in die Verbannung. Das Herzogsamt wurde abgeschafft und das Land der Verwaltung durch Grafen unterstellt. Karls alemannischer Schwager Gerold erhielt den Titel eines *praefectus* und wurde mit der Wahrnehmung aller militärischen Angelegenheiten betraut (vgl. Stammtafel IV). Um jede neue Widerstandsregung zu verhindern, ließ Karl den abgesetzten Herzog einige Jahre später vor die Frankfurter Synode (794) bringen und zwang ihn, öffentlich auf jeden Anteil an der Macht zu verzichten. So wurde das alte Stammesherzogtum samt dem zugehörigen Kärnten in das Frankenreich einverleibt. Karl beherrschte nun das Donautal und die Zugänge zu den Pässen der Südalpen. Regensburg wurde zu einem der karolingischen Hauptorte, und das Kloster Sankt Emmeram zu einem bedeutenden kirchlichen Zentrum. Bischof Arn von Salzburg wurde im Jahr 798 Erzbischof, ihm wurden die Diözesen Freising, Passau, Regensburg und Säben unterstellt. Die Klöster, die lange Zeit Tassilos Stütze gewesen waren, wurden fränkischen Bischöfen übergeben, so Mondsee an Hildebald von Köln, Chiemsee an Angilram von Metz. Bayern war zwar einverleibt, aber auch innerhalb des Gesamtreichs bewahrte sich das Land seinen eigenen Charakter. Die Jahrzehnte der Selbständigkeit unter den Agilolfinger-Herzögen blieben den Bayern durch ihre ganze Geschichte hindurch stets in Erinnerung.

Die Eroberung Sachsens

Östlich des Rheins war ein etwa fünfzig Kilometer tiefer Gebietsstreifen fränkisch besiedelt, daran anstoßend erstreckte sich das Sachsenland. Es entsprach ungefähr dem heutigen Niedersachsen und reichte von der Ems bis zur Elbe und Saale, von der Nordsee bis zur Scheitelhöhe des Harzes. Zahlreiche Wasserläufe durchzogen das dichtbewaldete Land. Der ursprünglich seefahrende, jetzt festländische Volksstamm der Sachsen betrieb Ackerbau, ferner wurden Pferde und Rinder gezüchtet. Der deutsche Historiker Martin Lintzel hat sich besonders um die Erforschung der politischen Struktur der Sachsen bemüht. Dabei stützte er sich auf Gesetzestexte und spätere Chronisten wie Widukind von Corvey, konnte aber zu keinen gesicherten Ergebnissen gelangen. Man weiß wenigstens, daß sich die einzelnen Sippen zu Beginn des 8. Jahrhunderts in drei großen Teilstämmen zusammengeschlossen hatten: die Westfalen zwischen Rhein und Weser, die Engern östlich davon und die Ostfalen im Harz. Im Flachland westlich und nördlich der Unterelbe saßen die Sachsen Wigmodiens und Nordalbingiens. Die Sozialstruktur war dreistufig gegliedert: Es gab den burgen- und befestigungsbesitzenden Geblütsadel der Edelinge, die Masse der Frilinge und die halbfreien Lazzen. Die alljährliche, zentrale Stammesversammlung in Marklo an der Weser, deren Existenz nur durch die späte *Vita Lebuini* belegt wird, ist möglicherweise legendenhaft. Die karolingischen Historiographen, voran Einhard, betonen das ungezügelte Heidentum der Sachsen. Bei der Eresburg unfern der Weser stand eine hölzerne Säule, die Irminsul, von der man glaubte, sie trage das Himmelsgewölbe. Hier vergruben die Sachsen Gold- und Silberschätze und veranstalteten Blutopfer. Ihre Abneigung gegen die Franken war wohl ebenso politisch wie religiös motiviert. Sie hatten die Franken bei der Eroberung Thüringens unterstützt und konnten sich seit dem 7. Jahrhundert weder mit der Tributpflichtigkeit abfinden noch damit, daß sie hinter die Bode zurückgedrängt worden waren. Ihre Vorstöße zielten nach Westen, sie folgten dem Hellweg, einer seit der Antike bestehenden Route, die längs der Lippe zum Rhein verlief. Bei diesen Unternehmen stießen die Sachsen immer wieder mit den Franken zusammen, die Austrien und Hessen schützen wollten.

Von 772 an versuchte Karl, die aufrührerischen Sachsen zu unterwerfen. Er eroberte die Eresburg (Obermarsberg) an der Diemel, dann plünderte er die Irminsul und zerstörte die Götterbilder. Die Sachsen rächten sich durch einen Verwüstungszug durch Hessen (774); dabei machten sie die von Bonifatius in Fritzlar errichtete Kirche zum Stall für ihre Pferde. Karl befahl einen erneuten Feldzug, und während des Winters 775 beschloß er, »das treulose und eidbrüchige Sachsenvolk« nicht nur zu bekriegen, sondern auch durch Bekehrung zu befrieden. Er eroberte die Sigiburg (Hohensyburg/Ruhr), ließ die Eresburg wieder aufbauen, errichtete dort Kirchen und erreichte längs der Diemel die Weser. 776 folgte ein weiterer Heereszug, der solchen Schrecken verbreitete, daß sich ein großer Teil der Sachsen an der Lippequelle unterwarf, Geiseln stellte und um die Taufe bat. Um Hessen zu schützen, zog Karl längs der Diemel weiter. In einem wald- und quellenreichen Gebiet, unfern der Stelle, wo Arminius 9 n. Chr. die Legionen des Augustus vernichtet hatte, richtete Karl bei *Paderbrunnen* (dem späteren Paderborn) sein Hauptquartier ein. Auf der großen Reichsversammlung in Paderborn im Sommer 777 beauftragte er Sturmi, Abt von Fulda und Schüler des Bonifatius, mit der Sachsenmission. Der erste Abschnitt der Sachsenkriege war somit erfolgreich beendet (vgl. Karte V).

Aber die Sachsen zogen Vorteil aus der für Karl kritischen Lage des Jahres 778 und erneuerten ihre Gegenangriffe. Der westfälische Edeling Widukind rief das ganze Land zum Aufstand gegen die Franken. Ein sächsisches Aufgebot stieß bis an den Rhein vor und plante sogar die Plünderung der Abtei Fulda. Karl verdoppelte in der Folgezeit seine militärischen Anstrengungen, er durchzog ganz Sachsen bis an die Elbe und setzte zur Befriedung des Landes Missionare und Grafen ein. Der Angelsachse Willehad gründete eine Missionskirche in Wigmodien; Liudger, ein Schüler des Bischofs Gregor von Utrecht, tat dies in Nordfriesland. Auf der Reichsversammlung in Lippspringe im Jahr 782 ordnete Karl die Verwaltung des eroberten Gebiets durch die Errichtung von Grafschaften, die er teilweise sächsischen Adligen übertrug. Aber Widukind, der zu den Dänen geflohen war, bereitete seinen Gegenschlag vor. Die eben begründeten Kirchen wurden zerstört, Willehad und Liudger mußten flüchten. Aber mehr noch: Am Süntel wurde ein fränkisches Aufgebot überrascht, die beiden Anführer – der Kämmerer Adalgis und der Marschall Geilo –, vier Grafen und ungefähr zwanzig Vornehme wurden getötet (782). Dieses Desaster verursachte im ganzen Reich größtes Aufsehen, und Karls Reaktion darauf ist bekannt: Er ließ sich im Herbst 782 in Verden an der Aller eine große Zahl von Sachsen ausliefern, die Reichsannalen sprechen von viertausendfünfhundert, und befahl ihre Hinrichtung.

Dieses »Blutbad« ist eine Art Vorspiel zu dem Schreckens-Kapitular von 785. Für Karl war die gewaltsame Christianisierung das beste Mittel zur Unterwerfung der Sachsen. Dementsprechend wird in der *Capitulatio de partibus Saxoniae* unter anderem bestimmt:

> »Wer gewaltsam in eine Kirche eindringt, mit Gewalt einen Gegenstand entwendet oder sogar das Gebäude anzündet, wird mit dem Tod bestraft.«
> »Wer aus Verachtung des Christentums die Beachtung der heiligen Fastenzeit verweigert und Fleisch verzehrt, wird mit dem Tod bestraft.«
> »Wer einen Bischof, Priester oder Diakon ermordet, wird mit dem Tod bestraft.«
> »Wer einen Toten nach heidnischem Ritus verbrennt, so daß dessen Gebeine zu Asche werden, wird mit dem Tod bestraft.«
> »Jeder ungetaufte Sachse, der sich unter seinen Landsleuten zu verbergen sucht und die Annahme der Taufe verweigert, wird mit dem Tod bestraft.«
> »Wer es an der dem König geschuldeten Treue fehlen läßt, wird mit dem Tod bestraft.«

Nach dem Strafgericht von Verden wollte Karl endlich ans Ziel gelangen. Er unternahm zahlreiche Feldzüge, verbrachte sogar den Winter 784/85 auf der Eresburg und ließ Frau und Kinder dorthin nachkommen. Schließlich erlangte er die Unterwerfung Widukinds, der einwilligte, sich in der Pfalz Attigny taufen zu lassen und der seinen Besieger als Taufpaten wählte (785).

Zur allgemeinen Erleichterung war Sachsen endlich unterworfen. Alkuin schrieb in einem Brief, daß dank der Bekehrung der Sachsen und Friesen in ganz Europa Friede herrsche. Papst Hadrian I. beglückwünschte Karl dazu, »daß er mit dem Beistand Gottes sowie der Unterstützung der Apostelfürsten Petrus und Paulus den Stolz der Sachsen unter seine Herrschaft gebeugt und das ganze Volk zum heiligen Quell der Taufe geführt habe«. Er verfügte, daß am 23., 26. und 28. Juni je ein dreitägiges Dankfest gefeiert werde in allen von Christen bewohnten Gebieten, auch jenseits des Meeres, denn man vergaß die Angelsachsen nicht. Der Glaube an einen endgültigen Erfolg erwies sich freilich als Illusion. Die erzwungene Bekehrung hatte keineswegs den erhofften Erfolg, die getauften Sachsen kehrten bald zu ihren alten Gewohnheiten zurück, zumal nur wenige, teilweise mangelhaft gebildete Geistliche ausgesandt werden konnten. Man forderte von den Sachsen den Zehnten, während es eigentlich notwendig gewesen wäre, sie in den Grundsätzen des Glaubens zu unterrichten. In einem berühmten Brief äußert sich Alkuin dazu: »Ach, hätte man dem Volk das leichte Joch Christi und seine angenehm zu tragende Last doch nur mit der gleichen Inbrunst gepredigt, mit der man die Bezahlung des Zehnten verlangt und die geringsten Vergehen bestraft hat. Wahrscheinlich hätten sich die Sachsen dann ihrem Taufgelöbnis nicht wieder entzogen... Haben denn die Apostel, von Christus belehrt und ausgesandt, um in der ganzen Welt zu predigen, dabei Zehntabgaben und Geschenke eingefordert? Gewiß ist der Zehnt eine gute Sache, aber sein Verlust ist unwichtig gegenüber dem Verlust des Glaubens.« Etwas weiter in diesem Brief wendet er sich dann gegen jene, »die nicht Prediger *(praedicatores)*, sondern Räuber *(depraedatores)*« sind. Die Sachsen mußten also unter einer Art Schreckensherrschaft leben und nutzten das Krisenjahr 793 für einen neuen Aufstand.

Nun begann die dritte Phase der Eroberung. Während sich Karl zu einem Feldzug gegen die Awaren rüstete, erfuhr man vom Abfall ganz Sachsens: »Wie der Hund, der zu seinem Gespei zurückgekehrt, so kehrten die Sachsen zum Heidentum zurück, dem sie vorher abgeschworen hatten. Sie verließen wieder das Christentum und verbündeten sich mit den heidnischen Völkern ringsumher... Alle Kirchen in ihrem Lande rissen und brannten sie nieder, sie verjagten die eingesetzten Bischöfe und Priester, einige von ihnen ergriffen sie, manche töteten sie und kehrten vollständig zum Götzendienst zurück.«

Der neue Krieg, noch erbitterter geführt als die vorherigen, dauerte fünf Jahre, von 794 bis 799. Es gab Verwüstungen, Geiselstellungen in wachsender Zahl, die ganzen fränkischen Ordnungsvorstellungen wurden mit brutaler Gewalt durchgesetzt. 797 überwinterte Karl in einem Lager, das er an der Weser aufschlagen ließ und dem er den Namen *Heristelli* gab, vielleicht im Gedenken an seine Pfalz Herstal. Hier wurde der ganze Hof versammelt. Man vergnügte sich auf der Jagd, empfing awarische und westgotische Gesandte und bereitete sich für neue Angriffe vor. Um die nördlichen Sachsen in Wigmodien und Nordalbingien zu unterwerfen, verfiel Karl darauf, die einheimische Bevölkerung von ihrer angestammten Scholle zu vertreiben und in das Reichsinnere zu deportieren. Das Land wurde an Gefolgsleute des Königs verteilt, an Bischöfe, Priester, Grafen und andere Vasallen.

Karl der Große war sich der Notwendigkeit bewußt, diese extremen Maßnahmen durch eine politische Neuordnung des Landes zu ergänzen. Er richtete Grafschaften ein, die er zuverlässigen Sachsen übertrug, und im Oktober 797 verkündete er das *Capitulare Saxonicum* als Ersatz für die *Capitulatio* von 785. Raub, Brandstiftung und Gewalttaten wurden darin mit Geldbußen, nicht mehr mit der Todesstrafe geahndet. Die Rechtsgewohnheiten der Sachsen wurden in der *Lex Saxonum* schriftlich fixiert, die lange das offizielle Gesetzbuch des Landes blieb. Die Sachsen durften also ihr eigenes Stammesrecht behalten, aber politisch wurden sie dem übrigen Frankenreich eingegliedert. Nach Einhards recht optimistischer Formulierung »verbanden sich die Sachsen mit den Franken zu einem Volk«.

So wurde dieser erste »Dreißigjährige Krieg« beendet, der für die einen zu den Ruhmestaten des Erobererkönigs zählt, für die anderen aber zu den dunkelsten Kapiteln seiner Geschichte. Nazi-Historiker, die Karl als »Sachsenschlächter« denunzierten, finden heute noch gelegentlich Anhänger, und Widukind, von Legendenbildungen umgeben, konnte als Held eines nationalistischen Germanenbilds erscheinen. Fest steht jedenfalls, daß Karl durch Gewaltmaßnahmen und Hartnäckigkeit dort Erfolg hatte, wo einst die römischen Heere gescheitert waren. Die Unterwerfung und Christianisierung Sachsens ermöglichten in der Folgezeit eine Sonderentwicklung, die zum Entstehen des mittelalterlichen Deutschland führte.

Zunächst erlebte der neue Reichsteil die Ankunft von Amtleuten, Priestern und Mönchen, die sich längs der Wege von der Ruhr an die Wesermündung und an die mittlere Elbe in befestigten Plätzen niederließen. Die ersten Bistümer wurden gegründet. In Bremen wurde Bischof Willehad eingesetzt, dem dann sein Schüler Willerich nachfolgte. Paderborn, wo eine Bischofskirche gebaut wurde, erhielt der Sachse Hathumar, der einst als Geisel in einem fränkischen Kloster aufgezogen worden war. Auch Verden und Minden an der Weser wurden Bischofssitze. Als Missionsleiter standen die Bischöfe in Verbindung mit neuangelegten Klöstern wie Werden an der Ruhr oder Helmstedt im Herzen des Sachsenlandes, und 815 gründeten Mönche aus Corbie das Kloster Corvey als Neu-Corbie.

Auch die Friesen wurden endgültig befriedet und bekehrt, ihre Rechtsgewohnheiten ließ Karl in der *Lex Frisionum* aufzeichnen. Die nach Friesland geschickten Geistlichen unterstanden dem Bistum Münster. Noch vor seiner Bischofsweihe (805) hatte Liudger in Mimigernaford ein Kloster *(monasterium)* gegründet, von dem später der Name Münster auf die Bischofsstadt überging. Als Karl der Große starb, war die Christianisierung der Sachsen in vollem Gang, aber noch nicht abgeschlossen. Erst sein Sohn errichtete, wie noch zu zeigen sein wird, die Bistümer Halberstadt, Hildesheim und Osnabrück.

Mittel- und Osteuropa

Die Eingliederung Bayerns brachte das Frankenreich in Berührung mit den awarisch besetzten Donauländern, und die Eroberung Sachsens verlegte die Reichsgrenze knapp vierhundert Kilometer nach Osten. Damit traten die Franken in Beziehungen zu einer anderen heidnischen Völkerschaft, den Slawen. So wurde ein weiterer Teil des zukünftigen Europa dem fränkischen Einfluß geöffnet.

Das Ende der Awaren-Gefahr

Die aus Asien stammenden Awaren saßen seit etwa 570 im Donaubecken und verbreiteten Schrecken über ganz Mitteleuropa. Der zeitgenössisch als »neue Hunnen« bezeichnete Stamm unterstand Anführern mit den Titeln Kagan, Tudun und Tarchan. Ihr Hauptort, wenn man davon sprechen kann, lag zwischen Donau und Theiß: Der »Ring« war ein befestigtes Lager, das einige Quellen als konzentrische Anlage mit neun kreisförmigen Wällen beschreiben.

Die mongolischen Awaren, gefürchtete Reiterkrieger, plünderten Kirchen und erpreßten Tributzahlungen; diese Schätze häuften sie in ihrer Zufluchtstätte auf. Außerdem erlaubten sie bayerischen und langobardischen Gegnern Karls des Großen den Aufenthalt in ihrem Gebiet.

Das vorhergegangene Zusammenspiel zwischen Tassilo III. und den Awaren veranlaßte Karl vom Jahr 788 an zum Eingreifen. Von Regensburg aus bereitete er den Krieg vor, der nach Einhard »der bedeutendste von allen war, die er führte, vom sächsischen abgesehen... Er führte ihn mit mehr Eifer und weit größeren Zurüstungen als die anderen.« Nachdem die Unterwerfung Bayerns abgeschlossen war, plante Karl 791 einen großen Feldzug. Er wurde mit Messen, Fasten und Gebeten eingeleitet, »zum Heil des Heeres, um die Hilfe unseres Herrn Jesus Christus und für den Sieg über die Awaren und die Rache an ihnen«. Das Heer wurde geteilt, Karl führte die Hauptmacht auf der rechten Donauseite, die andere Abteilung auf dem linken Ufer wurde vom dux Theoderich und dem Kämmerer Meginfred befehligt, dazu kam eine Flotte mit Lebensmitteln und weiteren Truppen unter dem Kommando des Präfekten Gerold. Dieses Aufgebot rückte nun gegen die Awaren vor, während zusätzlich Pippin aus Italien über Friaul und Krain heranzog. Die Awaren hatten am Abhang des Wienerwalds Befestigungen errichtet, die sie aber nicht halten konnten, so daß Karl bis zur Mündung der Raab in die Donau vorstieß. Eine Viehseuche, von der die Pferde schwer betroffen wurden, verbot dann den Weitermarsch. Der König kehrte nach Regensburg zurück, bereitete einen neuen Feldzug vor und ließ den obenerwähnten Kanalbau zwischen Rhein und Donau beginnen. Der Aufstand der Sachsen zwang ihn aber zum Verlassen Regensburgs, König Pippin von Italien wurde mit der Durchführung eines weiteren Kriegszugs beauftragt. 795 erreichte ein Heer Markgraf Erichs von Friaul, unterstützt vom Slawenfürsten Vojnomir, den »Ring« und erbeutete einen Teil des Schatzes. Im folgenden Jahr zerstörte König Pippin den Ring vollständig und belud fünfzehn vierspännige Ochsenwagen mit den sagenhaften Schätzen der Awaren. Wie Einhard versichert, »hat kein Krieg seit Menschengedenken den Franken so viel Reichtum und Macht gebracht. Denn während man sie bisher eher als arm betrachten konnte, fanden sie nun am Sitz des Kagan eine solche Menge Gold und Silber, dazu wurde in den Schlachten so viel kostbare Beute gewonnen, daß man zutreffend glauben konnte, die Franken hätten gerechterweise den Hunnen geraubt, was diese früher ungerechterweise anderen Völkern geraubt hatten.«

Im Gefolge der Kriegsleute machten sich die aus Salzburg aufgebrochenen Missionare daran, eine neue Kirchenorganisation aufzubauen. Aber Alkuin und Paulinus von Aquileia warnten sie vor übereilten Maßnahmen, sie verwiesen auf die Rückschläge, die in Sachsen hingenommen werden mußten. Die Awaren seien ein »rohes und unvernünftiges Volk, ungebildet und unwissend, schwerfällig bei der Hinwendung zu den Geheimnissen des Glaubens«. Es sei deswegen notwendig, schrittweise vorzugehen, vor dem Taufen zu predigen und auf die Zehnterhebung zu verzichten. Diese weisen Ratschläge wurden so wenig befolgt, daß es 799 zu einem neuen Aufstand kam, der zum Tod des Präfekten Gerold und des Markgrafen Erich von Friaul führte. Karl der Große mußte zu Beginn des 9. Jahrhunderts noch einige Feldzüge durchführen lassen, um die Awarengefahr endgültig zu bannen. 805 ließ sich der Kagan taufen und wurde Vasall Karls.

Das Gebiet zwischen Enns und dem Wienerwald wurde von Karl zu Kärnten geschlagen. Es wurde als *Limes Avaricus* bezeichnet und bildete den Ausgangspunkt für die künftige Entwicklung der Ostmark bzw. Österreichs. Von der Raab bis an die Ufer des Plattensees mischten sich bayerische und slawische Ansiedler unter die Awaren, und fränkische Grafen bemühten sich um die Beilegung von Streitigkeiten zwischen den verschiedenen Volksgruppen. Erzbischof Arn von Salzburg leitete den Bau mehrerer Kirchen. Ein Teil der Awaren, der sich fränkischem Recht nicht beugen wollte, floh nach Osten und fand Aufnahme im Bulgarenreich, das Khan Krum ebendamals errichtete.

Karl und der slawische Osten

Für die Franken waren die Slawen keine vollständig Unbekannten, denn König Dagobert hatte, wie oben erwähnt, gegen einige Stämme gekämpft, die zeitweise von dem Kaufmann Samo geeint worden waren. Seit dem 7. Jahrhundert drängten die Slawen nach Westen und stießen dabei auf die Thüringer, Bayern und Sachsen.

Ihre östlichen Stammesbrüder setzten sich gleichzeitig auf der Balkanhalbinsel fest und gründeten dort ihre ersten politischen Verbände. Die Slowenen Kärntens waren bereits von den Bayern christianisiert worden. Die zwischen Elbe und Saale siedelnden Slawen zerfielen in zahllose Stämme, unter denen einige größere Gruppierungen unterschieden werden: Zwischen Elbe und Warnow hatten sich längs der Seen und Wasserläufe des heutigen Holstein und westlichen Mecklenburg die Abodriten niedergelassen; östlich der Warnow findet man die Wilzen oder Weletaben, nach Süden die Linonen, die Smeldinger und an der Grenze zu Thüringen die Sorben oder Soraben. Diese Völkerschaften teilten sich in Kleinstämme und Clans, möglicherweise gab es auch vertragliche Zusammenschlüsse. Eine Volksversammlung der Wilzen trat regelmäßig in Rethre zusammen. Die Slawen lebten von Fischfang, Ackerbau und Viehzucht, aber auch vom Fernhandel längs der großen, schiffbaren Ströme. Feste Plätze dienten als Fluchtburgen oder als Sitz der Heeresführer und ihrer Gefolgschaft, der *družina.* Diese Anlagen werden von einem anonymen Geschichtsschreiber, dem sogenannten Geographus Bavarus, als *civitates* bezeichnet. Davon zählt er bei den Sorben rund fünfzig, dreiundfünfzig bei den Abodriten und fünfundneunzig bei den Wilzen. Zwischen allen diesen Völkerschaften gab es ständig Feindseligkeiten, die Karl der Große für seine Absichten geschickt auszunützen wußte (vgl. Karte V).

Bedroht von den Wilzen, wurden die Abodriten ziemlich bald zu treuen Bundesgenossen. Sie halfen Karl im Kampf gegen die Sachsen Nordalbingiens und erhielten dafür zu Beginn des 9. Jahrhunderts nach den Sachsendeportationen die Gebiete jenseits der Elbe. Gegen Wilzen und Linonen unternahm Karl der Große mehrere Feldzüge. Unterstützt von Sachsen, Friesen sowie abodritischen und sorbischen Kontingenten überschritt er im Jahr 789 die Elbe, zog havelaufwärts und näherte sich der Ostseeküste. Die Verwüstungen, die sein Heer anrichtete, zwangen Dragowit, den Oberkönig der Wilzen, Geiseln zu stellen und sich zu unterwerfen. Missionare bemühten sich um die Bekehrung der Wilzen, einzelne hatten seit etwa 780 die Taufe angenommen. Aber das ganze Unternehmen, von dem nur Alkuin berichtet, ist weitgehend unbekannt. Die Grenzgebiete Thüringens und des südlichen Sachsen wurden regelmäßig von den Sorben geplündert. Gegen sie schickte Karl 782 eine

Heeresabteilung, die aber, wie oben erwähnt, am Süntel vernichtet wurde. 806 erhoben sich die Sorben erneut, aber nachdem ihr Herzog Miliduoch getötet worden war, mußten auch sie Geiseln stellen. Um das Slawenland seine Autorität spüren zu lassen, ließ Karl an der Elbe unterhalb von Magdeburg und an der Saale bei Halle befestigte Brückenköpfe errichten. Der sogenannte *Limes Sorabicus,* die Sorbenmark, war zwar noch recht unbedeutend, wurde aber unter Karls Nachfolgern ausgebaut. So konnte sie dann im 10. Jahrhundert Ausgangsbasis für die Ostexpansion der Sachsenkaiser werden.

Nach der Unterwerfung Bayerns mußte Karl der Große die Reichsgrenzen auch gegen West- und Südslawen sichern. 805 schickte er seinen Sohn Karl auf einen Feldzug gegen die Böhmen. Drei Heeresabteilungen stießen konzentrisch in das Tal der Eger vor und folgten dann dem Oberlauf der Elbe. Der Böhmenherzog Lecho wurde getötet, seine Truppen flohen in das Gebirge. Ein weiterer Feldzug im Jahr 806 brachte kein nennenswertes Ergebnis, dennoch behauptet Einhard, Böhmen sei dem Frankenreich untertan. Im Süden schließlich wurden die an Kärnten angrenzenden Kroaten durch den Markgrafen von Friaul überwacht. Man unterscheidet die pannonischen Kroaten, die zu beiden Seiten der Save sitzen, und die dalmatinischen Kroaten oder *Guduscani* in den liburnischen Bergen. Diese hatten 799 im Bund mit den Awaren Markgraf Erich von Friaul einen Hinterhalt gelegt. Sein späterer Nachfolger, der Langobarde Aio, erhielt den Auftrag, diese Stämme niederzuhalten, die dann allmählich zum Christentum übertraten.

Ein unfertiges Europa

So weitgespannt die *dilatatio regni* auch war, hatte sie doch freiwillige und erzwungene Grenzen. In den angelsächsischen, keltischen, skandinavischen Ländern und mit Ausnahme der Spanischen Mark auch auf der Iberischen Halbinsel konnten die Karolinger keine Macht ausüben. Karl mußte sich damit zufriedengeben, zu diesen Gebieten mehr oder weniger friedliche Beziehungen herzustellen.

Die Kelten

Den Merowingern war es nie gelungen, die Kelten der Armorica (Bretagne) zu unterwerfen. Aber sie verwehrten ihnen den Zugang zum Frankenreich durch die Errichtung von Befestigungswerken, den »guerches« (von altfränkisch *werki*), mit denen sie die schiffbaren Flüsse sperrten. Die Karolinger mußten diese Lage übernehmen, sie errichteten gegen die Bretonen eine Schutzmark. Im Jahr 778 gehörte Graf Roland zu den Amtsträgern, die das Gebiet zwischen Tours, Rennes und Angers zu sichern hatten. Nach einem weitgehend erfolglosen Feldzug im Jahr 789 beauftragte Karl der Große seinen ältesten Sohn mit dem Regiment über die westlichen Reichsgebiete und mit der Leitung der Bretonischen Mark *(Marca Britannica)*. Markgraf Wido, ein Angehöriger der bedeutenden moselländischen Familie der Widonen, nutzte die Rivalitäten zwischen den bretonischen Häuptlingen, den *machtyerns*, brach 799 in die Bretagne ein und verwüstete sie. In einem offiziösen Bericht dazu hieß es: »Es schien, als sei das ganze Gebiet unterworfen. Dies wäre auch der Fall gewesen, hätte nicht das treulose Volk in seiner gewohnten Wankelmütigkeit sofort wieder einen Umsturz herbeigeführt.« Ein zweiter Feldzug im Jahr 811 verfehlte erneut die erhofften Ergebnisse: Die Bretonen blieben selbständig, bewahrten ihren Glauben und orientierten sich lieber weiter nach den keltischen Ländern jenseits des Ärmelkanals als nach der fränkischen Einflußsphäre.

Für die Kelten in Cornwall, Wales und auch in Schottland spielte Karl der Große keine Rolle, trotz Einhards gegenteiliger Behauptung. Die Karolinger verdankten ihre Beziehungen zu Irland gelehrten Iro-Schotten, die, wie noch zu zeigen ist, den Hof aufsuchten, und dem Angelsachsen Alkuin. Dieser schrieb um 792 an die »Söhne der heiligen Kirche, die sich in Irland geistlichem Leben und gelehrten Studien widmen«. Wahrscheinlich wußte er von der Arbeit irischer Kopisten und Buchmacher – damals entstanden Bilderhandschriften wie das *Book of Armagh* und das *Book of Kells*. Vielleicht stand er auch in Verbindung mit der Reformbewegung der Culdeer, die Mitte des 8. Jahrhunderts im Kloster Tallaght entstanden war, genau zu der Zeit, in der sich auch die Kirche in England und in Gallien erneuerte.

Die Angelsachsen

Alkuin vergaß seine Heimat nicht, die er 786 und 790 besuchte, und förderte die Beziehungen zwischen Karl dem Großen und den angelsächsischen Königreichen. Im Streit um die Vorherrschaft zwischen den zahlreichen Kleinstaaten behauptete sich Mercia dank König Offa (757–796). Dieser bedeutende Herrscher, bekannt durch den Bau einer Befestigung zum Schutz vor den Walisern (Offa's Dyke), war ein Bewunderer Karls des Großen. Er sicherte sich Kent, Sussex, Ostanglien, durch eine Eheschließung auch Wessex und konnte so den Süden Englands einigen. Offa herrschte mit Unterstützung der Bischöfe, und mit Zustimmung der Legaten Papst Hadrians I. erneuerte er die Kirchenorganisation in seinem Reich. Im Jahr 787 ließ er seinen Sohn zum Mitherrscher erheben und nach fränkischem Vorbild weihen. Schließlich gab er seinem Herrschaftsgebiet nach dem Vorbild Karls des Großen ein Münzsystem, das bis 1971 beibehalten wurde. Der Briefwechsel zwischen Karl und Offa belegt das Bestehen von Handelsbeziehungen und speziell den Verkauf angelsächsischer Gewänder auf dem Kontinent.

Offa nannte sich in seinen Urkunden zwar *rex totius Anglorum patriae*, doch nach seinem Tod kam es zum Aufstand der Königreiche, die er von sich abhängig gemacht hatte. Sein Schwager, der König von Northumbrien, wurde ermordet, und sein Nachfolger Eardwulf fand Zuflucht am Hof Karls des Großen. Der Frankenherrscher und der Papst intervenierten, um Eardwulf auf seinen Thron zu York zurückzuführen. Dabei ging es Karl nicht, wie behauptet wurde, um die Errichtung eines fränkischen Protektorats über Northumbrien. Er wollte die guten Beziehungen zu diesem Reich bewahren, aus dem die Angelsachsen stammten, die in seiner Umgebung wirkten: Alkuin, Lull, Bischof Liudger von Münster, Bischof Willehad von Bremen, Erzbischof Beornrad von Sens. Außerdem wollte er einen Verbündeten gegen die Dänen, ihre gemeinsamen Feinde, gewinnen.

Die skandinavischen Königreiche

Am Ende des 8. Jahrhunderts begannen die skandinavischen Angriffe auf England und den Kontinent.

Skandinavien war in der Spätantike die Ausgangsbasis der Germaneneinfälle gewesen, für den Chronisten Jordanes war es *»quasi officina gentium aut certe velut vagina nationum«*. Aber seit dem 6. Jahrhundert waren die skandinavischen Stämme ziemlich isoliert, nur mit Friesen und Angelsachsen gab es gelegentlich Berührungen. Das berühmte Beowulf-Lied und Grabungsfunde beweisen kulturelle Gemeinsamkeiten zwischen England und Dänemark. Gegen das 8. Jahrhundert zu begann in Skandinavien die Herausbildung von drei Völkern. Erstens die Dänen, der abendländischen Welt am unmittelbarsten benachbart: sie waren Seefahrer, Kaufleute, Piraten, besetzten Jütland und Schonen, trieben Tauschhandel mit den Friesen auf der Insel Helgoland und horteten ihre Beute in dem befestigten Lager Hedeby/Haithabu, das 804 erstmals schriftlich belegt ist. Zweitens die Schweden, die auf die beiden Großstämme der Svear im Mälargebiet und der Götar in Südschweden zurückgehen. Birka war bereits ein Handelszentrum, und die Insel Gotland ermöglichte es den Schweden, nach Kurland überzusetzen. Und drittens schließlich gab es in Norwegen, das heißt »Nordweg«, den Zusammenschluß einiger isolierter Stämme an den Wasserläufen im Gebiet von Oslo und von Trondheim.

Eine vorsichtige Auswertung der Ende des 12. Jahrhunderts niedergeschriebenen Sagas und vor allem die in den letzten Jahren stark vermehrten Ergebnisse archäologischer Forschungen ermöglichen es, eine Vorstellung von den politischen und gesellschaftlichen Zuständen in Skandinavien zu gewinnen. Alle freien Männer waren in periodischen Abständen zur Teilnahme an der Volksversammlung aufgerufen, dem Thing oder Ding, das ein reicher Grundbesitzer leitete. Nach dem Bericht der Sagas sind die Königsfamilien auf die allerreichsten dieser Grundbesitzer zurückzuführen, deren Prachtentfaltung durch die Beigaben in erhaltenen Hügelgräbern veranschaulicht wird. Die Adligen waren zugleich Priester in einer Religion, die der altgermanischen sehr nahe stand. Das Heiligtum der Schweden in Uppsala bei Stockholm war den drei Göttern Thor, Odin und Freyr geweiht.

Die Skandinavier, lange ohne Kontakt zur Außenwelt, unternahmen vom Ende des 8. Jahrhunderts an immer häufiger Seefahrten nach England und an die Küsten des Frankenreiches. Sehr wahrscheinlich hat die Entwicklung eines Segelschiffs mit Zentralmast und großem Rechtecksegel die Expansion der Wikinger begünstigt, deren Namen unter anderem von *vik* (Bucht) abgeleitet wird, weil sie in geschützten Buchten ankerten. Seit 787 wurden die Küsten Englands von den Norwegern heimgesucht. Die Plünderung des Klosters Lindisfarne (793) schildert Alkuin schmerzerfüllt in einem oft zitierten Brief. Auch die Küste Irlands wurde damals angegriffen. Die Dänen plünderten ihrerseits Friesland und bedrohten den Handelsplatz Dorestad. Karl der Große verfolgte das Vordringen der Dänen mit besonderer Aufmerksamkeit, weil sich ihr König Göttrik (Godofred) während der Sachsenkriege mit Wilzen und Linonen zu einem Angriff auf die Abodriten zusammengeschlossen und Widukind zeitweise bei den Dänen Zuflucht gefunden hatte. Wenn man Einhard glauben darf, war Göttrik »von so eitler Hoffnung aufgeblasen, daß er sich die Herrschaft über ganz Germanien versprach. Friesland und Sachsen sah er ganz als seine Provinzen an... Er vermaß sich sogar, bald mit großer Heeresmacht nach Aachen zu ziehen, wo der König seinen Hof hielt.« Um Sachsen zu schützen, ließ Karl der Große nördlich der Elbe ein Befestigungssystem errichten, dessen Stützpunkte Itzehoe an der Stör und Schiffbek bei Hamburg waren. So wurde die Nordmark oder Dänische Mark eingerichtet, von der sich der Name Dänemark ableitet. Nach der Ermordung Göttriks (810) verhandelte Karl der Große mit dessen Nachfolgern, verstärkte aber gleichzeitig seine Verteidigungsmaßnahmen zur See. Im Jahr 811 besichtigte er persönlich den von ihm angeordneten Bau einer Flotte in Gent und in Boulogne, wo er den längst aufgegebenen römischen Leuchtturm erneuern ließ. In einem Kapitular wurden die örtlichen Anführer aufgefordert, sich darauf vorzubereiten, im Fall drohender Gefahr auf See zu gehen. Als Festlandsherrscher erkannte Karl der Große recht gut, daß seine Streitkräfte nicht auf die Verteidigung der Küsten vorbereitet waren.

Die Iberische Halbinsel

Aus dem äußersten Norden nun wieder zurück in den Süden, nach Spanien, das zwar die Römer unterworfen hatten, aber von dem Karl der Große nur mit Mühe einen kleinen Teil erobern konnte. Die Halbinsel war zwischen ungleichen Machthabern aufgeteilt:

einerseits die westgotischen Herrscher Asturiens, andererseits die mohammedanischen Emire von Córdoba.

Das kleine Königreich Asturien, durch gotische Flüchtlinge sofort nach der arabischen Eroberung von 711 begründet, konnte sich unter König Alfons I. (739–757) und dessen Nachfolgern ausdehnen. Galicien, Rioja ud Léon konnten von den Christen zurückgewonnen werden, die *Reconquista* begann. Alfons II. der Keusche konnte im Jahr 797 sogar Lissabon nehmen und mit der Wiederbevölkerung der von den Mohammedanern aufgegebenen Gebiete beginnen. Kastilien wurde durch Befestigungen (Kastelle) abgesichert, die ihm später den Namen gaben. Alfons II. machte Oviedo zu seiner Königsstadt, die er mit einem prächtigen Ensemble von Kirchen und Palästen ausstattete. Wie Karl der Große herrschte er mit Hilfe der Bischöfe, leitete die Kirchenversammlungen und beschützte die Gelehrten. Er schickte mehrere Gesandtschaften zu dem Frankenherrscher, Einhard behauptet aber fälschlich, er habe dessen Vasall werden wollen.

Karl empfing auch Gesandtschaften aus dem arabischen Spanien an seinem Hof. Der Statthalter von Saragossa, der gegen den omajjadischen Emir Abd al-Rahman I. (756–788) revoltiert hatte, erschien 777 in Paderborn und forderte Karl zum Eingreifen auf, der sich unklugerweise dazu bereit erklärte. Da schon sein Vater und sein Großvater gegen die Araber gekämpft hatten, träumte er vielleicht davon, ihnen ganz Spanien abnehmen zu können. Der Ausgang des Unternehmens ist bekannt: Eine veränderte innerarabische Konstellation führte zum Mißerfolg vor Saragossa, Karl kehrte in das Frankenreich zurück, und seine Nachhut wurde bei Roncesvalles (778) vernichtet. Diesen Überfall verübten nicht die Araber, wie es im Rolandslied heißt, sondern die Basken, die jede Oberherrschaft ablehnten, gleich ob sie fränkisch oder westgotisch war. Damals fielen der Pfalzgraf Anselm, der Seneschall Eggihard und Roland, der Befehlshaber der Bretonischen Mark, dessen Tod in dem berühmten Rolandslied (um 1100) heroisch überhöht wird. Am Hof Karls des Großen machte die Katastrophe tiefen Eindruck. Es bestand die Gefahr von Rückschlägen in Aquitanien, das sich von der kurz zuvor erfolgten »Befriedung« noch kaum erholt hatte. Deswegen beschloß Karl im Jahr 781, dem aquitanischen Sonderbewußtsein zu entsprechen und ein eigenes Unterkönigtum zu schaffen, das er seinem Sohn Ludwig übertrug. Eine weitere Folge des Fehlschlags in Spanien war die Ankunft von Christen in Septimanien, die vor der mohammedanischen Herrschaft flohen. Unter diesen *Hispani* waren auch Gelehrte von Rang wie Agobard und Theodulf, die ihre Fähigkeiten jetzt in den Dienst der Karolinger stellten.

Ludwig und seine Berater hatten in der Folgezeit die Aufgabe, Aquitanien gegen arabische Angriffe zu schützen. Im Jahr 785 gingen sie auf erneute Angebote örtlicher Machthaber ein und besetzten Gerona, Urgel und die Cerdana. Der Emir von Córdoba reagierte 793 mit einer Gegenoffensive und besiegte Graf Wilhelm von Toulouse, einen Verwandten Karls des Großen. Es ist bemerkenswert, daß sich die Sage auch des Helden dieser Niederlage bemächtigt hat. Aber glücklicher als Roland, konnte Wilhelm in dem von ihm gestifteten Gellone sein Leben als Mönch beenden. Das Kloster erhielt später den Namen Saint-Guilhem-du-Désert. Schon kurz nach der Niederlage von 793 konnten die Franken aber wieder südlich der Pyrenäen Fuß fassen und die *Marca Hispanica* (Spanische Mark) begründen. Ludwig konnte 801 Barcelona einnehmen, während nach Osten zu Pamplona und Navarra trotz anhaltender Feindschaft der Basken unter fränkische Herrschaft kamen. Die gewünschte Ausdehnung der Eroberungen bis zum Ebro konnte Karl der Große nicht erreichen, trotzdem war die Einrichtung dieses Grenzlandes ein wichtiges Ereignis für Spanien: Aus ihm entwickelte sich nämlich Katalonien.

Kapitel IV

Das Kaisertum Karls des Großen

Der vorbereitende Weg zur Krönung

Am Ende des 8. Jahrhunderts war Karl unbestritten der mächtigste Herrscher des Abendlandes, auch wenn er Europa nicht vollständig unterworfen hatte. Die Neuordnung Galliens, Germaniens, Italiens und der angrenzenden Gebiete hob sein Ansehen weit über das der anderen Könige. Karl hatte seine Söhne zu Königen von Aquitanien und Italien erhoben, seinen Schwager zum Präfekten in Bayern ernannt, große Adlige aus seiner Verwandtschaft in den Marken eingesetzt. Damit entsprach er genau einer zeitgenössischen Definition: »Kaiser ist, wessen Reich in der ganzen Welt hervorragt, und unter ihm stehen Könige anderer Reiche.« In seiner *Vita Willibrordi* schildert Alkuin die Ausweitung des Karolingerreiches und bezeichnet den Staat der Franken als *»imperium«*.

Karl war mehr als ein machtpolitisch bedeutender König. Er war ein christlicher Herrscher, der seine Kraft in den Dienst des Glaubens gestellt hatte, der gegen die heidnischen Sachsen und gegen die Ungläubigen Spaniens kämpfte. Mit Hilfe seiner Kapitularien bemühte er sich darum, christlichen Grundsätzen Geltung in seinem Reich zu verschaffen. In der Einleitung zur *Admonitio generalis* (ca. 789) vergleicht sich Karl mit König Josia, der darum bemüht war, sein ihm von Gott anvertrautes Reich zur Verehrung des wahren Gottes zurückzuführen, indem er besichtigte, besserte und ermahnte. Karl befaßte sich auch mit Häretikern, selbst wenn sie außerhalb seines Reiches auftraten. So bekämpfte er den Adoptianismus, eine in Toledo entstandene Irrlehre, die sich in Asturien und dem Tal von Urgel ausgebreitet hatte. Den Auftrag zu dieser Handlungsweise leitete Karl der Große von seiner Königsweihe her. Als neuer Moses und Stifter von Religionsgesetzen, als neuer David und Triumphator über die Feinde Israels leitete so der Frankenkönig das neue auserwählte Volk. Durch ihr Bündnis mit ihm und durch die Bitte um Schutz für die römische Kirche hatten die Päpste die göttliche Vorherbestimmung der Dynastie der Karolinger und des Frankenvolks bestätigt. Als Hadrian I. die ihm versprochenen Gebiete einforderte, erflehte er ohne Zögern, Karl möge ein »neuer Konstantin« werden.

Aber es gab das Kaiserreich Byzanz, seit dem Jahr 476 das einzige Kaiserreich. Seit dem Tod Kaiser Leons IV. im Jahr 780 regierte seine Witwe Irene im Namen des unmündigen Konstantin VI. Zunächst erstrebte Karl der Große ein Bündnis mit Irene und plante sogar die Ehe seiner Tochter Rotrud mit dem jungen byzantinischen Herrscher. Aber die Italienpolitik Konstantinopels vergiftete die Beziehungen, und zudem beschloß Irene im Jahr 787 die Wiederherstellung der Bilderverehrung. Zwar wurde ein päpstlicher Legat zur Teilnahme am Konzil von Nicaea eingeladen, aber man versäumte es, den Frankenherrscher zu benachrichtigen, der die Konzilsakten nur durch eine schlechte lateinische Übersetzung kennenlernte. Von da an waren Karl und seine kirchlichen Ratgeber immer fester vom eigenen, abendländischen Glaubensauftrag überzeugt. Theodulf verfaßte im Auftrag Karls die *Libri Carolini,* eine Kritik an den Beschlüssen von Nicaea, die den Byzantinern fälschlich vorwarf, die Bilder anzubeten und Götzendiener zu sein. Theodulf wandte sich direkt gegen die Kaiserin Irene: »Denn die Schwäche ihres Geschlechts und die Wankelmütigkeit des weiblichen Gemüts verbieten es einer Frau, in Glaubensfragen und kirchlichen Amtsangelegenheiten die oberste Autorität über Männer auszuüben.«

Als Antwort auf das Konzil von Nicaea berief Karl der Große 794 eine Kirchenversammlung nach Frankfurt. An ihr beteiligten sich nicht nur Bischöfe aus dem gesamten Reich und päpstliche Legaten, sondern auch spanische und angelsächsische Bischöfe; Karl selbst leitete die Synode. Verhandelt wurde über eine allgemeine Reichsreform, über den häretischen Adoptianismus und schließlich über die Frage der Bilderverehrung. Es wurde immer deutlicher, daß Karl den Wettbewerb mit der byzantinischen Kaiserin suchte. 794 ging er nach Aachen, wo er einen Palast hatte errichten lassen, der mit dem geheiligten Kaiserpalast in Konstantinopel zu vergleichen sein sollte. Er ließ sich »Herr des auserwählten Volkes« nennen und führte nach dem Vorbild des Basileus sogar den Titel *rex et sacerdos* (König und Priester). Um 796 wurden die *Laudes regiae* niedergeschrieben, die an hohen kirchlichen Festen in Gegenwart des Königs gesungen wurden und die den Papst, den König, dessen Nachkommen und das gesamte Heer der Franken verherrlichten. Karl trat auf als Oberhaupt eines christlichen Kaiserreiches *(imperium Christianum)*, eine Bezeichnung, die immer häufiger in Alkuins Schriften verwendet wurde.

Zwei Ereignisse beschleunigten das Erreichen der Kaiserwürde: zunächst der Tod Hadrians I., dem 795 der schwache Papst Leo III. nachfolgte. Er war von einfacher Herkunft, deshalb vom stadtrömischen Adel abhängig und auf die Unterstützung Karls des Großen angewiesen. Nach seiner Krönung schickte der Papst dem Frankenkönig das Banner der Stadt Rom und übertrug ihm damit die Stadtherrschaft. Etwas später ließ er im Triklinium des Lateranpalasts Mosaiken anbringen: Eine Darstellung zeigte den heiligen Petrus, der dem Papst die Schlüssel und Karl das Stadtbanner überreicht; ein anderes Bild zeigte Konstantin den Großen und Papst Silvester I. zu beiden Seiten Jesu Christi kniend. Die Parallele zwischen Karl und Konstantin als dem ersten und vorbildlichen christlichen Kaiser ist eindeutig. Leo III. drängte Karl geradezu zur Kaiserwürde, und dieser stellte klar, wie die Rollen zu verteilen waren. Er schrieb an den Papst: »Uns steht es mit Hilfe der göttlichen Liebe zu, die heilige Kirche Christi nach außen gegen Heiden und Ungläubige mit der Waffe zu schützen und im Inneren durch die Aufrechterhaltung des katholischen Glaubens zu beschirmen. Euch, heiligster Vater, steht es zu, mit zu Gott erhobenen Händen wie Moses durch Gebet unsere Waffen zu unterstützen...« In einem anderen Brief ermahnte Karl den Papst zu einem ehrenhaften Lebenswandel gemäß den kanonischen Vorschriften der Kirche. Dieser Ratschlag war offenbar nicht ganz grundlos gegeben, denn der Papst, dem seine Gegner verbrecherische und niederträchtige Taten vorwarfen, wurde im Jahr 799 in Rom Opfer eines Überfalls und mußte nach Paderborn zu Karl dem Großen fliehen.

Das zweite Ereignis, das zur Kaiserkrönung führte, war die Palastrevolution in Konstantinopel: Kaiserin Irene ließ 797 ihren Sohn Konstantin blenden und machte sich zur Alleinherrscherin.

Dieser interne Umsturz hatte zwar keine unmittelbaren Rückwirkungen auf das fränkisch-byzantinische Verhältnis, aber nun war es möglich zu behaupten, daß es keinen Kaiser im Osten mehr gebe und daß der Thron vakant sei. Jedenfalls sah dies Alkuin so, der in einem oft zitierten Brief vom Juni 799 an Karl schrieb: »Drei Männer standen bisher in der Welt am höchsten: Zunächst die apostolische Hoheit, die den Stuhl des seligen Apostelfürsten Petrus als Stellvertreter innehat. Was dem geschehen ist, der auf diesem Stuhle saß, hat Eure verehrungswürdige Güte mir mitteilen lassen. An zweiter Stelle kommt die Kaiserwürde, die weltliche Macht im zweiten Rom (Konstantinopel). Überall ist die Nachricht verbreitet, wie ruchlos das Reichsoberhaupt abgesetzt worden ist, nicht durch Fremde, sondern durch die eigenen Leute und Mitbürger. An dritter Stelle steht die Königswürde, in die Euch Jesus Christus als Lenker des Christenvolkes eingesetzt hat. Ihr überragt die beiden anderen Würden an Macht, an Weisheit und an der Erhabenheit Eurer Herrschaft. So ruht auf Dir allein das Heil der Kirchen Christi, Du strafst die Verbrechen, führst die Irrenden auf den rechten Weg zurück, Du bist der Tröster der Betrübten, Du erhöhst die Guten.« Nur wenig später überhöhte am Hof ein anonymer Dichter Karl als »Haupt der Welt, Liebe und Zierde des Volkes, die bewunderungswürdige Spitze Europas,... der Augustus, auch mächtig in der Stadt, die als zweites Rom gewaltig emporwächst«, womit Aachen gemeint war. Alle diese Quellen belegen, daß man in der Umgebung Karls des Großen mit der Kaiserkrönung rechnete.

Die Kaiserkrönung

Trotz aller Vorbereitungen ließ sich Karl viel Zeit, so als ob er vor der Erhöhung zurückschrecke. Er ließ Leo III. von einigen Bischöfen und Grafen wieder nach Rom geleiten und ordnete eine Untersuchung der Vorwürfe an, die gegen den Papst erhoben worden waren. Es gab Weissagungen, wonach das Jahr 800 das Ende der Welt bringen werde. Aber Karl unternahm einen Zug an die Nordseeküste, hielt sich in Saint-Bertin auf, feierte Ostern in Saint-Riquier, zog dann weiter nach Tours, um am Grab des heiligen Martin zu beten und mit Alkuin zu diskutieren. Karl wollte gerne, daß ihn Alkuin nach Italien begleite, aber dieser war jedem Vorgehen gegen den Papst abgeneigt und schützte seinen schlechten Gesundheitszustand vor. Er beschränkte sich darauf, seinem »geliebten David« ein Gedicht zu schicken, im Tonfall dem Brief von 799 ähnlich: »Gott hat Dich zum Herrn des Reiches gemacht... die guten Wünsche Deiner Diener begleiten Dich... Rom, das Haupt der Welt, dessen Beschützer Du bist, und der Papst, der höchste Priester des Weltkreises, erwarten Dich... Möge Dich die Hand Gottes führen, daß Du glücklich über die weite Erde herrschest... Kehre bald zurück, geliebter David. Die beglückte Francia bereitet sich darauf vor, Dich als Sieger bei Deiner Rückkehr zu empfangen und vor Dich zu treten mit Lorbeerzweigen in den Händen.«

Bei seiner Ankunft in Rom erhielt Karl einen triumphalen Empfang. Für den 1. Dezember 800 berief er nach Sankt Peter eine Versammlung von Erzbischöfen, Bischöfen, Äbten und Vertretern des römischen Adels, die über die Lage des Papstes entscheiden sollte. Zwar wurde von einigen versichert, niemand habe das Recht, über den Apostolischen Stuhl zu richten, aber nach drei Wochen ergebnisloser Verhandlungen zwang Karl den Papst, einen Reinigungseid nach germanischer Rechtsgewohnheit abzulegen und seine Unschuld zu erklären. Die für den Papst äußerst demütigende Zeremonie fand am 23. Dezember statt. Was anschließend stattfand, ist durch widersprüchliche Zeugnisse einigermaßen unklar. Der gewiß gut informierte Verfasser der Lorscher Annalen berichtet, dieselbe Versammlung habe nach der Eidesleistung Leos III. über die Wiederherstellung des Kaisertums beraten: »Da es in den Ländern der Griechen keinen Kaiser mehr gab und sie unter der Herrschaft einer Frau standen, erschien es Papst Leo und allen an der Versammlung teilnehmenden Kirchenvätern sowie dem gesamten Christenvolk angemessen, das *nomen imperatoris* dem Frankenkönig zu übertragen. Denn dieser besitze Rom, wo stets die Caesaren zu residieren pflegten, außerdem beherrsche er Italien, Gallien und Germanien. Da Gott der Allmächtige diese Länder seiner Autorität unterstellt habe, entspreche es dem Wunsch der ganzen Christenheit, wenn Karl auch den kaiserlichen Titel führe...« In engem Anschluß an diese Quelle steht es für Robert Folz demnach fest, daß Karl schon am 23. Dezember zum Kaiser proklamiert wurde.

Um die erlittene Demütigung auszugleichen, ergriff nun der Papst die Initiative. Er plante nach seinen Vorstellungen die Krönungszeremonie, die am Weihnachtstag des Jahres 800 nach byzantinischem Ritual vollzogen wurde. In Byzanz bestand die Kaiserkrönung aus drei Teilen: der Akklamation durch Volksmenge und Heer, der eigentlichen Krönung, schließlich der kniefälligen Verehrung (Proskynese) des neuen Kaisers durch den Patriarchen. Aber Leo beschloß, diese Reihenfolge umzustellen; er schob sich die Hauptrolle zu und begann mit dem Aufsetzen der Krone, dann forderte er die Anwesenden auf, »dem erhabenen Karl, dem von Gott gekrönten großen und friedenbringenden Kaiser« dreimal zu akklamieren, dann ehrte er den neuen Kaiser durch Kniefall. Diese Geste bedauerte der Papst offenbar nachträglich, denn im Bericht des *Liber pontificalis* wird sie verschwiegen. Die Reichsannalen, von Geistlichen der königlichen Hofkapelle abgefaßt, verneinen im Gegensatz zur römischen Version des Geschehnisses die führende Rolle des Papstes. Sie betonen, daß der König nach Rom gekommen war, um die dem Papst zur Last gelegten Verbrechen zu untersuchen, aber auch wegen anderer Angelegenheiten. Das erlaubt die Vermutung, Karl selbst habe die Krönung vorbereitet. Die Reichsannalen berichten auch über die Ankunft von Abgesandten des Patriarchen von Jerusalem bei Karl und die Überbringung der Schlüssel zum heiligen Grab sowie der Schlüssel und der Fahne der Stadt. Wie sein Vater hatte auch Karl Beziehungen zum Abbasidenreich unterhalten, von dem Jerusalem abhängig war. Er interessierte sich für das Schicksal der Christen im Vorderen Orient und besonders für die Glaubensgemeinschaften am Heiligen Grab, das noch immer ein vielbesuchtes Wallfahrtsziel war. Es hat den Anschein, als sei die Ankunft der Abgesandten des Patriarchen von Jerusalem in Rom geplant gewesen, ganz so, als habe sich Karl durch dieses verehrungswürdige Patriarchat ein Gegengewicht zum Einfluß des römischen Klerus verschaffen wollen. Und wenn man schließlich Einhard glauben will, war Karl die Initiative Leos III. »zuerst so zuwider, daß er versicherte, er hätte die Kirche an diesem Tag, auch wenn es ein hoher Festtag war, nicht betreten, hätte er zuvor von der Absicht des Papstes wissen können«.

So war der Vollzug der Krönung von 800 nicht frei von Widersprüchlichkeiten. Für die römische Geistlichkeit war Karl gemäß dem päpstlichen Willen *»imperator Romanorum«* geworden, und die sogenannte Konstantinische Schenkung gab dem Papst in gewisser Weise die Verfügungsgewalt über die Kaiserkrone. Während des ganzen Mittelalters wurde von den Päpsten die Erinnerung an Weihnachten 800 als Präzedenzfall wachgehalten. Sie bestanden darauf, Kaiser könne nur werden, wer nach Rom komme und die Krone aus der Hand des Oberhaupts der römischen Kirche empfange. Die Franken hatten dagegen eine ganz andere Kaiseridee. Karl legte zwar den Titel eines Patricius ab, wollte aber nicht *imperator Romanorum* heißen, sondern *augustus* und *imperator Romanum gubernans imperium;* diesen Titel führte er seit dem Mai 801. Als »neuer Konstantin« regierte er ein christliches Reich, und wie die Bleisiegelunterschrift *Renovatio Romani imperii* ganz deutlich zeigt, handelt es sich um ein neues Reich, erneuert durch den christlichen Glauben und sehr verschieden vom antiken Römerreich. Zusätzlich blieb Karl »durch das Erbarmen Gottes König der Franken und Langobarden«, seine Hauptstadt war nicht Rom, das er nie mehr besuchte, sondern das mitten in Austrien liegende Aachen. Er vergaß nicht, daß er Franke war, und eben die Franken hatten das Abendland erobert. Karl erinnerte daran noch in der einen Fassung des Teilungsgesetzes von 806 mit der Titulatur *Imperator Caesar Karolus, rex Francorum invictissimus et Romani rector imperii, pius felix victor ac triumphator semper augustus.* Als Karl 813 beschloß, seinen Sohn Ludwig an der Herrschaft zu beteiligen, krönte er ihn in Aachen eigenhändig, ohne daß sich der Papst einschaltete. So standen sich zwei Reichsideen gegenüber, in denen bereits der künftige Konflikt zwischen Papsttum und Kaisertum angelegt war, der die ganze mittelalterliche Geschichte des Abendlandes bestimmen sollte.

Es bleibt noch die Frage, wie die Byzantiner auf die Ereignisse des Jahres 800 reagierten. Natürlich konnten sie diese Usurpation nicht einfach hinnehmen, und die Kaiserkrönung eines »Barbaren« mußte ihnen als Skandal erscheinen. Trotzdem wurden Verhandlungen angeknüpft, und ein byzantinischer Chronist bringt die verblüffende Nachricht von einem Eheprojekt zwischen Irene und Karl dem Großen, der seit dem Jahr 800 Witwer war. Aber die »fromme und rechtgläubige« Kaiserin wurde 802 gestürzt, an ihre Stelle trat der energische Nikephoros I. Um ihn zur Anerkennung seines Kaisertums zu zwingen, mußte Karl an der rechten Stelle zuschlagen: Er ließ Venetien angreifen, das für Byzanz besonders wichtig war, zum einen des Handels wegen, zum anderen, weil es die Verbindung zum Westen herstellte.

Nach mehrjährigem Kampf vereinbarten Karl und Michael I., Nachfolger von Nikephoros I., einen Kompromiß: 812 erkannte der Basileus den Westkaiser an und überließ ihm ganz Italien, erhielt dafür aber Venetien und Dalmatien. Der Friedensschluß wurde von den Franken als großer Erfolg betrachtet, konnte aber die beiderseits vertiefte Mißstimmung nicht beseitigen. Durch die Wiedererrichtung des westlichen Kaisertums hatte Karl den Abstand zwischen Osten und Westen vergrößert und die Trennung zwischen römischer und griechisch-orthodoxer Kirche weiter verstärkt. Dafür ist bezeichnend, daß zum Bilderstreit noch der Konflikt um das *Filioque* kam. Das Konzil von Konstantinopel (381) hatte als Glaubenbekenntnis festgelegt, daß der heilige Geist »aus dem Vater hervorgeht«. Unter dem Einfluß der westgotischen Liturgie wurde dieser Satz von der Geistlichkeit des Abendlandes erweitert: »Der aus dem Vater und dem Sohn hervorgeht«. Was heute als Variante ohne Bedeutung für die Trinitätslehre erscheint, führte zu schweren Auseinandersetzungen. Zwar zeigte sich Papst Leo III. ausnahmsweise unnachgiebig und verwarf diese Formulierung, trotzdem blieb sie im Westen bis in die Gegenwart gebräuchlich.

So standen sich im Jahr 800 zwei Kaiserreiche gegenüber: das alte Byzantinerreich, das in Italien nur noch über wenige Stützpunkte verfügte, von tiefem Mißtrauen gegen die »Barbaren« des Westens erfüllt, und das neue Kaiserreich, das einen großen Teil des Abendlandes umfaßte und das als erste Ausformung Europas gelten konnte. Schon den Zeitgenossen erschien es nicht mehr ausreichend, »Europa« nur als kartographische Bezeichnung wie Afrika und Asien zu verwenden. Sie sahen, daß Europa als politische Realität entstand, und einige sprachen dies auch erstmals aus, so der anonyme Dichter, der über das Treffen zwischen dem Frankenkönig und Papst Leo in Paderborn berichtet, ein Jahr vor der sich schon abzeichnenden Kaiserkrönung. Er feiert Karl als »Leuchtturm Europas, der in hellerem Licht als die Sonne erstrahlt« und als »Vater Europas« – eine dichterische Version, die von der Geschichte verwirklicht wurde.

Kapitel V

Karl der Große – Kaiser oder Stammesführer?

Es bleibt zu fragen, ob die Kaiserkrönung vom 25. Dezember 800 – ein Ereignis, das noch heute die meisten kennen – Karls Verhalten als Herrscher verändert hat. War das neue Kaiserreich wirklich eine politische Einheit? War es wirklich derart zentralisiert und durchorganisiert, wie man dies lange Zeit dargestellt hat? Oder war Karl bis zu seinem Tod im Jahr 814 nicht mehr als ein germanisches Stammesoberhaupt, ein Austrier, der an den ererbten Traditionen festhielt und mit Hilfe der fränkischen Aristokratie herrschte, der er selbst entstammte? Nur auf dem Hintergrund derartiger Überlegungen wird die Entwicklung des Karolingerreiches im 9. Jahrhundert verständlich.

Das Reich und seine Verwaltungsstruktur

An der Spitze des Reiches stand der Herrscher, dem die volle Zuständigkeit für Politik, Rechtswahrung, Gesetzgebung und Militärwesen zukam. Er stützte seine Autorität nicht nur auf das fränkische Recht der Banngewalt, sondern verknüpfte sie auch mit den Traditionen der christlichen Kaiser der Spätantike, von deren Rechtsgrundsätzen einige bei den karolingischen Gesetzgebern bekannt waren. Wie noch zu zeigen sein wird, folgte Karl dem Vorbild der Kaiser Konstantin und Theodosius, wenn er Vorschriften in Bildungsangelegenheiten erließ, über Kirchensachen entschied, in das Wirtschaftsleben eingriff und gerechte Preise vorschrieb oder das Münzwesen verbesserte.

Aber der Kaiser war kein Tyrann, er unterschied sich darin vom totalen Machtanspruch der byzantinischen Herrscher. So bewahrte er den Kontakt zu seinen Untertanen durch die Abhaltung allgemeiner Volksversammlungen in Formen, die sich schon vor seiner Regierungszeit herausgebildet hatten. Alljährlich vor Beginn der Sommerfeldzüge wurde die allgemeine Reichsversammlung *(conventus generalis, placitum generale)* einberufen, um über wichtige Staatsangelegenheiten zu beraten. An diesen Versammlungen beteiligten sich natürlich vorzugsweise geistliche und weltliche Große, Heerführer, Angehörige der Reichsverwaltung und andere bedeutende Persönlichkeiten, alles in allem wohl mehrere hundert Menschen. Die Behandlung der schon vorweg vorbereiteten Fragen war abhängig von der Zustimmung der Versammlung, die in zwei Gruppen geteilt wurde, die der geistlichen und die der weltlichen Teilnehmer. Im Jahr 811 beabsichtigte Karl, sie einzeln zu befragen: »Worauf ist die Tatsache zurückzuführen, daß sowohl den Grenzmarken als auch dem Heer Unterstützung verweigert wird, wenn es notwendig wäre, für die Verteidigung der Heimat einzutreten? Warum kommt es dauernd zu Rechtsstreitigkeiten aus dem Grund, daß einer erstrebte Besitztümer einfach von einem Standesgenossen einfordert? Man soll darüber Erkundigungen einziehen, wo und in welchen Dingen Geistliche und Weltliche einander wechselseitig bei der Ausübung ihrer Amtspflichten behindern, usw.« Zum Abschluß dieser Versammlungen wurden die bekannten Kapitularien abgefaßt. Diese Anordnungen waren jeweils in eine Reihe von Unterpunkten gegliedert, in die *capitula,* die ihnen den Namen gaben. Den Kapitularien verdankt die Forschung ein gut Teil ihrer Kenntnisse über die Lebensumstände im Frankenreich, aber es bleibt leider ungewiß, in welchem Umfang die angeordneten Maßnahmen auch durchgeführt wurden. Die allgemeine Reichsversammlung erscheint wie eine Erweiterung des Kreises der Ratgeber, die sich am Hof aufhielten und die den König bei der Herrschaftsausübung unterstützten. Karl versammelte Vertraute um sich, denen er je verschiedene Aufgaben zuteilte. Da gab es die Inhaber der »Hofämter« in der königlichen Haushaltung, deren Amtsbezeichnungen während des ganzen Mittelalters erhalten blieben: Oberschenk *(buticularius),* Mundschenk *(pincerna),* Seneschall *(dapifer),* Marschall *(comes stabuli)* und andere. Dazu kamen drei hohe Amtsträger, deren Befugnisse immer umfangreicher wurden: Der Pfalzgraf *(comes palatii)* war Vorsitzender des Königsgerichts in Vertretung des Herrschers; entsprechend dem wachsenden Umfang der Verfahren, besonders deutlich nach dem Jahr 800, wurden seine Befugnisse erweitert. Der Kämmerer *(camerarius, cubicularius)* war verantwortlich für die »Kammer«; hier wurden die Reichtümer aufgehäuft, zu denen indirekte Steuern sowie die bei den alljährlichen Reichsversammlungen abzuliefernden Geschenke, Tribute, Kriegsbeute und anderes beitrugen. Der Leiter der Kanzlei schließlich, der Kanzler *(cancellarius, summus cancellarius)*, war für die rechtsgültige Ausstellung der Königsurkunden zuständig. Sein Auftrag war besonders wichtig, denn Karl nahm antike Verwaltungsgewohnheiten wieder auf und gab der Schriftlichkeit eine Bedeutung zurück, die sie seit langem verloren hatte. Er vervielfachte die Zahl der ausgehenden Briefe, verlangte schriftliche Berichte und ließ Memoranden für Amtsinhaber erstellen. Die Schreiber der königlichen Kanzlei waren seit der Mitte des 8. Jahrhunderts Geistliche, entsprechend eng war die Verbindung zwischen Kanzlei und Hofkapelle, die vom obersten Kaplan *(summus capellanus,* später *archicapellanus)* geleitet wurde, dem ständigen geistlichen Ratgeber des Herrschers. Nach dem Tod Abt Fulrads von Saint-Denis (784) folgten in diesem wichtigen Amt Bischof Angilram von Metz († 791) und Bischof Hildebald von Köln.

Die Durchführung der vom König am Hof oder auf den Reichsversammlungen beschlossenen Maßnahmen wurde örtlichen Amtsinhabern übertragen, den Grafen *(comites)*. Man zählt ungefähr dreihundert Grafschaften im Reich. Von ihnen entsprechen einige spätantiken römischen *civitates,* andere Teilen davon (*pagus,* Gau), wieder andere wurden in eroberten Gebieten völlig neu eingerichtet, so in Friesland und Sachsen. Als Stellvertreter des Königs verfügte der Graf über große Machtbefugnisse. Er sorgte für die Durchführung der Kapitularien, hielt die öffentliche Ordnung aufrecht, zog Abgaben und Bußgelder ein, rief die Freien zur Heeresfolge und leitete den *mallus,* die Gerichtsversammlung der freien Männer. Um die Funktionsfähigkeit der gräflichen Rechtswahrung zu verbessern, beschränkte Karl die Zahl der jährlichen Gerichtsversammlungen, vermehrte aber zugleich deren Zuständigkeiten. Er gab dem Grafen als ständige, sachverständige Gerichtsbeisitzer die *scabini,* von denen sich das Wort »Schöffe« ableitet. Der Graf und die Schöffen übten die hohe Gerichtsbarkeit aus, während das Niedergericht an einen Unterbeamten übertragen war, an den *vicarius* oder *centenarius*, der aus der dörflichen Oberschicht ernannt wurde. Karl beschloß diese Reformen im örtlichen Gerichtswesen, weil er wußte, wie oft Grafen ihre Macht mißbrauchten. Dazu verleitete sie auch die Tatsache, daß die Amtsführung nur mit einem bescheidenen Lehen dotiert war, während der Hauptteil der Einkünfte im Drittelanteil an den Bußen bestand, die wegen Übertretung des Königsbanns verhängt wurden.

Bei schlechter Amtsführung konnte der König einen Grafen zwar absetzen, doch geschah dies sehr selten, weil er die Aufsicht durch persönliche Abgesandte, die *missi dominici*, bevorzugte. Diese Königsboten treten unter Karl seit dem Jahr 789 auf, nach 800 wurden sie zu einer tatsächlich wirksamen Einrichtung. Karl teilte den *missi* zur Beaufsichtigung feste Sprengel zu, die *missatica*, die sechs bis zehn Grafschaften umfaßten. Im allgemeinen bestimmte er für diese befristeten Rundreisen einen Laien und einen Geistlichen, denen er vor dem Aufbruch Anweisungen erteilte. So verlangte er im Jahr 802: »Ihr sollt Kirchen, Witwen, Waisen und allen anderen vollständig, vorschriftsmäßig und unparteiisch Gerechtigkeit widerfahren lassen. Dabei darf es keinen Betrug, keine Bestechlichkeit und keine mißbräuchlichen Verzögerungen geben. Ihr habt dafür zu sorgen, daß sich auch alle Eure Untergebenen entsprechend verhalten... Hütet Euch für Euch und Eure Dienstleute, daß Ihr nicht von jenem schlechten Geist erfüllt werdet, der Euch sprechen läßt: ›Schweigt doch, bis diese Königsboten wieder verschwunden sind, wir werden uns dann schon untereinander Recht verschaffen.‹ Gebt Euch vielmehr Mühe, die Entscheidung in anstehenden Fällen vor unserer Ankunft zu treffen... Lest dieses Schreiben immer wieder und behaltet seinen Inhalt, denn es wird stets zwischen uns als Beweismittel dienen.«

Aber nicht alle Einwohner des Reiches waren der gräflichen Verwaltungsbefugnis unterworfen. In seinem Bemühen um die Förderung der Kirche verlieh Karl der Große häufiger die Immunität, ein Vorrecht, das schon in der Merowingerzeit begegnet. Es besagte, daß Kirchenbesitz und dessen Inhaber, besonders Äbte, unmittelbar und allein dem König unterstellt waren. Der Besitzer eines Immunitätsprivilegs rief zur Heeresfolge auf, übte selber die Gerichtsbarkeit aus, zog die Bußgelder ein und erhob Abgaben unter der Bedingung, daß er einen Teil der Einnahmen an den König weitergab. Damit sich der Abt in seinem Immunitätsbezirk nicht zu sehr mit den materiellen Angelegenheiten befaßte und zugleich zu seiner Überwachung, stellte ihm Karl einen Vogt *(advocatus)* an die Seite. Dieser Laie hatte vor allem die Aufgabe, dem Immunitätsgericht vorzusitzen.

Immer bemüht um die Herstellung persönlicher Bindungen zwischen sich und seinen Untertanen, beschloß Karl, von jedem freien Mann einen Treueid zu verlangen; außerdem legte er den Amtsträgern nahe, in seine Vasallität einzutreten. Zwar richten sich beide Forderungen nicht an dieselbe Gesellschaftsschicht, trotzdem gehören sie zusammen, weil beide auf die persönliche Verpflichtung gegenüber dem König ausgerichtet sind.

789 und 793 forderte Karl von allen Männern im Reich das eidliche Versprechen, ihm und seinen Söhnen die Treue zu halten. Nach der Kaiserkrönung im Jahr 800 sandte er seine *missi* aus, die allen freien Einwohnern im Reich, welche älter als zwölf und männlichen Geschlechts waren, einen über Reliquien geleisteten Eid abnehmen sollten: »Durch diesen Eid verspreche ich, meinem Herrn, dem sehr frommen Kaiser Karl, Sohn des Königs Pippin und der Bertha, treu zu sein, wie von Rechts wegen ein Vasall seinem Herrn zur Erhaltung seines Reiches und zur Wahrung seines Rechts sein soll. Ich werde und will diesen von mir geschworenen Eid halten, so wie ich es weiß und verstehe, künftig von diesem Tag an, wenn mir Gott, der Schöpfer des Himmels und der Erde, sowie diese Reliquien helfen.« Aber die Einführung des Treueids war eine durchaus zweischneidige Angelegenheit: Wer nicht geschworen hatte, konnte sich frei von jeder Gehorsamsverpflichtung fühlen, und höchstwahrscheinlich hat ein Großteil der Bevölkerung die beauftragten *missi* nie zu Gesicht bekommen.

Es ist auffällig, daß Karl für den geforderten Treueschwur eine Formel vorschrieb, die dem Vasalleneid ähnelte, der Adligen vorbehalten war. Der einzige Unterschied war, daß der in die Vasallität Eintretende seine Hände zwischen die Hände des Lehnsherrn legte, wie das Herzog Tassilo 757 getan hatte. Um persönliche und unmittelbare Bindungen zwischen sich und den Großen herzustellen, lud Karl Adlige dazu ein, seine Gefolgsleute zu werden. Dabei standen militärische Interessen im Vordergrund, denn der König konnte auf die sofortige Unterstützung seiner Vasallen zählen, während es ein Graf möglicherweise verzögerte, seine Kontingente dem Heeresaufgebot zuzuführen. Außerdem konnte der König sicher sein, ergebene Gefolgsleute um sich zu haben, auf deren Hilfe er jederzeit zählen durfte. Deswegen legte er es Bischöfen, Äbten und sogar Grafen nahe, seine Vasallen zu werden. Im Gegenzug belohnte Karl seine Gefolgsleute mit Lehnsbesitz, meist Ländereien. In Aquitanien, Bayern und Italien verfügten sie über bedeutende Domanialgüter, um die Herrschaft des Königs abzusichern. Sie konnten ihrerseits Ländereien an eigene Vasallen als Afterlehen vergeben und sich so eine Klientel aufbauen. Auf Initiative des Königs verbreitete sich Ende des 8. und zu Beginn des 9. Jahrhunderts das Vasallitätsverhältnis, dessen Ursprünge weiter oben dargestellt worden sind. Zweifellos war die vasallitische Bindung zunächst auf Lebzeiten begrenzt, das heißt sie endete mit dem Tod des Vasallen oder des Lehnsherrn, und anschließend fiel das Lehen an den König zurück. Karls des Großen Autorität war so groß, daß das System während seiner Regierungszeit ganz gut funktionierte. Aber es wird noch zu zeigen sein, wie unter seinen Nachfolgern die Lehnsleute darum bemüht waren, den Besitz der verliehenen Ländereien für sich und ihre Nachkommen abzusichern.

Schließlich zählte Karl besonders darauf, daß ihn die Bischöfe bei der Erfüllung seiner Herrscherpflichten unterstützten. Er hielt die Bischofserhebungen unter Kontrolle und bevorzugte im allgemeinen Bewerber, die aus der Hofkapelle kamen. Gleich ob Königsvasallen oder nicht, waren die Bischöfe dazu berufen, die Grafen bei der Amtsführung in ihren Distrikten zu unterstützen, Aufträge für den Hof auszuführen und auswärtige Gesandtschaften zu übernehmen. Dabei beklagte sich mehr als einer darüber, daß ihm die Zeit zur Erfüllung seiner seelsorgerischen Pflichten fehle. Doch als Oberhaupt der Christenheit stützte sich Karl auf die Bischöfe, um seine wesentlichen Herrschaftsziele zu erreichen: die Respektierung von Ordnung und Gerechtigkeit, Eintracht, Friede und innere Geschlossenheit. Wie Louis Halphen überzeugend nachgewiesen hat, wurde damit eine neue, von der antiken deutlich unterschiedene Staatsauffassung entwickelt. Der Karolingerherrscher bezieht seine Autorität unmittelbar von Gott, er ist ein neuer David, auf die Durchsetzung der Gebote Gottes verpflichtet, die Vorrang vor allen anderen Gesetzeswerken haben. Die Kapitularien befaßten sich deshalb genauso mit kirchlichen wie mit weltlichen Angelegenheiten: Sie bezogen sich beispielsweise auf die Feiertagsruhe, die regelmäßige Teilnahme der Gläubigen am Gottesdienst, die Liturgie, die Taufe, die Klosterdisziplin, die Ausbildung der Geistlichen und auf den Religionsunterricht für Laien. Der König leitete Synodalversammlungen, beschäftigte sich mit Kirchenangelegenheiten und selbst mit Dogmenfragen wie dem Adoptianismus oder dem Bilderstreit. Und die Bischöfe waren ihm ihrerseits dankbar dafür, daß er Verantwortung für die Geschicke der Kirche übernahm. Im Jahr 813 dankten die Bischöfe dem Himmel dafür, daß er mit Karl »der Kirche einen so frommen, dem Dienst Gottes so ergebenen Leiter zugestanden hat. Er hat den Quell der geheiligten Weisheit in seinen Tagen aufgetan, die Lämmer Christi unablässig mit heiliger Nahrung gestärkt und in der göttlichen Lehre unterwiesen. Mit unverdrossener Mühe strebt er nach der Erweiterung der Christenheit, ehrt frohen Mutes die Kirchen Gottes, er hat den Willen, möglichst viele Seelen dem Schlund des entsetzlichen Drachen zu entreißen, sie in den Schoß der heiligen Kirche zurückzuführen und sie alle zu den Freuden des Paradieses, in das himmlische Reich zu geleiten. An heiliger Weisheit und an Glaubenseifer übertrifft er alle übrigen Könige der Erde.« Es hat kaum jemals eine vergleichbar intensive Vermischung des geistlichen und weltlichen Bereichs gegeben, die noch dazu von allen, Klerikern wie Laien, begrüßt wurde. Karl, der Augustinus' *De civitate dei* kannte, hatte die Vision, diese *civitas* auf Erden zu verwirklichen, ein sakrales oder theokratisches Staatswesen, das im Abendland den Frieden zwischen den Menschen und ihr ewiges Seelenheil sichern sollte.

Dies waren, in großen Zügen, die Herrschaftsinstrumente Karls des Großen und seine hochgesteckten Ziele als Kaiser. Aber die Beschäftigung mit einem Programm, so ansprechend es auch sein mag, reicht nicht aus, wenn man die tatsächlichen Gegebenheiten erfassen will. Man wird nicht so weit gehen wie François Louis Ganshof, der von einem Scheitern Karls des Großen sprach. Trotzdem müssen die Widerstände erwähnt werden, auf die Karl während seiner Regierungszeit stieß, und auch die Lösungen, die er fand.

Die Hindernisse auf dem Weg zur Reichseinheit

Das karolingische Europa umfaßte rund eine Million Quadratkilometer. Es war in Gebiete gegliedert, die zwar recht schnell unter einer gemeinsamen Zentralgewalt zusammengefaßt worden waren, die aber ihre eigene Geschichte, eigene Gesetzgebung, eigene kulturelle Tradition und ein regionales Sonderbewußtsein besaßen. Die *Francia* war Zentrum des Reiches mit ihren Pfalzen, den Fiskalgütern, den wichtigen Abteien. Sie reichte vom Ozean bis über den Rhein, nach Süden bis zur Loire und zum Plateau von Langres und kann ihrerseits weiter unterteilt werden: die Francia im engeren Sinn, das ehemalige Neustrien, zwischen Seine und Loire; die westliche Francia zwischen Seine und Maas; die mittlere Francia zwischen Maas und Rhein, die auch die fränkischen Gebiete Burgunds umfaßte; schließlich die östliche Francia jenseits des Rheins mit Hessen, Thüringen, Alemannien, also großen Teilen des ehemaligen Austrien. Im Norden dieser Francia waren Friesland und Sachsen angegliedert worden, im Süden kam das Herzogtum Bayern hinzu. Sachsen, das gewaltsam unterworfen und christianisiert worden war, bewahrte das eigene Recht und seine Sozialstruktur. Bayern, das unter seinen Stammesherzögen lange Zeit unabhängig geblieben war, versuchte seine Sonderstellung zwischen Frankenreich und Italien zu behaupten. Südlich der Loire bildete Aquitanien einen eigenen Bereich, der auch durch die Eroberungszüge Pippins und Karls des Großen nicht wirklich unterworfen worden war. Die Aquitanier wurden von den Franken verachtet, sie galten als unzuverlässig und verweichlicht. Auch innerhalb Aquitaniens selbst gab es einen ausgeprägten Regionalismus: Das künftige Katalonien, ein Gebiet, das erst die Goten beherrscht, dann die Araber erobert und schließlich die Karolinger zurückgewonnen hatten, gewann allmählich eigene Züge. Flüchtlinge von jenseits der Pyrenäen, die *Hispani,* wurden hier mit eigenem Rechtsstatus angesiedelt. Im Westen Aquitaniens waren die Gascogner noch längst nicht eingegliedert. Die Grafen von Toulouse und von Bordeaux waren damit beauftragt, Aquitanien vor ihren Einfällen zu schützen, denn die noch heidnischen Basken leisteten im Pyrenäengebirge weiter Widerstand und konnten sogar, wie oben ausgeführt, das karolingische Heer überraschen. Die Herzöge der nördlichen Gascogne waren zwar offenbar mit den Karolingern verbündet, aber wahrten bis hin zur besonderen Tracht ihre Eigenständigkeit. Als Karls Sohn Ludwig, König von Aquitanien, 785 in Paderborn eintraf, trug er gascognische Kleidung, nämlich ein kurzes, gerundetes Obergewand, gebauschte Ärmel, gepuffte Hosen und gespornte Stiefel.

Im Osten grenzten an Aquitanien Burgund und die Provence, Gebiete ohne innere Einheit. Die Provence war ein abgelegenes Grenzland, das seit der Eroberung durch Karl Martell von keinem Karolinger mehr aufgesucht worden war. Die Gegend um Lyon und Vienne, Kernland des ehemaligen Burgunderreiches, war strategisch sehr wichtig, beide Städte erfüllten politische und kirchliche Zentralfunktionen. Erzbischof Leidrad von Lyon, der seine Stadt baulich umgestaltete, hoffte auf den Besuch Karls des Großen, aber der Kaiser kam nie dorthin. Ein drittes Teilgebiet unter wechselnden Einflüssen wurde durch die Saône gegen das fränkische Burgund abgegrenzt. Es umfaßte die bedeutende Diözese Besançon und den alten Dukat Transjuranien, durch den die Hauptverkehrsstraße nach Italien verlief.

Italien blieb durch seine Sprache und Mentalität für die Franken immer Ausland, das man nur nach besonderen Reisestrapazen und nicht ohne Gefahr für die eigene Gesundheit erreichen konnte. Karl der Große hatte Italien unter seiner Herrschaft einigen wollen, aber er mußte die regionalen Eigenwilligkeiten in seine Pläne einbeziehen. Das alte Langobardenreich, das Patrimonium Petri, die Herzogtümer Spoleto und Benevent hielten an ihrer Eigenständigkeit entschlossen fest.

Für Reisende im Frankenreich bildete die Sprachenvielfalt ein Hindernis. Natürlich bewahrten Basken und Bretonen ihre eigenen Sprachen, die Aquitanier und ein Großteil der Bewohner der Francia benützten die *lingua Romana,* die aber in jeder Landschaft anders gesprochen wurde. Im überwiegend germanischen Sprachgebiet überdauerten noch Inseln des Romanischen. In Bayern in der Gegend um Salzburg, ferner im Gebiet um Chur, im Westen Tirols und in Friaul wurde noch romanisch gesprochen, das Rätoromanische oder Ladinische überlebte hier noch für Jahrhunderte. Das Althochdeutsche wird in den Quellen als *lingua theodisca* (Sprache des Volks) bezeichnet, wovon sich das Wort »deutsch« ableitet. Es gab sehr unterschiedliche Dialekte, und es steht fest, daß beispielsweise

Sachsen und Bayern einander nicht verstehen konnten. Auch das Fränkische, die Sprache des karolingischen Hofes, war in regionale Dialekte gespalten, deren geschriebene Form durch bestimmte Quellentexte belegt ist. Die Herrschaftsträger und ihre Beauftragten mußten bei dieser Sachlage also zwei- oder sogar dreisprachig sein. Karl der Große bemühte sich um die Vereinheitlichung seiner germanisch-fränkischen Muttersprache und gab den Auftrag zu einer Grammatik, von der aber nichts überliefert ist.

Der Verschiedenheit von Sprachen und Denkweisen entsprach auch die Rechtsvielfalt. Das Prinzip der Rechtspersonalität, seit der Niederlassung der Germanen im Westen befolgt, wurde auch von den Karolingern respektiert: Jedem Volk sein eigenes Recht. Karl der Große ließ »von allen Völkern unter seiner Herrschaft das noch nicht aufgeschriebene Recht zusammenstellen und schriftlich niederlegen«. Diese Behauptung Einhards wird durch andere Quellen bestätigt. Karl ließ die *Lex Salica, Lex Alamannorum, Lex Baiuvariorum* überarbeiten, die *Lex Saxonum* und *Lex Frisionum* ließ er kodifizieren. Seit 802 ließ er Beauftragte an der Ergänzung der geltenden Rechte arbeiten. Der König ermahnte die Richter, in jedem Prozeß nach dem jeweils anzuwendenden Volksrecht zu entscheiden. Das setzte voraus, daß sie die verschiedenen Rechte kannten und im Wortlaut besaßen.

Die Regionalisierung der Macht

Mit der zunehmenden Ausdehnung der Eroberungen wurde Karl durch die Uneinheit des Karolingerreiches gezwungen, zum Prinzip der Teilreiche des 7. und 8. Jahrhunderts zurückzukehren. Er richtete dementsprechend regionale Herrschaften ein, die er Familienangehörigen übertrug. Er ernannte 781 seinen im Poitou geborenen Sohn Ludwig zum König von Aquitanien, aus Sorge davor, die Aquitanier könnten den fehlgeschlagenen Spanienfeldzug zum Anlaß für neue Unruhen nehmen. Zugleich ließ er seinen Sohn Pippin zum König von Italien salben, dessen Bastardsohn 813 das Erbe des Vaters antrat. Nach der Absetzung Tassilos III. übertrug Karl das Herzogtum Bayern seinem Schwager Gerold, der auch mit den Agilolfingern verwandt war (vgl. Stammtafel IV) und den Titel *praefec-*

tus erhielt. Den Bischof von Salzburg erhob er zum Erzbischof, dem er alle Kirchen Bayerns unterstellte. Nach Gerolds Tod im Jahr 799 ernannte Karl dann zwei Präfekten für Bayern.

Von den beiden Unterkönigen Aquitaniens und Italiens hatte jeder seine eigenen Pfalzen, seine Hofkapelle, seine Kanzlei, seinen Königsschatz, seine Münzateliers. Aber Karl ließ ihr Regiment zweifellos genau überwachen. Die in Aquitanien eingesetzten Grafen waren ganz überwiegend fränkischer Abstammung, nur einige septimanische Grafschaften wurden an Goten übertragen. Mit zunehmendem Alter verfolgte Ludwig aber eine persönlicher gestaltete Politik, besonders hinsichtlich der Klosterreform, die er Benedikt von Aniane anvertraute. Er vergab sogar Fiskalgüter an aquitanische Adlige, was bei Karl Unbehagen hervorrief. In Italien war Pippin, der in Pavia residierte, als Stütze seiner Herrschaft Karls Vetter Adalhard beigegeben. Er ließ für sein Teilreich eigene Kapitularien verkünden, in denen er am Karolingerhof getroffene Maßnahmen aufgriff. Im Süden der Halbinsel hatte das Herzogtum Benevent Karls Oberherrschaft anerkannt, und das Herzogtum Spoleto war einer einheimischen Dynastie anvertraut, die von fränkischen Amtsträgern kontrolliert wurde.

Karl begnügte sich nicht mit der Einrichtung dieser *regna,* sondern ernannte außerdem in den Grenzgebieten eigene Machthaber, die später als *marchiones* oder Markgrafen bezeichnet wurden. Sie waren besonders für die Verteidigung verantwortlich und den Grafen übergeordnet. Um das Reich vor den Angriffen der Bretonen zu schützen, wurde die Bretonische Mark eingerichtet, deren Leitung Karls Neffe Roland erhielt. 790 wird ein Dukat Maine erwähnt, der Karls Sohn Karl dem Jüngeren unterstellt wurde. Schließlich erscheint zwischen 799 und 802 ein Angehöriger der Adelsfamilie der Widonen mit dem Titel eines »Präfekten des bretonischen *limes*«. In Aquitanien wurde Karls Vetter Wilhelm Graf von Toulouse, der das Reich gleichzeitig gegen Araber und Gascogner zu verteidigen hatte. Im Osten Bayerns war ein gewisser Graf Werner verantwortlich für die Ostmark. Auch in den zum Schutz des Reiches vor dänischen und slawischen Angriffen errichteten Marken waren Grafen mit besonderen Vollmachten eingesetzt.

Bezeichnend für diese Tendenz zur Regionalisierung der Machtausübung ist die geplante Reichsteilung, die in den *Annales regni*

Francorum eine »Maßnahme zur Befestigung und Erhaltung des Friedens« genannt wird. Karl, der das Alter nahen fühlte, hatte die fränkischen Großen in Diedenhofen versammelt und entschied, das Reich sei nach seinem Tod zwischen seinen drei Söhnen zu teilen. Er dachte natürlich an die Verstimmung zwischen sich und seinem Bruder nach dem Tod König Pippins und wollte Konflikte unter seinen Erben vermeiden, die sich nach fränkischer Tradition in die karolingische Gesamtherrschaft teilen sollten. »Wir wollen ihnen das Reich aber nicht in Verwirrung und Unordnung hinterlassen, auch keine Auseinandersetzung in Zank und Streit um das Ganze. Wir haben vielmehr veranlaßt, daß, indem wir den Körper des Reiches in drei Teile zerlegen, genau gekennzeichnet und schriftlich festgelegt werde, welchen Teil jeder von ihnen regieren und schützen soll. So nämlich soll jeder nach unserer Weisung mit seinem Anteil zufrieden sein und die Außengrenzen seines Reiches mit Gottes Hilfe zu verteidigen suchen und mit seinem Bruder in Frieden und Liebe auskommen.« Diese kurze Begründung läßt die Absichten des Kaisers klar erkennen. Ludwig sollte zu Aquitanien den gesamten Süden Galliens erhalten, vom Plateau von Langres bis zu den Alpen. Pippin wurde Italien zugewiesen, außerdem Bayern mit Kärnten und die Hälfte Alemanniens. Alles übrige fiel an Karls gleichnamigen Sohn, den ältesten der drei Erben. Sollte dieser vor seinen Brüdern sterben, war eine neue Regelung vorgesehen: Die Teilung zwischen den beiden übrigen Söhnen entsprach dann der Grenzziehung, die 768 zwischen den Reichsteilen Karls und Karlmanns festgelegt worden war. Karl der Große sah aber noch weiter voraus und bestimmte das Nachfolgerecht der Söhne der drei Könige in den geplanten Teilreichen. Die Töchter des Kaisers hatten nach den Verfügungen von 806 die Wahl zwischen dem Klosterleben und standesgemäßer Eheschließung.

Wenn man die Bestimmungen der Reichsteilung überblickt, fällt auf, daß keine Verfügungen über die Kaiserwürde getroffen sind. Der Historiker Joseph Calmette erklärt diese Weglassung mit dem Konflikt zwischen karolingischem und byzantinischem Reich; er vermutet, Karl habe das Ergebnis der Auseinandersetzungen abwarten wollen, bevor er die Nachfolge in der Kaiserwürde regelte. Mit besseren Gründen haben aber andere Historiker angenommen, daß Karl den Kaisertitel als eine Art Apotheose der eigenen Person aufgefaßt habe, die seinen Tod nicht überdauern werde. Ganz seinem Charakter entsprechend, habe Karl bei der Teilung als Familienvater und Frankenkönig gehandelt.

Karl der Große als Oberhaupt der Franken

Seine Lebensgewohnheiten

Karl der Große blieb auch nach der Kaiserkrönung ein austrischer Franke, der sich bei der Herrschaft über sein Reich genauso auf Familie und Verwandtschaft verließ wie auf die von ihm selbst geschaffenen Institutionen. Auch an seiner traditionsgebundenen Lebensführung hielt Karl nach dem Jahr 800 weiter fest, Einhards Beschreibung des Kaisers gibt darüber eindeutig Auskunft: Karl war ein Franke mit allen Vorzügen und Nachteilen dieses Stammes. Er war hochgewachsen (1,92 m), mit einer eisernen Gesundheit ausgestattet und liebte anstrengende Körperübungen, besonders das Reiten und die Jagd, die als Kampftraining galt. Er war ein hervorragender Schwimmer, der seine Söhne, die Großen des Reiches, seine Freunde und seine Leibwächter in Aachen zum Bad einlud. Sein Appetit war gut, und trotz der Warnungen seiner Ärzte aß er Braten besonders gern. Außer zu hohen festlichen Anlässen trug er fränkische Kleidung, »die sich wenig von der gewöhnlichen Tracht des Volkes unterschied«. Diesem Volk, dem er nun einmal entstammte, fühlte sich Karl sehr verbunden. Wie Einhard berichtet, ließ er deshalb »die uralten heidnischen Lieder, in denen die Taten und Kämpfe der alten Könige besungen werden, aufschreiben und der Nachwelt überliefern. Auch eine Grammatik seiner Muttersprache ließ er in Angriff nehmen.«

Wie viele seiner Landsleute, wie sein Vater und sein Großvater konnte und wollte Karl nicht enthaltsam leben. Er war viermal rechtsgültig verheiratet, hatte dazu aber bis in sein höheres Alter zahlreiche Friedelfrauen. Alkuin warnt einen seiner Schüler vor den »gekrönten Tauben, die in den Räumen des Palastes herumfliegen«, ein anderer Dichter preist eine Verwandte Karls, weil sie »inmitten leidenschaftlicher Liebschaften am Hofe und umgeben von schönen jungen Männern« ihre Tugend bewahrt habe.

Für Karls Verbindungen, gleich ob Friedelehen germanischer Tradition oder kirchliche Eheschließungen, waren aber nicht nur Gefühlsregungen ausschlaggebend, er wählte seine Frauen auch unter politischen Gesichtspunkten. Mit der Schwäbin Hildegard hatte er neun Kinder, seine dritte Gemahlin, Fastrada, war die Tochter eines ostfränkischen Grafen, seine vierte Ehefrau, Liudgard, war Alemannin. Karl bewies seinen legitimen und illegitimen Kindern gleichermaßen Zuneigung. Daß Pippin der Bucklige, ein Bastardsohn, 792 einen Aufstand unternahm, schmerzte ihn deshalb besonders. Die Aufrührer, die den jungen Prinzen unterstützt hatten, wurden abgeurteilt, Pippin selbst kam im Kloster Prüm in Verwahrung.

Karl liebte das Familienleben und kümmerte sich selbst um die Erziehung seiner Söhne und Töchter. Wie Einhard schreibt, »speiste er zu Hause niemals ohne sie und machte ohne sie niemals eine Reise«. Der Biograph fährt dann fort: »Da seine Töchter sehr schön waren und vom Vater zärtlich geliebt wurden, ist es seltsam, daß er keine von ihnen einem seiner Gefolgsleute oder einem Fremden zur Frau geben wollte. Er sagte, er könne ohne ihre Gesellschaft nicht leben, und behielt alle bis zu seinem Tod bei sich im Hause. Dabei mußte er aber, sonst so vom Glück begünstigt, die Tücke des Schicksals erfahren.« So verband sich seine Tochter Rotrud heimlich mit Graf Rorico von Maine, und Bertha, die ihrem Vater sehr ähnlich war, wurde die Geliebte des Hofdichters Angilbert und bekam von ihm mehrere Kinder, unter denen der spätere Historiograph Nithard war. Karl lebte gern als Patriarch im Kreis seiner Familie; dazu gehörten außer den Frauen und Kindern auch seine Mutter Bertha bis zu ihrem Tod im Jahr 783, seine Schwester Gisela, sein Onkel Bernhard, seine Verwandten Wala, Adalhard, Bernhard und Teodrada (vgl. Stammtafeln II und V).

Das Königsgut

Diese ganze Großfamilie findet man auch unterwegs von *villa* zu *villa,* von Königsgut zu Königsgut. Auch darin liegt ein typisch fränkischer Zug von Karls Herrschaft. Bis zu seiner Niederlassung in Aachen und selbst danach wollte er dieses Herumziehen nicht aufgeben, das schon bei seinen Vorfahren aus politischen und wirtschaftlichen Gründen üblich war. Denn der Herrscher »lebte von seinem Eigenbesitz«, wie man dies später auch von den Kapetingern sagte. Der König der Franken bezog seinen gesamten Unterhalt aus seinen Besitzungen, den Fiskalgütern. Sie lagen in den Tälern der Aisne und Oise (Quierzy, Attigny, Verberie, Compiègne u. a.), im Maas- und Moseltal (Herstal, Diedenhofen), am oder nahe am Rhein (Ingelheim, Frankfurt, Worms), aber auch in Sachsen (Paderborn) und im Niederrheingebiet (Nimwegen). Man hat einige hundert königliche Pfalzen und *villae* gezählt, aber mit Ausnahme der Aachener Pfalz sind sie meist nur schriftlich belegt. Ein Inventar des frühen 9. Jahrhunderts beschreibt, wie ein landwirtschaftlicher Großbetrieb des Königs ausgesehen hat: »Im Fiskus Annapes [nahe bei Lille] haben wir eine *sala regalis* vorgefunden, sehr schön aus Stein errichtet, mit drei Hallen, elf Frauengemächern und ganz von einer Galerie umgeben. Ferner fanden wir einen Keller, zwei Portiken, im Inneren des Hofes siebzehn weitere Holzhäuser mit ebenso vielen Gemächern. Alle übrigen Nebengebäude waren in gutem Zustand: ein Stall, eine Küche, eine Bäckerei, zwei Getreidespeicher, drei Scheunen; ein Hof mit festem Zaun, einem steinernen Tor und darüber eine Galerie, ein weiterer kleiner Hof, ebenfalls mit einem festen Zaun umschlossen, ordentlich angelegt und mit verschiedenen Baumsorten bepflanzt.«

Gewissermaßen als »Krautjunker« wachte Karl über die gute Bewirtschaftung seiner Domänen. Von seinen Verwaltern, den *judices,* verlangte er detaillierte Abrechnungen über Zustand und Ertragslage der Güter. Erhalten blieb das berühmte *Capitulare de villis,* das eine Vorstellung davon vermittelt, mit welcher Genauigkeit Karl die Bewirtschaftung seiner Krongüter reglementierte. Alles war bedacht: der Unterhalt der Gebäude, die Einrichtung der Wohnräume, die Frauenarbeitshäuser, die Bewirtschaftung der Forste, das Keltern des Weins, das Einpökeln von Fleisch, die Verwendung von Überschüssen, die Tierhaltung, die Bekämpfung der Wolfsplage. Selbst die Pflanzenarten, deren Anbau im Obst- und Gemüsegarten der Herrscher wünschte, wurden aufgezählt, bis hin zu dem Detail: »Der Gärtner soll auf seinem Haus Dachwurz [= Schutz vor Blitzschlag] ziehen«. Ein Abschnitt des *Capitulare de villis* läßt in etwa den Gesamtbetrieb erkennen: »Jeder Verwalter soll alljährlich über den Gesamtertrag unseres Wirtschaftsbetriebs berichten: Wieviel er mit den Ochsen eingebracht hat, die bei den

Rinderhirten stehen; was von den Hufen, die Pflugdienste schuldig sind, eingegangen ist; was an Schweine- und sonstigem Zins, an Bußen wegen Treu- und Friedensbruch sowie für Wild, das unerlaubt in unseren Forsten erlegt wurde, und an sonstigen Strafgeldern entrichtet wurde; was an Abgaben von Mühlen, Forsten, Weiden, an Brücken- und Schiffszöllen eingenommen wurde... Ferner sollen sie abrechnen über Heu, Brennholz, Kienspan, Schindeln und anderes Bauholz; über die Ödländereien, über Hülsenfrüchte, Kolben- und Fenchelhirse, über Wolle, Flachs und Hanf, über Obst, Wal- und Haselnüsse, über den Ertrag der gepfropften Bäume und der Gärten, über Rübenäcker und Fischteiche, über Häute, Felle und Tiergehörne, über Honig und Wachs, über Talg, Fett und Seife, über Brombeerwein, Würzwein, Met und Essig, Bier, neuen und alten Wein, über neues und altes Getreide, über Hühner, Eier und Gänse, über Fischer, Schmiede, Schilder- und Schuhmacher, Drechsler und Sattler, über Eisen- und Bleigruben, über sonstige Abgabepflichtige sowie über Hengst- und Stutenfohlen. Eine detaillierte, genaue und übersichtliche Aufstellung über alles dies haben die Verwalter uns bis Weihnachten vorzulegen, damit wir wissen, was und wieviel wir von den einzelnen Dingen besitzen.«

Karl und der fränkische Adel

Als Oberhaupt des Familienclans übertrug Karl Staatsämter und die Verwaltung von Königsklöstern nicht nur den eigenen Kindern. Er bemühte sich darum, auch den fränkischen Adel zu beteiligen, der ja oft genug verwandtschaftlich mit den Karolingern verbunden war. Er folgte darin nur dem Beispiel seiner Vorfahren. Es wurde bereits gezeigt, welche Adelsgruppe den ersten Karolingern bei der Begründung ihrer Macht half. Es handelte sich um eine kleine Anzahl von Geschlechtern, ungefähr dreißig Familien, alle reich an Grundbesitz, ehrgeizig und Inhaber wichtiger Ämter. Der deutsche Historiker Gerd Tellenbach und seine Schüler haben den Aufstieg dieser sogenannten Reichsaristokratie im einzelnen untersucht. Deren Angehörige waren, wie sie nachweisen konnten, von Karl im gesamten karolingischen Europa eingesetzt. So begegnen Franken in Italien nicht nur als Grafen, Äbte, Bischöfe im Gebiet des ehemaligen Langobardenreiches, sondern auch im Herzogtum Spoleto. Hier wurde

Warin, ein Widone, zum Schwiegersohn des Herzogs. Andere Angehörige dieser Familie erhielten Ämter im Westen der Francia: Wido, der Sohn Lamberts, wurde Markgraf der Bretagne, während Werinher (Warnarius) König Ludwig in Aquitanien diente. Die Widonen waren mit den Robertinern verbunden, einer Familie, die ihre verwandtschaftlichen Beziehungen zum Herrscherhaus stärken konnte durch die Eheschließung zwischen König Ludwig von Aquitanien und Ermengard, der Tochter des Grafen Ingram, eines Neffen Bischof Chrodegangs von Metz. Die Unruochinger, denen zweifellos der obenerwähnte dux Autchar, ein Anhänger Karlmanns, entstammte, nahmen eine wichtige Stellung im Karlsreich ein. Unruoch gehörte zu den Grafen, die 811 den Auftrag erhielten, mit den Dänen über den Abschluß eins Friedensvertrags zu verhandeln; er beschloß seine Tage in Saint-Bertin. Sein Bruder Autcherius war Graf in Alemannien, im übrigen machte die Familie, wie noch zu zeigen ist, ihr Glück in Italien. Die Sippe der Etichonen kam, wie schon erwähnt, aus dem Elsaß. Ihr entstammte Graf Hugo von Tours, der König Ludwig bei der Eroberung von Barcelona unterstützte und Schwiegervater von dessen ältestem Sohn wurde. Er besaß Güter in Italien, und im Jahr 811 betraute man ihn mit einer Gesandtschaft nach Konstantinopel. Auch die Wilhelminer waren mit den Karolingern verwandt. Theoderich II. war Graf in Ripuarien und in Autun, sein Bruder Wilhelm war Graf von Toulouse, und dessen Tochter Rotlind heiratete Karls Vetter Wala. Erwähnenswert sind auch die Gerhardiner, die Familie Graf Gerhards von Paris, von dessen beiden Söhnen der eine, Stephan, ebenfalls Graf von Paris wurde, der andere, Leuthard, erlangte die Grafschaft Fézensac in Aquitanien. Karl holte sich Grafen und Gefolgsleute auch aus weniger bekannten Familien, die ihrerseits dann Adelsdynastien begründeten. So geht das bedeutende Geschlecht der Rorgoniden zurück auf Rorico, Sohn Gauzlins und Liebhaber von Karls des Großen Tochter Rotrud, der als Graf von Le Mans eingesetzt wurde. Erich, der aus dem Elsaß stammte, wurde mit der Leitung der Markgrafschaft Friaul beauftragt. Die großen Adelsgeschlechter aus den Kerngebieten des Reiches verbanden sich mit den regional bedeutsamen Familien zum europäischen Hochadel, der im Verlauf des 9. Jahrhunderts die Oberhäupter der großen Fürstentümer stellen sollte.

Mit Ausnahme der Aufstandsversuche Pippins des Buckligen und des thüringischen Grafen Hardrad hatte Karl der Große niemals Anlaß zur Klage über seine Gefolgsleute, denen er verantwortungsvolle Ämter und Ländereien überlassen hatte. Er versuchte, ihnen ein Gespür für politisches Handeln zu vermitteln, sie über die Ebene innerfamiliärer Auseinandersetzungen zu heben, ihnen die gewohnte Eigensucht und Gewalttätigkeit abzugewöhnen. Von der Geistlichkeit wurden die Krieger gepriesen, die durch Tapferkeit und Treue genauso das ewige Heil verdienten wie Kirchenmänner. Alkuin verfaßte für Wido, den Markgrafen der Bretagne, den *Liber de virtutibus et vitiis* (Buch der Tugenden und Laster). Paulinus von Aquileia schrieb für Erich von Friaul einen *Liber exhortationis* (Buch der Ermahnung), und nach dem Tod des Markgrafen hielt er die Totenklage für diesen großen Adligen, der ein Vater der Armen, freigebig gegen seine Freunde und ein tapferer Heerführer war. Bei der geplanten Reichsteilung von 806 berücksichtigte Karl der Große auch die Reichsaristokratie. Da sie über Eigenbesitz in Austrien und Lehnsgüter im ganzen Reich verfügten, erkannte er die Gefährdung der politischen Ordnung durch diese Großen und ihren Anhang. Er verlangte daher von allen Gefolgsleuten die Treue gegenüber ihrem jeweiligen Oberherrn und verbot den Übertritt in ein anderes Teilreich. Karl sah also die Entwicklung von Problemen voraus, mit denen seine Nachfolger konfrontiert wurden.

Der Tod Karls des Großen

Die unmittelbare Gefahr für die Reichseinheit wurde zunächst vermieden, da der Teilungsplan durch den Tod der beiden Söhne Pippin und Karl nicht verwirklicht werden konnte. So fiel die alleinige Nachfolge an König Ludwig von Aquitanien. Karl, der sich dem siebzigsten Lebensjahr näherte, wurde »schon sehr von Alter und Krankheit geschwächt«. Er beschloß daher im Jahr 813, seinen Sohn an der Herrschaft zu beteiligen, so wie der Basileus Michael I. seinen Sohn Theophylaktos zum Mitregenten ernannt hatte. Karl faßte seinen Entschluß sicher unter dem Einfluß seines Vetters Wala, der damals sein wichtigster Ratgeber war. Er ließ Ludwig nach Aachen kommen, erläuterte ihm seine Amtspflichten und setzte ihm am 11. September 813 die Kaiserkrone auf, diesmal ohne

Einschaltung des Papstes. Inmitten des Frankenvolks wurde Ludwig als *imperator* und *augustus* akklamiert. Nachdem sie die Messe gehört hatten, verließen die beiden Kaiser die Pfalzkapelle, wobei der Vater vom Sohn gestützt wurde. Ludwig kehrte dann nach Aquitanien zurück, und nur wenige Monate später, am Morgen des 28. Januar 814, starb Karl der Große, wahrscheinlich an einer Rippenfellentzündung. Noch am gleichen Tag wurde er in einem antiken Sarkophag in der Aachener Pfalzkapelle beigesetzt.

Karls Tod rief im Reich fassungsloses Staunen hervor, als habe man geglaubt, einem Menschen wie ihm sei ewiges Leben beschieden. Ein Mönch des Klosters Bobbio schrieb eine Totenklage *(Planctus Karoli),* in der er die einzelnen Reichsteile auftreten läßt, die den verstorbenen Kaiser beweinen: »Vom Aufgang der Sonne bis zu den westlichen Gestaden des Meeres erschüttert die Trauer jede Brust... Franken und Römer und alle Gläubigen sind von Kummer und großem Ungemach erfüllt...« Die wichtigsten Gebiete des karolingischen Europa vereinten sich in gemeinsamer Klage. Karl war wirklich, wie dies schon der obenerwähnte Dichter im Jahr 799 formuliert hatte, »der Leuchtturm Europas«. Einige Jahre später erinnerte Nithard an Karl, der »ganz Europa erfüllt mit allem Guten« hinterlassen hatte. Karl galt also schon sehr bald als der »Vater Europas«, eines Europa, das aus sehr unterschiedlichen Regionen zusammengefügt war und das Karl unter seiner Herrschaft zu einigen verstanden hatte. Natürlich war dieses Gebilde nicht fest gefügt, und seine Nachfolger konnten es nicht bewahren, aber ein erster Zusammenschluß des Okzidents war verwirklicht worden. Jeder, der in der Folgezeit die Einheit Europas erreichen wollte, hat sich auf Karl den Großen berufen, von Napoleon bis zu den Politikern unserer Tage, die sich für die Vereinigung Europas einsetzen.

Dritter Teil

Das Schicksal des karolingischen Europa (814–877)

Innerhalb von mehr als sechzig Jahren, vom Tod Karls des Großen bis zum Tod Karls des Kahlen (877), seines Enkels, erfuhr das Europa der Karolinger deutliche Umformungen. Unter Ludwig dem Frommen scheiterte der Versuch, die Reichseinheit zu bewahren, und dem Druck des Adels nachgebend, mußten die karolingischen Herrscher zu den Traditionen fränkischer Politiker zurückkehren. Der Vertrag von Verdun (843) wurde zum Ausgangspunkt einer ganzen Reihe von Teilungsverträgen. Er schuf drei Teilreiche, die dann alle ihre eigene Geschichte hatten. Die Bischöfe und voran das Papsttum, die im Auseinanderbrechen des Frankenreiches den möglichen Anstoß zum Niedergang der Kirche sahen, unternahmen vergebliche Versuche zur Rettung der Reichseinheit.

Kapitel 1

Die Regierungszeit Ludwigs des Frommen Das Scheitern der Bemühungen um die Reichseinheit (814–840)

Die Anfänge einer vielversprechenden Regierung

Ludwig erhielt die Nachricht vom Tod des Vaters in seiner Pfalz zu Doué-la-Fontaine. Der neue Kaiser war schon sechsunddreißig Jahre alt und seit 794 mit Ermengard, Tochter des Grafen Ingram, verheiratet, die ihm drei Söhne geboren hatte: Lothar (795), Pippin (797) und Ludwig (806). Auf Verlangen seines Vaters hatte Ludwig an einigen Feldzügen teilgenommen, sonst aber das Leben eines aquitanischen Großen geführt: Er jagte gerne und zog mit seinem Hof von Pfalz zu Pfalz, residierte in Doué, Anjac, Chasseneuil, Ebreuil. Bei der Erledigung der Regierungsgeschäfte wurde Ludwig von einigen Ratgebern unterstützt, so von seinem Schwiegersohn Graf Bego, von seinem Kanzler Helisachar und von dem Goten Benedikt von Aniane, den er mit der Reform fast aller Klöster Aquitaniens beauftragt hatte. Stark beeinflußt von der Benediktinerregel, war Ludwig durch eine tiefe Frömmigkeit ausgezeichnet, der Beiname *pius* (der Fromme) erscheint schon bald nach seinem Tod, während ihm neuzeitliche französische Historiker etwas abfällig die Bezeichnung »Débonnaire« (der Gutmütige) gegeben haben. Sehr oft wurde Ludwig als gottergebener, ja bigotter Herrscher dargestellt, so abhängig von Geistlichen, daß er sich noch vom einfachsten Mönch beeinflussen ließ. Zweifellos hat sich mit zunehmendem Alter sein Wesen verändert. Wie noch zu zeigen ist, verstärkte sich vor allem nach der zweiten Eheschließung der Zug zu rasch wechselnden Gemütslagen. Aber zu Beginn seiner Regierung wird Ludwig als intelligenter, gebildeter und tatkräftiger Herrscher geschildert, darin stimmen seine beiden Biographen überein, der Trierer Chorbischof Thegan und ein Anonymus, den man wegen seiner sternkundlichen Kenntnisse den Astronomus genannt hat. Ludwigs erste Handlungen belegen, daß zumindest die Anfänge seiner Regierungszeit neu bewertet werden sollten, wie dies François Louis Ganshof gefordert hat.

Bei seiner Ankunft in Aachen war Ludwig, wie jedes neue Staatsoberhaupt, entschlossen, die eigene Herrschaft mit Veränderungen und Reformen einzuleiten. Er führte den Titel »Ludwig, durch göttliche Vorsehung Kaiser und Augustus«, seine Urkunden datierte er nach »dem ersten Jahr unserer Herrschaft«. Durch das Weglassen des Titels »König der Franken und der Langobarden« betonte er so von Anfang an die Reichseinheit. Er wandte sich gegen die in den letzten Jahren Karls des Großen eingetretene Lockerung der Sitten, vertrieb alle Prostituierten aus Aachen und verwies seine Schwestern in ihre Klöster, die sie vom Vater erhalten hatten. Die bisherigen Ratgeber Karls wurden entfernt: Seine Vettern, die Brüder Adalhard und Wala, mußten sich in die Klöster Noirmoutier beziehungsweise Corbie zurückziehen, ihre Schwester Gundrada wurde nach Poitiers in ein Nonnenkloster verwiesen. Ludwig berief seinen Schwiegersohn Bego aus der Familie der Gerhardiner und machte ihn zum Grafen von Paris. Helisachar häufte Klosterbesitz – Sankt Maximin in Trier, Saint-Riquier, Saint-Aubin in Angers, Jumièges –, während Hilduin Abt von Saint-Denis wurde. Benedikt von Aniane wurde vom Kaiser in das Kloster Inden (Kornelimünster) nahe bei Aachen eingesetzt. Bestärkt von Benedikt, suchte Ludwig die Reform der Kirche weiterzuführen, die mit den Synoden des Jahres 813 begonnen worden war. Zwischen 813 und 818 wurden zahlreiche Kirchenversammlungen nach Aachen einberufen. Man beschloß die Unterdrückung der schlimmsten Mißbräuche, erneuerte Chrodegangs Kanonikerregel, erließ eine Regel für Kanonissinnen und Schutzvorschriften für das Kirchengut.

Ludwigs neue Politik gegenüber Rom brachte dem Papst ein gewisses Maß an Handlungsfreiheit. Nach dem Tod Leos III. (816) besuchte sein Nachfolger Stephan III. das Frankenreich. In Reims, erstmals Ort der feierlichen Salbung, krönte er den Kaiser und dessen Gemahlin Ermengard. Der nächste Papst, Paschalis I. (817 bis 824), erhielt von Ludwig ein Privileg (das *Pactum Hludowicianum*), in dem der gesamte Territorialbesitz des Papstes aufgezählt und dessen autonome Herrschaft bestätigt wurde.

Ludwig leitete auch einige Reformen ein, um die Institutionen des Reiches auszubauen. So ernannte er *magistri* (Aufseher) an der Spitze der wichtigsten Ämter, Aufseher der Türhüter*, der Kaufleute, der Juden. Er verbesserte das System der *missi dominici*, indem er deren Amtsbezirke genauer festlegte. Er stärkte die Funktionsfähigkeit der Kanzlei und ließ durch Abt Ansegis von Saint-Wandrille eine Sammlung aller Kapitularien anlegen. Alles in allem war er darum bemüht, dem Dienst für den Staat – die *res publica*, wie man damals sagte – wieder eine einheitliche Ausrichtung zu geben.

Wie um seine einleitenden Reformen krönend abzuschließen, traf Ludwig drei Jahre nach seiner Thronbesteigung eine wichtige Entscheidung: Um die Einheit seines Reiches zu sichern, beschloß er, seinen ältesten Sohn Lothar an der Regierung zu beteiligen und zum Nachfolger zu bestimmen. Über den Anlaß zu dieser *Ordinatio imperii* ist wenig bekannt. Befürchtete Ludwig einen frühen Tod, nachdem er in der Aachener Pfalz einen Unfall erlitten hatte? Sorgte er sich vor einem Streit unter den Söhnen, falls sie ihr Erbe nach den Rechtsgewohnheiten der Vorfahren teilen müßten? In der Einleitung der *Ordinatio* erwähnt Ludwig die Forderung nach dem gewohnten Teilungsprinzip und erklärt: »Wie untertänig und in ergebenster Gesinnung diese Mahnung auch vorgebracht wurde, so ist es doch weder uns noch denen, die richtig urteilten, angemessen erschienen, daß aus Liebe zu den Söhnen die Einheit des uns von Gott verliehenen Reiches durch eine Teilung von Menschen zerspalten werde. Es ist zu verhüten, daß bei einer solchen Gelegenheit die heilige Kirche in Ärgernis verfalle und wir uns selbst den Zorn dessen zuziehen könnten, auf dessen Macht die weltlichen Rechte aller Reiche gegründet sind.« Nach dreitägigem Fasten und Beten entschied sich Ludwig, seinen Sohn Lothar zum Mitkaiser zu krönen und damit ein Erstgeburtsrecht zu begründen, das der fränkischen Rechtsüberlieferung bis dahin fremd war. Lothars Brüder erhielten den Königstitel, Pippin für Aquitanien, Ludwig für Bayern, aber sie blieben der Autorität ihres älteren Bruders unterworfen. Sollte einer der Brüder sterben, folgte dessen Sohn, fehlte ein rechtmäßiger Erbe, so

* Die Türhüter *(ostiarii)* hatten die Eingänge der Königspfalz zu bewachen. Sie kontrollierten damit auch den Zutritt zum Herrscher. (d. Übers.)

fiel das Teilreich an Lothar. Sollte Lothar sterben, würde einer der beiden jüngeren Brüder vom Volk zum Nachfolger gewählt werden. So wurden alle Maßnahmen getroffen, um eine künftige Reichsteilung unmöglich zu machen. Ludwigs Neffe Bernhard behielt das ihm schon früher anvertraute Königreich Italien, aber auch er wurde Lothar unterstellt. Der damals dreiundzwanzigjährige Arnulf, Ludwigs illegitimer Sohn, mußte sich mit der Grafschaft Sens zufriedengeben.

So hatte Ludwig der Fromme offenbar eine glückliche Lösung gefunden, um die negativen Auswirkungen des Teilungsrechtes möglichst auszuschließen und um die Einheit von Reich und Kirche zu sichern. Beide waren aufeinander angewiesen, Ludwig war, wie es ein Zeitgenosse ausdrückte, »durch die Gnade Gottes Kaiser, Augustus und Aufseher über die Kirche ganz Europas«. Einzelne Geistliche, so Agobard von Lyon, hatten sogar die Vision von der Vereinigung der Völker und der Aufhebung der verschiedenen Stammesrechte: »Heiden, Juden... Barbaren, Skythen, Aquitanier, Langobarden, Burgunder, Alemannen, Sklaven, Freie gibt es nicht mehr, alle sind eins in Christus.« Die Einheit des Reiches konnte nur durch das Christentum gesichert werden.

Nicht alle im Reich waren mit der *Ordinatio imperii* einverstanden. Die Anhänger des gewohnten Prinzips der Reichsteilung zwischen allen berechtigten Erben sammelten sich um den zwanzigjährigen Bernhard von Italien, da Pippin und Ludwig noch zu jung waren. Die Reaktion des Kaisers war schnell und wirkungsvoll: Bernhard wurde festgenommen und in Aachen zum Tod verurteilt, vom Kaiser aber zur Blendung begnadigt. Zwei Tage später starb er dann an den Folgen des Strafvollzugs. Um zu verhindern, daß Karls des Großen nicht vollbürtige Söhne ebenfalls revoltierten und Teilhabe am Reich forderten, zwang Ludwig sie zum Eintritt in den geistlichen Stand. Drogo wurde nach Luxeuil geschickt, Hugo nach Charroux und Theuderich in ein unbekanntes Kloster. Ludwig der Fromme verheiratete dann seinen Sohn Lothar mit Ermengard, Tochter des Grafen Hugo von Tours aus dem Haus der Etichonen. Sein Sohn Pippin erhielt Ringart, die Tochter des Grafen Teudbert von Madrie, zur Gemahlin. Um die Verbindungen zum Adel seines Reiches zu festigen, hielt Ludwig häufiger Versammlungen in Austrien und

Neustrien ab, dabei drängte er die Großen, die Anerkennung der Maßnahmen von 817 eidlich zu bekräftigen.

Um sich darüber hinaus mit allen Gruppierungen zu versöhnen, holte Ludwig die Brüder Adalhard und Wala an den Hof zurück. Wala ersetzte hier Benedikt von Aniane, der 821 starb. Das vakante Bistum Metz übertrug er seinem Halbbruder Drogo. Um vollends die himmlischen Segnungen auf sein Reich zu lenken, lud er die geistlichen und weltlichen Großen im Jahr 822 zur allgemeinen Bußleistung während der Versammlung zu Attigny. Hier forderte er die Bischöfe auf, ihre Nachlässigkeiten zu bedauern, und bekannte selbst die Sünden, die er begangen hatte: gegenüber Bernhard, den er dem Henker auslieferte, gegenüber Adalhard und Wala, die er verbannte, und gegenüber seinen Halbbrüdern, die er ins Kloster steckte. Bei dieser eigenartigen Erniedrigung demütigte sich der Kaiser öffentlich und verteilte Almosen als Ausgleich für seine Verfehlungen. Ohne dies klar zu erkennen, lief er dabei Gefahr, auch künftig der Macht der Geistlichkeit unterworfen zu sein. Für den Augenblick wurde freilich die allgemeine Versöhnung von allen gefeiert. Nach den Worten von Abt Adalhard »waren noch nie seit König Pippins Zeiten die öffentlichen Angelegenheiten erhabener und ruhmreicher gefördert worden«. Die Harmonie wurde aber bald von zwei Faktoren gestört: durch die Geburt eines vierten männlichen Erben und durch den wachsenden Ehrgeiz Lothars.

Die Herausbildung der rivalisierenden Parteien

Ludwig war im Jahr 818 Witwer geworden, und weil er diesen Zustand nicht ertragen wollte, ließ er sich nach einigen Monaten die schönsten Töchter der Vornehmen im Reich vorführen und entschied sich für die Ehe mit Judith. Seine zweite Gemahlin war die Tochter des Grafen Welf (vgl. Stammtafel XIII), der in Bayern und in Alemannien nördlich des Bodensees, im Argengau, im Augst-Ammergau und anderwärts sehr reich begütert war. Judith, deren Schönheit und Klugheit von allen gepriesen wurde, sicherte sich von Anfang an einen beherrschenden Einfluß auf den Kaiser, der erheblich älter war als sie selbst. Sie erreichte von Ludwig, daß er ihrer Mutter das Kloster Chelles schenkte, für ihren Bruder Rudolf setzte sie die Abteien Saint-Riquier und Jumièges durch. Für ihren zweiten Bruder, Konrad, erlangte sie Sankt Gallen, und sie konnte auch für seine Eheschließung mit Adelheid sorgen, der Tochter des Grafen Hugo von Tours, des Schwiegervaters Ludwigs des Frommen. Und schließlich heiratete Judiths Schwester Hemma im Jahr 827 Ludwig den Deutschen, Ludwigs des Frommen dritten Sohn. Der Kaiser war also mit dem eigenen Sohn verschwägert, während ein anderer Schwager von ihm die Schwester seiner Schwiegertochter geheiratet hatte... Vier Jahre lang war Judiths Ehe kinderlos geblieben, aber am 13. Juni 823 brachte die Kaiserin einen Sohn zur Welt, der den Namen seines Großvaters Karl erhielt. Dies war der künftige Kaiser Karl der Kahle. Zwischen den drei Söhnen aus erster Ehe und ihrer ehrgeizigen Stiefmutter, die jetzt voller Stolz darauf war, dem Kaiser einen weiteren Sohn geschenkt zu haben, mußte es unausweichlich zum Konflikt kommen.

Lothar, der Älteste und Mitkaiser, fühlte sich am stärksten gefährdet. Er war jetzt achtundzwanzig Jahre alt und wollte eine wirkliche Beteiligung am kaiserlichen Regiment erreichen. Darüber beunruhigt, hatte ihn Ludwig schon 822 mit Wala als Ratgeber nach Italien geschickt. Hier zeigte Lothar beachtliche politische Fähigkeiten. Er hielt Versammlungen ab, erließ Kapitularien, und nachdem die Schwangerschaft der Kaiserin bekannt geworden war, ließ er sich am Osterfest des Jahres 823 vom Papst Paschalis zum Kaiser krönen. Unter dessen Nachfolger Eugen II. gelang es ihm, die kaiserliche Autorität über das Papsttum zu erneuern, und er griff damit die Politik Karls des Großen wieder auf. Nach der Geburt Karls war Lothar bereit, die Patenschaft für den jungen Prinzen zu übernehmen. Sehr bald erkannte er aber, daß die Kaiserin bei Ludwig intrigierte, um ihn zu veranlassen, einen Teil des Gesamterbes nach fränkischem Gewohnheitsrecht für seinen jüngsten Sohn zu reservieren. Für Lothar war allerdings die Entscheidung von 817 unwiderruflich, und er war fest entschlossen, sein Recht zu verteidigen. Er sammelte um sich einige weltliche und geistliche Große, die nur darauf warteten, unter dem Deckmantel des Kampfs für die Reichseinheit selbst politisches Gewicht zu erlangen.

Auf der Seite der »imperialen Partei« befanden sich Graf Matfrid von Orléans, der sich rühmte, das Vertrauen des Kaisers zu besitzen, und Graf Hugo von Tours, der Schwiegervater Lothars. Das Haus der Gerhardiner und der Gerolde war durch Hilduin von Saint-Denis vertreten, aber an erster Stelle sind Lothars Ratgeber Wala und Bischof Jonas von Orléans zu nennen. Jonas hatte in der vor 828 verfaßten *Vita Hucberti* die Karolingerdynastie verherrlicht. Sein politisches Programm entwickelte er in seiner Graf Matfrid gewidmeten Abhandlung *De institutione laicali* und besonders in der für König Pippin von Aquitanien bestimmten Schrift *De institutione regia*. Jonas war Wortführer der 825 und 829 in Paris versammelten Bischöfe, die den Kaiser auf seine Amtspflichten hinwiesen. Wie die Propheten des Alten Testaments waren auch die Bischöfe zu Ratgebern der Könige berufen, ihre *»auctoritas«* stand über der königlichen *»potestas«*. Es stand ihnen danach zu, über einen tyrannischen Herrscher zu urteilen, denn »das Amt des Königs besteht besonders darin, das Volk Gottes gerecht und billig zu regieren und sich dafür einzusetzen, daß es in Frieden und Eintracht leben kann«. Bei einer Bedrohung dieses Friedens würden die Bischöfe, die auch eine politische Instanz darstellten, ohne Zögern eingreifen. Für den Augenblick blieb dieses Programm der Bischöfe zwar noch reichlich theoretisch, aber es steht außer Zweifel, daß Lothar, der sich selbst auf die Friedenswahrung berief, im fränkischen Episkopat eine wichtige Stütze fand.

Auch die Kaiserin Judith, die ausschließlich an die Ansprüche ihres kleinen Sohnes dachte, konnte ihrerseits einige Gefolgsleute um sich sammeln. Zu ihnen gehörte auch Markgraf Bernhard von Septimanien, ein Patenkind des Kaisers. Als Sohn jenes Wilhelm, der unter Karl dem Großen Graf von Toulouse war, war er Ludwigs Vetter. Im Jahr 824 heiratete er in der Aachener Pfalzkapelle Dhuoda, die einer bedeutenden austrischen Familie entstammte. Wie sein Vater war auch Bernhard damit beauftragt, das südliche Aquitanien gegen Arabereinfälle zu schützen. Er erhielt die Gelegenheit, seine militärischen Fähigkeiten zu beweisen, als 827 Barcelona von den Truppen des Emir Abd al-Rahman II. belagert wurde. Ludwig der Fromme wollte Bernhard Verstärkungen schicken, aber weder der in den Quellen als besonders furchtsam geschilderte Graf Hugo von Tours noch Graf Matfrid von Orléans brachen rechtzeitig auf. So wurde Barcelona von Bernhard allein aus der Gefahr befreit. Hugo und Matfrid wurden des Verrats beschuldigt und zum Tod verurteilt. Zwar wurden sie auf Fürbitten Walas begnadigt, doch verloren sie ihre Grafschaften und Besitzungen. Bernhard aber, als Held des Tages, wurde Ratgeber Ludwigs und Beschützer Judiths.

Auf der Wormser Reichsversammlung des Jahrs 829 nahm das Kaiserpaar dann den Beginn von Karls siebtem Lebensjahr zum Anlaß, im August die Ausstattung des jungen Prinzen zu beschließen: Er erhielt Alemannien, zu dem die Welfen besondere Bindungen hatten, Rätien, Elsaß und einen Teil von Burgund. Zugleich zwang Ludwig seinen Sohn Lothar zum Abzug nach Italien und Wala, sich in das Kloster Corbie zurückzuziehen. Darüber hinaus machte er Bernhard zum Kämmerer und gab ihm damit eines der wichtigsten Ämter im Reich; zusätzlich beauftragte er ihn mit der Erziehung des kleinen Karl. Mit ihren einschneidenden Veränderungen sollte diese Palastrevolution den Beginn der Aufstände der Söhne gegen ihren Vater auslösen, aber zunächst schien Ludwig auf dem Höhepunkt seiner Macht zu stehen. Walafrid Strabo feierte in einem Lobgedicht den Kaiser als »neuen Moses, Begründer des goldenen Zeitalters, Anführer seines Volkes in der Dunkelheit«. Ihm zur Seite stellte er Josua (Lothar), den sanftmütigen Jonathan (Ludwig der Deutsche), Pippin als dritte Perle der Krone und schließlich die »schöne Rachel«, Judith, die Benjamin – den kleinen Karl – an der Hand führt. Aber dieses freundliche Familienbild verschwieg den heraufziehenden Konflikt.

Der erste Aufstand – ein Fehlschlag

Trotz seines Rückzugs nach Corbie wollte sich Wala nicht geschlagen geben und sammelte die Anhänger der Reichseinheit um sich. Da er einige Informanten am Hof behalten hatte, konnte er eine Verleumdungskampagne gegen Judith in Gang bringen. Glaubt man diesen Gerüchten, dann beging Judith mit ihrem Komplizen und Liebhaber Bernhard nicht nur Ehebruch, sondern beide machten sich auch der Zauberei und sogar eines Mordversuchs schuldig. Dazu berichtet Walas Biograph Paschasius Radbertus: »Oh, welcher Tag, der dem Erdenrund beinahe ewig währende Finsternis und höchste Gefahr gebracht hat, der das geeinte und befriedete

Reich entzweite und in Stücke zerteilte, der die Bande der Brüderlichkeit und des Blutes auflöste, überall Feindschaften entstehen ließ, Landsleute trennte, Glaube und Liebe aufhören ließ, selbst den Kirchen Gewalt antat und überall Verderbnis hervorrief... Oh, Unglückstag, dem eine noch unglücklichere Nacht folgt. Aber kein Tag war unglücklicher als der, an dem der Schurke Bernhard aus Spanien berufen wurde, jener Elende, der alle Ehrbarkeit verließ, in die er hineingeboren war, und sich statt dessen in seiner Torheit in allen Schmutzsuhlen wälzte. Gleich als er ankam, verwüstete er wie ein wilder Eber den Palast, vernichtete er die Ratsversammlung, beseitigte er alle Rechte der Vernunft, vertrieb und verschliß er alle himmlischen und menschlichen Ratgeber, besetzte er gar das Ehebett... Der Palast wurde zum Freudenhaus, in dem die Ehebrecherin herrscht und der Ehebrecher regiert, in dem sich Verbrechen häufen, in dem besonders ruchlose und hexerische Zaubereien aller Art gebraucht werden... Der Augustus ging wie ein unschuldiges Lamm zur Schlachtbank. Der große und sanftmütige Kaiser ging in den Tod, getäuscht von der, vor der ihn Salomon gewarnt hatte, und noch mehr getäuscht von den Nachstellungen jenes Kupplers...« Der Wahrheitsgehalt dieser Anschuldigungen ist kaum mehr zu ermitteln. Karls des Kahlen Vetter Nithard, der zweifellos gut unterrichtet war, schreibt einfach: »Anstatt pflichtgemäß das Reich zu festigen, richtete Bernhard es gänzlich zugrunde, da er unbesonnenen Gebrauch von der Staatsgewalt machte.« Bernhard war zwar verheiratet, hatte seine Gattin Dhuoda aber nach Uzès verwiesen. Der Vorwurf der Zauberei muß nicht erfunden sein, denn unheilvolle magische Praktiken gewannen damals nicht nur im Volk, sondern auch unter den Adligen zunehmend Anhänger.

Ganz gleich wie es um den Wahrheitsgehalt stand, jedenfalls war Walas Kampagne erfolgreich. Der Aufstand brach aus, als Ludwig im April 830 einen Feldzug gegen die Bretonen vorbereitete. Pippin von Aquitanien, die Grafen Hugo und Matfrid, dazu noch Ludwig der Deutsche waren entschlossen, den Kaiser aus der Macht Judiths und Bernhards zu »befreien«. Der Kämmerer brachte sich nach Barcelona in Sicherheit, während sich Judith nach Laon in ein Kloster flüchtete. Pippin und Ludwig hatten darauf gedrängt, der Kaiser solle sich in ein Kloster zurückziehen, aber Lothar, schnell aus Italien herbeigeeilt, beschränkte sich darauf, die Beschlüsse der Wormser Reichsversammlung aufzuheben und im Namen seines Vaters die Regierung zu übernehmen. Bernhards Anhänger verloren ihre Positionen, sein Bruder Heribert wurde geblendet, Judith und ihre Brüder wurden in aquitanischen Klöstern verwahrt. Und der junge Karl wurde Mönchen übergeben, die ihn »auf den Eintritt in das Mönchsleben vorbereiten« sollten.

Es stellte sich nun die Frage, ob die Aufrührer nicht zu weit gegangen waren und ob Lothar wirklich fähig war, ein derart erschüttertes Reich zu regieren. Nithard meinte später: »Mit dem Reich ging es von Tag zu Tag schlechter, weil jeder, von seinen bösen Leidenschaften angetrieben, nur den eigenen Vorteil suchte.« Ludwig, der in einer Art offenen Haft gehalten wurde, fand dennoch Unterstützung bei der rechtsrheinischen Geistlichkeit. Ein Mönch namens Guntbald vermittelte zwischen Ludwig und dessen beiden jüngeren Söhnen, denen eine Vergrößerung ihrer Reichsteile versprochen wurde. Mit diesem Angebot, das gute Aufnahme fand, konnten die Verbündeten getrennt werden. Auf der Reichsversammlung zu Nimwegen (830) – der Ort war wegen der Grenzlage zu Germanien gewählt worden – erhielt Ludwig seine Freiheit wieder, mit ihm auch seine Gemahlin, die sich aber mit einem Eid von den gegen sie erhobenen Anschuldigungen reinigen mußte. Lothar erlangte Vergebung und kehrte nach Italien zurück, seine weltlichen und geistlichen Parteigänger wurden in Klöstern eingesperrt.

Es blieb noch die Belohnung der übrigen Söhne: Im Februar 831 entwarf Ludwig in Aachen eine neue Reichsteilung zwischen Pippin, Ludwig dem Deutschen und Karl. Danach erhielt jeder ein Teilreich möglichst gleicher Größe, Lothar wurde auf Italien beschränkt. Die Teilkönige waren dem Kaiser, solange er lebte, zu bedingungslosem Gehorsam und vollständiger Unterordnung verpflichtet. Nach seinem Ableben sollten die drei Reichsteile aber selbständig werden, ihre Herrscher waren nur zur gemeinsamen Grenzverteidigung und zum gemeinsamen Schutz der römischen Kirche verpflichtet. Damit war man zu den Grundsätzen der Reichsteilung von 806 zurückgekehrt, wie sie Karl der Große entworfen hatte. Weder die Reichseinheit noch der Kaisertitel waren erwähnt, die Anhänger germanischer Rechtsvorstellungen konnten völlig zufrieden sein.

Das Scheitern der großen Empörung von 833

Der Aachener Teilungsplan konnte die tieferen Ursachen der Krise nicht beseitigen. Auf der einen Seite erhofften die Anhänger der Reichseinheit die Rückkehr zur *Ordinatio* von 817, auf der anderen Seite stritten sich die Brüder Pippin und Ludwig um den Platz an der Seite des Kaisers. Markgraf Bernhard von Septimanien trieb Pippin zum Aufstand, mit dem Erfolg, daß Kaiser Ludwig Aquitanien einzog und zum Reichsteil von Judiths Sohn schlug. Auch Ludwig der Deutsche revoltierte erneut, behielt aber Bayern. Judith dachte nun an eine Teilung des Reiches zwischen dem jungen Karl und Lothar, den sie dabei aber völlig falsch einschätzte. Sobald Lothar wieder in Gnaden aufgenommen worden war, brachte er nämlich ein neues Bündnis gegen Ludwig den Frommen zustande, dem sich auch seine zwei Brüder anschlossen. Es gelang ihm darüber hinaus, Papst Gregor IV. dafür zu gewinnen, im Namen der Reichseinheit und der Versöhnung der Herrscherfamilie zu intervenieren.

Der Papst sah hier die Gelegenheit, die Überordnung der geistlichen Gewalt zu bekräftigen, die als Hüter der Einheit und des Friedens auftrat. Denn, so argumentierte Gregor IV., »man darf nicht übersehen, daß dem Papst die Herrschaft über die Seelen zusteht, und diese ist wichtiger als die zeitliche Herrschaft, die dem Kaiser zusteht«. Einige Historiker gehen so weit, hier den Beleg für ernsthafte theokratische Absichten des Papstes zu sehen; tatsächlich handelte es sich um das erste direkte Eingreifen des Papsttums in politische Angelegenheiten, und ähnliche Schritte sollten im Lauf der Geschichte noch oft erfolgen.

Voller Würde erinnerte Ludwig die Söhne an seine Rechte als Vater und oberster Lehnsherr, er beschuldigte Lothar, seine Brüder zum Aufstand zu bewegen und ihm, dem Kaiser, Vasallen abtrünnig zu machen. Lothar antwortete Punkt für Punkt und verlangte ein Treffen mit dem Kaiser. Angesichts der Verbindungen zwischen seinen Söhnen und einem Teil des Klerus sowie der Einmischung des Papstes standen Ludwigs Aussichten schlecht. Das Zusammentreffen der beiden Parteien an dem später »Lügenfeld« genannten Platz im Elsaß, nahe bei Colmar, endete mit dem Mißerfolg des Kaisers. Dessen Biograph Thegan schildert die Zusammenkunft folgendermaßen: »Die Söhne zogen Ludwig entgegen mit dem römischen

Papst Gregor, aber der Vater bewilligte nichts von ihren Forderungen. Wenige Tage danach kamen der Kaiser und der Papst zu einer Unterredung zusammen, aber sie sprachen nicht lange miteinander... Nun gaben einige den Rat, den Kaiser im Stich zu lassen und zu den Söhnen überzugehen, darunter waren vor allem jene, die ihn schon früher beleidigten. Und da die übrigen folgten, fiel in einer Nacht der größte Teil seiner Leute von ihm ab; sie verließen ihre Zelte und gingen zu den Söhnen über. Am nächsten Morgen kamen einige Zurückgebliebene zum Kaiser, der ihnen befehlend sagte: ›Geht zu meinen Söhnen, um meinetwillen soll keiner Leben oder Glieder einbüßen.‹ Und jene gingen tränenüberströmt von ihm.« Der Kaiser wurde von seiner Gemahlin getrennt, die mit dem Papst nach Italien ziehen mußte, während Karl in dem Kloster Prüm verwahrt wurde. Lothar führte jetzt in seinen Urkunden als Datumsangabe »im ersten Jahr des Kaisertums des Herrn Lothar in Francien«.

Ludwigs des Frommen Schicksal war ungewiß. Geleitet von Agobard von Lyon, Ebbo von Reims und Jesse von Amiens stützte sich ein Teil der Geistlichkeit auf die schon 829 beschlossenen Leitsätze. Ein Herrscher, der seine Amtspflichten verletzt hat, ist nicht mehr König, sondern Tyrann und darf abgesetzt werden. Wer die Abmachungen von 817 gebrochen hat und durch das »Gottesurteil« des Zusammentreffens im Elsaß seiner Macht beraubt wurde, der müsse seine Schuld öffentlich bekennen und Kirchenbuße tun. Lothar berief eine Reichsversammlung nach Compiègne, und im Oktober 833 zwang er seinen Vater, in Saint-Médard zu Soissons vor zahlreichen Klerikern und Laien ein Sündenbekenntnis abzulegen. Der Kaiser demütigte sich, übte Selbstkritik und bekannte alles, was er bekennen sollte: Er gestand die Schuld an Sakrileg und Mord, die Urheberschaft zum Ärgernis, die Störung des Friedens, Eidbrüchigkeit, Vergehen gegen göttliches und menschliches Recht, die Verantwortung für den Tod unzähliger Menschen, für Raub, für alle Plünderungen von Kirchengut, für willkürliche Reichsteilungen und vieles mehr. Er verzichtete »freiwillig« auf die Kaiserwürde, mußte die Waffen ablegen und wurde dauernder Kirchenbuße unterworfen. Samuel hatte Saul entthront.

Der Skandal der Entthronung des Kaisers bewirkte aber erneut einen öffentlichen Meinungsumschwung, und für viele wurde einsichtig, wie hier ein völlig mutlos gemachter Mann düpiert worden war. Wie Hrabanus Maurus in einem für Ludwig den Frommen verfaßten Traktat schrieb, sei es »völlig unzulässig, daß Söhne gegen den Vater und Untertanen gegen ihren Herrscher rebellieren«. Außerdem entstand Zwietracht im Lager der Sieger. Nithard schildert in knapper Form, wie sich der Gesinnungswandel vollzog: »Als Pippin und Ludwig sahen, daß sich Lothar das gesamte Reich aneignen und sie sich unterwerfen wollte, wurden sie sehr erbittert. Zusätzlich zerstritten sich Hugo, Lambert und Matfrid über die Frage, wer von ihnen im Reich nach Lothar die zweite Stelle einnehmen sollte. Da jeder auf seinen eigenen Vorteil bedacht war, vernachlässigten sie das gemeine Beste vollständig. Das Volk erkannte dies und wurde unwillig. Auch empfanden die Söhne Scham und Reue darüber, daß sie den Vater zweimal seiner Ehrenwürden beraubt hatten, und das Volk empfand ebenso, weil es zweimal den Kaiser verlassen hatte.«

Der Bürgerkrieg brach wieder aus. Auf der einen Seite standen Pippin, unterstützt von Bernhard, der Rache an Lothar suchte, und Ludwig der Fromme, der sich bei Langres mit Ludwig dem Deutschen vereinigt hatte. Ihnen gegenüber stand Lothar mit seinen verbliebenen Anhängern, darunter Hugo und Matfrid sowie Graf Hugo von Nantes, der mit den Bretonen verbündet war. Lothar nahm Chalon und ließ einige Adlige hinrichten, darunter Graf Gauzhelm, Markgraf Bernhards Bruder, und seine Schwester Gerberga, die er der Hexerei beschuldigte. Aber angesichts der gegnerischen Übermacht gab sich Lothar dann geschlagen und versprach, nach Italien zurückzukehren.

Wie gebannt scharten sich die Gefolgsleute nun wieder um Ludwig. Der Kaiser zog nach Saint-Denis, wo ihm von den Bischöfen, die ihn entthront hatten, seine Waffen feierlich wieder angelegt wurden. Über Aachen, wo er Judith wieder traf, begab sich Ludwig dann nach Metz. Hier, in der Stadt seiner Vorfahren, wurde ihm von seinem Halbbruder Drogo in Gegenwart von vierundvierzig Bischöfen und zahlreichen weiteren Würdenträgern die Kaiserkrone wieder aufgesetzt. Ebbo von Reims und Agobard von Lyon verloren ihre Bistümer, weil sie als Hauptverantwortliche für die Kirchenbuße von Saint-Médard galten (Februar 835).

Das Ende der Regierung Ludwigs des Frommen

Gedrängt von Judith, bemühte sich Ludwig darum, für seinen jetzt volljährigen Sohn Karl ein großes, zusammenhängendes Königreich zu errichten. Auf der Reichsversammlung von 837 in Aachen bestimmte er für Karl alle Gebiete zwischen Friesland, der Maas und Burgund. Sämtliche Bischöfe, Äbte und Grafen mußten ihm den Treueid leisten. Dieses Teilreich wurde von Ludwig nach dem Tod Pippins im Jahr 838 ohne Rücksicht auf dessen Erben noch um Aquitanien erweitert. Die Entscheidung des Kaisers verdroß sowohl Pippins Erben, die von Teilen des aquitanischen Adels unterstützt wurden, als auch Ludwig den Deutschen, dessen wiederholte Aufstandsversuche alle fehlschlugen.

Da Ludwig nach Nithards Worten »sich schon dem Greisenalter nahte und seine Gesundheit... hinfällig geworden war«, plante Judith die Aussöhnung zwischen Karl und Lothar, der sich seit 834 in Italien ruhig verhalten hatte. Da er doch Karls Pate war, sollte es möglich sein, das Reich nur zwischen ihnen beiden zu teilen, mit Ausnahme Bayerns, auf das Ludwig der Deutsche beschränkt bleiben sollte. Auf einer Reichsversammlung in Worms wurde am 30. Mai 839 die Übereinkunft erzielt. Lothar, in der Rolle des verlorenen Sohnes, flehte um die väterliche Verzeihung. Er erhielt das Reichsgebiet östlich von Maas und Rhône, alles übrige fiel an Karl. Beide Herrscher versprachen einander Beistand, ansonsten waren sie völlig gleichberechtigt.

Elf Monate später starb Ludwig der Fromme in der Nähe von Mainz, als er gerade einen Feldzug wegen Ludwigs des Deutschen erneuter Empörung vorbereitete. Sein Halbbruder Drogo ließ ihn in Sankt Arnulf vor Metz bestatten, wo der Urahne des Geschlechts ruhte.

Nach glänzendem Beginn fand Ludwigs siebenundzwanzigjährige Regierung so ein wenig ruhmvolles Ende. Der abgesetzte, wieder eingesetzte, erneut gestürzte und abermals zurückgeholte Kaiser wirkt nicht wie eine große Herrscherpersönlichkeit. Es fehlte ihm zwar nicht an Mut, aber er wurde viel zu oft zum Spielball seiner Umgebung, in erster Linie seiner Gemahlin Judith. Zur Schwächung der karolingischen Monarchie trugen zahlreiche Umstände bei: Lothars Ehrgeiz, der ungeduldig auf die Anerkennung seines Kaisertitels drängte; die Eifersucht seiner Brüder; die Wirklichkeitsferne engstirniger Geistlicher; die Ambitionen einiger Adliger am Hof; der Egoismus der Großen, die ihren Vorteil darin suchten, dem Meistbietenden zu folgen. Es darf auch nicht übersehen werden, daß Ludwig ein friedliebender Herrscher war. Im Gegensatz zu seinem Vater plante er zu keinem Augenblick weitere Eroberungen, so daß ihm die Mittel fehlten, um seine Gefolgschaft mit neuen Lehen zu belohnen. Er beschränkte sich völlig auf die Grenzverteidigung gegen Feinde, die von Jahr zu Jahr beherzter angriffen.

Bei den Slawen kam es zu bedrohlichen Machtbildungen. Seit 819 reorganisierte ein Kroatenhäuptling die Slowenen Kärntens und Krains, sein Plan zielte auf einen ersten Zusammenschluß der Südslawen. Unter Khan Omurtag (814–831) konnten sich die Bulgaren zwischen Drau und Save festsetzen. Die Mährer, die 822 erstmals im Licht der Geschichte erschienen, konnten sich zwischen 830 und 840 unter der Herrschaft Mojmirs I. vereinen. Die östlich der Elbe ansässigen Wilzen, Abotriten, Sorben und Limonen versuchten, nach Sachsen einzudringen. Auf skandinavischer Seite versuchte Ludwig, die Angriffe der Dänen durch deren Bekehrung auszuschalten. Im Jahr 826 kam der Dänenkönig Harald nach Ingelheim, ließ sich taufen und wurde Lehnsmann Ludwigs. Ansgar, ein Mönch aus Corvey, wurde mit der Organisation der Dänenmission beauftragt und erhielt 831 das neuerrichtete Bistum Hamburg. Zur Unterstützung dieses Missionsunternehmens gründete Ludwig zwei weitere Bistümer in Sachsen, Hildesheim und Halberstadt. Andere Skandinavier, die seeräuberischen Wikinger, plünderten die Atlantikküste. Seit 820 wurde das Kloster Noirmoutier heimgesucht, das die Mönche 836 verlassen mußten. Friesland wurde verwüstet und Dorestad zwischen 834 und 837 viermal ausgeraubt. Die Seeräuber profitierten von der Krise des Frankenreiches und wurden immer dreister.

Im Mittelmeer bedeuteten andere Piraten, die Sarazenen, die größte Gefahr. Ihre Angriffe richteten sich gegen die Balearen, Korsika und Sardinien. Auch die Araber Nordafrikas begannen mit ihren Angriffen auf byzantinisches Gebiet. Bis 840 sicherten sie sich einen Teil Siziliens, und begünstigt vom Streit zwischen dem Herzog von Benevent und dem byzantinischen Herrn Neapels, konnten sie auch in Süditalien eingreifen. Die arabische Bedrohung bewirkte sogar eine Wiederannäherung zwischen Karolingerreich und Byzanz. Zwischen den beiden Kaisern gab es durchaus Kontakte. Michael II., Anhänger eines gemäßigten Ikonoklasmus, schickte seine Gesandtschaft zu Ludwig und bat um Vermittlung beim Papst. Die Pariser Synode von 825 erarbeitete Glaubenssätze, die Michaels Grundsätzen ziemlich entgegenkamen, aber der Papst lehnte jeden Kompromiß ab. Auch die Zwischenfälle zwischen den fränkischen Bischöfen Istriens und dem byzantinischen Patriarchen von Grado erschwerten die Beziehungen zwischen der griechischen und römischen Kirche.

Kapitel II

Der Teilungsvertrag von Verdun (843)

Kaiser Ludwig war 840 gestorben, drei Jahre danach wurde das Gesamtreich in drei selbständige Königtümer geteilt. Der Vertrag von Verdun, der erste wichtige europäische Vertrag mit bleibenden Folgen, konnte für die Zeitgenossen nicht überraschend kommen. Die Reichsteilung an sich war durchaus nichts Neues. Karl der Große hatte 806 daran gedacht, und Ludwigs des Frommen zahlreiche Projekte einer Zwei- und Dreiteilung des Reichs wurden voranstehend dargestellt. Kaiser Ludwigs Ausscheiden beseitigte das Hindernis für die sich abzeichnende Lösung. Drei Jahre lang zogen sich Kämpfe und Unterhandlungen hin, bis es den drei Brüdern Lothar, Karl und Ludwig gelang, einen Ausgleich ihrer Meinungsverschiedenheiten zu finden.

Die Entwicklung bis zum Vertragsabschluß

Kaum war Kaiser Ludwig tot, vergaß Lothar seine Wormser Versprechungen und beanspruchte die Nachfolge im Gesamtreich. Nithard schreibt dazu: »Er schickte bald allenthalben und besonders durch die ganze Francia Boten, die verkünden sollten, daß er in sein ihm früher verliehenes Reich kommen werde. Er versprach, allen die von seinem Vater übertragenen Lehen zu belassen und sie noch zu vermehren. Auch befahl er, alle, deren Treue unsicher sei, durch einen Eid zu binden. Und schließlich verlangte er, daß man ihm so schnell wie möglich entgegenziehen solle; den sich Weigernden ließ er mit der Todesstrafe drohen.« Lothar schien eine gute Ausgangsstellung zu besitzen. Ludwig der Deutsche konnte gegen ihn nur ein schwaches Kontingent aufbieten und mußte sich zudem mit aufständischen Sachsen auseinandersetzen. Lothar konnte auch auf die Unterstützung Pippins II. zählen, der sich mit einem Teil des aquitanischen Adels gegen Karl den Kahlen erhoben hatte. Dieser, inzwischen siebzehnjährig, war nach Aquitanien gegangen, wo auch seine Mutter Judith lebte. Er bemühte sich um Anhang bei den Vasallen, die nördlich der Loire und westlich der Maas saßen. Dazu mußte er sein Königreich durchziehen, aber kaum war er aufgebrochen, lief der Adel zu Lothar über, verlockt von dessen Versprechungen. Als dieser die Seine erreichte, berichtet Nithard, traten Abt Hilduin von Saint-Denis, Graf Gerhard von Paris und Pippin, der Sohn König Bernhards von Italien, auf seine Seite über. »Sie zogen es vor, lieber nach Sklavenart die Treue zu brechen und ihre Eide zu verleugnen, als für einige Zeit ihren Besitz zu verlassen.« Bis in die Provence und Bretagne schickte Lothar jetzt seine Boten, die ihm von den Großen den Treueid schwören lassen sollten. Bald drohend, bald schmeichelnd bot er Karl seinen Schutz an, er entwarf eine neue Reichsteilung, schickte immer wieder Gesandte an seinen Bruder, während er ihm gleichzeitig Gefolgsleute abwarb, und er suchte um Waffenstillstand nach, um die Ergebnisse seiner Unterhandlungen abwarten zu können. Karl entschloß sich, seinen Weg fortzusetzen. In Orléans empfing er das Treueversprechen des Grafen Warin von Mâcon, in Bourges suchte er Markgraf Bernhard aus der Gefolgschaft Pippins II. zu lösen, in Le Mans schloß sich ihm Lambert von Nantes an. Aber alle diese Maßnahmen waren unsicher, und Karl selbst konnte nicht allgegenwärtig sein. Um einen dauerhaften Erfolg zu erlangen, mußte er Lothars zahlenmäßig überlegenes Heer schlagen. Aus diesem Grund suchte Karl die Verständigung mit Ludwig dem Deutschen, der nach dem Abfall eines beträchtlichen Teils seiner Vasallen in sein Königreich zurückgekehrt war.

Im Frühjahr 841 war das Glück den beiden Halbbrüdern günstig. Karl konnte den Übergang über die Seine erzwingen, Ludwig schlug den austrischen Herzog Adalbert und drang nach Westen vor. In der Nähe von Auxerre konnten sich die beiden Herrscher dann vereinen. Mit Zustimmung der Bischöfe riefen sie diesmal das Urteil Gottes an, was bedeutete, daß sie sich entschlossen, die Entscheidung mit den Waffen zu suchen. Zwischen den Heeren Lothars und Pippins II. von Aquitanien einerseits, Karls und Ludwigs andererseits kam es so am 25. Juni 841 zur Schlacht von Fontenoy-en-Puisaye, südwestlich von Auxerre. Nithard, der selbst beteiligt war, spricht von einem »schweren Kampf«. Tatsächlich war es eine der größten Schlachten der karolingischen Geschichte. Nach den zeitgenössischen Berichten gab es Tausende von Toten, es war »ein Blutbad auf beiden Seiten, wie sich unsere Zeit bisher noch niemals solcher Verluste beim fränkischen Volk erinnert«. Ein gewisser Angilbert hat in seinem rhythmischen Gedicht über die Schlacht das Echo dieses brudermörderischen Streits festgehalten:

Auf der verfluchten Stätte, da sprosse nie das Gras;
Nimmer werd' ihr Boden von Tau und Regen naß,
wo die Helden erlagen, wohlbewehrt im Streit,
Drum Eltern und Geschwister und Freunde sind voll Leid.
…
Ich ließ mein Auge schweifen nur noch dies eine Mal.
Zur Bergeswand zurück und abwärts tief ins Tal.
Dort jagte Kaiser Lothar der Feinde Scharen nach
Und trieb sie all zu Paaren, weithin bis an den Bach.
Er schlug sie alle nieder,
von Karls und Ludwigs Heeren deckten das Blachfeld weit
Mann bei Mann die Toten im weißen Linnenkleid;
Es sind so weiß die Felder, wie wenn nach Süden hin,
Sobald der Herbst gekommen, in Scharen Störche ziehn.
Nie werde Lob gesungen von dieser großen Schlacht,
Aus Abend und aus Morgen, von Mittag bis Mitternacht
Sollen Klagelieder ertönen mit lautem Schall…*

Wie es Angilbert, der selbst auf der Seite Lothars kämpfte, auch schildert, wurde dieser geschlagen und floh nach Aachen. Karl und Ludwig feierten auf dem Schlachtfeld eine Messe, um Gott zu danken. Danach erlebten sie die Ankunft einiger Adliger, die auf den Ausgang der Schlacht gewartet hatten, bevor sie sich entschieden. Darunter war Markgraf Bernhard von Septimanien, der ein paar Kilometer von Fontenoy entfernt abgewartet hatte. Jetzt übergab er

* Frei nach der Übersetzung von J. Bühler

Karl seinen sechzehnjährigen Sohn Wilhelm, der zugleich Geisel und Gefolgsmann wurde. Zu dieser Übergabe verfaßte Dhuoda, die Gemahlin Bernhards und Wilhelms Mutter, für ihren Sohn den berühmten *Liber manualis,* in dem sie das Erziehungsprogramm für einen christlichen jungen Adligen entwirft.

Trotz der Niederlage setzte Lothar seine Bemühungen fort und erneuerte seine Teilungsangebote an Karl, den er vom Bündnis mit Ludwig abbringen wollte. Aber diese beiden waren sich ihres guten Rechts sicher, das durch die Gnade Gottes bestätigt worden war, und schlossen sich noch enger zusammen. Am 14. Februar 842 wechselten sie bei Straßburg vor ihren Truppen in feierlicher Form die Eide, deren Wortlaut der Historiograph Nithard überliefert hat. Es wurde zunächst betont, daß Lothar, »unzufrieden mit dem göttlichen Urteilsspruch«, das Volk weiter zugrunde richte. Dann verpflichteten sich die Halbbrüder gegenseitig mit folgenden Worten: »Aus Liebe zu Gott und zu des christlichen Volkes und unserer beider Heil von diesem Tag an in Zukunft, soweit Gott mir Wissen und Macht gibt, will ich diesen meinen Bruder sowohl in Hilfeleistung als auch in anderer Sache so halten, wie man von Rechts wegen seinen Bruder halten soll, unter der Voraussetzung, daß er mir dasselbe tut. Mit Lothar will ich keine Abmachung eingehen, die mit meinem Willen diesem meinem Bruder schaden könnte.«

Damit es alle verstehen konnten, sprach Ludwig diesen Eid in der *lingua Romana,* Karl in der *lingua theodisca.* Für den Fall, daß einer der Brüder den Eid brach, waren dessen Gefolgsleute von der Treueverpflichtung entbunden.

Die Straßburger Eide sind nicht nur ein wichtiges Ereignis der politischen und diplomatischen Geschichte Europas, sondern auch sprachgeschichtlich bedeutsam. Für das Althochdeutsche gibt es zwar schon einige frühere Quellenbelege, aber die *lingua Romana,* das Altfranzösische, begegnet erstmals in der von Ludwig gesprochenen Schwurformel: »*Pro Deo amur et pro christian poblo et nostro commun saluament, d'ist di in auant, in quant Deus sauir et podir me dunat, si saluarai eo cist meon fradre Karlo et in aiudha et in cadhuna cosa, si cum om per dreit son fradra salvar dist...*«

Um auch die beiden Heere an diesem großen Ereignis zu beteiligen, wurde in Worms ein Wettstreit zwischen den Kriegern veranstaltet. Darüber berichtet Nithard: »Man kam zusammen, wo es für das Zuschauen zweckmäßig schien. Auf beiden Seiten stellte sich das Volk auf. Zuerst stürmten gegeneinander in gleicher Anzahl Sachsen, Gascogner, Austrier und Bretonen in schnellem Lauf wie zum Kampfe. Darauf machten die einen kehrt, so als wollten sie sich mit dem Schild gedeckt vor den Nachdrängenden durch Flucht zu den Ihrigen retten. Darauf aber versuchten sie wieder, die zu verfolgen, vor denen sie eben flohen. Zum Schluß stürmten auf beiden Seiten die vom Pferd abgesessenen Könige vor; umgeben von der gesamten jungen Mannschaft, mit lautem Geschrei und die Lanzen schwingend, verfolgten sie bald diese, bald jene, wenn sie sich zur Flucht wandten. Das ganze war sehenswert wegen der hohen Gesinnung und der Disziplin, die dabei herrschte. Denn nicht einer in dieser großen Menge ganz verschiedener Herkunft wagte es, einem anderen eine Wunde zu schlagen oder eine Schmähung zuzufügen.«

Schließlich zogen Karl und Ludwig nach Aachen und besetzten die Pfalz, aus der Lothar den Schatz mitgenommen hatte. Nachdem sie den Rat der Bischöfe eingeholt hatten, erklärten sie Lothar für regierungsunwürdig und machten sich an die Zweiteilung des Reiches. Von beiden Seiten wurden je zwölf Vertrauensmänner bestellt, um die gleichmäßige Teilung vorzunehmen. Lothar mußte nun einsehen, daß Ludwig und Karl unverbrüchlich verbündet waren und keine Aussicht bestand, sie wieder zu entzweien. Nach dem Gottesurteil, den Straßburger Eiden und dem Verlust Aachens war Lothar nun zum Einlenken gezwungen. Aus diesem Grund brach er mit Pippin von Aquitanien, seinem bisherigen Verbündeten. Recht großzügig gingen Karl und Ludwig darauf ein, wieder über eine Teilung in drei gleich große Reiche zu verhandeln. Ausgenommen blieben Aquitanien, Bayern und die Lombardei als die unstrittigen Zuständigkeitsbereiche von Karl, Ludwig beziehungsweise Lothar.

Die Verhandlungen
(Frühsommer 842 bis August 843)

Die Verständigung drängte wegen der immer dreister werdenden normannischen Seeräuber: Quentowik und sogar Rouen wurden geplündert, die Mönche von Saint-Wandrille mußten sich mit schweren Tributzahlungen loskaufen, in Friesland und auf Walcheren konnten sich die Dänen festsetzen. In der Provence wurden Marseille und Arles von den Sarazenen angegriffen, weiter im Süden attackierten die Araber Benevent. Damit nicht genug, leisteten die Aquitanier noch immer Widerstand gegen Karl den Kahlen. Graf Lambert III. fiel ab und verbündete sich mit dem Bretonenführer Nominoë. Schließlich befanden sich die Sachsen noch immer im Aufstand, und die Slawen nahmen eine drohende Haltung ein.

Die zu lösenden Probleme waren aber so schwierig, daß sich die Verhandlungen über ein Jahr hinzogen. Mehrfach mußten sich die drei Brüder treffen, um sich auszusprechen und um Beauftragte auszuwählen, von denen die Einkünfte des Reiches aufgezeichnet werden sollten. Die Aufgabe dieser Experten war äußerst kompliziert, auch wenn ihnen gewisse Hilfsmittel zur Verfügung standen: Von früheren Teilungsprojekten her gab es mehr oder weniger primitive Karten und vor allem Inventare *(descriptiones)*, in denen Bistümer, Abteien, Stiftskirchen, Grafschaften und königliche Fiskalgüter verzeichnet waren.

Die für den 1. Oktober geplante Fortsetzung der Verhandlungen scheiterte am Verhalten Lothars. Neue Vorschläge waren vom gegenseitigen Mißtrauen geprägt, und als die Vertreter beider Parteien schließlich am 19. Oktober 842 wieder in Koblenz zusammenkamen, lagerten sie aus Sicherheitsgründen rechts und links des Rheins. Als Verhandlungsort wählten sie das Kloster Sankt Kastor. Man kam nur schleppend voran, konnte aber den Waffenstillstand verlängern. Karl und Ludwig ließen Lothar schließlich vorschlagen, als erster zwischen den drei Reichsteilen zu wählen, und sie boten ihm an, das Gebiet zwischen Rhein, Maas, Saône und Rhône zu übernehmen. Aber Lothar wollte noch mehr und beanspruchte auch den Kohlenwald westlich der Maas, das Ursprungsland des Geschlechts der Karolinger.

Zur gleichen Zeit befestigte Karl der Kahle seine Stellung im Westfrankenreich durch die Eheschließung mit Ermentrud, der Tochter des Grafen Odo von Orléans (13. Dezember 842). Odo entstammte einem mittelrheinischen Geschlecht, das zweifellos mit der Familie von Karls des Großen Schwager Gerold verwandt war (vgl. Stammtafel IV). Er war verheiratet mit der Schwester des Grafen Gerhard und des Seneschalls Adalhard, eines der mächtigsten Großen im Westfrankenreich. Nithard berichtet über ihn, Ludwig der Fromme habe »zu seiner Zeit den Adalhard so liebgewonnen, daß er alles ausführte, was dieser im ganzen Reich nur wollte. Adalhard aber, weniger auf das allgemeine Beste bedacht, wollte einem jedem gefällig sein. Deswegen riet er dazu, Freiheiten und Staatsgut zum Vorteil einzelner zu verteilen, und da er veranlassen konnte, daß jeder das Erbetene erhielt, richtete er das Staatswesen ganz zugrunde. So kam es, daß er damals das Volk leicht lenken konnte, wohin er wollte.« Karl der Kahle beabsichtigte zweifellos, sich durch diese Heirat die Unterstützung Adalhards zu sichern, dessen Bruder Gerhard auf die Seite Lothars gewechselt war. Nithard meint dazu: »Deswegen besonders schloß Karl diese Ehe, weil er dadurch den größten Teil des Volkes zu gewinnen hoffte.«

Nach einem ungewöhnlich harten Winter zog Karl mit seiner jungen Gemahlin nach Aquitanien, um dort Pippin II. zu bekämpfen. Doch da trafen Schlag auf Schlag Unglücksmeldungen ein: Am 19. April starb die Kaiserinwitwe Judith, am 24. Juni wurde Nantes von den Normannen erobert, und Graf Rainald unterlag im Kampf mit den Bretonen Nominoës. Jetzt brauchte der König dringend freie Hand, jetzt war es höchste Zeit, die Teilungsvereinbarungen abzuschließen. Die drei Brüder beschlossen, sich im August 843 in Dugny nahe bei Verdun zu treffen. Dort wurde der berühmte »Vertrag von Verdun« unterzeichnet.

Die Vertragsbestimmungen

Der Wortlaut des Vertrages ist nicht überliefert, aber es gibt genügend mittelbare Zeugnisse für die Abgrenzung der drei Teilreiche, deren Kernländer Aquitanien, die Lombardei und Bayern waren. Lothar behielt den Kaisertitel, sein Reich erstreckte sich von der Nordsee bis an die Grenzen Benevents und umfaßte so die beiden Kaiserstädte Aachen und Rom. An Karl den Kahlen fiel alles Gebiet westlich einer Linie, die in etwa den Flußläufen von Maas, Schelde, Saône und Rhône folgte. Ludwig der Deutsche erhielt die Reichsteile östlich des Rheins und nördlich der Alpen.

Es reicht nicht aus, die in Verdun vereinbarten Königreiche kartographisch zu erfassen, vielmehr muß versucht werden, die tieferen

Gründe für die gewählten Grenzziehungen aufzudecken. Seit dem 19. Jahrhundert waren vor allem deutsche und französische Historiker darum bemüht, jeweils aus ihrem Gesichtswinkel die Zusammensetzung der drei Teilreiche zu erklären. Im Zeitalter eines unbestrittenen Nationalitätsprinzips glaubten beispielsweise Jules Michelet und Augustin Thierry, die Unterhändler hätten auf Volkszugehörigkeit und Sprachverschiedenheit Rücksicht nehmen wollen. So seien in Verdun Frankreich und Deutschland entstanden, während Lothars Anteil dazu bestimmt gewesen sei, in mehrere Staaten aufgespalten zu werden, aus denen später die Niederlande, Belgien, die Schweiz und Italien entstanden. Diese Auffassung hielt sich teilweise recht lange. In seinem Buch *L'effondrement d'un Empire et la naissance d'une Europe* (Der Untergang eines Reiches und die Entstehung Europas), das in vieler Hinsicht eine gelungene Synthese darstellt, schrieb Joseph Calmette noch 1941, die Unterhändler von Verdun hätten »die Natur verletzt«, weil sie zwischen Frankreich und Deutschland einen Zwischenraum schufen. Sie hätten »in das lebendige Fleisch Frankreichs und Deutschlands geschnitten, und die dabei zugefügten Wunden sind nie vernarbt, sondern immer wieder aufgebrochen«. In seinem Buch *Naissance de la France* (1948) (Die Entstehung Frankreichs) urteilt Ferdinand Lot differenzierter. Er stellt fest, daß »die Begriffe Volk und Sprache nie für die Reichsteilungen maßgeblich waren, bei den Karolingern sowenig wie bei den Merowingern«. Dann merkt er an, daß »das künftige Frankreich und das künftige Deutschland erlebten, wie das Band zerschnitten wurde, das sie vereint hatte. Beide konnten sich ihrer Individualität bewußt werden, die bis dahin unentwickelt war, und ein eigenständiges Leben führen.« Mit einem Bild aus der medizinischen Fachsprache zieht Lot den Schluß, daß »ohne diese Amputation seiner östlichen Seite Frankreich nicht hätte entstehen können: Es konnte nur leben, nachdem ihm ein Arm abgenommen war.«

Tatsächlich gab es damals weder Frankreich noch Deutschland. Das Reich Karls des Kahlen besaß eine ganz uneinheitliche Bevölkerung, die in sehr unterschiedlichen Sprachen sprach. Welche Gemeinsamkeiten gab es denn zwischen den Goten der Spanischen Mark, den Gascognern, den Aquitaniern, den Kelten der Armorica und den Stämmen Neustriens oder Flanderns? Ludwigs Reichsteil erschien zwar einheitlicher, aber wie noch zu zeigen ist, gab es auch dort keinerlei Zusammengehörigkeitsgefühl, was immer auch deutsche Historiker vom 19. bis zur Mitte des 20. Jahrhunderts dazu beteuert haben.

Die Ursachen für die Reichsteilung müssen anderswo gesucht werden. Einige Historiker haben vermutet, die Unterhändler hätten ein wirtschaftliches Gleichgewicht der drei Königreiche angestrebt. In seiner 1917 verfaßten, aber wesentlich später erschienenen *Histoire de l'Europe* vermutet Henri Pirenne, daß »den Unterhändlern der Blickwinkel, nach dem sie sich richteten, von den Wirtschaftszuständen der Zeit vorgegeben wurde«. Die drei Teilungsberechtigten mußten also Gebiete mit ungefähr gleichwertigen Einkünften erhalten. Auf diesen Erklärungsvorschlag griff 1948 Roger Dion zurück, der bemerkte, alle drei Anteile durchliefen wie Streifen von Osten nach Westen die verschiedenen Vegetationszonen Westeuropas: Weideland in den Küstenschwemmgebieten des Nordens, flaches Getreideland, Waldland und Weinberge, Gebiete mit Salinen und Olivenhainen. Solche kühnen Hypothesen haben aber nicht überzeugen können. Den Herrschern war Aristoteles unbekannt, der forderte, jedes Land müsse sich selbst unterhalten können...

Um die wirklichen Teilungsgründe zu verstehen, muß man auf zeitgenössische Zeugnisse zurückgreifen. Genau dies hat François Louis Ganshof getan, dessen Ansichten der folgenden Darstellung im wesentlichen zugrunde liegen. Nithard nennt als Grundsatz bei der Teilung zwischen Karl und Ludwig: »Es wurde nicht so sehr auf die Fruchtbarkeit und Gleichheit der Anteile Rücksicht genommen, als darauf, daß sie an das eigene Gebiet angrenzten und sich einfügten.« Ferner berichtet er, daß Lothar »über das Geschick derer klagte, die ihm gefolgt seien, weil er in dem angegebenen Teil des Reiches, den man ihm angeboten habe, nicht über die Mittel verfüge, ihnen ihre erlittenen Verluste zu ersetzen«. Damit gibt Nithard eine völlig zufriedenstellende Erklärung: Wichtigstes Anliegen der beteiligten Herrscher war das Schicksal ihrer Gefolgsleute. Da sie ohne deren Hilfe machtlos waren, mußten sie die Lehen der Vasallen im eigenen Teilreich sicherstellen; es war einem Gefolgsmann nämlich nicht gestattet, mehreren Herrschern zu huldigen. Schon bei den Teilungsbestimmungen von 806 hatte sich Karl der Große mit diesem Problem beschäftigt und zur Vermeidung von Konflikten bestimmt, »daß die Gefolgsleute eines jeden Königs Lehen nur im Reich ihres Oberherrn empfangen dürfen«. Entsprechend hatte Ludwig der Fromme 817 gefordert, daß »jeder Vasall Lehen nur im Machtbereich seines Herrn und nicht in dem eines anderen erhalte«. Diese Sorge erklärt beispielsweise, warum die Grenzen von Karls des Kahlen Teilreich die Saône überschreiten und einen Teil von Burgund umfassen: Hier lagen die Lehen Warins, der Graf von Mâcon, Autun und Chalon sowie Laienabt von Flavigny war. Entsprechend erhielt Ludwig der Deutsche ein linksrheinisches Gebiet mit den Bistümern Mainz, Worms und Speyer nicht nur wegen der Weinberge, wie dies ein späterer Chronist vermutet. Der eigentliche Grund war vielmehr, daß Ludwig die Bischöfe als wichtige Gefolgsleute in seinem Reichsteil behalten sollte.

So war die Frage der Landaufteilung und der Gefolgschaften zweifellos ein Problem, das die Verhandlungen im Vorfeld von Verdun schwer belastete. Schon Fustel de Coulanges erkannte, daß »die Teilung von Verdun nicht für die Masse des Volkes, sondern für die Vasallen vorgenommen wurde«. Ein Blick auf die Karte macht klar: Die drei Brüder wollten Anteil haben an den Fiskalgütern, Abteien und Bistümern der Francia, dem Land der Vorfahren und Besitz der großen austrischen Adelsgeschlechter. In diesem Gebiet lagen auch die wichtigsten Königspfalzen, wo die Herrscher Nutzungsrechte beanspruchen und Abgaben einziehen konnten. Die drei Brüder waren weiterhin Frankenkönige und regierten jeweils über einen Teil des *»regnum Francorum«*. Zugleich waren sie Könige von Aquitanien, Bayern beziehungsweise der Lombardei.

Die für die Reichsteilung verantwortlichen Männer konnten unmöglich vorhersehen, daß die in Verdun festgelegten Grenzen die politische Karte des mittelalterlichen Europa bestimmen würden und daß besonders die Grenzziehung zwischen dem Westfrankenreich und dem Anteil Lothars für Jahrhunderte Bestand haben sollte. Während des gesamten Mittelalters war die Schelde Grenzfluß zwischen Frankreich und dem Reich, zerschnitt die Saône Burgund in zwei Hälften: im Westen das Herzogtum Burgund, im Osten die Freigrafschaft, später als Franche-Comté bezeichnet. Bis zum Ende des Mittelalters mußte man nur die Rhône überqueren, um aus dem französischen Königreich – provençalisch »Riau« – in das Kaiserreich zu gelangen. Die Pyrenäen bildeten dagegen keine Grenze, denn Karl der Kahle besaß »spanische« Gebiete, die bis zu den Zeiten Ludwigs des Heiligen Bestandteil Frankreichs blieben. Noch heute ist die alte Grenzziehung erkennbar in der Linie, die quer durch den Argonner Wald und längs der Biesme die Départements Meuse und Marne trennt. Die Grenzen zwischen den Reichen Lothars und Ludwigs waren weniger dauerhaft, wie noch zu zeigen sein wird. Verantwortlich dafür waren Teilungen zwischen den Söhnen des Kaisers und den ostfränkischen Königen. Aber auch hier werden die Umrisse des künftigen Deutschen Reiches erkennbar. Wir können den Vertrag von Verdun durchaus als Geburtsstunde des modernen Europa betrachten.

Für die Zeitgenossen bedeutete dieses große Ereignis dagegen in erster Linie das Ende des großen Traums von der Reichseinheit. Florus von Lyon dichtete:

> »Ihr Berge und Hügel, ihr Wälder und Flüsse, ihr Quellen, ihr hochragenden Felsen und tiefen Täler, betrauert das Volk der Franken, das, durch die Güte Christi zum Kaisertum erhoben, jetzt im Staub versunken liegt... Es verlor zugleich Titel und Zierde des Kaisertums, das geeinte Reich ist jetzt dreifach geteilt. Schon gilt dort keiner mehr als Kaiser, an die Stelle des Königs trat ein Zaunkönig, und Trümmer ersetzen das Gesamtreich.«

Diese *Querela de divisione imperii* ist ganz aus dem Blickwinkel der Geistlichkeit geschrieben, die den Erhalt der Einheit ersehnt hatte und nun fürchtete, die Teilung werde dazu führen, daß auch die Kirche geschwächt werde. Tatsächlich hielt in der Kölner Kirchenprovinz ein Teil der Bischöfe zu Lothar, ein anderer Teil zu Ludwig. Der Bischof von Straßburg war der Herrschergewalt Lothars unterstellt, zugleich war er Suffragan des Mainzer Erzbischofs, der zum Teilreich Ludwigs gehörte. Die Kirchen von Münster und Bremen, die beide demselben Bistum angehörten, waren zwei verschiedenen Herrschern unterstellt. Noch schlimmer stand es mit dem Grundbesitz der Kirchen, der auf Gebiete zerstreut war, die verschiedenen Königen zugehörten.

Trotz allem muß aber zugegeben werden, daß die Reichseinheit unmöglich erhalten werden konnte. Der politische Realitätssinn verlangte die Unterteilung in Reiche, die von dem jeweiligen König mit seiner Gefolgschaft auch tatsächlich regiert werden konnten.

Kapitel III

Das geteilte Frankenreich (843–869)

Nach dem Vertragsabschluß in Verdun kehrte jeder der drei Herrscher in sein Reich zurück, um sich der dringendsten Aufgaben anzunehmen. Auch wenn das Frankenreich nun dreigeteilt war, konnten die Könige so bald nach ihrem Übereinkommen gegenüber den wachsenden Problemen im Westen nicht gleichgültig bleiben. Zu deren Bewältigung beschlossen sie regelmäßige Zusammenkünfte und eine Regierung in brüderlicher Gemeinsamkeit. Nach Lothars I. Tod (855) wuchs die Zahl der europäischen Teilreiche von drei auf fünf, deren Herrscher verschiedenen Generationen angehörten, so daß die »Brüderlichkeit« kaum mehr zu verwirklichen war. In dieser Situation wurde die Einheit des christlichen Abendlandes vom hohen Klerus gestützt, erst vom westfränkischen Episkopat, dann vom Papst in Rom. Während die Geistlichen versicherten, daß das Gesamtreich nicht untergegangen sei, hatten sich die Könige jeweils in ihrem Machtbereich mit den anstehenden Problemen auseinanderzusetzen. Und dabei übergingen sie häufig das kirchliche Einheitsideal.

Die Verteidigung der Idee der Reichseinheit

Die gemeinsame Regierung der Brüder

Schon Karl der Große hatte bei seinem ersten Plan zur Reichsteilung im Jahr 806 die Idee der Brüdergemeine zwischen Herrschern derselben Familie vertreten. Ludwig der Fromme hatte diese Konzeption 817 und in den nachfolgenden Teilungsplänen aufgegriffen. Jetzt war es Zeit für ihre Anwendung, da die Teilung ja verwirklicht worden war. Die Wirren, die dem Vertrag von Verdun vorangegangen waren, machten nach allgemeiner Überzeugung eine religiöse und sittliche Erneuerung notwendig, von der man hoffte, sie könne den Zorn Gottes besänftigen. Man sah ja in der Tat die Feinde der Christenheit immer wagemutiger auftreten: 844 standen die Normannen vor Toulouse, 845 plünderten sie Paris, 848 Bordeaux, 853 Orléans. Gleichzeitig überfielen 846 in Italien die Sarazenen die Außenbezirke Roms und beraubten die Kirchen Sankt Peter und S. Paolo fuori le mure.

Eine erste Bischofssynode versammelte sich im Oktober 844 in Yütz nahe bei Diedenhofen. Den Vorsitz führte Drogo, der Onkel der drei Könige, der Bischof von Metz war und den zudem Papst Sergius II. eben zum apostolischen Vikar für Gallien und Germanien ernannt hatte. Unterstützt von den Bischöfen des Abendlandes verpflichteten sich die drei Könige zur gemeinsamen Regierung im Geist gegenseitiger *fraternitas* und *caritas*. Zu Pippin II. von Aquitanien, der gegen Karl den Kahlen rebellierte, und zum Bretonenherzog Nominoë schickten sie Abordnungen.

Die ununterbrochenen Angriffe, denen Europa ausgesetzt war, veranlaßten ein erneutes Treffen der drei Könige am 28. Februar 847 in der Pfalz Meerssen nahe bei Maastricht. Fünfzehn Tage lang verhandelten sie über Möglichkeiten zur gegenseitigen Hilfeleistung und über Maßnahmen gegen Unruhestifter, denen das Ausweichen von einem Teilreich in das andere verboten wurde. Zum Abschluß gab jeder König eine Erklärung ab, wie dies bei internationalen Zusammenkünften üblich ist: Lothar erneuerte allgemein die Grundsätze der Brüdergemeinschaft. Ludwig kündigte an, daß Abgesandte zu Pippin, den Bretonen und den Normannen geschickt würden. Karl gab die Vertagung auf eine neue Beratung bekannt, die für den Johannistag (24. Juni) geplant war und die sich mit den jetzt ungelöst gebliebenen Problemen beschäftigen solle.

In Wirklichkeit dauerte es vier Jahre, bis sich die drei Herrscher 851 wieder zu einem Frankentag in Meerssen trafen. Aber in der Zwischenzeit gab es Besuche von Lothar bei Karl, von Karl bei Ludwig und von Ludwig bei Lothar, wobei jeder bemüht war, die gegenseitige Bindung zu stärken. Bei den Beratungen in Meerssen

(851) wurde über alle begangenen Verfehlungen hinweggesehen, die drei Brüder äußerten den Wunsch, die erreichte Einigkeit möge ihren Tod überdauern, und ihre Gefolgsleute sollten sich auf die Erneuerung von Kirche und Reich verständigen. Es ist bemerkenswert, daß vom *regnum Francorum* gesprochen wurde, als ob trotz Verdun die karolingische Reichseinheit noch immer fortbestanden hätte. Tatsächlich führte dieses erneute Zusammentreffen zu einem engeren Bündnis zwischen Lothar und Karl, während Ludwig der Deutsche eher in Gegnerschaft zu seinen zwei Brüdern eine eigenständige Politik verfolgte. Das Zusammengehen des Erstgeborenen mit dem Jüngsten verwirklichte Judiths Wunschvorstellungen. Sie trafen sich in den Jahren 852, 853 und 854, an der unteren Seine kämpften sie sogar zusammen gegen die Normannen. Ihre Einladung an Ludwig zu einem gemeinsamen Treffen in Lüttich im Februar 854 war vergebens. In seiner Abwesenheit vereinbarten Lothar und Karl für sich und ihre Nachfolger ein Bündnis, das eindeutig gegen den König des Ostfrankenreiches gerichtet war. Ludwig war so gezwungen, seine Pläne aufzugeben und erneut eine Art Gleichgewicht zu dritt anzustreben. Dieses sehr empfindliche europäische Gleichgewicht bestand bis zum Tod Lothars I. am 29. September 855 im Eifelkloster Prüm.

Der Tod des ältesten Bruders gefährdete das Regierungsprinzip der *fraternitas,* denn Lothar hatte vor seinem Tod die Reichsteilung unter seine drei Söhne beschlossen. So war der Hauptverfechter des Einheitsgedankens zu der Überzeugung gekommen, daß die Rückkehr zum germanischen Teilungsrecht nicht mehr umgangen werden konnte. Sein Erstgeborener, Ludwig II., erbte den Kaisertitel und herrschte über Italien. Lothar II. erhielt das gesamte Gebiet von Friesland bis zum Jura, das in der Folgezeit Lotharingien oder Lothringen genannt wurde. Der dritte Sohn Karl erhielt den Rest, also Burgund südlich des Jura und die Provence.

Das karolingische Abendland war nun in fünf Reiche aufgeteilt, deren Könige zwei Generationen angehörten und keinen Ausgleich untereinander finden konnten. Die drei Söhne Lothars hatten ganz andere Vorstellungen als das Ideal der *fraternitas*. Ludwig II. von Italien beanspruchte einen Teil der Francia, und Lothar II. versuchte, seinen Einfluß auf das Lyonnais und die Provence auszudehnen. Im Jahr 856 verständigten sich die drei Könige des Mittelreiches zu Orbe im Jura mühsam auf einen Status quo. Dabei übernahmen ihre beiden Onkel die Schiedsrichterrolle, obwohl sie, wie noch darzustellen ist, selber in erster Linie an dem Gebiet Lothars II. interessiert waren. An die Stelle der ehemaligen *fraternitas* traten zudem Sonderbündnisse zwischen Onkeln und Neffen: Lothar II. erneuerte von sich aus das Übereinkommen, das sein Vater mit Karl dem Kahlen erzielt hatte (Zusammenkunft in Saint-Quentin 857). Gleichzeitig traf Ludwig der Deutsche seinen Neffen Ludwig II. in Trient. Der König des Ostfrankenreiches entwickelte sich immer mehr zum »starken Mann« des Abendlandes. Die Zunahme der Normanneninvasionen und einen aquitanischen Adelsaufstand nahm er im Jahr 858 zum Anlaß für einen Vorstoß in die *Francia occidentalis*. Erneut war also der Bruderkrieg ausgebrochen, und die Kirche mußte einschreiten, um die Reichseinheit zu retten.

Das Bemühen der Kirche um Bewahrung der Einheit

Seit der Regierungszeit Ludwigs des Frommen hatte ein Teil des hohen Klerus die Idee der Reichseinheit verteidigt, und nach 843 hatte der Episkopat die Könige in der Politik der *fraternitas* unterstützt. Die Tatsache, daß Ludwig in das Reich seines Bruders einfiel, ihm die Gefolgsleute abspenstig machte und Kirchengüter in seinen Besitz brachte, war für die Bischöfe der Anlaß, unmittelbar in die politischen Verhältnisse einzugreifen.

Ludwig war 858 in das Reich Karls des Kahlen eingefallen. Zu Ponthion und danach in Attigny empfing er Adlige, die zu ihm übertraten und die sich Grafschaften, Bistümer und Abteien verleihen ließen. Freundliche Aufnahme fand auch Erzbischof Wenilo von Sens, der den Namen eines Verräters trug – dazu bestimmt, später im Rolandslied wiederzubegegnen. Ludwig der Deutsche beschloß, den hohen Klerus der gesamten *Francia occidentalis* nach Reims zu berufen, vielleicht in der Absicht, sich zum König salben zu lassen. Er datierte seine Urkunden ja bereits nach dem ersten Jahr seiner Herrschaft in Westfranken. Aber die hohe Geistlichkeit, deren herausragende Persönlichkeit Erzbischof Hinkmar von Reims war, verweigerte ihr Kommen und richtete zudem ein ausführliches Schreiben an Ludwig. Darin wurde der König an seine Pflichten erinnert, und es wurden die Bischöfe als jene herausgestellt, die über

Heil und Einigkeit der Christenheit zu wachen hätten. König Ludwig dürfe sich nicht mit jenen Laien verbünden, die Kirchengüter geplündert hätten, die aus egoistischen Gründen von einem Herrscher zum anderen wechselten, den Bruder gegen den Bruder aufstachelten und die den Hof von einer Stätte der Weihe in eine Stätte der Entweihung verwandelten. Wenn Ludwig gekommen sei, um die Ordnung im Reich seines Bruders wiederherzustellen, möge er zuerst auf den Rat der Bischöfe hören, und er solle sich daran erinnern, welche Strafen sein Vorfahre Karl Martell auf sich geladen habe durch die Verletzung von Kirchenrechten; die Bischöfe Westfrankens seien nicht bereit zur Preisgabe Karls, den sie selber zum König gesalbt hätten. Denn »wer die Hand erhebt gegen einen Gesalbten des Herrn, vergeht sich an Christus selbst, dem Herrn aller Gesalbten, und seine Seele wird gewiß unter den Schlägen des geistlichen Schwerts zugrunde gehen«. Ludwig möge das Königreich verlassen, dann werde man eine Zusammenkunft durchführen zwischen den Königen und den Bischöfen, die als »Nachfolger der Apostel von Christus die Herrschaft über die Kirche, das heißt das Reich Gottes, erhalten haben«.

Hinkmar, ein herausragender Kirchenrechtler und fähiger Politiker, erneuerte in diesem erstaunlichen Schreiben nur die Grundsätze, die von den Bischöfen unter der Regierung Ludwigs des Frommen im Jahr 829 verkündet worden waren. Er benützte die politische Lage zur Verwirklichung der damaligen Beschlüsse zur Wahrung von Frieden und Einigkeit, und er fand Gehör.

Ludwig war vom Widerstand des Episkopats überrascht, er mußte sich nach Osten zurückziehen und ließ dabei die ihm verbündeten Adligen im Stich, die wieder zu Karl dem Kahlen übertraten. Lothar II., der kurzfristig von Karl abgefallen war, kehrte nun zurück und stimmte zu, daß auf seinem Gebiet in Metz eine Synodalversammlung einberufen werde, die untersuchen solle, unter welchen Bedingungen der Ostfrankenherrscher die kirchliche Verzeihung erhalten könne. Als Verursacher einer »Spaltung in der heiligen Kirche und in der Christenheit« sollte Ludwig dann auch Buße leisten, wie das seinerzeit Ludwig der Fromme getan hatte.

Darin seinem Vater unähnlich, war Ludwig der Deutsche aber offensichtlich nicht bereit, sich zu demütigen. An der Synode von Savonnières bei Toul beteiligten sich fünfundvierzig Würdenträger aus zwölf Kirchenprovinzen des Westfrankenreiches, Lotharingiens und der Provence. Sie verpflichteten sich zur Wiederherstellung der Einigkeit im Christenvolk: »Die Bischöfe sind gemäß ihres Amtes und ihrer geheiligten Autorität dazu vereinigt, gemeinsam durch Rat und Tat die Könige, die Großen ihrer Reiche und das ihnen anvertraute Volk im Herrn anzuleiten und zu bessern.« Angesichts dieser Einmütigkeit und auf die Vermittlung Lothars II. hin war Ludwig damit einverstanden, sich mit seinem Bruder in Sankt Kastor in Koblenz zu treffen. Fünf Tage wurde verhandelt, dann kam man zu einer Übereinkunft, die auf die Abmachungen des Frankentags von Meerssen (851) zurückgriff. Wie 842 in Straßburg schwor am 7. Juni 860 jeder der Könige einen Eid, aber das Verfahren war diesmal ein anderes. Ludwig wandte sich in deutscher Sprache, Karl in romanischer Sprache jeweils an seine Gefolgschaft. Sie übernahmen den Wortlaut, wie ihn die Bischöfe formuliert hatten, und versprachen, einander in ihren Königreichen Gesetz, Recht und Sicherheit zu garantieren.

So hatten die Bischöfe unter Hinkmars Führung die Einigkeit der Christenheit wiederhergestellt. Sie beriefen sich dabei auf ihre kirchliche Autorität, gestützt auf eine Tradition, die bis in das 5. Jahrhundert zurückreicht. Ermutigt wurden sie aber auch durch Schriften, die seit der Mitte des 9. Jahrhunderts in Gallien zirkulierten. Darin wurden die Allmächtigkeit des Episkopats und der Schutz des Kirchenbesitzes besonders herausgestellt. Dabei handelt es sich um Fälschungen, die einem gewissen Isidor zugeschrieben werden und in Nord- oder Ostfrankreich verfaßt wurden. Der oder die Fälscher begnügten sich aber nicht mit der Herstellung von Texten zur Stärkung der bischöflichen Gewalt. Zusätzlich wurde dem Papst eine Gerichtsgewalt zugeschrieben, die er in Wirklichkeit nie besessen hat. Diese sogenannten Pseudoisidorischen Dekretalen berücksichtigten auf ihre Art den Aufstieg des Papsttums, das seinerseits nun kräftig für die Bewahrung der Einheit der christlichen Welt auftrat.

Während der Herrschaft Karls des Großen und zu Beginn der Regierung Ludwigs des Frommen hatte das Papsttum ganz im Schatten des Kaisers gestanden, dessen Gesetz es unterworfen war. Angesichts der Teilungen durch die Söhne und im Gefühl der gefährdeten

Reichseinheit erhoben die Päpste jedoch ihre Stimme. Von Lothar I. dazu aufgefordert, bemühte sich Gregor IV. im Jahr 833 um einen Ausgleich zwischen Ludwig dem Frommen und dessen Söhnen. Es wurde ihm aber bald klar, daß er nicht mehr ausgerichtet hatte, als den ältesten Kaisersohn bei seinem Aufstand zu unterstützen. Soweit bekannt, hat kein Papst gegen die Bestimmungen des Vertrages von Verdun protestiert, aber wenig später sollte die Gelegenheit kommen, Stellung zu beziehen und zu verkünden, daß auch das Papsttum Garant der Einheit im Abendland sei. Papst Sergius II. (844–847) schrieb dazu: »Es ist völlig unerträglich zu hören, daß die im Glauben an die Dreifaltigkeit geeinte Gemeinschaft der drei Brüder ohne gegenseitige Zuneigung und Rechtlichkeit zerbricht. Sollte einer von ihnen lieber dem Urheber der Zwietracht folgen und sich mit dem allgemeinen Frieden nicht begnügen wollen, so werden wir uns bemühen, diesen verdientermaßen mit Gottes Hilfe und gemäß kirchenrechtlichen Grundsätzen zu züchtigen, so gut wir können.«

Der nächste Papst, Leo IV. (847–855), krönte Ludwig II. im Jahr 850 zum Kaiser und war entschlossen, sich Gehör zu verschaffen. Seiner Meinung nach standen zwei Männer im Abendland an vorderster Stelle: der Papst und der Kaiser. Die Metropoliten sollten nicht ohne Rückfrage in Rom tätig werden. Hinkmar von Reims, der durch seinen Vorgänger Ebbo ordinierte Geistliche abgesetzt hatte, mußte erleben, daß sein selbständiges Vorgehen verworfen wurde. Die Befestigung des Vatikans gegen die Angriffe der Sarazenen durch Leo ist noch eingehender darzustellen. Außerdem rief der Papst die Christenheit zum Kampf gegen die Glaubensfeinde auf. Man braucht ihn deswegen nicht zu einem frühen Vorläufer Urbans II. zu machen, der den Kreuzzug predigte; aber es ist zu beachten, daß erstmals ein Papst himmlischen Lohn denen versprach, die den Tod erlitten für »den wahren Glauben, die Rettung des Vaterlands und für die Verteidigung der Christenheit«.

Nach dem kurzen Pontifikat Benedikts III. (855–858) begann Nikolaus I. (858–867) seine Herrschaft. Dieses Wort charakterisiert ohne Übertreibung die neun Jahre, während der er die römische Kirche leitete. Dagegen haben einige Historiker etwas überzogen in Nikolaus sogar den ersten theokratischen Papst gesehen. In seinen

Briefen, die Abt Anastasius von Santa Maria in Trastevere abgefaßt hatte, bekräftigte der Papst, daß dem Heiligen Stuhl durch die Autorität der Apostel Petrus und Paulus die höchste Gewalt zustehe: »Der Papst hat das Recht, die Angelegenheiten aller Kirchen zu regeln, alle Synoden dürfen nur auf seine Anordnung hin einberufen werden, die Metropoliten unterstehen seiner Autorität; wo das Kirchenrecht schweigt, kann er neues Recht setzen.« Es liegt nahe, daß Nikolaus I. in Konflikt mit Erzbischof Hinkmar von Reims geriet, der den Standpunkt der Metropolitanbischöfe vertrat, die eifersüchtig ihre Unabhängigkeit verteidigten. Der Papst ging sogar so weit, im Osten einzugreifen, als ihm bekannt wurde, daß der byzantinische Kaiser den Patriarchen Ignatios abgesetzt und an seiner Stelle den Laien Photios ernannt hatte. Der Streit mit Photios nahm an Erbitterung zu, als sich der Bulgarenfürst Boris, von den Byzantinern getauft, an Rom wandte und um die Entsendung von Bischöfen für den Aufbau seiner Kirche nachsuchte. In seinem Schreiben an die Bulgaren spricht Nikolaus von der »Erweiterung der Christenheit«, ein Ausdruck mit zunehmend gesellschaftlichem und politischem Bedeutungsinhalt.

Nikolaus I., der die Machtfülle der römischen Kirche erneuern wollte, griff auch ohne Zögern in weltliche Angelegenheiten ein. Dabei ging es ihm nicht nur, wie manchmal behauptet wird, um den Anspruch auf Unterstellung der Herrscher unter seine Autorität, sondern auch darum, sie zur Beachtung der Moral und ihrer Herrscherpflichten aufzufordern. Sein Vorbild war die Politik von Gelasius I., der Ende des 5. Jahrhunderts die *auctoritas* des Papstes der *potestas* des Kaisers entgegengestellt hatte. Der Papst respektierte durchaus die weltliche Herrschergewalt für ihren Bereich, aber er war sich auch dessen bewußt, daß der König bei seiner Salbung besondere Verantwortungen erhielt, die ihn verpflichteten, zum Wohl der Kirche zu wirken. Wenn er seine Bestimmung verfehlte, mußte er zur Ordnung gerufen werden. Hier lag das Motiv für Nikolaus I., als er eingriff, um zwischen Karl dem Kahlen und seinen Söhnen Ludwig und Karl auszugleichen und den Konflikt zwischen Karl und seinem Bruder Ludwig zu verhindern, vor allem aber, als er Lothar II. verbot, seine rechtmäßige Gemahlin zu verstoßen.

Lothars Eheprozeß, enthüllend für die moralischen und politischen Zustände der Zeit, gab dem Papst die Gelegenheit, als oberste Schiedsinstanz des Abendlandes aufzutreten. Folgendes war geschehen: Lothar II. hatte im Jahr 855 aus rein politischen Gründen Teutberga geheiratet, die Tochter des Grafen Boso und Schwester des Laienabts Hukbert von Saint-Maurice im Wallis (vgl. Stammtafel XI). Er hatte aber auch eine halblegale Nebenfrau, Waldrada, an der er besonders hing, weil sie ihm einen Sohn geboren hatte. Da Lothar mit seiner rechtmäßigen Gemahlin keine Kinder hatte, wollte er die Ehe wieder lösen und Waldrada heiraten, um so sein Reich an einen Erben weitergeben zu können. Lothar beschuldigte Teutberga der Unzucht mit ihrem Bruder, dem übrigens jede Schandtat zuzutrauen war, und nachdem er ein erzwungenes Geständnis von der Königin erlangt hatte, ließ er 860 von einigen Bischöfen aus Lotharingien und den anderen Teilreichen sein »gutes Recht« bestätigen.

Hinkmar von Reims, um Zustimmung angegangen, widersetzte sich und verfaßte eine Schrift, in der er die Scheidung scharf kritisierte. Man hat behauptet, der Erzbischof habe zugunsten der Interessen Karls des Kahlen eingegriffen. Der Westfrankenherrscher hoffte in der Tat, Lotharingien gewinnen zu können, falls Lothar erbenlos starb. Hinkmar aber äußerte sich in erster Linie mit Rücksicht auf das christliche Eherecht, das dem Mann verbot, seine Frau zu verstoßen. Und er war davon überzeugt, daß ein Ehemann, der zugleich König war, eine noch größere Verantwortung trug, weil er seinen Untertanen beispielhaft vorangehen mußte. Den Eheprozeß hielt er für eine so wichtige Angelegenheit, daß er ohne Zögern den Appell an Rom empfahl. Gestärkt vom Beistand der lotharingischen Bischöfe, heiratete Lothar II. im Jahr 862 seine Nebenfrau und ließ sie zur Königin krönen. Doch angesichts der Gegenmaßnahmen seiner Onkel Ludwig und Karl war er schließlich damit einverstanden, seine Sache dem Papst vorzulegen.

Bezüglich des christlichen Eherechts war Nikolaus I. genauso unnachgiebig wie Hinkmar, zudem wollte er die Gelegenheit dafür nutzen, seine apostolische Autorität vor aller Augen zu bekräftigen. Ende 862 ordnete er an, daß in Metz eine Synode zusammentrete, an der die Bischöfe Westfrankens, Ostfrankens und der Provence sowie zwei päpstliche Legaten teilnehmen sollten. Lothar gelang es aber, die beiden Legaten zu bestechen. Die Erzbischöfe von Trier und von Köln gingen nach Rom, um die Synodalbeschlüsse zu überbringen, wurden jedoch sofort abgesetzt. Sie versuchten Widerstand zu leisten durch den Appell an Ludwig II. und durch die Verbreitung eines Briefes im ganzen Abendland, in dem sie zahlreiche Beschimpfungen gegen den Papst richteten, der sich zum »Herrn der Welt« aufwerfe. Sie erreichten aber nichts, Nikolaus konnte sich vollständig behaupten und sogar ein allgemeines Konzil nach Rom einberufen, das sich mit allen die Christenheit in Ost und West berührenden Problemen befaßte.

Die Karolingerherrscher waren über diese für sie ungewohnten Initiativen allmählich beunruhigt. Karl der Kahle und Ludwig der Deutsche trafen sich in Tusey an der Maas, um über die Einheit der Christenheit zu beraten, die sich ihrer Ansicht nach aus verschiedenen Völkerschaften zusammensetzte. Sie rieten Lothar, seine rechtmäßige Gemahlin wieder bei sich aufzunehmen, und verboten ihren Bischöfen, nach Rom zu gehen. Nikolaus I. entsandte nun Bischof Arsenius zu Karl dem Kahlen, Ludwig dem Deutschen und zu Lothar II., dem er die Trennung von seiner Nebenfrau auferlegte. Machtpolitisch standen sich nun zwei Parteien gegenüber: Auf der einen Seite Karl und Ludwig der Deutsche, auf der anderen Seite Lothar und Ludwig II. von Italien.

Mit dem Tod von Nikolaus I. im Jahr 867 war der Eheprozeß keineswegs abgeschlossen. Lothar zog nach Italien, weil er hoffte, Papst Hadrian II. von seiner Sache überzeugen zu können, den man für weniger sittenstreng hielt als seinen Vorgänger. Auf Vermittlung von Ludwigs II. Gemahlin, der Kaiserin Engelberga, kam es zu einer Unterredung in Monte Cassino. Lothar II., der vorgab, Waldrada nicht wieder bei sich aufgenommen zu haben, wurde zur Kommunion zugelassen. Alles deutete auf einen versöhnlichen Ausgang, da starb Lothar am 8. August 869 in Piacenza am Sumpffieber. Die Zeitgenossen erkannten darin ein Gottesurteil: »Zu Monte Cassino hat der König seine eigene Verdammnis gegessen und getrunken.«

Zwischen 855 und 869 hatten also zuerst der fränkische Episkopat, dann das Papsttum versucht, in den Auseinandersetzungen zwischen den Karolingerkönigen zu vermitteln. In seiner Denkschrift *De divortio Lotharii* bemerkte Hinkmar dazu: »Das *imperium* kam aus verschiedenen Händen und wurde in der Hand von

Alleinherrschern machtvoll vereint; durch deren eigene Fehler aber wurde es wieder geteilt. Die Kirche bleibt nun das einzige Reich, das unteilbar ist.«

Die Könige in ihren Teilreichen

Die Kirche sah sich also gezwungen, die Bewahrung der Einheit der Christenheit zu ihrer eigenen Angelegenheit zu machen. So wurde das Papsttum zu einer Macht über den Völkern. Die Ursachen dafür sind mehrschichtig: Die Karolingerkönige konzentrierten sich darauf, ihre machtpolitischen und dynastischen Pläne zu verwirklichen, zudem waren sie vollauf damit beschäftigt, nach Lösungen für die zahlreichen inneren Probleme in ihrem jeweiligen Teilreich zu suchen. Der Kampf gegen Invasionen und gegen Aufstände des ehrgeizigen eigenen Adels beanspruchte immer wieder ihre ganze Kraft.

Ludwig II. als selbständiger Herrscher über Italien

Lothar I. übertrug seinem Sohn Ludwig II. im Jahr 840 die Herrschaft über das Königreich Italien, 844 ließ er ihn zum »König der Langobarden« und 850 zum Kaiser krönen. Der im Jahr 825 geborene Herrscher war klug und tatkräftig. Während seiner gesamten Regierungszeit, die bis 875 dauerte, kümmerte er sich eifrig um sein Teilreich, das er nur dreimal verließ. Ein 850 in Pavia verkündetes Kapitular läßt erkennen, daß in Italien Reformmaßnahmen nötig waren: »Der Straßenraub richtet Verheerungen an, die Grafen und die Amtleute des Königs mißbrauchen ihre Macht zur Ausbeutung der Armen, die Pfalzen drohen einzustürzen, die Brücken verfallen...«. Der König gab sich alle Mühe, das karolingische Ordnungssystem durchzusetzen. Zahlreiche überlieferte Urkunden lassen erkennen, daß er von Pfalz zu Pfalz zog, Kapitularien verkündete und Immunitätsprivilegien an Klöster verlieh, darunter auch an San Salvatore in Brescia, wo seine Schwester Gisela Äbtissin war.

Er konnte sich auf ihm nahestehende Adelsfamilien stützen, zu denen er verwandtschaftliche Beziehungen hergestellt hatte. Der Unruochinger Eberhard, Markgraf von Friaul, war sein angeheirateter

Onkel, da er Ludwigs des Frommen Tochter Gisela geehelicht hatte. Dieser war ein gebildeter Mann, ein Freund von Gelehrten und verfügte über eine schöne Bibliothek, die er seinen acht Kindern vermachte. Seine Besitzungen lagen unter anderem in Flandern, im Haspengau, in Toxandrien, im pagus (Gau) Ostrevant, aber am häufigsten hielt er sich in Italien auf. Als Eberhard 864 oder 866 starb, wurde sein Sohn Unruoch Nachfolger, später kam die Markgrafschaft Friaul an seinen zweiten Sohn Berengar. Dieser hatte sich durch seine Eheschließung mit dem Geschlecht der Supponiden verbunden.

Aus derselben Adelsfamilie stammte auch Ludwigs II. Gemahlin Engelberga. Ihr Ahne Suppo I. war bis zu seinem Tod im Jahr 822 Graf von Brescia und Herzog von Spoleto gewesen. Dessen Sohn Adelgis I. wurde Graf von Parma, der Enkel Suppo II. heiratete eine Tochter Wilfreds, der fränkischer Abstammung war und dem von 843 bis 870 die Grafschaft Piacenza unterstand. Ludwigs Neffe Kunithard, der Sohn seiner Schwester Bertha, gehörte ebenso zur Umgebung des Königs wie Graf Boso, der Bruder des berüchtigten Abts Hukbert und Teutbergas, der unglücklichen Gemahlin Lothars II. Weiter im Süden betrachteten sich die Herzöge von Tuszien und von Spoleto als Vasallen des Königs. Adalbert I., der einem bayrischen Adelsgeschlecht entstammte, führte die Markgrafschaft Tuszien von 847 bis ungefähr 884, sein Einfluß erstreckte sich auch über Ligurien und Korsika. Sein Schwager Lambert, der Herzog von Spoleto, war ein Nachkomme jenes Grafen von Nantes, der Lothar I. nach Italien gefolgt war, während ein großer Teil der Familie in der Bretonischen Mark ansässig blieb.

König Ludwig von Italien war 850 von Papst Leo IV. zum Kaiser gekrönt worden. Wie bereits erwähnt, war das Papsttum nach einer längeren Schwächeperiode darum bemüht, seine Stellung wieder zu festigen, und suchte ein enges Zusammenwirken mit dem Kaiser. Leo IV. ließ die Aurelianische Mauer wiederherstellen, aber um den außerhalb gelegenen Vatikan vor den Angriffen der Sarazenen sichern zu können, mußte er die *Civitas Leonina* ummauern lassen, die sich an die Engelsburg anlehnte. Das Unternehmen wurde durch kaiserliche Unterstützung und die Leistungen der päpstlichen Domänen ermöglicht. Die Tore der neuen Stadt trugen Inschriften, mit denen die Bedeutung dieser Befestigungsanlage hervorgehoben wurde: »O Römer und Franken, ihr langobardischen Pilger und alle, die ihr dies Werk beschaut, preist es mit würdigem Lied« und feiert »Rom, das Haupt der Welt, Glanz und Hoffnung, das goldene Rom.« Leo IV. siedelte eine korsische Kolonie in Porto an, und als Ersatz für das verfallene Civitavecchia gründete er die befestigte Stadt Leopolis. Entsprechend der noch immer gültigen *Constitutio Romana* von 824 hielten sich zwei kaiserliche *missi* in Rom auf. Einer davon, Arsenius, war Angehöriger eines bedeutenden römischen Adelsgeschlechts. Er hatte zwei ehrgeizige Söhne, Eleutherius und Anastasius, den späteren Anastasius Bibliothecarius. Dieser war Kardinalpriester von San Marcello und wurde von Ludwig II. gefördert, aber Leo IV. mißtraute ihm.

Als Leo 855 starb, bestimmte die stadtrömische Partei Benedikt III. zum Nachfolger, während Anastasius vergeblich darum bemüht war, die Papstkrone zu erlangen. Ludwig II. beschränkte sich darauf, Arsenius und Anastasius, der Abt von Santa Maria in Trastevere geworden war, mit der Überwachung Benedikts zu beauftragen. Nach dessen Tod veranlaßte Ludwig die Wahl Nikolaus' I., von dem er Unterstützung und Fügsamkeit erwartete. Er umgab den Papst mit ihm willfährigen Beratern, Bischof Arsenius von Orte und Anastasius, der päpstlicher Sekretär wurde. Doch Nikolaus erwies sich als eine sehr starke Persönlichkeit, und mehrfach hatte er heftige Zusammenstöße mit Kaiser Ludwig II. So lud der Papst im Jahr 864 den Erzbischof von Ravenna vor, einen recht gewalttätigen Mann, der Übergriffe gegen die päpstlichen Untertanen in der Emilia begangen hatte. Trotz der Unterstützung des Kaisers und der kaiserlichen *missi* mußte sich Johannes von Ravenna schließlich unterwerfen. Und während Lothars II. Eheprozeß versuchte Ludwig vergebens, von Nikolaus eine Entscheidung zugunsten seines Bruders zu erlangen.

Mit Nikolaus' I. Nachfolger Hadrian II. hatte Ludwig dann einen ihm völlig ergebenen Papst. Hadrian war einäugig und hinkte, er war weder besonders angesehen noch charakterstark, aber von tiefer Frömmigkeit. Sein Pontifikat wurde von familiärem Mißgeschick stark beeinträchtigt. Hadrian war vor seinem Eintritt in den geistlichen Stand verheiratet gewesen und hatte eine Tochter, die zusammen mit ihrer Mutter im Lateran lebte. Eleutherius, der Sohn des Bischofs Arsenius, entführte nun mitten in der Fastenzeit die

Papsttochter und heiratete sie. Schlimmer noch, in einem Anfall von Raserei erstach er Hadrians Tochter und ihre Mutter. Diese Affäre führte dazu, daß Anastasius, der Bruder des Mörders, zeitweise aus dem Lateran entfernt wurde, aber er konnte seinen Platz neben dem Papst sehr bald wieder einnehmen. Tatsächlich war er es, der die römische Kirche in den von Nikolaus I. übernommenen Traditionen lenkte. Papst Hadrian hingegen wiederholte nur ständig die Loblieder auf Ludwig II., der sich ganz uneigennützig für die Sache Christi erschöpfe, der sein Reich und Süditalien gegen die Ungläubigen schütze.

Für den Kirchenstaat und für das ganze südliche Italien war in der Tat die Sarazenengefahr die schwerste Bedrohung. Süditalien war bekanntlich in zwei politische Einflußbereiche geteilt. Da gab es die Reste des byzantinischen Besitzes, die Dukate Kalabrien und Otranto, die zum Thema* Sizilien gehörten. Der Dukat Neapel begann sich bereits aus der byzantinischen Oberherrschaft zu lösen, die Herzöge von Neapel datierten ihre Urkunden nach den eigenen Herrscherjahren. Und schließlich entstand auf Kosten Neapels in Amalfi eine eigene, bald erblich werdende Herrschaft.

Den byzantinischen oder ehemals byzantinischen Fürstentümern standen die langobardischen Machtbildungen gegenüber. Am wichtigsten war das Herzogtum Benevent, dessen Herrscher den Titel *princeps gentis Langobardorum* annahmen. Auf sie richtete sich die Hoffnung aller, die noch von der vergangenen Größe dieses ruhmreichen Stammes träumten. Die Amtsträger in der Umgebung des Herzogs führten noch ihre traditionellen Titel, die »Gastalden« leiteten die riesigen königlichen Ländereien und erhoben Abgaben. Die Münzprägungen von Benevent waren in der ganzen Mittelmeerwelt beliebt. Unglücklicherweise wurde Radelchis I. von Benevent die Macht durch seinen Rivalen Sigonolf streitig gemacht. 844 griff Ludwig II. vermittelnd ein, sein Schiedsspruch führte zur Entstehung des kleinen Fürstentums Salerno, dem eine glänzende Geschichte bestimmt war. Auch die Gastalden von Capua konnten sich selbständig machen. Sie erbauten eine neue Stadt über dem

* »Thema« hießen seit dem 8. Jahrhundert die großen Verwaltungsbezirke, in die das byzantinische Reich unterteilt war. (d. Übers.)

Fluß Volturno, nachdem das alte Capua von den Sarazenen zerstört worden war. Lando (843–860) sowie sein Bruder, der Bischof und Graf Landulf (863–879), konnten sich erfolgreich gegen Benevent und die Fürsten von Salerno behaupten.

Von den Zwistigkeiten der lokalen Herrscher profitierten die Sarazenen, die 841 Bari erstürmten und ihre verheerenden Raubzüge bis zu den reichen Klöstern Monte Cassino und San Vincenzo am Volturno ausdehnen konnten. Von den Äbten zu Hilfe gerufen, unternahm Ludwig II. 851/852 einen Feldzug, aber er konnte Bari nicht zurückerobern. Die Herzöge von Benevent und die Klöster mußten sich durch regelmäßige Tributzahlungen von Plünderungen freikaufen. Im Jahr 866 rief Ludwig II. alle freien Männer Italiens zum Kampf gegen die Sarazenen. Die weniger Bemittelten waren aufgeboten, um an Ort und Stelle die Befestigungen zu bewachen, die übrigen sollten sich bewaffnet für ein Jahr bereithalten. Der Papst wurde aufgefordert, einen Teil der Geschenke beizusteuern, die ihm der Bulgaren-Khan Boris geschickt hatte. Von 866 bis 871 hielt sich Ludwig II. ohne Unterbrechung in Süditalien auf. Um die Sarazenen endgültig zu besiegen, plante er ein Bündnis mit Byzanz.

Im Jahr 842 kam der noch unmündige Michael III. auf den Kaiserthron. Seiner Mutter Theodora gelang es, den Religionsfrieden wiederherzustellen: Am 11. März 843 wurde das »Fest der Rechtgläubigkeit« proklamiert, für manche die Geburtsstunde der orthodoxen Kirche. Seit 856 überließ Michael III. die Ausübung der Herrschaft seinem Onkel Bardas, seit 865 seinem Günstling Basileios. Dieser ließ dann 867 den Kaiser ermorden. Mit Basileios I. begann die Makedonische Dynastie, unter der das byzantinische Reich seinen Höhepunkt erreichen sollte. Ludwig II. hatte geplant, eine byzantinische Prinzessin zu heiraten, sein Antrag wurde aber abgelehnt. Unter der Leitung von Anastasius Bibliothecarius schickte er 869 erneut eine Gesandtschaft nach Konstantinopel, um über die Eheschließung einer seiner Töchter mit Basileios' ältestem Sohn zu verhandeln. Gleichzeitig erhielt Ludwig byzantinische Flottenhilfe bei der Wiedereroberung von Bari (871), wo sich ein mohammedanischer Emir festgesetzt hatte.

Sofort nach dem Sieg schrieben sich Byzantiner und Karolinger den Löwenanteil am Erfolg jeweils selber zu. Der Briefwechsel zwischen Basileios und Ludwig läßt die Ansprüche der beiden Kaiser erkennen. Basileios I. war sehr stolz auf seine Siege über die Araber und wollte die Größe von Byzanz unbedingt erneuern. Er titulierte Ludwig II. als Imperator der Franken und wies besonders darauf hin, daß er nur über einen kleinen Teil des alten Frankenreiches herrsche. Dagegen nannte sich Ludwig *»imperator augustus Romanorum«*, zum Kaisertum berufen durch den Papst, der ihm als neuer Samuel die Stirn mit dem heiligen Öl gesalbt habe. Einige Abschnitte in dem Schreiben Ludwigs lassen die enge Verbindung zwischen Papsttum und Imperium erkennen: »Durch den Willen Gottes... übernahmen wir die Regierung des Volkes und der Stadt, die Verteidigung und Erhöhung der Mutter aller Kirchen Gottes, von der das Geschlecht unserer Ahnen zuerst das Königtum und dann das Kaisertum empfangen hat. Denn die Frankenherrscher hießen erst Könige, dann Kaiser, nämlich diejenigen von ihnen, die dazu durch den Papst mit dem heiligen Öl gesalbt worden sind. So wurde auch unser Urgroßvater Karl der Große durch die Salbung des Papstes als erster aus unserem Volk und Geschlecht Kaiser genannt und zum Gesalbten des Herrn gemacht wegen seiner besonderen Frömmigkeit. Dagegen sind oft Männer zum Kaisertum aufgestiegen ohne jedes göttliche Mitwirken, verkündet durch das Amt der Bischöfe. Sie erhielten die Kaiserwürde nur vom römischen Senat und Volk, die sich um die Bischöfe überhaupt nicht kümmerten...« Es folgt ein Loblied auf die Franken, die schon zahlreiche andere Völker zum Heil bekehrt hätten. »So wie Gott aus Felsen Söhne Abrahams hervorgehen lassen konnte, genauso konnte er aus dem eisenharten Frankenvolk die Nachfolger des Römerreiches hervorgehen lassen...« Ludwig ging davon aus, daß ihm seine Kaiserwürde gegenüber seinen Verwandten, den Onkeln und Brüdern, eine Art Überordnung verlieh: »Auf Deine Behauptung, ich herrschte nicht über das ganze Frankenreich, sollst Du, Bruder, eine kurze Antwort erhalten: Wir herrschen im ganzen Frankenreich, denn ohne Zweifel besitzen wir, was jene besitzen, mit denen wir ein Fleisch und ein Blut sind und einig durch den Heiligen Geist.« In diesem Punkt gab sich Ludwig zweifellos Illusionen hin, er, der von Hinkmar geringschätzig als *»imperator Italiae«* bezeichnet wurde.

Diese Überhöhung des Kaisertums ist ein wichtiges Zeugnis, auch wenn, wie man vermutet, Anastasius Bibliothecarius der Verfasser war. Robert Folz hat treffend nachgewiesen, daß hier die Rückkehr zu den römischen Ursprüngen der Kaiseridee zu beobachten ist. Die Kaiserwürde wird nun vom Papst vergeben. Als Ludwig II., der vom Herzog von Benevent gefangengesetzt worden war, nach Rom zurückkehren konnte, löste ihn Hadrian II. von dem Eid, den er dem ungetreuen Vasallen geleistet hatte, und krönte ihn 850 erneut in Sankt Peter im Vatikan zum Kaiser. Da Ludwig II. aber keinen männlichen Erben besaß, wurde bereits über seine Nachfolge verhandelt. Der Kaiser starb am 12. August 875 bei Brescia. Das Abtreten dieses ersten großen italienischen Herrschers wurde von manchen Chronisten als Ende eines Zeitalters und als Beginn der langen Leidenszeit Italiens betrachtet.

Lotharingien und die Provence als Teilreiche

Kurz vor seinem Tod im Jahr 855 hatte Lothar I. sein Reich in drei Teile geteilt. Neben Italien, das eben dargestellt wurde, entstanden als weitere Teilreiche Lotharingien/Lothringen und Provence (Niederburgund).

Lothar II., nach dem Lothringen benannt ist, erhielt das Gebiet zwischen Friesland, dem Plateau von Langres und dem Jura. Wie sein Vater, der nach 843 die *Francia media* und die Residenz Aachen kaum mehr verlassen hatte, bevorzugte es auch Lothar II., sich hier aufzuhalten. Zwei Erzbischöfe unterstützten seine Herrschaft: Gunther von Köln, sein Archicapellanus, und Theutgaud von Trier. Zu seiner Umgebung gehörten aber auch sein Onkel Liutfrid, Graf im Elsaß, und einige Vasallen ohne politischen Weitblick, die sich darauf beschränkten, ihm zu schmeicheln und ihn zur Ehescheidung zu drängen. Ebenfalls wie sein Vater versuchte Lothar II. die Expansion der Normannen einzudämmen, die sich unter mehreren Anführern, beispielsweise Rorik, in Friesland festgesetzt hatten.

Lothar war mit knapp zwanzig Jahren König geworden und hatte Teutberga geheiratet, die Schwester Abt Hukberts von Saint-Maurice im Wallis, der das Gebiet zwischen Jura und Alpen kontrollierte. Dieser Laienabt war ein regelrechter Straßenräuber, er beherrschte das obere Rhônetal, bis ihn im Jahr 864 der Welfe Konrad II. (vgl. Stammtafel XIII) besiegen und töten konnte. Dieser übernahm dann Hukberts Besitzungen. Wie bereits ausgeführt, war

Lothar II. während seiner ganzen Herrschaft mit dem Eheprozeß beschäftigt. Unter diesen Umständen konnte er sich nicht ernsthaft um die Verwaltung seines Teilreiches kümmern, sondern ließ den weltlichen und geistlichen Großen freie Hand. Der Adel konnte so Abteien und Bischofswürden unter sich aufteilen. Lothar II. bemühte sich bis zu seinem Tod im Jahr 869 vergeblich um die Anerkennung seiner Verbindung mit Waldrada und um die Legitimierung seines Bastardsohns Hugo.

König Karl von der Provence war 855 noch ein Kind, der eigentliche Herr im Reich war sein Erzieher, Graf Gerhard von Vienne, ehemals Graf von Paris, der sich im Jahr 843 seinem Schwager Lothar I. angeschlossen hatte. Dieser bedeutende Adlige, Vetter mehrerer Karolingerkönige, war verheiratet mit Bertha, der Tochter des Grafen Hugo von Tours aus dem Geschlecht der Etichonen. Gerhard besaß Güter in Burgund, im Avallonais und speziell die Gebiete um Vézelay und Pothières, wo er 858 zwei Klöster gründete. Um zu verhindern, daß sich Karl der Kahle oder irgendein anderer Laie dieser Gründungen bemächtigte, bat er den Papst, sie in seinen Schutz zu nehmen. Auf die Bedeutung dieser Initiative wird noch einzugehen sein.

Als Graf von Vienne war Gerhard gewissermaßen Regent der Provence. Er verteidigte das Königreich energisch gegen die Normannen, die rhôneaufwärts bis Arles vorstießen. Er konnte sie zum Verlassen der Camargue zwingen und erhielt zu diesem Erfolg ein Glückwunschschreiben von Abt Lupus von Ferrières.

Der Abt von Ferrières benützte den Anlaß, um seinen Schuler Ado zu empfehlen, der gerade zum Erzbischof von Vienne gewählt worden war. Dieser Ado (Erzbischof 860–875), dessen schriftstellerisches Werk eine eigene Untersuchung wert wäre, verkörperte den Typ des gebildeten, reformfreudigen karolingischen Bischofs. Er versuchte, seiner Stadt ihre alte Größe zurückzugeben, und fand in Nikolaus I. einen Papst, der ihn bereitwillig dabei unterstützte, die Suffraganbistümer, besonders das im Reich Ludwigs II. gelegene Tarentaise, wieder unter seine Autorität zu bringen.

Gerhard von Vienne mußte das Königreich Provence auch gegen Karl den Kahlen verteidigen, der unter dem Vorwand intervenierte, der mächtige Graf Folcrat von Arles habe ihn zu Hilfe gerufen. Karl zog aber nicht weiter als bis Mâcon, weil Gerhard damit gedroht hatte, den Besitz der Reimser Kirche in Saint-Remi-de-Provence zu beschlagnahmen.

König Karl von der Provence hatte keinen Erben, deswegen verhandelte Gerhard mit Lothar II. Nach dem Tod des Königs plante er die Vereinigung der Provence mit Lotharingien, um so den Zusammenhalt zwischen Rhône- und Rheintal wiederherzustellen. Aber nach dem Tod Karls im Jahr 863 erhob auch Ludwig II. von Italien Ansprüche auf das Erbe. In der Pfalz Mantaille bei Vienne wurde ein Kompromiß gefunden und das Königreich zweigeteilt: Die westliche Hälfte mit den Bistümern Lyon, Vienne und Grenoble wurde Lothar II. zugestanden und von Gerhard regiert. Die östliche Hälfte mit den Kirchenprovinzen Arles, Aix-en-Provence und Embrun wurde mit dem Königreich Italien vereinigt. Da Ludwig II. aber ständig in Italien festgehalten wurde, konnte er sich um diesen provençalischen Annex kaum wirklich kümmern.

Das Teilreich Ludwigs des Deutschen

Ludwig erhielt den Beinamen »der Deutsche« erst in späterer Zeit, zutreffender wäre »Ludwig von Bayern«. Sein Reich erstreckte sich vom Rhein bis zur Elbe, von der Ostsee bis zu den bayrischen Alpen. Es war ein spärlich bevölkertes Gebiet, das außer den Städten am Rhein keine bedeutenderen Orte besaß und von den Dänen und Slawen bedroht wurde. Als König *in orientali Francia* herrschte Ludwig über sehr verschiedenartige Regionen. Seine Machtbasis war Bayern mit Regensburg als Hauptort, das ihm seit 817 unterstand. Aufgrund ihrer Geschichte und Kultur hatten die Bayern ein ausgeprägtes Eigenbewußtsein gegenüber den anderen Stämmen, den Schwaben, Franken, Thüringern und Sachsen.

Das von Karl dem Großen unterworfene Sachsen hatte sich noch kaum von den Verwüstungen durch diesen ersten »Dreißigjährigen Krieg« erholt. Ludwig der Fromme hatte sich bereit erklärt, einigen Stammesführern ihre beschlagnahmten Besitzungen wieder einzuräumen. Er förderte die Christianisierung durch die Errichtung mehrerer Bistümer und durch die Gründung des Klosters Corvey. Aber die Sachsen blieben unruhig, sie profitierten von den Zwistigkeiten unter den Söhnen Ludwigs des Frommen. Glaubt man Nithard, war das Volk der Sachsen in drei Schichten gegliedert: die Edelinge, Frilinge und Lazzen, das heißt Edle, Freie und Knechte. Während seiner Kämpfe mit Ludwig dem Deutschen hatte sich Lothar I. mit den Freien verbündet, die sich Stellinga nannten und denen er die Wiederherstellung ihrer alten Gewohnheitsrechte versprach. Einem Teil des Adels, der zu Ludwig hielt, war es aber gelungen, die Aufständischen niederzuwerfen. Unter den zahlreichen Adelsgeschlechtern ragten die Liudolfinger heraus (vgl. Stammtafel XIV). Liudolf, der gegen die Normannen gekämpft hatte, konnte längere Zeit seine Macht nur bis zur Weser ausüben. Aber im Jahr 852 gründete der Sachsenherzog zusammen mit seiner Gemahlin Oda das Kloster Brunhausen, das 856 nach Gandersheim verlegt wurde. Nacheinander leiteten drei Töchter des Herzogpaares diese Gründung, die eng verbunden war mit Corvey an der Weser, wo zwei Söhne Liudolfs Mönche waren. Ein Verwandter Liudolfs, Altfried, war Bischof von Hildesheim. Nach Liudolfs Tod im Jahr 866 trat sein Sohn Brun an die Spitze des Herzogtums. Das mächtige Adelsgeschlecht war auch mit den Karolingern verbunden, denn eine von Liudolfs Töchtern heiratete Ludwig den Jüngeren, Sohn Ludwigs des Deutschen. Und später gingen aus dieser berühmten sächsischen Familie die Ottonen hervor.

In den übrigen Gebieten des Reiches teilten sich die großen Adelsgeschlechter in die Führungspositionen. Die Nachfahren von Karls des Großen Schwager Gerold waren Grafen in den alemannischen Gebieten und legten den Grundstein für das künftige Herzogtum Schwaben. Ludwigs des Deutschen Sohn Karl III., der später den Beinamen »der Dicke« erhielt, heiratete Richardis, die Tochter des alemannischen Grafen Erchangar. Weiter nördlich war der Bereich, aus dem Franken hervorgehen sollte, nur ein loses Gefüge von Gauen und Grafschaften unter der Herrschaft verschiedener Adliger. Der König, der sich gern in Frankfurt aufhielt, hatte offenbar gute Beziehungen zu ihnen.

Alles in allem konnte Ludwig seinen Herrschaftsanspruch durchsetzen, aber es fehlten ihm die Mittel, um überall eine wirksame Kontrolle ausüben zu können. Es gab keine *missi,* keine allgemeinen Reichsversammlungen, und die Grafschaften waren meist sehr großräumig zugeschnitten. Er stützte sich auf die Kirche und die großen Abteien, die regelrechte Klosterstädte bildeten. Fulda, das schon unter Abt Hrabanus Maurus (†856 als Erzbischof von Mainz) zu Lebzeiten Ludwigs des Frommen mächtig gewesen war, erlebte einen beträchtlichen Besitzzuwachs. In Alemannien waren Sankt Gallen und Reichenau gleichzeitig große Grundherrschaften und Zentren des kulturellen Lebens. Im Jahr 857 verlieh der König dem Abt von Niederaltaich das Recht der Hochgerichtsbarkeit. Ludwig mußte auch gegen die normannischen Raubzüge an der unteren Weser einschreiten und vor allem gegen die Slawen östlich der Weser kämpfen. Der thüringische Graf Thaculf wurde zum Herzog der Sorbischen Mark ernannt und behielt dieses Amt bis zu seinem Tod im Jahr 873.

Die gefährlichste slawische Bedrohung kam aus Mähren. Während es den Tschechen in Böhmen nicht gelang, sich wirksam zu organisieren, kamen die Mähren unter der Herrschaft des Herzogs Mojmir I. zwischen 830 und 840 zur Staatsbildung. Mojmir begann mit dem Sieg über einen anderen mährischen Fürsten, Pribina, der das Christentum angenommen und von Ludwig dem Deutschen einen Teil Pannoniens erhalten hatte. Neutra fiel in die Hände Mojmirs, und damit war jede weitere fränkische Ausdehnung unmöglich geworden. Aber die fränkische Mission hatte hier bereits eine Ausgangsbasis geschaffen: In Neutra gab es eine Kirche, weitere wurden in Mähren errichtet. 846 gelang es Ludwig dann, Mojmir I. durch dessen christianisierten Neffen Rastislaw zu ersetzen.

Rastislaw unterstützte jedoch die Autorität des ostfränkischen Königs und die Anwesenheit bayerischer Geistlicher nur sehr widerwillig. Er empörte sich im Jahr 861, unterstützt von Ludwigs ältestem Sohn. 862 wandte er sich an Byzanz und bat um die Entsendung von Missionaren. Der Patriarch Photios, dessen Beziehungen zum Papst schon sehr gespannt waren, sah hier eine Möglichkeit, auf karolingischem Reichsgebiet tätig zu werden. Er schickte zwei Griechen, die Brüder Konstantin – später bekannt unter dem Namen Kyrillos – und Methodios. Beide Missionare sprachen slawisch. Konstantin entwickelte, ausgehend vom griechischen Alphabet, eine eigene slawische Schrift, die »Glagolica«, die im 10. Jahrhundert von der einfacheren »Kyrillica« verdrängt wurde. Sie übersetzten kirchliche Texte in das Slawische und erzielten so sehr schnell Erfolge. Um die Grundlagen einer Kirchenorganisation zu errichten, wandten sich Kyrillos und Methodios nach Rom. Hier wurden sie besonders freundlich aufgenommen, weil sie die Reliquien des heiligen Clemens mitbrachten. Papst Hadrian II. war damit einverstanden, daß das Slawische zur Sprache des Gottesdienstes wurde. Nach Kyrillos' Tod wurde Methodios zum Erzbischof von Sirmium (Mitrovica) geweiht und damit beauftragt, in den Slawenländern den Papst zu vertreten. So konnte die römische Kirche darauf hoffen, ihren Einfluß im Bereich des antiken Illyricum zu erneuern, sehr zum Mißfallen des bayrischen Klerus, der das von Karl dem Großen begonnene Werk ruiniert sah.

Ludwigs Herrschaft wurde auch von innen bedroht, sogar durch die eigene Familie (vgl. Stammtafel VIII). Karlmann, verheiratet mit der Tochter des Herzogs Ernst, der einer der mächtigsten unter den *optimates* war, erhob sich 861 im Bündnis mit dem Herzog von Mähren. Ein weiterer Aufstand folgte 864. 865 entschloß sich Ludwig dann, das karolingische Teilungsprinzip zu befolgen. Vorgesehen wurde eine Dreiteilung des Reiches nach seinem Tod: Karlmann sollte König von Bayern werden und die Slawenmarken erhalten; an Ludwig den Jüngeren sollten Franken, Thüringen und Sachsen fallen; für Karl III. blieb als Anteil Alemannien und Churrätien, also das künftige Herzogtum Schwaben. Nach Ludwigs des Deutschen Tod 876 wurde dieser Teilungsplan verwirklicht.

Das Teilreich Karls des Kahlen

Karl war 843 zwanzig Jahre alt. Er war trotz vorzeitiger Kahlheit ein junger Mann mit gutem Aussehen, sportlich, mutig, gebildet. Es fehlte ihm nicht an Unterstützung, auch wenn zahlreiche Adlige es vorgezogen hatten, die *Francia occidentalis* zu verlassen. Dazu gehörten sein Schwager Eberhard, der nach Friaul gegangen war, sein Verwandter Gerhard, der in den Dienst Lothars getreten war, Matfrid, der sich im Rheinland niedergelassen hatte, und Wido, der nach Italien gezogen war. Bei der Befestigung seiner Herrschaft, im Kampf gegen seinen Rivalen Pippin II. von Aquitanien und gegen die Normannen, konnte Karl auf eine Reihe von Gefolgsleuten zählen. Dazu gehörten seine welfischen Onkel Rudolf und Konrad, sein

Vetter Nithard, der Seneschall Adalhard, der ein Onkel seiner Gemahlin war, Graf Warin und andere.

Der junge König war sich aber darüber im klaren, daß er zu einem Ausgleich mit den Großen des Landes kommen mußte. Zurückgekehrt von einem Feldzug gegen die Bretonen, hielt er im November 843 einen Hoftag in Coulaines ab, einer bedeutenden Domäne nahe bei Le Mans. Die Forschung hat schon seit langem erkannt, wie wichtig diese Versammlung für die Beziehungen zwischen Königtum und Adel war. Der König wandte sich an seine geistlichen und weltlichen Getreuen, gab seine durch jugendliches Alter bedingten Fehler zu und »widerrief Maßnahmen, die er aus mangelnder Erfahrung im Umgang mit der Macht, aufgrund seiner Jugend, von den Umständen gezwungen oder unter schlechtem Einfluß getroffen hatte«. Er verpflichtete sich, den Kirchenbesitz zu sichern und jedermanns Rechte zu achten: »Ich bewillige mit Gottes Hilfe die Beachtung der besonderen Rechte eines jeden, so wie sie dessen Vorfahren zu den Zeiten meiner Ahnen bekannt waren, bezüglich aller Würden und Ordnungen.« Als Ausgleich für diese Verpflichtungen wünschte er dringend den Beistand der Bischöfe und Laien mit Rat und Tat, *»consilio atque auxilio«*, damit seine königliche Gewalt unerschütterlich bestehe. Diese Redewendung ist besonders zu beachten, weil sie große Bedeutung erlangte. Die Übereinkunft in Einträchtigkeit und Freundschaft, die den König an seine Gefolgsleute band, war ein neues Element im politischen System der Karolinger. Der König versprach feierlich die Bewahrung von Ordnung, Gerechtigkeit und Frieden, während ihm die Adligen ihre Hilfe und ihren Rat zusicherten.

Zu Karls Unglück war der Adel aber unzuverlässig und selbstsüchtig. Die großen weltlichen Vasallen waren darum bemüht, die Rechte *(honores)* zu vermehren, die ihnen aus Grafenämtern zuflossen, und sie neigten zunehmend dazu, diese Rechte mit ihren Lehen zu verschmelzen. Bezeichnenderweise taucht in den Quellen bereits die Bezeichnung *»beneficiarii honores«* auf. In dem Gebiet, das ihm zugewiesen war, konnte ein Vasall seinen Einflußbereich ausbauen und seinen Erben übereignen, was ihm seiner Meinung nach rechtmäßig zustand. Schließlich mußte er sich auch um seine eigenen Gefolgsleute kümmern und sie bei ihren Kriegszügen unterstützen. Das Lehnswesen, das Karl der Große für sich eingesetzt hatte, konnte von den Königen immer weniger unter Kontrolle gehalten werden. Karl der Kahle und seine Brüder regelten 847 in Meerssen gesetzlich die Beziehungen zwischen Oberherr und Vasall: Sie verboten, daß ein Vasall den Herrn wechselte und daß ein Oberherr den Vasallen eines anderen abspenstig machte. Die Mühe war vergebens, denn jeder handelte, wie er wollte.

Die hohe Geistlichkeit ihrerseits war ausschließlich damit beschäftigt, den gesamten Kirchenbesitz zurückzugewinnen, den sie bisher noch nicht wieder hatte beitreiben können. Sie führte Klage darüber, daß Karl weiterhin bedeutende Klöster zugunsten von Laien entfremde. Abt Lupus von Ferrières wiederholte so immer wieder vor König Karl und dessen Vertrauten seine Gesuche um Rückgabe des kleinen Klosters Saint-Josse nahe bei Montreuil. Auf dem Hoftag von Épernay präsentierten die Bischöfe im Jahr 846 ihre Ansprüche, aber angesichts der Proteste der Laien drangen sie nicht durch. Bischof Prudentius von Troyes vermerkte dazu in den *Annales Bertiniani*: »Die von den Bischöfen des Reiches vorgebrachte, dringend nötige Ermahnung in kirchlichen Angelegenheiten wurde so geringschätzig behandelt, daß wohl kaum jemals in christlichen Zeiten von einer solchen Nichtachtung der bischöflichen Würde berichtet wird.«

Da er zwischen Laien und Geistlichkeit eingeengt war, griff Karl angesichts von Abfall und Verrat je nach Umständen zu gewaltsamen oder diplomatischen Maßnahmen. Er ließ Verräter ohne Zögern hinrichten, versuchte aber zugleich, Unentschlossene wieder für sich zu gewinnen, indem er die Wahrung ihrer Rechte zusicherte. Unter dem Einfluß von Hinkmar, seit 845 Erzbischof von Reims, präzisierte Karl im März 858 die Versprechen, die er in Coulaines gegeben hatte. Aber wenige Monate später, als Ludwig der Deutsche in das Westfrankenreich einfiel, verließen zahlreiche Große den König. Nur dank Hinkmars energischem Eingreifen überstand Karl der Kahle diese Krise erfolgreich.

Der Erzbischof von Reims konnte bei dieser Gelegenheit eine entscheidende Rolle spielen, auch wenn er, wie oft behauptet wird, während der gesamten Regierungszeit Karls keineswegs der einflußreichste Ratgeber gewesen war. Wie Jean Devisse eindeutig nachgewiesen hat, haben sich die Beziehungen zwischen diesen beiden Männern zeitweise verdüstert. Karl der Kahle war ein einsamer

Mensch, der weder auf seine Freunde noch seine Gefolgsleute, noch seine Familie (vgl. Stammtafel IX) zählen konnte. Die eigenen Kinder bereiteten ihm zahlreiche Enttäuschungen. Seine älteste Tochter Judith hatte Namen und Temperament der Großmutter geerbt. Sie wurde aus politischen Motiven nacheinander mit zwei angelsächsischen Königen verheiratet, floh dann aber mit dem Grafen Balduin I. von Flandern. Ludwig, 846 geboren, hatte Sprachschwierigkeiten, die ihm den Beinamen »der Stammler« einbrachten, er war leicht zu beeinflussen und wenig verläßlich. Karl, der zweite Sohn, kam ein Jahr später zur Welt, er wurde aufgrund einer Verletzung geistesgestört und starb sehr jung. Der vierte, Lothar, lahmte von Geburt an und war deswegen zum Eintritt in ein Kloster bestimmt. Und Karlmann, der in den geistlichen Stand getreten war, wurde nacheinander Abt von Saint-Médard, Saint-Germain-d'Auxerre, Saint-Amand, Saint-Riquier, Lobbes und Saint-Arnoul. Er empörte sich im Jahr 870 gegen seinen Vater, trat als regelrechter Bandenführer auf, wurde 873 zur Blendung verurteilt und endete elend in einem Kloster.

Mit Mut, Zähigkeit, Klugheit und Gewandtheit kämpfte Karl an allen Fronten, trotz des Abfalls von Laien und Geistlichen, trotz der Invasionen der Normannen. Nach der Krise von 858 betonte er in Erklärungen und Urkunden seine Herrschergewalt. Zugleich übertrug er in verschiedenen Teilen seines Königreiches umfassende Befehlsgewalten an zuverlässige Adlige, von denen er Treue zumindest erhoffen konnte.

Das drängendste Problem war, wie die Aquitanier als Anhänger gewonnen werden konnten. Die Parteigänger Pippins II. hatten die Bestimmungen des Vertrags von Verdun nicht anerkannt und widersetzten sich fast zwanzig Jahre lang der Herrschaft des westfränkischen Königs. Zu den Opponenten gehörte seit 844 Bernhard von Septimanien, der einmal mehr wortbrüchig geworden war und sich in Toulouse niedergelassen hatte. Karl zog 844 aus, um die Stadt zu belagern, konnte sie aber nicht bezwingen. Immerhin brachte er Bernhard in seine Hand und ließ ihn enthaupten. Der Widerstand von Toulouse und die Niederlage eines Entsatzheeres unter der Führung von Abt Hugo von Saint-Quentin, einem Bastardsohn Karls des Großen, zwangen Karl dazu, im Jahr 845 mit Pippin II. den Vertrag von Saint-Benoît-sur-Loire abzuschließen. Pippin erhielt die Herrschaft über Aquitanien mit Ausnahme des Poitou, der Saintonge und des Angoumois. Dafür versprach er seinem Onkel Treue, doch handelte es sich nur um eine Art Waffenstillstand. Drei Jahre später ließ sich Karl in Orléans zum König von Aquitanien salben, zog dann weiter nach Süden und erreichte es, daß ihm Graf Fredelo die Stadt Toulouse übergab. Fredelo und Raimund I., sein Bruder und Nachfolger, begründeten die Dynastie der Raimunde, die sich in diesem Gebiet bis in das 13. Jahrhundert behaupten konnte. Wilhelm, der Sohn Bernhards von Septimanien, versuchte in Katalonien Widerstand zu leisten, wobei er sich auf Graf Aledram stützte, der mit dem Geschlecht der Robertiner verbunden war. Karls des Kahlen Parteigänger konnten den jungen Wilhelm aber in ihre Gewalt bekommen, und der König ließ ihn hinrichten. Damit endete die Laufbahn dieses Adligen tragisch, für den Dhuoda ihren *Liber manualis* geschrieben hatte. Pippin II. war zunächst flüchtend herumgeirrt, wurde aber dann von dem baskischen Grafen Sancho gefangen und in Saint-Médard zu Soissons inhaftiert (852). Er konnte bald darauf entkommen und setzte seine Flucht und Verschwörungen fort bis zu seinem Tod im Jahr 864.

Karl der Kahle hielt die Wiedereinrichtung eines Königreiches Aquitanien für eine geeignete Maßnahme, um das Eigenbewußtsein des aquitanischen Adels zu befriedigen. So ließ er seinen achtjährigen Sohn Karl »das Kind« 855 in Limoges zum König salben. Der schwache Prinz erhielt zu seinem Titel aber keinerlei wirkliche Befugnisse und konnte den Aquitaniern deswegen nicht genügen. Karl der Kahle wollte auf die Fiktion eines selbständigen Königreiches jedoch nicht verzichten. Nach dem Tod seines Sohns Karl im Jahr 866 stellte er an die Spitze des Teilreiches Aquitanien seinen ältesten Sohn Ludwig, den späteren westfränkischen König Ludwig den Stammler.

Während dieser schwierigen Jahre begann die Aufteilung Aquitaniens in größere Herrschaftskomplexe. Die Grafschaft Toulouse und die dazugehörigen Gebiete wurden von dem Geschlecht der Raimunde beherrscht, bis Raimunds Sohn im Jahr 872 ermordet wurde. Bernhard Plantapilosa, der Sohn Bernhards von Septimanien, plante die Wiederaufnahme der Politik seines Vaters und die Errichtung eines bedeutenden Fürstentums. Aber Gothien-Septimanien wurde 865 einem anderen Bernhard anvertraut, der Sohn eines Grafen von Poitiers und mit dem Geschlecht der Rorgoniden verbunden war. Bernhard von Gothien versuchte, seine Macht auf die Grafschaften der Spanischen Mark, das spätere Katalonien, auszudehnen, wo die Familie des Grafen Bello von Carcassonne herrschte. In der Auvergne wurde ein anderer Bernhard zur bedeutendsten Figur. Es gab damals elf Adlige, die alle den Namen Bernhard führten und deren Identifizierung der Forschung große Probleme bereitet. Dieser Bernhard von der Auvergne scheint in Verbindung zu stehen mit der Familie des Grafen Warin, er begegnet bis zum Jahr 868 als Graf der Auvergne, Graf von Velay und Abt von Brioude. Seinen Sohn und Nachfolger konnte dann aber Bernhard Plantapilosa verdrängen. Die zentralgelegene aquitanische Grafschaft Poitou besaß ein Karolinger, Ramnulf I. Er entstammte der Ehe zwischen Ludwigs des Frommen Tochter Hildegard und Gerhard, Graf der Auvergne. Ein anderes Adelsgeschlecht, zurückgehend auf Emeno, den Onkel Bernhards von Septimanien, hielt die Grafschaften Angoulême und Périgueux in seinem Besitz. Erst nach größeren Schwierigkeiten gelang es der Familie Ramnulfs, sich zu behaupten und ihren Einfluß in diesem Gebiet dann sogar noch auszubauen.

Ebenso verwirrend war die Lage in Burgund. Die drei Grafschaften Autun, Chalon und Mâcon besaß im Jahr 843 Warin, ein unerschütterlicher Gefolgsmann Karls des Kahlen. Später wurde Bernhard Plantapilosa Graf von Autun, der eine Enkelin Warins geheiratet hatte und dessen Familie in Burgund begütert war. Burgundische Grafschaften beanspruchte für sein Haus auch Eccard, der Sohn Childebrands, der sich auf den Halbbruder Karl Martells zurückführen konnte. Eccard war ein mächtiger Mann, sein Testament gibt eine Vorstellung von seinem Reichtum an beweglichen und unbeweglichen Gütern. Er war in zweiter Ehe verheiratet mit einer Richildis, die vielleicht die Schwester Bosos war, hatte jedoch keine Kinder mit ihr. Dem ungewöhnlich ehrgeizigen Boso gelang es, sich in den burgundischen Grafschaften eine feste Position zu schaffen; darauf wird noch näher einzugehen sein.

Entsprechend wurde auch das Gebiet zwischen Seine und Loire neu unter einige Machthaber aufgeteilt. Diese Politik war dringend nötig, weil Karl hier gegen die Normannen und Bretonen kämpfen mußte. Die Geschichte der Normanneneinfälle kann hier nicht im Detail geschildert werden, man muß jedoch daran erinnern, daß seit der Jahrhundertmitte das Königreich von diesen Piraten regelmäßig angegriffen wurde. Auch Aquitanien blieb nicht verschont, aber die Raubzüge konzentrierten sich vor allem auf das Gebiet zwischen Loire und Schelde. Im Jahr 845 fuhr Ragnar Lodbrok die Seine hinauf und nahm am Ostertag Paris ein. Obwohl Paris keine königliche Residenz war, fand das Ereignis weiten Widerhall. Paschasius Radbertus bringt in seinem Kommentar über die Klagelieder des Propheten Jeremia folgenden Einschub: »Wer hätte es für möglich gehalten, daß eine Bande von Seeräubern, durch Zufall zusammengeführt, bis Paris vordringen könnte ...? Wer hätte geglaubt, daß es einem so berühmten, so großen, so dicht bevölkerten Reich bestimmt sein könnte, von ein paar Barbaren gedemütigt zu werden? ... Ich bin sicher, daß noch vor wenigen Jahren kein König dieser Erde sich hätte vorstellen können und kein Bewohner dieser Welt die Nachricht geglaubt hätte, daß Fremde gewaltsam in Paris eingedrungen sind.« Karl der Kahle aber mußte 7000 Mark Silber aufbringen, um den Abzug der Normannen zu erreichen. 847 fuhren die Normannen die Loire hinauf, 851 errichteten sie einen Stützpunkt auf der Seine-Insel Oscellus (Oissel?) bei Mantes, 857 plünderte eine andere Bande Sankt Martin in Tours.

Seit 856 nahmen die Einfälle eine neue Größenordnung an. 858 gelang den Normannen die Gefangennahme des Abts Ludwig von Saint-Denis, der Erzkanzler Karls des Kahlen und durch seine Mutter Rotrud ein Enkel Karls des Großen war. Für seinen Loskauf mußte eine enorme Summe aufgebracht werden. Karl der Kahle belagerte die Insel Oscellus, konnte sie aber nicht erobern, weil sein Bruder Ludwig der Deutsche in das Westfrankenreich eingedrungen war. Die Normanneneinfälle verursachten allenthalben Panik, brachten Mönche dazu, mit Schätzen und Reliquien beladen zu fliehen, und zwangen die Machthaber zur Erhebung außerordentlicher Steuern, um die Tributzahlungen aufbringen zu können. Die Bevölkerung sah in den Normannen ein Werkzeug des göttlichen Strafgerichts, ihre einzige Waffe hiergegen war das Gebet: »O Gott, befreie uns von dem grausamen Volk der Normannen, das unser Land verwüstet!« Erst 860 schritt der König zum Gegenangriff: Er ließ

Seine-Brücken bauen und an verschiedenen Orten Befestigungen errichten, treue Gefolgsleute erhielten umfassende Befehlsgewalten.

Die Bretonen hatten die karolingische Herrschaft nie wirklich hingenommen. Ludwig der Fromme hatte einige Strafexpeditionen unternommen und den Bretonenherzog Nominoë sogar zum *missus* ernannt. Den Thronwechsel und den Bruderkrieg konnte Nominoë ausnützen, um sich selbständig zu machen und ein Bündnis mit den Lambertinern einzugehen, denen die Bretonische Mark anvertraut worden war. Karl der Kahle versuchte einzugreifen, wurde aber bei Ballon, nördlich von Redon, am 22. November 845 geschlagen. Danach mußte er Nominoës Hoheit über die Grafschaften Rennes und Nantes anerkennen. Aber der Bretonenherzog wollte noch mehr; er plante die Herauslösung der bretonischen Bischofsstädte aus der Metropolitangewalt von Tours und erbat, freilich vergebens, vom Papst die Errichtung eines Erzbistums in Dol. Manche Forscher vermuten, Nominoë habe sogar den Königstitel annehmen wollen. Das bleibt unsicher, aber vielleicht hatte er das Beispiel jener Karolingerprinzen vor Augen, denen der Titel eines Königs verliehen wurde, um dem Partikularbewußtsein der einzelnen Volksgruppen entgegenzukommen. Im Jahr 851 folgte ihm sein Sohn Erispoë an der Spitze des Herzogtums Bretagne. Bei Juvardeil nahe Segré schlug er das Heer Karls des Kahlen (August 851), behauptete damit den Besitz von Rennes und Nantes und nahm den Königstitel an. Karl der Kahle dachte nun an seine Aufnahme in die Familie der Karolinger und verhandelte über eine Eheschließung seines Sohnes Ludwig mit der Tochter des Bretonenherzogs. Möglicherweise wurde diese Annäherung von den Rorgoniden gefördert, die, wie schon erwähnt, mit den Karolingern verbunden waren. Ludwig der Stammler erhielt 856 den Königstitel und die Herrschaft über den Dukat Le Mans sowie einen Teil von Neustrien. Die verbesserten Beziehungen zu Erispoë werden durch die Übernahme karolingischer Institutionen in der Bretagne belegt, was aber nicht allen Bretonen zusagte: Erispoë wurde 857 ermordet. Er wurde durch seinen Vetter Salomon ersetzt, der mit verschiedenen Adligen und sogar mit Karls Sohn Ludwig dem Stammler seine Intrigen spann.

Zu dieser Zeit hatten die Rorgoniden die Gunst Karls des Kahlen verloren, an ihre Stelle waren die Robertiner getreten. Die Herkunft Roberts des Tapferen war lange umstritten, wahrscheinlich entstammt er der Familie Chrodegangs. Um sich enger mit den Karolingern zu verbinden, heiratete er Adelheid, die Witwe des Welfen Konrad I. und Tochter des Grafen Hugo von Tours (vgl. Stammtafel XII). Im Jahr 852 war Robert Graf und Laienabt von Marmoutier. 853 war er *missus* in mehreren Grafschaften von Maine, Touraine und dem Anjou. 858, im Jahr der Abfallsbewegung, empörte er sich gegen Karl, wurde aber 861 wieder in Gnaden aufgenommen und erhielt den Herzogstitel mitsamt dem Auftrag, das Gebiet zwischen Seine und Loire gegen die Normannen zu verteidigen. Er kämpfte nun gegen die mit Salomon verbündeten Rorgoniden und selbst gegen Ludwig den Stammler, als sich dieser gegen den Vater erhoben hatte. Salomon mußte im Jahr 863 um Frieden bitten. Robert war so unvorsichtig, auch normannische Truppen in seinen Dienst zu stellen. Er sollte die Bewegungen der Skandinavier einschränken und das Kloster Sankt Martin in Tours schützen, dessen Laienabt er wurde. Im Herbst 866 erkämpfte er bei Brissarthe nördlich von Angers einen glänzenden Sieg, erlitt dabei aber tödliche Verletzungen.

So endete die kurze Karriere des Mannes, den die Annalen von Fulda den »Makkabäus unserer Zeit« nennen und der als der angesehenste Vorfahre der Kapetinger gilt. Seine Söhne Eudo und Robert waren zu jung, um seine Nachfolger zu werden, deswegen ging sein Herrschaftsbereich zwischen Seine und Loire an den Welfen Hugo Abbas (der Abt). Dieser war ein Onkel Karls des Kahlen und der Schwiegersohn Roberts des Tapferen. Er behielt seine Stellung bis zu seinem Tod im Jahr 886.

Eine andere bedeutende Persönlichkeit dieser Zeit erhielt den Auftrag, die Gebiete nördlich der Seine zu verteidigen, die den Normannen besonders ausgesetzt waren: Graf Balduin I. von Flandern. Wie Jan Dhondt zeigen konnte, stammt die Familie Balduins aus dem Mittelrheingebiet und dem Elsaß. Sie hatte sich in Flandern festgesetzt und dort Grafenämter erlangt. Balduin, der später den Beinamen »Eisenarm« bekam, entführte im Jahr 862 unter Mitwisserschaft Ludwigs des Stammlers Judith, die Tochter Karls des Kahlen, und floh zu Lothar II. Das Eingreifen von Papst Nikolaus I. war notwendig, um die Verzeihung des Westfrankenkönigs für das Paar zu erlangen. Karl übetrug nun Balduin eine ganze Reihe von Grafschaften und gab ihm auch das Kloster Saint-Bertin. Balduin zeigte sich dem vom König übernommenen Auftrag gewachsen und konnte bis zu seinem Tod im Jahr 879 jeden normannischen Angriff zurückschlagen.

Kapitel IV

Karl der Kahle als letzter großer Karolingerkaiser

Karls Zielsetzungen

Das Jahrzehnt von 860 bis 870 war entscheidend wichtig für Karl den Kahlen. Er hatte die Vierzig überschritten, hatte Intrigen im Inneren und Gefahren von außen überwunden. Die Entscheidung zum Bau von Brücken und Befestigungen, 862 in Pîtres getroffen, zeigte allmählich Wirkung. Zwei Jahre später erließ Karl ein weiteres Kapitular, in dem er verbot, Festungen ohne seine Bewilligung zu errichten, und in dem er die Grafen zum schuldigen Gehorsam ermahnte. Mit demselben Kapitular versuchte er auch, Ordnung in das Münzwesen zu bringen, das er als Herrschermonopol bekräftigte. Zwischen 860 und 864 reorganisierte er die zwölf Amtsbereiche, die er an *missi dominici* vergeben hatte. Kurz, in diesen Jahren war er offensichtlich entschlossen, eine überlegene Herrschaft auszuüben. Als kurz nacheinander seine beiden Söhne Lothar (†865) und Karl das Kind (†866) starben, war er tief betroffen. Er suchte die Aussöhnung mit seiner Gemahlin Ermentrud, die er in Saint-Médard zu Soissons feierlich zur Königin salben ließ. Aber unmittelbar nach der Zeremonie verschwor sich Wilhelm, der Bruder Ermentruds, gegen den König, und Karl ließ ihn enthaupten. Ein Jahr später trennten sich die Ehegatten, Ermentrud zog sich in ein Kloster zurück.

Karl der Kahle befaßte sich auch mit den Angelegenheiten Lotharingiens und verfolgte mit besonderem Interesse den Eheprozeß Lothars II. Bei einem Zusammentreffen in Metz (862) verständigte er sich mit Ludwig dem Deutschen auf die Teilung Lotharingiens nach Lothars Tod. Dieses vielerwartete Ereignis trat dann im Jahr 869 ein. Nach Lothars Tod wurde sein illegitimer Sohn Hugo, noch im Kindesalter stehend, völlig übergangen. Nun hätte Ludwig II. von Italien das Teilreich seines Bruders erben müssen. Aber der Kaiser war weit weg, mit dem Kampf gegen die Sarazenen beschäftigt, und er hatte keine Anhängerschaft in Lotharingien. Näher zur Stelle waren die zwei Onkel Lothars, von denen die Entwicklung der Lage aufmerksam verfolgt worden war. Aber Ludwig der Deutsche lag krank in Regensburg, und seine Söhne führten Krieg gegen die Slawen. Karl der Kahle wußte, daß er sich auf einige Bischöfe verlassen konnte: Adventius von Metz, Franco von Lüttich, der mit den Karolingern verwandt war, Arnulf von Toul und andere. So rückte er ohne Zögern in Lotharingien ein und ließ sich in Metz krönen (9. September 869).

Karl gab dieser Stadt den Vorzug vor Aachen, weil er hier auf eine größere Anhängerschaft rechnen konnte und weil Metz für ihn der Stammsitz des Geschlechts der Karolinger war. Eben damals wurde die legendenhafte Lebensbeschreibung des heiligen Arnulf niedergeschrieben, Genealogien in Versen und in Prosa brachten die Arnulfinger mit den Merowingern in Verbindung. Hinkmar, der große Organisator der Krönungszeremonie, erinnerte an Chlodwig, den »Vorfahren« Karls, und erfand zu diesem Anlaß die Legende von der Salbung des ersten Frankenkönigs durch Bischof Remigius von Reims. Karl seinerseits wußte, daß sein Vater Ludwig der Fromme nach der Wiedereinsetzung in Metz erneut gekrönt worden war und daß er sich das Kloster Saint-Arnoul (Sankt Arnulf) als Begräbnisstätte auserwählt hatte: Wer in Westfranken herrschte, hatte gute Ansprüche auf den lotharingischen Königsthron.

Kurz nach der Krönungsfeier erfuhr Karl, daß Ermentrud in Saint-Denis verstorben war. Er nahm nun Richildis zu sich, die mit der Familie Lothars II. verwandt war. Sie war die Tochter des Grafen Bivin (vgl. Stammtafel XI) und Nichte der Königin Teutberga. Am 22. Januar 870 wurde in Aachen feierlich Hochzeit gehalten, und Karl rechnete damit, sein Schwager Boso würde nun auch die noch Zögernden auf seine Seite ziehen. Durch die zweite Eheschließung verjüngt, schien Karl auf dem Gipfel seiner Macht zu stehen. Im Kloster San Paolo fuori le mure wird eine Bibel aufbewahrt, die der König kurz nach der Niederschrift des Krönungsordo anfertigen ließ. Darin wird er mit seiner Gemahlin, umgeben von der Palastwache, in seiner ganzen Herrlichkeit dargestellt, mit Herrscherblick, willensstarkem Kinn und befehlender Geste. Diese Haltung begegnet auch im *Codex Aureus* aus Sankt Emmeram (Regensburg), der zur gleichen Zeit entstanden ist. Hier wird der König eingerahmt von zwei Gestalten mit überquellenden Füllhörnern in Händen als symbolische Darstellung zweier Provinzen.

Sobald aber Ludwig der Deutsche seine Gesundheit wiedererlangt hatte, erinnerte er seinen Bruder an dessen Versprechungen, und gleichzeitig forderte Hadrian das Erbe für Ludwig II. Um die päpstlichen Ansprüche definitiv abzuwehren, verständigte sich Karl mit Ludwig und verzichtete in der karolingischen *villa* Meerssen an der Maas auf einen Teil Lotharingiens. Er verlor zwar Metz und Aachen, behauptete aber das Tal der Maas und ein Drittel von Friesland. Außerdem verzichtete Ludwig auf die Gebiete um Lyon, Vienne und Viviers, die Lothar II. nach dem Tod Karls von der Provence im Jahr 863 besetzt hatte.

Graf Gerhard von Vienne, der in dieser Gegend tatsächlich die Macht ausübte, widersetzte sich den Abmachungen von Meerssen und empörte sich gegen den Westfrankenkönig. Gestärkt durch die Unterstützung der Erzbischöfe Ado von Vienne und Remigius von Lyon begann Karl der Kahle die Belagerung von Vienne, das Gerhards Gemahlin Bertha verteidigte. Nach der Einnahme der Stadt erlaubte er dem Grafen, sich mit seiner Frau nach Avignon zurückzuziehen, das Ludwig II. gehörte; beide starben hier kurz danach. So endete die politische Laufbahn dieses bedeutenden Adligen, der wenig später als Girart de Roussillon in die Heldensage einging. Als Herrn über Lyonnais und Viennois setzte Karl hier seinen Schwager ein, den Grafen Boso, der aus diesem Aufstieg noch weiteren Nutzen ziehen sollte.

Karl der Kahle als Kaiser

Als Beherrscher des Südostens von Frankreich wollte der ehrgeizige Karl auch die Nachfolge Ludwigs von Italien antreten. Da dieser keinen Sohn hatte, waren Karl und Ludwig der Deutsche allein erbberechtigt. Ludwig der Fromme hatte bereits 817 in der *Ordinatio imperii* an einen solchen Fall gedacht: Wenn einer seiner Söhne ohne legitimen Nachfolger starb, sollte dessen Teilreich an einen der überlebenden Brüder gehen. Da Ludwig aber König und Kaiser war, mußte die Nachfolge für beide Ämter vorbereitet werden. Karl und Ludwig der Deutsche verfolgten die Ereignisse südlich der Alpen gleichermaßen in gespannter Aufmerksamkeit. Kaiserin Engelberga, die zu den politisch sehr einflußreichen Frauengestalten jener Zeit gehört, versuchte beiden Brüdern gleichzeitig Aussichten auf die Nachfolge in Italien vorzuspiegeln. Dagegen hatte sich Papst Hadrian II. bereits seinen Kandidaten für die Kaiserwürde ausersehen und schrieb 872 in einem Brief an Karl den Kahlen: »Wir versichern euch aufrichtig und treu – doch sei dies eine geheime Rede und ein nur den Vertrautesten mitzuteilender Brief –, daß..., falls eure Hoheit bei unseren Lebzeiten den Kaiser überlebt, und wenn jemand uns auch viele Scheffel Gold anbieten sollte: Wir werden niemand anderen zum römischen König und Kaiser wünschen und fordern und freiwillig annehmen als dich... Falls du unseren Kaiser überlebst, so... wünschen wir alle dich nicht nur als unseren Anführer und König, Patricius und Kaiser, sondern als Schutzherrn der gegenwärtigen Kirche...« Der Papst konnte dieses bemerkenswerte Versprechen abgeben, weil er wie sein Vorgänger Nikolaus I. der Meinung war, er könne von sich aus über die Kaiserkrone verfügen. Zudem suchte er einen Thronkandidaten, der mächtig genug war, um den Kirchenstaat vor den Sarazenen zu schützen. Johannes VIII., Nachfolger Hadrians II., übernahm dessen Verpflichtung gegenüber Karl.

Als Johannes VIII. 872 Papst wurde, stand er bereits in vorgerücktem Alter, dennoch war seine Tatkraft ungewöhnlich groß. Wie Nikolaus I. setzte er sich als Oberhaupt der *Christianitas* durch, er verwendete diesen Ausdruck gern in seinen Schreiben und bemühte sich darum, die Bedeutung der römischen Kirche zu vergrößern. Nach dem Tod Ludwigs II. berief der Papst eine Synode nach Rom und bot dann Karl dem Kahlen die Kaiserkrone an. Später erläuterte er: »Karl zeichnet sich aus durch seine Tugend, seine Kämpfe für den Glauben und das Recht, sein Bemühen, die Geistlichkeit zu ehren und zu unterweisen. Gott hat ihn daher auserwählt zur Ehre und Erhöhung der römischen Kirche.« Der stolze und ehrgeizige Frankenkönig mußte mit dieser Wahl außerordentlich zufrieden sein.

Im Westfrankenreich waren dagegen nicht alle restlos begeistert. In seiner Schrift *De fide Carolo regi servanda* zeigte sich Hinkmar dem italienischen Abenteuer abgeneigt. Ihm war es unverständlich, daß man nach der Kaiserkrone streben konnte, während doch das eigene Königreich gegen die Angriffe der Normannen und Bretonen verteidigt werden mußte. Außerdem scheute er einen übergroßen Einfluß des Papsttums auf die Angelegenheiten des Königreiches, und er fürchtete schließlich, Ludwig der Deutsche werde die Abwesenheit Karls benützen, um Westfranken wie im Jahr 858 anzugreifen – was dann ja auch geschah. Aber, schloß Hinkmar, auch einem König, der sich irrt, muß man die Treue halten. Karl beachtete den greisen Erzbischof sowenig wie andere seiner Ratgeber, ohne Verzögerung machte er sich auf den Weg nach Italien.

Nachdem er die Truppen zurückgeschlagen hatte, die sein Bruder gegen ihn ausgesandt hatte, wurde Karl am 17. Dezember 875 von Johannes VIII. in Sankt Peter feierlich empfangen. Am Weihnachtstag, genau fünfundsiebzig Jahre nach der berühmten Kaiserkrönung seines Großvaters, wurde er dann gesalbt, gekrönt und als römischer Kaiser akklamiert. Karl verteilte auch Gaben: Dem Papst schenkte er eine wertvolle Bibel, die heute im Kloster San Paolo fuori le mure aufbewahrt wird, und die sogenannte *Cathedra Petri,* die in einer besonderen Einfassung noch immer in der Apsis von Sankt Peter steht und erst kürzlich Gegenstand wissenschaftlicher Untersuchungen war. Auf dem Rückweg nach Norden durchkreuzte Karl die Pläne der Kaiserinwitwe Engelberga, die eine Kandidatur von Ludwigs des Deutschen Sohn Karlmann hatte unterstützen wollen. In Pavia konnte er sich zum König von Italien wählen lassen. Den etwa dreißig weltlichen und geistlichen Großen, die gekommen waren, um ihm zu akklamieren, empfahl Karl, die römische Kirche zu ehren, ihren Landbesitz nicht anzutasten und Papst Johannes zu unterstützen.

Karl mußte sich nun mit der Rückkehr nach Westfranken beeilen. Genau am Tag der Kaiserkrönung in Rom hatte Ludwig der Deutsche Quartier zu Attigny bezogen. Dank der Bemühungen Hinkmars und der Königin Richildis wurde er aber von den Großen wenig freundlich aufgenommen und zur Rückkehr in sein Teilreich genötigt. Um seine neue Würde von den Gefolgsleuten anerkennen zu lassen, berief Karl im Sommer 876 eine glanzvolle Reichsversammlung nach seiner Pfalz Ponthion. Es kamen ungefähr fünfzig Bischöfe aus allen Teilen des Reiches und zahlreiche weltliche Große. Diese wichtige Versammlung dauerte fast drei Wochen. Nach den Quellenberichten wurde Karl von päpstlichen Legaten begleitet und hatte Erzbischof Ansegis von Sens bei sich, den er zum großen Ärger Hinkmars als päpstlichen Vikar für Gallien und Germanien einführte. Allen ließ Karl die Umstände seiner Thronbesteigung als Kaiser und König bekanntmachen. Am letzten Versammlungstag zeigte er sich in einem kaiserlichen Gewand nach griechischer Mode, was die Anwesenden beeindruckte, von der anderen Seite des Rheins her aber hart kritisiert wurde. Der Verfasser der Fuldaer Annalen, der die Meinung der Untertanen Ludwigs des Deutschen widerspiegelt, schreibt dazu: »König Karl... nahm neue und ungewöhnliche Tracht an; denn mit einer Dalmatica bis zum Knöchel bekleidet und einem Wehrgehänge darüber, das bis zu den Füßen herabhing, auch den Kopf in ein seidenes Tuch gehüllt und darüber das Diadem, so pflegte er... feierlich zur Kirche zu schreiten. Jede Sitte fränkischer Könige verachtend, hielt er griechischen Prunk für den besten, und um seinen gesteigerten Stolz zu zeigen, legte er den Königstitel ab und ließ sich Kaiser und Augustus nennen über alle Könige diesseits des Meeres...« Natürlich ist dieser Bericht des Annalisten tendenziös gefärbt, aber Karl nahm seine neue Würde tatsächlich ernst, griff antike Traditionen wieder auf und ließ seinen Siegeln eine stolze Umschrift geben: *»Renovatio imperii Romanorum et Francorum«*. Um Karls Erfolg vollständig zu machen, traf nun auch eine Nachricht ein, die man schon länger erwartet hatte: Ludwig der Deutsche war soeben gestorben. Nun bestand für Karl die Möglichkeit, den Plan von 870 zu erneuern: seine Eroberungen abzurunden und Aachen zu seinem Hauptsitz zu machen.

Zwischen der politischen Wirklichkeit des Augenblicks und dem wahrhaft erstaunlichen, ungezügelten Ehrgeiz gab es keine Übereinstimmung. Die Klugheit hätte Karl geboten, mit der neuen Würde zufrieden zu sein und seine Königreiche – Westfranken und Italien – zu regieren. Aber Karl glaubte an seinen Stern, er war davon überzeugt, daß Gott seine Unternehmen begünstigte, und träumte davon, das Reich Karls des Großen neu zu errichten. Die Ereignisse sollten ihm zeigen, daß die Verwirklichung derartiger Vorstellungen unmöglich war.

Das Ende der Regierungszeit Karls des Kahlen

Ohne Rücksicht auf einen neuen Normanneneinfall, taub gegen alle Ratschläge, folgte Karl nur zu bereitwillig dem Hilfeersuchen einiger lothringischer Adligen. In der Begleitung zweier päpstlicher Legaten zog er erst nach Aachen, dann nach Köln und setzte sich im Rheintal fest. Aber Ludwig der Jüngere, der zweite Sohn Ludwigs des Deutschen, dem sein Vater den Westteil des Königreiches versprochen hatte, griff jetzt ein und errang bei Andernach (8. Oktober 876) einen vollständigen Sieg über das Heer Karls des Kahlen. Der erkrankte Kaiser mußte fliehen, sein Schatz und zahlreiche Gefangene fielen in die Hände des Gegners. Als Karl wieder mit seiner Gemahlin zusammentraf, erfuhr er, daß sie kurz nach dem Tag der Schlacht einen Sohn geboren hatte. Er wurde freilich nicht einmal ein Jahr alt.

Karl war eben von der Rippenfellentzündung wiederhergestellt, die er sich bei seinem kläglich gescheiterten Feldzug zugezogen hatte, da erhielt er angsterfüllte Briefe von Johannes VIII. Der Papst rief ihn dringend zu Hilfe: Die Sarazenen raubten in der Campania und Sabina, zerstörten Kirchen und bedrohten die Stadt Rom. Die Herzöge Lambert und Wido, von Karl mit der Verteidigung des Kirchenstaats beauftragt, blieben untätig. Graf Boso, von Karl als Vizekönig in Pavia eingesetzt, wollte nichts hören. Wie erst nachträglich bekannt wurde, hatte Boso die Tochter der Kaiserinwitwe Engelberga geheiratet, kehrte dann nach Frankreich zurück und faßte eine ganz andere Bestimmung ins Auge als die Stellung eines Vizekönigs. Johannes VIII. wurde immer drängender, schickte ständig Briefe und schrieb: »Vortrefflichster aller Cäsaren, eilt unserem Unglück zu Hilfe, lindert das Elend unseres Volkes, reicht eure mächtige Hand und befreit dieses Land, dessen Notstand wir euch vom Beginn eurer Berufung an bekannt gemacht haben, damit nicht, sollte dieses Gebiet verlorengehen, auch euer Reich Schaden nehme und der ganzen Christenheit Verlust entstehe.«

Abermals wollte Karl nicht zögern. Seine Ehre als Kaiser und König verpflichtete ihn zum Italienzug. Aber angesichts seines Gesundheitszustands, der neuen Normanneneinfälle, der Unzufriedenheit der Großen und der Bedrohung des Reiches durch seine

Neffen war Karls Entschluß wirklichkeitsfremd. Den Kaiser veranlaßte dazu entweder die Hoffnung auf einen Erfolg, der sein Ansehen stärken würde, oder der resignierende Wille zu einer Art Selbstmord in vollem Herrscherglanz. Er ließ eine Steuer von fünftausend Pfund Silber erheben, um mit dieser Tributzahlung der Normannengefahr zu begegnen, und er berief eine Versammlung nach Quierzy, um mit den Großen die während seiner Abwesenheit notwendigen Maßnahmen zu beschließen.

Die stellvertretende Reichsregierung übertrug Karl seinem Sohn Ludwig dem Stammler. Da er ihm aber nicht traute, umgab er ihn mit Bischöfen, Äbten und Grafen, auf die er zählen konnte. Ludwig bekam sogar schon die Empfehlung, sich nach dem Sieg des Kaisers über die Sarazenen für den Empfang der Königskrone in Italien bereit zu halten. Karl ließ die Großen versprechen, sie würden Kirchengüter und den Besitz seiner Familie nicht antasten. Bis ins Detail wurde von ihm die Durchführung von Verwaltungsmaßnahmen vorausgeplant: der Unterhalt der Befestigungen, die Überwachung der Forste, die Buchführung über die Stückzahlen des Wildes, das von seinem Sohn auf der Jagd erlegt wurde.

Die bekanntesten und oft falsch interpretierten Bestimmungen des Kapitulars von Quierzy betreffen Ämter und Lehen, die während der Abwesenheit des Kaisers neu zu besetzen sein würden. Ein Bistum, das sein Oberhaupt verlor, wurde vorläufig einem geschäftsführenden Rat anvertraut, der die Entscheidung des Kaisers abzuwarten hatte. Und falls ein Graf starb, war vorgesehen, daß dessen Sohn den Verwaltungsbezirk leiten sollte, unterstützt von Amtleuten der Grafschaft und vom Bischof. Starb ein Vasall, so durften dessen Witwe und Kinder vorläufig über die Lehen verfügen. Und schließlich: Wenn sich beim Tod des Kaisers ein Gefolgsmann aus der Welt zurückziehen wollte, um für ihn zu beten, dann sollten ein Sohn oder ein Verwandter dieses Gefolgsmanns dessen Lehen erben. Im Gegensatz zu früheren Ansichten haben diese Beschlüsse die Erblichkeit der Ämter und Lehen nicht anerkannt, vielmehr handelte es sich um Regelungen für den Ausnahmefall. Trotzdem werfen sie ein Licht auf die Weiterentwicklung des Lehnswesens. Die Rechte der Söhne von Grafen und Vasallen wurden gewahrt, was den in Quierzy versammelten Großen nur genehm sein konnte. Zudem waren die Zugeständnisse dringend notwendig, weil der König die Aufbringung eines Tributs von fünftausend Pfund angeordnet hatte, mit dem der Abzug der Normannen erreicht werden sollte, und weil viele der Großen ihre Unzufriedenheit mit dem erneuten Italienzug geäußert hatten.

Karl verließ das Königreich in Begleitung seiner Gemahlin, in Vercelli wurde er vom Papst empfangen. Man erfuhr aber, daß Karlmann, ältester Sohn Ludwigs des Deutschen, über den Brenner heranzog, um dem Kaiser den Weg abzuschneiden. Karl zog sich über den Po nach Süden zurück, ließ Richildis zur Kaiserin krönen und wartete ungeduldig auf die Ankunft von Verstärkungen aus Westfranken. An ihrer Stelle traf jedoch die Nachricht ein, daß in Quierzy fehlende, führende Adlige rebellierten. Es handelte sich um Boso, Hugo Abbas, Bernhard Plantapilosa, Bernhard von Gothien, und auch Ludwig der Stammler scheint an der Verschwörung beteiligt gewesen zu sein. So reagierten die Großen in ihrer Weise auf die »Fahnenflucht« des Herrschers. Karl gab nun seine Pläne auf und wandte sich zum Rückzug. Schwer erkrankt, konnte er gerade noch den Mont Cenis überschreiten, aber in einem kleinen Weiler der Maurienne (Savoyen) starb er am 6. Oktober 877, im Alter von vierundfünfzig Jahren.

Dies war das Ende einer siebenunddreißigjährigen Regierungszeit. Karl der Kahle, von den Historikern oft abfällig beurteilt, war einer der bedeutendsten Karolingerherrscher. Trotz ungünstiger politischer Umstände, trotz Angriffen von außen und Revolten der Großen wußte er mit verblüffender Tatkraft die Lage zu meistern. Niederlagen und Verschwörungen konnten ihn nicht entmutigen. Er hatte keinerlei Bedenken, den einen Tribute zu zahlen, mit den anderen zu verhandeln, dann den Kampf wiederaufzunehmen und notfalls hart zuzuschlagen. Nach dem Vorbild seines Großvaters war er bemüht, sein Reich auf allen Gebieten neu zu organisieren; vierhundertsiebzig Kapitularien sind der Beleg dafür. Er ließ sich von den Angehörigen der Kirche helfen, aber nicht beherrschen. Seine weltliche und geistliche Bildung – auf sie wird noch einzugehen sein – erlaubte ihm, sich über Machenschaften des Augenblicks zu erheben, und gab ihm weit mehr Vorausblick als allen seinen Zeitgenossen. Die Verfasser von Heldenepen, in denen sich die Erinnerung an Karl den Großen mit der an Karl den Kahlen vermischt, haben dem letzten großen Karolingerkaiser die schönste Huldigung dargebracht.

VIERTER TEIL

Der Zerfall des Karolingerreiches und die Entstehung der ersten europäischen Nationen

Der Tod Karls des Kahlen ist nicht gleichbedeutend mit dem Ende der Geschichte der Karolinger, seine Nachfolger konnten sich noch für einige Jahrzehnte an der Macht halten. Sogar die territoriale Einheit des Reiches konnte unter Karl III. (»dem Dicken«) nochmals hergestellt werden, und bis zum Jahr 924 wurde von mehreren Herrschern der Kaisertitel geführt. Im Westfrankenreich konnten die Karolinger ihre Stellung sogar bis zum Jahr 987 behaupten. Trotzdem mußte das Reich nach dem Tod Karls des Kahlen Schläge hinnehmen, die am Ende des 9. Jahrhunderts zu seinem Auseinanderbrechen führten. Europa wurde nun von Angehörigen der obersten Adelsschicht geleitet, von denen einige direkte Nachkommen der Karolinger waren, andere nicht. Sie regierten ihre Reiche auf eigenständige Weise, bewahrten aber die Erinnerung an den Herrschernimbus ihrer Vorgänger, die ihnen Vorbilder zur Gestaltung der eigenen Politik gaben.

Kapitel 1

Das Ende des Traums vom Kaisertum (877–888)

Die Suche von Papst Johannes VIII. nach einem geeigneten Kaiser

Da Johannes VIII. seine ganzen Hoffnungen auf Karl den Kahlen gesetzt hatte, traf ihn der Tod des Kaisers wie ein lähmender Schlag. Karls Sohn Ludwig II. der Stammler war nicht mehr ganz jung – er zählte einunddreißig Jahre –, war kränklich, als Persönlichkeit wenig bedeutend und zu Lebzeiten seines Vaters den ihm übertragenen Aufgaben kaum gewachsen gewesen. Ohne die Zustimmung Karls des Kahlen hatte Ludwig im Jahr 862 seine Konkubine Ansgard geheiratet, die Tochter des Grafen Harduin, mit der er zwei Söhne hatte, Ludwig und Karlmann. Wohl im Jahr 878 verstieß er Ansgard, um Adelheid, die Tochter des Grafen Adalhard, zu heiraten (vgl. Stammtafel IX), die 879 einen Sohn zur Welt brachte, den späteren Karl III., den »Einfältigen«. Gleich nach dem Tod Karls des Kahlen begann Ludwig II. damit, an jeden Gefolgsmann, der darum anhielt, Abteien, Grafschaften und Grundherrschaften auszugeben, womit er öffentlichen Protest auslöste, da die aus Italien heimkehrenden Großen sich ihrer Lehen widerrechtlich entsetzt sahen. Der greise Erzbischof Hinkmar mußte seine ganzen Fähigkeiten einsetzen, um einen Bürgerkrieg zu verhindern. In einem Schreiben empfahl er dem neuen König, mit seinen führenden Anhängern zu verhandeln. Er riet ihm, das Kapitular von Quierzy zu beachten, mit dem eine Art Übereinkunft zwischen Herrscher und Gefolgsleuten getroffen worden war, und schließlich entwickelte Hinkmar in sechs Punkten ein Programm der notwendigsten Maßnahmen. Zunächst solle sich Ludwig mit der Verwaltung seiner Eigengüter befassen, um den Unterhalt von Haus und Hof sicherzustellen. Er solle den Kirchenbesitz schonen und nicht mit Steuern überlasten, die nach Hinkmars Aussage seit zwanzig Jahren auf die Kirchengüter drückten und die zu den Zeiten Pippins, Karls und Ludwigs des Frommen unbekannt gewesen seien. Er solle dafür sorgen, daß die Großen des Reiches nicht unter den verschiedensten Vorwänden ihres Besitzes beraubt würden und daß man aufhöre, Abgaben unter dem Vorwand der Normannenbekämpfung zu erheben. Denn, schrieb Hinkmar dazu, »seit langen Jahren hat man sich in diesem Königreich nicht mehr verteidigt, vielmehr hat man gezahlt und sich freigekauft. So sind nicht nur alle Menschen, sondern auch die einstmals reichen Kirchen völlig mittellos geworden.« Der König solle darauf achten, die Eintracht mit Geistlichkeit und weltlichen Großen zu bewahren, die Ratschläge vertrauenswürdiger Männer seien von ihm zu berücksichtigen. Schließlich empfahl er Ludwig noch, mit seinen Vettern, den Söhnen Ludwigs des Deutschen, Frieden zu schließen.

Die Vermittlungsbemühungen Hinkmars und der Kaiserinwitwe Richildis, die dem jungen König seine Herrscherinsignien überbrachte, ermöglichten am 8. Dezember 877 die feierliche Krönung in Compiègne. Die Bischöfe, Äbte und Großen übergaben sich dem König und gelobten ihm Treue. Dagegen versprach Ludwig, »durch das Erbarmen Gottes und die Wahl des Volkes zum König bestellt«, die kirchlichen Vorschriften und die Gesetze unangetastet zu bewahren. Damit war zwischen dem König und seinen Untertanen ein regelrechter Vertrag abgeschlossen worden, was für das Schicksal der karolingischen Dynastie folgenreich werden sollte.

Papst Johannes VIII. befand sich in einer sehr bedrängten Lage. Gefahr drohte ihm von den Sarazenen, die in der römischen Campania raubten, von den Anhängern des Erzbischofs Formosus innerhalb der Geistlichkeit, schließlich auch von Lambert von Spoleto und dessen Schwager Adalbert von Tuszien. Johannes VIII. ergriff den gleichen Ausweg wie einer seiner Vorgänger, Stephan II., im Jahr 754 und flüchtete in das Frankenreich. Zu Schiff erreichte er die Provence, wo ihn Boso und dessen Gemahlin Ermengard empfingen. Als Tochter des verstorbenen Kaisers Ludwig II. sann sie darauf, für ihren Gatten die Kaiserkrone zu erlangen. Verleitet durch den freundlichen Empfang, erklärte sich Johannes VIII. dazu bereit, »Boso und Ermengard zu größeren und erhabeneren Würden zu verhelfen«. Für den Augenblick war sein dringlichstes Ziel aber die Einberufung einer großen, abendländischen Kirchenversammlung. Unter Beteiligung aller Karolingerherrscher sollten die gegenwärtigen Probleme gelöst und die Zukunft des Reiches entschieden werden. Die Synode wurde mit ungefähr fünfzig teilnehmenden Bischöfen am 11. August 878 in Troyes eröffnet. Während man auf das Eintreffen der Herrscher wartete, wurden zunächst kirchliche Angelegenheiten entschieden und alle jene exkommuniziert, von denen die Ordnung im Karolingerreich gestört wurde: Das waren alle Laien, die Kirchengüter in ihren Besitz gebracht hatten, die Feinde Johannes VIII. in Italien, Hugo, der illegitime Sohn Lothars II., und Markgraf Bernhard von Gothien, der sich gegen Ludwig den Stammler erhoben hatte. Ludwig erschien schließlich auch in Troyes, aber seine Vettern blieben dem Treffen fern. Karlmann, König von Bayern, war durch einen Schlaganfall gelähmt, sein Bruder Ludwig der Jüngere war auf dem Weg zu ihm, um die Nachfolge vorzubereiten, und der dritte Sohn Ludwigs des Deutschen, Karl der Dicke, rührte sich nicht von der Stelle. Johannes VIII. ließ in Troyes vorlesen, welche Versprechungen Pippin und Karl dem heiligen Petrus abgegeben hatten. Nach der erneuten Krönung Ludwigs hätte er es am liebsten gesehen, wenn ihn der König nach Italien begleitet hätte, um dort die Kaiserkrone zu empfangen. Aber Ludwig mußte den Aufstand Bernhards von Gothien bekämpfen, der über Septimanien, das Berry, die Gegend um Autun und mehrere Grafschaften der Spanischen Mark herrschte, wobei er »sich wie ein König aufführte«. Der Papst mußte deshalb in Begleitung Bosos nach Italien zurückkehren, mit dem er nach Ludwigs Weigerung eine geheime Abmachung getroffen hatte. Johannes VIII. hoffte, eine Versammlung nach Pavia einberufen zu können, die Boso als König von Italien und Kaiser anerkennen würde. Die Bischöfe und Großen Oberitaliens verweigerten aber die Teilnahme, so daß Boso über die Alpen heimkehren mußte.

Während sich Johannes VIII. also auf der Synode von Troyes nicht wie geplant durchsetzen konnte, kam Ludwig der Stammler zu der Einsicht, daß er sich mit seinen Vettern aussöhnen müsse. Er traf sich mit Ludwig dem Jüngeren in Fouron zwischen Lüttich und Aachen und bekräftigte die Bestimmungen des Vertrags von Meerssen über Lotharingien. Die beiden Herrscher verpflichteten sich zur gemeinsamen Bekämpfung der Normannen und zur gegenseitigen

Schutzleistung für ihre Kinder. Außerdem wurden Karlmann und Karl der Dicke zu einem Treffen im Frühjahr 879 eingeladen: Das Regierungssystem der *confraternitas* schien erneuert zu sein. Es war eine unglückliche Fügung, daß Ludwig der Stammler während der Vorbereitungen zu einem Feldzug gegen Bernhard von Gothien schwer erkrankte und im Alter von nur dreiunddreißig Jahren in Compiègne verstarb.

Die Nachfolgefrage brachte dem Westfrankenreich die Fortsetzung der Krisenereignisse. Eine Adelspartei unter Führung des Welfen Konrad und von Abt Gauzlin von Saint-Denis bot die Krone Ludwig dem Jüngeren an. Gauzlin besaß außer Saint-Denis auch die Klöster Jumièges und Saint-Amand; er gehörte zur Familie der Rorgoniden und war der Onkel Bernhards von Gothien. Er sah den Tod Ludwigs des Stammlers als Gelegenheit, um das Kloster Saint-Germain-des-Prés wiederzuerlangen, das sein Rivale Hilduin erhalten hatte, und glaubte, im Westfrankenreich eine entscheidende Rolle spielen zu können. Einige Adlige blieben aber dem Andenken an den verstorbenen König treu und vereitelten den Plan. Bernhard Plantapilosa, der Kämmerer Theoderich und Hugo Abbas konnten Ludwig den Jüngeren zum Verzicht bewegen, indem sie ihm jenen Teil Lotharingiens abtraten, den Karl der Kahle 870 erhalten hatte. Dann ließen sie die beiden erbberechtigten Söhne in Ferrières-en-Gâtinais zu Königen krönen: den etwa sechzehnjährigen Ludwig III. und den erst dreizehnjährigen Karlmann. Nach fränkischem Gewohnheitsrecht teilten sich die beiden Könige das Reich. Ludwig erhielt Neustrien mit den dazugehörigen Marken, an Karlmann fielen Aquitanien und Burgund.

Kurz nach der feierlichen Krönung wurde man durch die Nachricht von der Empörung Bosos überrascht. Der Schwager Karls des Kahlen, dessen Griff nach der Krone in Italien gescheitert war, hatte am 15. Oktober 879 sechs Metropoliten und sieben Bischöfe nach Mantaille bei Vienne kommen lassen. Von ihnen ließ er sich zum König ausrufen, »für das Wohl von Kirche und Volk, die der Hilfe eines Oberhaupts beraubt sind, und auf die Eingebung Gottes hin«. Diese Usurpation eines mit den Karolingern nur verschwägerten Fürsten war ein Ereignis von großer Tragweite. Es handelte sich nicht einfach um den Aufstand eines Großen, sondern um die Königswahl eines Mannes, der das Recht der Karolingerdynastie verhöhnte, und um die Errichtung eines selbständigen Königreiches. Um diesen wagemutigen Schritt zu verstehen, muß man neben dem Ehrgeiz Bosos und seiner Gemahlin auch das partikulare Eigenbewußtsein des örtlichen Adels berücksichtigen. In diesem Teil des Reiches war schon 855 ein Teilkönigtum errichtet worden, das unter der Verantwortung Gerhards von Vienne stand. Und dem Adel war klar geworden, daß ein König mit Sitz in Vienne mehr wert war als ein weit entferntes Reichsoberhaupt, das ihre Interessen nicht zu schützen vermochte.

Als Folge von Bosos Krönung festigten sich die Beziehungen zwischen den karolingischen Königen. Ludwig III. und Karlmann, Karl der Dicke und Vertreter Ludwigs des Jüngeren trafen sich in Gondreville an der Mosel und einigten sich über die Bekämpfung Bosos und des Bastards Hugo, der Lotharingien zu erobern versuchte.

Die Karolingerdynastie verfügte noch über zahlreiche Trümpfe: Die beiden westfränkischen Könige waren zwar sehr jung, aber tatkräftig, und trotz seines hohen Alters spielte Hinkmar weiter seine Rolle als politischer Ratgeber. Er rief die Zeiten Karls des Großen in Erinnerung, der mit einem Kreis von Ratgebern über das Frankenreich geherrscht hatte: »Nehmt dieses berühmte Beispiel zum Vorbild, wenn ihr in diesem Königreich die Tradition der Gerechtigkeit und die Tugenden der Vorfahren wieder zum Leben erwecken wollt, die allein die Errettung vor der Auflösung und den Heiden bringen können...« Für Karlmann schrieb er *De ordine palatii*, eine idealisierende Schilderung des karolingischen Hofes. Aber der greise Erzbischof wurde kaum mehr gehört. Die beiden Könige erlagen dem Einfluß jüngerer und weniger selbstloser Ratgeber. Außerdem galt ihre erste Sorge nicht einer Restauration des Reiches nach dem Beispiel der Vorfahren, sondern der Abwehr einer erneuten Normanneninvasion.

Die Dänen hatten seit etwa 862 ihre Angriffstätigkeit vermindert und die von Karl dem Kahlen angebotenen Tributzahlungen akzeptiert. Doch seit 879 erneuerten sie ihre Attacken gegen den Kontinent. Flandern, Brabant und das nördliche Sachsen wurden geplündert. Von Gent und Kortrijk vorrückend, näherten sie sich dem Scheldegebiet. Aber Ludwig III. kam ihnen zuvor und konnte sie bei

Saucourt-en-Vimeu (881) schlagen, ein glänzender Sieg, der von einem anonymen Mönch durch das althochdeutsche Ludwigslied gefeiert wurde. Zur Fortsetzung des Kampfes wandte sich Ludwig III. in das Loiregebiet, um dort andere Normannenscharen aufzuhalten. Aber er erkrankte und starb am 5. August 882 im Alter von ungefähr zwanzig Jahren.

Sein Bruder Karlmann wurde nun König von ganz Westfranken und führte den Kampf in den folgenden zwei Jahren weiter. Von ihrem Lager Condé-sur-l'Escaut ausgehend, durchstreiften die Normannen die ganze Umgebung. Die *Annales Bertiniani*, von einem Sekretär Hinkmars überarbeitet, berichten zum Jahr 882 die Bedrohung von Reims durch die Normannen. Der Erzbischof konnte sich, zusammen mit den Reliquien des heiligen Remigius und dem Kirchenschatz, mit Mühe retten. »Wie seine Krankheit es notwendig machte, ließ er sich in einer Sänfte wegtragen. Während sich die Kanoniker, Mönche und Nonnen nach allen Seiten verstreuten, gelangte er gerade noch über die Marne nach der *villa* Épernay.« Die Stadt Reims konnte sich halten, aber ihr Erzbischof starb 882 in Épernay. Karlmann war in den Kämpfen des Jahres 883 bald Sieger, bald Besiegter. Er konnte die Gefahr schließlich abwenden, indem er an die Normannen den enormen Tribut von zwölftausend Pfund Silber bezahlte. Einige Monate später verstarb er, etwa siebzehnjährig, an den Folgen eines im Wald von Bézu nahe bei Andelys erlittenen Jagdunfalls (12. Dezember 884). Die Dynastie der Karolinger wurde vom Schicksal unerbittlich verfolgt.

Ludwig II. der Stammler hatte von seiner zweiten Gemahlin noch einen weiteren Sohn hinterlassen, den späteren Karl III. den Einfältigen. Da er ein erst fünfjähriges Kind war, kam angesichts der kritischen Lage seine Wahl zum König nicht in Frage. So wandte sich der Adel an Karl III. den Dicken, von dem man glaubte, er sei von allen Karolingern am besten zur Verteidigung und Leitung des Reiches befähigt.

Die Regierung Karls III. des Dicken: verfehlte Hoffnungen

Karl, der dritte Sohn Ludwigs des Deutschen, war seit 876 König von Alemannien und begann seine Laufbahn äußerst erfolgreich. Sein Bruder Karlmann, den die italienischen Großen gerne als Herrscher in Pavia gesehen hätten, war zu krank und verzichtete im Jahr 879 zugunsten von Karl. Johannes VIII., noch immer auf der Suche nach einem Kaiser, fügte sich in Verhandlungen mit ihm. Bei einem Zusammentreffen in Ravenna erlangte er das Versprechen Karls, »die Verträge und Privilegien der heiligen römischen Kirche zu bewahren«. Damit begründete Johannes VIII. eine Tradition, die durch das gesamte Mittelalter Bestand hatte: Der König von Italien, später als *rex Romanorum* bezeichnet, mußte vor dem Empfang der Kaiserkrone versprechen, die päpstlichen Vorrechte anzuerkennen. Karl wollte offensichtlich nicht als Geschöpf des Papstes erscheinen und zeigte keine Eile. Erst im Februar 881 kam er überraschend und ohne jede Voranmeldung nach Rom. Nachdem er die geforderten Versprechungen geleistet hatte, wurde er am 12. Februar 881 von Johannes VIII. zum Kaiser gekrönt und mit ihm seine Gemahlin Richardis. Der Papst hoffte zuversichtlich auf den Beistand des neuen Kaisers im Kampf gegen die stets gefährlichen Sarazenen. In Wirklichkeit aber ging Karl der Dicke nach Oberitalien zurück und überquerte dann die Alpen, als er vom Tod seines Bruders Ludwig des Jüngeren erfuhr, durch den ihm ganz Ostfranken zufiel. Der glücklose Papst Johannes blieb sich selbst überlassen und starb wenig später, wahrscheinlich von einem Geistlichen seiner Umgebung ermordet.

Karl der Dicke war nun Kaiser, König von Italien und König von Ostfranken. Er schien fest entschlossen, den Kampf gegen die Normannen weiterzuführen und sie aus ihrem Lager Asselt (Elsloo?) am Unterlauf der Maas zu vertreiben. Ein Heer, dem Franken, Alemannen, Thüringer, Sachsen und Langobarden angehörten, belagerte den befestigten Platz (882). Nach zwölf Tagen aber begann Karl zur Enttäuschung aller mit den Normannen zu verhandeln und erlaubte ihnen, sich in Friesland niederzulassen. Ihr Anführer Gottfried ließ sich taufen und heiratete sogar Gisela, die Tochter Lothars II. Der Kaiser war zwar kein großer Krieger, aber er bewies immerhin diplomatisches Geschick. Auch die westfränkischen Adligen schenkten ihm offenbar Vertrauen, denn nach dem Tod Karlmanns boten sie ihm die Herrschaft an: In der Königspfalz zu Ponthion empfing Kaiser Karl der Dicke im Juni 885 die Treueversprechen der weltlichen und geistlichen Großen.

Damit war das Frankenreich in seinem vollen Umfang wiederhergestellt. In Karl dem Dicken sollte ein neuer Karl der Große erstehen, so dachte jedenfalls der Sankt Galler Mönch Notker, als er seine *Gesta Karoli* für den neuen Kaiser schrieb. Nach Regino von Prüm war Karl freigebig mit Almosen, unablässig mit Beten und Psalmensingen beschäftigt und voll Vertrauen in die göttliche Schickung. Es mußte sich zeigen, ob dies ausreichte, um ein so ausgedehntes Reich zu regieren und gegen die allgegenwärtigen, feindlichen Normannen zu verteidigen.

Nur einen Monat nach der Versammlung von Ponthion zog der Normannenführer Siegfried mit dem »Großen Heer« und angeblich siebenhundert Schiffen vor Paris. Diese Stadt sollte als Hindernis für noch ausgedehntere Raubzüge beseitigt werden. So begann im November 885 die berühmte Belagerung von Paris. Sie wurde von einem Augenzeugen, dem Mönch Abbo von Saint-Germain-des-Prés, in *De bellis Parisiacis,* einem Epos von sechshundert Hexametern, beschrieben.

Paris – das bedeutete damals die Île de la Cité, eine Fläche von acht Hektar, geschützt durch römische Mauern und einige Türme, die kurz zuvor erneuert worden waren. Stadtherr war Bischof Gauzlin aus dem Geschlecht der Rorgoniden. Wie schon erwähnt, hatte er im Jahr 879, damals noch Abt von Saint-Denis, den Versuch unternommen, die Erben Ludwigs des Stammlers gegeneinander auszuspielen. Gauzlin weigerte sich, das Heer Siegfrieds passieren zu lassen, und organisierte die Verteidigung. Ihm zur Seite standen die beiden Söhne Roberts des Tapferen, die seit dem Tod von Hugo Abbas die Verwaltung der Francia sicherstellten (vgl. Stammtafel XII). Odo, der ältere der beiden Söhne, zählte einundzwanzig Jahre und war Graf von Paris. Die Bevölkerung von Paris setzte ihr Vertrauen in ihn, hoffte aber dringend auf die Hilfe des heiligen Germanus und der heiligen Genovefa, deren Reliquien in der Stadt aufbewahrt wurden. Auf dem rechten Flußufer wurde die größere Brücke durch einen Turm geschützt, der am Ort der heutigen Place du Châtelet stand und tapfer gehalten wurde. Auf dem linken Flußufer sperrte ein anderer Turm den Zugang zur kleineren Brücke. Er fiel trotz des Heldenmuts der zwölf Verteidiger, deren Namen bei Abbo überliefert sind.

Graf Odo wandte sich an Karl den Dicken um Hilfe, der sich damals in Bayern aufhielt. Der Kaiser schickte den Grafen Heinrich, einen ausgezeichneten Kriegsmann. Er hatte sich wenige Monate vorher Ruhm erworben, als er den von Karl dem Dicken in Friesland eingesetzten Normannenführer Gottfried töten konnte und dessen Verbündeten, den Bastard Hugo, gefangennahm. Diesmal hatte Heinrich weniger Glück und wurde vom Feind umgebracht. Karl entschloß sich nun, persönlich einzugreifen, und im Oktober 886 lagerte er auf den Höhen des Montmartre. Die Pariser hofften auf ihre Befreiung, die auch eintrat, aber ganz anders, als sie sich gewünscht hatten. Der Kaiser zahlte den Normannen nämlich einen Tribut von siebenhundert Pfund Silber und erlaubte ihnen, in Burgund zu überwintern – das heißt, er überließ ihnen diese Region zur Plünderung. Er selbst brach eilig auf, um dem Heer Siegfrieds zu entkommen.

Die Furcht vor den Normannen war nicht der einzige Grund für Karls unerwarteten Aufbruch. Der Kaiser war erkrankt, er litt unter Kopfschmerzen, die ihn nahezu regierungsunfähig machten. Im Jahr 887 unterzog er sich einer Kopfoperation, und im Alter von achtundvierzig Jahren fühlte er bereits den Tod nahen. Unüberlegt trennte er sich von seinem Erzkanzler, Bischof Liutward, und von seiner Gemahlin Richardis, die verdächtigt wurde, ihn zu betrügen. Die ostfränkischen Adligen fielen allenthalben von Karl ab und luden Arnulf, den außerehelichen Sohn Karlmanns, dazu ein, sich ihnen anzuschließen. Der Kaiser berief eine Reichsversammlung nach Tribur bei Mainz, wurde aber von allen verlassen und mußte abdanken. Einsam starb er am 13. Januar 888 in Neudingen an der oberen Donau.

Der Traum von der Erneuerung des Kaisertums war damit ausgeträumt, das noch einmal zusammengefaßte Reich löste sich endgültig auf. Die Tendenz zur Teilung hatte seit der Mitte des 9. Jahrhunderts gegenüber der Idee der Reichseinheit das Übergewicht erlangt und setzte sich jetzt entscheidend durch. Aber diesmal waren es nicht mehr Karolingerherrscher, von denen die Trümmer des Reiches beansprucht wurden. Nach dem Vorbild, das ihnen Boso im Jahr 879 gegeben hatte, ließen sich nun die Oberhäupter der führenden Familien vom Adel wählen.

Die Wahl neuer Könige

Regino von Prüm kommentierte die Ereignisse nach Karls des Dikken Tod folgendermaßen: »Nach seinem Tod lösen sich die Reiche, die seinem Befehl gehorcht hatten, ohne gesetzmäßigen Erben aus ihrem Verband in Teile auf. Sie erwarten nicht mehr ihren natürlichen Herrn, sondern jedes schickt sich an, einen König aus seinem Inneren zu wählen. Dadurch wurden große Kriegsunruhen erregt. Und zwar keineswegs, weil den Franken Fürsten gefehlt hätten, die durch Adel, Tapferkeit und Weisheit über die Reiche herrschen konnten. Vielmehr führte unter ihnen selbst die Gleichheit der Abkunft, Würde und Macht zur Steigerung der Zwietracht. Niemand war nämlich den anderen so überlegen, daß die übrigen bereit gewesen wären, sich seiner Herrschaft zu fügen. Francien hätte viele zur Lenkung des Reiches befähigte Fürsten hervorgebracht, wenn das Schicksal ihnen nicht den füreinander verderblichen Wetteifer um Stärke mitgegeben hätte.« Dieser berühmte, oft zitierte Absatz gibt eine zusammenfassende Lagebeschreibung: die Herrscherwahlen durch den regionalen Adel, die Merkmale der neuen Fürsten und das Aufbrechen eifersuchtbedingter Konflikte.

Es wurde bereits erwähnt, daß ein Teil des ostfränkischen Adels Karlmanns illegitimen Sohn Arnulf von Kärnten zum König erwählt hatte. Er war deutlich über dreißig Jahre alt und hatte sich im Kampf gegen die Mährer ausgezeichnet. In Westfranken kam eine Thronfolge des unmündigen Karl nicht in Frage, der sich damals in der Gewalt von Graf Ramnulf II. von Poitiers befand. Für die Zeit bis zur Volljährigkeit des karolingischen Erben erwählte der nordfranzösische Adel den Mann der Stunde, nämlich Graf Odo, den heldenhaften Verteidiger von Paris. Ihn schildert Regino als einen »tatkräftigen Menschen, dem mehr als anderen Schönheit, hoher Wuchs, große Kraft und Weisheit eigen waren«. Dagegen verschweigt Regino, daß mit Markgraf Wido von Spoleto ein weiterer

Thronbewerber auftrat. Er entstammte dem berühmten Geschlecht der Widonen-Lambertiner und wurde durch Erzbischof Fulco von Reims und Bischof Geilo von Langres herbeigerufen. Der Widone Fulco träumte wohl davon, neben dem jugendlichen Fürsten die gleiche Rolle spielen zu können wie sein Vorgänger Hinkmar unter den Karolingern. Wido wurde in Langres zum König gekrönt, aber nur von wenigen Gefolgsleuten anerkannt. Fulco erkannte seinen Mißgriff und schloß sich Odo an. Aber nicht er krönte den neuen König, sondern sein Amtsbruder, der Erzbischof von Sens, dem Paris als Suffraganbistum unterstand. Wie Ludwig der Stammler 877 und Karlmann 882 mußte sich auch Odo bei seiner Krönung verpflichten, die Kirchen zu schützen und die Glaubensgrundsätze zu verteidigen. Danach erhielt er den Treueid der geistlichen und weltlichen Großen.

Auch im Königreich Italien fehlte es nicht an Kandidaten für die Thronfolge. Ein paar Jahre zuvor hatte der Bischof von Brescia an Salomon von Konstanz geschrieben: »Die Italiener sind Opfer bald der einen, bald der anderen. Sie warten voller Ungeduld darauf, daß man sich endlich darüber einigt, wem das Land gehören soll.« Zu Beginn des Jahres 888 wählten italienische Adlige, unter denen die Supponiden die aktivsten waren, in Pavia Markgraf Berengar von Friaul zum König. Für ihre Entscheidung war weniger die Persönlichkeit des Thronkandidaten maßgeblich als seine Verwandtschaft mit den Karolingern. Denn als Sohn des Markgrafen Eberhard von Friaul stammte Berengar mütterlicherseits von Ludwig dem Frommen ab. Aber die Zugehörigkeit zur Dynastie der Karolinger genügte nicht mehr, um den Erfolg zu garantieren. Schon kurz nach der Wahl von Pavia trat ein Mitbewerber auf: Wido von Spoleto, der, von Markgraf Adalbert von Tuszien und einigen Adligen gerufen, aus Westfranken zurückgekehrt war. Eine kriegerische Auseinandersetzung begann, die 889 mit Widos Sieg endete. Da das »Gottesurteil« gegen Berengar entschieden hatte, zog er sich nach Friaul zurück, während Wido in Pavia gekrönt wurde. Wie noch zu zeigen ist, hatte Berengar aber keineswegs endgültig resigniert. Bis zu seinem Tod im Jahr 924 kämpfte er mit wechselndem Erfolg gegen Wido und andere neu auftretende Thronbewerber.

Ein anderer Angehöriger des Hochadels stellte sich im gleichen Jahr 888 der Wahl der Großen im transjuranischen Burgund: der

Welfe Rudolf, ein Enkel Konrads, des Bruders von Kaiserin Judith (vgl. Stammtafel XIII). Rudolfs Vater, Konrad II., war Graf von Auxerre gewesen. Nach der Empörung und dem Tod von Abt Hukbert, dem Schwager Lothars II., hatte er den transjuranischen Dukat zusammen mit dem Kloster Saint-Maurice im Wallis erhalten. Die geistlichen und weltlichen Großen versammelten sich nun in dieser berühmten Abtei und wählten Graf Rudolf zum König. Offensichtlich nicht gewillt, sich mit dem Königreich Hochburgund zufriedenzugeben, träumte er davon, Lotharingien für sich neu zu errichten.

Auch in dem von Boso 879 errichteten Königreich Provence gab es ein Nachfolgeproblem. Die Karolingerkönige hatten sich kurzzeitig gegen Boso zusammengeschlossen, konnten ihm jedoch nur den nördlichen Teil seines Reiches wieder entreißen. Bosos Bruder, Richard Justitiarius, war zwar den Karolingern treu geblieben, aber er mußte die Stadt Vienne wieder aufgeben, die er kurz besetzt gehalten hatte. Boso starb 887 und hinterließ zwei Kinder: eine Tochter Engelberga, die Wilhelm den Frommen, den Sohn Bernhards Plantapilosa, heiratete, und einen Sohn Ludwig, der erst kurz vor dem Tod seines Vaters geboren worden war (vgl. Stammtafel XI). Die Königinwitwe Ermengard hatte Karl den Dicken gebeten, den kleinen Jungen zu adoptieren, der so im Jahr 890, gewählt von den Großen und Bischöfen, zu Valence gekrönt werden konnte.

Außer Odo schlossen sich also die auf Karl den Dicken folgenden Könige alle den Karolingern an. Durch die Wahl der Großen erhoben, herrschten sie über Reiche, deren Grenzen nur ungefähr festgelegt waren. Ihre Herrscherautorität war schwach, und um sie zu stärken, mußten sie sich, wie noch näher zu zeigen ist, an Arnulf von Kärnten wenden. Die wirkliche Macht besaßen am Ende des 9. Jahrhunderts die Oberhäupter jener Herrschaften, die sich in der zweiten Hälfte des Jahrhunderts herausgebildet hatten. Sie sollen nun näher betrachtet werden.

Kapitel 11

Neue Königreiche und Fürstentümer

Die Darstellung verläßt nun das weitere Ergehen und unglückliche Schicksal der Karolinger. Sie wendet sich jetzt den neuen Königen und Fürsten zu, in deren Hände die künftige Entwicklung Europas gelegt und deren Macht schon über einige Jahrzehnte hin stetig gewachsen war. Die neuen Machthaber stammten von Adligen ab, die sich einst den Karolingern angeschlossen hatten, die Landbesitz, Befehlsgewalt, Ämter, Immunitätsprivilegien erhalten und sich dem König durch Lehnseid verpflichtet hatten. In der zweiten Hälfte des 9. Jahrhunderts war es den Angehörigen dieser Gruppe gelungen, ihre Nachkommen in genau abgegrenzten Einflußbereichen einzusetzen, sie hatten Grafschaften zusammengeschlossen, ihren Erben übertragen und bedeutende Einkünfte daraus bezogen. Sie hatten sich auch eine Klientel von ortsansässigen Gefolgsleuten aufgebaut, was es ihnen ermöglichte, den Karolingerherrschern entweder Hilfe zu leisten oder Widerstand entgegenzusetzen. Auch hatten sie Klöster und Bischofssitze in ihre Verfügungsgewalt gebracht, die sie an ihre Gefolgsleute weitergaben. In gewisser Weise waren sie mit ihrem Verhalten nur dem Beispiel gefolgt, das die frühen Karolinger im 8. Jahrhundert gegeben hatten.

Ihre ehrgeizigen Zielsetzungen wurden von den Umständen begünstigt. Schon 879, noch bevor die Karolinger ihre Macht ganz verloren hatten, konnte Boso die königliche Amtsgewalt, den Königsbann, für sich beanspruchen. In Anlehnung an 1. Korinther 15,10 titulierte er sich als *Boso dei gratia id quod sum*. Zehn Jahre später folgten weitere Große seinem Beispiel. Auch innerhalb der neu entstehenden Königreiche konnten sich Adlige eigene Herrschaftsbereiche aufbauen und weitgehende Selbständigkeit erlangen. Am Ende des 9. und zu Beginn des 10. Jahrhunderts lag die Macht in den Händen einiger Hochadelsgeschlechter, die sich nur teilweise mit den Nachkommen der Karolinger verbanden und Europa ein neues Aussehen gaben.

Die italienischen Fürsten

Die Fürstenhäuser Italiens entstammten im wesentlichen fränkischen Familien, die unter Karl dem Großen und Ludwig dem Frommen eingesetzt worden waren. Im Nordosten wurde die Mark Friaul von den Unruochingern beherrscht. Eberhard, der Schwiegersohn Ludwigs des Frommen, vererbte seine Besitzungen an seinen Sohn Unruoch, der mit einer Tochter des Grafen von Trient aus dem Haus der Etichonen verheiratet war. Eberhards Tochter hatte Markgraf Wido II. von Spoleto geheiratet. Als Unruoch gegen 875 starb, hinterließ er die Mark seinem Bruder Berengar, der ebenfalls durch Heirat mit wichtigen Familien verwandt war. Seine Gemahlin kam aus dem Geschlecht der Supponiden, denen die Grafschaften Parma, Piacenza und Brescia unterstanden. Der Markgraf von Friaul wollte Oberitalien vor den Slawen schützen und außerdem die Verbindung zwischen Bayern und Italien über den Brenner und durch das Etschtal beaufsichtigen. Im Westen wurden die Ausgänge der Alpentäler durch Markgraf Anskar von Ivrea kontrolliert, der Sohn eines burgundischen Adligen und ebenfalls mit Wido von Spoleto verwandt war. Weiter im Süden verfügte eine Familie bayerischer Herkunft über die Markgrafschaft Tuszien: Adalbert I., Sohn des Grafen Bonifaz II. von Lucca, hatte eine Schwester des Markgrafen Lambert von Spoleto geheiratet; sein Sohn Adalbert II. mit dem Beinamen *dives* wurde Nachfolger. Das Herzogtum Spoleto in Mittelitalien besaßen die Widonen-Lambertiner, wie bereits erwähnt eine Familie moselfränkischer Abstammung, die nicht nur über dieses alte langobardische Herzogtum verfügte, sondern auch in die Angelegenheiten von Neapel, Capua und Rom eingriff. Auch das *Patrimonium Petri* kann als Fürstentum betrachtet werden. Nach dem tragischen Tod Johannes VIII. waren unbedeutende Päpste gefolgt. Im Jahr 885 wurde Stephan V. gewählt, der sich bemühte, wieder Ordnung in seine Kirche zu bringen, die von den Machenschaften des Klerus und des Adels erschüttert wurde.

Es wurde bereits geschildert, wie Berengar durch einen Teil des Adels 888 in Pavia zum König gewählt wurde. Der neue Herrscher, von einem anonymen Verfasser etwas später in den *Gesta Berengarii imperatoris* gefeiert, verfügte über einige Trümpfe. Er wurde von den Supponiden unterstützt und konnte die Anerkennung durch Arnulf von Kärnten erlangen. Aber er hatte seine Herrschaft kaum angetreten, als es dem aus Westfranken verdrängten Wido von Spoleto gelang, ihn 889 an der Trebbia zu schlagen und sich der Krone zu bemächtigen. Wido II. wurde von einem Teil des hohen Klerus unterstützt und versuchte in Anknüpfung an karolingische Traditionen, die Kaiserkrone zu erlangen. Dadurch wäre es ihm ermöglicht worden, Hand an den Kirchenstaat zu legen. Stephan V. mißtraute den Spoletanern und hoffte, daß König Arnulf als letzter Karolinger kommen werde, um »das Königreich Italien wieder in Besitz zu nehmen, das sich schlechte Christen angeeignet hätten und das von den Heiden bedroht werde«. Aber Arnulf zögerte, und der Papst, der auf ihn wartete, mußte am 21. Februar 891 Wido zum Kaiser krönen.

Als König in Pavia und Kaiser in Rom war Wido II. nun fest entschlossen, in Italien die Ordnung wiederherzustellen. In einem seiner Kapitularien spricht er sogar, ganz im karolingischen Stil, von der *Renovatio regni Francorum*. Wie Lothar I. ließ er seinen ältesten Sohn zum König krönen und durch den neuen Papst Formosus am 30. April 892 zum Kaiser erheben. Wido war verheiratet mit Ageltrude, der Tochter des Herzogs Adelchis von Benevent, der es 871 gewagt hatte, Kaiser Ludwig II. gefangenzusetzen. Aufgrund dieser Verbindung hoffte er, Benevent und Spoleto vereinigen zu können. Als sich im Jahr 894 Arnulf von Kärnten zum Italienzug entschlossen hatte, hinderte er ihn daran, bis Rom vorzustoßen. Aber schon im folgenden Jahr starb Wido plötzlich.

Arnulf von Kärnten kam erneut nach Italien, durchkreuzte die Gegenzüge der Kaiserinwitwe, die im Namen des unmündigen Lambert regierte, gelangte bis Rom und ließ sich um den 22. Februar 896 von Papst Formosus zum Kaiser krönen. Aber Arnulf konnte Spoleto nicht unterwerfen, er erlitt wie sein Vater Karlmann einen Schlaganfall und mußte nach Bayern zurückkehren, wo er

899 starb. Die spoletanische Partei herrschte nun wieder über Rom und zwang Papst Stephan VI., den Nachfolger von Formosus, die sogenannte Leichensynode zu veranstalten. Die mumifizierte Leiche von Papst Formosus wurde aus dem Grab gezogen, verurteilt und, nachdem man ihr die päpstlichen Gewänder abgerissen hatte, in den Tiber geworfen. Diese widerwärtige und makabre Zeremonie sagt genug über den damaligen Zustand des römischen Klerus. Der Papst, der auf dieser schaurigen Synode den Vorsitz geführt hatte, wurde durch eine Erhebung beseitigt, in den folgenden Jahren stritten sich Formosianer und Antiformosianer um den Papststuhl. Die Römer hofften, Papst Johannes IX. und der junge Kaiser Lambert würden die Ordnung wiederherstellen. Aber Lambert erlitt einen Jagdunfall und starb am 15. Oktober 898. Der neue »Konstantin« und neue »Theodosius« – so feiert ihn seine Grabinschrift – starb, kurz bevor Italien den ersten Ungarneinfall erleben sollte.

Während der düsteren Geschehnisse in Rom hatte sich Berengar erneut in Pavia festgesetzt. Doch konnte er nicht verhindern, daß die Ungarn die friaulische Mark und die Lombardei verwüsteten. Modena, Reggio und Piacenza gingen in Flammen auf, das Kloster Nonantola wurde zerstört. Die italienischen Großen suchten folglich einen König, der sie zu schützen vermochte, und fanden ihn in der Person Ludwigs von der Provence, Bosos Sohn. Ludwig konnte die italienische Krone genauso beanspruchen wie Berengar oder Wido. Durch seine Großmutter, die Kaiserin Engelberga, war er mit den Karolingern verwandt, und sein Vater Boso war zeitweise der Thronkandidat von Papst Johannes VIII. gewesen (vgl. Stammtafel XI). Nachdem Ludwig in Pavia zum König ausgerufen worden war, beanspruchte er selbstverständlich auch die Kaiserkrone, die er im Februar 901 aus den Händen von Papst Benedikt IV. dann auch empfing. In Oberitalien setzte aber Berengar seine Aktivitäten unvermindert fort und zwang Ludwig zur Rückkehr in die Provence. Der mächtigste Fürst Italiens war damals der Markgraf von Tuszien, Adalbert II. *dives,* der mit Lothars II. und Waldradas Tochter Bertha (vgl. Stammtafel VII) verheiratet war und sich deshalb als Verwandter der Karolinger fühlte. Er rief im Jahr 905 Ludwig erneut nach Italien. Berengar flüchtete nach Bayern, erhielt dort ein Truppenkontingent, kehrte zurück und konnte Ludwig in seine Gewalt bekommen, den er blenden ließ.

Zum dritten Mal kehrte Berengar nun nach Pavia zurück, und da es keinen Kaiser mehr gab, beanspruchte er auch diese Krone für sich. Papst Johannes X., der ehemalige Erzbischof von Ravenna, hoffte auf Berengars Unterstützung im Kampf gegen die Sarazenen und war damit einverstanden, den König im November 915 zu krönen. Der anonyme Verfasser der *Gesta Berengarii imperatoris* schildert, wie eine riesige Menschenmenge dem Neuerwählten akklamierte. Aber wie seine Vorgänger, kehrte auch Berengar nach Oberitalien zurück, veranlaßt durch Ungarneinfälle und Adelsrevolten. Diesmal führte Markgraf Adalbert von Ivrea die Erhebung. Er wandte sich an König Rudolf II. von Hochburgund, auf den noch näher einzugehen ist. Berengar wich nach Verona aus und wartete auf die Gelegenheit zur Rache. Das in zwei Königreiche gespaltene Italien wurde auch weiterhin von den Ungarn verwüstet. 924 belagerten die Ungarn Pavia, das sie erobern und plündern konnten. Vielleicht versuchte Berengar, aus der Ungarninvasion Vorteile für sich zu gewinnen, denn am 16. April des gleichen Jahres wurde er ermordet.

Die unruhigen Regierungsjahre Berengars waren nicht mehr als eine fortgesetzte Abfolge von Fehlschlägen. Es war ihm nicht gelungen, Italien von den äußeren Feinden zu befreien, und genauso war er bei der Unterwerfung der Fürsten gescheitert. Aus den von Berengar und den anderen Königen Italiens ausgestellten Urkunden geht hervor, daß sich die Grafen und Bischöfe Regalien aneigneten. Die Bischöfe von Modena, Cremona, Parma, Piacenza und Mantua waren praktisch selbständig, sie verfügten über die Grafengewalt und die Erträge des Steuerwesens. Die Großen errichteten Burgen, nicht allein zum Schutz vor den Ungarn, sondern auch, um ihre Stellung gegenüber dem König zu stärken. Berengar kann nur den Ruhm für sich in Anspruch nehmen, der letzte Kaiser der Karolingerzeit gewesen zu sein, bevor Otto I. das Kaisertum 962 wiederherstellte.

Die burgundischen Fürstentümer

Seit 888 wurde das Königreich Provence von Bosos Sohn Ludwig regiert, im Königreich Hochburgund (transjuranischer Dukat) herrschte Rudolf I. Solange Ludwig unmündig war, wurde in der

Provence die Regierung von der Königinwitwe Ermengard geführt, unterstützt durch die Erzbischöfe von Lyon und Vienne sowie durch Graf Teutbert von Avignon. Es wurde eben dargestellt, wie Ludwig nach dem Erreichen der Volljährigkeit vom italienischen Abenteuer angezogen wurde. Eine in die Zeit um 900 datierbare Quelle, die *Visio Karoli III* ermöglicht es, das Selbstverständnis dieses Fürsten zu zeigen, der vorgab, Nachfolger der Karolinger zu sein. Nach der *Visio* war Karl der Dicke kurz vor seinem Tod in die jenseitige Welt entrückt worden und hatte dort Bischöfe und Adlige als Opfer schlimmer Qualen gesehen. Selbst sein Vater, Ludwig der Deutsche, wurde alle zwei Tage in einen Bottich voll kochenden Wassers getaucht. Dann wurde Karl in das Paradies geführt, wo ihm Lothar I. und Ludwig II. das nahe Ende des Geschlechts der Karolinger eröffneten und den kleinen Ludwig, den Enkel Ludwigs II., dazu bestimmten, das Reich wieder zu errichten. Tatsächlich wurde Ludwig ja in Pavia zum König gekrönt und erlangte dann sogar die Kaiserwürde. Aber besiegt und geblendet von seinem Rivalen Berengar, mußte er nach Vienne zurückkehren, unfähig, noch eine wirksame Herrschaft auszuüben. Die hohen kirchlichen Würdenträger und die weltlichen Großen zogen ihren Vorteil daraus. Die Bischöfe von Avignon, Apt, Grenoble, Lyon, Valence, Orange, Viviers wurden mit königlichen Privilegien bedacht. Der Bischof von Arles erhielt das Vorrecht, die Rhônezölle zu erheben und Münzen zu schlagen. Graf Teutbert von Avignon war der Herr der Provence. Wirklicher Anführer des Adels war Graf Hugo von Arles, väterlicherseits Enkel des berüchtigten Abt Hukbert von Saint-Maurice und mütterlicherseits Enkel Lothars II. (vgl. Stammtafel VII). Als Ludwig, grausam bestraft, aus Italien zurückgekehrt war, übernahm Hugo als *dux* und *marchio* in seinem Namen die Regierung, er vergab Ämter und Lehen an die eigenen Verwandten und Verbündeten. Auch Hugo ließ sich von der italienischen Krone verlocken, besonders weil seine Mutter Bertha in zweiter Ehe Adalbert II. von Tuszien geheiratet hatte. Es wird noch zu zeigen sein, wie er im Jahr 926 auf das Ersuchen des italienischen Adels einging.

Rudolf I., König von Hochburgund, also des transjuranischen Dukats, verfolgte vom Beginn seiner Herrschaft an die Vorstellung, seiner in Saint-Maurice empfangenen Krone noch jene von Lotharingien hinzuzufügen. Er wurde auch im Frühjahr 888 vom Bischof von Toul zum König gesalbt, aber nach dem Eingreifen Arnulfs von Kärnten mußte er in seine eigenen Länder zurückkehren und mit dem ostfränkischen König einen Vertrag schließen, der die Aare als Grenze zwischen beiden Königreichen festlegte. Nach Süden scheint Rudolf keine Ausdehnungspolitik betrieben zu haben, er verständigte sich sogar mit Ludwig dem Blinden und gab ihm seine Tochter Adelheid zur Gemahlin. Eine andere Tochter von ihm hieß Judith in Erinnerung an die aus dem Welfenhaus stammende Kaiserin (vgl. Stammtafel XIII). Obwohl Rudolf I. nur entfernt mit den Karolingern verwandt war, pflegte er die Erinnerung an seine, wie er sie nannte, »ruhmreichen Vorfahren«, an Lothar, Ludwig und Karl. Sein Hof war nach karolingischem Vorbild aufgebaut, mit Kanzler und Pfalzgrafen. Er bezog Einkünfte aus seinen Fiskalgütern, in erster Linie aus Salins (Jura) mit einem ertragreichen Salzbergwerk, und er behauptete das Monopolrecht zur Münzprägung. Sein Sohn Rudolf II., der ihm 912 nachfolgte, wurde, wie bereits erwähnt, 921/22 von Adligen nach Italien gerufen, die gegen Berengar rebellierten. Rudolf regierte zwei Jahre in Italien, sein wichtigster Ratgeber war Markgraf Adalbert von Ivrea oder besser, nach dem Wortlaut einiger Quellen, dessen Gemahlin Ermengard. Die wenig verläßlichen Italiener erhoben sich aber 926 gegen ihren neuen König, die Krone wurde von ihnen nun Hugo von Arles angeboten. Obwohl er durch seinen Schwiegervater Burchard von Schwaben unterstützt wurde, kehrte Rudolf II. nach Burgund zurück, wo er 937 starb.

Die Machtbildungen im Ostfrankenreich

Um die ostfränkischen Adelsherrschaften zu kennzeichnen, sprachen die Historiker früher gern von »Stammesherzogtümern«, die von Anführern geschaffen wurden, welche irgendwo vom Volk, ihrem Stamm, gewählt waren. Gegenwärtig gilt aber als sicher, daß die Herzöge und Markgrafen *(marchiones)* Militärführer und königliche Amtsträger waren, karolingischer Abstammung oder mit den Karolingern verschwägert. Die Entstehung der späteren deutschen Fürstentümer ist oft auf eine Verwaltungsentscheidung der Karolingerzeit zurückzuführen.

So verdankt das Herzogtum Schwaben seine Errichtung keineswegs den Stammesaktivitäten von Alemannen und Schwaben. Es geht zurück auf die Entscheidung Ludwigs des Frommen, für seinen Sohn Karl den Kahlen eine Gebietseinheit zu schaffen, zu der drei alte merowingische Dukate gehörten: Alemannien, Rätien und Elsaß. Die Fürstentümer aus dem Anteil Ludwigs des Deutschen im Jahr 843 waren von diesem an seinen Sohn Karl den Dicken weitergegeben worden. Das bedeutende Geschlecht der Hunfridinger, vertreten durch Adalbert, Graf im Thurgau, und dessen Bruder Burchard, Markgraf in Rätien, stritt sich nach 888 mit Salomon III. (890–919), dem mächtigen Bischof von Konstanz und Abt von Sankt Gallen. Der Bischof konnte die beiden Adligen töten lassen, ihre Erben wurden verbannt. Der Versuch Burchards I., das Land seiner Ahnen wieder in Besitz zu nehmen, führte zum Konflikt mit Erchanger, dem neuen Herzog von Schwaben. Für König Rudolf II. von Hochburgund war dies die Gelegenheit zum Eingreifen, aber er wurde 919 von Burchard bei Winterthur besiegt. Der nachfolgende Friedensschluß wurde durch die Ehe zwischen Burchards Tochter Bertha und König Rudolf bekräftigt. Aus dieser Verbindung ging Adelheid hervor, die spätere Gemahlin Kaiser Ottos I.

Auch in Ostfranken, dem Ostreich, stritten sich die großen Familien um den Vorrang. Die Popponen oder Babenberger, benannt nach der gleichnamigen Burg, beherrschten das Obermaingebiet und wollten auch die Thüringer Mark in ihre Gewalt bekommen. Nach Westen zu beanspruchten sie auch den Besitz des Bistums Würzburg. Graf Heinrich, Held im Kampf gegen die Normannen und 886 beim Versuch der Befreiung von Paris gefallen, hinterließ drei Söhne: Adalbert, Adalhart und Heinrich. Im Westen des Reiches, in Rheinfranken und Hessen, lagen die Besitzungen der Konradiner, die 887 Arnulf von Kärnten zur Krone verholfen hatten. Um sie zu belohnen, gab der neue König das Bistum Würzburg an Konrads Bruder Rudolf, der nach den Worten eines Chronisten »so töricht wie vornehm« war. Arnulfs Entscheidung führte zu einer blutigen Fehde zwischen Babenbergern und Konradinern, Heinrich wurde im Kampf getötet, Adalhart geriet in Gefangenschaft und wurde enthauptet. Ihr Bruder Adalbert tötete aus Rache Konrad den Älteren (906), wurde aber wenig später ergriffen und ebenfalls geköpft.

In den »Stammesherzogtümern« Bayern und Sachsen konnten sich zwei große Adelsgeschlechter dauerhafter durchsetzen. Bayern war als Erbteil Ludwigs des Deutschen erst an Karlmann, dann an dessen illegitimen Sohn Arnulf von Kärnten gefallen. Als dieser König wurde, ernannte er als Stellvertreter seinen Neffen, Markgraf Luitpold (Liutpold). Luitpold fiel 907 im Kampf gegen die Ungarn, er hinterließ seine Ämter seinem Sohn Arnulf. Arnulf (»der Böse«) säkularisierte Klostergüter, um mehr Vasallen zu gewinnen. Diese Politik ermöglichte ihm Erfolge gegen die Ungarn.

In Sachsen verteidigten die Söhne Liudolfs († 866) ihre Besitzungen gegen die Normannen. Nachdem Herzog Brun 880 besiegt und getötet worden war, führte sein Bruder Otto den Kampf weiter und konnte sogar Thüringen gewinnen (vgl. Stammtafel XIV). Er starb 912, sein Sohn Heinrich, der den Namen des Babenberger Vorfahren trug, erbte zunächst das Herzogtum und wurde im Jahr 919 ostfränkisch-deutscher König.

Im äußersten Westen des Ostfrankenreiches bildete Lotharingien einen weiteren bedeutenden Machtkomplex. Hugo, der illegitime Sohn Lothars II., war 885 nach der Gefangennahme durch Graf Heinrich geblendet und im Kloster Prüm festgesetzt worden. Seine Parteigänger gingen danach zu König Arnulf über. Mit Rücksicht auf das Eigenbewußtsein des lotharingischen Adels beschloß Arnulf 894 die Errichtung eines Unterkönigtums, das er seinem Bastardsohn Zwentibold übertrug. Das ständig von Normanneneinfällen bedrohte Friesland behielt er sich jedoch selbst vor. Der junge König hatte aber die großen Adelsgeschlechter gegen sich, so das in den Ardennen begüterte Haus Matfred und das Haus Reginar, dem ausgedehnte Ländereien zwischen Maas und Schelde gehörten. Nach dem Tod Arnulfs von Kärnten im Jahr 899 entschieden sich die Großen dafür, seinen Nachfolger, Ludwig das Kind, anzuerkennen. Sie fielen von Zwentibold ab, der ein Jahr später im Kampf fiel. Lotharingien war zwar in das Ostfrankenreich eingegliedert, aber unter der Leitung einiger Großen und des Erzbischofs von Trier behielt es seine Sonderstellung. Der Adel wehrte sich gegen Amtsübernahmen durch auswärtige Familien wie die Konradiner, die Besitz in Lotharingien hatten. Wie noch zu zeigen ist, wandten sich die Einheimischen bereitwillig an den westfränkischen König, wenn es um den Schutz ihrer Unabhängigkeit ging.

Um die Vorstellung der bedeutendsten Herrschaftskomplexe im Osten abzuschließen, ist noch kurz auf Mähren einzugehen, auch wenn diese Staatsbildung nicht zum ostfränkischen Reich gehörte. Die Entstehung des Mährerreiches wurde schon weiter oben behandelt. Mit Hilfe des Papstes hatte Rastislaw (846–869) eine eigene Landeskirche aufbauen können. Johannes VIII. war es nicht gelungen, die Kirche Bulgariens unter römischer Abhängigkeit zu halten. In der neuen slawischen Christenheit sah er nun eine Möglichkeit, die bulgarischen Verluste auszugleichen. Aber der neue Mährerfürst Swatopluk erkannte 874 die Oberhoheit Ludwigs des Deutschen an, der seinerseits unter dem Einfluß ostfränkischer Bischöfe stand, die den Aufbau der mährischen Kirche wieder selbst übernehmen wollten. Nach dem Tod von Erzbischof Methodios (885) flohen dessen Schüler nach Bulgarien und halfen dort beim Aufbau einer slawischen Kirche griechisch-orthodoxer Observanz. Die kirchlichen Probleme konnten das weitere Erstarken des Mährerreiches nicht aufhalten. Swatopluk herrschte über die Slowakei, einen Teil von Ostungarn, Böhmen und vielleicht auch über Krakau. Sein Reich gedieh dank der Kaufleute, die der wichtigen Handelsverbindung von Regensburg nach Kiew folgten, und dank kleiner, von ihm begründeter städtischer Zentren, deren Bedeutung kürzlich die Ausgrabungen in Staré-Mesto und Mikulčice erwiesen haben. Arnulf von Kärnten unternahm 892 und 893 erfolglose Feldzüge gegen die Mährer. Er versuchte, das Reich von rückwärts anzugreifen, und schloß ein Bündnis mit dem Bulgarenherrscher Wladimir. Als Swatopluk 894 starb, hinterließ er zwei Söhne, Mojmir II. und Swatopluk II. Beide waren zu Unterhandlungen mit Arnulf bereit, der in Regensburg mährische und tschechische Große empfing. Zu Beginn des 10. Jahrhunderts wurde dann aber das sogenannte Großmährische Reich ein Opfer der angreifenden Ungarn. Dieser asiatische Volksstamm hatte sich gegen 895 in Pannonien niedergelassen, begann seine Verwüstungszüge mit der Zerstörung des Fürstentums Mähren und sollte für Jahrzehnte ganz Westeuropa in Schrecken versetzen.

Gegenüber den Angreifern von außen und den Fortschritten der großen Adelsgeschlechter befanden sich die ostfränkischen Könige in einer schwierigen Lage. Arnulf von Kärnten versuchte, die karolingische Regierungstradition weiterzuführen: Er besaß bedeutende Erbgüter im Maingebiet, in Thüringen und in Bayern; zu Mainz, Frankfurt, Tribur und Worms hielt er häufig Reichsversammlungen ab. An seinem Hof empfing er die Könige Odo, Ludwig von der Provence und Rudolf von Hochburgund. Wie seine Vorfahren, ließ auch er sich zum Kaiser krönen, kehrte aber aus Italien 896 schwer erkrankt zurück und mußte die Herzöge handeln lassen, wie sie wollten. Bei seinem Tod 899 war sein Sohn Ludwig das Kind erst sechs Jahre alt. Der Königinwitwe Oda wurde jeder Einfluß genommen, so daß im Namen des Kindes Erzbischof Hatto von Mainz, Bischof Adalbero von Augsburg und einige weltliche Große regierten.

Während der Regierungszeit Ludwigs (900–911) wurde das Reich immer wieder von den ungarischen Reiterkriegern angegriffen. Luitpold von Bayern, der Erzbischof von Salzburg und zahlreiche weitere bayerische Bischöfe starben 907 in der Schlacht bei Preßburg. Im Jahr 908 erlitten in Thüringen Markgraf Burchard und der Würzburger Bischof das gleiche Schicksal, und Schwaben wurde im Jahr 909 verwüstet. Als Ludwig das Kind 911 starb, wählten die Großen in dieser schwierigen Lage einen aus ihrer Mitte, dem sie zutrauten, die Verteidigung wirksam zu organisieren. Es war Konrad der Jüngere, von dem gesagt wurde, er sei mütterlicherseits mit den Karolingern verwandt.

Konrads I. Regierung war eine Abfolge von Fehlschlägen. So verweigerte ihm der Adel Lotharingiens, angeführt von Reginar, die Anerkennung und wandte sich an Karl den Einfältigen. Aber auch die Herzöge von Schwaben, Bayern und Sachsen wurden praktisch selbständig. Konrad suchte die Verbindung zu diesen mächtigen Familien und heiratete Kunigunde, die Mutter Herzog Arnulfs von Bayern und Schwester des Herzogs Erchanger von Schwaben. Aber diese politische Eheschließung brachte nicht die gewünschten Resultate. Burchard I. und Erchanger besiegten Truppenaufgebote des Königs, Heinrich von Sachsen schlug Konrads I. Bruder Eberhard (Eresburg, 915) und gewann damit eine feste Stellung in Westfalen. Auch Konrads Feldzug nach Bayern hatte nur eine verhärtete Ablehnung des Königs durch die Bayern zur Folge.

Wie vor ihm einst die Karolinger, versuchte Konrad I. nun die Unterstützung der Bischöfe zu gewinnen. In Hohenaltheim bei Nördlingen im Grenzgebiet zwischen Bayern, Schwaben und Franken tagte 916 eine Synode, an der auch ein Legat des Papstes Johannes X. teilnahm. Man suchte die Kirchendisziplin wiederherzustellen und das Gebot durchzusetzen, daß Laien keine Kirchengüter an sich ziehen dürften. Vor allem aber wurden die Widersacher des Königs verurteilt. Trotz der Anstrengungen des Mainzer Erzbischofs Heriger und Bischofs Salomon III. von Konstanz hatten die kirchenrechtlichen Anordnungen nicht mehr Erfolg als die Versuche zur militärischen Unterdrückung. Die Herzöge handelten, als gäbe es keinen König. Sie hatten ihre eigenen Vasallen, hielten Versammlungen ab und führten eine eigenständige Politik. Dem Ostfrankenreich schien es bestimmt, in größere Territorialkomplexe zu zerfallen, die in Nachfolge der von den Karolingern konzipierten *regna* voneinander unabhängig waren.

Die Prinzipate im Westfrankenreich

Der nordfranzösische Adel wählte im Jahr 888 Graf Odo von Paris zum König und überging damit das Erbrecht der Karolinger. Dieses überraschende Ergebnis erklärt sich nicht nur aus den besonderen Umständen – Normannengefahr und die Unmündigkeit Karls des Einfältigen –, sondern auch aus der Mentalität der Adelspartei. Die Gefolgsleute Karls des Kahlen, die seinem Sohn und seinen Enkeln gedient hatten, waren vom Schauplatz des politischen Geschehens abgetreten. Sie wurden ersetzt durch Männer der neuen Generation, bereit zu kühneren Plänen und Zielsetzungen. Was sie ausführten, wurde von Jan Dhondt als »konstitutionelle Revolution« bezeichnet. Die noch bestehenden schwachen Bindungen zwischen der königlichen Zentralgewalt und den Fürstentümern Aquitanien und Burgund sollten sich bald lösen, selbst in der eigentlichen Francia (der Krondomäne), wo sich der König eine Gefolgschaft bewahren konnte, war seine Autorität gefährdet.

Als Ludwig der Stammler, damals König von Aquitanien, im Jahr 877 seinem Vater Karl dem Kahlen nachgefolgt war, konnte er südlich der Loire keinerlei Herrschaft mehr ausüben. Bernhard von Gothien empörte sich gegen Ludwig den Stammler und verweigerte ihm die Anerkennung; nach den Worten einer Quelle »betrug er sich wie ein richtiger König«. Aber sein Unternehmen war voreilig, denn noch gab es eine wirkungsvolle karolingische Herrscherautorität. Bernhards *»honores«*[*] wurden zwischen mehreren Familien aufgeteilt, darunter die von Bernhard Plantapilosa und von Bello von Conflent. Bernhard Plantapilosa verfügte als Erbe der Wilhelminer über Güter und Gefolgsleute im Berry, in der Auvergne, dem Limousin, dem Rouergue und, wie noch zu zeigen ist, auch in Burgund. Er war weniger wagemutig als Bernhard von Gothien oder Boso und hielt dem rechtmäßigen Herrscher die Treue bis zu seinem Tod im Jahr 886. Sein Sohn, Wilhelm I. der Fromme, der den Namen seines Vorfahren Wilhelm von Gellone trug, konnte den größten Teil des Erbes bewahren. Nur das Toulousain und Gothien gingen an das Haus Raimund. Wilhelm, den man als »Herzog der Aquitanier« bezeichnete, war während zwanzig Jahren der Oberherr fast aller aquitanischen Adligen. Einer der wenigen, die es vorzogen, dem König anzuhängen, war Gerald von Aurillac, Sohn eines bedeutenden Grundherrn aus der Auvergne. Odo von Cluny, sein Biograph, berichtet: »Wilhelm, unbestrittener Herzog der Aquitanier, ein vortrefflicher Mann, bestand dringend, aber ohne Drohungen, sondern mit Bitten darauf, daß Gerald den Königsdienst verlasse und sich ihm unterstelle. Aber Gerald, der kürzlich die Grafenwürde erlangt hatte, stimmte in keiner Weise zu. Statt dessen gab er seinen Neffen Rainald zusammen mit einer sehr großen Anzahl von Berittenen in den Dienst des Herzogs.« Graf Ramnulf II. von Poitiers, verwandt mit den Karolingern und ein Vetter Wilhelms, hätte ein ernsthafter Rivale werden können, aber er starb schon 890 und hinterließ nur einen Sohn im Kindesalter, Ebalus Manzer. Ramnulfs Bruder Ebalus, der sich als Abt von Saint-Germain während der Belagerung von Paris ausgezeichnet hatte, und Wilhelm der Fromme verteidigten die Rechte des unmündigen Er-

[*] *Honor* meint hier hohe öffentliche Ämter, die direkt vom König verliehen wurden, im Gegensatz zum Benefizium (»Lehen«) aber nicht auf Lebenszeit, sondern auf Widerruf. Zum Amt gehörte eine eigene Dotation, das Amtsgut. In der Praxis war ein Widerruf ab der Mitte des 9. Jahrhunderts nur noch schwer durchsetzbar. (d. Übers.)

ben gegen die Eingriffe König Odos. Wilhelm hatte keine Kinder und hinterließ seine Besitzungen im Jahr 918 seinem Neffen Wilhelm II., der mit ihm zusammen die Gründungsurkunde von Cluny (909) unterzeichnet hatte.

Im Süden Aquitaniens profitierte ein anderes Adelsgeschlecht vom Scheitern Bernhards von Gothien. Ein Nachkomme von Bello, der unter Karl dem Großen Graf von Carcassonne war, hatte während der Regierung Karls des Kahlen die Grafschaften Ampurias, Urgel, Cerdagne und die sogenannte Spanische Mark innegehabt. Er wurde für kurze Zeit durch Adlige verdrängt, die von Norden zugewandert waren, erlangte seine Lehen aber im Jahr 877 zurück. Sein Enkel Wifred erhielt 878 die Grafschaften Urgel, Cerdagne, Ausona und wohl auch Barcelona. Wifred hielt den Karolingern die Treue und weigerte sich nach 888, die Wahl Odos anzuerkennen. Seinen Urkunden gab er die Datierungszeile »unter der Herrschaft Christi in Erwartung des Königs«. Unter dem Deckmantel der Loyalität waren die Grafen praktisch unabhängig. Wifred der Haarige (el Velloso) gilt oft als der eigentliche Begründer der katalanischen »Nation«. Er schützte seine Grafschaften gegen mohammedanische Angreifer und förderte die Wiederbesiedlung verlassener Gebiete, wie dies gleichzeitig auch die Könige von Asturien taten. Er gründete Klöster (Ripoll, San Juan de las Abadesas), wo er seine Kinder als Äbte und Äbtissinnen einsetzte. Um das Kirchenleben zu reorganisieren und nun in Vich ein neues Bistum einrichten zu können, suchte Wifred schließlich die Annäherung an Odo und an Theodardus, den Erzbischof von Narbonne. Aber dieser Anschluß an die Robertiner hinderte ihn nicht daran, während seiner gesamten »Regierungszeit« an der karolingischen Tradition festzuhalten. Nach seinem Tod im Jahr 897 teilten sich die Söhne in die Grafschaften: Wifred Borell I. erbte Barcelona, Gerona und Vich; Sunifred II. wurde Graf von Urgel; Miro II. Graf von Cerdagne, und Radulf wurde Bischof von Gerona.

Die Geschichte des Dukats Gascogne im Nordwesten der Pyrenäen ist schlechter überliefert als die Kataloniens. Um die Wende des 9. zum 10. Jahrhundert begegnet hier in den Urkunden ein Graf und Markgraf Sancho Garcés. Vielleicht ist er der Sohn jenes Sancho, der im Jahr 852 Pippin II. an Karl den Kahlen ausgeliefert hatte. Mit Sancho Garcés beginnt die gascognische Herzogsreihe, die im Jahr 1032 endete. Der Herzog herrschte aber nur über ein kleines Fürstentum, noch ohne das Gebiet um Bordeaux und stets von den Normannen bedroht. In Bordeaux saß ein gewisser Graf Amauvin (Amalvinus), der Beziehungen unterhielt zu dem mächtigen König von Asturien, Alfons III. dem Großen (866–910).

An der Garonne herrschte das Haus Raimund. Odo, wohl 919 gestorben, hinerließ zwei Söhne: Raimund II., der die Gebiete um Toulouse, Nîmes und Albi beherrschte, sowie Ermengaud, der Gothien und das Rouergue besaß.

Mit Burgund ist ein Gebiet ohne natürliche Grenzen zu behandeln, das von der mittleren Seine bis zum Beaujolais und von der Saône zum Gatinais reichte. Bis zu seinem Tod im Jahr 887 konnte Boso den Besitz Burgunds behaupten, das er seinem Königreich Provence angegliedert hatte. Von Vienne aus konnte Boso Burgund nicht gegen die Normannen verteidigen, die nach der Aufhebung der Belagerung von Paris über die Hochebene des Landes herfielen. Wie schon erwähnt, wurde nach dem Tod Kaiser Karls des Dicken die Königskrone von den ansässigen Adligen Markgraf Wido von Spoleto angeboten. Sie verließen den glücklosen Thronkandidaten aber sehr bald und schlossen sich König Odo an.

Tatsächlicher Herr über Burgund war Richard Justitiarius, der Bruder Bosos, und Erbe seiner *honores:* Er erhielt unter anderem die Grafschaften Autun, Sens, Auxerre, verfügte über die Klöster von Saint-Symphorien, Autun, Saint-Germain d'Auxerre, Sainte-Colombe de Sens und über zahlreiche Bischofssitze, brachte das Bistum Langres in seinen Besitz, dessen Amtsinhaber er blenden ließ, und verheiratete seine Tochter mit dem Sohn des Bischofs von Autun. Auch sein Eigengut gab Richard ein ziemliches Ansehen. Er wurde von seinen Gefolgsleuten geachtet, darunter Manasses, Herr über acht Grafschaften, ferner der Graf von Troyes, die Grafen von Nevers, Dijon und andere. Nach Osten unterhielt Richard gute Beziehungen zu König Rudolf I. von Hochburgund, dessen Schwester Adelheid seine Gemahlin wurde. Markgraf Richard, der eigentlicher Begründer des Herzogtums Burgund, vererbte 921 die Herrschaft an seinen Sohn Rudolf, den künftigen König Frankreichs.

Das Fürstentum Bretagne entstand früher als das burgundische Herzogtum. Salomon, der 857 Nachfolger von Erispoë wurde, nannte sich »*princeps* durch Gottes Gnade über die ganze Bretagne und einen großen Teil Galliens«. Er besaß das reiche Kloster Saint-Aubin d'Angers und Gebiete zwischen Mayenne und Sarthe. Stammeskonflikte führten 874 zur Ermordung Salomons, danach teilten sich Familienangehörige in die Bretagne: Pascwethen erhielt den Norden mit Rennes und der Domnonée, Gurvant den Süden mit der Grafschaft Cornouaille und dem Poher. Pascwethens Bruder Alan I. leitete 888 den Kampf gegen die Normannen und konnte sie bei Questembert besiegen. Alan I. der Große wurde Herzog der Bretagne und nannte sich auch »König der Bretonen durch die Gnade Gottes«. Die Institutionen dieses Fürstentums ähnelten in vielem dem karolingischen Vorbild. In seinen Residenzen Rieux und Seni nahe dem Kloster Redon umgab sich Alan mit Bischöfen – darunter sein Ratgeber Fulcherius von Nantes († 912) – und mit Vasallen, den *machtyerns,* Klanführern, die lateinisch als *principes plebis* (Volksführer) bezeichnet wurden. Die Bretagne war damals kein abgeschiedener Winkel, sondern stand in Verbindung mit dem ganzen Abendland. Das bezeugt der 1964 geborgene Münzschatz von Rennes, der auf die Jahre 884–920 datiert wird. Die Mehrzahl der einhundertzweiunddreißig Denare stammen aus Tours, Orléans, Rennes, Bourges, Le Mans, aber auch aus Brioude, Pavia, Metz und anderen Prägeorten. Die Periode relativen Wohlstands wurde gegen 919/920 durch eine neue Welle von Normanneneinfällen unterbrochen. Ein großer Teil des Adels, der Kirchenhierarchie und zahlreiche Mönche flohen nach Nordfrankreich und auch nach England.

Im Norden Westfrankens war Flandern genauso den normannischen Angriffen ausgesetzt. Der Tod von Graf Balduin I. Eisenarm 879 fiel zusammen mit einer skandinavischen Großoffensive. Sein Nachfolger, Balduin II., ließ deshalb in Saint-Omer, Brügge, Gent, Kortrijk Holzbefestigungen errichten, außerdem zog er Ländereien an sich, die von königlichen und kirchlichen Amtsträgern aufgegeben worden waren. Obwohl er Enkel Karls des Kahlen war, erhob er 888 keinen Anspruch auf die Krone, verweigerte aber Odo die Anerkennung. Hauptziel war für ihn die Ausdehnung seiner Grafschaft nach Süden. Ihm gelang die Erwerbung des Artois und des reichen Klosters Saint-Vaast, das seit 879 der Unruochinger Rudolf besessen hatte, der Sohn des Markgrafen Eberhard von Friaul, und danach an Erzbischof Fulco von Reims gegeben wurde, den Balduin II. deswegen im Jahr 900 ermorden ließ. Am Oberlauf der Somme stieß er auf Graf Heribert I. von Vermandois, der ebenfalls von den Karolingern abstammte: Der auf Befehl Ludwigs des Frommen geblendete König Bernhard von Italien hatte einen Sohn Pippin, der einige Grafschaften im Somme-Gebiet besaß. Bernhards Enkel Heribert I. verfügte über Saint-Quentin und Péronne. Balduin II. räumte dieses Hindernis aus dem Weg, indem er Heribert I. um 907 ermorden ließ. Schließlich zielte der Graf von Flandern auch noch auf den Erwerb des Unterlaufs der Canche, um so über See Beziehungen zu England anknüpfen zu können. Er begründete bereits das englisch-flandrische Bündnis durch seine Ehe mit einer Tochter König Alfreds des Großen von Wessex. Sein Sohn Arnulf I. erbte 918 eine bedeutende Grafschaft, der eine glänzende Geschichte bestimmt war.

Die Entwicklung im sogenannten Dukat zwischen Loire und Seine war anders, weil Graf Odo 888 König wurde. Nach dem Tod Roberts des Tapferen im Jahr 866 war der Dukat dem Welfen Hugo Abbas (der Abt) unterstellt worden, einem Vetter Karls des Kahlen, der die Herrschaft stellvertretend für Roberts Söhne ausübte. Odo, der älteste, wurde 886 unter anderem *marchio,* Graf von Anjou und von Blois, Laienabt von Saint-Martin in Tours und von Marmoutier. Wie erwähnt, war Odo auch Graf von Paris und hatte die Stadt 885/886 tapfer verteidigt. Als König übertrug Odo die *honores* zwischen Loire und Seine seinem Bruder Robert. Die unmittelbare Verwaltung und die Verteidigung der Grafschaften mußte Robert einer Reihe von Adelsfamilien anvertrauen. In Angers etablierte sich das aus Nordfrankreich stammende Haus Fulcos, das mit den Widonen-Lambertinern verwandt war. Fulco I. der Rote, 898 Vizegraf von Angers, war verheiratet mit Roscella, der Tochter Warnerius' von Loches, der entweder von Lambert II. von Nantes oder von dessen Bruder Warnarius abstammte. Wie Lambert II. wurde Fulco Laienabt von Saint-Aubin in Angers, und wie dieser gab er seinem Sohn den Namen Wido. In der Grafschaft Maine waren die Rorgoniden stets präsent. Gauzlin, namensgleich mit seinem Onkel, dem während der Belagerung im Jahr 886 verstorbenen Bischof von Paris, war zwischen 905 und 914 Graf von Maine. Nach ihm ging die Grafschaft an Rotger, der mit Rothild, einer Tochter Karls des Kahlen, verheiratet war. Er vermachte Maine seinem Sohn Hugo I., während seine Tochter mit einem Robertiner vermählt wurde. In Blois war von 878 bis 906 ein gewisser Guarnegaud (Warngaud) Vizegraf, dann wurde er durch Tetbald den Älteren ersetzt, der seinen Aufstieg vielleicht der Eheschließung mit der Rorgonidin Richildis verdankte. Die Rorgoniden behaupteten den Besitz von Châteaudun, während in Vendôme Bouchard (Burchard) I. Vizegraf war, der Vater von Bouchard le Vénérable.

Der Robertiner Odo wurde als Vertreter des Hochadels von seinen Standesgenossen zum König gewählt. Als Herrscher wurde er mit den gleichen Problemen konfrontiert, deren Lösung die Nachfolger Karls des Kahlen versucht hatten, doch fehlte ihm dabei das Prestige der Karolinger. Er konnte gar nicht anders, als der Tradition karolingischer Politik zu folgen. Er wurde in der Pfalz Compiègne gekrönt, bediente sich der schon vorhandenen Verwaltung und setzte in den ersten Regierungsjahren alle Kräfte ein. Durch seinen glänzenden Sieg über die Normannen bei Montfaucon (888) konnte er zumindest in Nordfrankreich alle noch Zögernden auf seine Seite ziehen. Es wurde in der Forschung darauf hingewiesen, daß Odo vom Beginn seiner Regierung bis zum Jahr 893 fünfunddreißig Urkunden ausgestellt hat, fast alles Privilegienerteilungen, die eine Verminderung der königlichen Hoheitsrechte bedeuteten. Diese Diplome belegen aber auch, daß der Titel des *rex Francorum* selbst im entfernten Katalonien noch nicht in Vergessenheit geraten war. Odo unternahm auch Reisen, traf sich in Saint-Mesmin bei Orléans und in Meung-sur-Loire mit hohen kirchlichen Würdenträgern, vermochte aber gegen die weltlichen Großen südlich der Loire nichts auszurichten. Markgraf Wilhelm I. der Fromme von Aquitanien hinderte den König daran, seinen Bruder Robert im Poitou einzusetzen, und schützte die Rechte von Ramnulfs II. Sohn. Richard Justitiarius machte jedes Eingreifen des Königs in Burgund unmöglich. Nördlich der Loire verfügte Odo zwar noch über Gefolgsleute, Krongüter, Pfalzen, aber sehr bald kam es zum Zusammenstoß mit Balduin von Flandern und besonders mit Erzbischof Fulco von Reims als dem Vertreter der karolingischen Partei. Karl III. (der

Einfältige), der Sohn Ludwigs des Stammlers, dessen Erziehung Ramnulf II. anvertraut worden war, wurde 893 vierzehn Jahre alt. Während sich Odo in Aquitanien aufhielt, ließ Fulco den jungen Karolinger unverzüglich in Saint-Remi zu Reims zum König krönen. Die Folge waren kriegerische Auseinandersetzungen zwischen den beiden Herrschern. Karl der Einfältige (der Beiname stammt aus späterer Zeit) erhielt die Unterstützung Arnulfs von Kärnten im Zeichen der Solidarität zwischen Karolingern. Aber am Ende unterlag Karl, der für seinen Verzicht auf die Krone einen Herrschaftsbereich wohl um Laon erhielt. Odo wußte aber, wie stark der Anhang der Karolinger war, und besaß die Klugheit, bei seinem Tod die Krone nicht seinem Bruder Robert zu vermachen, sondern den Großen die Wahl Karls zu empfehlen. So kam es 898 zur Restitution der Dynastie der Karolinger.

Kapitel III

Die territoriale Neugliederung in der ersten Hälfte des 10. Jahrhunderts

Die Könige des Abendlandes, die sich das Frankenreich aufgeteilt hatten, hielten an der Politik ihrer Vorgänger fest, gleich ob sie karolingischer Abstammung waren oder nicht. Wie schon erwähnt, beanspruchte Arnulf von Kärnten den Besitz einer übergeordneten Herrscherautorität: Er sanktionierte erst Odo, unterstützte dann Karl den Einfältigen, machte es Rudolf I. unmöglich, König von Lotharingien zu werden, und erlangte selber die Kaiserkrone. Ludwig von der Provence und Rudolf II. folgten den Angeboten italienischer Adliger, die nach einem geeigneten König suchten. Obwohl das Abendland auseinandergefallen war, gab es immer wieder Pläne zur Vereinigung der Länder des ehemaligen Frankenreiches. Diese Versuche hatten unterschiedlichen Erfolg.

Die Wiederherstellung des Königtums in Italien durch Hugo von der Provence (926–947)

Nach der Ermordung Berengars I. (924) verweigerte der italienische Adel König Rudolf II. von Hochburgund die Anerkennung. Ihre Wahl fiel auf Hugo von Arles, der mit den Karolingern verwandt und zur wichtigsten Persönlichkeit im Königreich Provence aufgestiegen war. Der etwa vierzigjährige Fürst war gebildet, mutig und freigebig gegenüber der Kirche. Er konnte die Großen auf sich vereinen, die ihn in Pavia zum König wählten (Juli 926). Hugo konnte die Krone für mehr als zwanzig Jahre behaupten und versuchte, die Autorität des Königs in Italien zu erneuern.

Er fand eine zerrüttete Verwaltung und leere Schatzkammern vor, das Königsgut war verschleudert. Pavia, das 924 von den Ungarn niedergebrannt worden war, zeigte noch die Spuren der Katastrophe. Hugo ließ die Stadt wiederaufbauen, befestigte sie mit einem neuen Mauerring und reorganisierte den Hof: das Gericht unter Leitung des Pfalzgrafen, die Kanzlei mit ihren Notaren und vor allem die *camera regia.* Als Reaktion auf die Verschwendungswirtschaft seiner Vorgänger bemühte sich Hugo um die Trennung zwischen Eigenbesitz und Krongut. Im Gegensatz zu den Herrschern unmittelbar vor ihm war er sparsam in der Privilegienerteilung an Bischöfe und bei der Landvergabe an Adlige. Er bemühte sich um die Wiederbelebung der Volksversammlungen und berief die Großen zur Beschlußfassung in wichtigen Angelegenheiten wie bei der Ungarnabwehr und der Erhebung seines Sohnes Lothar zum Mitkönig. Nach außen erneuerte er die Politik der karolingischen Könige Italiens. Er schloß 927 einen Vertrag mit Venedig und gab damit Pavia eine Zentralfunktion als Markt für Waren aus dem Orient. Außerdem schickte Hugo eine Gesandtschaft zu dem byzantinischen Kaiser Romanos I. Lakapenos, deren Leiter der Vater Liudprands von Cremona war.

Der Einzug Hugos in Pavia war von Papst Johannes X. begrüßt worden, der, wie erwähnt, Berengar 915 zum Kaiser gekrönt hatte. Johannnes X. war ein tatkräftiger Papst. Zusammen mit Alberich von Spoleto und Adalbert von Tuscien, aber auch mit Unterstützung der Byzantiner gelang es ihm, die Sarazenen aus ihrem Schlupfwinkel am Garigliano zu vertreiben (915). In Rom selbst stand Johannes X. aber unter dem Einfluß der Familie des Senators Theophylakt. Theophylakt war *vestararius* und *magister militum,* aufgrund dieser Ämter unterstanden ihm Schatzverwaltung und die römische Miliz. Ihm zur Seite stand seine Gemahlin Theodora, die wesentlich daran beteiligt war, daß Johannes X. zum Papst gewählt wurde. Nach dem Sieg am Garigliano verheiratete Theophylakt seine Tochter Marozia mit Alberich I., einem hervorragenden Kriegsmann, der seit 898 in der langobardischen Markgrafschaft Spoleto regierte. Bis 925 beherrschten Marozia und Alberich – dessen genaues Todesjahr unbekannt ist – den Lateran. Papst Johannes X. sah in der Ankunft von König Hugo einen Ausweg, um sich vom Einfluß Marozias zu befreien. Er traf Hugo in Mantua, um ihm die Lage zu erklären. Aber Marozia heiratete nach dem Tod Alberichs Wido, den Sohn Adalberts II. von Tuscien und Bertas, der folglich ein Halbbruder Hugos von Arles war. Wido und Marozia beschlossen, Johannes X. endgültig auszuschalten. Sie ließen den Lateran stürmen und den Papst in der Engelsburg einkerkern (928), wo er wenig später starb, vielleicht mit einem Kopfkissen erstickt. Drei Jahre später, nach zwei sehr kurzen Pontifikaten, ließ Marozia unter dem Namen Johannes XI. ihren eigenen Sohn zum Papst wählen, dessen Vater möglicherweise Sergius III. war.

Marozia regierte als Herrin des Laterans, sie träumte von der Herrschaft über ganz Italien und hatte damit dasselbe Ziel wie Hugo von Arles. Sie war seit 929 Witwe, und auch Hugo hatte seine Gemahlin verloren. Da bot die allmächtige *Senatrix* dem König von Italien ihre Hand an und verlockte ihn wohl auch mit dem Hinweis auf die Kaiserkrone. Die Hochzeit wurde 932 in der Engelsburg in Anwesenheit von Papst Johannes XI. gefeiert. Aber es gab einen Störenfried: Alberich II., Marozias Sohn aus erster Ehe, der den Namen seines Vaters trug. Er war ungefähr achtzehn Jahre alt, erregte einen Aufstand der Römer gegen die »Fremden« und ließ Marozia samt Johannes XI. gefangensetzen, während Hugo von Arles fliehen konnte. Die ruhmreiche Regierung von Alberich als *princeps ac senator omnium Romanorum* begann also mit einem »coup d'éclat«, einem aufsehenerregenden Staatsstreich. Unter seiner Herrschaft, die bis 954 dauerte, kehrten Ordnung und Anstand nach Rom zurück.

Von 932 an hatte sich Hugo mit zahlreichen Problemen auseinanderzusetzen. Er plante Feldzüge gegen die fortgesetzten Raubzüge der Ungarn und gegen die Sarazenen, die von ihrem Stützpunkt Fraxinetum aus die Zugangswege zu den Alpen kontrollierten. Hugo rief sogar die Flotte des Byzantiners Romanos I. Lakapenos gegen die Sarazenen zu Hilfe. Um freie Hand in Italien zu erhalten, schloß er einen erstaunlichen Vertrag mit König Rudolf II. von Hochburgund. Er verzichtete darin zugunsten Rudolfs und zum Nachteil für den Sohn Ludwigs des Blinden, Karl-Konstantin, auf seine provençalischen Herrschaftsrechte. Nach der Verschwörung, die Graf Milo und Bischof Rather von Verona gegen ihn geplant hatten, bemühte sich Hugo darum, den Einfluß des oberitalienischen Adels auszuschalten. Zu diesem Zweck vergab er Lehen und *honores* an Provençalen. Sein Neffe Manasses, ehemaliger Bischof von Arles, erhielt die Bistümer Trient, Verona und Mantua, also die *Marca Tridentina.* Man kennt neun Frauen und Nebenfrauen Hugos, entsprechend groß war die Zahl seiner Söhne und Bastardsöhne. Sie wurden alle versorgt: Einer bekam das Erzbistum Mailand, ein anderer das Kloster Nonantola und ein dritter die Markgrafschaft Tuscien usw. Nach den Worten eines Chronisten wurden die Italiener aller Ämter und Würden beraubt. Was jedoch Rom betrifft, verlor Hugo jede Hoffnung auf Rückkehr in das Patrimonium Petri und schloß 942 einen Vertrag mit Alberich II., der sein Schwiegersohn wurde.

Einer der besonders bedrohten italienischen Adligen war der Enkel Berengars I., Markgraf Berengar von Ivrea, der mit einer Nichte Hugos vermählt war. 941 flüchtete er an den deutschen Königshof und hielt von dort aus Verbindung zur Adelsopposition. 945 konnte er durch das Etschtal nach Italien zurückkehren. Er gewann zahlreiche Große für sich, indem er den einen Bistümer, den anderen Grafenwürden versprach. Hugo sah sich im Stich gelassen, floh in die Provence und überließ die Krone seinem Sohn Lothar. Berengar II. jedoch zog in Pavia ein und regierte von da an formell im Namen von Hugo und Lothar.

So siegte am Ende doch der Adel Italiens. Hugo war es nicht gelungen, die königliche Autorität zu erneuern, und hatte sich durch die Einsetzung von Verwandten in Oberitalien verhaßt gemacht. Was im 9. Jahrhundert möglich war, konnte nun nicht mehr durchgesetzt werden, weil der Adel Italiens nicht mehr nur den bedeutenden Familien zugehörte, die von jenseits der Alpen zugezogen waren. Die Supponiden, die Arduine, die Anskarier und ihre Vasallen, kleine Adlige, konzentrierten sich um ihre hier und dort errichteten Burgen, die ihnen Freiheit von der Vormundschaft der großen Geschlechter gaben. Trotz allem war es in diesen unruhigen Zeiten für einen auswärtigen Fürsten eine beachtliche Leistung, die Herrschaft für zwanzig Jahre zu behaupten. Ohne es zu wollen oder zu wissen, hat Hugo den Erfolg Ottos I. in Italien vorbereitet.

Die Wiederherstellung des Königtums in Ostfranken-Deutschland: Heinrich I. als Erbe der Karolinger

Als König Konrad 918 von einem Feldzug gegen Arnulf von Bayern zurückkehrte und seinen Tod nahen fühlte, beauftragte er seinen Bruder Eberhard, Frieden mit Heinrich von Sachsen zu schließen und ihm die Königsinsignien zu überbringen. Heinrich gab seine Zustimmung und wurde in der Pfalz zu Fritzlar von fränkischen und sächsischen Adligen zum König gewählt. Er war der mächtigste deutsche Fürst, verfügte über Pfalzen, Burgen und Marktplätze für den Warenaustausch mit den skandinavischen Ländern, außerdem zog er Gewinn aus den südsächsischen Silbervorkommen. Heinrich war nicht direkt mit den Karolingern verwandt, seine Tante hatte einen der Söhne Ludwigs des Deutschen geheiratet (vgl. Stammtafel XIV). Trotzdem griff er vom Beginn seiner Herrschaft an auf Grundsätze karolingischer Tradition zurück. Manche Historiker haben allerdings darauf verwiesen, daß Heinrich die Salbung durch den Mainzer Erzbischof ablehnte, und schlossen daraus, daß er keinen Teil seiner Macht aus der Hand eines Bischofs erhalten wollte. Andere erklärten Heinrichs Weigerung in Anschluß an Widukind von Corvey mit der Demut des Königs und verwiesen darauf, daß bei den Ostfranken die Salbung nie die gleiche Bedeutung hatte wie bei den Westfranken.

Heinrichs Macht und Fähigkeiten reichten aus, um ihm als König die Anerkennung der einzelnen Herzöge zu sichern, denen er aber eine gewisse Selbständigkeit beließ. Herzog Eberhard von Franken, der Bruder des verstorbenen Königs, schloß 919 mit Heinrich Freundschaft, die er nach Widukinds Worten bis an dessen Lebensende bewahrte. Burchard I. von Schwaben wurde durch einen Feldzug eingeschüchtert und ergab sich kampflos. Nach seinem Tod im Jahr 926 ging das Herzogtum an den Konradiner Hermann, einen Vetter Eberhards. Er heiratete Burchards Witwe, aber für die Schwaben blieb er ein Landfremder und gewissermaßen Stellvertreter des deutschen Königs. Arnulf von Bayern schien jede Unterwerfung abzulehnen und für seinen Machtbereich selber den Königstitel anzustreben, doch wurde auch er zum Nachgeben gezwungen. Dabei beließ ihm Heinrich aber die Zuständigkeit für die Ernennung der bayerischen Bischöfe. Schließlich wird später noch darauf einzugehen sein, wie Heinrich die Probleme der westfränkischen Könige ausnützte, um Lotharingien zurückzugewinnen. Er ging davon aus, daß dieses Gebiet, zusammen mit Sachsen, unverzichtbar war für die Erneuerung der Königsmacht in Ostfranken/Deutschland. Maßgeblich für diese Einschätzung war zum einen die Lage der Pfalz Aachen. Dazu kam aber, daß wegen der Handelsstraßen Rhein und Maas, wegen der Städte sowie wegen der Klöster und Bischofssitze als kulturellen Mittelpunkten das ehemalige Reich Lothars für Heinrich als das reichste und am weitesten entwickelte Gebiet des Abendlandes erschien.

Von den Herzögen respektiert, konnte sich Heinrich damit befassen, sein Reich gegen die Angriffe der Feinde im Norden, Süden und Osten zu schützen. Nach dem Vorbild Karls des Großen sicherte er erneut die Dänische Mark und unterwarf 934 König Knuba in Haithabu/Hedeby, einem wichtigen Handelsplatz nahe dem heutigen Schleswig. Ebenfalls nach dem Vorbild Karls des Großen sicherte er die Elbgrenze und Sachsen vor den Angriffen der Slawen. Im Winter 928/929 drang sein Heer über die zugefrorenen Havelsümpfe vor und unterwarf die flußnahen Heveller. Ihre Hauptstadt Brennaburg wurde erobert und zu einer Befestigung umgestaltet, die später den Namen Brandenburg erhielt. Dieser Vorstoß nach Osten wurde abgerundet durch die Eroberung der Burg Lenzen und die Gründung von Meißen weiter südlich an der Elbe. Zwei sogenannte Grenz- oder Markgrafen, Bernhard und Thietmar, erhielten den Auftrag, die stets unruhigen slawischen Stämme zu überwachen.

Noch weiter nach Süden griff Heinrich in Böhmen ein, wie dies die Karolinger getan hatten. Diesem von Gebirgen geschützten Land waren Ungarneinfälle erspart geblieben. Tschechische Stammesführer teilten sich den Besitz von Mähren, das sie auch beschützten. Einer von ihnen war Bořivoy aus der Familie der Přemysliden, die von einem Schüler des Slawenapostels Methodios bekehrt worden waren. Der bayerische Klerus hatte bereits eine tschechische Kirchenorganisation geschaffen, die erste Prager Kirche hatte den heiligen Emmeram von Regensburg zum Patron erhalten. Herzog Wenzel (Václav), der Enkel Bořivoys, wurde von Heinrichs Heer im Frühjahr 929 im befestigten Prag belagert und mußte sich unterwerfen. Wenig später schickte ihm der König eine Reliquie des heiligen Vitus (Veit), die aus dem Kloster Corvey in Sachsen stammte. Der Herzog bewahrte sie in der Prager Kirche, weil er hoffte, so den Einfluß des bayerischen Klerus ausschalten zu können.

Die Ungarn hatten zwar Böhmen ausgespart, aber sie setzten die Plünderungen Süddeutschlands fort und erhoben regelmäßige Tributzahlungen. Der König ließ Herrenhöfe und Klöster befestigen, wahrscheinlich errichtete er Burgen in Merseburg, Quedlinburg, Gandersheim, Corvey, Goslar, und im Harz nördlich von Goslar baute er die Pfalz Werla, die mit ihren zwei Mauerringen den Angriff der Ungarn im Jahr 924 erfolgreich überstand. Außerdem schuf er ein Wehrsystem durch die Einführung der *milites agrarii,* wie Widukind sie nennt. Dies waren keine Bauernkrieger, sondern in den Grundherrschaften aufgebotene Truppen, Vorläufer der *ministeriales,* die als Besatzung befestigter Plätze verwendet wurden. Heinrich rekrutierte auch im Slawenkampf geübte sächsische Bauern und griff sogar auf Gesetzesbrecher zurück, die zwischen Bestrafung und Kriegsdienst wählen konnten. Schließlich ermutigte er auch die Herzöge, dem Vorbild zu folgen, das er in Sachsen und Thüringen gegeben hatte, und befestigte Orte anzulegen.

Sobald sich Heinrich stark genug fühlte, um im Kampf bestehen zu können, berief er eine Versammlung nach Erfurt (932), wo er durch die Bischöfe und Adligen Kriegsmaßnahmen beschließen ließ. Nach einer sagenhaften Überlieferung soll er den Ungarn anstelle des fälligen Tributs einen Hund geschickt haben, dem Ohren und Schwanz abgeschnitten waren. Heinrichs Bemühungen wurden schließlich von Erfolg gekrönt, und die Ungarn wurden in Thüringen bei Riade (wohl an der Unstrut gelegen) am 15. April 933 geschlagen. Dieser Sieg machte in Deutschland und darüber hinaus großes Aufsehen, denn auch Flodoard von Reims erwähnt ihn in seinen Annalen. Wie Widukind mitteilt, begrüßte das Heer nach dem Sieg Heinrich »als Vater des Vaterlandes, großmächtigen Herrn und Kaiser«. Über diesen Satz ist viel diskutiert worden, er belegt jedenfalls das Ansehen des Königs, der wie ein siegreicher *imperator* von seinem Heer akklamiert wurde.

Während Heinrich seine Macht innerhalb von Ostfranken-Deutschland festigte und gegen die Heiden kämpfte, kümmerte er sich auch um die Verhältnisse im Königreich Hochburgund. Anläßlich des Todes von Herzog Burchard von Schwaben (926) trat Heinrich in Verbindung zu dessen Schwiegersohn, König Rudolf II. Wahrscheinlich übertrug Heinrich dem Burgunder das Gebiet zwischen Aare und Rhein einschließlich Basel, dafür erhielt er aber die Heilige Lanze. Diese berühmte Reliquie galt als Wahrzeichen des burgundischen Königtums, eine im 11. Jahrhundert angefertigte Kopie wird bis heute im Schatz zu Vienne verwahrt. Nach den Worten Liudprands von Cremona bedeutete die Übergabe durch Rudolf, daß er »sich damit [Heinrich] anvertraute«. Die Einigung zwischen beiden Herrschern – formal einem Eintritt Rudolfs in die Vasallität Heinrichs ähnlich – verschaffte dem König von Hochburgund Schutz vor den Bestrebungen des französischen Königs Rudolf. Diesem war es gelungen, das Gebiet um Vienne und Lyon zu gewinnen, worauf noch näher einzugehen ist.

Ob Heinrich I. noch größere Pläne hatte und auch in Italien eingreifen wollte, ist umstritten. Widukind berichtet: »Zuletzt, als er alle Völker im Umkreis bezwungen hatte, beschloß er, nach Rom zu ziehen.« Es ist aber schwer vorstellbar, daß Heinrich einen Heerzug gegen Rom geplant haben soll, das damals ganz in der Gewalt des Senators Alberich war. Eher dachte er wohl an eine Pilgerfahrt zum Apostelgrab. Möglicherweise hatte er auch vor, in Oberitalien einzugreifen, dem Herrschaftsbereich Hugos von Arles, denn auch andere deutsche Fürsten richteten ihre Aufmerksamkeit auf die Gebiete jenseits der Alpen. Herzog Arnulf von Bayern hatte 933 vergeblich versucht, durch einen Feldzug die Wahl seines Sohnes Eberhard zum König von Italien durchzusetzen. Wie immer Heinrichs I. Pläne ausgesehen haben mögen, der Schlaganfall, der den König traf, machte ihre Durchführung unmöglich.

Die dringendste Aufgabe sah Heinrich I. in der Regelung der Nachfolge. Er besaß den Weitblick, auf eine Teilung des Reiches zwischen seinen vier Söhnen zu verzichten und den Großen die Zustimmung zu Otto zu empfehlen. Der junge Prinz wurde nach den Worten der Quedlinburger Annalen 936 *»iure haereditario«* zum König gewählt. So endete die Herrschaft des Mannes, den Widukind den »größten unter den Königen Europas« nannte. Man sollte Heinrich I. nicht zum Begründer der deutschen Nation machen, wie das einige rechtsrheinische Historiker getan haben, denn zu seiner Zeit gab es noch kein Deutschland. Richtig ist vielmehr, daß seine

Regierung noch in der karolingischen Tradition stand. Wie noch zu zeigen ist, ging sein Sohn Otto in dieser Richtung weiter und trat als ein »neuer Karl der Große« auf.

Die Wiederherstellung des karolingischen Königtums in Westfranken

Der Beginn der Herrschaft Karls III. des Einfältigen (898–911)

Die Anhänger der Karolingerdynastie waren 898 stark genug, um Odo zu zwingen, den jüngsten Sohn Ludwigs des Stammlers, Karl III., als Nachfolger zu designieren. Karl III. wurde von späteren Chronisten durch den Beinamen *»simplex«* herabgesetzt, der aber eigentlich soviel wie »ehrlich« oder »arglos« bedeutet. Er war damals knapp zwanzig Jahre alt, großzügig, gebildet und fromm. Ihm war bewußt, daß er Erbe eines berühmten Geschlechts war. In den über einhundert Urkunden, die von ihm überliefert sind, berief er sich häufig auf das Andenken seiner kaiserlichen und königlichen Vorgänger. Er kannte aber auch die Macht der Fürsten Burgunds, Aquitaniens und Flanderns, die ihm gehuldigt hatten. Seine Klugheit riet ihm, die Grafschaften und Klöster zwischen Seine und Loire Robert, dem Bruder des verstorbenen Königs, zu übertragen. Man braucht den Forschern nicht zuzustimmen, die Robert als eine Art Hausmeier bezeichnen, aber es ist richtig, daß sein Einfluß groß war.

Vom Beginn seiner Regierung an war Karl darum bemüht, seine Autorität über Aquitanien wiederherzustellen, ganz besonders über dessen südlichsten Teil, Katalonien. In einer Urkunde von 898 für Theodosius, einen Gefolgsmann des Grafen Robert, bezeichnet er sich als »König von Gothien«, und er verlieh Fiskalgüter in den Grafschaften Narbonne, Roussillon und Bésalu. In einer Urkunde für den Bischof von Elne ließ sich Karl als »König der Franken und Goten« bezeichnen. Er bestätigte Besitz- und Rechtsverleihungen König Odos, übertrug seinem *fidelis* Wifred Borell Steuer- und Münzrechte im Gebiet um Vich, intervenierte bei der Ernennung des Bischofs Wido von Gerona, auf dessen Ersuchen er königliche Rechtsentscheidungen traf. Natürlich konnte Karl mit seinen zahlreichen Urkunden nur die längst vollzogenen Usurpationen der katalanischen Großen legitimieren, aber durch seine Rechtsbestätigungen erreichte er die Anerkennung der königlichen Autorität in dieser entfernten Region. In den übrigen Gebieten Aquitaniens wurde Karl von kirchlichen Würdenträgern um sein Eingreifen gebeten, die dem übermächtigen Einfluß Wilhelms des Frommen entgegentreten wollten. Doch ist zu beachten, daß Markgraf Wilhelm bis zu seinem Tod im Jahr 918 den Karolingern die Treue hielt.

Auch in Burgund hielt Markgraf Richard Justitiarius zu Karl III. Er verweilte öfters am Königshof, wo ihm Privilegien zugunsten seiner Grafschaften verliehen wurden. Natürlich war Karl III. in Aquitanien und Burgund mehr Oberherr als Herrscher, aber er nahm diese Lage hin, weil sie die Aufrechterhaltung politischer Stabilität in seinem Königreich – Karl selbst sprach vom *imperium* – ermöglichte.

Nördlich der Loire konnte Karl tatsächlich Herrschermacht ausüben, und seine Urkunden zeigen dies deutlich. Hier besaß er Grafschaften, Fiskalgüter und auch Pfalzen als Aufenthaltsorte. Er wurde vom Klerus unterstützt, voran vom Reimser Erzbischof Fulco (883–900), einem wahren Fürstbischof, der in erster Linie für die Wiedereinsetzung der Karolinger verantwortlich war. Fulco war eine starke Persönlichkeit und ein würdiger Nachfolger Hinkmars. Er hatte seine Kirchenprovinz fest in der Hand, verschaffte sich Respekt bei seinen Suffraganbischöfen, erneuerte die Reimser Schulen und schützte den Besitz seiner Kirche. Seine Macht wurde so groß, daß ihn Graf Balduin II. von Flandern im Jahr 900 bedenkenlos ermorden ließ. Fulcos Nachfolger Heriveus (900–922) setzte dessen Politik fort. Im Jahr 909 berief er die Synode von Trosly, um den Welt- und Mönchsklerus zu reformieren und, wie Flodoard es ausdrückt, »um die Ordnung im Frankenreich wiederherzustellen«. Der König hatte freilich die Grafschaften zwischen Seine und Loire an Robert abtreten müssen, und um sich die Unterstützung seiner Gefolgsleute zu sichern, war er gezwungen, bald ein Fiskalgut, bald ein Kloster zu vergeben. Damit verminderten sich die materiellen Grundlagen seiner Herrschaft immer weiter. Dennoch gelang es ihm mit zwei kühnen Initiativen, seine Stellung zu befestigen: mit der Ansiedlung der Normannen am Unterlauf der Seine und mit der Gewinnung Lothringens.

Die beiden großen Ziele Karls III.

Normannenscharen, abwechselnd besiegt und siegreich, unternahmen weiterhin regelmäßig Raubzüge durch das Westfrankenreich, ohne daß man ein Mittel zur Beendigung dieser katastrophalen Landplage gewußt hätte. Von 900 an übertrug der König die Organisation der Abwehr gemeinsam den Markgrafen Robert und Richard sowie dem Grafen von Vermandois, ohne daß es zu einer entscheidenden Unternehmung kam. Im Jahr 910 wurde der Norweger Rollo (Gange-Rolv) in der Nähe von Auxerre geschlagen und zog nach Westen weiter, um Chartres in seine Gewalt zu bekommen. Der Bischof der Stadt rief Robert, Richard Justitiarius und Ebalus von Poitou zu Hilfe. Rollo wurde geschlagen und wollte das Königreich verlassen. In dieser Situation, ermutigt durch die Erzbischöfe von Reims und Rouen, faßte Karl der Einfältige den Plan, Rollo und dessen Krieger in der Gegend von Rouen anzusiedeln. Es war nicht das erstemal, daß Karolinger für genau begrenzte Teile des Reiches die Niederlassung von Normannen erlaubten. Ludwig der Fromme und dessen Nachfolger hatten am Unterlauf der Weser, um Walcheren und um Dorestad bereits diese Maßnahme getroffen. Wie erwähnt, hatte Karl der Dicke im Jahr 882 dem Dänenführer Gottfried Friesland zugestanden und Graf Heinrich diesem normannischen »Staat« das Ende bereitet. Schließlich hatte König Alfred der Große von Wessex 878 und 885/86 mit Guttorm und seinen Wikingern einen Vertrag über deren Ansiedlung geschlossen. Sie erhielten ein Gebiet nördlich der Linie London–Birmingham–Liverpool, das später als Danelag (*Danelaw* = Gebiet, in dem *dänisches Recht* herrschte) bezeichnet wurde. Möglicherweise haben diese Präzedenzfälle die Entscheidung Karls des Einfältigen beeinflußt. Im Sommer 911 traf sich der König mit Rollo in Saint-Clair-sur-Epte. Rollo ließ sich taufen und leistete den Vasalleneid, dafür erhielt er das Gebiet zwischen den Flüssen Epte, Eure, Dive und dem Meer. Damit war ein neues Fürstentum begründet, das spätere Herzogtum Normandie. Im Gegensatz zu einer häufig geäußerten Meinung wurde Rollo nicht Herzog; die Quellen der Zeit bezeichnen ihn einfach als »Graf der Normannen«, was besagen sollte, daß er Vertreter des Königs in dem ihm zugewiesenen Küstengebiet war.

Daß dieser Normannenstaat errichtet wurde, war für die Geschichte Frankreichs und des Abendlandes ein wichtiges Ereignis. Umstritten ist, ob Rollo in der Normandie skandinavische Rechtsgewohnheiten eingeführt hat oder ob er im Gegenteil die noch vorhandenen karolingischen Institutionen bewahrt hat. Diese zweite Hypothese stimmt wohl eher mit der Wirklichkeit überein. Lucien Musset hat es so formuliert: »Es liegt nahe anzunehmen, daß von den Normannen die noch nicht gänzlich zerstörten Einrichtungen der Grafschaft Rouen mit den zugehörigen *pagi* wieder in Gang gebracht wurden. Denn mit einigen Änderungen haben sie das dabei entwickelte System auch auf andere unterworfene Gebiete übertragen.« In den *pagi,* die ihm anvertraut waren, verfügte Rollo über die königlichen Fiskalgüter, übernahm den Schutz der Klöster und Bistümer, beaufsichtigte Vizegrafen und andere Vertreter der Königsgewalt. In der Folgezeit bemühten sich die normannischen Grafen von Rouen darum, ihren Besitz auf Bessin und Cotentin, also die sogenannte Basse-Normandie auszudehnen. In diesem Gebiet hatten die Karolinger kaum Einfluß, während die skandinavische Zuwanderung besonders ins Gewicht fiel. Die Normannen Rollos wurden seßhaft und nahmen dank der Anstrengungen der Erzbischöfe von Rouen und von Reims, wenn auch nicht ohne Widerstand, das Christentum an. Mit der Zeit gaben die Normannen ihre Muttersprache auf, aber der skandinavisch geprägte Bestand an Ortsnamen in ihrem Staat bezeugt die Dauerhaftigkeit ihrer Niederlassung.

Natürlich wurden durch den Vertrag von Saint-Clair-sur-Epte nicht sämtliche Normanneneinfälle sofort beendet. Andere Wikingerverbände plünderten weiterhin am Unterlauf der Loire, und seit 918 brachen sie in die Bretagne ein. Für den Karolingerkönig aber war entscheidend, daß Nordfrankreich von den Einfällen verschont blieb und daß ihm der Vertrag mit den neuen Verbündeten ein gewisses Ansehen gab.

Es wird oft behauptet, daß Karl der Einfältige die Verluste im Westen seines Reiches kompensieren wollte und deswegen eine nach Osten gerichtete Politik konzipierte, die ihm den Erwerb Lothringens ermöglichte. Doch sollte man dem zeitlichen Zusammenfall nicht zu große Bedeutung beimessen. Schon lange vor 911 war Karl um die Rückgewinnung Lothringens bemüht, auf das er erbrechtliche Ansprüche geltend machte. Seit 898 unterhielt er Beziehungen zu Reginar I. Langhals, einem der wichtigsten Adligen Lothringens, der durch seine Mutter, eine Tochter Lothars I., zum Geschlecht der Karolinger gehörte. Er besaß Eigengüter in den Ardennen, im Hennegau und in Brabant, war Laienabt von Echternach, Stablo und Sankt Servatius in Maastricht. Er hielt sich für den Herrn Lothringens und bekämpfte die selbstherrliche Politik des Königs Zwentibold, den Arnulf von Kärnten in diesem Teilreich eingesetzt hatte. Zwischen dem König und dem Adel war unauslöschliche Feindschaft entstanden wegen der Besitzentziehungen und unrechtmäßigen Abgabenerhebungen, die dieser illegitime Sohn Arnulfs vornahm. Reginar war nach Westfranken entwichen und forderte Karl auf, Aachen und Nimwegen zu besetzen. Jedoch nach Arnulfs Tod entschloß sich der lothringische Adel zur Anerkennung Ludwigs des Kindes in der Überzeugung, dadurch selbständig Politik machen zu können. Aber Karl gab Lothringen deswegen nicht auf und heiratete 907 Frederuna, eine lothringische Adlige. Vier Jahre später starb der letzte ostfränkische Karolinger, Ludwig das Kind, und der Adel Ostfrankens wählte den Franken Konrad, der in Lothringen verhaßt war. Reginar rief nun erneut Karl den Einfältigen, der sich auf den Weg nach Osten machte und 911 zum König Lothringens gewählt wurde. Es ist zu beachten, daß er von diesem Jahr an in seinen Urkunden an Stelle des einfachen *rex* den Titel *rex Francorum* führte und damit den Anspruch bekräftigte, König aller Franken zu sein. Häufig verweilte er in Herstal, Aachen, Metz und Gondreville bei Toul. Für sein neues Reich erließ er ungefähr zwanzig Urkunden. Nach Reginars I. Tod (915) verlieh er dessen Sohn Giselbert die Lehen des Vaters und den Titel *marchio*. Aber Giselbert wollte selber König werden, gewann sich Gefolgsleute durch die Vergabe von Kirchengütern und ließ sich 920 zum *princeps* von Lothringen proklamieren.

Seit 919 herrschte in Ostfranken-Deutschland ein neuer König, Heinrich I., Herzog von Sachsen, der selber Anspruch auf Lothringen erhob, um seine Macht zu stärken und sich zusätzliche Einkünfte zu sichern. Er wollte aber keinen offenen Kampf mit Karl III. und traf sich mit dem Karolingerkönig am 7. November 921 auf einem Schiff, das bei Bonn in der Mitte des Rheins verankert war. Hier wurde der Status quo bestätigt: Heinrich war *rex Francorum orientalium,* Karl *rex Francorum occidentalium.*

Die Adelsrevolte gegen Karl III.

Die Lothringenpolitik Karls III. verursachte aber Unzufriedenheit beim westfränkischen Adel und führte zum Sturz des Königs. Unter Anführung Markgraf Roberts von Neustrien protestierten die Fürsten gegen Karls Bevorzugung des Günstlings Hagano, eines lothringischen Grafen, und brachten zu Anfang des Jahres 920 den König in ihre Gewalt. Durch die Bemühungen des Reimser Erzbischofs Heriveus kam Karl wieder frei und hoffte nun, sich mit Hilfe seiner lothringischen Anhänger halten zu können. 922 kam es erneut zum Aufstand, und Karl floh über die Maas nach Lothringen. Der Adel erhob nun Robert von Neustrien zum König und ließ ihn durch Erzbischof Walter (Gautier) von Sens krönen. Der anschließende Bürgerkrieg verlief günstig für Karl III., denn am 15. Juni 923 fiel Robert in einer Schlacht bei Soissons. Aber die Großen wollten nicht erneut mit den Karolingern zusammengehen. Roberts Sohn Hugo, später Hugo der Große, lehnte ab, und so kam es zum Angebot der Krone an Rudolf, den Sohn von Richard Justitiarius und Schwiegersohn Roberts. Noch gab jedoch Karl der Einfältige seine Sache nicht verloren. Er hoffte auf das Eingreifen Heinrichs I. von Ostfranken/ Deutschland und griff auf die Hilfe seines Vetters Heribert II. von Vermandois zurück. Aber dieser bemächtigte sich des Königs durch Verrat und nahm ihn in seiner Festung Saint-Quentin gefangen.

Die Historiker haben nach Erklärungen für diesen kriminellen Akt gesucht. Heribert II. war der Sohn Heriberts I., der um 900 auf Anstiften Balduins von Flandern ermordet worden war. Wie erwähnt, war er ein Nachkomme König Bernhards von Italien, den Ludwig der Fromme blenden ließ. Man könnte annehmen, daß der Graf von Vermandois seinen Vorfahren rächen wollte, als er den Karolingerkönig gefangennahm. Aber selbst wenn man die bei germanischen Stämmen verbreitete Blutrache in Rechnung stellt, liegt hier kaum die Hauptursache für Heriberts Vorgehen. Der Graf wurde vielmehr vor allem von seinem übergroßen Ehrgeiz getrieben. Wie seine weitere Geschichte beweist, wollte er sich, von Vermandois ausgehend, ein Fürstentum aufbauen, das dem Besitz anderer Großer entsprach. Und durch die Gefangennahme Karls besaß er ein wertvolles Faustpfand, durch das er jederzeit gefährlich für König Rudolf werden konnte. Er konnte jedoch nicht verhindern, daß Eadgifu (Edgiva), Tochter Edwards I. von Wessex, die Karl nach dem Tod seiner Gemahlin Frederuna geheiratet hatte (ca. 920), zu ihrem Vater nach England flüchtete, zusammen mit ihrem kleinen Sohn Ludwig, dem späteren Ludwig IV. »dem Überseeischen« *(Transmarinus)*. Übrigens wurden weder die zahlreichen Töchter aus der Ehe Karls mit Frederuna noch seine vier illegitimen Kinder in irgendeiner Weise behelligt.

Die Großen des Abendlandes blieben von der Gefangensetzung Karls des Einfältigen nicht unberührt. In Rom drohte Papst Johannes X. mit Exkommunikation gegen Heribert von Vermandois. Die Fürsten im Süden Westfrankens verweigerten König Rudolf die Anerkennung und beharrten für einige Jahre auf der Legitimität der Karolinger, was ihnen zugleich die Festigung der eigenen Selbständigkeit ermöglichte. Im Norden des Reiches nahmen die Normannen Karls Gefangennahme zum Anlaß für Unruhen. Ragnvald, Normannenhäuptling an der unteren Loire, führte Truppen durch alle Gebiete, und Rollo, Graf von Rouen, rebellierte. Man könnte erwarten, daß der lothringische Adel zugunsten Karls eingegriffen hätte. Aber an rasche Wechsel gewöhnt, verbanden sich die Großen mit Rudolf bis zu jenem Zeitpunkt, als König Heinrich I. eingriff und seine Anerkennung erzwang. Markgraf Hugo der Große unternahm gar nichts zur Befreiung Karls, sondern unterstützte Rudolf im Kampf gegen die Normannen. Heribert II. von Vermandois selbst erzielte aus der gegebenen Lage erstaunliche Gewinne. Er zog Seulf, den neuen Erzbischof von Reims, auf seine Seite und benützte den königlichen Gefangenen als Geisel bei der Fortsetzung seiner expansiven Politik. 927 holte er Karl wieder aus dem Gefängnis hervor, weil er sich Rollo annähern und König Rudolf beunruhigen wollte. Aber Karl starb im Oktober 929 in der Festung Péronne.

Damit endete ein Herrscher, dessen Regierung glänzend begonnen hatte. Karl der Einfältige wurde als großer, aber verkannter König bezeichnet. Ihm fehlten die notwendigen Mittel – Gefolgsleute gleichermaßen wie verfügbares Land –, um sich den mächtigen Feudalherren entgegenstellen zu können. Die Ursachen seines Sturzes waren der Rückgriff auf die Politik seiner Ahnen und der Wille, Lothringen zu gewinnen, das Ursprungsland seines Geschlechts.

Die Regierung König Rudolfs (923–936)

Rudolf von Burgund, Sohn von Richard Justitiarius, stammte über seinen Onkel Boso indirekt von den Karolingern ab. Einerseits mußte Rudolf nach Möglichkeit seine burgundischen Interessen schützen, andererseits konnte er nicht anders, als die Politik seines Vorgängers weiterzuführen. Aber westfränkischer König und zugleich Markgraf von Burgund zu sein, die Zentralgewalt zu erneuern und zugleich als burgundischer Fürst zu handeln, das brachte die Gefahr eines Widerspruchs des Königs zu sich selbst. Doch als tatkräftiger und mutiger Herrscher, der mehr als einmal die eigene Person einsetzte, wurde er sofort an allen Fronten aktiv. Er mußte gegen Heribert II. von Vermandois kämpfen, Normannen und Ungarn abwehren und seine Anerkennung bei den Fürsten im Süden durchsetzen.

Es würde zu weit führen, alle Einzelheiten der Auseinandersetzung zwischen Rudolf und Heribert von Vermandois aufzuzählen, es reicht der Hinweis auf die wichtigsten Etappen. Heribert bemühte sich mit allen militärischen und diplomatischen Mitteln um die Vergrößerung seines Fürstentums, wobei er es besonders auf Reims und Laon abgesehen hatte, die zwei wichtigsten Stützpunkte der Königsmacht. Als Erzbischof Seulf von Reims 925 starb, konnte er als dessen Nachfolger die Wahl seines erst fünfjährigen Sohnes Hugo durchsetzen. Damit verfügte er über die ausgedehnten Territorien des Erzbistums und konnte sich von den bischöflichen Vasallen huldigen lassen. Drei Jahre später brachte er auch Laon in seine Gewalt, obwohl die Stadt von der Königin Emma entschlossen verteidigt wurde. Rudolf schlug zurück, indem er sich der Hilfe des jungen Herzogs Hugo des Großen versicherte. Dieser älteste Sohn des verstorbenen Königs Robert konnte Heriberts ehrgeiziges Vorgehen nicht billigen und überließ deswegen dem König einige Grafschaften zwischen Loire und Seine. Rudolf konnte Reims zurückerobern und 932 den Mönch Artold als neuen Erzbischof einsetzen. Im Schwung dieses Erfolgs gewann er auch Laon und das Kloster Saint-Médard in Soissons. Durch Schiedsspruch König Heinrichs I. von Ostfranken/Deutschland versöhnte sich Rudolf 935 mit Heribert und bestätigte ihm den größten Teil seiner Besitzungen. Somit war es dem König nicht gelungen, das Fürstentum Vermandois zu vernichten, aber er hatte wenigstens Reims und Laon gerettet, die beiden wichtigsten Orte in Nordfrankreich.

Rudolf bekämpfte auch die Normannen mit Energie. Am Unterlauf der Loire ging er gegen die Scharen Ragnvalds vor und an der unteren Seine gegen den Aufstand, für den Karls des Einfältigen Gefangennahme den Vorwand geliefert hatte. Ragnvald, der Burgund geplündert hatte, wurde 925 geschlagen. Auch die Seine-Normannen wurden geschlagen und versprachen, ihre Raubzüge gegen eine Tributzahlung einzustellen. Rollo verweigerte zwar Rudolf die Anerkennung, aber wenigstens sein Nachfolger Wilhelm Langschwert erklärte sich 933 bereit, dem König den Lehnseid zu leisten. Er erhielt dafür das Cotentin und Avranchin, zwei Gebiete, die der Zentralgewalt schon unter den Karolingern entglitten waren.

Die karolingertreuen Fürsten im Süden erkannten nach und nach den neuen König an. Markgraf Wilhelm II. von Aquitanien, der Erbe seines Onkels Wilhelm des Frommen, huldigte 924. Die Herren von Déols, Puy, Brioude, Tulle datierten ihre Urkunden nach den Regierungsjahren Rudolfs. Raimund III. Pontius, Graf von Toulouse, und der gascognische Fürst Lupus Aznar schlossen sich 932 König Rudolf an. Nur die katalanischen Großen verweigerten ihm die Anerkennung und datierten die Urkunden weiter nach der Herrschaft Karls des Einfältigen. Gestützt auf den Anschluß der wichtigsten Fürsten im Süden, verwendete Rudolf in einer Reihe seiner Urkunden die Namenszeile *rex Francorum, Aquitanorum et Burgundionum.*

In seinem »Teilreich« Burgund verfügte Rudolf über bedeutende Eigengüter und konnte die kleinen, örtlichen Grundherren mit mehr oder weniger Erfolg ausschalten. 924 hielt er mehrere Versammlungen zu Autun und Chalon ab, und es gelang ihm auch die endgültige Unterwerfung des mächtigsten Vasallen, des unruhigen Giselbert von Chalon. Die Verwandtschaft zur Familie Bosos veranlaßte Rudolf auch zum Eingreifen in der Provence, dem von seinem Onkel begründeten Königreich. Hugo von Arles, der im Namen Ludwigs des Blinden die tatsächliche Herrschaft ausübte, huldigte Rudolf und verheiratete seine Nichte mit dem Bruder des Königs (vgl. Stammtafeln VII u. XI). Nach dem Tod Ludwigs des Blinden (928) kam Rudolf dreimal nach Vienne und ließ sich von seinem Vetter Karl-Konstantin huldigen, dem Nachfolger Ludwigs des Blinden. Mit dem Viennois, Lyonnais und Vivarais kamen so Gebiete unter die Lehnsherrschaft Rudolfs, die seit dem Vertrag von Verdun dem westfränkischen König entglitten waren. Bei den Karolingern wie ihren Nachfolgern war diese Politik territorialer Neuordnungen gleichermaßen beliebt.

In Lothringen hatte Rudolf weniger Erfolg, weil hier die Maßnahmen des ostfränkisch-deutschen Königs Heinrich I. wirksam wurden. Rudolfs Bruder Boso, namensgleich mit seinem berühmten Onkel, war Laienabt von Moyenmoutier und Remiremont und besaß mehrere Burgen an der Maas. Seit seiner Thronbesteigung hatte sich Rudolf die Anerkennung der lothringischen Adligen verschafft und hatte auch bereits im Elsaß eingegriffen. Aber wie schon erwähnt, lag Heinrich I. die Rückgewinnung Lothringens besonders am Herzen. Er konnte die Großen unterwerfen und verheiratete seine Tochter mit Herzog Giselbert, dem Sohn von Reginar I. Langhals. Anläßlich eines Treffens zwischen Heinrich I. und Rudolf im Jahr 935 unterwarf sich Boso dem ostfränkisch-deutschen König. Damit ging Lothringen für den westfränkischen König erneut verloren.

Im darauffolgenden Jahr 936 starben beide Herrscher. Die Historiker betonen gerne, daß Heinrich I. bei der Stärkung der Zentralgewalt und Überwindung des regionalen Adels viel erfolgreicher war als König Rudolf. Man muß freilich die ganz unterschiedlichen politischen Gegebenheiten in beiden Königreichen berücksichtigen, um erkennen zu können, daß die Ergebnisse von Rudolfs Herrschaft weniger dürftig sind, als oft behauptet wird. Rudolf konnte den mächtigsten Fürsten Nordfrankreichs standhalten, er konnte sich Anerkennung im Süden verschaffen, faßte Fuß im Rhônegebiet und ließ, wie erst kürzlich nachgewiesen wurde, Münzen mit seinem eigenen Namen prägen. In einigen seiner Königsurkunden griff er auf die frühere Titelgebung zurück; wie seine Vorgänger, nannte er sich *pius, invictus et semper augustus*. Wie sein Zeitgenosse König Heinrich I. war auch er sich dessen bewußt, die Politik der Karolinger fortzuführen. Und die weitere Entwicklung der Ereignisse zeigt, wie die karolingischen Ordnungsvorstellungen das politische Handeln der Fürsten Europas noch immer mitbestimmten.

Kapitel IV

Die karolingische Restauration (936 bis Ende des 10. Jahrhunderts)

Der Zufall brachte im Jahr 936 die Rückkehr der Karolinger und die Thronerhebung Ottos I., der als »neuer Karl der Große« in Erscheinung trat. Für ein halbes Jahrhundert noch sollten die Karolinger das westfränkische Königtum für sich behaupten, während Otto I. nach dem Gewinn Italiens im Jahr 962 das Kaisertum erneuerte. Dieses überaus wichtige Ereignis bestimmte die Geschichte des 10. Jahrhunderts, weil es die Verwirklichung einer erneuten Einigung Europas ermöglichte. Die nach dem Zusammenbruch des Karolingerreiches entstandenen Fürstentümer wurden wieder unter einer gemeinsamen Herrscherautorität geeint, verwandtschaftliche Beziehungen verbanden Karolinger und Ottonen, die Könige suchten neue Beziehungen zu den Großen, das Christentum dehnte sich nach Osten aus, die Klöster wurden reformiert, das Abendland erfuhr eine geistige und künstlerische Erneuerung. Das 10. Jahrhundert ist kein dunkles und kriegerisches Zeitalter, auch wenn einige Historiker das neuerdings so dargestellt haben. Es ist wohl richtiger, daß es das letzte Jahrhundert des karolingischen Europa war.

Die Rückkehr der Karolinger und die Anfänge Ottos I.

Ludwig IV. der Überseeische (Transmarinus)

König Rudolf starb ohne unmittelbaren Erben. Sein Bruder Hugo der Schwarze verzichtete auf die Nachfolge und begnügte sich mit der Herrschaft über das Teilreich Burgund. Es gab einige mögliche

Thronfolger. Nördlich der Loire konnten Fürsten karolingischer Abstammung Anspruch auf die Krone erheben: der mächtige Graf Heribert II. von Vermandois und Arnulf I. von Flandern, aber auch Wilhelm Langschwert, seit 933 Graf von Rouen, und Hugo der Große, Schwager des verstorbenen Königs. Hugo erreichte bei den Fürsten die Zustimmung zur Rückkehr der Karolinger und trat in Verhandlungen mit seinem Schwager Athelstan von Wessex, der Ludwig, den Sohn Karls des Einfältigen, bei sich aufgenommen hatte. Der König von Wessex war damals der mächtigste Herrscher des Abendlandes. Seit seiner Thronerhebung im Jahr 924 hatte er mit der Rückeroberung des »Danelag« begonnen, der Gebiete, die Alfred der Große den Skandinaviern überlassen hatte. Er ließ sich *rex totius Britanniae* und sogar *imperator* nennen. Athelstan hatte die von den Normannen aus der Armorica verjagten Stammeshäuptlinge bei sich aufgenommen, und seine Schwester war mit Otto, dem Sohn König Heinrichs I., verheiratet. Erst nachdem er die Abgesandten Hugos dem jungen König Treue hatte schwören lassen, ließ Athelstan ihn nach Westfranken zurückkehren.

Über das Vorgehen Hugos des Großen ist viel geschrieben worden. Der Chronist Flodoard beschränkt sich auf die Tatsachen, aber Richer von Saint-Denis, der in zeitlichem Abstand von den Ereignissen schrieb, berichtet, Hugo habe das an Karl III. begangene Majestätsverbrechen ausgleichen wollen. Wegen der Wiederherstellung von Frieden und Eintracht habe er die Restauration der rechtmäßigen Herrscherdynastie gewollt. Viele Historiker haben diese Interpretation zurückgewiesen mit der Feststellung, Hugo habe in der Folgezeit den Karolingerkönig ohne weiteres im Stich gelassen. Aber die Gesinnung des Menschen ist wandelbar, und möglicherweise meinte es Hugo anfangs wirklich ernst. Ganz gewiß rechnete er damit, den unerfahrenen jungen Mann lenken und die erste Stelle im Königreich einnehmen zu können.

Ludwig IV., dessen Beiname Transmarinus (d'Outremer, der Überseeische) aus späterer Zeit stammt, landete also nahe Boulogne und empfing dort die Huldigung Hugos und fast aller bedeutenden Adligen. Dann wurde er nach Laon geleitet und vom Reimser Erzbischof Artold gekrönt. Diese Rückkehr zum Grundsatz der Erblichkeit sollte von Dauer sein, denn für ein halbes Jahrhundert folgte unter den letzten Karolingerkönigen jeweils der Sohn auf den Vater:

Ludwig IV. regierte bis 954, sein Sohn Lothar bis 986, und zur Sicherung der Dynastie ließ dieser seinen Sohn Ludwig schon 979 zum Mitkönig krönen (vgl. Stammtafel X). Nur der Unfalltod Ludwigs V. im Jahr 987 verursachte, wie noch zu zeigen ist, das Ende der Karolingerdynastie.

Die letzten karolingischen Könige sind bei den meisten Historikern schlecht weggekommen, obwohl es ihnen nicht an Mut und Beharrlichkeit gefehlt hat. Die Kanzlei als Ort der Urkundenausstellung – etwa einhundert Diplome sind erhalten geblieben – hielt an der karolingischen Tradition fest. Die Herrschermonogramme und Siegel ähneln denen des 9. Jahrhunderts. Die westfränkischen Könige waren sich dessen bewußt, daß sie im Abendland die einzigen Vertreter ihres berühmten Geschlechts waren. Aber gleichzeitig versuchten die nichtkarolingischen Herrscher in Ostfranken-Deutschland, auf ihre Weise karolingische Konzeptionen wieder mit Leben zu erfüllen.

Die Anfänge Ottos I.

König Heinrich I. hatte von seiner zweiten Gemahlin Mathilde drei Söhne: Otto, Heinrich und Brun. Kurz vor seinem Tod designierte er Otto zum Nachfolger und erreichte die Zustimmung der Franken und Sachsen.

Otto war damals (936) vierundzwanzig Jahre alt. Er beeindruckte durch seine Größe, den langen roten Bart und durch sportliche Fähigkeiten. Gleich nach dem Tod des Vaters traf er eine Entscheidung, die zeigt, daß er sich als *rex Francorum* und Nachfolger Karls des Großen betrachtete: Er ließ sich in Aachen krönen, dem Hauptort Lothringens, das Rudolf an König Heinrich I. verloren hatte. Es wurde eine dreifache Krönungszeremonie veranstaltet. Erst gelobten die weltlichen Großen im Hof der Pfalz Treue und erhoben Otto nach ihrer Weise zum König. Dann ließ der Mainzer Erzbischof im Inneren der Kapelle den eben Erkorenen von Geistlichkeit und Volk akklamieren. Über seine fränkische Tracht legte er ihm die Herrschaftsinsignien an: Schwert, Wehrgehenk, Spangen, Mantel, Szepter und Stab, das Diadem. Er salbte Otto und führte ihn zum steinernen Thron Karls des Großen, der heute auf der Empore der Pfalzkapelle steht. Abschließend fand in der Pfalz ein Festmahl statt, bei dem die Herzöge von Lothringen, Franken, Schwaben und Bayern dem neuen König die Ehrendienste leisteten. Diese bemerkenswerte Abfolge der Krönungsfeierlichkeiten war kein Zufall, sondern von dem jungen König gewollt, der an die fränkische Vergangenheit anknüpfte und vielleicht schon damals an die Erneuerung des Kaisertums dachte. Der Mainzer Erzbischof überreichte ihm bei der Krönung das Schwert mit folgenden Worten: »Empfange dieses Schwert und vertreibe damit alle Widersacher Christi, die Heiden und die schlechten Christen. Denn durch Gottes Entschluß ist alle Macht im gesamten Frankenreich dir übertragen, zum dauernden Frieden aller Christen.« Dieser Satz enthält schon das gesamte ottonische Herrschaftsprogramm.

Ein Jahr nach der Krönung faßte Otto I. einen Entschluß, der ebenfalls bezeichnend ist. König Rudolf II. von Hochburgund starb 937, Nachfolger wurde sein noch minderjähriger Sohn Konrad. Wie erwähnt, hatte Hugo von Arles, König von Italien, um 932 seine niederburgundischen Herrschaftsrechte vertraglich an Rudolf II. abgetreten. Jetzt wollte er die Minderjährigkeit Konrads ausnützen, um die Königreiche Burgund und Italien zu vereinigen, was mit Ausnahme Lothringens die Wiederherstellung von Lothars I. Teilreich bedeutet hätte. Er heiratete Rudolfs Witwe Berta und verlobte seinen Sohn Lothar mit Rudolfs sechsjähriger Tochter Adelheid.

Otto erkannte, welche Gefahr eine so umfangreiche Territorienbildung und die Kontrolle der Alpenpässe durch den König Italiens bedeuteten. Er benützte Rudolfs II. Eintritt in die Vasallität König Heinrichs – symbolisiert durch die Übergabe der Heiligen Lanze –, griff unverzüglich ein und ließ den jungen Konrad an seinen Hof bringen. Hugo mußte mit seiner Gemahlin und der künftigen Schwiegertochter nach Italien zurückkehren, das Königreich Hochburgund blieb unter der Kontrolle des ostfränkisch-deutschen Herrschers. Nur das Viennois und Lyonnais unterstanden seit 931 dem westfränkischen König.

Eine dritte und ebenfalls bezeichnende Maßnahme war die Gründung eines Klosters in Magdeburg an der Elbe (937), einem Ort, der damals schon ein bedeutender Mittelpunkt des Handels war. Otto ließ das Kaufleutequartier ummauern, das neuerrichtete Kloster wurde dem heiligen Mauritius unterstellt, dem Schutzpatron der

Herrscher Burgunds. Am Rand der Slawenländer gelegen, wurde Magdeburg ein Vorposten der Ausbildung von Missionaren für die heidnischen Gebiete.

Seit 936/937 wurden so die Stoßrichtungen Ottos deutlich. Aachen und Magdeburg erhielten zentrale Bedeutung für die Politik des neuen Königs.

Die Könige, ihre Gefolgsleute und ihre Untertanen

Die wichtigste Aufgabe für Otto I. und Ludwig IV. war es, die Anerkennung ihrer Herrschergewalt bei den Untertanen durchzusetzen und gute Beziehungen zu ihren Großen herzustellen.

Ostfranken-Deutschland

Wie bereits dargestellt, hatte Heinrich I. den »Stammesherzögen« eine gewisse Unabhängigkeit belassen. Otto I. mußte von seinem Herrschaftsantritt an gegen die Aufstände von Fürsten kämpfen, denen es um die Bewahrung dieses Zustands ging. 937 starb der gefürchtete Herzog Arnulf von Bayern, dem sein Sohn Eberhard nachfolgte. Otto wollte bei dieser Gelegenheit das Recht zur Ernennung der Bischöfe wieder an sich ziehen, Eberhard verweigerte dies, wurde besiegt und ins Exil geschickt, an seine Stelle trat sein Onkel, Herzog Bertold von Kärnten. Otto festigte die Beziehungen zum bayerischen Herzogshaus durch die Eheschließung seines Bruders Heinrich mit Arnulfs Tochter Judith (vgl. Stammtafel XIV). In Franken hatte sich Herzog Eberhard der unrechtmäßigen Selbsthilfe gegen einen seiner Vasallen schuldig gemacht. Er wurde wegen Friedensbruch verurteilt und mußte für seine Vergehen eine erhebliche Buße bezahlen. Im Jahr 938 rebellierte Ottos Halbbruder Thankmar und wurde getötet. Ein Jahr später erhob sich im Bund mit Eberhard von Franken und Giselbert von Lothringen Ottos Bruder Heinrich, Lieblingssohn der Königinwitwe Mathilde. Auf die Niederwerfung des lothringischen Adels wird noch zurückzukommen sein. Hier ist nur festzuhalten, daß Heinrich unterworfen wurde und daß Otto Franken zur eigenen Verfügung einziehen konnte, weil Eberhard im Kampf umkam. Schließlich verlobte er noch seinen Sohn Liudolf mit Ida, der Tochter Herzog Hermanns von Schwaben (940). Im Jahr 949 sollte Liudolf dann das Herzogtum erben. Durch Feldzüge und Eheverbindungen konnte Otto so seine Autorität über die Fürstentümer befestigen. Zur Verwaltung der königlichen Fiskalgüter und besonders zur Kontrolle der Herzöge setzte er an verschiedenen Orten Pfalzgrafen ein. Auch erneuerte er die jährlichen großen Reichsversammlungen, die er in Sachsen, Franken und Thüringen abhielt, weil er dort über Grundbesitz verfügte.

Unter diesen Umständen mag es überraschen, daß Otto 953 einem neuen Adelsaufstand entgegentreten mußte. Wieder einmal, wenn auch mit Mühe, siegte Otto, diesmal gegen eine Koalition zwischen seinem Sohn Liudolf, seinem Schwiegersohn Konrad dem Roten, seit 944 Herzog von Lothringen, einigen bayerischen Adligen sowie Erzbischof Friedrich von Mainz. Um dem Eigenbewußtsein der Schwaben entgegenzukommen, gab Otto das Herzogtum an den Hunfridinger Burchard II., der mit einer Nichte des Königs verheiratet war. So konnte er eine unmittelbare Aufsicht über die Herzöge ausüben, ohne sie zu beamteten Funktionsträgern zu machen, auch wenn dies gelegentlich behauptet wird. Es wäre völlig falsch, den Einfluß der großen Adelsfamilien im ostfränkisch-deutschen Reich abzustreiten. Ihre Macht beruhte auf der wirtschaftlichen und rechtlichen Verfügungsgewalt über riesigen Landbesitz. Zu beachten ist aber auch, daß es hier noch zahlreiche unabhängige Gebiete gab, in denen völlig selbständige Grafen walteten, die weder Vasallen des Königs noch eines Fürsten waren. Welche Kraft der Adel besaß, zeigt die Tatsache, daß beim Tod Ottos I. (973) und Ottos II. (983) die Großen erneut rebellieren konnten.

Als Gegengewicht zur Fürstenmacht stützte sich Otto auf den Episkopat – auch dies ein Rückgriff auf karolingische Traditionen. Als 937 auf einem Hoftag zu Magdeburg über Herzog Eberhard von Franken geurteilt wurde, ersuchte der König zwei Erzbischöfe und acht Bischöfe um ihren Rat. In der Folgezeit betrachtete er sich als Schutzherr der Bischöfe und beanspruchte für sich das Aufsichtsrecht und sogar Entscheidungsrecht bei der Wahl neuer Bischöfe. So wurde 936 auf Empfehlung der Königinmutter Mathilde Adaldag zum Erzbischof von Hamburg-Bremen bestimmt. 941 zog Otto persönlich von Sachsen nach Franken, um an Bischofswahlen in Würzburg und Speyer teilzunehmen, 942 kam er aus demselben Grund nach Regensburg. Er griff auch auf die eigene Familie zurück und machte seinen Sohn Wilhelm zum Erzbischof von Mainz und seinen Bruder Brun zum Erzbischof von Köln; Vettern setzte er unter anderem in Trier und Osnabrück ein. In der Folgezeit waren die meisten Bischöfe in Sachsen, Bayern und Franken Geistliche, die aus Ottos Kanzlei und Hofkapelle stammten. Bei der Überreichung des Krummstabs forderte der König einen Treueid von ihnen. Als Gegenleistung verlieh er ihnen Privilegien, darunter die Immunität, also das Recht, in dem geschützten Gebiet die Herrschaft ohne Eingriffe von außen auszuüben. Zusätzlich verlieh er manchen Bischöfen Regalien wie Markt-, Zoll- und Münzrecht, ferner übertrug er ihnen Grafenrechte, meist außerhalb ihrer Bischofsstadt. Von hier führte die Entwicklung zu den Fürstbischöfen, Lehnsmännern des Königs, die diesem Rat und militärische Unterstützung schuldig waren. Gegenüber den Königsklöstern in Sachsen und anderswo verfuhr Otto in gleicher Weise. Er vermehrte ihren zeitlichen Besitz, schützte sie vor der Begehrlichkeit der Laien und forderte dafür Treue und Hilfeleistungen. Bischöfe und Äbte waren also eng mit der Politik des Königs verbunden. Wie Karl der Große wachte auch Otto I. über die Erneuerung der Kirche und leitete Synodalversammlungen. In Augsburg ließ er im Jahr 952 Vorschriften verabschieden gegen Geistliche, die jagen, Tavernen besuchen, Verkehr mit Frauen haben, und gegen Laien, die Priester aus ihren Kirchen vertreiben, um sich deren Zehnteinkünfte zu sichern. Das damals entstandene sogenannte Reichskirchensystem prägte die deutsche Geschichte für ein ganzes Jahrhundert bis zur Reform Papst Gregors VII.

Westfranken

In Westfranken war die Lage ganz anders. Hier besaßen die Oberhäupter der großen Geschlechter Fürstentümer, die man bereits als Feudalstaaten bezeichnen könnte, welche seit Beginn des 10. Jahrhunderts ausgebaut und innerhalb der Familie vererbt wurden. Anders als in Ostfranken waren die Könige außerstande, Herzogtümer aufzuheben oder die Weitergabe durch Vererbung zu verhindern.

Sie konnten sich nur um die Anerkennung und Gefolgschaft der großen Lehnsinhaber bemühen und bei günstiger Gelegenheit versuchen, die eigene Krondomäne zu vergrößern. Auch wenn mit den Worten von Jean-François Lemarignier die Treueverpflichtungen der Großen nur »zögernd und mit Unterbrechungen« erfüllt wurden, so existierten sie doch wenigstens noch. Ludwig IV. empfing die Huldigung Hugos des Großen und Heriberts von Vermandois bereits im Jahr 936, Hugo der Schwarze folgte 938, Herzog Wilhelm Langschwert von der Normandie 940, Markgraf Wilhelm III. Werghaupt (Tête d'Étoupe) von Poitou und Alan II., Herzog der Bretagne im Jahr 942, Graf Raimund III. von Toulouse im Jahr 944, dazu kamen zahlreiche Bischöfe und weitere Grafen.

Im Vergleich zu den Fürsten besaß der König zwar nur recht bescheidene Eigengüter, aber aus seinen Pfalzen und *villae* bezog er durch zahlreiche Steuern und Abgaben bedeutende Einkünfte. Die Fiskalgüter von Compiègne, Vitry-en-Perthois, Ponthion, Verberie, Quierzy, Ver, Samoussy gehörten noch immer den Karolingern. Wie Jan Dhont festgestellt hat, wandten sich die Könige in dieser Hinsicht von der Politik ihrer Vorgänger ab und verweigerten neue Zugeständnisse an Große und Bischöfe. Wie noch zu zeigen ist, bemühten sie sich auch um die Rückgewinnung der Normandie, Lothringens und einer Reihe von Grafschaften in Burgund und Flandern. Eine neue Studie über das königliche Münzwesen kann beweisen, daß der Herrscher dieses Regalrecht verteidigt hat. Selbst Hugo der Große, der den Namen des Königs durch den eigenen zu ersetzen versuchte, mußte einen Rückzieher machen und wieder mit dem Herrschermonogramm prägen. Sein Vasall Tetbald von Chartres entwickelte einen neuen Münztypus, wagte aber noch nicht, wie später Herzog Richard I. von der Normandie, den eigenen Namen anbringen zu lassen. Noch unter der Regierung Lothars wurden in den Ateliers von Chinon, Bourges, Clermont und Bordeaux Münzen des Königs geprägt, obwohl er in diesen Gebieten keine unmittelbare Herrschaft mehr ausübte. Außerdem besaßen die Könige auch Klöster: Saint-Vaast, Saint-Amand, Notre-Dame de Laon, Saint-Crépin de Soissons, Fleury-sur-Loire, dazu ungefähr zwanzig Bistümer in den Kirchenprovinzen Reims und Sens. Ihre wichtigste Stütze war der Erzbischof von Reims, ein Fürstbischof mit bedeutendem Domanialgut und Oberherr über zahlreiche Grafschaften.

Er salbte die Könige und verlieh ihnen das Charisma, dessen Besitz sie über die anderen Großen hinaushob. Als der Reimser Erzbischof, wie noch zu zeigen ist, im Jahr 987 die Sache der Karolinger aufgab, wurde ihr Sturz unausweichlich. Das gleichzeitige Vorgehen des ostfränkisch-deutschen Herrschers nachahmend, verlieh auch der westfränkische König Immunitätsprivilegien und gräfliche Rechte an einige Bischöfe. Natürlich darf die Stärke der letzten Karolingerkönige nicht wirklichkeitsfremd überschätzt werden, aber man kann mit Ferdinand Lot behaupten: »Das karolingische Königtum war weder besonders mächtig noch besonders reich, und es wäre widersinnig, das Gegenteil zu behaupten. Aber es besaß doch materielle und militärische Mittel und vielleicht sogar Geldeinkünfte.« Ohne diese Tatsache könnte die Politik der Könige nördlich und südlich der Loire überhaupt nicht erklärt werden.

Zunächst sollen die nördlichen Gebiete dargestellt werden, wo der König noch wichtige Trümpfe in der Hand hatte. Hier standen ihm zwei ehrgeizige Männer gegenüber: Heribert II. von Vermandois und Hugo der Große. Heribert besaß umfangreiche Domanialgüter zwischen dem Oberlauf der Somme und der Marne. Er arbeitete geduldig an ihrem territorialen Zusammenschluß und setzte dabei auf Eheverbindungen, Täuschungsmanöver und Gewalt. Sein Sohn Hugo beanspruchte trotz der Einsetzung Artolds weiterhin den Titel eines Erzbischofs von Reims. Hugo der Große bezeichnete sich als »Herzog der Franken durch Gottes Gnade«, und Flodoard von Reims nennt ihn den »Herrscher jenseits der Seine«. Er erstrebte, was ihm zu Lebzeiten König Rudolfs verwehrt geblieben war: die Oberhoheit über das Gebiet zwischen Seine und Loire. Er hoffte dabei auf die Fügsamkeit Ludwigs IV., aber nach dem Bericht Flodoards zum Jahr 937 »befreite sich der König aus der Vormundschaft Hugos«. Zwischen den beiden entspann sich dann eine langwierige Auseinandersetzung, begleitet von Plünderungen und Gewalttaten, immer wieder unterbrochen von kurzlebigen Versöhnungen. Nach dem Tod seiner angelsächsischen Gemahlin Eadhild (Edith) verband sich Hugo mit den Ottonen und heiratete Hadwig, die Schwester Ottos I. Im Jahr 940 traf er seinen neuen Schwager in der Pfalz Attigny und schloß zusammen mit Heribert von Vermandois ein Bündnis mit ihm. Die beiden Vertrauten konnten so Reims zurückerobern und anstelle des Erzbischofs Artold wieder den jungen Hugo einsetzen.

Aber zwei unvorhersehbare Ereignisse stärkten die Stellung Ludwigs IV. erneut: der Tod Heriberts II. von Vermandois (943) und Wilhelms von der Normandie (Ende 942). Für Ludwig war dies eine Gelegenheit, Gebiete zurückzugewinnen, aus denen er einige Einkünfte ziehen konnte. Das Erbe Heriberts entging ihm, weil es zwischen den zahlreichen Söhnen des Verstorbenen aufgeteilt wurde. Ludwig konnte nur einige Klöster und die Grafschaft Amiens an sich ziehen. Bezüglich der Normandie hatte Ludwig anfangs mehr Erfolg. Wilhelm Langschwert, der ihm stets die Treue gehalten hatte, war durch Leute Arnulfs von Flandern ermordet worden, der das Anwachsen der normannischen Macht mit Beunruhigung verfolgte. Wilhelms Nachfolger Richard I. war noch unmündig. Ludwig IV. ging nach Rouen, empfing den Treueid von einem Teil des Adels und belehnte Richard mit der Normandie, den er dann dem Grafen von Ponthieu anvertraute. Außerdem konnte Ludwig eine heidnische Normannenschar schlagen, die versuchte, in der gegebenen Lage das Herzogtum in die Hand zu bekommen. Hugo der Große konnte gleichzeitig anderen Heiden Evreux und Bayeux abnehmen. Im Jahr 945 konnte sich Ludwig als Herrscher der Normandie betrachten, fünfmal besuchte er Rouen.

Zu seinem Unglück fiel der König aber durch Verrat in die Hände der Normannen, die ihn an Hugo den Großen auslieferten. So mußte er einige Monate in Gefangenschaft verbringen. Eingeschüchtert durch die Intervention des Königs von Wessex, ferner Ottos I. und sogar des Papstes war der Herzog von Francien bereit, Ludwig IV. wieder in die Herrschaft einzusetzen. Dafür ließ er sich aber Laon übergeben, die wichtigste *urbs regia* dieser Zeit. Die Königin Gerberga, Gemahlin Ludwigs IV. und Ottos Schwester, forderte den ostfränkisch-deutschen Herrscher auf, zugunsten Ludwigs einzugreifen. Reims, das Hugo dem Großen zugefallen war, wurde zurückgewonnen, Erzbischof Artold konnte erneut eingesetzt werden. Um den Konflikt endgültig zu beenden, wurden Synoden in Verdun, Mouzon und schließlich in Ingelheim (7. Juni 948) abgehalten. Der Legat des Papstes Agapet II. leitete die Verhandlungen, in deren Verlauf Hugo von Reims sein Amt zugunsten Artolds aberkannt wurde. Ludwig IV., der mit Otto an der Synode teilnahm, benützte die Gelegenheit, um eine erfolgreiche Anklagerede gegen seinen Rivalen Hugo den Großen zu halten. Die Bischöfe fällten folgende Entscheidung: »Niemand solle in Zukunft wagen, die Macht des Königs anzutasten oder ihn durch einen treulosen Anschlag verräterisch zu entehren. Wir bestimmen folglich, daß Hugo, der Angreifer und Räuber von Ludwigs Königtum, von der Exkommunikation getroffen werde, wenn er sich nicht bessert und Genugtuung leistet für seine besondere Treulosigkeit.« Einmal mehr kam die Kirche, hier in Gestalt der ostfränkischen und deutschen Bischöfe, den Karolingern zu Hilfe. Hugo der Große leistete noch einige Zeit Widerstand, aber nach dem Verlust von Laon und einer erneuten Intervention des Papstes versöhnte er sich schließlich 953 endgültig mit dem König.

Im Alter von erst dreiunddreißig Jahren starb Ludwig IV. an den Folgen eines Jagdunfalls und hinterließ als Nachfolger den dreizehnjährigen Lothar. Man hat gefragt, warum der mächtige Herzog von Francien bei dieser Gelegenheit nicht selber nach der Krone gegriffen hat. Schließlich besaß er doch große Gebiete zwischen Seine und Loire, südlich der Loire, im Berry und in Burgund. Außerdem war er Laienabt zahlreicher Klöster: Saint-Martin in Tours, Marmoutier, Saint-Germain d'Auxerre, Saint-Denis, Saint-Maur-des-Fossés, Morienval, Saint-Riquier, Saint-Valéry-sur-Somme.

Dennoch war Hugos Macht vielleicht kleiner, als allgemein angenommen. Denn seine Vasallen sorgten seit einigen Jahrzehnten für ihren eigenen Vorteil. In Anjou war das Haus Fulco, das sich mit den Widonen-Lambertinern verband, fest verwurzelt. Fulco II. der Gute war von 941 bis etwa 960 Graf von Anjou, zugleich Laienabt von Saint-Aubin, und konnte seinen Besitz zur Bretagne hin ausdehnen. Der Graf von Tours, Tetbald I. Tricator (942–ca. 975), kam erst in den Besitz der Grafschaft Blois, dazu kamen noch um 960 die Grafschaften Châteaudun und Chartres. Er brachte auch den Norden des Berry in seine Hand und ließ seinen Bruder zum Erzbischof von Bourges ernennen. Seit er eine Tochter Heriberts II. von Vermandois geheiratet hatte, wuchs sein Einfluß im Norden weiter an. Andere Grafen, wie die von Vendôme, verfolgten eine Schaukelpolitik zwischen dem König und dem Herzog von Francien. Um sein Ansehen zu stärken, ließ sich Hugo vom jungen König die Herrschaft über Aquitanien und Burgund verleihen. In Aquitanien scheiterte er jedoch am Widerstand von Wilhelm III. Werghaupt, Graf von Poitou, der sich *totius Aquitanici ducatus comes* nennen ließ. Dagegen gelang es Hugo in Burgund, seinen zweiten Sohn Otto mit der Erbin des Herzogtums zu verloben. Er konnte hoffen, aus dieser Maßnahme Gewinn zu ziehen, aber er starb plötzlich im Jahr 956.

Der Tod Hugos des Großen befreite Lothar von seinem lästigen Beschützer. Hugos gleichnamiger erstgeborener Sohn war noch sehr jung, viel später erhielt er wegen seiner zahlreichen Laienabt-Hüte den Beinamen »Capet« (von *cappa,* chape). Lothar verstand es geschickt, die Fürsten gegeneinander auszuspielen. Sein Ansehen war so groß, daß Arnulf I. von Flandern, der sein Fürstentum bis an die Canche ausgedehnt hatte, die Rückgabe seiner Besitzungen an den König beschloß, wobei er sich aber die Nutznießung auf Lebenszeit vorbehielt. Als er dann im Jahr 965 starb, konnte Lothar seine Hand auf das Fürstentum legen. Aber der flandrische Adel entschied sich für Arnulfs Enkel Arnulf II. als Nachfolger. Lothar konnte Arras, Douai und alles Land bis zur Lys in seine Gewalt bringen, bis dann Bischof Rorico von Laon, der Onkel des Königs, einen Ausgleich vermittelte. Lothar überließ dem jungen Arnulf den Besitz seines Fürstentums fast ungeschmälert und begnügte sich damit, seine Eroberungen zu behalten. Schließlich griff der westfränkische König auch noch in der Normandie ein, um den Konflikt zwischen Richard I. und Tetbald I. zu beenden. Im Norden entstand also eine Art Gleichgewicht zwischen König und Großen. Es bleibt die Frage nach der Entwicklung im Süden.

Einige Jahre nach seiner Thronbesteigung hielt sich Ludwig IV. mehrfach in Aquitanien auf. 942 war er in Poitiers, wo er Beziehungen zu Wilhelm III. Werghaupt herstellte. Zwei Monate danach traf er sich in Nevers mit Raimund III. Pontius, Graf von Toulouse, Markgraf von Gothien, und den aquitanischen Großen. In diesem Zusammenhang ist ein Abschnitt in den *Historiarum libri IV* Richers von Reims bemerkenswert, weil er die königliche Politik dieser Zeit genau wiedergibt: »Der König verhandelte mit ihnen über die Regierung ihres Gemeinwesens und bestand auf seiner Oberhoheit über alle ihre Besitzungen. Er verlangte von ihnen den Treueid für ihr Gebiet, beeilte sich aber, ihnen die Verwaltung anzuvertrauen. Er übertrug ihnen das Herzogtum und beauftragte sie mit der Regierung in seinem Namen.« Lothar verfolgte höhere Ziele als sein Vater, denn 982 versuchte er durch eine Eheschließung in Aquitanien wieder Fuß zu fassen. Er verheiratete nämlich seinen Sohn Ludwig mit der Witwe des Grafen Stephan von Gévaudan und begleitete den Jüngling selber zur Hochzeitsfeier nach Vieux-Brioude. Dem Vorbild seiner Vorgänger im 9. Jahrhundert folgend, ließ Lothar seinen Sohn dann zum König von Aquitanien krönen. Aber die Ehe zwischen dem fünfzehnjährigen Prinzen und der Grafenwitwe, die seine Mutter hätte sein können, war ein Fehlschlag. Zwei Jahre später mußte Lothar seinen Sohn aus Brioude zurückholen, dessen Gemahlin in die Provence flüchtete und Graf Wilhelm von Arles heiratete.

Das einzige Gebiet im Süden, in dem die Könige unmittelbare Untertanen behielten und wo sie durch die Verleihung von Privilegien direkt eingriffen, war Katalonien. Zwölf Urkunden wurden von Ludwig und acht von Lothar zugunsten katalanischer Klöster ausgestellt. Die Katalanen hatten die robertinische Usurpation des Königsthrons nie anerkannt und erneuerten gerne ihre Beziehungen zu den legitimen Herrschern. Im Jahr 939 besuchte der Mönch Gomar aus San Cugat den Hof des Königs, 944 taucht er nochmals in Laon auf. Gomar, später Bischof von Gerona, verfaßte eine Chronik der Frankenkönige von Chlodwig bis zu Ludwig IV., die er dem Kalifen von Córdoba widmete. Der Mönch Suñer von Cuxa kam 952, vielleicht zusammen mit dem Grafen von Roussillon, nach Reims, um vom König ein Privileg zugunsten des Klosters Cuxa zu erbitten. Der König verlieh die Immunität mit folgenden Worten: »Wir stellen den Abt und seine Mönche völlig unter unseren Schutz... Wir verordnen und verfügen, daß kein königlicher Richter und keine sonstige richterliche Gewalt in den Bereich der Kirche eindringen darf... Wir verleihen ihnen in den genannten Grafschaften alles unbebaute Land, das sie zu kultivieren beabsichtigen. Dafür sollen sie das Mitleid Gottes erflehen für uns und für die Festigkeit unseres Königreiches...« Die Urkunde ist noch ganz im karolingischen Stil abgefaßt. Die Äbte und Grafen fühlten sich durchaus noch zum westfränkischen Königreich gehörig, aber in der Forschung wurde darauf aufmerksam gemacht, daß kein katalanischer Fürst je zum König kam, um den Gefolgschaftseid zu leisten. Dennoch sahen sie im karolingischen König ihren naturgegebenen Schutzherrn. Im Jahr 985 wurde Barcelona von den Sarazenen angegriffen und erobert. Markgraf Borell, der sich wohl Illusionen über Lothars wirkliche Stärke machte, schickte einen Gesandten zu ihm, der um Hilfe ersuchen sollte. Aber der König erkrankte, und der unter dem Befehl Ludwigs V. vorbereitete Feldzug wurde nicht durchgeführt.

Die karolingischen Könige besuchten auch mehrfach das Herzogtum Burgund und stellten Urkunden für burgundische Klöster aus, darunter auch für Cluny. Ludwig IV. hatte 936 Hugo dem Großen bei der Eroberung von Langres Hilfe geleistet, aber dann unterstützte er Hugo den Schwarzen im Kampf gegen den Herzog von Francien. 946 weilte Ludwig IV. in Autun und traf dort seinen »getreuen« Hugo (den Schwarzen), den Markgrafen Giselbert und die übrigen Großen Burgunds. 951 hielt sich Ludwig in Mâcon auf. Er war übrigens der letzte König, der hierher kam, bevor im 12. Jahrhundert die Kapetingerkönige in der Region wieder Fuß faßten. Als Hugo der Schwarze 952 starb, ging Burgund für die Bosoniden verloren. Giselbert von Chalon wurde *marchio* von Burgund und vermachte 956 seinen Besitz seinem Schwiegersohn Otto, dem Sohn Hugos des Großen. König Lothar nahm den Tod Hugos des Großen zum Anlaß für mehrere Heereszüge nach Burgund und konnte dabei die Grafschaft Langres und Dijon für sich gewinnen.

Zwischen dem Herzogtum Burgund und dem Königreich Hochburgund gab es keine feste Grenzziehung. Viele burgundische Grafen hatten Besitzungen östlich der Saône und Rhône. Wie der westfränkische König Rudolf intervenierten auch die Karolingerkönige im Rhônegebiet. Ludwig IV. hielt sich 941 in Vienne auf und empfing die Huldigung des Bosoniden Karl-Konstantin, der sich trotz Hugo von Arles und Otto I. zu behaupten gewußt hatte. Nachdem Konrad volljährig geworden war, verließ er 942 Ostfranken-Deutschland und nahm wieder vom Königreich Hochburgund Besitz. In der Forschung wurde vermutet, Ludwig IV. habe damals, als Folge eines Zusammentreffens mit Otto I. in Visé an der Maas, seine Ansprüche auf das Viennois und Lyonnais aufgegeben. In Wirklichkeit dauerte es aber wohl bis zur Eheschließung zwischen Konrad und Lothars Schwester Mathilde um 963, bis die Karolingerkönige auf die Rhôneländer endgültig verzichteten.

Die letzten karolingischen Herrscher hatten also, so gut es ging, im gesamten Reich das Ansehen des Königtums bis zu einem gewissen Grad aufrechterhalten. Urkunden und Münzen trugen weiter ihre Namen. Und die Fürsten, sosehr sie auf ihre Selbständigkeit achteten, folgten in der Organisation ihrer Höfe und bei der Bewirtschaftung ihres Grundbesitzes dem Vorbild des Königs. Die Erinnerung an die karolingische Vergangenheit war bei ihnen so hartnäkkig präsent, daß sie die Beziehungen zu ihrem Oberherrn nie vollständig abbrechen wollten.

Die Wiedererrichtung des Kaisertums

Seit dem Tod Berengars I. von Italien (924) gab es im Abendland zwar keinen Kaiser mehr, aber weder der Name noch die Reichsidee waren ganz verschwunden. Jedes Reich, das eine genügend große Zahl von Gebieten umfaßte, konnte als *imperium* bezeichnet werden, ohne daß dadurch der König auch Anspruch auf die Kaiserkrone erhob. So geschah es beispielsweise in England unter König Athelstan und, wenig später, seinem Nachfolger Edgar (959–975). Auch in Westfranken wurden die Bezeichnungen *regnum* und *imperium* nicht genau unterschieden. Wer wirklich als Kaiser anerkannt werden wollte, mußte aber der angesehenste und mächtigste Fürst des Abendlandes sein, und er mußte sich auch vom Papst krönen lassen. Diesen Voraussetzungen entsprach offensichtlich nur Otto I. Er herrschte über die Sachsen, Bayern, Rheinfranken, Schwaben und Lothringer, hatte sich in Aachen krönen lassen, siegte über heidnische Slawen und Ungarn, hatte 951 in Italien eingegriffen und wurde dort König. Er verdiente es, 962 die Kaiserkrone zu empfangen.

Ottos I. Siege über Slawen und Ungarn

Gegenüber den Slawen setzte Otto das Werk seines Vaters fort und übertraf es durch die Gründung zweier Marken zwischen Elbe und Oder. Die eine übertrug er dem Sachsen Hermann Billung und dessen Nachkommen. Für einhundertsiebzig Jahre hielten die Billunger an diesem von der Ostsee begrenzten Gebiet fest. Die andere Mark wurde dem Sachsen Gero anvertraut und erhielt den Namen Nordmark. Noch vor der Bekehrung der slawischen Gebiete begründete Otto drei Slawen-Bistümer: Oldenburg, das dem Erzbischof Adaldag von Hamburg-Bremen unterstellt wurde, ferner Brandenburg und Havelberg, die an den Mainzer Erzbischof kamen. Die Slawen wehrten sich gegen die Herrschaft der Sachsen, aber Ottos Sieg an der Recknitz (955) und die rücksichtslose Hinrichtung abodritischer Kriegsgefangener eröffneten die Aussicht auf Unterwerfung des Slawenlandes.

Otto mußte auch in Böhmen eingreifen, wo eine Hofintrige um 935 zur Ermordung Herzog Wenzels I. geführt hatte. Über den tragischen Tod des späteren Landespatrons von Böhmen hat es viel Gerede gegeben. Manche sahen ihn als Folge antideutscher und antichristlicher Strömungen und unterstellten, Wenzels Mutter Drahomira habe ihren jüngsten Sohn Boleslaw auf den Thron bringen wollen, um dem sächsischen Einfluß zu entkommen. Otto sah sich zu mehreren Heereszügen gegen Boleslaw I. gezwungen, dessen endgültige Unterwerfung er im Jahr 950 erreichte.

Seine Slawenpolitik brachte Otto auch in Berührung mit dem entfernten Reich der Kiewer Rus'. Olga, die Witwe des Fürsten Igor, hatte sich taufen lassen, ob in Kiew oder in Konstantinopel, ist strittig. Sie wollte sich vom byzantinischen Einfluß freimachen und schickte 959 eine Gesandtschaft nach Frankfurt, die um Priester für die junge russische Kirche bitten und vor allem Handelsbeziehungen mit Deutschland herstellen sollte. Otto bestimmte als Missionsbischof Adalbert, einen ehemaligen Trierer Mönch, der Abt von Weißenburg geworden war. Adalbert wurde zum »Bischof für die Russen« geweiht und reiste nach Kiew, mußte aber 962 ohne Erfolg zurückkehren. Vertrieben wurde er entweder von den Christen, die keinen lateinischen Kleriker wollten, oder durch eine heidnische Reaktion.

Zwischen den West- und Ostslawen behaupteten die Ungarn die pannonische Tiefebene, von der aus sie weiterhin zerstörerische Raubzüge durch das Abendland unternahmen. Der Sieg Heinrichs I. von 933 hatte die Gefahr nur für den Augenblick beseitigt. Herzog Heinrich I. von Bayern hatte zwar 950 eine erfolgreiche Strafexpedition nach Pannonien unternommen, aber vier Jahre später erschienen die Ungarn erneut, weil ihnen der Liudolfinische Aufstand gegen Otto (953–955) die Möglichkeit dazu gab. Sie plünderten in Bayern und Lothringen, sie konnten sogar weiter bis in die Champagne und nach Burgund vorstoßen. Nun war Otto zu einem Entscheidungsschlag entschlossen. Er vereinigte die Aufgebote Bayerns, Schwabens und Lothringens, selbst aus Böhmen erhielt er Zuzug. Mit diesem Heer errang Otto einen entscheidenden Sieg auf dem Lechfeld bei Augsburg (10. August 955). Wie Karl der Große die Awaren endgültig besiegt hatte, so bereitete Otto den Ungarneinfällen ein Ende. Zur Sicherung der Reichsgrenze reorganisierte Otto I. die karolingischen Marken: die Kärntner Marken und die Ostmark, die seit dem ausgehenden 10. Jahrhundert die Bezeichnung *Ostarrîchi* trug, aus der dann Österreich hervorging.

Nach dem Sieg wurde Otto von seinem Heer als *»pater patriae imperatorque«* begrüßt, ähnlich wie sein Vater Heinrich I. nach der Schlacht bei Riade (933). Doch hatte diesmal die Formulierung wohl mehr als nur militärische Bedeutung. Schon einige Jahre vor 955 wird in offiziellen Schriftstücken die Bezeichnung *imperium* oder *imperialis auctoritas regis* verwendet, und auf der Synode von Augsburg (952) hatten Otto und die Bischöfe den Zustand des *imperium christianum* erörtert. Otto bereitete sich offenbar auf den Erwerb der Kaiserkrone vor, zumal er ja seit 951 Herr Italiens war.

Der Gewinn Italiens

Es wurde bereits dargestellt, wie Hugo von Arles durch Markgraf Berengar II. von Ivrea besiegt wurde und in die Provence flüchten mußte, während sein Sohn Lothar zurückblieb und unter Berengars Aufsicht regierte. Hugo starb 948, Lothar 950, und nun konnte sich Berengar II. zusammen mit seinem Sohn Adalbert in Pavia krönen lassen. Um sich gegen die Ansprüche von Lothars Witwe Adelheid zu sichern, ließ er die sehr populäre burgundische Königstochter gefangensetzen. Aber Adelheids Anhänger, darunter besonders ihr Bruder, König Konrad von Hochburgund, führten über diesen Machtmißbrauch Klage bei Otto I. Für den König kam die Angelegenheit gerade zur rechten Zeit, um einen schon länger vorbereiteten Plan auszuführen. Er mußte rasch handeln, denn sein Bruder, Herzog Heinrich von Bayern, hatte bereits Aquileia besetzt, und sein Sohn Liudolf, Herzog von Schwaben, dachte an die Eroberung Italiens.

Otto bot sein Heer auf, überquerte den Brenner und zwang Berengar II. zur Flucht. Am 23. September 951 ließ sich Otto in Pavia als König akklamieren und war nun, wie Karl der Große, *rex Francorum et Langobardorum*. Da er seit 946 verwitwet war, entschloß er sich außerdem zur Eheschließung mit der unglücklichen Adelheid, einem Schritt, durch den er zugleich den italienischen Adel versöhnte.

Als König von Italien richtete Otto seine Aufmerksamkeit jetzt auf Rom und schickte Gesandte zu Papst Agapet II., um seine Ankunft vorzubereiten. Wie erwähnt, befand sich Rom aber in der Gewalt des Senators Alberich, der nicht daran dachte, seinen Platz für den neuen König von Italien zu räumen. Otto gab seinen Plan auf, er wurde nach Deutschland zurückgerufen durch den Aufstand Liudolfs, der über die Wiederverheiratung seines Vaters verärgert war. Die italienischen Angelegenheiten übertrug er seinem Schwiegersohn Konrad dem Roten, Herzog von Lothringen. Dieser wurde von Italien offenbar weniger angezogen und trat sofort in Verhandlungen mit Berengar II., den er als Unterkönig anerkannte. Otto gab seine Zustimmung ohne rechte Begeisterung und empfing Berengars Vasalleneid (952). Die Mark Verona und Aquileia trennte er vom Königreich Italien ab und übergab sie Heinrich von Bayern.

Auch wenn Otto in der Folge durch innere Schwierigkeiten in Deutschland festgehalten wurde, verlor er sein Königreich Italien doch nicht aus den Augen. Seine Erfolge über die Ungarn und uber die heidnischen Slawen gaben ihm ein gestärktes Ansehen in ganz Europa. In Italien aber führte Berengar ein selbstherrliches Regiment, und als 954 der Senator Alberich starb, dachte er sogar an die Ausdehnung seiner Macht auf Mittelitalien. Rom wurde nun von Alberichs Sohn Octavian beherrscht, einem jungen Mann, der die geistlichen und weltlichen Zuständigkeiten auf sich vereinte. Er war durch seinen Vater zum *princeps* und *senator* designiert worden; tatsächlich gelangte er 955 als Johannes XII. auf den Papstthron.

Der jugendliche Papst, dessen Lebenswandel die römische Skandalchronik füllte, dachte vor allem an seine Liebesbeziehungen und an Jagdausflüge. Im Jahr 959 mußte er erfahren, daß sich Berengar in

Spoleto festgesetzt hatte und die Eroberung Roms vorbereitete. Johannes XII. folgte dem Beispiel seiner entfernten Vorgänger und appellierte an den mächtigen König von Deutschland und Italien, dem er die Kaiserkrone versprach. Otto bereitete seinen erneuten Italienzug sehr sorgfältig vor. Er ließ 961 seinen sechsjährigen Sohn Otto II. zum König wählen, die Reichsgeschäfte übertrug er seinem Sohn Wilhelm, Erzbischof von Mainz, und seinem Bruder Brun, Erzbischof von Köln. Er ließ, vielleicht von Mönchen des Mainzer Sankt-Alban-Klosters, einen Krönungsordo abfassen und gab den Auftrag zur Anfertigung der Krone, mit der er gekrönt werden sollte. Im September 961 kam er nach Pavia und ließ sich erneut zum König proklamieren. Dann schickte er Abt Hatto von Fulda voraus, der über seine Romfahrt verhandeln sollte. Wie zu Zeiten Karls des Großen forderte Papst Johannes XII. vom König die eidliche Verpflichtung, für die Erhöhung der römischen Kirche zu wirken, die Sicherheit des Papstes zu garantieren und ihm die verlorenen Gebiete des Kirchenstaats zurückzugeben. Am 31. Januar 962 lagerte Otto am Monte Mario, zwei Kilometer nördlich des Vatikans; am 2. Februar krönte ihn Johannes XII. zum Kaiser, seine Gemahlin Adelheid zur Kaiserin.

Nach einer Unterbrechung von achtunddreißig Jahren hatte Europa wieder einen Kaiser. Otto verdankte die neue Würde seiner Herrschaft über mehrere Teilreiche im Abendland und seinen Siegen über die Heiden. Er fühlte sich nicht als römischer oder germanischer Kaiser, sondern wählte nach dem Vorbild Karls des Großen den Titel *imperator augustus*. Rom war keineswegs seine Hauptstadt, er bevorzugte in Italien den Aufenthalt in Pavia und Ravenna. Der Historiograph Widukind verschweigt die römische Krönung sogar vollständig, wohl um zu bekräftigen, daß das *imperium* nicht auf den Papst, sondern auf Ottos europäische Vormachtstellung zurückgehe. Johannes XII. oder zumindest die Geistlichen der Kanzlei im Lateran gingen dagegen, ganz in der Tradition Johannes' VIII., davon aus, daß die Krönung das Werk des Papstes sei, der als Haupt der Universalkirche Otto zu deren Schutz gekrönt habe. Am 13. Februar 962 erreichte der Papst die Ausstellung des sogenannten *Privilegium Ottonianum*. Es enthielt die Erneuerung des Privilegs Ludwigs des Frommen von 817 und wiederholte die Schenkungsversprechungen Pippins und Karls des Großen. Alle Gebiete südlich einer Linie von La Spezia bis Monselice und damit drei Viertel von Italien wurden als Eigentum des heiligen Petrus beansprucht. Natürlich waren diese Besitzungen ebenso fiktiv wie die Gebietsbeschreibungen der Vorgängerurkunden. Außerdem übernahm Otto I. Bestimmungen aus der *Constitutio Romana* von 824. Sie sah vor, daß im Kirchenstaat kaiserliche *missi* eingesetzt werden sollten, zuständig für die Überwachung von Recht und Ordnung. Ganz als *advocatus* der römischen Kirche ergriff Otto Sicherheitsmaßnahmen für die Zukunft. Die nachfolgende Entwicklung sollte ihm recht geben.

Sobald Kaiser Otto I. nach Oberitalien zur endgültigen Niederwerfung Berengars II. zurückgekehrt war, trat Johannes XII. nämlich in Verbindung mit den Byzantinern, denen die Erneuerung des Kaisertums Sorge machte, und er öffnete sogar die Tore Roms für Berengars Sohn Adalbert. Otto kehrte zurück und faßte, wesentlich weiter gehend als Karl der Große, den Beschluß, Johannes XII. von einer Synode aburteilen zu lassen. Dem Papst wurden Mord, Meineid, Gotteslästerung und Blutschande vorgeworfen; er wurde abgesetzt, und an seine Stelle trat Leo VIII., der Leiter (Protoscriniar) der Laterankanzlei. Der Kaiser ließ die Römer schwören, sie würden künftig »niemals einen Papst wählen oder weihen ohne das Einverständnis des Herrn Otto oder seines Sohnes, des Königs Otto«. So wurden nun für einige Jahrzehnte die Papstwahlen unter der strikten Aufsicht des Kaisers durchgeführt. Johannes XII. versuchte jedoch Widerstand zu leisten, gestärkt durch den Beistand einiger traditionell deutschfeindlicher Adligen in Rom. Er kehrte in die Stadt zurück, kassierte die Synodalbeschlüsse und nahm seine Stellung im Lateran wieder ein. Über ihn schreibt Louis Duchesne: »Er starb am 14. Mai 964 zwar als Papst, aber welches Leben hatte er geführt! Ihn strafte die Hand Gottes, als er im Bett einer verheirateten Frau lag...«

Die römische Geistlichkeit hielt sich nicht an den Schwur, den sie vor dem Kaiser abgelegt hatte, und wählte Benedikt V. als Nachfolger. Otto, von der Unterwerfung Berengars zurückgekehrt, griff energisch durch: Er ließ den unrechtmäßigen Papst absetzen und Leo VIII. zurückführen. Diese Zwischenfälle sind gute Belege für das gespannte Verhältnis zwischen Otto und dem Klerus sowie der Einwohnerschaft von Rom. Nach dem Tod Leos VIII. (965) war

Otto mit Rücksicht auf dieses Verhältnis damit einverstanden, daß Johannes XIII., ein Crescentier, zum Papst gewählt wurde.

Otto beherrschte Ober- und Mittelitalien, jetzt drang er weiter nach Süditalien vor, das damals geteilt war zwischen den Fürstentümern Capua, Benevent, Salerno und den Byzantinern, deren Besitzungen in Apulien und Calabrien lagen. Seit 944 und 946 bestanden Beziehungen zwischen den Griechen und dem ostfränkisch-deutschen König. Im Jahr 962 reagierte der byzantinische Kaiser deswegen nicht so heftig wie seine Vorgänger nach 800 und erkannte den neuen »Basileus der Franken« an. Der Feldherr Nikephoros Phokas jedoch, der 963 Kaiser geworden war, geriet wegen Ottos Süditalienpolitik in Unruhe. Otto wollte die Grundlagen für eine Verständigung schaffen und schlug deshalb vor, seinen Sohn mit einer Kaisertochter zu verheiraten. Wie Karl dem Großen und anderen Herrschern schwebte ihm die Einigung von Orient und Okzident vor. Die Verhandlungen waren anfangs ein Fehlschlag: Otto griff daraufhin Apulien an, konnte Bari aber nicht erobern. Im Jahr 968 schickte er Bischof Liudprand von Cremona nach Byzanz. Durch dessen berühmten Bericht, den er nach seiner Rückkehr erstattete, kennt man das völlige Scheitern der Gesandtschaftsreise. Erst die Ermordung des Nikephoros im Jahr 969 und die Thronbesteigung des Johannes Tzimiskes ermöglichten es, eine Eheverbindung zu verwirklichen: Otto II., vom Papst 967 zum Kaiser gekrönt, wurde 972 in Rom mit der Byzantinerin Theophanu vermählt. Auf die Bedeutung dieser Hochzeit für die europäische Kulturgeschichte ist noch gesondert einzugehen.

Das Kaiserreich *(imperium)* war wiederhergestellt, und zwar nicht, wie oft zu lesen, das »Deutsche Reich« oder das »Heilige Römische Reich Deutscher Nation« – anachronistische Bezeichnungen, die endgültig aus allen Handbüchern verschwinden sollten. »Heiliges Reich« *(Sacrum Imperium)* allein paßt besser, denn Otto, gesalbt in Aachen und gekrönt in Rom, hatte auch einen sehr wichtigen religiösen Auftrag: Er sollte die römische Kirche schützen, die Einheit der Christenheit herbeiführen, gegen die Heiden kämpfen und die Kenntnis des Evangeliums zu neuen Völkern bringen. Wenige Tage nach der Kaiserkrönung erhielt Otto vom Papst die Genehmigung zur Errichtung eines Erzbistums in Magdeburg, dem die neugegründeten und noch zu gründenden Bistümer im Osten unterstellt werden sollten. Widerstand dagegen kam vom Erzbischof Wilhelm von Mainz, der auf seine Vorrechte nicht verzichten wollte, aber auch vom Halberstadter Bischof Bernhard, der die Verkleinerung seines Bistums nur ungern sah. So konnte Ottos Plan erst 968 verwirklicht werden. Nach dem Tod der beiden Opponenten erhielt Adalbert, der – vielleicht aufgrund seiner Rußlandreise – die slawische Sprache beherrschte, das Erzbistum Magdeburg. Suffraganbistümer waren Brandenburg, Havelberg, Merseburg, Meißen und Zeitz. Johannes XIII. übersandte das Pallium dem Metropoliten, der als neuer Bonifatius galt (vgl. die Karten V u. VIII).

Ungelöst war noch das Problem der Beziehungen zwischen dem Erzbischof von Magdeburg und der neuentstandenen polnischen Kirche. Die Christianisierung der Slawenstämme in den Flußgebieten der Warthe und Weichsel hatte eben begonnen. Zu den Wislanen um den festen Ort Krakau waren seit dem 9. Jahrhundert Missionare aus dem großmährischen Reich gekommen. Im 10. Jahrhundert begann, von Gnesen und Posen ausgehend, die Staatsbildung der Polanen (von *pole,* Feld, Ebene), die Polen den Namen gaben. Um 960 brachte der Piaste Mieszko I. die Burgen Masowiens in seine Gewalt und nahm Lebus an der Oder, wodurch er den Zugang zum Mündungsgebiet dieses Flusses gewann. Danach kam er in Berührung mit Markgraf Gero, dem er Tribut zahlte. Unter dem Einfluß seiner Gemahlin Dubrawa, der Tochter des Böhmenherzogs Boleslaw, und im Bewußtsein, daß er nur als Christ Anerkennung im Abendland finden könne, ließ sich Mieszko 966 taufen und nahm dabei den Namen Dagobert an. Zwei Jahre später wurde das Bistum Posen gegründet, dessen erster Bischof Jordan aus Lothringen oder Aquitanien stammte. Der Erzbischof von Magdeburg betrachtete den neuen Bischof als seinen Suffragan, aber Posen versuchte von da an, der Magdeburger Oberaufsicht zu entkommen – ein erster Schritt zur Verselbständigung der polnischen Kirche.

Auch in Ungarn machte die Mission Fortschritte. Byzantinische Missionare hatten bereits mit der Bekehrung der Ungarn in Transsilvanien begonnen. Die Eheschließung zwischen Sarolta, der Tochter eines örtlichen Stammesführers, und Géza aus dem Geschlecht der am Plattensee ansässigen Arpaden, schien das Vordringen Konstantinopels in Pannonien zu erleichtern. Da aber Géza dann eine polnische Prinzessin heiratete, begann der deutsche Klerus, sich für die Christianisierung Ungarns zu interessieren. Erzbischof Friedrich von Salzburg und Bischof Pilgrim von Passau beanspruchten aufgrund von Urkundenfälschungen eine seit altersher bestehende Oberhoheit über die pannonische Tiefebene. Géza verlangte aber nun nicht länger nach der Taufe, sondern war zufrieden, einen dauerhaften Friedensschluß mit Otto I. zu erreichen.

Der Hoftag zu Quedlinburg zu Ostern 973 brachte für Otto die Krönung seiner Ostpolitik. Gesandte aus Byzanz und Bulgarien, aber auch aus Ungarn, Böhmen und Polen brachten ihm ihre Ehrerweisungen.

Die ostfränkisch-deutschen und karolingischen Könige im Streit um Lothringen

Durch den Zugewinn von Lothringen machte Heinrich I. die Krönung seines Sohnes zu Aachen möglich. Im gleichen Jahr 936 kamen aber auch die Karolinger wieder an die Macht und behaupteten ihre erbrechtlichen Ansprüche auf dieses Teilreich. Dabei handelte es sich allerdings, im Gegensatz zu den Behauptungen von Historikern vor und nach dem Ersten Weltkrieg, nicht um eine deutsch-französische Auseinandersetzung. Lotharingien-Lothringen war und blieb ein fränkisches Teilreich, dem die ersten Karolinger entstammten. Die Dynastie wurde nicht nur durch Erinnerungen mit diesem Gebiet verbunden, sie verfügte hier über einen Teil ihrer Adelsgefolgschaft und über Domanialbesitz.

Ludwig IV., Otto I. und Lothringen

Ludwig IV. der Überseeische erneuerte die Politik seines Vaters Karl, der fünfzehn Jahre lang König des Mittelreichs gewesen war. Schon kurz nach seiner Thronbesteigung wurde Ludwig von lothringischen Adligen aufgefordert, das Land wieder an sich zu nehmen. Sogar Herzog Giselbert beteiligte sich am Aufstand der Großen gegen König Otto, obwohl er dessen Schwager war. Ihm schwebte eine Stellung vor, wie sie sein Vater Reginar besessen hatte, der im Mittelreich als Stellvertreter der Karolinger herrschte. Ludwig IV. empfing den Lehnseid lothringischer Großer und der Bischöfe von Metz, Verdun und Toul. Er stand kurz vor dem wirklichen Erfolg, als Giselbert bei einer Rheinüberquerung ertrank (939). Dieser Unfall zerstörte Ludwigs Hoffnungen und erlaubte es Otto, die gefährliche Lage zu bereinigen. Noch hoffte Ludwig IV. auf lothringische Unterstützung, und um seine Aussichten zu verbessern, heiratete er die Witwe Giselberts, Ottos Schwester Gerberga. Otto I. dagegen konnte die Konflikte zwischen dem König und den westfränkischen Fürsten ausnützen und empfing in der Königspfalz zu Attigny im Jahr 940 Hugo den Großen und Heribert von Vermandois, die gekommen waren, um den Vasalleneid zu leisten. Dieses Treffen wurde in der Forschung viel kritisiert, Hugo dem Großen machte man zum Vorwurf, mit einem »Landfremden« paktiert zu haben. Tatsächlich war diese Art von Politik aber ganz alltäglich. Wie im 9. Jahrhundert wechselten die Großen ohne Bedenken ihre Gefolgschaftsbindungen. Genauso wie die Vasallen Karls des Kahlen zu Ludwig dem Deutschen übergegangen waren und ihm gehuldigt hatten, dachten auch die Großen Franciens nur an den eigenen Vorteil, wenn sie in die Oberhoheit eines *»rex Francorum«* eintraten, nur zu bereit, ihn bei nächster Gelegenheit wieder zu verlassen. 942 traf sich Ludwig mit Otto in Visé an der Maas und überließ ihm die Oberhoheit über Lothringen. Wie schon dargestellt, half Otto in der Folgezeit seinem königlichen Schwager bei der Festigung seiner gefährdeten Stellung.

Der Aufstand des Franken Konrad, den Otto I. im Herzogtum Lothringen eingesetzt hatte, brachte Ludwig offenbar keinen Vorteil. Angesichts der erneuten Adelsrevolte übertrug Otto die Leitung Lothringens seinem Bruder Brun, dem Erzbischof von Köln (953). Brun setzte sich mit Mühe gegen die lothringischen Großen durch und teilte 959 das Herzogtum: Niederlothringen gab er an Adlige aus Verdun, und Oberlothringen, das der Trierer Kirchenprovinz entsprach, erhielt Graf Friedrich von Bar. Friedrich stammte mütterlicherseits von den Karolingern ab und war verheiratet mit Beatrix, der Tochter Hugos des Großen und Nichte des Erzbischofs Brun.

Brun als westfränkischer Regent

Nach dem Tod Ludwigs IV. übernahm es Brun, den neuen westfränkischen König Lothar zu beschirmen, der sein Neffe war. Das gleiche tat er 956 nach dem Tod Hugos des Großen für dessen Sohn, der ebenfalls sein Neffe war. Bis zu seinem Tod im Jahr 965 war der Herzog von Lothringen der eigentliche Regent Westfrankens, und es gelang ihm, Konflikte zwischen Lothar und Hugo Capet zu verhindern. Zu Recht wurde er *archidux, tutor et provisor occidentis* genannt.

Brun war zugleich Kriegsmann, Diplomat und gebildeter Kleriker, seine politischen Vorstellungen waren karolingisch geprägt. Zu Pfingsten 965 vereinte er in Köln Kaiser Otto, dessen Schwester Gerberga, König Lothar und dessen Bruder Karl. Bei diesem Familientreffen plante man die Eheschließung zwischen dem westfränkischen König und Emma, einer Tochter der Kaiserin Adelheid aus erster Ehe. Als der Reimser Erzbischof Artold starb, verhinderte es Brun, daß der erneut als Bewerber auftretende Hugo an dessen Stelle trat. Er konnte vielmehr einen seiner Vertrauten einsetzen, den Metzer Kanoniker Odelrich, der von sich behauptete, ein Nachfahre des heiligen Arnulf zu sein. Für dreißig Jahre sollten nun die Reimser Erzbischöfe aus Lothringen kommen, denn nach Odelrichs Tod (969) wurde der Lothringer Adalbero als Nachfolger gewählt, der aus dem bekannten Haus Wigerich stammte. Er wurde unter der Aufsicht seines Onkels Adalbero I. von Metz im Kloster Gorze erzogen. Er war ein Neffe des Grafen Friedrich von Bar und Bruder des Grafen Gottfried von Verdun, der über bedeutende Güter verfügte. Adalberos Stellung als Erzbischof war heikel. Er fühlte sich zwar seinem König verpflichtet, aber genauso auch seiner Familie. Und wie noch zu sehen sein wird, kamen für ihn die Interessen seiner Verwandtschaft vor denen seines obersten Herrn. Er war Vasall des westfränkischen Königs, aber sein Erzbistum ging über die Grenzen des Königreichs hinaus, zu seinen Suffraganen zählte auch der Bischof von Cambrai, einer Stadt, die zum Imperium gehörte. Adalbero war ein Fürstbischof karolingischen Zuschnitts, der zugleich der Kirche und dem Reich dienen wollte.

Die letzten Karolinger als Opfer ihrer Lothringen-Politik

Otto I. der Große starb 973. Sein achtzehnjähriger Sohn Otto II. mußte sich mit Unruhen in Schwaben, Bayern und Lothringen auseinandersetzen. Die lothringischen Großen hatten Bruns tatkräftige Politik wenig unterstützt. Giselberts Neffe Reginar III. war auf Befehl des Kaisers nach Böhmen ins Exil geschickt worden, seine beiden Söhne Reginar IV. und Lambert waren an den Hof Lothars ausgewichen. Sie kehrten nach Lothringen zurück, um ihre Güter im Hennegau wieder in Besitz zu nehmen, wurden aber von Otto geschlagen. Mit der Unterstützung von Lothars Bruder Karl versuchten sie 976, ihr Abenteuer wiederaufzunehmen. Otto beschloß, die Aussöhnung mit Karl anzustreben, den er als seinen Vasallen aufnahm und mit dem Titel eines Herzogs von Niederlothringen auszeichnete. Karl war damit völlig zufrieden, weil er sich mit seinem Bruder gründlich verfeindet hatte: Er beschuldigte die Königin Emma ehebrecherischer Beziehungen mit dem neuen Bischof Adalbero von Laon, der ebenfalls Lothringer und ein Neffe des Erzbischofs von Reims war.

Als Friedrich I. von Bar, Herzog von Niederlothringen, 978 starb, entschloß sich Lothar sehr schnell und mit der Zustimmung des Herzogs Hugo Capet zur Rückgewinnung Lothringens. Er faßte die leichtsinnige Idee, Otto in Aachen zu überrumpeln, und konnte immerhin die Stadt einnehmen. Seine Truppen besetzten die Kaiserpfalz, und zum Zeichen ihres Sieges wendeten sie den Bronzeadler auf dem Dachgiebel nach Osten. Drei Tage später zogen sie wieder ab, ein Beweis dafür, daß sie in Lothringen nicht gerade freundlich begrüßt worden waren. Otto beantwortete diesen Angriff mit einer Strafexpedition, die ihn bis nach Paris führte. Unterwegs verrichtete er in Reims und Saint-Médard seine Andachten. Aber so weit entfernt von seiner Ausgangsbasis konnte er sich nicht halten. Von Hugo Capet, dem Herzog von Burgund, und Graf Gauzfrid (Geoffroi) von Anjou wurde er zurückgeschlagen; auf dem Rückzug unterstützte ihn offenbar Erzbischof Adalbero von Reims.

In beiden Feldzügen darf man nicht eine Art deutsch-französischen Krieg sehen, es handelt sich einfach um zwei Beutezüge im Stil der Zeit, dazu bestimmt, die eigene Adelsgefolgschaft zufriedenzustellen. Ottos II. Kriegszug wurde übrigens von einigen Zeitgenossen getadelt, die meinten, er solle besser gegen die Heiden zu Feld ziehen, als die christliche Brüderlichkeit zu zerstören, die den König mit den Karolingern verband. Die beiden Herrscher versöhnten sich dann bereits im Jahr 980 bei ihrem Zusammentreffen in Margut an der Chiers nahe bei Sedan. Zwei Jahre später verlieh Otto II. das Kloster Bobbio an Gerbert, den Leiter der bischöflichen Schule zu Reims, der zugleich der wichtigste Ratgeber Adalberos war. Gerbert wurde so Gefolgsmann des Kaisers und hielt während seiner ganzen Laufbahn den Ottonen die Treue.

Der Tod Ottos II. in Italien im Jahr 983 verursachte neue Aufstände in Deutschland. Der Bayernherzog Heinrich II. der Zänker bemächtigte sich des dreijährigen Ottos III. und ließ sich selbst von seinen Anhängern zum König ausrufen. Die Loyalität eines Großteils des Adels und vor allem der Bischöfe ließ den Versuch scheitern. Die eifrigsten Verteidiger des unmündigen Herrschers waren Adalbero von Metz und dessen lothringische Verwandten. Beraten von Gerbert, machte Adalbero den Vorschlag, Lothar zum Vormund des jungen Kaisers zu bestellen. In der Hoffnung, seine lothringische Politik wiederaufgreifen zu können, war Lothar einverstanden. Aber das Projekt blieb ohne Folgen, denn die Kaiserin Theophanu und Erzbischof Willigis von Mainz nahmen die Angelegenheiten des Reiches in ihre Hände und befreiten Otto. Der enttäuschte Lothar machte neue Pläne mit Herzog Heinrich von Bayern und bekämpfte nun den Adel Lothringens.

Adalberos Politik der Bistumsbesetzungen in Lothringen durch Verwandte trat jetzt klar in Erscheinung: Sein eigener Vetter Adalbero, Sohn Friedrichs von Bar, wurde Erzbischof von Metz, sein Neffe Adalbero, Sohn Gottfrieds von Verdun, wurde designierter Bischof von Verdun. Der Erzbischof von Reims drängte Hugo Capet zur Verständigung mit Otto und dem lothringischen Adel. Gerbert behauptete sogar, Lothar »regiere Westfranken nur dem Namen nach, der wirkliche Beherrscher des Reiches sei Hugo«. Lothar konnte aber 985 Verdun erobern und Graf Gottfried gefangennehmen. Dank der Briefe Gerberts weiß man, wie Adalbero seine Verwandten heimlich gegen den westfränkischen König unterstützte und daß er dabei Verbindungen zu Theophanu und dem Erzbischof von Trier unterhielt. Lothar beschloß, Adalbero vor einer Reichsversammlung unter Anklage zu stellen. Als Grund wurde vorgeschoben, er habe das Bistum Verdun seinem Neffen ohne Zustimmung des Königs verschafft. In Wirklichkeit beschuldigte der König den Erzbischof aber des Hochverrats. Als Hugo Capet Truppen vor der Pfalz aufmarschieren ließ, löste sich die Versammlung ohne Ergebnis auf. Wenige Wochen später starb Lothar im Alter von vierundvierzig Jahren (986).

Sein Sohn Ludwig V., seit 978 Mitkönig, war neunzehn Jahre alt. Ihm fehlten die politischen Fähigkeiten seines Vaters, und von seiner Mutter Emma, der Tochter der Kaiserin Adelheid, wurde er zur Versöhnung mit den Ottonen gedrängt. Ludwig, der weiterhin Verdun behauptete, wandte sich aber bald von seiner Mutter ab. In einem von Gerbert verfaßten Brief ersuchte sie Adelheid um Hilfe, ein weiterer Beleg für den verwandtschaftlichen Zusammenhalt. Der junge König wollte den Fall Adalbero erledigen und beschloß, das eingeschlagene Verfahren gegen den Erzbischof von Reims wiederaufzugreifen. Ein unvorhersehbares Ereignis machte alles hinfällig: der Tod des Königs durch einen Jagdunfall am 22. Mai 987.

Einziger Thronanwärter war sein Onkel Karl, der Herzog von Niederlothringen. Adalbero wurde aber sofort für Hugo Capet tätig, dem er von allen Fürsten am meisten zutraute, das Königreich zu leiten. Vor der Wahlversammlung in Senlis hielt er seine berühmte Ansprache an die Großen des Reiches. Der Erzbischof bekräftigte, daß bei fehlenden direkten Erben der Thron durch Wahlentscheidung dem fähigsten und vornehmsten Fürsten zufallen müsse. »Den Königsthron erwirbt man sich nicht durch Erbrecht, und an die Spitze des Reiches darf nur gestellt werden, wer sich außer durch körperliche Vorzüge besonders auch durch geistige Qualitäten auszeichnet. Er muß von Ehrgefühl geleitet werden und sich Großherzigkeit zu eigen machen.« Karl von Lothringen aber, der Anspruch auf die Nachfolge erheben könnte, sei wenig empfehlenswert und unebenbürtig mit der Tochter eines kleinen Vasallen verheiratet. Dagegen empfehle sich Hugo Capet durch seinen Adel, seine Handlungen und seine militärische Stärke. »In ihm fändet ihr nicht nur einen Verteidiger des Staates, sondern auch eurer eigenen Interessen. Dank seiner Hingebung wäre er wie ein Vater für euch. Wer hat sich jemals vergebens an ihn um Unterstützung gewandt? Wo ist der Mann, der, dem Schutz der Seinen entrissen, nicht zu ihnen zurückgebracht worden wäre?« Adalbero hätte noch auf die Verwandtschaft mit bedeutenden Adligen hinweisen können. Denn sein Bruder war Herzog von Burgund, seine beiden Schwäger waren Herzog der Normandie beziehungsweise Herzog von Aquitanien. Insgesamt brachte Adalbero die gleichen Argumente, auf die auch ein Bischof hätte verweisen können, als Pippin nach der Krone griff. Im Vergleich zu den Merowingern war Pippin der Jüngere im Besitz der wirklichen Herrscherautorität. Auch Hugo Capet verfügte gegenüber den Karolingern faktisch über Autorität und Macht, deswegen fiel ihm die Krone zu.

Am 1. Juli 987 wurde Hugo Capet zum König gewählt, am 3. Juli krönte ihn Erzbischof Adalbero in Reims. Dabei benutzte Hugo für sein feierliches Versprechen die gleichen Worte wie vor ihm die Karolinger. Ebenfalls wie seine Vorgänger beteiligte er auch seinen Sohn an der Herrschaft: Er ließ den fünfzehnjährigen Robert am 30. Dezember 987 in Orléans krönen. Für seinen Sohn schwebte ihm auch eine hochstehende Eheverbindung vor. Von Gerbert, der für ihn schrieb, ließ Hugo einen erstaunlichen Brief an den byzantinischen Kaiser abfassen, in dem um die Hand einer griechischen Prinzessin geworben wurde. Dieses Projekt scheiterte allerdings; Robert heiratete dann Rozala-Susanna, die Witwe Arnulfs von Flandern und Tochter Berengars II. von Italien. Damit war eine verwandtschaftliche Beziehung zu den Karolingern hergestellt. Da der Erzbischof von Reims nun einen ihm geneigten König hatte, wurde sein Bruder Gottfried, Gefangener seit der Eroberung von Verdun durch Lothar, in die Freiheit entlassen. Hugo gab Verdun zurück und entsagte seinen Ansprüchen auf Lothringen.

Man darf allerdings nicht glauben, Karl von Lothringen hätte den Verlust der Krone einfach hingenommen. Sein Widerstand dauerte bis zum Jahr 991. Zunächst eroberte er 988 die Königsstadt Laon, wobei Bischof Adalbero von Laon und die Königin Emma in seine Gefangenschaft gerieten. Auf Bitten der Kaiserin Theophanu gab er Emma frei, behielt aber die Stadt. Im Jahr 989 starb Erzbischof Adalbero von Reims, und Gerbert hoffte auf die Nachfolge. Aber Hugo entschied anders und bewies dadurch wieder einmal die Undankbarkeit der Großen: Er meinte einen klugen Schritt zur Versöhnung mit den Anhängern der Karolinger zu tun, indem er Lothars illegitimen Sohn Arnulf wählen ließ, einen Kleriker der Reimser Kirche. Immerhin war Hugo so vorsichtig, von Arnulf den Treueid und eine schriftliche Verpflichtung zu verlangen, doch hatte er damit keinen Erfolg. Denn kaum war Arnulf Erzbischof geworden, ließ er sich in eine Verschwörung mit seinem Onkel ein und übergab Karl die Stadt Reims. Hugo Capet zog 991 zum drittenmal vor Laon, den Sitz Karls von Lothringen. Durch den Verrat des Bischofs Adalbero, der mehrmals die Seiten gewechselt hatte, konnte er die Stadt und den Thronprätendenten in seine Gewalt bringen. Karl wurde in Orléans eingekerkert und starb dort nach einigen Jahren. Sein Leichnam wurde im Jahr 1001 nach Maastricht in das Land der Ahnen gebracht. Karls ältester Sohn Otto war in Niederlothringen zurückgeblieben, folgte ihm als Herzog nach und hielt Otto III. die Treue. Über das Schicksal der beiden anderen Söhne Karls ist nichts Näheres bekannt, seine Tochter Gerberga heiratete Graf Lambert I. von Löwen. Arnulf wurde auf Anordnung des Königs von der Synodalversammlung zu Saint-Basle bei Reims verurteilt, abgesetzt und eingekerkert. Das Erzbistum Reims kam danach für einige Jahre an Gerbert.

Drei Jahrhunderte zuvor hatte Pippin der Mittlere nach dem Sieg von Tertry das Hausmeieramt von Austrien und Neustrien auf sich vereinen können, jetzt hatte die Dynastie der Karolinger die Macht endgültig verloren. Die letzten Karolingerkönige waren trotz aller abfälligen Urteile nicht ohne Verdienste und haben ihre Rolle mit Würde gespielt. Aber durch ihre eigensinnigen Versuche zur Rückgewinnung von Austrien, dem Ursprungsland ihres Geschlechts, entfremdeten sie sich ihre ottonischen Vettern und verloren zudem die Unterstützung des Reimser Erzbischofs. Seit dem 9. Jahrhundert war aber diese Unterstützung wesentlich für den Erfolg der Karolinger. Die Politik der letzten Karolinger war nicht mehr realistisch, sie folgte den Vorstellungen einer vergangenen Epoche in einer Welt, die eben nicht mehr karolingisch war. Darauf ist in der abschließenden Zusammenfassung noch näher einzugehen.

FÜNFTER TEIL

Die Könige und die Kultur Europas gegen Ende des ersten Jahrtausends

Die Darstellung der Entwicklungsstadien auf dem Weg zur Entstehung des europäischen Abendlandes ist noch ergänzungsbedürftig. Notwendig ist noch eine Bilanz alles dessen, was die Karolinger und ihre Nachfolger im Bereich von Institutionen, Gesellschaft, Wirtschaft und Kultur geschaffen haben. Als die Karolinger begannen, das Schicksal Europas zu bestimmen, hatte das Abendland kaum die Unruhen der großen Germaneneinfälle hinter sich gelassen. Vier Jahrhunderte später gab es Institutionen und Wirtschaftsstrukturen von außerordentlicher Beständigkeit. Im Zusammenwirken von Herrschern, Adel, Weltgeistlichen und Klerus war eine neue Kultur entstanden, eine andere als die der Spätantike oder die des mittelalterlichen Europa. Auf allen Gebieten zeichnet sie sich durch unbestreitbare Einheitlichkeit und Größe aus.

Kapitel I

Die karolingische Kirche

Zuerst ist auf die Kirche einzugehen, die als Institution in der Spätantike entstanden ist, noch vor der Etablierung der Germanenreiche. Vom 5. bis zum 7. Jahrhundert ging die Kirche allmählich auf die »Barbaren« über und begann mit der Ausbreitung des Evangeliums im Abendland. Aber durch die vielfältige Anpassung an eine kulturlose Welt wurde die Kirche selbst »barbarisiert« und geriet am Ende des 7. Jahrhunderts in eine schwere innere Krise. Es wurde bereits dargestellt, wie die Karolinger die Kirchenreform gefördert und die Leitung der Glaubensangelegenheiten übernommen haben. Sie schufen dabei neue Institutionen und gaben der Kirche Strukturen, an denen für Jahrhunderte festgehalten wurde.

Der Aufbau der Kirche

Der Weltklerus

Nachdem sie Mitte des 8. Jahrhunderts erst kurz gezögert hatten, begannen die Karolingerherrscher damit, die Kirchenprovinzen wiederherzustellen oder neu zu errichten. An der Spitze jeder Provinz stand ein Bischof, der von jetzt an Erzbischof genannt wurde. Das Testament Karls des Großen aus dem Jahr 814 enthält eine Liste von einundzwanzig Kirchenprovinzen: Rom, Ravenna, Mailand, Cividale, Grado, Köln, Mainz, Salzburg, Trier, Sens, Besançon, Lyon, Rouen, Reims, Arles, Vienne, Moutiers-en-Tarantaise, Embrun, Bordeaux, Tours, Bourges. Den Metropoliten, die eifersüchtig über ihre Rechte wachten, unterstanden die Suffraganbischöfe. Durch die Reichsteilungen des 9. Jahrhunderts und durch die Pseudoisidorischen Dekretalen mit ihrer Tendenz zur Ausdehnung der bischöflichen Befugnisse wurde die Macht der Metropoliten zwar geschwächt, aber alles in allem blieben sie die Herren ihrer Kirchenprovinzen. Hinkmar, der einflußreiche Erzbischof von Reims, bekräftigte ganz entschieden seine Rechte in den Auseinandersetzungen mit Rothad von Soissons und seinem Neffen Hinkmar von Laon. Manchen Erzbischöfen gelang es, ihre Amtsbereiche auf die eben bekehrten Länder auszudehnen. So sicherte sich der Erzbischof von Hamburg-Bremen Skandinavien, der von Salzburg die slawischen und pannonischen Gebiete, der von Köln die Bistümer im Norden der Germania.

Seit der Mitte des 8. Jahrhunderts gab es auch wieder Kirchensynoden, auf denen sich die Bischöfe um ihren Metropoliten versammelten. Die Könige achteten auf die regelmäßige Einberufung der Synoden; Verhandlungsthemen waren Fragen der Moral, des Glaubens, der Kirchenlehre und der Politik. Zum Abschluß dieser Versammlungen wurden Kanones ausgearbeitet, die in der Folgezeit gesammelt wurden und die Ausarbeitung des Kirchenrechts ermöglichten.

Der Bischof leitete seine Diözese mit Hilfe seines Kapitels, voran der Archidiakon, sein wichtigster Mitarbeiter. Chrodegang von Metz hatte eine Kanonikerregel erlassen, die den Mitgliedern des Kapitels ein Leben in Gemeinschaft nach Art der Mönche vorschrieb. Diese Regeln wurden auf der Aachener Synode von 817 überarbeitet und setzten sich allmählich in allen Diözesen durch.

Der Bischof visitierte seine Diözese regelmäßig – zumindest sollte er das tun. Die Karolingerkönige setzten diese Pflicht wieder in Kraft, die schon im 4. Jahrhundert vorgesehen war. Die Ankunft des Bischofs war bei den Landpfarrern oft gefürchtet, nicht nur, weil sie die Inspektion der Kirche scheuten, sondern weil der Bischof mit seinem Gefolge Abgaben in Geld oder in natura forderte. Karl der Kahle mußte 844 eingreifen, um die Forderungen des Bischofs von Narbonne einzugrenzen und den Landklerus zu schützen. Durch Reginos von Prüm Schrift *De synodalibus causis*, verfaßt für den Trierer Erzbischof, kennt man das Vorgehen des Bischofs bei der Kontrollreise und die Fragen, die er stellte. Er erkundigte sich nach dem Zustand der Bauten, nach den Einkünften des Klerus, nach dem Bildungsstand der Priester, nach dem Besitz von Büchern. Er interessierte sich aber unter anderem auch für den Lebenswandel der Priester, ihre Moral und die Beziehungen zu ihren Pfarrkindern. Seinerseits suchte der Klerus regelmäßig den Bischof auf und beteiligte sich an den Diözesansynoden. Die zum Abschluß dieser Versammlung erarbeiteten Statuten geben einen Überblick über alle Probleme, die sich den Ortskirchen stellten.

Die Lage der Landpfarrer war in der zweiten Hälfte des ersten Jahrtausends recht unsicher und blieb dies während des ganzen Mittelalters. Die Priester waren oft einfacher Herkunft, sie teilten das Leben und die Freuden der Landbevölkerung. Man lud sie in Tavernen und zu Hochzeitsessen ein, entschuldigte ihre Schwächen und akzeptierte es auch, wenn trotz aller kirchenrechtlichen Verbote eine Frau mit einem Geistlichen zusammenlebte. Viele der Landpfarrer waren übrigens weniger vom Bischof als vom örtlichen Grundherrn abhängig. Grundherren gründeten Kirchen auf ihrem Eigenbesitz, setzten ihnen völlig ergebene Geistliche ein und beanspruchten einen Teil der Zehnteinkünfte. Die karolingischen Bischöfe waren genauso außerstande, diese Mißbräuche auszurotten, wie ihre Nachfolger in späteren Jahrhunderten.

Damit die übergroßen Diözesen besser zu verwalten waren, schufen die Karolinger ein internes Instanzennetz. Man begann, die Diözesen in Archidiakonate zu unterteilen, welche ihrerseits aus Dekanaten bestanden, die jeweils mehrere Dörfer umfaßten. Die Diözesen Reims und Soissons besaßen seit dem 9. Jahrhundert Archidiakone. Die Diözese Langres hatte 801 zwei Archidiakonate, 870 drei, 889 fünf und 903 sechs. Man beobachtet hier das Entstehen einer Institution, die sich im 10. und 11. Jahrhundert allgemein durchsetzte. Die Landdekanate wurden von Archipresbytern geleitet, aber es gab nicht sehr viele. Verbreitet waren sie vor allem in Italien und in der Diözese Reims. Nach den Worten von Jean-François Lemarignier »war es einfacher, zwanzig Kirchenprovinzen zu reorganisieren, als einige hundert Archidiakonate oder Dekanate einzurichten«. Der Hinweis auf die Entstehung dieser langlebigen Institutionen ist wichtig, weil sie Zeugnis sind für das Bemühen um Ordnung und Amtshierarchie, das alle karolingischen Reformen kennzeichnet.

Mit der Erneuerung der alten kirchlichen Verwaltungsstrukturen und mit ihrer Initiative zur Schaffung neuer Einrichtungen wollten die Karolinger die Erfassung der Gläubigen und die Vertiefung des christlichen Glaubens fördern. In den Kirchenvorschriften besser unterrichtete Geistliche sollten für die Glaubensunterweisung der Laien sorgen. Die karolingischen Herrscher erhoben diese Forderung immer wieder bei den Bischöfen, und diese gaben sie an die Priester weiter. Damit entwickelte sich die Vereinheitlichung der Festtagsbräuche und des Festkalenders: Taufe der Kinder bei der Geburt, Gebot der sonntäglichen Arbeitsruhe, Teilnahme am Gottesdienst, Beichte und Kommunion dreimal jährlich usw. Die Unterweisung des Volkes beschränkte sich wohl häufig auf einen Katalog von Moralvorschriften: was man tun, vor allem aber, was man lassen mußte. Die Beachtung äußerlicher Vorschriften war eine Fortsetzung der alttestamentarischen Gesetzesgläubigkeit. Man bestrafte das Übertreten einer Vorschrift und gab den Gruppeninteressen Vorrang vor der geistigen Entwicklung des Individuums. Für die langsam entstehende christliche Lebensweise mußte man den Laien gewohnheitsmäßige Glaubensübungen vermitteln, alles Weitere würde sich dann von selbst ergeben.

Das Mönchswesen

Als die Karolinger an die Macht kamen, gab es seit über dreihundert Jahren Klöster im ganzen Abendland. Nicht überall gab es ein den Regeln entsprechendes Mönchsleben, und viele Klöster folgten unterschiedlichen Vorschriften. Karl der Große mißtraute von Natur aus Menschen, die abgeschieden lebten und sich von der Welt abschlossen, auch wenn sie es taten, um ein heiligmäßiges Leben zu führen. Bei mehreren Gelegenheiten wandte er sich gegen herumziehende Mönche, besonders von den Britischen Inseln, weil niemand wissen konnte, wessen Autorität sie unterstanden. Karl der Große wünschte sich verläßliche Mönchsgemeinschaften, die unter der Leitung fähiger Äbte körperliche und geistige Arbeit verrichteten. Besonderen Wert legte er auf den Gottesdienst, denn er zählte darauf, daß die Gebete der Mönche zum Erfolg seiner Unternehmungen beitrugen. Die Kapitularien und die Kanones der Konzilien wiederholten immer wieder die Grundsätze des Klosterlebens, gleich nach welcher Regel: Einhaltung der Gelübde, Keuschheit, Armut, Beaufsichtigung der Klöster durch den Bischof, Verbot aller Aktivitäten außerhalb des Klosters usw.

Gegen Ende seiner Herrschaft kam Karl der Große zu der Überzeugung, daß das beste Mittel zur Klosterreform die Durchsetzung der Regel des heiligen Benedikt sei. Monte Cassino erschien ihm als das vorbildliche Kloster benediktinischer Observanz, deswegen erbat er im Jahr 813 von dessen Abt die Übersendung einer Abschrift der Mönchsregeln, die er dann allgemein verbreiten ließ. Der alternde Kaiser kannte damals mit Sicherheit das Wirken Benedikts von Aniane, der bestimmt war, der zweite Begründer des benediktinischen Mönchstums zu werden.

Benedikt war der Sohn eines westgotischen Adligen und hatte seine Jugend am Hof verbracht, beschloß aber im Jahr 774, sich in ein burgundisches Kloster zurückzuziehen. Er studierte alle damals gebräuchlichen Regeln und faßte den Vorsatz, auf seinem Eigengut zu Aniane ein Kloster zu gründen, um die Regel des heiligen Benedikt neu zu beleben. Unterstützt wurde er von König Ludwig von Aquitanien sowie von seinen Freunden Alkuin, Abt von Saint-Martin in Tours, und Bischof Theodulf von Orléans. Mit ihrer Hilfe konnte er mehr als zwanzig Klöster in Aquitanien reformieren. Ludwig der Fromme ließ, nachdem er Kaiser geworden war, Benedikt nach Inden (Cornelimünster) bei Aachen kommen. Er »setzte ihn über alle Mönche seines Reiches, damit er so, wie er Aquitanien und Gothien in der Heilslehre unterrichtet hatte, die ganze Francia mit heilbringendem Beispiel erneuere«.

Der Kaiser versammelte 817 die Äbte des ganzen Reiches zu einer Art Generalkapitel, um sie dem von Benedikt vorbereiteten *Capitulare monasticum* zustimmen zu lassen. Darin wurden in dreiundachtzig Artikeln die Gewohnheiten des Klosterlebens entsprechend dem Geist der Benediktinerregel kodifiziert. *Missi* wurden in das ganze Reich entsandt, um für die Durchführung der Reform zu sorgen. Dieses Kapitular ist in der Forschung viel diskutiert worden. Hier reicht die Feststellung, daß Benedikt von Aniane zwar den Grundsätzen der benediktinischen Regel treu blieb, daß er aber einige Neuerungen einführte, die vom mittelalterlichen Mönchstum aufgegriffen wurden: Er verstärkte die Bedeutung des Gottesdienstes, führte neue Gebete ein, gab dem Kapitel Aufsichtsrechte über die Amtsführung des Abtes, führte eine strikte Kontrolle des Mönchslebens ein, ließ nur künftige Mönche zur Klosterschule zu und ließ in jedem Kloster ein Gefängnis einrichten. Später konnte man Benedikt eine Tendenz zur Zentralisation vorwerfen, die dem klösterlichen Geist der Unabhängigkeit und Selbständigkeit zuwiderlief. Aber seine Reform entsprach den gleichgerichteten Anstrengungen der karolingischen Könige. Um die Klöster zu reformieren, mußte man die Rechtsbestimmungen vereinheitlichen und dafür sorgen, daß sich zwischen den einzelnen Niederlassungen ein Gemeinschaftsgefühl entwickelte.

Zu dieser Zeit entstanden übrigens auch die Gebetsverbrüderungen für Verstorbene und Lebende, deren Namen auf Pergament verzeichnet wurden. Dadurch wuchsen geistige Verbindungen zwischen den Mönchen des ganzen Reiches. Mit Recht wurde darauf hingewiesen, daß Benedikt von Aniane das Wirken von Cluny vorbereitet hat, das 909 durch Wilhelm den Frommen von Aquitanien gegründet und Mutterkloster einer eigenen Kongregation wurde. Der Biograph Abt Odos von Cluny beteuert, daß Benedikt »der Begründer jener Gewohnheiten war, die in unseren Klöstern noch immer befolgt werden«. Benedikts Reformen waren ein neues Blatt in der Geschichte des europäischen Mönchswesens.

Die Kirche unter dem Einfluß des Königs

Die karolingischen Herrscher unterstützten die Erneuerung der Kirche und den Ausbau ihrer Organisation, rechneten aber dabei mit der Unterstützung der eigenen Politik durch diese Kirche, die ihrem Einfluß unterworfen sein sollte. Karl der Große, der »neue David«, beanspruchte die Kontrolle über Bischöfe, Äbte, den gesamten Klerus und selbst über den Papst. Seine Nachfolger handelten wie er. Sie hielten es für richtig, daß die weltliche und die geistliche Gewalt vereint daran arbeiteten, eine christliche Welt zu errichten und das Seelenheil der Menschen zu sichern. Auf diese Weise schufen sie ein Sakralkönigtum, in dem der Herrscher und seine Vertreter alle Entscheidungen trafen. Dieser Zustand hielt sich bis zum 11. Jahrhundert, in dem die Kirche ihre Freiheit zurückgewinnen konnte.

Der König ernannte die Bischöfe und Äbte, in den meisten Fällen nahm er sie aus der Geistlichkeit seiner Umgebung oder aus den Adelsfamilien seiner Gefolgschaft. Seit der Herrschaft Pippins des Jüngeren verfügten die Karolinger über rund zweihundert bedeutende Abteien, die sie als ihren persönlichen Besitz betrachteten. Die Leitung dieser Klöster verliehen sie ihren Söhnen und Töchtern, ihren illegitimen Nachkommen und ihren Vertrauten. Alkuin beispielsweise erhielt die Klöster Ferrières, Saint-Loup nahe bei Troyes, Flavigny, Saint-Josse und Saint-Martin in Tours. Die Abtei Chelles war den Schwestern und Töchtern der Könige vorbehalten. Karls des Großen Vetter Wala wurde Abt von Corbie und Bobbio. Karls des Kahlen Onkel Adelhard wurden unter anderem Saint-Vaast, Stablo, Echternach und Sankt Maximin in Trier verliehen. Außerdem stellten die Karolinger den regulären Äbten noch Laienäbte an die Seite: Angilbert, der Schwiegersohn Karls des Großen, wurde Laienabt von Saint-Riquier, und Nachfolger wurde der eigene Sohn. Einhard war Laienabt von Seligenstadt am Main, San Giovanni in Pavia, Saint-Wandrille, Sankt Servatius in Maastricht, Sankt Peter und Sankt Bavo in Gent. Diese Beispiele könnten noch erheblich vermehrt werden. Das Verfahren widersprach eindeutig den Bemühungen um die Klosterreform, aber für die Herrscher handelte es sich eben um Sonderfälle. Außerdem erforderten politische Notwendigkeiten die Kontrolle über die vermögendsten und strategisch wichtig gelegenen Klöster des Reiches.

Bei der Ernennung von Bischöfen und Äbten ging der König davon aus, daß sie ihre Zeit zwischen Hirtenamt und Herrscherdienst aufteilten. Er berief sie an den Hof und übertrug ihnen Verwaltungsaufgaben oder Gesandtschaften. Nur wenige Würdenträger beklagten sich, sie könnten ihre seelsorgerischen Pflichten nicht mehr richtig erfüllen. Die meisten waren aber völlig damit einverstanden, nicht nur weil der Herrscher sie berief, sondern weil sie sich vom tätigen Leben gefangennehmen ließen und ihre Vorteile daraus zogen.

Dazu kam noch, daß Bischöfe und Äbte in die Vasallität des Königs eintraten. Im Verlauf des 9. Jahrhunderts wurden Bischofs- und Abtsamt immer mehr wie Lehen behandelt. Wenn ein Amtsinhaber als Symbol seiner Würde den Krummstab erhielt, mußte er wie jeder beliebige Vasall den Gefolgschaftseid ablegen, beispielsweise Hinkmar von Laon vor Karl dem Kahlen: »Ich, Hinkmar, Bischof von Laon, werde künftig, von dieser Stunde an, meinem Herrn Karl treu sein, wie von Rechts wegen ein Vasall seinem Herrn und ein Bischof seinem König. Und ich werde gehorsam sein, wie von Rechts wegen ein Vasall gegenüber seinem Herrn und ein Bischof Christi gehorsam sein müssen. Ich werde dies tun, so wie ich es verstehe und vermag, entsprechend dem Willen Gottes und um das Heil des Königs zu sichern.« Ein geistlicher Vasall ging dem Herrscher gegenüber die gleichen Verpflichtungen ein wie jeder Lehnsmann: Zuzug mit einem Aufgebot zum Heeresdienst, Beistand mit Rat und Tat und anderes. Hier beginnt eine Entwicklung, die den hohen Klerus auf einen gefährlichen Weg führte. Nur ein Heiliger hätte allen Versuchungen widerstehen können, die sich aus diesen weltlichen Pflichten ergaben. Ungewollt haben die Karolingerkönige Bischöfe und Äbte dazu veranlaßt, sich ganz der Welt zuzuwenden und ihre religiöse Berufung aus den Augen zu verlieren.

Um eine besondere Bindung zwischen den Spitzen der Kirchenhierarchie und dem Königtum herzustellen, haben die Karolinger schließlich noch an Bischöfe und besonders an Äbte Immunitätsprivilegien verliehen. Die Immunität der Merowingerzeit sah vor, daß kein Vertreter der Königsgewalt in Kirchenbesitz eindringen dürfe – ein im wesentlichen negativer Rechtsinhalt. Für die Karolinger war dagegen wesentlich, daß sie dem Inhaber der Immunität Schutz boten und dafür Gebete als Gegenleistung des Begünstigten erwarten durften. Um geistliche Würdenträger von Verwaltungsaufgaben zu entlasten, beispielsweise Abgabeneinzug, Rechtspflege und Aufgebot von Truppen, ernannten die Könige Laienvögte, die alle weltlichen Zuständigkeiten übernahmen. Diese Einrichtung verbreitete sich im ganzen Reich, funktionsfähig war sie jedoch nur, wenn der Immunitätsinhaber die Autorität des Königs anerkannte. War dies aber nicht mehr der Fall, konnte der geistliche Würdenträger zum souveränen Herrn seines Besitzes aufsteigen, eine Entwicklung, die in Westfranken im 10. Jahrhundert auch eingetreten ist.

Die abendländische Kirche verdankte dem Königtum großen materiellen Reichtum. Die Bischöfe und Äbte verfügten über ausgedehnten Grundbesitz, der sich auf das ganze Reich verteilte. Es gab regelrechte Klösterstädte, die außer den kirchlichen Bauten auch Häuser für Handwerker und Landarbeiter umfaßten. Der Sankt Galler Klosterplan, wahrscheinlich nach der Aachener Reformsynode von 817 entworfen, ist eine einzigartige Quelle. Er gibt Einblicke in das Innere eines Klosters mit allen Einrichtungen, die erforderlich waren für Gebet, körperliche und geistige Arbeit, Aufnahme von Gästen, Betreuung der Kranken usw. Die Verwaltungsvorschriften der Klöster entsprachen dem Standard, den die Könige für ihre Eigengüter vorsahen.

Karl der Große war über das Anwachsen des Kirchenbesitzes besorgt. »Es muß auch gefragt werden, ob sich einer von der Welt zurückgezogen hat, der niemals aufhört, mit allen denkbaren Mitteln sein Eigentum zu vermehren«, schrieb er in einem Kapitular von 811. Wie sein Vater und sein Großvater war er durchaus bereit, Kirchengüter in Form der *precaria verbo regis* an Laien zu vergeben. Dies bedeutete, daß die Kirche zwar Besitzerin der Ländereien blieb, daß die Nutznießung aber für unterschiedlich lange Zeiträume an Laien verliehen war. Karl der Große konzedierte 779 dem Klerus eine Entschädigung und führte überall die Zehntabgabe ein, die als Institution für ein Jahrtausend bestehenblieb. Diese Steuer umfaßte den zehnten Teil aller Erträge und mußte von jedem Grundeigentümer gezahlt werden. Beauftragte des Königs sollten die Vorschrift durchsetzen und Widerspenstige bestrafen. Nach dem Tod des Kaisers versuchte die Kirche, das Wohlwollen Ludwigs des Frommen zu nutzen, um die entzogenen Ländereien wiederzuerlangen, und drohte allen »Kirchenräubern« mit der Strafe des Himmels. Die Mühe war vergebens, die Adligen bezogen weiter ihre Einkünfte aus Gütern, die sie direkt oder mittelbar durch den König erhielten, der ihnen Laienabtwürden verlieh.

Die Herrscher griffen auch ein, um die Verwaltung der Kirchengüter und die Verwendung der Einkünfte zu überwachen. Sie empfahlen den Äbten, Besitzinventare für jede einzelne Domäne anzulegen, mit Angaben über Zahl und Größe der Hufen, über die Anzahl der Bauern und ihrer Kinder. Das berühmte Polyptychon des Abtes Irmino von Saint-Germain-des-Prés, um 813 niedergeschrieben, überliefert auf diese Weise, daß dem Pariser Kloster mehr als fünfundsiebzigtausend Hektar Land in der näheren und weiteren Umgebung gehörten. Damit die Kanoniker und Mönche von ihren Oberen nicht zu stark beansprucht würden, rieten die Könige den Bischöfen und Äbten, die jeweiligen Einkünfte zu trennen: Man veranschlagte den Bedarf des Bischofs, der Äbte und der Klosterbrüder. Die Kanoniker sollten vom Bischof eine Pfründe *(praebenda)* erhalten, die aus der Aufteilung der gemeinsamen *mensa* des Domkapitels stammte. Alle diese Einrichtungen überlebten das Zeitalter der Karolinger. Schließlich sorgte der König auch dafür, daß Güter für die Bestreitung bestimmter Leistungen zugewiesen wurden: für den Unterhalt der Bauten, die Kerzenbeleuchtung, die Krankenbehandlung der Armen. Ludwig der Fromme teilte im Jahr 818 aufgrund von Erhebungen die wichtigen Abteien des Reiches in drei Gruppen: Die einen hatten Heereskontingente zu stellen, die anderen mußten Unterstützung durch Geld und Naturalien leisten, und schließlich gab es jene Klöster, die nur für den Kaiser und das Wohlergehen des Reiches zu beten hatten.

Für den neuzeitlichen Verstand mag es erstaunlich sein, daß sich der Klerus nicht gegen die Beanspruchung durch den König gewehrt hat und daß er nicht versucht hat, unter Berufung auf seinen geistlichen Auftrag die Freiheit wiederzugewinnen. Aber die Bischöfe und Äbte hatten Teil an der Macht, zogen daraus materielle Vorteile, vermischten die geistlichen und weltlichen Zuständigkeiten und hätten sich kein anderes System vorstellen können. Zwar haben zu den Zeiten Ludwigs des Frommen manche Kleriker den Primat des geistlichen Bereichs hervorgehoben, aber dies taten sie, um politische Macht zum eigenen Vorteil an sich zu ziehen und um ihren Grundbesitz nach Möglichkeit noch zu vergrößern. Die Auflösung des Karolingerreiches und der Sieg der mächtigen Adelsgeschlechter haben der Kirche nicht die Freiheit zurückgebracht, sondern sie im Gegenteil noch fester in die Gewalt von Laien gebracht.

In Westfranken stritten sich die Könige mit den Fürsten um die Ernennung der Bischöfe und Äbte, weil sie von ihnen die notwendigen Einkünfte und die Heeresaufgebote erwarteten, die ihnen Erfolg sichern konnten. Wie erwähnt, konnten die Herrscher einige Bistümer in Nordfrankreich behaupten, aber sonst gewöhnten sich die Großen daran, ihre Kinder und ihre Gefolgsleute zu Bischöfen zu ernennen. So verlieh ein Graf von Cerdagne ein Bistum an seine vier

Söhne, und die Vizegrafen von Albi besetzten den Bischofsstuhl über vier Generationen. Die westfränkischen Fürsten waren zugleich Laienäbte der wichtigsten Klöster: Die Robertiner besaßen unter anderem Saint-Martin in Tours, Saint-Denis, Saint-Germain-des-Prés. Die Grafen von Flandern behaupteten Saint-Bertin, Saint-Armand, Saint-Vaast, Sankt Peter und Sankt Bavo in Gent. Die Normannenherzöge verfügten unter anderem über Saint-Wandrille, Jumièges, Fécamp. Ähnlich lagen die Verhältnisse im Süden Frankreichs und in den Königreichen Provence, Italien, Burgund und Ostfranken-Deutschland.

Wie erwähnt, war es den Ottonen gelungen, mit Hilfe der Kirche die Königsgewalt zu erneuern. Die Unterordnung der Kirche ging bei ihnen aber noch weiter als bei den Karolingern. Sie setzten die Bischöfe durch Übergabe des Krummstabs in ihr Amt ein und ließen sie den Treueid schwören. Da sie es verstanden, die richtigen Kandidaten auszuwählen, erzielten sie übrigens hervorragende Ergebnisse. Der König konnte sich auf die von ihm kontrollierten Bischöfe verlassen und verlieh ihnen deswegen Befugnisse, die sonst den Grafen zukamen: Gerichtsrecht, Zollrechte, Münzrecht usw. Dieses »Reichskirchensystem« führte zur Herausbildung der geistlichen Fürstentümer im Reich, die sich während des ganzen Mittelalters und darüber hinaus behaupten konnten. Das Fürstbistum Lüttich wurde erst 1789 aufgehoben. Nachdem Otto I. Oberitalien gewonnen hatte, suchte er seine Kirchenpolitik auch dort durchzusetzen. Im Jahr 963 gelang ihm die Unterwerfung des Papsttums, das einen Großteil seiner Macht den Karolingern verdankt hatte.

Das Papsttum

Vom Ende der Antike bis zum 8. Jahrhundert hatten die Bischöfe von Rom ihren Primat in der gesamten lateinischen Kirche durchsetzen können. Leo der Große, Gregor der Große und andere, weniger berühmte Päpste hatten sich als Nachfolger des heiligen Petrus behauptet und die Stellung eines geistigen Oberhaupts der universalen Kirche erlangt. Unter die Herrschaft des byzantinischen Kaisers geraten, erlebte das Papsttum einen Niedergang seiner Macht. Im 7. Jahrhundert aber suchten und fanden die Päpste im Einsatz für die Heidenmission in Westeuropa ein Mittel, um sich Byzanz zu entziehen. Doch ohne die karolingischen Könige hätten die Bischöfe von Rom niemals die Stärke und das Ansehen erwerben können, die sie damals besaßen, als die Ausgangsbasis zu ihrem weiteren, staunenswerten Geschick gelegt wurde.

Die wichtigsten Schritte bei dem Zusammengehen der Päpste und der Karolinger waren die Bestätigung des »Staatsstreichs« Pippins des Jüngeren, die Schaffung des Kirchenstaats 754, schließlich die Kaiserkrönung des Jahres 800, mit der die Kirche Roms endgültig an die Welt des Abendlandes gebunden wurde. Für Jahrhunderte wurde das Papsttum »verwestlicht«. Die römische Liturgie wurde von allen Kirchen im Abendland übernommen, und die Verehrung des heiligen Petrus fand überall Verbreitung. Rom wurde der geistige Mittelpunkt nicht nur der karolingischen, sondern der gesamten europäischen Kirche. Denn seit Gregor der Große seine Missionare geschickt hatte, war England eng mit Rom verbunden und blieb dies während des gesamten Mittelalters. Durch die Karolinger wurden die Päpste auch zu weltlichen Herrschern, und diese Stellung verloren sie erst im Jahr 1870. Sie gaben sich alle Mühe, das von Pippin verliehene Territorium des heiligen Petrus zu bewahren und zu vergrößern, es gegen Angreifer aus dem Norden wie aus dem Süden zu verteidigen. Rom stieg zur wichtigsten Stadt des Abendlandes auf. Die Päpste hatten alte Bauten wiederherstellen lassen, errichteten neue Kirchen, und sie befestigten den Vatikan. Rom, »die berühmte Stadt, die Herrin der Welt«, wie sie in einem bekannten Gedicht genannt wird, lockte Pilger zum Besuch der Apostelgräber an. Denn die ewige Stadt war noch in erster Linie der Sitz von Petrus und Paulus, nicht Residenz des Papstes.

Die Beziehungen zwischen den Päpsten und den Königen mit ihrem Anspruch auf Kirchenherrschaft waren nicht immer ungetrübt. Karl der Große, König der Langobarden und damit tatsächlicher König Italiens, zwang Hadrian I. und besonders den schwachen Leo III., seine Ansichten zu teilen. Ludwig der Fromme gab 817 dem Papst die Selbständigkeit zurück, aber schon sieben Jahre später führte er wieder eine sehr genaue Aufsicht ein und verpflichtete den Papst und die Römer, vor Vertretern des Kaisers Sicherheitseide abzulegen. Doch wie bereits erwähnt, verstanden es die Päpste während der Krisen, die das Reich um die Mitte des 9. Jahrhunderts erschütterten, die Initiative wieder an sich zu ziehen und die Einheit des Abendlandes zu verteidigen. Gregor IV. konnte in den Streit zwischen Ludwig dem Frommen und seinen Söhnen eingreifen, Leo IV. wagte es, sich ohne die vorherige Zustimmung der kaiserlichen *missi* wählen zu lassen. Besonders Nikolaus I. beteuerte entschieden die Überordnung des römischen Bischofs über die Kirchen und sogar über die Könige, weil er die Moral zu schützen und den Frieden zu fördern habe. Yves Congar schreibt dazu: »Wenn Nikolaus schon Gregor VII. ankündigt, dann weniger wegen eines Anspruchs auf die Macht, Könige abzusetzen, als vielmehr wegen seiner Sorge um die Sicherung der Ordnung der Kirche, wegen ihrer völligen Unabhängigkeit und, im Sprachgebrauch des 11. Jahrhunderts, wegen ihrer Freiheit *[libertas]*. Bereits vor den Männern der sogenannten gregorianischen Reform hat er sich dagegen gewehrt, daß die Herren die Kirchen und die an ihnen dienenden Geistlichen für sich in Anspruch nahmen, und er hat darüber gewacht, daß sich Laien nicht mehr in die Wahlen einmischten... Sicherlich bedeutet Nikolaus I. die Weiterentwicklung in eine Richtung, nach der die Unterwerfung unter den Papstthron Kriterium und Maßstab wird für den Gehorsam gegen Gott und für den christlichen Glauben schlechthin.« Nach ihm ging Johannes VIII., einer der bedeutendsten Päpste des Frühmittelalters, noch weiter. Dabei wurde er von der gleichen Überzeugung getragen wie Nikolaus, erwies sich aber als politisch wesentlich wendiger. An der Spitze der »priesterlichen und kaiserlichen« Stadt stehend, bezeichnete er sich als »Leiter *(rector)* Europas«. Er stellte die junge mährische Kirche unter seinen Schutz, und wie sein imponierendes Briefregister beweist, erstreckten sich seine Eingriffe in die Bereiche von Verwaltung, Diplomatie und Kriegswesen. Er trieb die Vorstellung voran, daß nur der Papst einen Kaiser auswählen dürfe und daß ein designierter Herrscher nach Rom kommen müsse, um seine Krone zu erlangen. In den Kreisen der römischen Geistlichkeit wurde bereits die Lehre von der *translatio imperii* aus dem Osten in das Abendland aufgegriffen. Sie gab dem Papst allein die Verfügungsgewalt über die Kaiserwürde.

Der Sturz der Karolinger hatte für die römische Kirche sehr nachteilige Folgen. Das Papsttum fiel in die Gewalt des Stadtadels, und von 962 an mußte es sich den ottonischen Kaisern unterordnen. Doch selbst in dieser düsteren Epoche erhob Rom seine Stimme. Zwar waren viele Päpste nur ärmliche Bischöfe, aber die Institution als solche wurde nicht in Frage gestellt. Man ist überrascht über die mehreren hundert Urkunden, die von der Papstkanzlei ausgestellt und an alle Kirchen der Christenheit gerichtet wurden. Johannes X. (914–928) schickte einen Legaten als Leiter der Synode von Hohenaltheim in Schwaben (916), er nahm die Nachricht über den Vertrag von Saint-Clair-sur-Epte mit Freuden auf, er intervenierte in den Kirchenprovinzen Narbonne und Reims. Johannes XI. schickte mehreren Erzbischöfen das Pallium, Stephan VIII. (939–942) bedrohte alle mit Exkommunikation, die sich Ludwig IV. dem Überseeischen widersetzten. Marinus II. (942–946) verlieh dem Mainzer Erzbischof den Titel eines päpstliche Vikars in Germanien und Gallien, Agapet II. (946–955) ließ die Synode von Ingelheim durch seinen Legaten leiten. Obwohl die Päpste den Kaisern untergeordnet waren, wurden sie doch in den Angelegenheiten der Christenheit aktiv, und besonders oft zielten ihre Eingriffe auf die Synoden, die in Westfranken und Burgund abgehalten wurden. Benedikt VII. berief sogar eine Lateransynode, um gegen den Mißbrauch der Simonie einzuschreiten. Und Johannes XV. (985–996) war der erste Papst, der anläßlich der Heiligsprechung Ulrichs von Augsburg über diesen Vorgang eine Bulle ausstellte.

Besonders lebhaft war das päpstliche Eingreifen, als Hugo Capet auf der Synode von Saint-Basle (991) über Erzbischof Arnulf urteilen ließ, den Karolinger, der sich des Hochverrats schuldig gemacht hatte. Ohne auf den Ratschlag des Papstes zu warten, dem er zuvor geschrieben hatte, ließ Hugo Capet Erzbischof Arnulf absetzen und durch Gerbert ersetzen, den eigentlichen Initiator dieser Kirchenversammlung. Gerbert ließ sich von Thesen Hinkmars von Reims anregen und begriff die Einheit der Kirchen und der römischen Kirche in einer Weise, die manche Historiker übertreibend als »gallikanisch« charakterisiert haben. Wie alle seine Zeitgenossen wollte Gerbert keinesfalls eine vollständige Trennung der Kirche vom Staat, aber er meinte, daß sich Bischöfe und Papst in die Leitung der Kirche teilen sollten und daß der Papst nicht wie ein Alleinherrscher handeln könne. Johannes XV. verweigerte der Absetzung Arnulfs und der Wahl Gerberts die Anerkennung. Er schickte seinen Legaten Leo, der eine Reihe von Synoden leitete, auf denen Gerbert seinen Standpunkt durchsetzen wollte. Der neue Papst Gregor V. ging 997 sogar so weit, alle an der Synode von Saint-Basle beteiligten Bischöfe zum persönlichen Erscheinen in Rom aufzufordern. Und weil Hugo Capets Sohn, König Robert II. der Fromme, seine eigene Kusine geheiratet hatte, drohte ihm der Papst mit der Exkommunikation. Um sich mit Gregor zu versöhnen, sah sich Robert gezwungen, Gerbert fallen zu lassen, der sein Erzbistum aufgab und Arnulf die Rückkehr in sein Amt ermöglichte. Als Entschädigung erhielt Gerbert aber das Erzbistum Ravenna von Otto III., der ihn dann 999 in Rom zum Papst wählen ließ.

Als Papst Silvester II. mußte Gerbert nun die Linie seiner Vorgänger einschlagen und die Autorität des heiligen Petrus beteuern. Einen Brief an seinen alten Gegner Arnulf von Reims beginnt er mit folgenden Worten: »Es gehört zur apostolischen Machtbefugnis, Sündern nicht nur Ratschläge zu geben, sondern jene wieder aufzurichten, die gefallen waren, und jenen, die ihr Amt verloren haben, die Zeichen wiedergewonnener Würde zurückzugeben. Denn dadurch zeigt sich die Macht zu lösen, die Petrus verliehen wurde, und dadurch erstrahlt überall der Ruhm der Stadt Rom.« Dieser Satz, aber auch der übrige Brief gehen nicht auf irgendeinen römischen Kleriker in der Kanzlei zurück. Der Papst selbst betrachtet sich als das geistige Oberhaupt der Christenheit, das beweisen alle siebzig von ihm überlieferten Urkunden, und das beweist auch seine Entschlossenheit, die Entstehung der ungarischen und polnischen Kirche unter seine Aufsicht zu stellen. Darauf ist noch gesondert einzugehen.

Ein weiterer Beleg für das päpstliche Ansehen im 10. Jahrhundert ist darin zu sehen, daß die Klöster sich unter den Schutz des heiligen Petrus stellten, um der Bevormundung durch Laien zu entkommen. In der Folgezeit wünschten sie sogar die Exemtion von der bischöflichen Gewalt, der sie unterstanden. Das von dem Iren Columban gegründete Kloster Bobbio profitierte seit dem 7. Jahrhundert von einem entsprechenden Privileg, das in den Archiven des Vatikans bewahrt wird. Später erhielten einige Klöster in England und Ostfranken den besonderen Schutz Roms. Die Karolinger begünstigten diese Entwicklung ganz offensichtlich nicht, aber es war ihnen unmöglich, Graf Gerhard von Vienne daran zu hindern, Papst Nikolaus I. um seinen Schutz für das Kloster Vézelay zu bitten, das er auf seinen burgundischen Besitzungen gegründet hatte. Der Papst gab ihm im Jahr 863 seine Zustimmung: »Durch die vorliegende Entscheidung unserer apostolischen Autorität vollziehen, bekräftigen und bestätigen wir das Privileg, daß niemandem, weder Königen, Bischöfen, sonstigen Würdenträgern noch allen anderen, erlaubt ist, etwas vom Besitz dieses Klosters wegzunehmen, an sich zu ziehen und zum persönlichen Bedarf oder dem eines anderen zu verwenden, auch nicht unter dem Vorwand eines frommen Zwecks als Entschuldigung für die eigene Habgier. Dies gilt für alle Güter, die dem genannten Kloster von euch oder von anderen geschenkt wurden.« Die Gründer von Saint-Gilles und von Saint-Geraud in Aurillac erbaten und erhielten gegen Ende des 9. Jahrhunderts ähnliche Privilegien.

Markgraf Wilhelm I. von Aquitanien beschloß im Jahr 909, seine Klostergründung Cluny dem heiligen Petrus und heiligen Paulus anzuvertrauen, obwohl die römische Kirche damals von dem schwachen Papst Sergius III. geleitet wurde, dem Liebhaber der Marozia. In der Gründungsurkunde erinnerte Wilhelm zunächst daran, daß er die Regel des heiligen Benedikt erneuern wolle. Dann flehte er zu den Aposteln und wandte sich an »den Bischof der Bischöfe auf dem apostolischen Stuhl«, den er bat: »Durch eure apostolische und kanonische Autorität, von Gott empfangen, mögt ihr alle ausschließen von der Teilhabe an der heiligen Kirche Gottes und von der Teilhabe am ewigen Leben, die etwas stehlen oder an sich bringen von den Gütern des Klosters, die ich euch anvertraue. Und ich bitte euch, schützt und verteidigt Cluny und die Diener Gottes, die dort wohnen.« Der zweite Abt von Cluny, Odo (926–942), erhielt von Papst Johannes XI. die *libertas Romana,* freie Abtswahl und die Erlaubnis, einen Klosterverband zu leiten. Auch Abt Abbo von Saint-Benoît-sur-Loire, einem durch Cluny reformierten Kloster, wollte sich von der Aufsicht des Bischofs von Orléans befreien und appellierte an Rom. Abbo hatte auf der Synode von Saint-Basle (991) eine pro-päpstliche Position bezogen und trat als Führer der »monastischen Bewegung« auf. In seiner Kanones-Sammlung hob er den Primat des heiligen Petrus sehr deutlich hervor. Nach mehreren Romreisen erlangte er von Papst Gregor V. die Exemtion für sein Kloster.

Mit Recht wurde darauf verwiesen, daß der Erfolg von Cluny und die Exemtion der Klöster eine entscheidende Rolle bei der Vorbereitung der gregorianischen Reform gespielt haben. Man kann ergänzen, daß die Päpste von Gregor IV. bis Silvester II. durch die Bekräftigung ihrer Machtbefugnis den Weg öffneten für ihre Nachfolger im 11. Jahrhundert. Diesen gelang dann die Befreiung der Kirche und die Grundlegung der päpstlichen Theokratie.

Die Ausbreitung des Christentums

Zu einer Darstellung der Kirche des Frühmittelalters gehört auch der Hinweis darauf, daß dank dem Einsatz von Königen und Päpsten das Gebiet der Christenheit vergrößert, die Grenzen hinausgeschoben worden waren. Als die Karolinger Mitte des 8. Jahrhunderts die Macht übernahmen, war ein großer Teil des Kontinents noch heidnisch. Um das Jahr 1000 gab es Christengemeinden bis zur Weichsel und längs der Donau.

Ostfranken

Die Hausmeier, Karl Martell und seine Söhne, hatten aus Gründen der Politik wie des Glaubens Missionare dazu ermutigt, Ostfranken zu bekehren. Willibrord in Friesland, Pirmin in Schwaben und Bonifatius in der Germania verdankten ihre Erfolge der päpstlichen Unterstützung und den materiellen Hilfeleistungen der karolingischen Herrscher. Fränkische Krieger mußten die neugegründeten Kirchen und Klöster der Missionare von den britischen Inseln und ihrer Schüler beschützen. Zeitgleich mit dem Bekehrungswerk wurde auch die kirchliche Hierarchie aufgebaut. Neue Bistümer wurden gegründet und bald den Metropolitanbischöfen von Köln und Mainz unterstellt.

Karl der Große führte das Unternehmen weiter, schuf Bistümer in Sachsen und Friesland, Salzburg machte er zur Kirchenmetropole Bayerns. Karl der Große hat den »heiligen Krieg« nicht erfunden, lange vor ihm und nach ihm wurden häufig Kriegswaffen im Dienst des Glaubens eingesetzt. Aber seine Methoden der erzwungenen Christianisierung waren derart rücksichtslos, daß sie die Proteste seiner Freunde Alkuin und Paulinus von Aquileia herausforderten. Als Karl der Große starb, war das Evangelium zwar noch nicht überall tiefer verwurzelt, aber der Rahmen für die ostfränkische Kirchenorganisation war geschaffen.

Die skandinavischen Länder

Unter Ludwig dem Frommen richteten die Missionare ihre Bemühungen auf Skandinavien. Der Kaiser und Papst Paschalis I. schickten im Jahr 822 Erzbischof Ebbo von Reims nach Dänemark. 826 wurde dann der Dänenkönig Harald in der Pfalz zu Ingelheim feierlich getauft, ihn begleitete bei der Rückkehr Ansgar, ein Mönch aus Corvey. Dieser gründete die erste dänische Kirche und konnte bis nach Birka in Schweden vordringen. Er wurde erster Bischof von Hamburg (831) und empfing das Pallium aus der Hand Papst Gregors IV.

Durch Angriffe der Skandinavier wurden in der Folgezeit die jungen Christengemeinden in Dänemark und Schweden vernichtet. Die Mission wandte sich nun den Angreifern gegen das Reich zu. Bischöfe und Äbte kämpften zwar gegen die heidnischen Wikinger, wünschten zugleich aber deren Bekehrung zu erreichen. Wenn sich einer der Piratenführer unterwarf, wurde er in der Regel zusammen mit seinen Kriegern getauft. So geschah es in England, als Alfred der Große 878 mit dem Dänenkönig Guttorm den Vertrag von Wedmore schloß, und so geschah es auch in Westfranken, als Karl der Einfältige 911 mit Rollo in Saint-Clair-sur-Epte verhandelte. Diese diplomatisch-religiösen Bekehrungen blieben aber sehr oberflächlich, die Normannen kehrten häufig zu ihren heidnischen Bräuchen zurück. Deswegen wurde eine den besonderen Umständen angepaßte Seelsorge entwickelt. Beleg dafür sind Beratungen zwischen Heriveus von Reims und Papst Johannes X., aber auch der Briefwechsel zwischen den Erzbischöfen von Reims und Rouen. Besser, als das Christentum mit Gewalt aufzuzwingen, war es doch wohl, heidnische Gewohnheiten zu dulden und über einen Grundsatz Papst Gregors des Großen nachzudenken: »In dieser Zeit verbessert nämlich die Heilige Kirche einiges durch Eifer, duldet einiges durch Milde, übersieht einiges durch Besonnenheit... und unterdrückt häufig durch Ertragen und Übersehen das Böse.«

Die Bekehrung der Länder Skandinaviens wurde im 10. Jahrhundert erneut aufgenommen, teils von Nordengland aus, teils aus Ostfranken-Deutschland. Der erste christliche Norwegenkönig, Olaf Tryggvasson, setzte ab 995 Bischöfe und Priester aus Northumbrien ein und half dem Christentum, auf die Orkney-Inseln und nach Island vorzudringen. Die Missionierung, die so bescheiden begann, wurde durch das ganze 11. Jahrhundert fortgesetzt. Die Siege König Heinrichs I. über die Dänen ermöglichten es dem Erzbischof Unni von Hamburg-Bremen, die Pläne Ansgars wieder aufzugreifen. Er gelangte bis Birka, wo er 936 starb. Unter Otto I. wurden drei Bistümer in Jütland errichtet und der Kirchenprovinz Hamburg-Bremen unterstellt, an deren Spitze für fünfzig Jahre Erzbischof Adaldag (937–988) stand. Der Dänenkönig Harald Blauzahn, um 960 bekehrt, ließ zum Gedenken an dieses Ereignis den Runenstein von Jelling errichten. Auf ihm wurde erstmals in Skandinavien die Kreuzigung dargestellt. Schrittweise, und vermischt mit heidnischen Elementen, machte das Christentum in Skandinavien Fortschritte.

Die Bekehrung der Slawenländer

Als Herren über Bayern und Friaul sorgten die Karolinger dafür, daß das Christentum zu den Südslawen kam. Nach Kärnten, Slowenien und in die Gebiete, die nach dem Sieg über die Awaren gewonnen wurden, schickten sie Missionare. Um 850 wurde in Kroatien das Bistum Nin (Nona) gegründet. In einem Brief an den Fürsten Branimir äußerte Papst Johannes VIII. seine Genugtuung darüber, daß die junge Kirche dem Papsttum treu blieb. Das kleine Fürstentum Kroatien, das im 10. Jahrhundert eine kurze Blütezeit erlebte, blieb übrigens während seiner gesamten Geschichte in enger Verbindung mit der Kirche Roms.

Wie schon erwähnt, wurden in Mähren die Anfänge des Christentums erschwert durch die Konflikte zwischen dem bayerischen Klerus und den mährischen Fürsten, die eine eigene Landeskirche aufbauen wollten. Das Papsttum, das in Bulgarien keinen Erfolg hatte, unterstützte Kyrillos und Methodios in ihren Anstrengungen und billigte das Entstehen einer eigenen slawischen Liturgie. Am Ende setzte sich der bayerische Klerus durch, sein Erfolg war freilich nur von kurzer Dauer, denn die junge mährische Kirche wurde durch die Ungarninvasion vernichtet.

Im Schutz seiner Gebirge konnte Böhmen den Ungarn widerstehen; unter den Herzögen Wenzel, der später heiliggesprochen wurde, und Boleslaw setzte sich allmählich der christliche Glaube durch. Der erste Prager Bischof, Thietmar, wurde im Jahr 976 vom Mainzer Erzbischof geweiht. Der ehemalige sächsische Mönch wurde aber unfreundlich empfangen, nach seinem Tod wurde das Bistum dem Tschechen Vojtěch übertragen (983). Er war ein Patenkind des Erzbischofs Adalbert von Magdeburg, dessen Namen er annahm. Adalbert Vojtěch hatte wenig Neigung zu Verwaltungsaufgaben, und da er auch mit dem örtlichen Adel kollidierte, gab er seine große Diözese schon 988 auf. Er fühlte sich zum Mönchsleben berufen und ging nach Rom, wo er sich in einem Kloster auf dem Aventin niederließ. 992 zwang ihn Papst Johannes XV. zur Rückkehr in sein Bistum. Dort hielt er es aber nicht sehr lange aus. Adalbert reiste erneut nach Rom, wo er häufig mit Kaiser Otto III. zusammentraf, auf den er großen Einfluß gewann. Da ihm Herzog Boleslaw II. die Rückkehr nach Prag verwehrte, brach er auf, um die Prussen zu bekehren, und erlitt 997 zusammen mit seinen Begleitern den Märtyrertod.

Die slawischen Gebiete im Norden konnten nur sehr langsam christianisiert werden. Erst in der Mitte des 10. Jahrhunderts konnte der ostfränkisch-deutsche König den Grundstein für die Kirchenorganisation östlich der Elbe legen. Wie bereits erwähnt, schuf Otto I. die Bistümer Brandenburg, Havelberg, Merseburg, Zeitz und Meißen, die er ab 968 nicht der Mainzer Kirchenprovinz, sondern dem Erzbischof von Magdeburg unterstellte.

Natürlich genügte die Gründung von Bistümern noch nicht, um den Sieg des Christentums zu sichern. Die Slawen wehrten sich gegen die Germanisierung ihrer Länder und erhoben sich im Todesjahr Ottos II. (983). Die Kirchen östlich der Elbe zerstörten sie vom Dachstuhl bis zu den Grundmauern. Otto III. mußte das Werk seines Großvaters neu beginnen. Er stellte die Bistümer wieder her und gründete Klöster, beispielsweise Poztupimi und Geliti, die späteren Potsdam und Geltow. Er rechnete auch mit der Hilfe, die ihm die Polen leisten konnten.

Im Weichselgebiet begann das Christentum fester Wurzel zu

schlagen. Mieszko, der erste christliche Polenherzog, erlaubte gegen 968 die Einsetzung Bischof Jordans in Posen. Ein Urkundenregest, bekannt als *Dagome-iudex*-Dokument (Dagome ist wohl eine Verballhornung von Dagobert), enthält den Schenkungsakt, mit dem Mieszko I. sein Land dem heiligen Petrus übergab. Dies war der erste Schritt zur Begründung einer eigenen Kirchenprovinz. Mieszkos Sohn Boleslaw I. Chrobry (der Tapfere) war symbolisch der Obhut von Papst Johannes XIII. unterstellt worden. Im Jahr 1000 empfing er Otto III., der eine Wallfahrt zum Grab des heiligen Adalbert von Gnesen unternahm. Hier gründete der Kaiser im Einvernehmen mit Papst Silvester II. ein Erzbistum. Suffraganbistümer wurden Kolberg (Pommerellen), Breslau (Schlesien) und Krakau (Krakowien-Kleinpolen). Der Bischof von Posen blieb noch bis 1012 mit Magdeburg verbunden. So erhielt Polen seine eigene Landeskirche, die noch in der europäischen Gegenwart eine wichtige Rolle spielt.

Die Entstehung der ungarischen Kirche

Zur gleichen Zeit wie in Polen entstand auch in Ungarn eine Landeskirche. Es wurde schon erwähnt, daß der Ungarnfürst Géza gute Beziehungen zu Otto I. hergestellt hatte und daß Bischof Pilgrim von Passau deutsche Missionare nach Ungarn schickte. Bald kamen auch slawische Missionare, gerufen von Gézas byzantinischer Gemahlin Adelheid, unter denen auch Schüler Adalberts von Prag waren. Adalbert selber gelang es 985, Gézas Sohn, den jungen Waik, zu bekehren. In Köln taufte er Waik in Gegenwart Ottos III. und gab ihm den Namen Stephan. Nach dem Tod seines Vaters im Jahr 997 holte Stephan I., inzwischen mit der Schwester des Bayernherzogs Heinrich verheiratet, tschechische Mönche nach Sobor und nach Pannonhalma, wo vielleicht der heilige Martin von Tours geboren wurde. Ganz in karolingischer Tradition gründete Stephan, der sich übrigens Kral (abgeleitet aus Karl) von Ungarn nannte, ein Erzbistum in Gran (Esztergom), dem er mehrere Bistümer unterstellte. Für diese Maßnahme hatte er die Zustimmung Ottos III. und Papst Silvesters II. Nach einer späteren Überlieferung soll ihm der Papst auch eine Königskrone übersandt haben. Dabei kann es sich aber nicht um die im Budapester Nationalmuseum befindliche Stephanskrone gehandelt haben, die erst aus dem 12. Jahrhundert stammt. Die ungarischen und ebenso die polnischen Fürsten stützten sich auf die Kirche, um ihre weltliche Herrschaft besser abzusichern und ihre Herrschaftsbereiche zu einigen. Stephan I. ahmte mit seinen Verwaltungseinrichtungen die Karolinger nach, achtete aber gleichzeitig sehr darauf, seine Kirche von deutschen Einflüssen freizuhalten. Obwohl es noch vereinzelt Widerstand gab, wurde und blieb Ungarn christlich. Seine Bekehrung ermöglichte es, eine neue Verbindung nach Osten einzurichten, die um das Jahr 1000 gerne von Jerusalem-Pilgern benützt wurde.

Zu Beginn des 11. Jahrhunderts verlief die Grenze der abendländischen Christenheit also entlang der Ostseeküste, der Weichsel und der Donau. Kirchen römischen Glaubens waren errichtet worden, die für Jahrhunderte in direkter Nachbarschaft zu den orthodoxen Kirchen standen, welche Byzanz auf dem Balkan und in Rußland gegründet hatte: Das katholische Europa war geboren.

Kapitel II

Die Merkmale des Königtums

Das sakrale Königtum

Seit dem Jahr 751 wurde der Frankenkönig bei der Krönung durch die Salbung geweiht. Es wurde bereits darauf hingewiesen, daß diese Neuerung schwerwiegende Konsequenzen hatte. Schon zur Zeit der Merowinger hatte das Königsamt, wie in vielen Kulturen, auch religiöse Bedeutung. Nach germanischem Glauben verfügte die Herrscherfamilie über besonderes Königsheil, der König war verantwortlich für die irdische und kosmische Ordnung. Die Weihe, die bis ins 13. Jahrhundert als eigenes Sakrament galt, band den König in die Kirche ein. Er war *imago Dei,* ein »neuer Christus«. Der König und seine Familie waren unverletzlich, Verstöße hiergegen galten als Todsünde. Gestützt auf Abschnitte des Alten Testaments nannte sich Karl der Große »neuer David« und auch »neuer Josia« – nach dem König, der den Tempel wiederaufbauen ließ, die Befolgung der Gesetze Moses erneuerte, das Amt des Hohenpriesters wiederherstellte und die Liturgie reformierte. Josia war für Karl den Großen das Herrschervorbild schlechthin. Wie dieser wollte er »das ihm von Gott anvertraute Reich zum wahren Glauben führen, durch Besichtigungsreisen, Verbesserungen und Ermahnungen«. Die Aachener Pfalz wurde zum neuen Tempel, und Karl der Kahle, biblisch und klassisch gebildet, wurde zum »neuen Salomon«. In einer ergänzten Fassung des Römischen Ordo der Kaiserkrönung (um 1000) ist folgendes Gebet zu Gott zu lesen: »Besuche ihn [d. h. den Kaiser] wie den Moses im Dornbusch, wie Jesus Nave im Kampf, wie Gideon auf dem Feld, wie Samuel im Tempel. Überschütte ihn mit dem himmlischen Segen und Tau Deiner Weisheit, die der selige David im Psalter und sein Sohn Salomon mit Deiner Gabe vom Himmel empfingen...« Das Alte Testament beeinflußte die Liturgie der Herrscherweihe, aber auch den Symbolgehalt der Herrscherinsignien, wie dies noch heute die in Wien aufbewahrte Kaiserkrone zeigt.

Das Volk, das von diesen gesalbten Königen geleitet wurde, war ein auserwähltes Volk, ein neues Volk Israel, das seine Kraft in den Dienst für die Sache Gottes zu stellen hatte. Die Übereinstimmung zwischen Karolingerkönigen und römischer Kirche verglich man mit dem Alten Bund zwischen dem Volk der Juden und Gott. Wenn die Franken Prüfungen ausgesetzt wurden wie durch die Einfälle der Awaren, Normannen, Ungarn, dann war es Gott, der sie prüfte, um sie zu erneuern, so wie er das Volk Israel geprüft hatte. Beim Aufstand der Söhne gegen Ludwig den Frommen erinnerte man an Absalom, die Kaiserin Judith war für viele Geistliche eine neue Athalja oder eine neue Isebel (Jezabel).

Es wurde schon darauf hingewiesen, daß das Königtum seinem Sakralcharakter den größten Teil seiner Machtbefugnisse verdankte. Der König ernannte Bischöfe und Äbte, wachte über den Unterricht für Geistlichkeit und Volk, machte Vorschriften zur Liturgie, wies der Kirchenreform die Richtung, leitete die Synodalversammlungen. Und Karl der Große ist ein Beispiel dafür, daß der Herrscher sogar bei der Lösung dogmatischer Probleme die Initiative ergriff. Dies alles war Bestandteil seiner Aufgaben, gehörte nach der präzisen zeitgenössischen Terminologie zu seinem »Amt« *(ministerium)*. Um ihr Amt richtig zu erfüllen, waren die Herrscher zur Beachtung einer Reihe moralischer Grundsätze verpflichtet. Geistliche erinnerten sie daran durch Briefe oder durch die »Fürstenspiegel«, deren Zahl im 9. Jahrhundert zunahm. So schrieb beispielsweise Lupus von Ferrières in einem Brief an den jungen Karl den Kahlen: »Ihr sollt Gott Dankbarkeit erweisen, eurem Schöpfer und künftigen Richter... Bittet ihn in euren täglichen Gebeten, daß er euch gewähre, den Weg der guten Taten einzuschlagen und weiter zu verfolgen... Fügt euch niemals lieber einem Menschen, statt alles nach Gottes Willen zu vollbringen. Warum überhaupt beansprucht ihr den Königstitel, wenn ihr nicht versteht, richtig zu herrschen... Meidet die Gesellschaft der Schlechten, denn ihr erinnert euch doch, daß geschrieben steht: Der schlechte Umgang verdirbt die guten Sitten. Suche die Gesellschaft der Guten, denn mit dem Heiligen wirst du heilig sein, mit dem Unschuldigen wirst du unschuldig sein, mit dem Erwählten wirst du erwählt sein, und mit dem Schlechten wirst auch du zugrunde gehen... Wenn ihr mit Eifer alle diese Vorschriften befolgt, werdet ihr Gott wohlgefällig sein. Ihr erstickt und besiegt alle Aufstände, wenn, wie wir glauben, Gott mit euch kämpft, und nach einer mühevollen zeitlichen Herrschaft werdet ihr eine ewige und wahrhaft friedvolle gewinnen.« Die Fürstenspiegel, die Smaragdus von Saint-Mihiel für Ludwig den Frommen und Sedulius Scottus für Lothar II. schrieben, die Ratschläge Hinkmars für Karl den Kahlen, dessen Söhne und Enkel, sie alle erinnerten an die christlichen Tugenden und die sittlichen Verpflichtungen der Könige.

Wenn ein König sein Amt schlecht führte, wenn er nicht mehr für den Frieden der Kirche und des Reiches sorgte, dann wurde er der Herrschaft unwürdig. Bei der Darstellung der Herrschaft Ludwigs des Frommen wurde bereits erwähnt, daß einige Bischöfe, Parteigänger Lothars, so weit gingen, den Kaiser zeitweilig abzusetzen. Dieser unerhörte Schritt blieb in der Geschichte der Karolinger eine Episode, hatte aber schwerwiegende Folgen: Damit begann sich die Vorstellung zu entwickeln, Könige dürften durch die geistliche Gewalt abgesetzt werden.

Die karolingischen Bischöfe begnügten sich nicht damit, wie die Propheten des Alten Testaments Ratschläge an die Herrscher zu erteilen. In der zweiten Hälfte des 9. Jahrhunderts begannen sie, von den Königen vor der Salbung das Versprechen zu verlangen, gemäß den Geboten der Kirche zu handeln. Dieses Versprechen, das noch nicht den späteren Krönungseid darstellte, erscheint zuerst im Jahr 869 bei der Krönung Karls des Kahlen zum König von Lotharingien. Der König verpflichtete sich, die Verehrung Gottes und die Würde der Kirche zu schützen, das Recht gemäß weltlichen und kirchlichen Gesetzen zu erteilen. Er verlangte als Gegenleistung die Ehrerbietung und den Gehorsam aller, wie es einem König zukomme, und daß ihm Hilfe bei der Bewahrung und Verteidigung des ihm von Gott verliehenen Reiches gewährt würde. Das Krönungsversprechen wurde so zu einer Art wechselseitiger Verpflichtung. Es ist gesichert, daß Hinkmar von Reims den Wortlaut formuliert hat. Mit geringen Abweichungen wurde er wiederholt bei den Krönungen Ludwigs des Stammlers (877) und Odos (888). Daraus entwickelte sich dann der förmliche Krönungseid im 12. Jahrhundert.

Der König als Richter

Die wichtigste Pflicht des Königs war es, Gerechtigkeit und allgemeinen Frieden zu wahren, die Schwachen und die Kirche zu schützen. Diese Zuständigkeit leitete sich nicht allein aus der Weihe ab, sondern entsprach auch römischer wie germanischer Tradition. Das frühe Mittelalter kannte eine ausgeprägte Rechtsvielfalt: germanische Volksrechte, auf Gewohnheit basierend, mündlich tradiert oder entsprechend der Anordnung Karls des Großen schriftlich niedergelegt. Dazu kamen noch Römisches Recht und Kirchenrecht. Der König war verpflichtet, jedem seine Rechte zu sichern und die Anwendung der Gesetze zu gewährleisten. Er stützte sich dabei auf den Königsbann *(bannum)*, der ihm die Gewalt gab, zu befehlen, zu verbieten und zu strafen.

Im germanischen Kulturkreis lag die Gerichtsgewalt bei den Volksversammlungen. Karl der Große behielt dieses Verfahren bei, er bestimmte die Anzahl der Sitzungen und die Besetzung des Grafengerichts *(mallus publicus)*. Der Graf mußte jährlich drei Gerichtssitzungen veranstalten, er durfte sich nicht auf beliebige Notabeln stützen, sondern mußte Rechtsspezialisten beiziehen, die sogenannten *scabini* – davon das deutsche Wort »Schöffe«, französisch »échevin«. Man begann auch mit der Unterscheidung zwischen *causae maiores* und *causae minores*. Der Graf befaßte sich nur mit den wichtigen Fällen und überließ die anderen seinen Vertretern. So kam man zu der klassischen mittelalterlichen Trennung von »hoher« und »niederer« Gerichtsbarkeit. Im Fall des Widerspruchs konnten die königlichen *missi* angerufen werden. Sie hatten die Vollmacht, Urteile der Grafen oder ihrer Stellvertreter zu kassieren. Schließlich durfte noch jeder Freie an das Pfalzgericht appellieren. In seiner Schrift über die Hofordnung *(De ordine palatii)*, gegen Ende des 9. Jahrhunderts verfaßt, erinnert Hinkmar von Reims mit Wehmut an die Zeiten Karls des Großen, als sich der Kaiser noch persönlich mit jedem vorgelegten Fall befaßte. Hinkmar gibt genau an, welche Aufgaben der Pfalzgraf zu erfüllen hatte: »Er muß alle Rechtsstreitigkeiten, die anderwärts entstanden, aber wegen eines gerechten Urteils an den Hof gebracht wurden, gerecht und sinnvoll entscheiden, oder er hat ungerechte Urteile auf den Pfad der Tugend zurückzuführen, damit er sowohl vor Gott wegen seiner Gerechtigkeit wie auch vor den Menschen wegen seiner Beachtung der Gesetze allseits Wohlgefallen finde.« Hier liegt der Ursprung für das Berufungsverfahren, das wesentlich zur Popularität des Königtums in Frankreich beigetragen hat.

Nach fränkischem Rechtsverfahren fiel die Beweislast dem Angeschuldigten zu. Er mußte seine Unschuld durch einen Schwur erweisen, einen Reinigungseid, den er zusammen mit seinen Schwurhelfern über Heiligenreliquien ablegte. Weitere Beweismittel waren Zweikampf und Gottesurteil. Der Beschuldigte mußte beispielsweise den Arm in kochendes Wasser tauchen; waren Hand und Arm nach einer bestimmten Frist heil, galt die Unschuld als erwiesen. Eine andere Möglichkeit war, mit bloßen Füßen über neun weißglühende Pflugscharen zu schreiten, ohne Schaden zu nehmen. Auch der gerichtliche Zweikampf zwischen den am Verfahren Beteiligten ermöglichte es, durch göttliche Entscheidung die Schuldlosigkeit zu beweisen. Das gleiche galt für die Kreuzesprobe, bei der es darauf ankam, wer die Arme länger ausgestreckt halten konnte. Diese ursprünglich heidnischen Bräuche riefen Widerspruch bei manchen Geistlichen hervor, so bei Erzbischof Agobard von Lyon. Trotzdem blieben sie im Abendland bis ins 13. Jahrhundert üblich. Die Herrscher, als erster Karl der Große, versuchten die Einführung des Zeugenbeweises und der schriftlichen Beweisführung. Erfolg hatten sie damit nur in den südlichen Reichsgebieten, wo die Schriftlichkeit nicht ganz verschwunden war.

Das karolingische Gerichtssystem wurde im 10. Jahrhundert von den ostfränkisch-deutschen Königen aufgegriffen, lebte aber auch in Westfranken weiter. Die gräfliche Gerichtsbarkeit blieb erhalten, ausgeübt im Namen des Königs in den nördlichen Reichsteilen, im Süden dagegen im Namen des jeweiligen Fürsten. Die gewohnheitsrechtlich festgelegten Tage, an denen der *mallus* zusammentrat, waren allgemein bekannt. Man traf dann auf den Grafen, umgeben von seinen Schöffen oder *boni homines,* wie man damals noch sagte. Mit der zunehmenden politischen Aufsplitterung zogen die Stellvertreter *(vicarii)* auch die hohe Gerichtsbarkeit an sich und lösten die Grafen in ihren Amtspflichten ab. Die sogenannte grundherrliche Gerichtsbarkeit, die sich ungefähr seit dem Jahr 1000 entwickelte, läßt sich aus dem karolingischen Gerichtswesen ableiten. Die königliche Gerichtsbarkeit konnte in der Praxis zwar nicht mehr durchdringen, wurde deswegen aber nicht vergessen. Als die aquitanischen Bischöfe im Jahr 989 einen Gottesfrieden verkündeten, wollten sie die Schwäche der Königsgewalt ausgleichen und stellvertretend die Armen, Witwen, Waisen und Kirchen beschützen. Die Bischöfe im Norden Westfrankens lehnten diesen Frieden noch ab, weil sie, wie Adalbero von Laon, am politischen System der Karolinger festhalten wollten. Die weitere Entwicklung sollte ihnen recht geben, denn allmählich beanspruchten die Kapetinger das karolingische Ideal des Königs als Richter wieder für sich.

Der König als oberster Kriegsherr

Die frühmittelalterlichen Könige waren zugleich Krieger und Kriegsherr. Wie die fränkischen Ahnen mußten sie durch siegreiche Kämpfe beweisen, daß ihnen übernatürliche Kräfte eigen waren. Der militärische Erfolg eines Königs galt als Gottesurteil, das ihn für eine höhere Stellung designierte. So gelangten Karl der Große durch seine Eroberungen und Otto I. durch seinen Ungarnsieg zum Kaisertum. Der König erzielte durch Kriege Einkünfte, vergrößerte seinen Schatz durch die Beute aus Plünderungen und durch die Tributzahlungen besiegter Völker. Als Karl der Große den »Ring« der Awaren erobern ließ, wurden fünfzehn Wagen, jeder von vier Ochsen gezogen, mit Gold, Silber, Kleidern und anderen Wertobjekten beladen. »Kein Krieg, so weit Menschengedenken reicht, brachte den Franken so viel Reichtum und Macht«, schrieb Einhard dazu. Diese Schätze gaben dem König die Möglichkeit, freigebig zu sein gegenüber seinen Freunden und der Kirche, außerdem konnte er damit die Treue seiner Gefolgsleute festigen. Ohne Kriege geriet der König in Gefahr, seine Macht einzubüßen. Ludwigs des Frommen friedliche Herrschaft ist der Beweis dafür.

Der König brauchte also ein großes und gut ausgerüstetes Heer.

Grundsätzlich war jeder Freie zur Heeresfolge *(ostis)* verpflichtet. Auf dem Frankentag zu Meerssen (847) sagte Karl der Kahle: »Falls, was Gott verhüten möge, einem Einfall in ein *regnum* entgegengetreten werden muß, hat die sogenannte *lantweri,* die gesamte Bevölkerung des jeweiligen Reiches, zu den Waffen zu greifen, um die Feinde zurückzuschlagen.« Die Herrscher waren sich aber darüber im klaren, daß sie den Heeresdienst nicht von allen verlangen konnten. Es wurde bereits darauf hingewiesen, daß Karl der Große mit Blick für die Wirklichkeit ein System eingeführt hatte, bei dem eine verhältnismäßig kleine Zahl freier Männer verpflichtet war, sich gegenseitig bei der Ausrüstung zu unterstützen. Voraussetzung für das Funktionieren war, daß der König über aktuelle Listen verfügte, in denen die dienstpflichtigen Männer aller Grafschaften verzeichnet waren. An diese Einrichtung erinnerte Karl der Kahle im Jahr 864 unter Berufung auf die Vorschriften, die sein Vater 829 erlassen hatte. Tatsächlich verließen sich die Könige in erster Linie auf die militärische Unterstützung durch ihre weltlichen und geistlichen Vasallen sowie auf die *scara,* einen Verband von Elitekriegern aus der Umgebung des Herrschers. Nach den Berechnungen von Karl Ferdinand Werner verfügten die Karolinger in der ersten Hälfte des 9. Jahrhunderts über ein Gesamtaufgebot von ungefähr 35000 schwerbewaffneten Reitern und 100000 Kämpfern zu Fuß.

Die Ottonen übernahmen die karolingische Heeresorganisation. Sie bevorzugten die am Hof lebenden Krieger und die schwerbewaffneten Reiter, die von Äbten, Bischöfen und Vasallen des Reiches gestellt wurden. Der *Indiculus loricatorum,* eine wertvolle Quelle aus dem Jahr 981, überliefert die Zahl der Reiter, die Otto II. als Nachschub für seinen Feldzug nach Süditalien aufbot. Das Verzeichnis nennt siebenundvierzig weltliche Adlige, Bischöfe und Äbte in Deutschland und gibt genau an, wieviel Mann sie zu stellen haben. Aufgrund dieser Angaben wurde errechnet, daß Otto insgesamt über rund sechstausend Reiter verfügte. Dennoch wurde er von den Arabern in Süditalien geschlagen.

Schließlich verfügten die Könige auch über das Recht, Burgen anzulegen, die sie mit ihren Leuten besetzen konnten. Bis zur Mitte des 9. Jahrhunderts beschränkten sich die Karolingerkönige darauf, im Feindesland eroberte Befestigungen an ihre Gefolgsleute zu vergeben, so in Aquitanien und Sachsen. Einzig in den Grenzgebieten errichteten sie selber *castra*. Als es dann aber wieder zu Einfällen in das Reich kam, wurden überall Befestigungen angelegt, an strategisch wichtigen Stellen und besonders in den von Normannen bedrohten Flußtälern. Von 862 bis 869 errichtete Karl der Kahle ein Verteidigungssystem in Pîtres am Unterlauf der Seine. Im Kapitular von Quierzy-sur-Oise (877) verordnete er dann die Ausbesserung der Pariser Cité und die Wiederherstellung der flußbeherrschenden Festungen an Seine und Loire, »besonders der Befestigung von Saint-Denis«. Ludwig III. errichtete eine Burg am Oberlauf der Schelde, eine weitere zu Pontoise.

Befestigte Plätze wurden aber nicht nur von den Königen errichtet, viele Adlige machten sich aus eigenem Antrieb ans Werk. Von da an beginnt die Jahrhunderte überdauernde Rivalität zwischen Königtum und »illegitimen« Burgherren. In dem berühmten Edikt von Pîtres (864) befahl Karl der Kahle den Abbruch aller ohne seine Erlaubnis angelegten Befestigungen. Bauen durfte nur, wer eine entsprechende Rechtsverleihung erhalten hatte, geistliche Würdenträger mußten ein Immunitätsprivileg vorweisen können. Je mehr sich die Adligen aber verselbständigten, desto häufiger usurpierten sie das Burgenbaurecht und befestigten ihren Besitz nach Belieben. In Westfranken stritten sich im 10. Jahrhundert Könige und Fürsten um den Besitz der festen Plätze: Diese waren zugleich Herrschaftssymbole und Voraussetzungen für den militärischen Erfolg. Der harte Kampf zwischen den letzten Karolingern und den Robertinern um den Besitz von Laon wurde weiter oben bereits erwähnt. Mit der Zunahme der Adelsburgen begann eine Entwicklung, die in Frankreich als *»enchâtellement«*, in Italien als *»incastellamento«* bezeichnet wird. Sie markiert das Ende der Karolingerzeit und setzte sich auch nach Deutschland fort, wo die Könige allerdings bis zum Beginn des 11. Jahrhunderts Herren über die Burgen blieben, die sie ihren geistlichen und weltlichen Vasallen verliehen.

Seit der Karolingerzeit formierten sich auch die ersten Ansätze der ritterlichen Ethik. Der karolingische Krieger war in vieler Hinsicht Vorläufer des mittelalterlichen Ritters. Von frühester Kindheit an bereiteten sich Adlige und Herrscher auf das Kriegshandwerk vor. In seinem Kommentar über Vegetius' *Epitoma rei militaris* schreibt

Hrabanus Maurus: »Wir sehen heute, daß Kinder und Jugendliche in den Häusern der Großen dazu erzogen werden, Härten und Widrigkeiten wie Hunger, Kälte und Sonnenglut zu ertragen. Ein uns bekanntes volkstümliches Sprichwort sagt: ›Wer nicht bis zur Pubertät im Reiterkampf ausgebildet ist, wird diese Kunst in höherem Alter, wenn überhaupt, nur mit großen Mühen erlangen.‹« Da Hrabanus Geistlicher war, verzichtete er darauf, ein anderes Sprichwort seiner Zeit anzuführen: »Wer zwölf Jahre erreicht und nur zur Schule gegangen ist, ohne ein Pferd bestiegen zu haben, der taugt nur noch zum Priester.« Sportliches Training durch Jagd und simulierte Kampfszenen gehörten bereits zu den Bestandteilen der ritterlichen Erziehung. Wenn ein Jüngling das Pubertätsalter erreicht hatte, überreichte ihm der Vater ein Schwert, genauso verfuhr der König mit seinen Söhnen. Der junge Mann gehörte von da an zur Welt der Erwachsenen; am Königshof oder am Hof eines großen Adligen schloß er sich den Älteren an. Er war bereit zum »Kriegsspiel«.

Der Krieg wurde aber nicht nur als Spiel aufgefaßt, er galt auch als heiligmäßiges Werk, wenn er sich gegen Heiden und Kirchenfeinde richtete. Die Könige verlangten von ihren Feldgeistlichen, ihren Bischöfen und selbst vom Papst, für ihren Erfolg zu beten. Hier ist nochmals an die Äußerungen Karls des Großen in einem Brief an Papst Leo III. zu erinnern: »Uns steht es mit Hilfe der göttlichen Liebe zu, die heilige Kirche Christi nach außen gegen Heiden und Ungläubige mit der Waffe zu schützen und im Inneren durch die Aufrechterhaltung des katholischen Glaubens zu beschirmen. Euch, heiligster Vater, steht es zu, mit zu Gott erhobenen Händen wie Moses durch Gebet unsere Waffen zu unterstützen...« Vor dem Aufbruch zum Feldzug gegen die Awaren befahl Karl der Große den Kriegern ein dreitägiges Fasten und Beten zusammen mit barfüßigen Prozessionen. Das karolingische Heer wies Ähnlichkeiten auf mit den Heeren des Alten Testaments, jeder Krieger erschien wie ein neuer Makkabäus. In einem der wenigen Heldenlieder aus der Zeit vor dem 11. Jahrhundert besingt der Dichter Ludwig III., den Sieger über die Normannen bei Saucourt-en-Vimeu (881), als Vasallen Gottes: Gott ruft ihn und befiehlt ihm, seinem von den Nordmännern bedrückten Volk beizustehen. Ludwig ist einverstanden, bittet Gott, daß er ihn ziehen lasse, entfaltet sein Banner gegen die Normannen und spricht zu seinen Leuten: »Gott hat mich hierher gesandt und mir seine Befehle gegeben.« Er führt seine Krieger in die Schlacht, stimmt dabei ein frommes Lied an, und alle singen gemeinsam das Kyrieeleison. – Ein Jahrhundert später zogen Ottos III. Männer mit dem gleichen Gesang in den Kampf gegen die Slawen.

Seit damals wird die Figur des *miles christianus* erkennbar. In seiner Vita des heiligen Gerald von Aurillac, um 930 verfaßt, zeichnet Abt Odo von Cluny das Porträt eines vollendeten Kriegsmanns, der die Armen schützt und die Feinde der Kirche bekämpft. Er gesteht ihm uneingeschränkt zu, Waffen zu tragen und in die Schlacht ziehen zu dürfen, schreibt aber über ihn: »Dieser heiligmäßige Adlige wurde niemals von jemandem verwundet und hat auch selber niemanden verletzt.« Es handelt sich hier um den Ausnahmefall eines Laien, der wie ein Mönch lebte, also kein typisches Beispiel seiner Zeit darstellt. Die Adligen, die keine Heilige waren, und voran der König durften rechtmäßig Krieg führen, solange sie ihr Schwert benutzten, um die Feinde der Kirche zu verjagen. Im 10. Jahrhundert tauchen in Italien und in Deutschland bereits Formeln für die Segnung der Waffen auf. Als Beispiel der Schwertsegen aus einem wohl in Mainz entstandenen Pontifikale: »Wir bitten Dich, Gott, erhöre unsere Bitten und segne mit der Rechten Deiner Majestät dieses Schwert, mit dem sich Dein Diener zu umgürten wünscht, um Verteidiger und Schützer der Kirchen, Witwen, Waisen und aller Diener Gottes werden zu können, und damit er Angst, Schrecken und Entsetzen aller jener werde, die Nachstellungen bereiten.«

Dem für eine fromme Sache sterbenden Krieger machte man außerdem Hoffnung auf den Einzug in das Paradies. Papst Leo IV., der zum Kampf gegen die Sarazenen aufrief, erklärte: »Wer auch immer in diesem Kampf gläubig stirbt, dem wird das himmlische Reich nicht verschlossen bleiben.« Schrittweise entwickelte sich die Konzeption des »Heiligen Kriegs«, die mit dem Aufstieg des Rittertums im 11. Jahrhundert voll in Erscheinung trat.

KAPITEL III

Die Karolinger und der Wiederaufstieg der Wirtschaft im Abendland

Die Wirtschaftsgeschichte Europas im frühen Mittelalter ist seit vielen Jahren Gegenstand der wissenschaftlichen Diskussion. Nach Ansicht der einen Seite hielten Rückschritt und Stagnation seit der Spätantike an und bestimmten die Entwicklung bis in das 11. Jahrhundert. Die andere Seite geht davon aus, daß es im Abendland seit dem 7. Jahrhundert einen wirtschaftlichen Wiederaufstieg gab, von dem die Karolinger nicht nur profitierten, sondern den sie auch gefördert haben. Die vorliegende Darstellung verzichtet auf eine isolierte Untersuchung der Wirtschaft in der Karolingerzeit. Sie versucht zu zeigen, daß die Herrscher durch ihre Unternehmung und Gesetzgebung die Güterproduktion ermutigt und zu ihrem Anwachsen beigetragen haben und daß sie den Handelsaustausch förderten.

Die Grundsätze

Die Karolinger kannten natürlich keine Volkswirtschaft im modernen Sinn des Wortes, aber sie haben religiöse und sittliche Grundsätze festgelegt, die auch das Wirtschaftsleben betrafen.

Das Abendland war noch recht schwach bevölkert, auch wenn die Bevölkerungskurve seit dem 7. Jahrhundert anscheinend wieder anstieg. Karl der Große hielt eine zahlreiche und tätige Einwohnerschaft für notwendig. Im *Capitulare de villis*, das die Bewirtschaftung der Krondomänen regelte, beschäftigte er sich mit den nicht besetzten Hufen *(mansi absi)*, für deren Bewirtschaftung durch Pächter oder Hörige der Verwalter sorgen solle. Auch im Kapitular von Nimwegen (806) ordnete er an, daß den als Lehen ausgegebenen Gütern die Arbeitskräfte nicht entzogen werden dürften, damit sie nicht »wüst« fielen.

Um die Eheschließung und damit die Familienbildung zu sichern, erneuerten die Karolinger die kirchliche Gesetzgebung zum Schutz des Lebens. Da die Fortpflanzung das Ziel der christlichen Ehe sein mußte, verurteilten sie empfängnisverhütende Maßnahmen, absichtlich herbeigeführte Fehlgeburten und Kindesmord. Besonders befaßten sie sich auch mit »inzestuösen« Eheschließungen, den Verbindungen zwischen näher oder entfernter Verwandten. Damit gerieten sie in Gegensatz zu den Gewohnheiten des Adels germanischer Abstammung, bei dem Endogamie verbreitet war, weshalb die Vorschriften nur schwer durchgesetzt werden konnten. Um ihr Ziel zu erreichen, verlangten die Karolingerkönige die öffentliche Eheschließung nach vorheriger Befragung. In einem Kapitular von 802 spricht Karl der Große von den Laien, »die sich mit blutschänderischen Vermählungen beschmutzen und Verbindungen eingehen, ohne daß die Bischöfe und Priester zusammen mit den Ältesten des Volkes sorgfältig die Blutsverwandtschaft der zukünftigen Eheleute überprüft haben«. Der Frauenraub, vom Adel als Gewohnheitsrecht verübt, wurde immer wieder verurteilt. Karl der Kahle ließ solche Übeltäter sogar vor das königliche Gericht stellen. Die Scheidung, von vielen germanischen Volksrechten zugelassen, war nur im Fall von Ehebruch und Impotenz möglich, aber nur nach vorhergehenden Zeugenverhören. Pippins des Jüngeren Vorschriften zur Ehescheidung waren noch recht tolerant, aber Karl der Große und dessen Nachfolger trafen Anordnungen, die dem kirchlicherseits vertretenen Grundsatz von der Unauflöslichkeit der Ehe nahekamen. Die berüchtigte Eheaffäre Lothars II. veranlaßte die Karolinger zur Präzisierung ihrer Ehelehre.

Die Karolinger verwarfen die antike Wertschätzung des *otium* und brachten die Handarbeit als Erwerbsquelle wieder zu Ansehen. Als Karl der Große den Monaten des Jahres neue, volkssprachliche Namen geben wollte, benutzte er jeweils die zugehörige bäuerliche Arbeit: Der Juni hieß *Brachmanoth,* der Juli *Hewimanoth,* der August *Aranmanoth,* der September *Witumanoth,* der Oktober *Windumemanoth.* Die großen Grundbesitzer, voran die Könige, förderten die

Ausdehnung und Amelioration des Ackerlands und setzten auf Brachland neue Arbeitskräfte an. Um die in Spanien von den Arabern zurückeroberten Gebiete wieder zu besiedeln, verlieh Karl der Kahle durch das Kapitular *Pro Hispanis* gotischen Flüchtlingen Ländereien und legte die Bedingungen fest, unter denen sie diese Zuteilungen bewirtschaften sollten.

Karl der Große verabscheute die Müßiggänger, Vagabunden und Bettler, die in seinem Reich umherzogen. In den Jahren 789 und 806 erließ er Vorschriften, nach denen man sie zur Arbeit anhalten sollte. Sein Sohn gab Anweisung an die Amtsträger, diese Elenden zu überwachen. Es wurden aber auch Anweisungen erlassen, um die Arbeitskräfte vor der Willkür ihrer Herren zu schützen. Die Könige erinnerten an den Anspruch auf Sonntagsruhe, der für alle gültig war, auch für die Rinder- und Kuhhirten, die als die niedrigsten Landarbeiter galten.

Die Karolinger erließen auch Vorschriften über die Sklaverei, die, entgegen oft geäußerten Ansichten, im Abendland keineswegs verschwunden war. Die Eroberungskriege hatten ihr sogar einen neuen Aufschwung gebracht. Sklaven, die *mancipia* genannt wurden, arbeiteten auf den großen Grundherrschaften. Sklaven wurden auch in den Slawenländern eingekauft – daher der Name –, in großen Scharen durch das Reich transportiert und in das mohammedanische Spanien verkauft. Die Karolinger unternahmen zwar nichts, um die Sklaverei wirklich zu unterdrücken, aber sie erließen Vorschriften, um das Los der Sklaven zu verbessern. Sie verboten den Verkauf an Heiden und Juden und erklärten die Eheschließung zwischen Sklaven und Sklavinnen für rechtsgültig.

Die Karolinger und besonders Karl der Große waren darum bemüht, ethische Grundsätze für den Warenaustausch festzulegen. Karl der Große definierte das rechtmäßige Handelsgeschäft *(iustum negocium)* und den erlaubten Preis *(iustum pretium)* – eine Thematik, die im Mittelalter immer wieder aufgegriffen wurde. Eine Handelstransaktion galt als rechtmäßig, solange das freie Spiel von Angebot und Nachfrage beachtet und keine Monopolstellung angestrebt wurde. In einem Kapitular für Italien (zwischen 776 und 781) ließ der König nach einer Untersuchung Geschäfte für ungültig erklären, bei denen die Verkäufer, durch Not gezwungen, ihre Waren zu niedrigeren als den gesetzlichen Preisen verkaufen mußten. Im Jahr 806 definierte der Herrscher den gerechten Preis so: »Wer zur Erntezeit oder während der Weinlese Getreide oder Wein nicht für den eigenen Bedarf erwirbt, sondern aus Habgier, und wer beispielsweise einen Scheffel Getreide um zwei Denare einkauft und aufbewahrt, bis er ihn um vier oder sechs oder mehr Denare wieder verkaufen kann, der sichert sich einen, wie wir dies nennen, wucherischen Gewinn. Wenn aber jemand notgedrungen einkauft, um den eigenen Bedarf zu decken oder an andere auszuteilen, so nennen wir dies ein Handelsgeschäft *(negotium)*.« Wucherischer Aufkauf und Spekulation wurden von Karl dem Großen in Mangeljahren mehrfach verboten. Vielleicht in Kenntnis des Preisedikts von Kaiser Diocletian legte er 794 einen Höchstpreis für Getreide fest, und um mit gutem Beispiel voranzugehen, bestimmte er den Preis des Getreides von den Krongütern. Um die Stabilität der Preise zu sichern, mußten auch Maße und Gewichte überall gleich sein. Karl der Große zitierte aus dem Buch der Sprüche (20,10): »Zweierlei Gewichte und zweierlei Maß, beide sind für den Herrn ein Abscheu«, und er verordnete, »daß alle gleiche und richtige Maße und gleiche und richtige Gewichte verwenden, sowohl in den Städten als auch in den Klöstern und in den *villae*, beim Verkauf und beim Einkauf.« Karl der Kahle erneuerte 854 diese Anordnung und ermahnte die Grafen zur sorgfältigen Überwachung der Maße und Gewichte, damit die Käufer von den Verkäufern nicht betrogen und bestohlen würden.

Die Karolinger bekämpften auch den Wucher, ein Übel, das bei Laien und Geistlichen große Schäden anrichtete. In einem Kapitular Karls des Großen von 806 heißt es: »Es ist Wucher, wenn man mehr zurückfordert, als man ausgeliehen hat, beispielsweise wenn einer zehn Schillinge ausgeliehen hat, aber mehr zurückverlangt, oder wenn einer einen Scheffel Weizen ausgeliehen hat und dann einen zusätzlichen Scheffel zurückfordert.« In einem anderen Kapitular belegte er das Ausleihen gegen Zins mit einer Geldbuße von sechzig Schillingen, dem gleichen Betrag, mit dem die Nichtbeachtung des Königsbanns bestraft wurde. Seine Nachfolger bemühten sich, die kirchlichen Vorstöße für ein Zinsverbot zu unterstützen. Karl der Kahle griff ein, um die Folgen von Verpfändungen abzuschwächen, die auch eine Form des Wuchers darstellten, weil der Ausleihende seinen Besitz oder sich selbst als Sicherheit einsetzen mußte. Im Edikt von Pîtres begrenzte er die Schuldknechtschaft für Darlehensnehmer auf sieben Jahre und forderte, daß die Kinder von Frauen, die sich auf diese Weise verpfändet hatten, frei blieben.

Die öffentliche Gewalt griff also immer wieder in den Bereich der Wirtschaft ein, was für die damalige Zeit eine neue Entwicklung war. Dabei beschränkten sich die Herrscher nicht auf den Erlaß religiös motivierter Vorschriften, sie unternahmen auch selber Schritte, die zur materiellen Weiterentwicklung beitrugen.

Die wirtschaftlichen Fortschritte

Die Verwaltung der Krongüter

Es wurde schon mehrfach darauf hingewiesen, daß die karolingischen Könige große Ländereien besaßen. Durch Erbe und Eroberung umfaßte dieser Besitz ungefähr sechshundert bedeutende Domanialgüter zwischen dem Loiretal und dem Rheinland, aus denen ein Großteil der Einkünfte bezogen wurde. Der König mußte über den Zustand seiner *villae* auf dem laufenden sein und forderte daher von seinen Verwaltern, Inventare ihrer Betriebsmittel zu erstellen. Für fünf Königshöfe sind derartige Inventare überliefert, deren genaue Datierung aber schwierig ist. Möglicherweise wurden diese Verzeichnisse erstellt, als Ludwig der Fromme seiner Tochter Gisela ihre Mitgift verschrieb für die Eheschließung mit Eberhard, dem späteren Markgraf von Friaul. Die sogenannten *Brevium exempla* beschreiben die Wirtschaftsgebäude samt Einrichtung und die Geräte und Werkzeuge für den Ackerbau. Sie geben den Ernteertrag des Aufzeichnungsjahres an und zählen den Bestand an Geflügel und Vieh. Wie das oben angeführte Zitat aus dem *Capitulare de villis* zeigt, beschäftigte sich Karl der Große mit der rationellen Verwaltung seiner Krongüter. Der oberste Verwalter oder Amtmann *(iudex)* wohnte im Herrenhof; er wurde von den Meiern *(maiores)* unterstützt und war zuständig für die Zuweisung der landwirtschaftlichen und handwerklichen Arbeiten, denn eine *villa* war zugleich Gutshof und Gewerbebetrieb. Der Amtmann bestimmte die

Zeitpunkte für Aussaat, Pflügen und Ernten, er sorgte für die Funktionsfähigkeit der Weinpressen, für die Pferdezucht und für die Pflege der Forste, aus denen damals nicht nur eine Vielfalt von Produkten gewonnen wurde, sondern die auch Jagdgebiet des Königs waren.

Das Beispiel Karls des Großen wurde von seinen Nachfolgern aufgegriffen, aber auch von den großen geistlichen und weltlichen Grundbesitzern, die für ihre Güter entsprechende Vorschriften erließen. Es wurde oben schon erwähnt, daß zur Zeit Ludwigs des Frommen Abt Irmino von Saint-Germain-des-Prés die Niederschrift des berühmten *Polyptychon* anordnete. Darin wurden die fünfundzwanzig Domanialgüter des Klosters im Pariser Becken beschrieben. Ähnliche Güterverzeichnissse sind überliefert für Saint-Père (Saint-Pierre) in Chartres, Saint-Remi in Reims, Saint-Amand, Saint-Bertin, Lobbes, Prüm und Saint-Victor in Marseille. Karl des Großen Vetter, Äbte in Corbie und Bobbio, gaben genaue Anweisungen zu den handwerklichen und bäuerlichen Arbeiten auf ihren Gütern. Der reiche Grundbesitzer Einhard rief seine Verwalter zur Ordnung und gab ihnen brieflich Ratschläge unter anderem über Viehzucht, Honigernte und Bierbrauen. Ein schwäbischer Bischof, der eines seiner Güter besuchen wollte, schrieb Ende des 9. Jahrhunderts an den Verwalter: »Sorge für einen Vorrat an ausgezeichnetem Weizen und lasse Brot backen, fordere von zwölf Pächtern die Hammelabgabe, zu der sie verpflichtet sind. Gib den Hammeln dann täglich Salz und ein gutes Mischfutter, damit sie bei meiner Ankunft wohlgemästet sind... Besorge Wein aus Konstanz und sorge für die Lieferung von Brennholz und Eiern...«

Für ihre Reisen von Pfalz zu Pfalz organisierten die Könige ein regelrechtes System der Versorgung *(fodrum)* und Beherbergung *(gistum)*. Sie bemühten sich auch darum, die großen Vasallen zum Unterhalt des königlichen Gefolges und der Heere heranzuziehen. Die Ottonen, die ihren Unterhalt ebenfalls aus Domanialerträgen bestritten und die ständig unterwegs waren, übernahmen in Deutschland und Italien das karolingische Versorgungssystem zum eigenen Gebrauch.

Auch der Verkauf von Überschußprodukten sollte durch die Vorschriften zur Güterverwaltung geregelt werden. Zwar war es jedes Jahr schwierig, die Zeit kurz vor der neuen Ernte zu überbrücken, und es gab gewiß viel Unterschlagung und Verschwendung, aber mit Ausnahme der Mangeljahre mußte doch für den Verkauf auf den örtlichen Märkten gesorgt werden. Was auch immer darüber behauptet wurde – die Wirtschaft der Karolingerzeit war keine »geschlossene« Wirtschaft. Es gab wirklichen Handelsaustausch, und die Herrscher haben auf diesem Gebiet für Neuansätze gesorgt.

Die Einrichtung lokaler Märkte und der Schutz der Kaufleute

Erstmals im Jahr 744 verordnete Pippin der Jüngere, damals noch Hausmeier, Märkte in allen Bischofsstädten zu eröffnen, die noch keine hatten. Es sollte ein Ort geschaffen werden für die Überwachung der Handelsgeschäfte durch die öffentliche Gewalt und zugleich eine Einnahmequelle für den königlichen Schatz, denn die Zölle – Straßengeld und Torzoll – gingen an den Herrscher. Die Zahl der Märkte und ihrer Besucher nahm in der Folgezeit kräftig zu. Im *Capitulare de villis* verlangte Karl der Große von den Landpächtern, »ihre Zeit nicht auf den Märkten zu vergeuden«. Er verbot im Jahr 802, wertvolle Gefäße, Sklaven, Pferde und andere Tiere während der Nacht zu verkaufen; alle Geschäftsabschlüsse sollten öffentlich geschehen. Ludwig der Fromme wandte sich 820 gegen Leute, die öffentliche Märkte wegen der Zollersparnis mieden und ihre Waren lieber heimlich verkauften. Gewöhnlich wurde pro Woche einmal, am Samstag, Markt gehalten. Um den Juden von Lyon entgegenzukommen, erlaubte Ludwig, den am Sabbat gehaltenen Markt zu verlegen, was den heftigen Protest des Erzbischofs Agobard hervorrief, der einer der wenigen Judenfeinde dieser Zeit war.

Die Märkte entwickelten sich so zahlreich, daß Karl der Kahle 864 von den Grafen verlangte, sie schriftlich zu erfassen. Dabei sollte unterschieden werden zwischen den Gründungen unter Karl dem Großen, Ludwig dem Frommen und denen seit der eigenen Thronbesteigung. Die öffentlichen Märkte sollten, soweit benötigt, abgehalten werden, heimliche Märkte sollten unterdrückt werden, eventuelle örtliche Verlegungen waren rückgängig zu machen.

Die Einkünfte aus den Märkten waren so beträchtlich, daß Bischöfe und Äbte bei den Königen um die urkundliche Überlassung eines Teils der Erträge aus dem Handelsverkehr baten. Sie ersuchten auch um die Erlaubnis, selber neue Märkte gründen zu dürfen, was dem König die Möglichkeit gab, in den Zentralorten Einfluß zu gewinnen.

Wie erwähnt, hielten sich die Könige selten in Städten auf, sie bevorzugten ihre außerhalb gelegenen Pfalzen. Aber beispielsweise für Frankfurt, Worms, Pavia, Verona, Regensburg sind Herrscherbesuche von einigen Wochen Dauer überliefert. Die Karolinger unterstützten unter anderem die Bischöfe von Metz, Reims, Lyon, Le Mans, die neue Kirchen und Klostergebäude errichten ließen, wodurch Künstler und Handwerker beschäftigt wurden. Sie erlaubten den Abbruch und den Neubau von Stadtmauern, denn das Befestigungsrecht gehörte zu den Regalien. Schließlich wurden sie auch tätig, wenn Bischöfe und Äbte außerhalb der Stadtmauern neue Kaufleuteansiedlungen – die sogenannten *portus* – anlegten und neue Märkte einrichteten. Die wichtigsten *portus* lagen an der Schelde (Valenciennes, Tournai, Gent), am Rhein (Mainz) und besonders an der Maas quer durch Austrien. Neue Kaufleuteviertel entstanden unter anderem in Piacenza am Po, Regensburg an der Donau, Chappes bei Bar-sur-Seine, Châlons-sur-Marne.

Die wichtigsten Handelsplätze wurden von den Fernhändlern aufgesucht, die den Warenaustausch zwischen den verschiedenen Regionen Europas besorgten und die als Berufskaufleute bezeichnet werden können. Auch ihre Reisen wurden von der königlichen Zentralgewalt beaufsichtigt. Die englischen Kaufleute erreichten den Kontinent über die Hafenplätze Quentowik und Dorestad und zogen dann meist weiter nach Saint-Denis oder Mainz. Karl der Große klagte bei König Offa von Mercia, daß aus England zu kurze Gewänder geliefert würden. Im Osten schritt Karl der Große dagegen ein, daß fränkische Waffen, damals hochberühmt, in die Slawenländer ausgeführt wurden. Im Kapitular von Diedenhofen (805) schrieb er, wegen besserer Kontrollmöglichkeiten, genau vor, welche Grenzorte zu passieren waren: Bardowik und »Schezla« im Sachsenland, Magdeburg, Erfurt, Hallstadt (bei Bamberg), Forchheim, Bromberg (bei Regensburg), Regensburg und Lorch (an der Enns). »Die Kaufleute dürfen keine Waffen und Rüstungen zum Verkauf mit sich führen, werden sie damit ertappt, wird ihr gesamtes Gut beschlagnahmt.« Die Alpenpässe oder deren Zugänge, die

Klausen, wurden von Vertretern des Königs überwacht, die Zoll erhoben.

Ludwig der Fromme erließ 828 ein Kapitular zum Schutz der *negotiatores,* die an den Hof kamen, um dort zu handeln. Er verbot seinen Amtleuten, ihre Waffen und Schiffe zu beschlagnahmen: »Vielmehr sei ihnen, ebenso wie den Juden, erlaubt, für unseren Hof treue Dienstleistungen zu erbringen. Und wenn sie innerhalb unserer, von Gott verliehenen Herrschaftsgebiete zu ihrem und unserem Nutzen um des Handels willen ihre Fahrzeuge vermehren wollen, haben sie dazu die Erlaubnis. Weder an den Klausen noch an irgendeinem anderen Ort dürft ihr etwas von ihnen zurückbehalten oder dies geschehen lassen. Auch Zoll darf von ihnen nicht verlangt werden, außer in Quentowik und Dorestad sowie an den Klausen, wo für unseren Bedarf der Zehnte erhoben wird. Sollten gegen diese Kaufleute oder deren Gehilfen Verfahren eröffnet werden, die sie zu Hause ohne schwere und ungebührliche Kosten nicht zur Entscheidung bringen können, dann sollen diese Verfahren unterbrochen und aufgeschoben werden, bis die Kaufleute vor uns oder vor dem Aufseher, den wir in solchen Angelegenheiten und für die übrigen Händler bestimmt haben, eine dem Recht gemäße Entscheidung erlangt haben.« Über die Bedeutung dieses Textes ist viel geschrieben worden. Für manche belegt er den Umfang des Fernhandels, für andere handelt es sich darum, daß der König durch die Verleihung von Privilegien Hoflieferanten anlocken wollte. Tatsächlich ist das Kapitular wohl als Bestandteil einer umfassenderen Politik zu betrachten, mit der Fernhandel und Fernhändler unterstützt werden sollten. Der Handelsvertrag zwischen Lothar I. und Venedig (840), der den freien Verkehr der Kaufleute in Oberitalien erlaubte, wurde mit der gleichen Absicht abgeschlossen.

Um zugleich den Handel und die Heeresbewegungen zu erleichtern, sorgten die Könige für den Unterhalt von Brücken und alten Römerstraßen *(via regia* oder *via publica).* Sie ließen Seinebrücken erneuern, bewegliche Schiffsbrücken über Flüsse schlagen und ausgefahrene Straßen reparieren, so gut es eben ging. Wie oben erwähnt, plante Karl der Große aus militärischen Gründen sogar den Bau eines Kanals zwischen Main und Donau. Als Folge der Unruhen und Invasionen bevorzugten die Reisenden ab Mitte des 9. Jahrhunderts die Wasserwege immer mehr. Das vom König veranlaßte Raffelstettener Zollweistum vom Beginn des 10. Jahrhunderts erwähnt Schiffe mit drei Mann Besatzung, auf denen Salz bis Mähren verfrachtet wurde.

Die Münzpolitik

Eine sinnvolle Handelspolitik ist ohne Geld als Tauschmittel nicht möglich. Die Karolinger wußten dies und haben mehrere Kapitularien über das Münzwesen erlassen.

Zu Eingang dieses Buches wurde bereits erwähnt, daß Ende des 7. Jahrhunderts das Gold aus dem Abendland verschwunden war oder zumindest nicht mehr ausgeprägt wurde. Es gab nur noch die Silberdenare aus den zahlreichen Münzwerkstätten in geistlichem und weltlichem Besitz. Außerdem waren die *sceattas* im Umlauf, die aus den angelsächsischen und friesischen Gebieten stammten. Vier Jahre nach seiner Königskrönung beschloß Pippin auf der Reichsversammlung in Ver eine Maßnahme, die zu Recht als erste königliche Münzordnung gilt: »Betreffs der Münze ordnen wir an, daß künftig nicht mehr als zweiundzwanzig Schillinge [Denare] aus einem Gewichtspfund geprägt werden dürfen. Der Münzmeister darf einen Schilling behalten, das übrige hat er dem Eigentümer zu übergeben.« Von diesen Silberdenaren sind ungefähr einhundertfünfzig Exemplare erhalten, sie tragen den Namen des Königs, nicht mehr den des Münzmeisters, dazu den Namen der Münzstätte. Jean Lafaurie schrieb dazu: »Pippin der Jüngere bewirkte eine Revolution des Münzwesens. Er hat als erster König Münzgesetze erlassen, seine Prägungen durchsetzen können und das Prägemonopol zurückgewonnen. Sein von Karl dem Großen vollendetes Werk sollte fast eineinhalb Jahrhunderte Bestand haben, solange die Herrscher stark genug waren, es zu bewahren.«

Um das Jahr 781 führte Karl der Große die Silberdenare auch in Italien ein, wo es noch einen geringfügigen Goldumlauf gab. Etwas später beschloß er die Prägung eines schwereren Denars von ungefähr 1,6 Gramm, gegenüber ungefähr 1,2 Gramm der Denare Pippins. Im allgemeinen wird die Gewichtszunahme des Silbergelds in Zusammenhang gebracht mit dem Ertrag der Gruben von Melle (Deux-Sèvres) – der Ort hieß zur Karolingerzeit bezeichnenderweise *Metalia* – und mit dem Zufluß von Silber aus anderen Gegenden. Einige Spezialisten waren so kühn, den niedrigeren Wert des Silbers mit einer Goldhausse im Orient zu erklären, aber dies würde die wirtschaftliche Verflechtung zwischen Ost und West voraussetzen. Auf der Frankfurter Synode (794) ließ Karl die neue Münze verkünden: »Was die Denare betrifft, befolgt aufs genaueste unseren Erlaß, nach dem an jedem Ort, in jeder Stadt, auf jedem Markt die neuen Denare zu gleichem Kurs umlaufen und von allen anzunehmen sind. Voraussetzung dafür ist, daß sie unseren Namen tragen, das rechte Gewicht haben und aus reinem Silber geprägt sind.« Die Untersuchung der damals geprägten Pfennige ergab, daß Karl ein Pfundgewicht einführte, das über dem römischen Pfund lag und für Jahrhunderte Gültigkeit behielt. Das Pfenniggewicht wurde von der neuen Norm abgeleitet: Man zählte zwanzig Schillinge auf das Pfund und zwölf Denare auf den Schilling, wobei Pfund und Schilling bloße Recheneinheiten waren. In der Folgezeit erließ Karl der Große noch dreimal Münzvorschriften, um die Zahl der Prägestätten zu reduzieren und um die Falschmünzer zu bekämpfen. Aufgrund bedeutender Schatzfunde konnten die Numismatiker verfolgen, wie sich der Prägetyp entwickelte. Die Denare trugen auf der Vorderseite Karls Namen mit dem Königs- oder später Kaisertitel, auf der Rückseite ein Kreuz oder eine stilisierte Kirche. Auch die Denare aus den Prägestätten der Könige Ludwig von Aquitanien und Pippin von Italien konnten identifiziert werden.

Ludwig der Fromme erließ 819, 823 und 829 Bestimmungen, um die Funktionsfähigkeit der königlichen Münzstätten und den Wert der Denare zu sichern. Um die Falschmünzer zu überspielen, brachte er neue Gepräge in Umlauf. In Friesland, Oberitalien und Aachen ließ der Kaiser auch vereinzelt Goldschillinge schlagen. Dabei handelte es sich aber eher um Schaumünzen oder Medaillen, die nicht in den Verkehr kamen. Es ist zu beachten, daß das Gold im Westen nicht wirklich verschwunden war. Das zeigen die wertvollen Goldschmiedearbeiten, auf die später noch einzugehen ist. Das Gold kam aus dem Orient und der arabischen Welt, es war Gegenstand des Handels, denn Karl der Kahle verordnete im Jahr 862, das Pfund Gold dürfe nicht teurer als um zwölf Pfund Silber verkauft werden.

Karl der Kahle hielt an der Politik seiner Vorgänger fest. 854 und 856 erließ er Verordnungen gegen Hersteller und Verbreiter von

Falschgeld. Im Edikt von Pîtres (864) bezogen sich acht Artikel auf das Münzwesen: Die jeweilige Residenz des Königs und dazu Quentowik, Rouen, Reims, Sens, Paris, Orléans, Chalon-sur-Saône, Melle und Narbonne wurden als privilegierte Prägestätten bestimmt. Der Herrscher verordnete ferner die Ausgabe neuer Münzen und schrieb vor, daß vom 1. Juli an alle ihr Silber in neue Münzen umtauschen müßten. Diese neuen Denare seien überall anzunehmen. Das in Pîtres verkündete Kapitular ist wohl das letzte, das sich mit Geldproblemen befaßte.

Die karolingischen Denare verbreiteten sich im ganzen Abendland, und die Bedeutung dieses Vorgangs sollte nicht unterschätzt werden. Der Umlauf von Münzen mit Namen und Bild des Königs hat viel dazu beigetragen, sein Ansehen und seine Herrscherautorität wieder zu stärken. Ferner hat der zunehmende Umlauf an Denaren und deren Teilstücken, den Obolen, zweifellos dazu beigetragen, daß örtlicher und regionaler Warenaustausch wieder in Gang kamen. Umgesetzt wurden hauptsächlich Erzeugnisse, deren Preis in Denaren festgesetzt wurde, das französische Wort *denrée* (Lebensmittel) ist davon abgeleitet. Die Kontrolle der Märkte hing eng mit der Aufsicht über die Münzwerkstätten zusammen. So forderte Karl der Kahle im Edikt von Pîtres, seine Amtleute sollten auf den Märkten das umlaufende Geld überwachen und gegen alle vorgehen, die nicht Denare des Königs verwendeten. Sie sollten nur den Frauen gegenüber mehr Nachsicht zeigen, die ja gewöhnlich gegenüber Neuem zögerten.

Wie Jean Dhont leicht übertreibend feststellt, waren die Denare »zu Millionen« im Umlauf. Sie wurden nicht nur im Handel gebraucht, sondern auch für die Ablösung von Fronarbeiten und für Abgaben; man verwendete sie ferner zur Bezahlung von Löhnen, zur Erhebung der Normannentribute und als Wertmaßstab bei Geschäftsabschlüssen, was nicht ausschloß, daß gleichzeitig Tauschhandel getrieben wurde. Wie einige Funde belegen, gelangten die karolingischen Denare nach Skandinavien und auch nach England. König Offa, dessen Handelsbeziehungen zum Frankenreich bereits erwähnt wurden, übernahm auch die karolingische Münzpolitik: Er setzte den Wert des Schillings auf zwölf Pfennige fest und schuf so ein Duodezimalsystem, das in Großbritannien bis 1971 beibehalten wurde. Die Münzreformen der Karolingerkönige machten Europa zu einem Gebiet des Silbergeldumlaufs, und dies blieb so, bis im 13. Jahrhundert die Goldprägung wiederaufgenommen wurde.

Das Erbe der Karolingerzeit

Die Herrscher des 10. Jahrhunderts profitierten von der wirtschaftlichen Erneuerung des Abendlandes, und soweit ihre Autorität dazu ausreichte, entsprachen ihre wirtschaftlichen Maßnahmen denen der Karolinger. Sie bemühten sich um die Urbarmachung von Ackerland, um die Förderung des Handels, um die Gründung von Märkten und Städten. Die zeitgenössischen Ansichten hat der englische König Alfred der Große in einer berühmten Äußerung formuliert: »Der Werkstoff des Königs und sein Handwerkszeug für die Ausübung der Herrschaft sind die zahlreiche Bevölkerung seines Landes: Er braucht Menschen für das Gebet, für den Krieg, für die Arbeit.«

Die Zustände im Münzwesen wechselten je nach Königreich. In Westfranken verloren die Könige nach und nach ihr Prägemonopol. Sie vergaben zwar immer häufiger Münzprivilegien an Klöster und Bischöfe, bestanden aber darauf, daß die Stücke weiter ihren Namen trugen. Daran erinnerte beispielsweise Karl der Einfältige den Abt von Tournus im Jahr 915. Wie oben erwähnt, ersetzte Hugo der Große den Namen des Königs durch den eigenen, aber sein Sohn mußte wieder davon Abstand nehmen. Der Münzschatz von Fécamp, der um 980 vergraben wurde und über fünfzehnhundert Denare und Obolen enthält, belegt die Zersplitterung des Münzwesens, aber auch das Zögern der Fürsten, sich das Regalrecht des Prägens einfach anzueignen. Dazu schreibt Françoise Dumas-Dubourg: »Die letzten Karolinger wurden als oberste Gewalt im Gebiet der Krondomäne anerkannt und darüber hinaus in den Gegenden, wo sie noch in Erscheinung treten konnten. Die meisten Großen, die das Münzrecht ausübten, wollten damit keineswegs ihre Unabhängigkeit bekräftigen. Möglicherweise reichte ihre Macht nicht aus, vielleicht maßen sie dieser Form der Staatsgewalt auch keine besondere Bedeutung bei. Die Zuständigkeit des Königs wurde zwar allmählich vollständig verdrängt, aber was die Gesamtheit des Reichs betrifft, trat auch kein anderer an seine Stelle.«

Die Ottonen in Ostfranken-Deutschland und auch die angelsächsischen Herrscher besaßen die Aufsicht über alle Prägestätten ihrer Reiche. Otto I. ließ die Silbergruben des Rammelsbergs bei Goslar im Harz erschließen. Seine Pfennige wurden in Magdeburg, Halle, Mainz, Verdun und vorzugsweise in Köln geschlagen. Der Kölner Pfennig imitierte den karolingischen Denar und gewann große Verbreitung. Aufgrund der Beziehungen von Deutschland nach Skandinavien und nach den Slawenländern kamen die Pfennige auch in diese Gebiete außerhalb des Reichs. Die Fürsten Polens prägten jedoch eigene Silbermünzen.

Wie in der Karolingerzeit gehörte zur Errichtung einer Münzstätte die Gründung eines Marktes. Im Privileg Ottos III. für Selz heißt es: »Die Münze und der Markt sind notwendig für die Menge des hier zusammenströmenden Volkes, aber auch für den Bedarf der Mönche und der ansässigen Einwohner.« Die Ottonen sorgten für Tauschplätze in befestigten Orten und Klöstern. Im Jahr 936 gründete Otto in Magdeburg nahe dem Moritzkloster eine Kaufleuteniederlassung, in der sich Juden und andere Händler aus Gebieten östlich der Elbe trafen. Von den rund neunundzwanzig befestigten Marktorten entwickelte sich ungefähr ein Dutzend zu Städten. Dazu kamen die Bischofsstädte und die an Pfalzorten entstehenden Stadtanlagen. Der König bezog vom Marktverkehr Zolleinnahmen, die er mit den örtlichen Grundherren teilte. Und die Kaufleute unterstellten sich gern dem Schutz des Herrschers. Otto I. verlieh 946 dem Kloster Corvey ein Marktprivileg für den Ort Meppen und bestimmte: »Sie sollen ganz festen Frieden bei Hin- und Rückreise sowie bei ihrer Niederlassung haben.« 965 wurden die Kaufleute für den Marktbesuch in Bremen unter Schutz gestellt, als Gegenleistung sollten sie Waren an den Hof liefern. Ein weiteres Beispiel: Otto III. erlaubte dem Bischof von Freising 996, einen täglichen Markt einzurichten, dessen Besuch er unter kaiserlichen Friedensbann stellte. Derartige Maßnahmen entsprechen in ihren Grundzügen der Politik der Karolinger.

Dies gilt auch für den Bereich des Fernhandels. Von den Königen wurden die Kaufleute gefördert, die Waren von Rhein und Donau zur Elbe, von der Elbe nach Krakau und Prag brachten. Die politischen Bündnisse mit Slawenfürsten waren für solche Handelsreisenden von Vorteil. Nachdem sie Italien genommen hatten, förderten die Ottonen auch dort den Warenaustausch, denn sie erkannten, welche Mittel der Fernhandel für den Hof in Pavia bereitstellen konnte. Pavia war seit der Langobardenzeit der Hauptort Oberitaliens und konnte seine Stellung noch auf längere Sicht behaupten. Ein berühmter Quellentext, die *Honorantie civitatis Papie*, berichtet von den Einkünften der königlichen Kammer aus dem Warenverkehr am Ende des 10. Jahrhunderts. Danach bezahlten die Kaufleute bei der Einreise an den Zollstellen in den Alpen eine Abgabe von zehn Prozent auf Pferde, Sklaven, Tuche, Zinn und Schwerter. Die englischen Kaufleute waren davon befreit, dafür lieferten sie dem Hof alle drei Jahre fünfzig Pfund Silber und Waffen. Die Venezianer, die seit alters Handelsbeziehungen zu Pavia unterhielten, mußten jährlich zwölftausend Silberdenare bezahlen. Die Kaufleute von Salerno, Gaeta und Amalfi waren zu Geld- und Naturalabgaben verpflichtet. Im Text hieß es dann weiter: »Die großen, vornehmen und sehr reichen Kaufleute *(magni et honorabiles et multum divites)* in Pavia werden immer aus der Hand des Kaisers über ein ehrenvolles Privileg verfügen, das überall dort gültig ist, wo sie sich wegen ihrer Handelsgeschäfte aufhalten werden. Es verbietet, sie zu Wasser oder zu Land in irgendeiner Weise zu belästigen.« Wer die *Honorantie* gelesen hat, wird kaum mehr von wirtschaftlicher Passivität im Abendland sprechen wollen.

Kapitel IV

Erste Ansätze zu einer Kultur des Abendlandes

Betrachtet man das Wirken der Karolinger im Bereich von Wissenschaft und Kunst, denkt man sofort an das Schlagwort von der »karolingischen Renaissance«. Dieser Ausdruck, wohl erstmals 1839 von Jean-Jacques Ampère gebraucht, sollte nicht zu der Meinung verführen, vor der Machtübernahme durch die Karolinger sei das Abendland Kräften der Barbarei und Verdummung ausgeliefert gewesen. Die spätantike Kultur hatte bis ins 7. Jahrhundert überleben können, auf ihren Trümmern begann in Spanien, Italien und auf den britischen Inseln eine neue, christlich inspirierte Kulturentwicklung, die als Anfang der Renaissance in der Karolingerzeit bezeichnet werden kann. Gotische und langobardische Herrscher, irische und angelsächsische Mönche unterstützten die Gelehrtenarbeit, der sehr bedeutende Werke zu verdanken sind.

Zu den Verdiensten der Karolinger gehört es, daß sie die frühen Regungen des kulturellen Erwachens im Okzident zu verstärken verstanden, daß sie das Schulwesen erneuerten, daß sie Gelehrte und Künstler um sich versammelten, die von ihnen beschützt und gefördert wurden. Die Zeitgenossen erkannten klar, welche Anregungen von der königlichen Zentralgewalt ausgingen, sie sprachen zwar nicht von »Renaissance«, aber von der *renovatio*. Allen Verdienst an dieser Erneuerung schrieben sie häufig Karl dem Großen zu. »Er ließ aus der Asche wieder Flammen emporlodern«, meinte Heiric von Auxerre, der aber durch Lupus von Ferrières noch überboten wurde: »Die Wissenschaften schulden Karl so tiefe Verehrung, daß sie für sein ewiges Andenken Sorge tragen.« Und Walafrid Strabo schrieb: »Von allen Herrschern war Karl am eifrigsten damit beschäftigt, für die Gelehrten zu sorgen und ihnen die nötigen

Mittel zu verschaffen, damit sie ungestört philosophieren konnten. So gelang es ihm, die Wissenschaft von neuem unversehrt erstrahlen zu lassen in einer barbarischen Welt, der sie bis dahin teilweise noch unbekannt war. Dadurch konnte er sein ganzes, weites Reich, das ihm Gott anvertraut hatte und das, noch von Nebeln verhangen, gewissermaßen blind war, in ein Land leuchtenden Aussehens verwandeln, durchdrungen von göttlicher Klarheit.«

Aber Karl der Große hatte die Erneuerungsbewegung natürlich nicht allein ins Leben gerufen, die vor ihm sein Vater Pippin begonnen hatte und die von seinen Nachfolgern weitergeführt wurde. Trotz der Reichskrise gegen Ende des 9. Jahrhunderts konnte die *renovatio* in großen Teilen des Reiches im 10. Jahrhundert fortgesetzt werden. Die karolingische Renaissance kann hier nicht umfassend untersucht werden. Es ist aber darzulegen, wie es den Herrschern gelang, die geeigneten Voraussetzungen für erste bedeutende Ansätze der europäischen Kultur zu schaffen.

Das Schulwesen

Geistliche Schulen sind im Abendland schon vor Karl dem Großen entstanden, es gab sie seit dem 6. Jahrhundert bei Kathedralkirchen, in Klöstern und sogar in Landpfarreien. Geistliche und Mönche hatten ein Ausbildungsprogramm entwickelt, das auf der Heiligen Schrift beruhte, im Gegensatz zu dem Erziehungsangebot der letzten antiken Schulen. Am Ende des 7. und zu Beginn des 8. Jahrhunderts hatten die geistlichen Schulen allerdings unter den Folgen der Kirchenkrise gelitten.

Durch seine Bemühungen um die Reformierung der Geistlichkeit hatte schon Pippin der Jüngere Voraussetzungen für einen kulturellen Wiederaufbau geschaffen. Sein Hof stand Gelehrten offen, und seine Bischöfe waren gebildet. Papst Stephan III. bat 769 den König darum, ihm »gelehrte Bischöfe zu schicken, bewandert in der Heiligen Schrift und in den Kirchengesetzen«; dabei konnte er davon ausgehen, daß seine Bitte erhört würde. Auf der Reichssynode von Gentilly (767) waren die fränkischen Bischöfe fähig, den byzantinischen Geistlichen in der Diskussion über die Dreifaltigkeit und die Bilderverehrung Paroli zu bieten.

Karl der Große ging wesentlich weiter und bemühte sich darum, die kulturelle Erneuerung durch die Wiedererrichtung der Schulen voranzutreiben. Er folgte darin dem Beispiel seines Vetters, des Bayernherzogs Tassilo III., der 772 von seinen Bischöfen die Einrichtung von Schulen an ihren Kirchen gefordert hatte. Maßgeblich für Karl war aber der Rückgriff auf die Tradition der römischen Kaiser. Durch seine ersten Italienzüge und die italienischen Gelehrten, die er an seinen Hof holte – Paulus Diaconus, Petrus von Pisa und Paulinus, den späteren Erzbischof von Aquileia –, gewannen Karls schulpolitische Maßnahmen zweifellos an Klarheit. 781 traf er in Parma mit Alkuin zusammen, der Leiter der Kathedralschule von York gewesen war und eine entscheidende Rolle bei der kulturellen Erneuerung spielen sollte.

Karl beschäftigte sich mit der schulischen Erziehung aus ganz konkretem Anlaß: Er war verantwortlich für den Klerus, dem er eine Ausbildung wünschte, die es dem einzelnen Geistlichen erlaubte, seinerseits die ihm anvertraute Gemeinde zu unterrichten. Die unter Pippin begonnene Reform der Liturgie und die Reorganisation der Kirche waren nur erfolgreich durchzuführen, wenn der Klerus Latein konnte, in der Lage war, die Heilige Schrift zu lesen und auszulegen. Außerdem erkannte der König, daß die Verwaltung nur zu vervollkommnen war, wenn die Schriftlichkeit wieder die Bedeutung erhielt, die sie im Römischen Reich gehabt hatte. Grafen und *missi* mußten gebildet sein oder wenigstens über Leute verfügen, die Anordnungen des Herrschers erläutern konnten und es verstanden, Berichte zu verfassen oder Inventare zu erstellen. Schriftlichkeit war also ein Mittel der Herrschaftsführung.

Unter diesen Voraussetzungen erließ Karl der Große rund zwanzig Jahre nach seiner Thronbesteigung die *Admonitio generalis* (789), in der er unter anderem verfügte, in jedem Kloster, an jedem Bischofssitz müßten die Kinder unterrichtet werden in Psalmen, den Zeichen der Kurzschrift *(notae)*, Kirchengesang, Rechnen und Grammatik. Dieses Programm war in sich keineswegs originell, es entsprach dem Lernangebot der geistlichen Schulen seit dem 6. Jahrhundert: Lesen, Schreiben, Rechnen, lateinische Grammatik und *notae*, die für Verwaltungsleute nützliche »Stenographie«. Eine bedeutsame Neuerung war aber die Einrichtung von Schulen an allen Klöstern und Bischofssitzen im Reich. In der Folgezeit unterstützte Karl die Bischöfe bei der Einführung ländlicher Schulen in den Dörfern und Märkten, womit er einen Beschluß der Synode von Vaison (529) aufgriff.

Dieser Aspekt der Bildungsreform ist wenig bekannt und nur durch die Synodalstatuten Theodulfs belegt. Der Bischof von Orléans wünschte, »daß die Priester auf den großen Gütern und in den Dörfern *(per villas et vicos)* Schule hielten. Und wenn ihnen Gläubige ihre Kinder zur Unterweisung im Lesen und Schreiben anvertrauen wollten, dürften sie Aufnahme und Unterricht in aller Güte nicht verweigern. Wenn die Priester diese Verpflichtung erfüllten, dürften sie keinerlei Entgelt fordern und höchstens kleine, freiwillige Geschenke der Eltern annehmen.« Bei einer Umfrage im Jahr 803 erinnerte Karl daran, daß die Eltern ihre Kinder zur Schule schicken müßten. Auf der Mainzer Synode von 813 wurde angeregt, die Kinder sollten nach der Rückkehr zur Familie ihre Angehörigen in den Gebeten unterweisen, die sie an der Schule gelernt hätten.

Karl wußte genau, wie schwierig es war, die Schulreform überall durchzusetzen. In den Kapitularien, in Anweisungen an die *missi* und auf Synodalversammlungen wiederholte er während seiner gesamten Regierungszeit die Forderung, Geistliche und Mönche müßten gut ausgebildet sein, Laien müßten wenigstens so viel wissen, um ihre Glaubensgrundsätze entwickeln zu können. Die Bischöfe gaben diese Anordnungen an ihre Bistümer weiter. Erzbischof Leidrad von Lyon berichtete Karl dem Großen stolz, daß er an seiner Kirche über eine Schule für Sänger und Vorleser verfüge: »Ich habe nämlich Schulen für den Kirchengesang begründet, von denen die meisten so gut ausgestattet sind, daß von ihnen ausgehend weitere Schulen eingerichtet werden können. Außerdem habe ich Schulen für Vorleser, die nicht nur in den gottesdienstlichen Lesungen ausgebildet werden; vielmehr sind sie auch fähig, durch Betrachtung der Heiligen Schrift die Früchte andachtsvoller Ausdeutung zu gewinnen.« Leidrad bedankte sich dann bei Karl für die Absendung eines Klerikers der Kirche in Metz, der ihm geholfen hatte, auch in Lyon die am Hof gebrauchte Gottesdienstordnung einzuführen.

Man hat lange Zeit angenommen, Karl selbst habe an seinem Hof eine eigene Schule begründet. Als Beleg wurde die bekannte Anekdote zitiert, die Notker von Sankt Gallen überliefert hatte: Danach inspizierte der Herrscher seine Schule, wobei er die faulen jungen Adligen scharf tadelte, während er den Schülern einfacher Herkunft hohes Lob aussprach. Daß sich der König um die Aufsicht über die Hofgeistlichkeit kümmerte, so wie er den Klerus im ganzen Reich zu kontrollieren suchte, erscheint durchaus wahrscheinlich. Aber die Angehörigen der sogenannten *schola,* nämlich Schreiber, Notare, Vorsänger, Abschreiber, waren junge Leute, die in Kanzlei und Kapelle ihren zukünftigen Beruf erlernten.

Mit Unterstützung der Bischöfe konnte Ludwig der Fromme die Bemühungen seines Vaters um das Schulwesen weiterführen. Im Jahr 817 berief er eine Synode nach Aachen, die er gemeinsam mit Benedikt von Aniane leitete. Es wurde beschlossen, die Klosterschulen strikt für Kinder zu reservieren, die dem Kloster übergeben waren, um sich dort auf den Eintritt in das Mönchsleben vorzubereiten. Das hatte zur Folge, daß die großen Abteien, wie beispielsweise Sankt Gallen, externe Schulen einrichten mußten, an denen Weltgeistliche und auch Laien einige Kenntnisse erwerben konnten. Auf dem berühmten Sankt Galler Klosterplan ist die Schule vor der Nordseite der Kirche mit zwölf Arbeitsräumen und dem Haus des Lehrers eingezeichnet. Die Unterkunft der Novizen und der zum Eintritt bestimmten Kinder *(oblati)* befand sich östlich der Kirche. Allerdings fehlten den meisten Klöstern die Mittel zur Einrichtung einer Doppelschule, so daß der Synodalbeschluß von 817 nur selten verwirklicht wurde.

Die Bischöfe bedauerten 822 in Attigny, daß sie nicht in der Lage gewesen waren, das Schulwesen pflichtgemäß zu organisieren. Sie planten, für besonders große Diözesen Zentren der Schulbildung einzurichten. Drei Jahre später erinnerte sie der Kaiser an ihre Verpflichtung: »Versäumt es nicht, für die Unterrichtung der Söhne und Diener der Kirche funktionierende Schulen zu schaffen. Und wo dies noch nicht geschehen ist, soll man sie an dafür geeigneten Stellen eröffnen.« Auf der Pariser Synode von 829 wurde ein Bericht verfaßt, mit dem die Bischöfe dem Kaiser nahelegten, nach dem Beispiel seines Vaters in eigener Verantwortung »öffentliche« Schulen *(scolae publicae)* an drei Orten im Reich einzurichten. Man darf sich darunter weder Schulen vorstellen, die jedermann zugänglich waren, noch höhere Schulen. Nach dem üblichen Sprachgebrauch von *publicus* handelte es sich vielmehr um Lehranstalten, die von der öffentlichen, das heißt von der königlichen Gewalt beaufsichtigt wurden.

Schon vier Jahre früher hatte König Lothar die gleiche Anordnung für Oberitalien erlassen. Auf der Reichsversammlung von Corte Olona bei Pavia beschloß er 824 die Errichtung von neun Zentralschulen, an denen die »Schulmeister«, aus den einzelnen Diözesen abgeordnet, ihre Kenntnisse vervollständigen konnten. Diese Schulen standen in Pavia, Ivrea, Turin, Cremona, Vicenza, Verona, Cividale, Florenz, Fermo. Ein Jahr später folgte Papst Eugen II. dem Beispiel des Königs, er eröffnete Schulen in den Bistümern und den bedeutenderen Orten des Kirchenstaats, an denen die freien Künste und Dogmenlehre unterrichtet wurden.

Nach dem Vertrag von Verdun (843) werden die Verordnungen, die sich mit dem Schulwesen befassen, seltener. Allerdings griff Papst Leo IV. 853 auf die Beschlüsse seines Vorgängers zurück. Er drängte auf den Glaubensunterricht und forderte von den Leitern der Schulen Berichterstattung über ihre Maßnahmen. Auf der Synode von Savonnières erinnerten die Bischöfe daran, wie die karolingischen Herrscher mit Hilfe von Schulen die Kenntnisse der Kirche vermehrt und den Fortschritt der Wissenschaften gefördert hatten. Sie drängten die Könige Lothar II. und Karl den Kahlen dazu, überall dort »öffentliche« Schulen einrichten zu lassen, wo es zur Lehrtätigkeit befähigte Männer gebe.

Natürlich ist es schwierig, die Verwirklichung der schulbezogenen Vorschriften nachzuprüfen. Aber deutliche Fortschritte im Bildungsniveau des Klerus und die aufblühende, vielseitige literarische Tätigkeit erlauben die Feststellung, daß die Bemühungen der Herrscher nicht umsonst waren. Während der »ersten karolingischen Renaissance« zur Zeit Karls des Großen waren die Ergebnisse noch recht bescheiden. Aber im 9. Jahrhundert, der »zweiten karolingischen Renaissance«, bestanden zahlreiche kulturelle Mittelpunkte, überwiegend in einem Gebiet, das von Corvey, Tours, Lyon und Sankt Gallen abgegrenzt wurde. Dazu kamen noch Italien und sogar die abgelegene Armorica, nur aus Aquitanien und der Provence sind keine Schulen bekannt. An den Schulen mit herausragenden

Leitern forschten, lehrten und schrieben Weltgeistliche und Mönche.

Mit Begeisterung entdeckten sie von neuem die Autoren der Antike: Grammatiker, Rhetoriker, Verfasser astronomischer und medizinischer Abhandlungen. Sie wußten, wie Alkuin das ausdrückte, daß mit dem Studium der *artes liberales* »nicht nur der Gipfel der Heiligen Schrift zu erreichen war, sondern die wirkliche Weisheit, die in der Erkenntnis Gottes besteht«. In einem berühmten Brief an Karl den Großen entwarf der angelsächsische Gelehrte seine Idealvorstellungen: »Wenn sich viele eure Absichten ganz zu eigen machten, könnte sich in Francien ein neues Athen bilden. Oder besser, ein viel schöneres Athen als das antike, weil unser Wissen, durch die Lehre Christi geadelt, alle Weisheit der alten Akademie übertreffen würde. Um sich zu bilden, hatte man damals nur die Disziplinen Platons, deren Hauptbestandteil die sieben freien Künste sind, und dennoch fehlten glänzende Leistungen keineswegs. Aber unsere Akademie ist darüber hinaus mit der siebenfachen Gnade des Heiligen Geistes beschenkt und wird alles weltliche Wissen an Bedeutung weit übertreffen.« Schließlich entwickelten die karolingischen Gelehrten auch wieder die Freude am Gebrauch eines korrekten Lateins, und dies ist keineswegs das unwichtigste Ergebnis der Karolingischen Renaissance.

Um die Fortschritte im Gebrauch der lateinischen Sprache festzustellen, muß man nur Texte des frühen 8. Jahrhunderts mit denen der Karolingerzeit vergleichen. In einem Rundbrief an die Äbte im Reich beklagte sich Karl der Große darüber, daß die Mönche, die für ihn beteten, die Grammatikregeln nicht beherrschten, folglich auch die Heilige Schrift nicht lesen konnten. Dem Latein die Reinheit wiederzugeben, ist ein frommes Werk. Nach dem Wort eines Dichters hat »Karl die Fehler in den Texten genauso leidenschaftlich bekämpft wie seine Feinde auf den Schlachtfeldern«. Die Karolinger haben die Weiterentwicklung des Lateinischen unterbrochen, das auf dem Weg war, zur gesprochenen Sprache und zum Vorläufer des Romanischen zu werden. Nach Ansicht einiger Forscher wurde dadurch ein Graben gezogen zwischen Volkskultur und Kultur der Gebildeten. Das trifft wohl zu, aber die Verbesserung und Vereinheitlichung des Lateins waren aus vielen Gründen notwendig: für den Erfolg der Liturgiereform, für die Erneuerung der Bibelstudien, für die Verbundenheit zwischen allen an der Leitung des Reiches Beteiligten. Der Okzident verdankt es den Karolingern, daß er über Jahrhunderte ein Mittel zur internationalen Verständigung besaß, wie es später nie wieder gefunden wurde.

Es darf auch nicht verkannt werden, daß die Karolinger durchaus auch Rücksicht nahmen auf die Adligen, denen der Zugang zum Latein fehlte. Karl der Große, der seiner austrischen Herkunft immer verpflichtet blieb, sorgte für die Aufzeichnung der »uralten heidnischen Lieder, in denen die Taten und Kriege der alten Könige besungen wurden«. Diese Mitteilung stammt von Einhard, der noch hinzufügt, Karl habe auch eine Grammatik seiner Muttersprache in Auftrag gegeben und für die Monate fränkische Bezeichnungen eingeführt. Von den Heldenepen blieb freilich nichts erhalten außer dem Fragment des wohl zwischen 750 und 800 in Fulda verfaßten *Hildebrandsliedes*. Aber es gibt Belege dafür, daß diese Lieder, die Vorläufer der *Chansons de geste*, bei den fränkischen Adligen bekannt waren. Ludwig der Fromme beauftragte einen sächsischen Dichter damit, auf der Grundlage der Evangelien ein christliches Heldenepos zu schreiben. Dieses Werk wurde *Heliand* – der Heiland – genannt. Ludwig dem Deutschen wurde das *Muspilli* gewidmet, eine Darstellung des Jüngsten Gerichts. Man wollte auch, daß das Volk beim Sonntagsgottesdienst die Predigt verstehen konnte. So wurde 813 auf der Synode von Tours den Bischöfen vorgeschrieben, ihre Homilien zu übersetzen, entweder in die romanische Volkssprache *(rustica Romana)* oder in das Althochdeutsche *(lingua theodisca)*. Wahrscheinlich gehörte das schon in vielen Gegenden zu den Aufgaben der Geistlichen.

Der Hof als Mittelpunkt des Geisteslebens

Zu den unentbehrlichen Voraussetzungen für eine geistige Erneuerung gehörte es natürlich, Schulen einzurichten und den Menschen die Möglichkeit zu geben, Wissen und technische Fertigkeiten zu erwerben. Doch reichte das noch nicht aus. Die Herrscher mußten mit gutem Beispiel vorangehen, ihren Hof zum Treffpunkt der Schriftsteller machen, Werke in Auftrag geben, kurz, sie mußten als Literaturmäzene auftreten.

Der Hof zu Aachen

In einem Kapitular erklärte Karl der Große, er habe sich darum bemüht, die Pflege der Wissenschaften zu erneuern, die unter seinen Vorgängern vernachlässigt worden sei. Durch sein eigenes Beispiel wolle er die Untertanen dazu ermuntern, sich mit den freien Künsten zu beschäftigen. Vom Beginn seiner Regierung an öffnete Karl den Hof für Dichter, nach dem Bericht Einhards ließ er sich selber vom greisen Diakon Petrus von Pisa und von Alkuin unterrichten. Seine Wißbegier war stets wach, gleich ob es sich um Grammatik, Rhetorik, Astronomie oder Theologie handelte. Karls Söhne und Töchter, aber auch die am Hof lebenden jungen Adligen erhielten Unterrichtsstunden von Lehrmeistern, die der König ausgewählt hatte. Sie nahmen auch teil an den wissenschaftlichen Gesprächen, die Herrscher und Gelehrte in ihren Mußestunden führten, nach Alkuins Bericht fanden sie an der Tafel und in Aachen sogar im Schwimmbecken statt. Man hat in diesem Zusammenhang von der »Hofschule« oder »Hofakademie« gesprochen.

Diskutiert wurde über Glaubensfragen und wissenschaftliche oder philosophische Probleme. Auf Verlangen Karls und zur Belehrung der Gesprächsrunde erörterte beispielsweise der Angelsachse Fridugis, ein Schüler Alkuins, ob die Finsternis und das Nichts eine eigene Existenz hätten. Doch Karl und seine Freunde liebten auch literarische Spielereien und gefielen sich in einer Geziertheit, die typisch ist für Königshöfe aller Jahrhunderte.

Doch verstand es der Kaiser auch, die Geistlichen für seine Religionspolitik einzusetzen. Bei der Bekämpfung der spanischen Irrlehre des Adoptianismus ließ er sich von Alkuin und Paulinus von Aquileia unterstützen. Um die Behauptungen der Byzantiner über die Bilderverehrung und die Natur des Heiligen Geistes zurückzuweisen, setzte er Theodulf ein. Von Paulus Diaconus verlangte er eine Geschichte der Metzer Bischöfe *(Gesta episcoporum Mettensium)* mit besonderer Berücksichtigung seines Vorfahren Arnulf. Alle Schriftsteller, ob spanischer, irischer oder fränkischer Abstammung, standen im Dienst des Kaisers.

Zumindest zu Beginn der Regierung Ludwigs des Frommen war die Ausstrahlung des Hofes unverändert groß. In der *familia* des Herrschers lebten der Ire Dicuil, der Ludwig eine geographische Abhandlung widmete, Einhard, Walafrid Strabo und Abt Hrabanus Maurus von Fulda, Verfasser zahlreicher Werke. Der Kaiser ersuchte Abt Hilduin von Saint-Denis um die Übersetzung der Traktate des Dionysios Areopagites, die ihm der byzantinische Kaiser Michael II. übersandt hatte (827).

Mit der gleichen Gesandtschaft hatte Kaiser Michael auch eine Wasserorgel für die Pfalzkapelle geschickt. Dies war die zweite byzantinische Orgel, die in den Westen kam, denn schon Pippin der Jüngere hatte 757 eine erhalten. Der Einfluß des Hofes auf die Entstehung der Kirchenmusik im Abendland ist schon seit langem erwiesen. Pippin der Jüngere und dann Karl der Große hatten in den Kirchen den *cantus romanus* eingeführt und für die Aufzeichnung Gregorianischer Choräle gesorgt. Lieder aus der *scola cantorum* der Pfalz wurden zur Unterrichtung der Geistlichen an die verschiedenen Kirchen geschickt. Im Kloster Saint-Riquier, das der Schwiegersohn Karls des Großen leitete, wurde um 800 das erste Tonar (Liederbuch) geschrieben, das die psalmodierende Melodie einer Antiphon enthielt. Unter Ludwig dem Frommen vervollständigten Helisachar, der Kanzler des Kaisers, Agobard von Lyon und Erzbischof Nebridius von Narbonne das sogenannte gregorianische Antiphonar. Die von den Herrschern angeregte Beschäftigung mit der Musik trug Früchte und machte das 9. Jahrhundert zu einem Zeitalter bedeutender musikalischer Neuerungen wie der Einführung von Notenzeichen (Neumen) und Tropus (Sequenzen im Gregorianischen Choral). Auch wurden die ersten theoretischen Abhandlungen zur Musik und Harmonielehre verfaßt.

Die Höfe in den Teilreichen nach 843

Das Ende der Reichseinheit hatte kaum Folgen für die Karolingische Renaissance. Die Könige versuchten, Gelehrte in ihrer Umgebung zu halten, und stritten sich sogar um deren Gefolgschaft. Hrabanus Maurus, Angelomus von Luxeuil und Sedulius Scotus widmeten ihre Bibeltraktate und Gedichte Lothar I. und dessen Gemahlin Ermengard. Der irische Universalgelehrte Sedulius war von einem Verwandten des Kaisers, Bischof Franco von Lüttich, aufgenommen worden. Er blieb nach 855 im Dienst Lothars II., dem er einen Fürstenspiegel übersandte, den *Liber de rectoribus christianis*. Ludwigs des Frommen Halbbruder Drogo holte an seinen Bischofshof in Metz den Iren Murtagh, den Verfasser eines bedeutenden Donat-Kommentars. Ludwig der Deutsche war nicht weniger gebildet als seine Brüder. Hrabanus Maurus übersandte ihm mehrere exegetische Traktate und sein großes Werk *De universo*. Einer seiner Schüler, Ermenrich, plante sogar, ein Buch über die freien Künste für Ludwig zu schreiben. Dessen Sohn Karl der Dicke unterhielt enge Beziehungen zu den Mönchen von Sankt Gallen, wo die berühmteste Klosterschule Ostfrankens stand. Er ersuchte Notker Balbulus um die Abfassung der *Gesta Karoli*.

Von allen Karolingerherrschern hatte zweifellos Karl der Kahle die meiste Bildung. Er erhielt guten Unterricht durch seine Mutter Judith und seinen Erzieher Walafrid Strabo, seine Interessen waren außerordentlich vielseitig. Frechulf von Lisieux widmete ihm seine Weltchronik, und Lupus von Ferrières schrieb für ihn einen kurzen Abriß der römischen Kaisergeschichte, in der Karl nachahmenswerte Vorbilder finden konnte. Er ließ ein Gedicht über seine Vorbilder schreiben und beauftragte seinen Vetter Nithard damit, die Geschichte seiner Zeit »der Nachwelt mit dem Griffel zu überliefern«. Da der König seine Gebete in Gemeinschaft mit der Kirche verrichten wollte, bat er Usuard von Saint-Germain-des-Prés um die Abfassung eines Martyrologiums. Überhaupt war er sehr an Heiligenleben interessiert: Milo von Saint-Amand schickte ihm ein in Versen verfaßtes Leben des heiligen Amandus *(Vita Sancti Amandi)*, Heiric von Auxerre schrieb für ihn die *Vita metrica Sancti Germani*. Karl wollte aber auch Heilige des Ostens kennenlernen: Der Diakon Paulus aus Neapel widmete ihm eine lateinische Übersetzung des Lebens der ägyptischen Maria und der Theophilos-Legende, durch die zuerst Bestandteile der Faust-Erzählung in das Abendland gelangten. Anastasius Bibliothecarius übersetzte 876 für Karl die Leidens- und Wundergeschichte des heiligen Demetrios von Thessalonike und die *Passio Dionysii*.

Als Laienabt des Klosters Saint-Denis war Karl der Kahle besonders am Leben des heiligen Dionysios interessiert. Er teilte die Ansicht seiner Zeitgenossen, der erste Bischof von Paris sei identisch mit dem Paulus-Schüler, der auf dem Areopag bekehrt wurde und die Schrift *De caelesti hierarchia* verfaßte. Die in Saint-Denis verwahrten Werke des sogenannten Pseudo-Dionysios wurden, wie oben schon erwähnt, auf Anordnung Ludwigs des Frommen übersetzt, aber die Übertragung war fehlerhaft. Karl der Kahle beauftragte den Iren Johannes Scottus Eriugena, einen guten Kenner des Griechischen, mit der Neuübersetzung – ein Ereignis von großer Bedeutung für die europäische Geistesgeschichte. Die karolingischen Geistlichen konnten sich nun den Gedankenreichtum eines Neuplatonikers erschließen. Johannes Scottus selbst zog Nutzen daraus, denn mit seiner Schrift *Periphyseon (De divisione naturae)* stellte er als erster im Abendland eine Synthese von Christentum und Neuplatonismus vor.

Karl hatte bereits früher auf das Wissen von Johannes Scottus zurückgegriffen. Einige Jahre zuvor hatte er darum gebeten, ihm die Kontroversen zu erläutern, die in kirchlichen Kreisen für Bewegung sorgten. Seine besondere Wißbegier galt allem, was mit theologischen Spekulationen zu tun hatte. 842 forderte Karl Ratramnus von Corbie dazu auf, ihm seine Vorstellungen über die Eucharistie mitzuteilen, in Auseinandersetzungen mit einem gerade von Paschasius Radbertus verfaßten Traktat, den er erhalten hatte. Später befragte Karl dann Ratramnus und Lupus von Ferrières über die Prädestinationslehren des Mönchs Gottschalk, die Erzbischof Hinkmar von Reims verurteilt hatte. Und trotz Hinkmar bat er auch noch Johannes Scottus darum, sich zu der Angelegenheit zu äußern.

Der Ire war aber nicht der einzige, der den Hof aufsuchte. Der König schätzte die Gesellschaft von Mönchen und Geistlichen, nach den Worten Heirics von Auxerre »verdiente es der Hof, als Schule bezeichnet zu werden, weil auch seine höchsten Angehörigen täglich nicht weniger Zeit für Studien als für Kriegsübungen aufbringen«. Heiric erweiterte sein Kompliment noch mit der Bemerkung über Karl: »Alle werden durch Euer Beispiel zu den Geheimnissen der Weisheit gezogen.« Karl der Kahle sah sich in der Tat nicht nur als neuer Salomo, sondern genauso als Philosoph auf dem Königsthron nach dem Vorbild römischer Kaiser. Für Papst Johannes VIII. war dies ein Grund neben anderen, warum er Karl im Jahr 875 die Kaiserkrone verlieh.

Die Könige und ihre Bücher

Die karolingischen Herrscher beschränkten sich nicht auf die Neueröffnung von Schulen und die Förderung der Schriftsteller. Sie pflegten außerdem ein besonderes Verhältnis zum Buch als dem wichtigsten Bildungsmittel.

Karl der Große präzisierte 789 sein Schulprogramm und forderte dann die sorgfältige Korrektur der christlichen Schriften: »Denn es kann öfters geschehen, daß jemand auf richtige Weise zu Gott beten will, aber zu einem schlechten Ergebnis kommt wegen der Unvollständigkeit und Fehlerhaftigkeit der Bücher.« Und er fügte noch an: »Die notwendigen Abschriften von Evangelien, Psaltern und Missalen müssen von erfahrenen Männern angefertigt werden, die mit großer Sorgfalt schreiben.« Karl wußte, daß man in den *scriptoria* der großen Klöster zur Anwendung einer neuen Schrift überging, die um 780 vielleicht in Corbie entwickelt worden war. In der Folgezeit wurde sie zu Ehren des Herrschers als »Karolingische Minuskel« bezeichnet. Diese Schrift in regelmäßigen Kleinbuchstaben und mit Wortzwischenräumen wurde schrittweise übernommen, setzte sich dann im ganzen Abendland durch und konnte sich bis zur Gegenwart halten. Bei den ersten Buchdruckern der Renaissance war die Minuskel so beliebt, daß sie für den Satz übernommen wurde. Auf ihr beruhen auch die Kleinbuchstaben der modernen Typographie (Antiqua).

Auf die erstaunlichen Leistungen der karolingischen *scriptoria* kann nur mit allem Nachdruck hingewiesen werden. Ihre Arbeit begann unter Karl dem Großen, sie wurde ohne Unterbrechung durch das ganze 9. Jahrhundert fortgeführt. Man zählt ungefähr achttausend erhaltene Handschriften, aber dies ist nur ein Bruchteil dessen, was damals in den Schreibstuben angefertigt wurde. Daß die Werke der Kirchenväter, die lateinischen Arbeiten von Grammatikern, Rhetorikern, Dichtern und Prosaschriftstellern in den Bibliotheken erhalten blieben, ist allein die verdienstvolle Leistung der Abschreiber. Die europäische Kultur verdankt den karolingischen Kopisten sehr viel, ohne sie gäbe es keine Kenntnis der lateinischen Literatur der Antike.

Die Könige gingen auch auf diesem Gebiet mit gutem Beispiel voran und richteten sich reiche Bibliotheken ein. Maßgeblich dafür war nicht nur Freude am Lesen und am schönen Buch, dazu kamen religiöse Gründe. Schriften mit Abhandlungen über die freien Künste und exegetischen Kommentaren waren Einführungen zum Buch der Bücher, der Bibel. Sie war kein Buch wie andere, sondern gemalt, verziert und prächtig eingebunden. Schreiber und Illustratoren beteiligten sich an der Herstellung, oft wurden auch beide Arbeiten von derselben Person ausgeführt. Das Privileg, geistliche Prachtwerke zu besitzen, wollten die Herrscher nicht den Kirchen überlassen. Für den Gottesdienst in ihrer Kapelle brauchten sie Evangeliare, Vorlesebücher (Lektionare) mit Abschnitten aus der Heiligen Schrift, Sakramentare mit den liturgischen Texten und Antiphonare für den gregorianischen Gesang. Mit dem Auftrag zur Herstellung von Büchern für ihre Bibliothek und ihre Kapelle setzten die Karolinger Maßstäbe für alle späteren Herrscher im Abendland.

Einhard berichtet, daß »Karl der Große Bücher in großer Zahl besaß«. Die kürzliche Entdeckung des Katalogs der Aachener Pfalzbibliothek ermöglicht es, festzuhalten, um welche Werke es sich dabei handelte: Lukan, Statius, Juvenal, Tibull, Beda, Isidor und andere. Karl der Große bestellte ein Homiliar bei Paulus Diaconus und ersuchte Alkuin um eine überarbeitete Bibelübersetzung. Sie blieb für das ganze frühe Mittelalter maßgeblich. Im Jahr 810 gab er den Auftrag zu einer Kurzdarstellung der Astronomie und Kalenderberechnung, die dann in zahlreichen Exemplaren abgeschrieben wurde. Der König ließ auch Künstler für seine Kapelle arbeiten. So holte er 783 aus Italien einen Schreiber namens Godescalc, der ein miniaturenverziertes Prachtevangeliar auf purpurfarbenem Pergament anfertigte. Später gab er einer Gruppe unter Dagulf den Auftrag, ein Psalter herzustellen, das Papst Hadrian I. erhalten sollte. Aus dem Aachener Skriptorium ging eine Reihe von bekannten Evangeliaren hervor. Dazu gehören das Evangeliar der »*Ada Ancilla Dei*«, wahrscheinlich eine Trierer Nonne, und das im Jahr 800 an Saint-Riquier geschenkte Evangeliar, das sich in Abbéville bis heute erhalten hat. In die gleiche Entstehungszeit wurde auch das Evangeliar datiert, das Otto III. fand, als er das Grab des Kaisers im Jahr 1000 öffnen ließ. Es gehörte in der Folgezeit zu den Reichskleinodien der deutschen Könige.

In seinem Testament ordnete Karl der Große den Verkauf seiner Bücher an, das eingenommene Geld sollte an Arme verteilt werden. Wie Bernhard Bischoff nachweisen konnte, behielt aber Ludwig der Fromme einen Teil der Bücher, seine Bibliothek war genauso reich wie die seines Vaters. Sein Milchbruder Ebbo war Ludwigs Bibliothekar, bevor er 816 Erzbischof von Reims wurde. Er ließ eine ganze Gruppe von Schreibern und Illustratoren im Kloster Hautvilliers bei Épernay arbeiten. Erhalten blieben ein Evangeliar in Épernay und der berühmte Psalter, der heute in Utrecht liegt und dessen Federzeichnungen eine selten erreichte Meisterschaft bezeugen.

Nach 843 verteilten sich Schreiber und Künstler auf eine Reihe von Klöstern und auf die verschiedenen Höfe. Ludwigs Halbbruder, Drogo von Metz, benutzte die Fähigkeiten der Reimser Schule, um ein Sakramentar anfertigen zu lassen, das heute in Paris aufbewahrt wird. Lothar I. erhielt zahlreiche Bücher von ihm befreundeten Verfassern, und er gab in Tours ein Evangeliar in Auftrag, dessen erste Seite als Neuerung mit seiner Darstellung als Majestät geschmückt war. Karl der Kahle schätzte Bücher und Prachthandschriften besonders. Von den Gelehrten, die den Hof aufsuchten und die in den Skriptorien von Tours und Saint-Denis arbeiteten, erhielt er ungefähr fünfzig Abhandlungen. Der Laienabt von Saint-Martin in Tours schenkte ihm im Jahr 846 die berühmte Bibel mit der Darstellung des Königs, umgeben von seinen geistlichen und weltlichen Würdenträgern. Die zweite Bibel Karls des Kahlen in einer fränkisch-angelsächsischen Stilart wurde wohl für ihn in Saint-Amand angefertigt, wo seine Söhne erzogen wurden. Im Jahr 869 bestellte der König eine dritte Bibel, die sogenannte Bibel von San Paolo fuore le mure, und zwar für seine Hochzeit mit Richildis; zugleich ließ er ein Sakramentar für seine Krönung zum König von Lotharingien anfertigen. Illustratoren, die ihre Werke signierten, schufen für ihn einen Psalter, vor allem aber ein Evangeliar, das als *Codex Aureus* aus Sankt Emmeram bekannt ist und heute in der Bayerischen Staatsbibliothek in München liegt. Karl der Kahle kümmerte sich sehr eifrig um seine Bibliothek, die er 874 Abt Hilduin in Saint-Omer anvertraute. Als er sich zu seinem zweiten Italienzug entschloß, verfügte er auf der Reichsversammlung von Quierzy die Teilung seiner Bücher zwischen dem Abt von Saint-Denis, dem Abt von Sainte-Marie in Compiègne und seinem Erben Ludwig.

Die weltlichen Großen teilten die Vorliebe der Herrscher für Bücher. Der Inhalt der Bibliothek Einhards ist zwar weitgehend unbekannt, dagegen weiß man, daß Angilbert, der Schwiegersohn Karls des Großen, seinem Kloster Saint-Riquier zweihundert Bände vermachte. Der *Liber Manualis,* den Dhuoda, die Gemahlin Bernhards von Septimanien, für ihren Sohn Wilhelm verfaßte, enthält auch ein Verzeichnis der benützten Quellen. So kann die Bibliothek dieser Adligen erschlossen werden: Es gab darin Abhandlungen über Grammatik und über Kalenderberechnung, Auszüge aus Werken von Augustinus, Gregor dem Großen, Isidor von Sevilla, ferner christliche Dichter und Heiligenleben. Die Testamente von Markgraf Eberhard von Friaul, dem Schwiegersohn Ludwigs des Frommen, und von Graf Eccard von Mâcon aus dem Haus Nibelung vermitteln eine Vorstellung vom Umfang der Bibliotheken großer Adliger. Eberhard war mit Gelehrten seiner Zeit befreundet, darunter dem Mönch Gottschalk, Anastasius Bibliothekarius, Lupus von Ferrières und Hrabanus Maurus. Im Jahr 864 beschloß er, seine Bücherbestände gleichmäßig an seine vier Söhne und vier Töchter zu verteilen. Eccard von Mâcon vermachte rund zwanzig Bücher an seine Frau, seine Neffen, an Bischöfe und Äbtissinnen. Der Bestand der zwei Bibliotheken war ähnlich: biblische und liturgische Schriften für die eigene Kapelle, aber auch exegetische Werke, Moraltraktate, Heiligenleben, Geschichtsbücher, Abhandlungen zur Medizin und zur Landwirtschaft, über Kriegskunst und über Recht. Es war also alles vorhanden, was damals in die Bibliothek eines Edelmannes gehörte. Die beiden Testamente belegen auch, daß diese Adligen Kunstsammler waren wie ihre Könige.

Die Könige als Sammler von Kunstgegenständen

Wie zu allen Zeiten, schätzten es auch die karolingischen Herrscher und Großen, sich mit wertvollen Gegenständen zu umgeben und Kunstwerke zu sammeln. Sie taten dies aus Neigung, aber auch aus Notwendigkeit: Man mußte sich gegenüber Freunden als großzügig erweisen können und sich Gefolgsleute verpflichten durch die Verteilung von Schmuck oder wertvollen Waffen und Stoffen. Außerdem waren die Karolinger der Ansicht, daß für den Dienst an Gott nichts zu schön sein konnte. So schmückten sie ihre Kapelle und die von ihnen beschenkten Kirchen mit goldenen Altären, Reliquiaren, Leuchtern, orientalischen Seidenstoffen und anderen Luxusgegenständen. In ihren Kapitularien empfahlen die Könige den Bischöfen, diese Schätze sorgfältig zu bewachen. Karl der Große beunruhigte sich 806 darüber, daß sich Kaufleute damit brüsteten, sie könnten von Geistlichen erwerben, was immer sie wollten. Als sich Lothar I. in Italien aufhielt, ordnete er eine Untersuchung darüber an, welche Verluste die Kirchen erlitten hatten. Die Würdenträger sollten wirksam über den Erhalt ihrer Schätze wachen und durften keine Wertobjekte entnehmen, außer im Fall der dringendsten Not wie zur Zeit der Normanneneinfälle. Die Kirchen waren auch zur regelmäßigen Inventarisierung verpflichtet, und diese Verzeichnisse vermitteln eine ungefähre Vorstellung von der Menge der aufbewahrten Wertgegenstände.

Soweit bekannt, wurden von den Königen keine solchen Inventare geführt. Man weiß aber, daß sie sich durch Geschenke und Kriegsbeute zahlreiche Kunstobjekte verschafften. Auch ließen sie in den Pfalzen und in den ihnen unterstehenden Klöstern Gruppen von Kunsthandwerkern arbeiten.

Nach Einhards Bericht hatte Karl der Große drei Jahre vor seinem Tod eine Verteilung seiner Schätze, seines Geldes, seiner Kleider und sonstigen Güter in Gegenwart seiner Freunde und Diener vorgenommen. Die Teilungsurkunde, die Einhard dann mitteilt, erwähnt Gold, Silber, wertvolle Steine und Gefäße, Waffen, Gewänder, Decken, Teppiche und anderes. Auch ist die Rede von drei silbernen Tischen und einem goldenen. Einer davon war mit dem Plan der Stadt Konstantinopel verziert, der zweite mit einem Bild der Stadt Rom, der dritte mit einer Weltkarte »aus drei Kreisen«. Dieser Tisch wurde bekanntlich von Ludwig dem Frommen aufbewahrt und 842 durch Lothar vernichtet. Für Verzierung und Einbände der Prachthandschriften ließ Karl Gruppen von Goldschmieden und Elfenbeinschnitzern arbeiten. Sie orientierten sich an antiken Vorbildern, entwickelten aber einen für das Abendland ganz neuen Stil. Auf den Einbanddeckeln des Dagulf-Psalters konnte eine ganze Abfolge von Elfenbeinschnitzereien angebracht werden, die aus den Aachener Werkstätten stammten. Ludwig der Fromme wachte aufmerksam über wertvolle Besitztümer seines Vaters, die vom Hof in verschiedene Kirchenschätze übergingen. Sein Kanzler, Abt Ludwig von Saint-Denis, beschäftigte Goldschmiede, die nach den Worten des Lupus von Ferrières für ihre Kunstfertigkeit berühmt waren. Ein Inventar aus Prüm verzeichnet alle Goldschmiedearbeiten, die dem Kloster von Kaiser Lothar I. geschenkt wurden. Erzbischof Drogo von Metz wählte als Verzierung für sein Sakramentar Elfenbeinplatten, auf denen sechs liturgische Szenen und der Ablauf der Messe abgebildet waren. Auf einer der Darstellungen kann man sogar die Wiedergabe des Bischofsstuhls erkennen, der angeblich vom heiligen Clemens stammt und noch heute im Dom von Metz steht. Aus den königlichen Werkstätten Lothringens stammten nicht nur Elfenbeinarbeiten, sondern auch Gemmen aus Bergkristall, so eine Darstellung der Susanna im Bad mit dem Namen Lothars II.

Karl der Kahle schätzte Kunstgegenstände nicht weniger als Bücher. Vom Beginn seiner Regierung an galt er als guter Sachkenner, so daß ihm zum Beispiel Lupus von Ferrières einige von seinem Steinschneider angefertigte Stücke zur Begutachtung übersandte. In der Folgezeit beschäftigte Karl Elfenbeinschnitzer und Goldschmiede, auf die er sich sogar in einem seiner Kapitularien bezog. Seine Prachthandschriften ließ er sehr aufwendig dekorieren, besonders seinen Psalter, der in der Bibliothèque Nationale in Paris aufbewahrt wird, und den *Codex Aureus,* der seinen Namen der Verwendung von Blattgold verdankt. Als Laienabt von Saint-Denis beschäftigte er die Klosterwerkstatt, in der unter anderem der berühmte »Escrain de Charlemagne« hergestellt wurde. Davon ist nur der Bekrönungsschmuck mit einer antiken Gemme erhalten, aber es gibt eine Zeichnung des Kunstwerks vor dem Einschmelzen im Jahr 1794. Aus königlichen Werkstätten stammen wahrscheinlich unter anderem der sogenannte Talisman Karls des Großen in Reims, der Reisealtar, den Arnulf von Kärnten dem Kloster Sankt Emmeram in Regensburg schenkte, und der an Sankt Peter in Rom gestiftete Thron.

Die Fürsten und Adligen seiner Zeit sammelten Kunstwerke genauso gern wie Kaiser Karl der Kahle. Als Salomon, Herzog der Bretagne, Mönche in seine Pfalz Plélan aufnahm, ließ er eine Liste von Wertgegenständen erstellen, die ganz unkeltisch waren: ein Goldkelch, verziert mit dreihundertdreizehn Perlen und zehn Pfund schwer; eine goldene Patene, verziert mit einhundertfünfundvierzig Perlen und siebeneinhalb Pfund schwer; ein goldenes Kästchen mit den Evangelien darinnen; ferner eine Kassette aus indischem Elfenbein mit sehr schönen Schnitzereien, und, wie die Quelle ergänzt, »was das Allerwertvollste war, sie war angefüllt mit Reliquien von Heiligen«. Die Liste verzeichnet weiter ein goldenes Meßgewand, das Karl der Kahle geschenkt hatte, ein Evangeliar mit Einband aus Marmor (?) von Paros und aus Gold, ein Sakramentar mit Verzierungen aus indischem Elfenbein und vieles mehr. Karls des Kahlen Schwager Boso schenkte an Saint-Maurice in Vienne sieben goldene Kreuze und als Neuheit ein Büstenreliquiar. Den Schatz Berengars von Friaul, König von Italien, überliefert ein Inventar aus Monza, geschrieben zu Beginn des 10. Jahrhunderts. Dieser Fürst war übrigens der Sohn Markgraf Eberhards, dessen Kapelle mit Wertgegenständen angefüllt war, die in seinem bereits erwähnten Testament verzeichnet sind: Marmor-, Gold- und Silbergefäße, kostbare Schalen und Trinkgefäße, goldene Kronen, silberne Weihrauchfässer, goldverzierte Kämme, silberverzierte Fächer, Reliquiare, Amulette aus Kristall, Ketten, goldene Gürtel, wertvolle Edelsteine. Liest man das zeitgleiche Testament Graf Eccards von Mâcon, ist festzustellen, daß dieser Adlige genauso reich war.

Die Könige als Bauherren von Pfalzen und Kirchen

Die karolingische Renaissance brachte auch einen erstaunlichen Aufschwung der Bautätigkeit mit sich. Ungefähr einhundert Königspfalzen wurden neu errichtet oder umgebaut, siebenundzwanzig Kathedralkirchen wurden gebaut, Hunderte von Klöstern erhielten neue Gebäude. Die Herrscher waren nicht allein verantwortlich für diese Aktivitäten, aber sie leisteten ihren Beitrag, indem sie Baumeister und Mittel zur Verfügung stellten. Die Wiederentdeckung der antiken Abhandlungen über Architektur, voran die Abhandlung von Vitruv, ermöglichte es, wieder in Stein zu bauen, also mit einem Material, das in den Gebieten nördlich der Loire noch recht selten verwendet wurde. Außerdem hatten es die Italienzüge mit sich gebracht, daß die Schönheit der römischen Basiliken, Trimphbögen und Palastkapellen von den Karolingern entdeckt wurde. Aber was an karolingischen Bauten erhalten blieb, belegt eindeutig, daß die Vorbilder nicht sklavisch nachgeahmt wurden. Die Baumeister haben vielmehr Grundrisse und Architekturformen entwickelt, die den höfischen Zeremonien und den kirchlichen Festlichkeiten entsprachen.

Die Königspfalzen

Wie mehrfach erwähnt, reisten die karolingischen Könige mit ihrem Hof von einem Aufenthaltsort zum nächsten. Viele der auf dem Land gelegenen Behausungen waren keine Residenzen im eigentlichen Wortsinn. Sie beherbergten den königlichen Verwalter, der den Anbau der Ländereien überwachte, die Gebäude waren meist aus Holz. Die für den Aufenthalt des Königs bestimmten Pfalzen waren dagegen imposantere Baukomplexe, doch ist von ihrer Konstruktion leider nahezu nichts erhalten: ein paar Spuren auf den Sturzäckern von Quierzy-sur-Oise, die Basis des Königsthrons in Paderborn, einige ausgegrabene Architekturteile in Ingelheim am Rhein. Dank weiter fortschreitender archäologischer Forschungen und aufgrund beschreibender Quellen kann man sich aber eine Vorstellung davon machen, wie eindrucksvoll die königlichen Bauwerke waren. Von der Aachener Pfalz haben sich einige Reste im Rathaus der Stadt erhalten, vor allem aber die gegen 785 auf Befehl Karls des Großen errichtete Pfalzkapelle, deren Bauzustand an ein Wunder grenzt. In einem Geviert von zwanzig Hektar, das an den *campus romanus* erinnert, wurden vier Gebäudegruppen errichtet. Im Nordosten lag die Königshalle *(aula regia)*, mit einer Grundfläche von siebenundvierzig mal zwanzig Metern und deutlich der spätantiken Trierer *aula palatina* nachempfunden. Im Süden lagen die Kultgebäude, die in der Form des lateinischen Kreuzes angeordnet waren. Im Schnittpunkt lag die berühmte, achteckige Kapelle, das Hauptwerk des Baumeisters Eudo von Metz. Das große Geviert wurde ergänzt durch ein Dreieck nach Osten, an dessen entferntester Stelle sich die warmen Quellen und das Badebecken befanden. Das gesamte Pfalzareal war von einer Mauer mit vier Toren umgeben. Außerhalb lagen die Häuser der Händler, der Markt, die Höfe von Bischöfen, Äbten, Vasallen und hohen Würdenträgern. Etwas weiter entfernt lagen das von einer Mauer umgebene Jagdgelände und das Tiergehege, wo Karl der Große den Elefanten A'bul Abbas unterbrachte, ein Geschenk des Kalifen Harun al-Raschid.

Durch den Auftrag zum Bau der Aachener Pfalz wollte Karl der Große in Wettbewerb zu den Ostkaisern treten. Aus Ravenna hatte er Marmorsäulen holen lassen, aber auch das Reiterstandbild Theoderichs. Es wurde zum Vorbild für den Bildhauer, der die sogenannte Reiterstatuette Karls des Großen schuf, die lange in Metz aufbewahrt wurde und jetzt im Musée du Louvre zu sehen ist. Karl ließ eine Gießerei anlegen, in der die herrlichen Bronzegitter und Portale der Pfalzkapelle gegossen wurden, die sich noch heute am ursprünglichen Ort befinden. Wie in Byzanz war auch die karolingische Pfalz ein geweihter Raum, in gewisser Weise der Mittelpunkt der gläubigen Welt. Pfalz und Kirche bildeten ein Ganzes. Die Königshalle war eine »Basilika«, die Kapelle ein Thronsaal wie der byzantinische *chrysotriklinios*. Aber während sich der Thron des *basileus* im Osten des Raums an der Stelle des Altars befand, ließ Karl den seinen in Aachen auf der westlichen Empore aufstellen, wo er sich heute noch befindet. Er konnte von da aus genau gegenüber auf den Altar des Erlösers schauen und sah unter sich den Marienaltar, um den sich die Menge der Hofangehörigen drängte. Wenn Karl die Augen hob, konnte er das Kuppelmosaik betrachten, eine Darstellung Christi als Majestät, den die Ältesten zum König ausrufen, wie es in der Apokalypse beschrieben ist.

Die Aachener Pfalzkapelle wurde im Abendland derart bewundert, daß sie zwischen dem 9. und 11. Jahrhundert mehrfach nachgebaut wurde. Als Bischof Theodulf von Orléans seine Kirche in Germigny errichten ließ, wollte er nach dem Bericht einer späteren Quelle mit dem Kaiser konkurrieren. Aber dieser Zentralbau auf quadratischem Grundriß ist eher beeinflußt vom Orient oder durch das westgotische Spanien, aus dem Theodulf stammte. Trotz der ungeschickten Restaurierung im 19. Jahrhundert ist der Bau noch immer eindrucksvoll. Die wirklich auf die Pfalzkapelle zurückzuführenden Bauten stehen im Bereich des ehemaligen Lotharingien. Die Kirche im elsässischen Ottmarsheim, zu Beginn des 11. Jahrhunderts errichtet, ist der am besten gelungene Nachbau.

Karl verbrachte seine letzten Lebensjahre in Aachen. Nach seinem Tod wurde er in der Pfalzkapelle bestattet, vielleicht in einem antiken Sarkophag, auf dem die Entführung der Proserpina dargestellt war. Sein Sohn Ludwig teilte seine Aufenthalte zwischen Aachen, Diedenhofen – wo er eine Kapelle nach Aachener Vorbild bauen ließ –, Compiègne und Ingelheim. In seinem Lobgedicht *In honorem Hludowici* beschreibt Ermoldus Nigellus die Ingelheimer Pfalz in ihrer »gewaltigen Größe, auf hundert Säulen gestützt, mit zahlreichen Umgängen und Anlagen aller Art, mit Toren, Plätzen und unzähligen Aufenthaltsorten«. Er erwähnt auch die Wandgemälde mit Szenen aus Altem und Neuem Testament, ferner die Bilder in der Königshalle, die Heldentaten antiker Herrscher und der Vorfahren Ludwigs darstellten. Nach dem Vertrag von Verdun (843) hielten sich Lothar I. und Lothar II. in Aachen auf, während Ludwig der Deutsche die Winter in Regensburg verbrachte und im Sommer Frankfurt bevorzugte, wo er 853 eine Kapelle erbauen ließ, an der zwölf Geistliche Gottesdienst hielten. Karl der Kahle schätzte den Aufenthalt in Reichsklöstern, und als er nach dem Vertrag von Meerssen (870) keine Hoffnungen mehr auf den Einzug in Aachen hatte, machte er die Pfalz von Compiègne zu seiner Hauptresidenz. Im Jahr 877 beschloß er die Errichtung einer Kapelle, von der er in einer Urkunde selber sagte, sie solle eine Wiedergabe des Kirchenbaus seines Großvaters in Aachen sein. Diese Kapelle ist nicht mehr vorhanden, aber ein Gedicht des Johannes Scottus Eriugena beschreibt sie recht genau: »Karl ließ auf wunderbare Weise ein glanzvolles Gotteshaus errichten, auf wechselnde Marmorsäulen gestutzt, ein hochragender Raum, dessen Architektur auf der Hundertzahl beruht. Man sieht das Rund des Polygons und die aufstrebenden Bögen, die regelmäßig gearbeiteten Wände, Kapitelle und Säulenbasen, die Rundgänge, Geländer und Wandverkleidungen, das Labyrinth der Dächer, die schräggestellten Fenster, die durch ihr Glas Fluten von Licht verströmen. Im Inneren gibt es Wandgemälde, Pflaster und Stufen aus Stein rund um Säulengänge, Sakristeien, Kapellennischen. Das Volk steigt um die Altäre auf und nieder, die Leuchter und die hohen Kranzleuchter sind mit Kerzen besteckt. Edelsteine blitzen, und Gold schimmert überall, Vorhänge und Wandteppiche verkleiden die ganze Kirche …«

Die Kathedralgruppen

Mit Hilfe der karolingischen Könige konnten die Bischöfe auch städtebauliche Maßnahmen durchführen. Die Kirchenreformen, voran die Verpflichtung der Kanoniker zum gemeinsamen Leben in der Nähe des Bischofs, führten zur Errichtung neuer Gebäude, die die Kathedralgruppe bildeten. Um die Mitte des 8. Jahrhunderts errichtete Chrodegang von Metz einen Kreuzgang neben der Kathedralkirche Sankt Stephan, die er vergrößern ließ. Dieser Kreuzgang lag an der Stelle der heutigen Place d'Armes, maß hundert auf fünfundsiebzig Meter und bildete den Zugang zu Kapitelsaal, Refektorium, Dormitorium, Krankenzimmern und mehreren Gebetsräumen. Als der Bayer Leidrad im Jahr 789 Bischof von Lyon wurde, folgte er Chrodegangs Beispiel, und schon zwei Jahre später konnte er Karl dem Großen über seine Baumaßnahmen berichten. Dabei verwies er darauf, daß er für den Fall eines Besuchs des Herrschers in dieser Gegend für dessen Unterkunft vorgesorgt habe. Im gleichen Zeitraum ließ Leidrads Amtskollege in Vienne neben der aus drei Kapellen gebildeten Kathedralgruppe eine Kirche für die Kanoniker errichten. Nach dem Befund der Ausgrabungen war sie offenbar recht groß. Auch im 9. Jahrhundert wurden noch Kathedralgruppen gebaut. Ludwig der Fromme schenkte 817 an die Kathedrale von Tournai Teile seiner dortigen Fiskalgüter, damit der Bischof den Kreuzgang der Kanoniker erweitern könne. Er unterstützte auch einen Verwandten, den Bischof Alderich von Le Mans, ehemals Kanoniker in Metz, beim Bau eines Wohnbezirks für die Domkanoniker mit einzelstehenden Häusern und Amtsgebäuden. Damit nicht genug, ließ Alderich die Wasserleitung der Stadt reparieren und zwei Spitäler erstellen. Das eine, ein Armenspital, lag neben der Kathedrale, das zweite auf dem anderen Ufer der Sarthe. Außerdem ließ Alderich seine Kathedrale und mehrere Klöster erneuern.

Von den zahlreichen Kathedralkirchen der Karolingerzeit ist nichts erhalten geblieben. Aber die Freilegung von Grundmauern bei Ausgrabungen ermöglicht die Rekonstruktion der Anlagen. Der Kölner Erzbischof Hildebald (787–819), Erzkanzler des Kaisers, begann um 800 mit dem Bau einer Kathedrale, die siebzig Jahre später vollendet wurde. Die in mehreren Phasen durchgeführten Arbeiten ergaben eine Kirche mit zwei gegenüberliegenden Chören, ein Bautyp, der später bei vielen karolingischen und nachkarolingischen Anlagen aufgegriffen wurde. Hildebalds Kirche umfaßte auch ein großes Querschiff und eine westorientierte Krypta, sie erinnerte damit an die Raumaufteilung römischer Kirchen. Die Kathedrale von Reims, unter Ebbo begonnen und unter Hinkmar vollendet, hatte ihren Hauptaltar im Westen. Das entsprach dem Vorbild von Fulda und vor allem dem von Sankt Peter im Vatikan.

Als echte Aristokraten legten die Bischöfe Wert auf Komfort, sie ließen ihre Pfalzen daher recht ansprechend ausstatten. In Auxerre gab es einen Speisesaal für den Winter und einen eigenen für den Sommer, damit man die Frische genießen konnte. Wenn man dem Dichter Sedulius glauben darf, ließ Bischof Hartgar in Lüttich einen geräumigen Saal bauen, dessen Wände in lebhaften Farben bemalt waren und der durch verglaste Rundbogenfenster nach außen geöffnet war.

Die Reichsklöster

In den großen Abteien, wahren Klosterstädten, stößt man ebenfalls auf die Baumerkmale der Kathedralgruppen. Die Könige, die ihre Kinder und Gefolgsleute an die Spitze solcher Klöster stellten, unterstützten vor allem den Ausbau der Abtshäuser.

Zu den ersten verwirklichten Bauvorhaben gehörte Saint-Denis, die Begräbnisstätte der Merowingerkönige und Karl Martells. Pippin war in diesem Kloster erzogen worden und fand unter den Mönchen seine wichtigsten Mitarbeiter. Von Papst Stephan II., der sich bekanntlich rund ein Jahr in Saint-Denis aufhielt, ließ er den Grundstein für eine neue Kirche legen. Sie wurde unter Abt Fulrad im Jahr 775 vollendet. Das stattliche Hauptschiff maß zweiundzwanzig mal siebenunddreißig Meter und hatte einen weiten Chor, von dem einige Überreste in der Krypta der heutigen Kirche zu sehen sind. Dank der Großzügigkeit der Herrscher konnten so viele neue Gebäude errichtet werden, daß Saint-Denis zu einer königlichen Stadt anwuchs.

Die Errichtung des Klosters Centula, heute Saint-Riquier, wurde größtenteils durch die materielle Unterstützung Karls des Großen ermöglicht. Zum Laienabt wurde sein Schwiegersohn Angilbert ernannt, der die Dreifaltigkeit besonders verehrte. Er verfügte über dreihundert Mönche und über drei Kirchen, die durch eine Galerie in Dreiecksform verbunden waren. Die turmüberragte Hauptkirche war zweigeteilt und dem heiligen Richarius (Riquier) beziehungsweise dem Erlöser geweiht. Der eigentliche Altarraum war über einer Krypta mit Reliquien aus Jerusalem errichtet und bildete ein sogenanntes Westwerk. Beim Gottesdienst sammelten sich in zwei einander gegenüberliegenden Chorräumen die Mönche, deren Wechselgesang das Kirchenschiff erfüllte. Außerdem hatte Angilbert Prozessionen zu den zwölf im Gotteshaus verteilten Altären eingeführt. An den hohen Festtagen veranstaltete der Abt Prozessionen zu den beiden anderen Kirchen, an denen auch die Einwohner von sieben umliegenden Dörfern teilnahmen. Der Prozession wurden sieben Kreuze und sieben Reliquiare vorangetragen. Dann folgten sieben Diakone, sieben Subdiakone, sieben Akoluthen, sieben Exorzisten, sieben Vorleser, sieben Pförtner, die Mönche in Siebenerreihe, die einhundert im Kloster aufgenommenen Kinder, schließlich die Kreuze der sieben Dörfer. Diese Einteilung nach der Siebenzahl erfolgte offensichtlich entsprechend den sieben Gaben des Heiligen Geistes. Angilbert führte auch den Stationsgottesdienst ein, wie er damals in Rom praktiziert wurde. Die Gesamtheit der Abteigebäude bildete gewissermaßen ein verkleinertes Rom, es war alles vorgesehen, um das liturgische Programm verwirklichen zu können.

Das Vorbild Roms veranlaßte auch die Äbte von Fulda zur Vergrößerung ihrer Kirche, der sie nach Westen Querhaus, Apsis und Vorhalle *Romano more* anfügten. Sie bauten auch zwei Krypten, die größere mit den Reliquien des heiligen Bonifatius im Westteil der Kirche. Die Errichtung weiträumiger Krypten war eine Neuerung der karolingischen Baumeister, die im Zusammenhang mit dem Reliquienkult gesehen werden muß. Jede Kirche bemühte sich um den Besitz von Reliquien möglichst berühmter Heiliger. Der Erwerb solcher Reliquien wurde oft mit recht zweifelhaften Methoden betrieben. Einhard war durchaus damit einverstanden, daß sein Notar die Überreste der römischen Heiligen Petrus und Marcellinus gestohlen hatte. Er verwahrte sie zuerst in der von ihm errichteten Kirche in Steinbach (Odenwald), dann überführte er sie in seine Basilika in Seligenstadt – zwei Baudenkmäler, die bis heute erhalten geblieben sind. Grundsätzlich war für jede Reliquientranslation die Einwilligung des Königs erforderlich. Die Herrscher versuchten, den Austausch zu regulieren, der nur zu oft den Charakter eines Handelsgeschäfts annahm. Jedes neubekehrte Gebiet hatte besonderen Bedarf an Reliquien. So erhielt die Kirche im sächsischen Paderborn von Ludwig dem Frommen die Genehmigung, sich die Überreste des heiligen Liborius aus Le Mans zu holen. Das mißfiel den Einwohnern dieser Stadt natürlich, aber sie mußten sich der Anordnung des Königs fügen.

Um die Reliquien zu verwahren und den Gläubigen die Verehrung zu ermöglichen, baute man als Abschluß des Altarraums gewölbte Kryptaanlagen. Darin befanden sich der Reliquienschrein, zusätzliche Gebetsräume sowie die Grabstätten kirchlicher Würdenträger und weltlicher Großer, die sich in unmittelbarer Nähe der Heiligenreliquien bestatten lassen wollten. Diese Krypten waren nicht unterirdisch angelegt, sondern durch schmale Fensteröffnungen erhellt. Solche Anlagen finden sich noch heute in Saint-Médard in Soissons und in Saint-Germain in Auxerre.

Die Klosterkirche in Saint-Germain in Auxerre wurde unter dem Laienabt Konrad, einem Onkel Karls des Kahlen, und dessen Gemahlin Aelis zwischen 841 und 865 errichtet. Die Baumeister, die den Grundriß entworfen hatten, ließen ein Wachsmodell des geplanten Bauwerks anfertigen. Die Werkmeister holten aus der Provence antike Säulen, die auf der Rhône und Saône bis Chalon gebracht und dann auf der Straße bis Auxerre transportiert wurden. Am 6. Januar 859 wurde die Kirche in Gegenwart Karls des Kahlen geweiht. Die Gänge und Gebetsräume um die *confessio* mit dem Sarkophag des heiligen Germanus waren mit prächtigen Fresken ausgemalt. Reste davon wurden 1927 unter dem neuzeitlichen Verputz von René Louis entdeckt.

In jedem Reichskloster gab es einen eigenen Platz für den König in der Kirche und eine eigene Unterkunft in den Gebäuden. In Corvey, das von Adalhard und Wala, den Vettern Karls des Großen, erbaut und das nach 873 vergrößert wurde, blieb das imponierende Westwerk erhalten. Das obere Stockwerk war Johannes dem Täufer geweiht, hier konnte der Herrscher genau wie auf der Empore der Aachener Pfalzkapelle dem Gottesdienst beiwohnen. Die *porta triumphalis* des Klosters Lorsch, die sogenannte Torhalle, wurde wie ein antiker Triumphbogen gebaut und markierte den Weg zur Kirche. Das Obergeschoß konnte bei Besuchen des Königs als Empfangshalle dienen. Der Raum war sieben mal zehn Meter groß, die Wände waren mit fingierten Architekturelementen in antikisierendem Stil ausgemalt. Der berühmte Sankt Galler Klosterplan sah eigene Häuser vor für die Unterbringung des Kaisers und vornehmer Gäste.

Der Sankt Galler Klosterplan wurde auf ein Pergamentblatt von 1,10 Meter Länge und 0,75 Meter Breite gezeichnet, das aus fünf Stücken zusammengenäht ist. Es handelt sich um ein Orientierungsprogramm für den geplanten Neubau des Klosters aus der Zeit zwischen 816 und 830. Der Plan wurde vielleicht im Skriptorium der Reichenau gezeichnet und ist ein einzigartiger Beleg für die Organisation eines karolingischen Klosters. Durch dreihunderteinundvierzig Eintragungen wird die Zweckbestimmung der Gebäude im Erdgeschoß und ersten Stock erklärt. Die geplante Kirche war ungefähr hundert Meter (300 Fuß) lang und hatte an beiden Stirnseiten einen Chor. Zwei runde Türme flankierten die nach Westen angeordnete Empfangshalle. Wie in Saint-Riquier war das Kirchenschiff mit zahlreichen Altären ausgestattet. Neue Ausgrabungen im Ostteil des Bauwerks haben den Beweis dafür erbracht, daß mit der Verwirklichung des Plans begonnen worden war, aber die Fertigstellung nicht erreicht wurde. Jedenfalls war dieser Idealplan keine bloße Fiktion, er entspricht weitgehend dem, was man über karolingische Klosterkirchen und Abtshäuser weiß.

Die karolingischen Könige und die Bilder

Die karolingischen Kirchen waren reich geschmückt mit Marmorverblendungen und Stuck, mit kunstvoll gehauenen Kapitellen und Balustraden. Die Marmorbrüche in den Pyrenäen waren seit der Mitte des 8. Jahrhunderts stillgelegt, weil die Kriegsverwüstungen in Aquitanien den Betrieb unmöglich machten. Als Ersatz verarbeitete man antike Säulen und Kapitelle aus der Provence und aus Italien. Es gab Künstler, die Kapitelle aus Stein anfertigten – einige Exemplare aus Saint-Denis konnten bei Grabungen geborgen werden – und auch Chorschranken schufen, mit denen der Chor vom Kirchenschiff abgegrenzt wurde. Die Chorschranken von Sankt Peter auf der Zitadelle in Metz, die im Museum der Stadt aufbewahrt werden, stammen wohl aus der Mitte des 8. Jahrhunderts. Sie sind vielleicht zeitgleich mit den Schranken, die man in den Ruinen des nahegelegenen Klosters Cheminot ausgegraben hat, das von Karl dem Großen gegründet wurde. Hunderte von reliefierten Steinplatten aus der Zeit des ausgehenden 8. und frühen 9. Jahrhunderts fand man in Oberitalien, der Schweiz und Österreich, was auf ein bewußtes Programm zur Erneuerung baufälliger Kirchen deuten kann. Dazu meinte Jean Hubert: »Der Einbau neuer Chorschranken gehörte gewiß zu dem großen Unternehmen der Wiederherstellung der Heiligtümer, das von der Reichsgewalt angeordnet worden war.«

Die karolingischen Herrscher zeigten auch Interesse für Raumschmuck durch Wandmalerei, denn sie bezogen Stellung im Bilderstreit. Durch das VII. Ökumenische Konzil in Nicaea (787) war die Bilderverehrung im byzantinischen Reich wieder eingeführt worden. Karl der Große begann damals, als gleichberechtigt mit dem Ostkaiser aufzutreten, und ließ, wahrscheinlich von Theodulf von Orléans, eine Streitschrift verfassen, die unter dem Namen *Libri Carolini* bekannt ist. Zahlreiche Randbemerkungen in der erhaltenen, zeitgenössischen Handschrift bekunden Karls eigene Anteilnahme an der Durchsicht und Verbesserung der Arbeit. Aufgrund einer fehlerhaften Übersetzung der Konzilsakten von Nicaea war Karl der Große davon überzeugt, die Griechen würden Bilder anbeten, und reagierte heftig. Für ihn hatten Bilder nur künstlerischen und pädagogischen Wert, durften aber keinesfalls angebetet werden. Es sei Gotteslästerung, ein Bild als heilig zu bezeichnen oder Weihrauch davor zu verbrennen, denn, wie ironisch vom Verfasser angemerkt wird, wenn man etwa eine Darstellung der Flucht aus Ägypten beweihräuchere, sei ungewiß, ob man dies für die Heilige Jungfrau tue oder für den Esel, der sie trägt. Die Schönheit eines Bildes dürfe nicht dazu verführen, es anzubeten: Wenn man ein Bild frömmer verehre als andere, nur weil es schöner ist, so leite man seine Heiligkeit aus der Begabung des Künstlers ab. Wer glaube, etwas Heiliges zu verehren, nur weil er durch Schönheit ergriffen ist, der täusche sich gewissermaßen unbewußt. Wer aber Gemälde verehre, deren Häßlichkeit der Kunst ein Ärgernis ist, der könne nicht entschuldigt werden, denn sein Irrtum erscheine als absichtlich und freiwillig. Wie es sich für einen Gelehrten gehört, stellt der Verfasser der *Libri* das geschriebene Wort über die Bilddarstellung: »Der

Mensch kann auch ohne Bilder sein Seelenheil erlangen, aber nicht ohne Kenntnis von Gott. Auch ist jeder zu bedauern, der Bilder braucht, um sich an das Leben Christi zu erinnern, und nicht imstande ist, aus eigener Kraft zu glauben.« Die Frankfurter Synode von 794 bezog offiziell Stellung gegen die Konzilsbeschlüsse von Nicaea, und Karl der Große ließ durch Angilbert darüber bei Papst Hadrian I. Bericht erstatten.

Die Bilderfrage beschäftigte die Karolinger auch noch zu Beginn des 9. Jahrhunderts. Bischof Claudius von Turin, ein Westgote, war in dieser Frage so unnachgiebig, daß er die Zerstörung aller Bilder in den Kirchen verlangte. Heftig widersprachen ihm der Ire Dungal, der sich nach Saint-Denis zurückgezogen hatte, und Bischof Jonas von Orléans, der von Ludwig dem Frommen den Auftrag erhalten hatte, sich mit der Angelegenheit zu befassen. Da gerade eine byzantinische Gesandtschaft anwesend war, ließ der Kaiser das Problem der Bilderverehrung dann von der Pariser Synode des Jahres 825 untersuchen. Man griff auf die Grundsätze der *Libri Carolini* zurück und stützte sich auf die seit Gregor dem Großen gültige traditionelle Lehre der Römischen Kirche. So bestätigte man den pädagogischen Wert der Bilder für alle, denen der Zugang zu Büchern versperrt war. Walafrid Strabo, Abt der Reichenau, schrieb wenig später: »Wir erleben immer wieder, wie einfache und unwissende Geister, Menschen, die auf keine Weise durch das Wort zum Glauben geführt werden können, von Darstellungen der Passion des Herrn und anderer Wunder dagegen bis zu Tränen gerührt werden und bezeugen, daß diese Darstellungen tief in ihr Herz eingegraben sind.« Tatsächlich waren die karolingischen Kirchen auch mit Fresken ausgemalt, deren Themen aus der Bibel oder aus Heiligenleben stammten. Die Kirche Sankt Johannes Baptista in Müstair (Münster, Kanton Graubünden) wurde mit Unterstützung Karls des Großen gebaut. Sie zeigt auf zwanzig Wandbildern Szenen aus dem Alten Testament, zweiundsechzig Darstellungen sind den Evangelien entnommen. Nicht weit entfernt von hier steht die Benediktkirche von Mals im oberen Vinschgau. In ihr sind einige Heiligenbilder und das Porträt des adligen Kirchenstifters erhalten. Diese wenigen Reste einer fast verschwundenen Kunst vermitteln eine Vorstellung davon, welche Pracht karolingischer Raumschmuck entfalten konnte.

Die Nachfolger der karolingischen Herrscher im 10. Jahrhundert

Die Krise des Reiches und die erneuten Invasionen ließen zahlreiche Bibliotheken, Kunstwerke und Bauten untergehen, trotzdem überdauerte die karolingische Renaissance auch im 10. Jahrhundert. Zwar gab es einen kritischen Zeitabschnitt, aber danach fanden Wissenschaft und Kunst wieder Aufnahme in den Klöstern, deren Reformen die ganze Epoche ausfüllten. Im Jahr 909 begann die Gründung von Cluny durch Wilhelm den Frommen von Aquitanien, den Sohn des mächtigen Adligen Bernhard Plantapilosa und Enkel der Dhuoda. In der Folgezeit verbreitete sich der Cluniazenserorden über Südfrankreich, Burgund und Italien. Im Norden Westfrankens wurde die Klosterreform durch die Grafen von Flandern und die Herzöge der Normandie in ihren Gebieten gefördert. In Lothringen vereinten Bischöfe und Könige ihre Anstrengungen zur Erneuerung der Regel des heiligen Benedikt. Die Wiederherstellung des Klosterlebens bedeutete zugleich, daß auch wieder Bibliotheken eingerichtet wurden und daß die Pflege der Liturgie sowie mönchische Studien neue Wertschätzung erfuhren.

Das geistige Leben

Die westfränkischen Könige haben, wie festzuhalten ist, zu diesem neuen kulturellen Aufschwung nichts beigetragen. Karl der Einfältige war ein gebildeter Herrscher gewesen, aber sein Sohn Ludwig IV. zog weder Gewinn aus seiner Erziehung am Hof des angelsächsischen Königs Athelstan noch aus dem Einfluß seiner Gemahlin Gerberga, der Schwester Ottos I. Nach einem Chronisten soll sich sogar ein Vasall, Fulco von Anjou, über Ludwig lustig gemacht haben mit dem Sprichwort: »Ein ungebildeter König ist wie ein gekrönter Esel.« Der einzige Gelehrte an seinem Hof, von dem man weiß, war sein Halbbruder, Bischof Rorico von Laon. Dafür findet man einige Geistliche in der Umgebung der großen Adligen. Herzog Richard I. von der Normandie gab Dudo von Saint-Quentin den Auftrag zu einer Geschichte seiner Vorfahren. Graf Arnulf von Flandern ließ durch den Priester Witger eine Familiengeschichte verfassen, die bis zu den Karolingern zurückreichte. Über die kulturellen Interessen der Robertiner weiß man so gut wie nichts. Odo I. schätzte den Wert der Kunstgegenstände, die in Saint-Denis verwahrt wurden. Aber als Laienabt des Klosters eignete er sich einen Teil des Schatzes an, den er wegen des Edelmetalls einschmelzen ließ. Er war es wohl, der Arnulf von Kärnten den *Codex Aureus* und den goldenen Altar schenkte, die dieser dann beide dem Kloster Sankt Emmeram in Regensburg vermachte. Hugo Capet konnte kein Latein, aber er wollte seinem Sohn guten Unterricht verschaffen und übergab ihn 972 dem Reimser Schulleiter Gerbert.

Gerbert war sehr jung dem Kloster des heiligen Gerald von Aurillac anvertraut worden und konnte dank der Unterstützung durch Graf Borell von Barcelona ein ungewöhnlich gründliches Studium absolvieren. In Katalonien gab es bedeutende Bischofs- und Klosterschulen, die Beziehungen zum arabischen Spanien unterhielten. Sie konnten dadurch eine wissenschaftliche Ausbildung vermitteln, die anderwärts unbekannt war. In Vich und Ripoll konnte Gerbert einen Großteil seiner Kenntnisse in Astronomie, Arithmetik und Musik erwerben. Im Jahr 970 begleitete er Graf Borell nach Rom; damals lernte er Otto I. und den künftigen Herrscher Otto II. kennen. Er konnte zu den Ottonen freundschaftliche Beziehungen herstellen, die sich in der Folgezeit noch verstärkten.

Die ostfränkisch-deutschen Könige folgten dem Vorbild der Karolinger. Aus persönlichen und politischen Gründen holten sie Gelehrte zu sich, die sie förderten. Otto I. war wißbegierig und für Erkenntnisse jeder Art offen, er kannte die Bedeutung weltlicher und geistlicher Kulturtraditionen für die Festigung seiner Macht. Wie Karl der Große wollte er gelehrte Bischöfe in seiner Umgebung sehen, die befähigt waren, bischöfliche Schulen zu leiten und Geistliche auszubilden, die dann in der königlichen Kanzlei dienen konnten. Otto machte seinen Bruder Brun erst zum Erzkaplan, dann zum Erzbischof von Köln. Dafür spielte Brun bei ihm die gleiche Rolle, die Alkuin beim Frankenkönig gespielt hatte, und in einem Preisgedicht feierte er Otto für die Wiederherstellung der Schulen. Die bedeutenden Klöster Sankt Gallen, Fulda und Reichenau waren gewissermaßen Hochschulen, die Gelehrte ausbildeten. Nach dem Vorbild Karls des Großen benützte Otto I. die Eroberung Italiens, um führende Köpfe zu sich nach Deutschland zu holen. Darunter waren Stephan und Gunzo von Novara, wobei Gunzo gut hundert Handschriften mit sich führte. Die Königinnen und die Prinzessinnen achteten auf die Unterweisung der Töchter von Adligen in den hofnahen Klöstern Quedlinburg – davon sind noch zwei Krypten erhalten –, Nordhausen, Magdeburg und Gandersheim. In Gandersheim wirkte die Nonne Hrotswith, die von einer Nichte Ottos I. erzogen wurde. Sie verfaßte ein Heldengedicht zum Lob Ottos und Theaterstücke nach dem Vorbild von Terenz. Der Tochter Ottos I., Mathilde, widmete der Corveyer Mönch Widukind seine Sachsengeschichte *(Res gestae Saxonicae)*. (Vgl. Karte VIII.)

Otto II. war ein gebildeter Herrscher mit einer Vorliebe für Wissenschaften und Bücher. Als ihn 972 sein Weg durch Sankt Gallen führte, ließ er sich einige Handschriften der berühmten Bibliothek aushändigen. Er kannte den Ruf Gerberts, der ihm während seines Romaufenthalts einige Unterrichtsstunden erteilte, und im Jahr 981 veranstaltete er in Ravenna eine Disputation zwischen dem Reimser Domscholaster und Ohtrich, dem Leiter der Magdeburger Domschule. Darüber berichtet der Mönch Richer von Saint-Remi in Reims: Der Kaiser eröffnete das Gespräch mit dem Hinweis, »daß regelmäßige Überlegungen und Verstandesübungen das menschliche Wissen voranbringen, falls die Themen passend gewählt und in der gemeinsamen Sprache aller Gelehrten behandelt werden. Da wir nur zu oft in Untätigkeit erstarren, ist es nur nützlich, wenn uns andere durch ihre Fragen bedrängen und dadurch zum Nachdenken anregen. Auf diese Art haben die größten Gelehrten den Quell der Weisheit zum Fließen gebracht, so haben sie ihr Wissen niedergeschrieben und verbreitet. Sie haben es weitergegeben, damit wir die Ehre haben, guten Gebrauch davon zu machen. Beschäftigen wir uns deswegen ebenfalls mit einigen Problemen. Diese Untersuchung wird unseren Geist stärken und und die Sicherheit unserer Einsichten vergrößern. Ich schlage also vor, die Übersicht über die Arten *(species)* der Philosophie erneut zu überprüfen, die uns im vergangenen Jahr vorgelegt worden ist. Führt die Untersuchung mit dem größten Eifer, und jeder äußere, was er dazu denkt oder was er daran zu tadeln findet...«

Die Eheschließung Ottos II. mit der Byzantinerin Theophanu wurde von allen Geschichtsschreibern als das größte Ereignis seiner

Regierungszeit gefeiert. In der Begleitung dieser hochgebildeten Prinzessin befanden sich griechische Geistliche und auch Künstler. Die noch erhaltene Bartholomäuskapelle in Paderborn wurde nämlich von byzantinischen Meistern gebaut. Man sollte den östlichen Einfluß auf die ottonische Kunst nicht überschätzen, aber es ist unbestreitbar, daß Webarbeiten, Elfenbeinschnitzereien, Handschriften, angefertigt für den Kaiser und Große des Reiches, auf byzantinischen Vorlagen beruhten. Die griechische Kultur hatte in Süditalien, Rom sowie Teilen des Mittelreichs überlebt, jetzt wurde sie durch die Beziehungen zwischen Orient und Okzident wieder gestärkt.

Otto III. hatte also einen sächsischen Vater und eine griechische Mutter. Er erhielt gründlichen Unterricht bei seinen ersten Lehrern, Erzbischof Willigis von Mainz, Bernward, später Bischof von Hildesheim, und Johannes Philágathos aus Kalabrien, der ihm die Anfangsgründe des Griechischen beibrachte. Als Jüngling aber fühlte er sich noch zu unwissend. 996 schrieb er einen recht gespreizten Brief an Gerbert: »Wir wollen uns eure allgemein verehrte Exzellenz verbunden machen und eure teure Freundschaft gewinnen. Wir wünschen uns, einen so großen Meister ohne Unterbrechung in unserer Nähe zu haben, denn euer Wissen und eure Lehre war angesichts unseres Unwissens für uns stets maßgebend. Wir erhoffen, daß ihr euch nicht durch unsere sächsische Roheit abschrecken laßt, sondern die Zartheit unseres Griechentums fördern werdet. Man kann bei uns wohl einen Funken des Geistes finden, der griechisch erstrahlen kann, wenn er nur geweckt wird. Vielleicht wollt ihr die mächtige Flamme eures unerschöpflichen Wissens dem winzigen Feuer nähern, das sich in uns findet. Wir ersuchen euch darum demütig...«

Gerbert war damals Erzbischof von Reims, aber die Rechtmäßigkeit seiner Ernennung wurde vom Papst und auch von einigen Geistlichen bestritten. So konnte ihm nichts willkommener sein, als in den Dienst Ottos III. zu treten. Er begleitete den Kaiser auf Reisen und auf den Feldzügen gegen die Slawen. Er machte ihn vertraut mit Arithmetik, Musik und Philosophie. Als Ratgeber des Kaisers ersehnte er wie der von ihm verehrte Boëthius, daß die Grundsätze der Philosophie im politischen Alltag angewendet würden. Für ihn lehrten Philosophie und der Gebrauch der Vernunft die Mäßigung und

Beherrschung der Leidenschaften. Gerbert schrieb für Otto III. einen Traktat über das Vernünftige und den Gebrauch der Vernunft *(De rationali et ratione uti)*. In der Einleitung dieser Schrift wird das Programm der *Renovatio Imperii Romanorum* verkündet: »Uns, uns allein gehört das Römische Reich. Italien ist reich an Früchten, Gallien und Germanien, die unerschöpflich an Kriegern sind, leihen ihm ihre Stärke. Auch die mächtigen Königreiche der Skythen [d. h. der Slawen] fehlen uns nicht mehr. Du, Caesar, bist unser *Romanorum imperator augustus*. Geboren aus edelstem griechischen Blut, übertriffst du die Griechen durch das Kaiserreich, du gebietest über die Römer kraft deines Erbrechts, und beide übertriffst du an Geist und Beredsamkeit.«

Wie sein Vater, war Otto III. den Büchern zugetan. Er schuf sich eine eigene Bibliothek, von der einige Bände erhalten geblieben sind. Denn nach seinem Tod bekam sie sein Nachfolger Heinrich II., der einen Großteil der Bücher seiner Bistumsgründung Bamberg übergab. Darunter befanden sich eine Handschrift von *De arithmetica* des Boëthius, die Karl dem Kahlen gehört hatte, ein medizinisches Werk, ein Titus Livius aus der Bibliothek von Piacenza, ein Seneca, die Institutionen Justinians, *De natura rerum* des Isidor von Sevilla, die *Institutiones… litterarum* Cassiodors und das Autograph von Richers *Historiarum libri IV*, das Otto von Gerbert erhalten hatte.

Die ottonischen Kaiser fühlten sich als Stellvertreter der göttlichen Majestät auf Erden, als Schutzherren der Kirche. Sie ließen sich für ihre Kapelle besonders prachtvolle Handschriften anfertigen. Aber im Gegensatz zu den Karolingern haben sie anscheinend keine Künstler an ihren Hof gezogen. Natürlich verfügten sie über Schreiber und Buchmaler, das bezeugen zwei noch erhaltene Prachturkunden: das von Otto I. für Papst Johannes XII. nach der Kaiserkrönung ausgestellte *Ottonianum*, das mit Goldbuchstaben auf purpurnem Pergament geschrieben ist, und die jetzt in Wolfenbüttel aufbewahrte Heiratsurkunde der Kaiserin Theophanu. Der purpurne Grund ist bei diesem Diplom mit einem Muster nach Art byzantinischer Webarbeiten verziert.

Wenn sich die Ottonen reichverzierte Handschriften beschaffen wollten, wandten sie sich an die Werkstätten von Klöstern, die karolingische Handschriften besaßen. Diese Handschriften nahm man als Vorlage, um den herrscherlichen Ansprüchen genügen zu können. Aus Corvey stammten das Quedlinburger Evangeliar und andere Evangeliare nach fränkisch-sächsischem Stil. Das Fuldaer Skriptorium verfertigte für Otto I. den *Codex Wittekindeus*, der an Handschriften vom Hof Karls des Kahlen erinnert. Um das Jahr 1000 bestellte Kaiser Otto III. im Kloster Reichenau ein Evangeliar. Er ließ sich darin mit den Reichsinsignien darstellen, umgeben von geistlichen und weltlichen Großen, während ihm vier Reichsprovinzen ihre Geschenke darbringen. Von der Reichenau stammt auch das berühmte Evangeliar, das jetzt in Aachen liegt und auf Goldgrund die sogenannte Apotheose Ottos III. zeigt. Dabei dürfte es sich aber eher um Otto I. zwischen seinen beiden Nachfolgern handeln.

Bischöfe und Äbte als Förderer der Kunst

Bischöfe und Äbte, die eng mit den Kaisern zusammenarbeiteten, beschirmten ebenfalls Gelehrte und Künstler. Sankt Gallen, zeitweilig von einem Verwandten Ottos I. geleitet, war das wichtigste geistige Zentrum im Reich. Die Klosterschule wurde nacheinander von bedeutenden Männern geleitet: Ekkehard I. (†973), Verfasser einer metrischen *Vita Waltharii* für Adlige, die germanische Heldensagen kennenlernen wollten, dann Notker Physicus (†975) und Ekkehard II. (†990), der mit Otto II. und der Prinzessin Hadwig befreundet war. Abt Witigowo von Reichenau, der die Spitznamen *Abbas aureus* und »Sprachrohr des Königs« erhielt, war mehr am Hof als in seinem Kloster anwesend. Aber er vergaß seine Bodenseeinsel keineswegs, sondern ließ in Mittelzell das Schiff der Marienkirche erneuern und in Oberzell die Sankt-Georgskirche mit Wandmalereien ausschmücken. Der bayerische Abt Gozpert von Tegernsee erweiterte seine Bibliothek, die dann von dem klassisch gebildeten Mönch Froumund benützt werden konnte. In Regensburg ließ Abt Ramwold von Sankt Emmeram (979–1001) den karolingischen *Codex Aureus* restaurieren.

Die Erzbischöfe waren nicht weniger darauf bedacht, ihre Städte, die Zentren der Kirchenprovinzen, zu kulturellen Mittelpunkten zu entwickeln. Trier hatte Mitte des 10. Jahrhunderts als Erzbischof einen Onkel Ottos I., der mit Rather von Verona, Flodoard von Reims und dem irischen Bischof Israel befreundet war. Seit 977 versuchte Erzbischof Egbert, der ehemalige Kanzler Ottos II., seiner Metropole etwas von der Bedeutung zurückzugeben, die sie im 4. Jahrhundert besessen hatte. Aus Italien brachte er einen Künstler mit, der unter dem Namen »Meister des *Registrum Gregorii*« bekannt ist. Ihm verdankt man eine Porträtdarstellung Ottos II., die jetzt in Chantilly aufbewahrt wird. Dieser Italiener kannte spätantike und karolingische Handschriften, die in Trier aufbewahrt wurden, er schuf auch das Evangeliar, das Karl V. 1379 an die Sainte-Chapelle schenkte und das jetzt in der Pariser Bibliothèque Nationale liegt. Egbert ließ sich und seine Vorgänger im *Codex Egberti* darstellen, den er in der Werkstatt der Reichenau bestellte. Außerdem sorgte er dafür, daß Taten und Leben derer bekanntgemacht wurden, die den Ruhm von Trier begründet hatten. Mit diesem Ziel förderte er die Abfassung hagiographischer Werke in Sankt Maximin, Sankt Eucherius und Sankt Martin.

Seit alters war Köln die Rivalin von Trier. Aufgrund der geographischen Lage könnte Köln Beziehungen zu weiteren städtischen Zentren, Utrecht und Lüttich, herstellen. Im Jahr 953 wurde Ottos Bruder Brun zum Kölner Erzbischof ernannt, der die Stadt dann zu einem Mittelpunkt der Wissenschaften machte. Brun hatte viele politische Aufgaben, trotzdem blieb er ein eifriger Leser, der nach den Worten seines Biographen ohne Bücher nicht auf Reisen gehen konnte. Er kannte die antiken Dichter und Philosophen, er schätzte es besonders, mit Griechen zu disputieren, die den Hof besuchten. Aus der Kölner Domschule stammten der spätere Bischof Dietrich von Metz, ein Vetter des Kaisers, Bischof Wicfrid von Verdun und Bischof Gerhard von Toul, der Schriftsteller und Künstler förderte. Auch Bruns Nachfolger erwiesen sich als kunstfreundlich. Gero und anschließend Heribert, der Kaplan Ottos III., sorgten für den Ausbau der Sankt-Pantaleonskirche in dem von Brun gegründeten Kloster. Hier wurde Theophanu im Jahr 991 bestattet, das Westwerk des von Corvey beeinflußten Bauwerks ist erhalten geblieben. In den Kölner Werkstätten arbeiteten zahlreiche Künstler und Kunsthandwerker. Buchmalern ist der Gero-Codex zu verdanken, die Kopie einer karolingischen Bilderhandschrift. Goldschmiede schufen das sogenannte Lotharskreuz und das Kreuz der Äbtissin

Mathilde. Besonders zu erwähnen sind auch die Elfenbeinschnitzer, die sich karolingische und byzantinische Arbeiten zum Vorbild nahmen. Von Byzanz beeinflußt war auch die Buchmalerei im Lektionar des Erzbischofs Everger und im Sakramentar von Sankt Gereon.

Das Bistum Lüttich in der Kölner Kirchenprovinz wurde von den Ottonen besonders begrünstigt. Rather, ein Mönch aus Lobbes, konnte sich als Bischof von Verona nicht behaupten. Er suchte Zuflucht am Hof und wurde von Otto I. zum Bischof von Lüttich ernannt. Er fand dort bereits eine Schule vor, an der Musik und Literatur gepflegt wurden. Bischof Stephan von Lüttich († 920), ehemaliger Kleriker in Metz und ein Verwandter Karls des Einfältigen, hatte in seinen Gedichten und liturgischen Vertonungen den heiligen Lambert gefeiert. Die Antiphon *Magna vox* bildete zusammen mit dem *Magnificat* bis 1789 die Nationalhymne des Bistums Lüttich. Rather, einer der bemerkenswertesten Schriftsteller seiner Zeit, übergab die Leitung der Schule an seinen Schüler Eraclus. Sein streitbares Wesen brachte ihn in Konflikt mit den Lüttichern, so daß er von seinem Bischofssitz vertrieben wurde. Sein Nachfolger Eraclus mußte sich zugleich um die Schulen kümmern und Hofdienst leisten. Notker, der in der kaiserlichen Kanzlei begonnen hatte, wurde 972 zum Bischof ernannt und tat sehr viel für seine Stadt. Er ließ sie befestigen, errichtete Kirchen, erneuerte die Kathedrale und den Wohnbereich der Kanoniker. Gleichzeitig kümmerte er sich um die Entwicklung des Klosters Lobbes, das nacheinander seine Freunde Folkwin und Heriger leiteten. Notker beschäftigte Elfenbeinschnitzer aus Metz und Köln, aber auch Maler, darunter den »Meister des *Registrum Gregorii*«, der sich nach dem Tod Egberts in Lüttich niederließ.

Das Erzbistum Mainz unterstand seit 954 Wilhelm, einem Sohn Ottos I. Der Kathedralklerus und die Mönche von Sankt Alban stellten ihr Wissen und ihre Kunstfertigkeit in den Dienst des Herrscherhauses. Um diese Zeit schuf ein Mönch von Sankt Alban das sogenannte Römisch-Deutsche Pontificale, das auch in Italien übernommen und um das Jahr 1000 zur Grundlage des *Pontificale Romanum* wurde. Vielleicht stammt auch die berühmte, jetzt in Wien aufbewahrte Kaiserkrone aus einer Mainzer Werkstatt. Der politisch einflußreiche Erzbischof Willigis (975–1011) ließ eine neue Kathedrale nach dem Vorbild von Fulda errichten und im Skriptorium von Sankt Alban Handschriften anfertigen. Er war mit der Erziehung Ottos III. beauftragt und krönte den Herrscher in Aachen im Jahr 983. Nach dem Tod Ottos II. machte sich Willigis dadurch verdient, daß er den König gegen die Bedrohung durch dessen Vetter Heinrich von Bayern verteidigte. Nachdem die Gefahr beseitigt war, vertraute er das jugendliche Reichsoberhaupt seinem Schüler Bernward an.

Zwischen Otto III. und Bernward entwickelte sich eine feste Freundschaft, die dazu führte, daß der Kaiser 993 seinem Lehrer das Bistum Hildesheim übertrug. Bernward ist ein vollendetes Beispiel für den Typus des tatkräftigen und gebildeten Reichsbischofs. Er reiste nach Westfranken, wo er Saint-Denis, Tours und Saint-Riquier besuchte. Er hielt sich längere Zeit in Rom auf, und nachdem er die Trajanssäule besichtigt hatte, kam ihm die Idee, eine verkleinerte Nachbildung in Bronze anfertigen zu lassen, auf der das Leben Christi wiedergegeben war. Seine Bronzegießer und Bildhauer verfertigten die bemerkenswerten bronzenen Türflügel für das Kloster Sankt Michael, das er zu Beginn des 11. Jahrhunderts gründete.

Sankt Michael in Hildesheim ist wohl das Hauptwerk der ottonischen Baukunst. In Sachsen gab es damals natürlich schon bedeutende kaiserliche Bauwerke. Otto I. hatte in Magdeburg eine weiträumige Kathedrale errichten lassen, zu deren Ausschmückung er antike Säulen und Kapitelle aus Rom und Ravenna geholt hatte. Markgraf Gero hatte in Gernrode die noch erhaltene Cyriakuskirche gebaut. Aber Bernwards Werk übertraf alle Vorgänger an Harmonie und Umfang.

Von den kunstvollen Handschriften, die im Auftrag Bernwards angefertigt wurden, wird im Hildesheimer Domschatz noch ein *Liber mathematicalis* verwahrt, eine Abschrift von Boëthius' Abhandlung *De institutione arithmetica*. Außerdem hat man eine karolingische Vitruv-Handschrift entdeckt mit dem Namenszug des ersten Abts von Sankt Michael, Goderam. Im Grund- und Aufriß der Klosterkirche, die zwei Querschiffe mit Emporen und zwei sich gegenüberliegende Chöre aufweist, ist in der Tat die Anwendung mathematischer Grundsätze eindeutig zu erkennen. Wer diesen Bau gesehen hat, wird kaum mehr von der Finsternis sprechen, die Europa um das Jahr 1000 verdunkelt haben soll.

Italien und England

Wie in der Vergangenheit, leistete Italien auch jetzt seinen Beitrag zur geistigen und künstlerischen Erneuerung des Okzidents. Novara, Verona und Cremona hatten noch immer sehr lebendige Schulen. Otto I. ließ von hier italienische Schulmeister nach Deutschland holen. Die Bischöfe Rather von Verona und Liudprand von Cremona waren mit dem Kaiser befreundet. Beziehungen bestanden auch zwischen den Kunsthandwerkern der Reichenau und den kulturellen Zentren Oberitaliens. Das Kloster Bobbio, berühmt für seine bedeutende Bibliothek, wurde von Otto II. im Jahr 982 an den Reimser Domscholaster Gerbert vergeben, Ottos III. Erzieher Johannes Philágathos erhielt Nonantola. In Mailand gab es eine Werkstätte für Elfenbeinschnitzerei, in der für die Kaiser gearbeitet wurde und deren Erzeugnisse dem Stil der in Deutschland tätigen Künstler ähnlich waren.

Wie eine neuere Untersuchung zeigen konnte, hat sich auch die Stadt Rom selbst während des 10. Jahrhunderts gewandelt. Die Siedlungstätigkeit in seit langem aufgegebenen Stadtvierteln und die Errichtung zahlreicher Mühlen am Tiber belegen eine Zunahme der Bevölkerung. Das Gebiet des Vatikans war durch Papst Leo IV. ummauert worden und hieß seither *Civitas Leonina*. Hierher strömten nun Reisende und Pilger, die in den *scholae* der Friesen, Sachsen, Franken und Langobarden Unterkunft fanden. Sigeric, Erzbischof von Canterbury, der um 990 nach Rom kam, hinterließ ein Verzeichnis der zweiundzwanzig Kirchen, die er während seines Aufenthalts besuchte. Der Senator Alberich ließ cluniazensische Mönche nach Rom kommen, um die Reform durchzuführen. San Paolo fuori le mure und die Klöster auf dem Aventin wurden erneuert. Auf diesem Hügel über dem Tiber wurde am Ende des 10. Jahrhunderts auch das Kloster Bonifatius und Alexius gegründet. Erster Abt war Leo, der 991 als päpstlicher Legat nach Westfranken kam, ihm folgte Johannes Canaparius. Adalbert von Prag hielt sich in dem Kloster auf und traf dort Kaiser Otto III., der nach Adalberts Tod zu dessen Andenken eine Kirche auf der Tiberinsel bauen ließ. Sie wurde später in San Bartolomeo umbenannt, vom ursprünglichen Bau sind noch die wiederverwendeten antiken Säulen übrig sowie eine reliefierte Brunnenfassung mit der Darstellung des Kaisers, umgeben von seinen Bischöfen. Man hat lange geglaubt, Otto III. habe sich eine Kaiserpfalz auf dem Aventin errichten lassen, in Wirklichkeit ließ er aber den Palast des Augustus auf dem Palatin wiederherstellen, um sich dort niederzulassen. Nahe dabei stand die Kirche San Sebastiano, von dem Arzt Petrus gegen 977 gegründet und mit noch vorhandenen Wandmalereien ausgeschmückt. In ihr versammelten der Kaiser und Papst Silvester II. eine Synode im Jahr 1001. Otto III. wollte Rom zur Hauptstadt seines Reichs machen, aber der frühe Tod ließ seine Pläne scheitern.

In dieser kurzen Darstellung der Renaissance des 10. Jahrhunderts fehlt noch England, das zwar außerhalb der Welt der Karolinger lag, dessen kirchliche und kulturelle Entwicklung aber eng mit der des Kontinents verbunden war. Alfred der Große, der sich am Hof Karls des Kahlen aufgehalten hatte und der die Karolinger bewunderte, wollte nach deren Vorbild Ende des 9. Jahrhunderts auch den eigenen Hof zu einem Zentrum der Kultur ausbauen. Er holte junge Adlige heran und sorgte dafür, daß sie wenigstens ein Minimum an Bildung erhielten. Da er sich über den Niedergang der Lateinkenntnisse im klaren war, übersetzte er selber klassische Werke und gab Aufträge dazu: Dialoge und *Cura Pastoralis* Gregors des Großen, die Geschichtswerke von Orosius und von Beda, Zusammenfassungen aus Augustinus und vor allem die *Consolatio Philosophiae* des Boëthius. Alfreds Enkel Athelstan (925–939) war der angesehenste Herrscher im Abendland. Zu den westfränkischen und den ostfränkisch-deutschen Herrschern konnte er verwandtschaftliche Beziehungen herstellen. Er sammelte Reliquien und Handschriften, schenkte Bücher an Kirchen und brachte die Klosterreform in Gang. Sie wurde weitergeführt von König Edgar, der sich gerne als *imperator augustus* aller Briten bezeichnete. Er holte drei Reformäbte in seine Umgebung: Dunstan von Canterbury, Oswald von Worcester und Aethelwold von Winchester. Dunstan, der sich zeitweise in Gent aufgehalten hatte, förderte die Beschäftigung mit Religion und Musik, er begründete Werkstätten für Schreiber und Buchmaler. Oswald hatte einige Jahre in Fleury-sur-Loire verbracht, er holte Baumeister vom Kontinent und ließ im Norden und Süden des Königreichs Klöster erneuern. Der anonyme Verfasser seiner Lebensbeschreibung hebt hervor, es sei Oswald zu verdanken, daß »die freien Künste, die in Vergessenheit geraten waren, wieder überall Verbreitung fanden«. Auch Aethelwold orientierte sich am Vorbild von Fleury, er ließ Mönche aus Corbie kommen, die im Kirchengesang unterweisen sollten. 963 wurde er zum Erzbischof in Winchester, dem Sitz des Königshofs, ernannt. Bischöfe und Herrscher regten gebildete Adlige dazu an, den Schutz der Abteien zu übernehmen. Edgar leitete 970 die Kirchenversammlung, von der die *Regularis Concordia* verabschiedet wurde, die für alle Klöster verbindlich sein sollte. Aufwendige Bilderhandschriften wurden im sogenannten Winchester-Stil hergestellt. Einige davon ähneln zwar dem Stil ottonischer Handschriften, aber viele Künstler nahmen sich die karolingische Kunst zum Vorbild. Der Utrecht-Psalter, der Ende des 10. Jahrhunderts nach Südengland gelangte, wurde mit großem Eifer in mehreren Exemplaren kopiert.

Schlußbetrachtung

Europa bekam um das Jahr 1000 ein neues Aussehen. Ein großer Teil des Abendlandes – Frankreich, Italien, Burgund – erfuhr die Umformung durch das Lehnswesen. Die großen karolingischen Teilreiche wurden allmählich in eine Vielzahl von Herrschaften aufgespalten. Neben der alten Aristokratie, die nach den Worten Adalberos von Laon »ihre Ehrenrechte auf königliches Blut zurückführen konnte«, erschien die neue Adelsschicht der Grafen und Vizegrafen. Sie übernahmen die staatliche Gewalt, vergaben Burgen an ihre Vasallen und übten innerhalb der Grenzen ihres Herrschaftsbereichs den Bann aus. Der ehemals gräfliche Hof wurde ein Lehnshof, der karolingische *pagus* wurde in zahlreiche Burgvogteien aufgegliedert. Auch auf den mit Immunitätsrechten ausgestatteten Kirchengütern übernahmen Laienvögte die Gewalt, während in vielen Städten die Bischöfe das Grafenamt an sich zogen. Das karolingische Vasallitätsverhältnis begann sich zu verändern, denn die Vergabe eines Stücks Land – Lehen genannt – wurde wichtiger als die persönliche Bindung. Man wurde Gefolgsmann eines Herrn, wenn man von ihm Land oder eine Burg erhielt. Neben den unabhängigen Burgherren, die eigene örtliche Adelshäuser begründeten, traten schließlich zunehmend die »Ritter« auf, streitsüchtige und räuberische Krieger zu Pferd. Gegen Ende des 10. Jahrhunderts verkündeten die Bischöfe in Südfrankreich den Gottesfrieden, um diese Entwicklung einzudämmen.

Der Zusammenbruch der übergeordneten Gewalt vollzog sich aber nicht schlagartig und nicht überall gleichzeitig. In Flandern, in der Normandie und in Katalonien konnten die Herrschenden die staatliche Gewalt behaupten. Im ostfränkischen Teilreich widerstanden die karolingerzeitlichen Strukturen der Feudalisierung. Aber auch hier stieg neben der alten Aristokratie eine neue Adelsschicht auf. Dem karolingischen Europa folgte das Europa des Feudalismus.

Unter »Europa« ist nicht nur ein geographischer Begriff zu verstehen, wie man ihn zu Beginn des 8. Jahrhunderts »Asien« und »Afrika« gegenüberstellte, es handelt sich vielmehr um eine Gesamtheit von Ländern, die sich der gemeinsamen Bestimmung bewußt geworden waren. Karl der Große war »Vater Europas« und »Leuchtturm Europas« genannt worden, sein Enkel Karl der Kahle »Herrscher Europas«, Papst Johannes VIII. »Lenker Europas«. Diese Bezeichnungen und weitere, die man anführen könnte, waren keineswegs sinnentleert. Otto I. war »Kaiser von ganz Europa«, sein Enkel Otto III. wurde »nicht nur vom römischen Volk, sondern von allen Völkern Europas als Herrscher bezeichnet«. Und im frühen 11. Jahrhundert betrauerte ein »herrscherloses Europa« den Tod Kaiser Heinrichs II. Europa bestand noch nicht aus Einzelstaaten mit starkem Nationalbewußtsein, es gab weder Frankreich noch Deutschland noch Italien. Es wurde gebildet aus einer Gemeinschaft von Völkern, die sich nach Charakter, Sprache, Eigenschaften unterschieden und zwischen denen es auch Feindschaften gab. Diese bis in die Gegenwart fortbestehenden Antagonismen wurden aber durch die weltliche Macht der Könige und Fürsten sowie durch die Kirche abgeschwächt. Die karolingischen Herrscher und ihre Nachfolger erfüllten Ordnungsfunktionen; zusammen mit der Kirche entwickelten sie eine neue Staatsidee, die auf der Beachtung der Religionsgesetze beruhte.

Das damalige Europa war auch das Europa der lateinischen Kirche oder, wie man es immer häufiger nannte, das der Christenheit. Dazu gehörten alle Länder, die von den Karolingern freiwillig oder gewaltsam bekehrt worden waren, aber auch die Königreiche Asturien, England und Irland, die sich den Frankenherrschern niemals unterworfen hatten. Die Könige in Spanien achteten zwar eifersüchtig auf ihre Selbständigkeit, aber sie unterhielten gute Beziehungen zu den Karolingern. Die Auseinandersetzung mit dem Adoptianismus, einer in Toledo entstandenen Irrlehre, führte zur Annäherung zwischen den Höfen von Oviedo und Aachen. König Alfons III.

der Große (866–910) war durch seine Bildung und seine Vorliebe für schöne Handschriften den Karolingern ähnlich. Nach seinen Siegen über die Mohammedaner ließ er sich sogar Kaiser nennen und bestellte bei den Mönchen von Saint-Martin in Tours eine goldene Krone. Die mozarabischen Christengemeinden im mohamedanischen Spanien konnten bis in das 10. Jahrhundert Beziehungen zu den Glaubensbrüdern jenseits der Pyrenäen aufrechterhalten. Liudprand von Cremona widmete seine »Geschichte der Könige und Fürsten eines Teils von Europa«, bekannter als *Antapodosis* (Buch der Vergeltung), dem Bischof Recemund von Elvira. Die auf dem Kontinent niedergelassenen gelehrten irischen Mönche schufen im 9. und 10. Jahrhundert Verbindungen zwischen ihrer Insel, der nördlichen Francia und Lotharingien. Die Herstellung enger Beziehungen zwischen den angelsächsischen Königen und Karl dem Großen wurde in dieser Darstellung besonders erwähnt. Diese Bindungen bestanden auch im 9. und 10. Jahrhundert, dem großen Zeitalter der angelsächsischen Geschichte. Die englische Kirche blieb eng mit Rom verbunden, unter Alfred dem Großen wurde die Regel Chrodegangs durch Mönche aus Saint-Bertin eingeführt. Mönche aus Gent und Fleury-sur-Loire beteiligten sich unter seinen Nachfolgern an der Reform der englischen Klöster. Der Hof Athelstans (925–939) wurde zeitweise zum Treffpunkt für Franken, Iren, Bretonen und selbst für Norweger. Zur Christenheit gehörten auch die im 10. Jahrhundert durch die Bemühungen von Kaisern und Päpsten neu bekehrten Völker wie Dänen, Ungarn und Polen.

Die Konfessionsgrenzen in Europa wurden auf Dauer festgelegt: Der Einfluß von Byzanz konnte zwar auf dem Balkan und im Rußland der Fürsten von Kiew durchdringen, aber nach Westen zu stieß er auf die Stellungen der lateinischen Kirche. Gegenüber dem Islam einerseits und den »Barbaren« andererseits verhärtete sich in Byzanz der betont griechische Patriotismus. Die Wiedererrichtung des Kaisertums im Westen wurde nur widerstrebend hingenommen, auch weil dadurch die letzten byzantinischen Besitzungen in Italien gefährdet wurden.

Europa war auch eine geistige Gemeinschaft von Gebildeten und Gelehrten. Sie sprachen und schrieben dieselbe Sprache, Latein, und bewahrten einen großen Teil des antiken Erbes vor dem Vergessenwerden. Ohne die Arbeit der klösterlichen und bischöflichen *scrip-*

toria, gefördert von den Herrschern, wären Werke von herausragender Bedeutung verlorengegangen. Die Schulleiter des 9. und 10. Jahrhunderts legten einen Kanon von Klassikern fest, mit dem man sich beschäftigen mußte. Damit begründeten sie ein Programm, das sich für Jahrhunderte durchsetzen konnte. Wie immer man dazu auch stehen mag, der Unterricht im Abendland wurde und blieb geprägt vom absoluten Vorrang der Grammatik, von virtuoser Rhetorik und der Vorliebe für gelehrte Dichtung. Die Gelehrten von Alkuin bis Gerbert, gefördert von den Herrschern, haben Werke in Versen und Prosa hinterlassen, die sich bei ernsthafter Beschäftigung keineswegs als Plagiate antiker Arbeiten erweisen.

Europa war auch eine Gesamtheit an Baudenkmälern und Kunstwerken, die den schöpferisch Tätigen im zweiten Jahrtausend als Anregung dienen konnten. Auch nach dem Jahr 1000 konnten Bilderhandschriften Künstler in Erstaunen versetzen und sie beeinflussen. Die Architekturformen gerieten nicht in Vergessenheit: Das Westwerk erscheint wieder in der Normandie und später bei den Fassaden der großen Kathedralen; der Grundriß mit zwei Chören wurde in Lothringen und im Rheinland beibehalten.

Es gab neben dem kulturellen auch ein institutionelles Erbe. Die Organisation der Kirche blieb bestehen, und das Papsttum, das seine weltliche Macht von den Karolingern erhalten hatte, hielt an den Grundsätzen fest, die es anwenden konnte, nachdem die Befreiung von der weltlichen Bevormundung gelungen war. Die Exemtion von der Bischofsgewalt, die Klöstern von den Päpsten verliehen wurde, erleichterte die Reform des Mönchswesens, die seit Benedikt von Aniane begonnen und von Cluny übernommen worden war. Die Könige und Kaiser ihrerseits hatten sich seit Karl dem Großen daran gewöhnt, den Klerus zu lenken; sie verzichteten keineswegs leichthin auf ihre Vorrechte. Von daher wird es verständlich, wie es zu den Auseinandersetzungen zwischen geistlicher und weltlicher Gewalt kam, die im 11. Jahrhundert begannen. Die Kaiser des 11. und 12. Jahrhunderts sahen im Vorgehen der Karolinger und Ottonen Präzedenzfälle, mit deren Hilfe sie den Ansprüchen des Papsttums entgegentreten konnten. Die Heiligsprechung Karls des Großen im Jahr 1165 auf Anordnung von Friedrich Barbarossa hatte ihre tieferen Gründe.

Die ersten Kapetinger errichteten ihre Königsherrschaft ebenfalls auf karolingischen Fundamenten. Sie organisierten ihren Hof wie seit alters, sie ersuchten den Erzbischof von Reims um die Königsweihe und forderten von den Geistlichen der Kanzlei Hilfe bei der Erfüllung ihrer Aufgaben. Der Krönungseid entwickelte sich in gerader Linie aus den Versprechen, die von den Königen seit dem ausgehenden 9. Jahrhundert geleistet wurden. Auch die Vorstellung vom »Königsamt« blieb karolingisch geprägt. Bis zu Ludwig dem Heiligen und noch nach ihm galt als Grundsatz, der seiner Bezeichnung würdige König habe dafür zu sorgen, daß Gerechtigkeit und Frieden herrschten. Rat und Hilfe der Bischöfe und Großen des Reichs standen ihm zu – eine karolingische Auffassung, die Jahrhunderte überdauerte. Als oberste Herren im Reich wußten die Kapetingerkönige dieses Vorrecht einzusetzen, um schrittweise wieder ihre unmittelbare Herrscherautorität zurückzugewinnen.

Schließlich ist noch daran zu erinnern, daß Fürsten und Aristokraten bis zum Ende des Mittelalters an Energie und Erfindungsreichtum gewetteifert haben, um ihre Verwandtschaft zu den Karolingern nachzuweisen. Dieses berühmte Geschlecht hat in den verschiedensten Gegenden Europas so zahlreiche Nachkommen hinterlassen, daß der Anspruch auf Abstammung sogar legitim sein konnte. Aber auf einige zutreffende Filiationen kamen zahllose gefälschte Genealogien. Jeder war stolz darauf, wenn er unter seine Vorfahren die berühmten Helden zählen konnte, von deren großen Taten die *Chansons de geste* berichteten: Roland, Ogier le Danois, Girart de Roussillon, Guillaume d'Orange, Raoul de Cambrai... Zum Erbe der Karolinger gehörte auch das Imaginäre.

Anhang

Zeittafel von Anfang des 7. bis Ende des 10. Jahrhunderts

613	Chlothar II. Alleinherrscher im Frankenreich. Gründung von Sankt Gallen
614	Arnulf wird Bischof von Metz. Gründung des Klosters Bobbio
629	Tod Chlothars II. Einführung der Benediktinerregel in der Gallia
634	Testament des Adalgisel Grimo
636	Tod Isidors von Sevilla. Gründung von Lindisfarne
638	Tod Dagoberts I. (oder 639)
640	Tod Pippins des Älteren. Gründung des Klosters Nivelles
um 640/45	Tod Arnulfs in Remiremont. Gründung der Klöster Stablo und Malmedy
656	Chlodulf wird Bischof von Metz (evtl. 657). Tod Sigiberts III. »Staatsstreich« Grimoalds
659	Tod Geretrudis' in Nivelles
660	Gründung der Klöster Corbie und Chelles. Tod des heiligen Eligius
664	Bathild in Chelles. Synode von Würzburg. Synode von Whitby
um 670	Das Goldgeld verschwindet
672	Königsweihe des Westgotenherrschers Wamba
673	Childerich II. Alleinherrscher im Frankenreich
678	Wilfrid von York predigt in Friesland
679	Ermordung Dagoberts II.
681	VI. Ökumenisches Konzil (*Trullanum* I). Benedikt Biscop in Yarrow
687	Sieg Pippins bei Tertry
um 690	Märtyrertod des heiligen Kilian bei Würzburg
690	Willibrord missioniert in Friesland
692	Romreise Willibrords
698	Karthago wird von den Arabern erobert. Gründung des Klosters Echternach
700	Eudo wird Herzog von Aquitanien

705	Ermordung Lamberts von Lüttich
706	Cellanus, Abt von Péronne, stirbt
711	Arabische Invasion in Spanien
712	Liutprand wird König der Langobarden
713	Tod des Abts Ursmar von Lobbes
714	Tod Pippins des Mittleren
715	Gregor II. wird Papst
717	Karl Martell schlägt die Neustrier bei Vinchy
719	Bonifatius in Rom. Tod des Friesenherzogs Radbod
720	Hugo wird Bischof von Rouen. Belagerung von Toulouse durch die Araber
723/24	Gründung von Fritzlar durch Bonifatius
724	Gründung des Klosters Reichenau
um 725/28	Tod Herzogs Theodo von Bayern
um 725/30	Tod Herzogs Lantfrid von Alemannien
727	Gründung des Klosters Murbach. Gregor II. verwirft den Ikonoklasmus
728	Unterwerfung Bayerns
731	Gregor III. wird Papst. Beda vollendet seine Kirchengeschichte
732	Schlacht von Poitiers. Egbert wird Bischof von York
734	Pippin am Königshof in Pavia. Eroberung Frieslands
735	Tod des Herzogs Eudo von Aquitanien. Beda Venerabilis stirbt
736	Karl Martell in Burgund
738	Karl Martell in der Provence
739	Gregor III. bittet Karl Martell um Hilfe. Willibrord stirbt
741	Tod Karl Martells. Aufstand der Herzöge von Alemannien und Bayern
742	Beginn der Kirchenreform. Chrodegang wird Bischof von Metz
743	Synode von Leptinnes. Childerich III. wird König
744	Synode von Soissons. Gründung des Klosters Fulda. Tod König Liutprands. Einrichtung von Märkten in der Gallia
746	Bonifatius wird Erzbischof von Mainz
747	Synode von Cloveshoe. Karlmann entsagt der Herrschaft
748	Herzog Odilo von Bayern stirbt. Gründung des Klosters Gorze
751	Ravenna von den Langobarden erobert. Pippin der Jüngere wird König
752	Rückeroberung Septimaniens. Stephan II. wird Papst
754	Papst Stephan II. besucht das Frankenreich. Ablehnung der Bilderverehrung durch die Synode von Hiereia
755	Synode von Ver
756	Kanonikerregel. Erneuter Heereszug Pippins nach Italien
757	Tassilo wird Vasall Pippins. Desiderius wird König der Langobarden. Offa wird König von Mercia. Alfons I. von Asturien stirbt

760–768	Feldzüge in Aquitanien
766	Alkuin wird Leiter der Kathedralschule von York
767	Synode von Gentilly. Virgil wird Bischof von Salzburg
768	Abbasidische Gesandschaft im Frankenreich. Tod Pippins des Jüngeren und Teilung des Reichs
771	Tod Karlmanns
772	Hadrian I. wird Papst. Die Unterwerfung der Sachsen beginnt
774	Karl der Große wird König der Langobarden und besucht erstmals Rom
775	Die neue Kirche von Saint-Denis wird vollendet
777	Reichsversammlung in Paderborn
778	Feldzug nach Spanien, Niederlage von Roncesvalles. Alkuin verläßt England
779	Kapitular von Herstal
781	Karls des Großen Söhne Pippin und Ludwig werden Unterkönige von Italien bzw. Aquitanien. Karl der Große trifft Alkuin
782	Paulus Diaconus am Hof Karls des Großen. Erneuter Feldzug nach Sachsen. Gründung des Klosters Aniane
784	Abt Fulrad von Saint-Denis stirbt
um 785	*Capitulatio de partibus Saxoniae.* Einführung der römischen Liturgie im Frankenreich. Gerona unter fränkischer Herrschaft
787	VII. Ökumenisches Konzil in Nicaea, Verurteilung des Ikonoklasmus. Herzog Arichis II. von Benevent stirbt. Dritter Rombesuch Karls des Großen. Hildebald wird Bischof von Köln
788	Herzog Tassilo von Bayern wird abgesetzt
789	*Admonitio generalis.* Feldzug gegen die Slawen
um 790	Angilbert wird Laienabt des Klosters Saint-Riquier. *Libri Carolini.* Errichtung der Pfalz in Aachen
792	Aufstandsversuch Pippins des Buckligen
793	Schlacht von Orbieu. Sachsenaufstand
794	Reichssynode in Frankfurt, Verurteilung des Adoptianismus
795	Leo III. wird Papst. Raubzug der Wikinger in Northumbrien
796	Unterwerfung der Awaren. Alkuin wird Abt des Klosters Saint-Martin in Tours
797	*Capitulare Saxonicum.* Irene wird Alleinherrscherin in Byzanz
798	Arn wird Erzbischof von Salzburg
799	Gerold, Präfekt in Bayern, stirbt. Leidrad wird Erzbischof von Lyon
800	Kaiserkrönung Karls des Großen. *Capitulare de villis* (790/800?)
801	Einnahme von Barcelona
804	Tod Alkuins. Gründung des Klosters Gellone
805	Feldzug in Böhmen. Einführung der Chrodegangregel in England

806	*Divisio regni*
809	Synode in Aachen, Bestätigung des *Filioque*
812	Ausgleich zwischen Karl dem Großen und dem byzantinischen Kaiser
813	Reformsynoden
814	Tod Karls des Großen. Angilbert von Saint-Riquier stirbt. Wala wird Abt von Corbie
816	Stephan IV. wird Papst. Ebbo wird Erzbischof von Reims. Synode in Aachen
817	*Ordinatio imperii.* Aufstand Bernhards von Italien
818	Feldzug in die Bretagne
um 818	Sankt Galler Klosterplan
819	Zweite Ehe Ludwigs des Frommen
um 820	Gründung der Klöster Corvey und Herford
821	Benedikt von Aniane und Theodulf von Orléans sterben
822	Reichsversammlung in Attigny
823	Geburt Karls des Kahlen. Drogo wird Bischof von Metz
824	Bernhard und Dhuoda heiraten. *Constitutio Romana*
825	Synode in Paris. Kapitularien von Olonna
826	Dänenkönig Harald in Ingelheim. Beginn der Mission Ansgars in Dänemark
827	Erste Übersetzung des Pseudo-Dionysios. Gregor IV. wird Papst
829	Synode in Paris. Reichsversammlung in Worms. Bernhard von Barcelona wird Kämmerer
830	Aufstand Lothars
nach 830	Einhard schreibt die *Vita Karoli magni*
831	*De institutione regia* des Jonas von Orléans. Hamburg wird Erzbistum
832	Alderich wird Bischof von Le Mans
833	Erneuter Aufstand Lothars und seiner Brüder. Kirchenbuße Ludwigs in Saint-Médard zu Soissons
834	Wiedereinsetzung Ludwigs des Frommen
836	Wala stirbt
838	Neuer Teilungsplan. Walafrid Strabo wird Abt von Reichenau. Pippin von Aquitanien stirbt
839	Reichsteilung zwischen Lothar und Karl
840	Tod Ludwigs des Frommen, Agobards von Lyon und Einhards
841	Schlacht bei Fontenoy-en-Puisaye (Fontanetum). *Liber manualis* der Dhuoda
842	Straßburger Eide. Die Sarazenen plündern Arles. Karl der Kahle heiratet
843	Vertrag von Verdun. Nantes von den Normannen erobert. Tod der Kaiserin Judith. Hoftag in Coulaines

844 Bischofssynode in Yütz bei Diedenhofen. Hinrichtung Bernhards von Septimanien

845 Paris von den Normannen geplündert. Hinkmar Erzbischof von Reims. Sieg der Bretonen bei Ballon. Vertrag von Saint-Benoît-sur-Loire zwischen Karl dem Kahlen und Pippin II. von Aquitanien

846 Rom wird von den Sarazenen geplündert. Errichtung der *Civitas Leonina*. Rastislaw Herzog von Mähren. Erste Bibel Karls des Kahlen

847 Frankentag in Meerssen. Leo IV. wird Papst

848 Karl der Kahle wird in Orléans zum König von Aquitanien gesalbt. Sedulius Scottus in Lüttich

850 Ludwig II. wird Kaiser. Gründung des Bistums Nin in Kroatien

um 850 Abfassung der Pseudoisidorischen Dekretalen

851 Zweiter Frankentag in Meerssen

855 Tod Lothars I. Papst Leo IV. stirbt. Alfred von Wessex am karolingischen Hof. Karl das Kind wird König von Aquitanien

856 Hrabanus Maurus stirbt. Großer Normanneneinfall

857 Aufstand in Aquitanien. Bischof Alderich von Le Mans stirbt

858 Vorstoß Ludwigs des Deutschen nach Westfranken. Nikolaus I. wird Papst. Gründung von Gandersheim. Photios wird Patriarch von Konstantinopel

859 Synode von Savonnières. Kirche von Saint-Germain in Auxerre vollendet

860 Scheidungsaffäre Lothars II. Ado wird Erzbischof von Vienne. Johannes Scottus Eriugena am karolingischen Hof

862 Abt Lupus von Ferrières stirbt. Balduin I. von Flandern entführt Judith, Tochter Karls des Kahlen

863 Kyrillos und Methodios in Mähren. Karl von der Provence stirbt. Privileg Papst Nikolaus' I. für Vézelay

864 Reichsversammlung in Pîtres. Aufstand der Söhne Ludwigs des Deutschen. Tod Pippins II. Testament des Markgrafen Eberhard von Friaul

866 Graf Robert der Tapfere stirbt. Periphýseon des Johannes Scottus Eriugena

867 Papst Nikolaus I. stirbt. Ludwig der Stammler König von Aquitanien. Die Normannen in York

869 Lothar II. stirbt. Dritte Bibel Karls des Kahlen. Karl der Kahle König von Lothringen. Rastislaw von Mähren und Kyrillos sterben

870 Erhebung Karlmanns gegen Karl den Kahlen. Karl der Kahle heiratet Richildis

871 Rückeroberung von Bari. Alfred der Große wird König von England

872 Johannes VIII. wird Papst
874 Salomon, Herzog der Bretagne, stirbt
875 Ludwig II. stirbt. Kaiserkrönung Karls des Kahlen
876 Ludwig der Deutsche stirbt
877 Kapitular von Quierzy. Erbauung der Pfalzkapelle in Compiègne. Karl der Kahle stirbt
878 Papst Johannes VIII. in Westfranken. König Alfred verhandelt mit den Dänen
879 Balduin I. von Flandern und Ludwig der Stammler sterben. Boso wird König der Provence
881 Kaiserkrönung Karls III. des Dicken. Sieg über die Normannen bei Saucourt-en-Vimeu
882 Erzbischof Hinkmar von Reims und Papst Johannes VIII. sterben. Fulco wird Erzbischof von Reims. Tod Ludwigs III. Monte Cassino wird von den Sarazenen zerstört
885 Paris wird von den Normannen belagert. Der Slawenmissionar Methodios stirbt
887 Absetzung Karls III. des Dicken. Arnulf wird König von Ostfranken
888 Odo wird westfränkischer König. Rudolf I. wird König von Hochburgund
889 Markgraf Wido von Spoleto wird König von Italien
890 Ludwig wird König der Provence. Graf Ramnulf II. von Poitiers stirbt
891 Wido von Spoleto wird Kaiser
893 Königskrönung Karls des Einfältigen
895 Zwentibold wird lothringischer König. Das Kloster des heiligen Gerald (Saint-Géraud) in Aurillac wird gegründet (894–896)
896 Arnulf von Kärnten wird zum Kaiser gekrönt
897 Totengericht über Papst Formosus. Graf Wifred der Haarige von Barcelona stirbt. Lambert von Spoleto wird Kaiser
898 König Odo stirbt. Karl der Einfältige wird König. Beginn der Ungarneinfälle
899 Arnulf von Kärnten und Alfred der Große sterben
900 Erzbischof Fulco von Reims ermordet. Heriveus wird sein Nachfolger
901 König Alfons III. siegt bei Zamora. Ludwig von der Provence wird Kaiser
906 Ludwig das Kind, seit 900 ostfränkischer König, wird mündig
910 Stiftungsurkunde für das Kloster Cluny. Tod Alfons' III. von Asturien. León wird Hauptstadt des christlichen Königreichs Asturien
911 Vertrag von Saint-Clair-sur-Epte. Konrad I. wird ostfränkisch-deutscher König

912 Rudolf II. wird König von Hochburgund. Notker von Sankt Gallen stirbt
915 Berengar wird Kaiser. Erster Klosterbau in Cluny. Niederlage der Sarazenen am Garigliano
916 Synode von Hohenaltheim
918 Markgraf Wilhelm der Fromme von Aquitanien stirbt
919 Heinrich I. wird ostfränkisch-deutscher König. Beginn der Rückeroberung des Danelag
921 Richard Justitiarius stirbt
923 König Robert I. von Westfranken stirbt, Rudolf wird sein Nachfolger. Karl der Einfältige wird gefangengenommen
924 Berengar I. wird ermordet. Athelstan wird König von Wessex
925 Hugo wird Erzbischof von Reims
926 Hugo von Arles wird König von Italien. Odo wird Abt von Cluny
929 Feldzüge Heinrichs I. gegen die Slawen und nach Böhmen (928/292), Karl der Einfältige stirbt. Abd al-Rahman III. wird Kalif von Córdoba
931 Rather wird Bischof von Verona
932 Eheschließung zwischen Marozia und Hugo von Arles. Der Prinzipat Alberichs beginnt
933 Heinrich I. besiegt die Ungarn bei Riade. Der Normannenherzog Wilhelm Langschwert wird Graf von Rouen
936 Heinrich I. stirbt, Otto I. wird sein Nachfolger. Rudolf stirbt, Ludwig IV. wird westfränkischer König
937 Gründung des Moritzklosters in Magdeburg. Otto I. greift in die Angelegenheiten des Königreichs Hochburgund ein. Adaldag wird Erzbischof von Hamburg-Bremen
937–939 Adelsaufstände in Ostfranken-Deutschland. Ludwig IV. in Lothringen
941 Aufstand Berengars von Ivrea. Ludwig IV. in Vienne. Widukinds Eintritt in das Kloster Corvey (um 941)
942 Otto I. trifft Herzog Hugo von Francien und Graf Heribert II. von Vermandois in Attigny. Wilhelm Langschwert und Abt Odo von Cluny sterben. Ludwig IV. in Poitiers. Fürstentreffen von Visé an der Maas
943 Heribert II. von Vermandois stirbt
946 Ludwig IV. in Autun
948 Otto I. läßt Havelberg und weitere Missionsbistümer gründen. Synode in Ingelheim. Wiedereinrichtung von Monte Cassino
951 Ludwig IV. in Mâcon. Otto I. wird König von Italien
952 Abgesandte des Klosters Cuxa in Reims. Markgraf Hugo der Schwarze von Burgund stirbt. Gerbert wird Schüler in Aurillac. Synode in Augsburg

953 Beginn des letzten Aufstands gegen Otto I. Frieden zwischen Hugo dem Großen und Ludwig IV. Brun wird Erzbischof von Köln. Rather wird Bischof von Lüttich
954 Ludwig IV. und Senator Alberich sterben. Majolus wird Abt von Cluny
955 Otto I. siegt auf dem Lechfeld über die Ungarn. Johannes XII. wird Papst
956 Tod Hugos des Großen
959 Gesandtschaft der Fürstin Olga von Kiew nach Frankfurt. Edgar wird König von England. Abt Gerhard von Brogne stirbt
960 Graf Fulco II. von Anjou stirbt. Taufe des Dänenkönigs Harald Blauzahn
962 Kaiserkrönung Ottos I. Heldengedicht der Hrotswith von Gandersheim auf den Kaiser (vollendet 967)
um 963 Konrad von Burgund heiratet Mathilde
963 Absetzung Papst Johannes' XII. Nikephoros II. Phokas wird byzantinischer Kaiser
965 Graf Arnulf von Flandern stirbt. Erzbischof Brun von Köln stirbt
966 Taufe des Polenherzogs Mieszko I. Tod Flodoards von Reims
967 Gerbert zum Studium in Katalonien. Otto II. wird zum Kaiser gekrönt. Adso wird Abt von Montierender
968 Gesandtschaftsreise des Liudprand von Cremona nach Konstantinopel
969 Adalbero wird Erzbischof von Reims. Johannes Tzimiskes wird byzantinischer Kaiser
970 Verabschiedung der *Regularis Concordia* in Winchester
972 Eheschließung zwischen Otto II. und Theophanu. Gerbert wird Domscholaster in Reims, Notker wird Bischof von Lüttich
973 Hoftag in Quedlinburg. Otto I. stirbt. Todesjahr (?) Widukinds von Corvey
975 König Edgar von England stirbt. Willigis wird Erzbischof von Mainz. Zweiter Kosterbau in Cluny. Graf Tetbald I. von Blois stirbt (973?)
976 Aufstand in Lothringen. Dombau in Prag
977 Egbert wird Erzbischof von Trier
978 Angriff Lothars auf Aachen und Vergeltungsfeldzug Ottos II. nach Westfranken
979 Ludwig V. wird zum Mitkönig gekrönt
980 Friedensschluß zwischen Lothar und Otto II. in Margut-sur-Chiers. Gerbert in Ravenna
982 Lothar wegen der Eheschließung Ludwigs V. in Vieux-Brioude. Gerbert wird Abt von Bobbio
983 Otto II. stirbt. Slawenaufstand an der mittleren Elbe

984 Aufstand Heinrichs des Zänkers. Lothar erobert Verdun
985 Graf Borell II. von Barcelona wendet sich um Hilfe an den westfränkischen König. Waik, der spätere König Stephan von Ungarn, wird getauft. Abbo von Fleury beginnt, im Kloster Ramsey zu lehren
986 König Lothar stirbt. Festkrönung Ottos III. in Quedlinburg
987 Hugo Capet wird zum König Westfrankens gewählt
988 Karl von Lothringen erobert Laon. Abbo wird Abt von Fleury (Saint-Benoît-sur-Loire). Erzbischof Dunstan von Canterbury stirbt
989 Synode in Charroux: Gottesfrieden. Erzbischof Adalbero von Reims stirbt, Arnulf wird sein Nachfolger
um 990 Pilgerreise des Erzbischofs Sigeric von Canterbury nach Rom
991 Synode von Saint-Basle, Absetzung des Erzbischofs Arnulf. Theophanu stirbt
993 Bernward wird Bischof von Hildesheim
994 Abt Majolus von Cluny stirbt
995 Erste Kirchenorganisation in Norwegen. Abschluß der *Historiarum libri IV* Richers von Reims
996 Kaiserkrönung Ottos III. Robert II. wird König von Frankreich. Gründung des Klosters Sankt Michael in Hildesheim. Gregor V. wird Papst
997 Märtyrertod Bischof Adalberts von Prag
999 Gerbert wird Papst (Silvester II.). Kaiserin Adelheid stirbt
1000 Otto III. in Aachen. Pilgerreise nach Gnesen an das Grab Adalberts. Der norwegische König Olaf I. Tryggvasson stirbt
1001 Herzog Stephan von Ungarn erhält den Königstitel
1002 Tod Ottos III.
1003 Papst Silvester II. stirbt
1004 Abbo von Fleury und der heilige Neilos von Rossano sterben

Verzeichnis der Stammtafeln

I. Die Merowinger
II. Die Karolinger
III. Die Hugobertiner
IV. Die Agilolfinger
V. Die Nachkommen Karls des Großen (Auszug)
VI. Die Nachkommen Ludwigs des Frommen (Auszug)
VII. Die Nachkommen Lothars I. (Auszug)
VIII. Die Nachkommen Ludwigs des Deutschen (Auszug)
IX. Die Nachkommen Karls des Kahlen (Auszug)
X. Die Nachkommen Karls des Einfältigen (Auszug)
XI. Die Bosoniden
XII. Die Robertiner
XIII. Die Welfen
XIV. Die Ottonen und Salier

Verwendete Abkürzungen:

Äbt.	Äbtissin
B.	Bischof
Eb.	Erzbischof
Gf.	Graf
Hzg.	Herzog
K.	Kaiser
Kg.	König
Mkgf.	Markgraf
N	Name unbekannt
P	Papst
Pfgf.	Pfalzgraf
S.	Sohn
Schw.	Schwester
T.	Tochter

I. Stammtafel der Merowinger

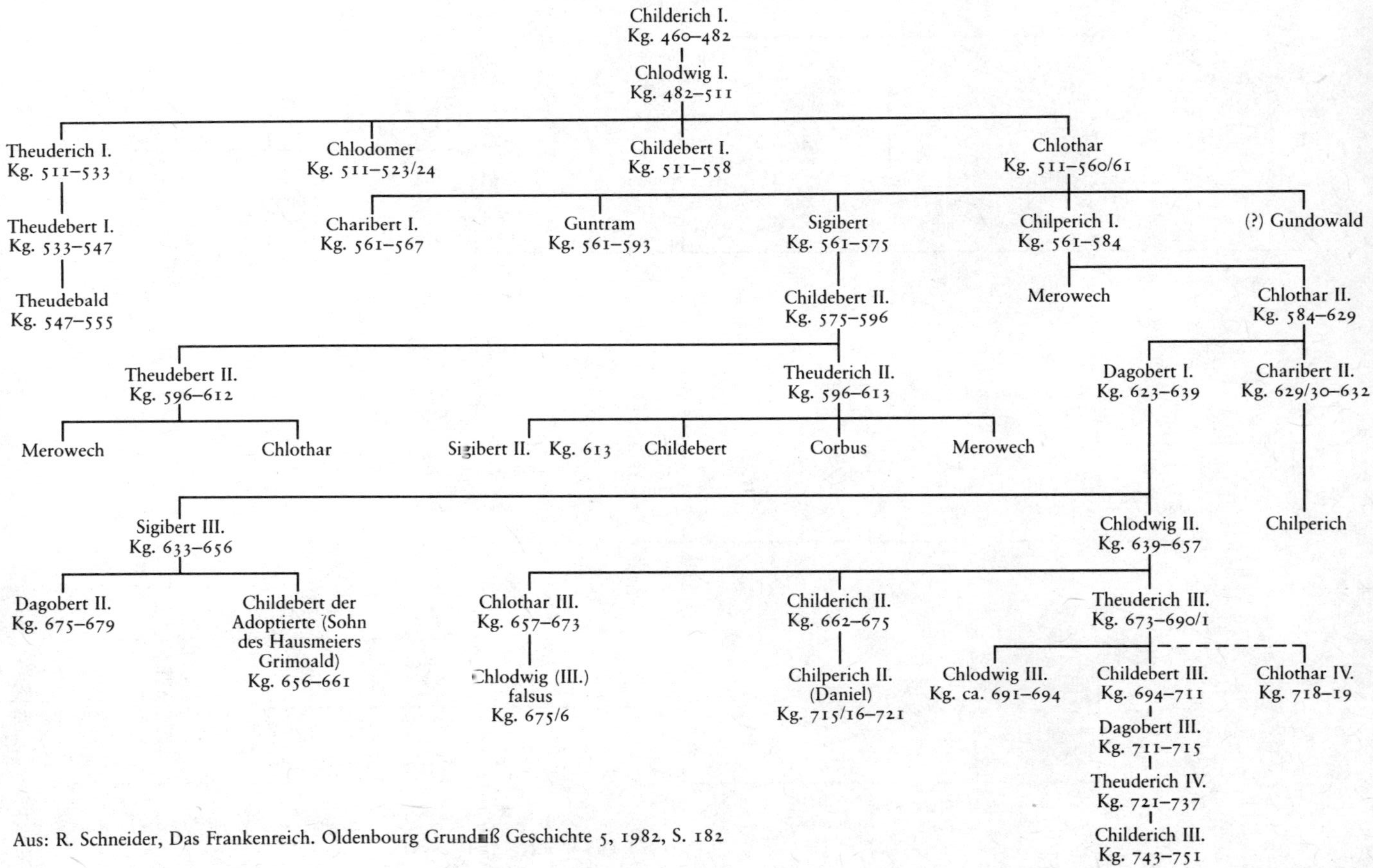

Aus: R. Schneider, Das Frankenreich. Oldenbourg Grundriß Geschichte 5, 1982, S. 182

II. Stammtafel der Karolinger

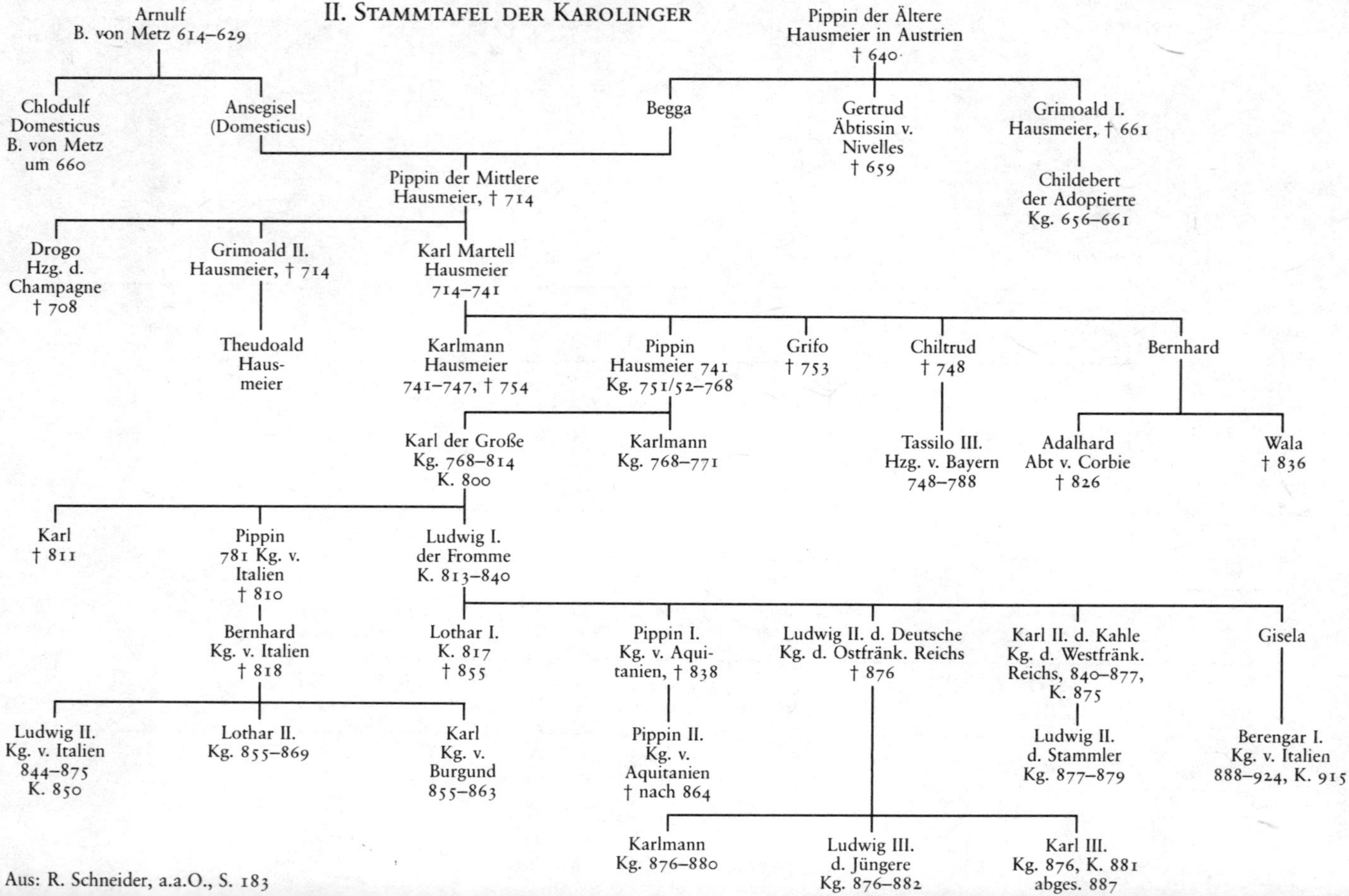

Aus: R. Schneider, a.a.O., S. 183

III. Stammtafel der Hugobertiner

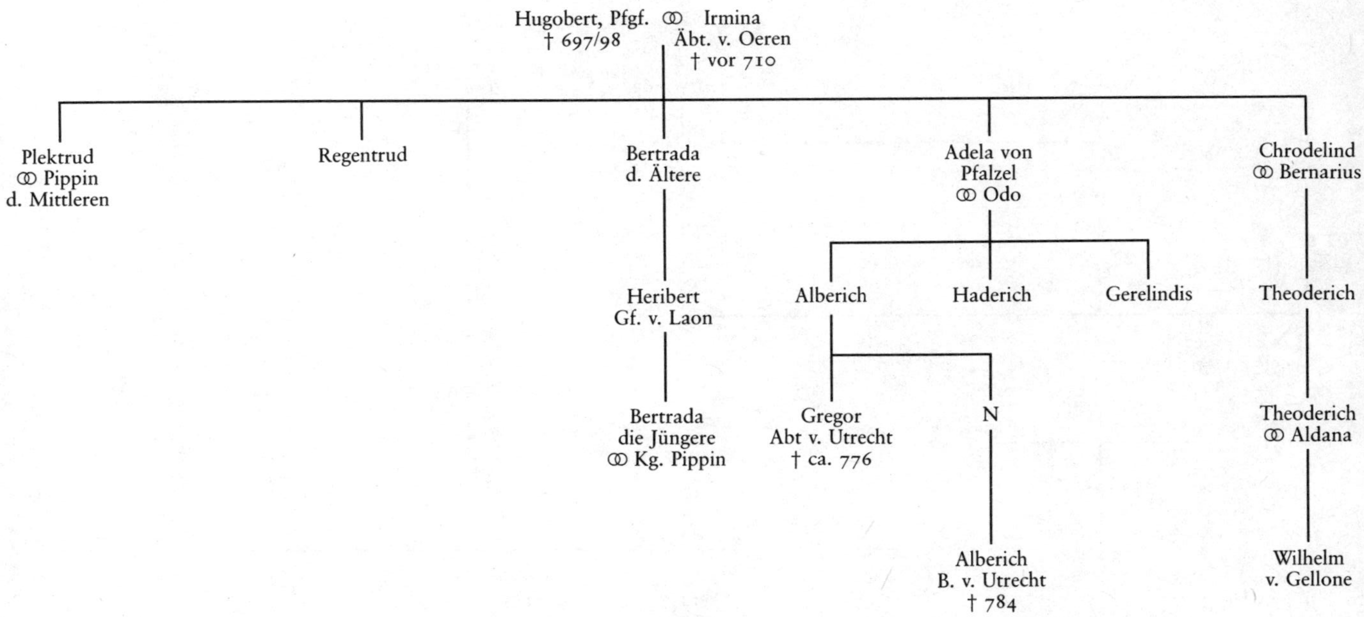

Nach: E. Hlawitschka, Die Vorfahren Karls des Großen, in: Karl der Große, Bd. 1, S. 73–82

IV. Stammtafel der Agilolfinger

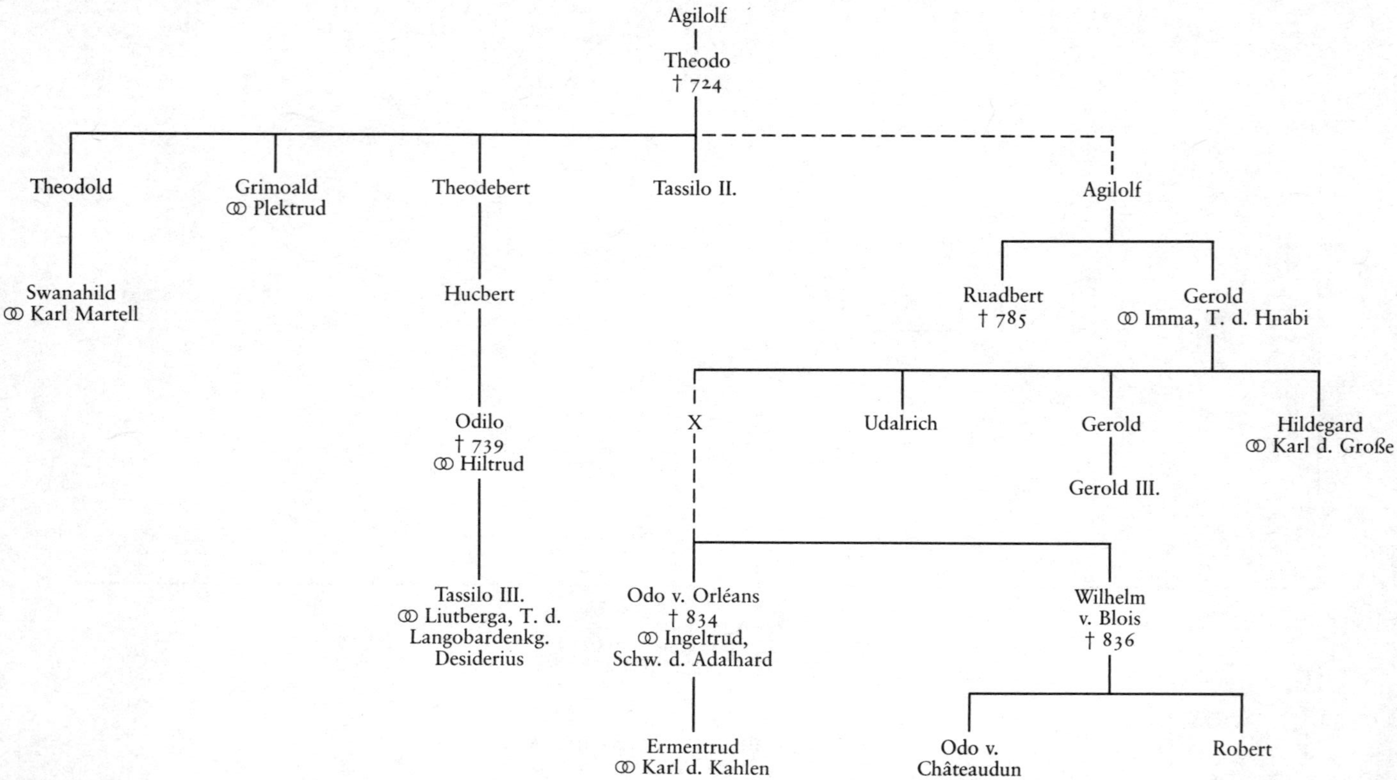

V. Die Nachkommen Karls des Grossen (Auszug)

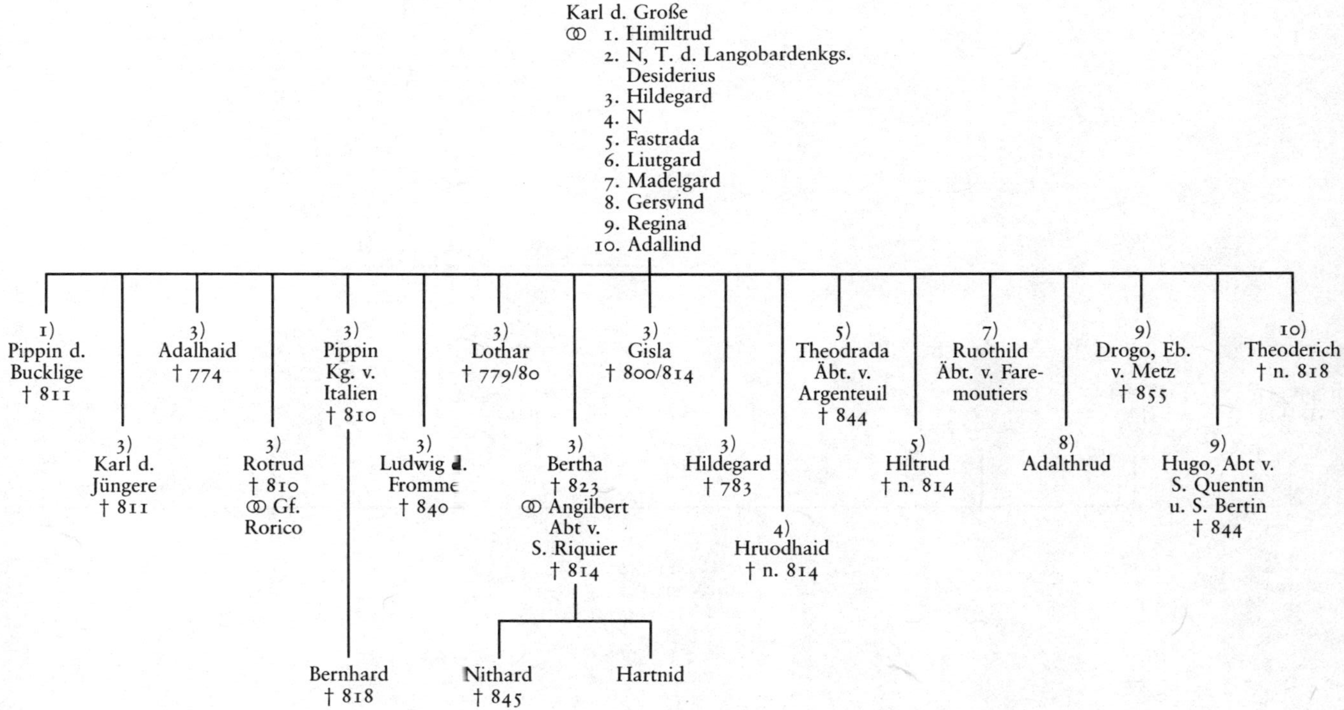

Nach: K. F. Werner, Die Nachkommen Karls des Großen, in: Karl der Große, Bd. 4, S. 403–482

VI. Die Nachkommen Ludwigs des Frommen (Auszug)

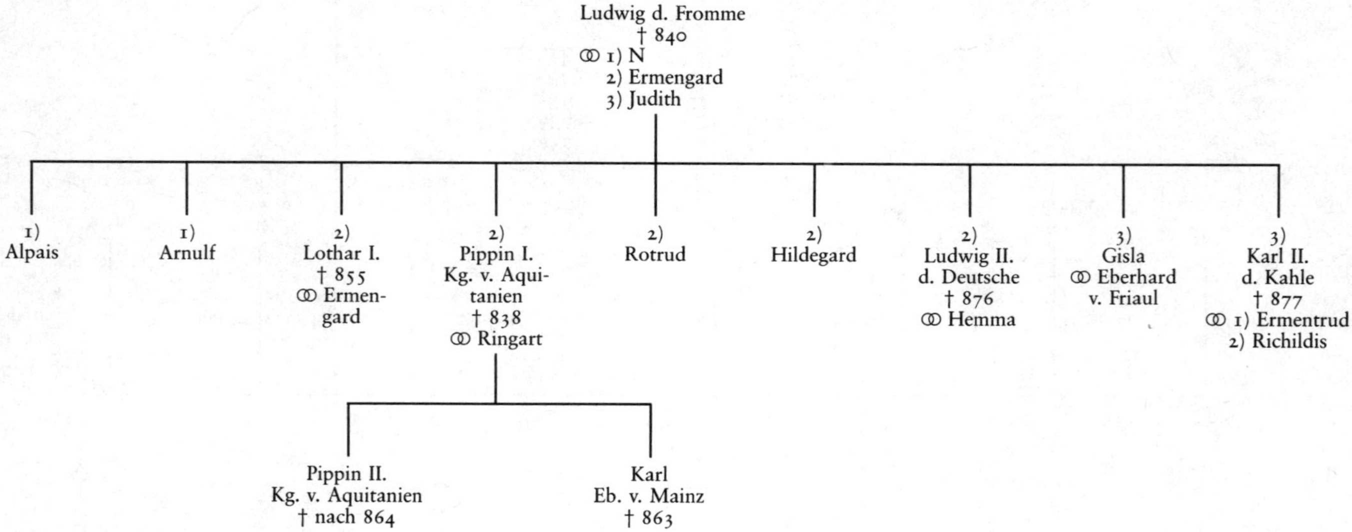

Nach: K. F. Werner, a.a.O.

VII. Die Nachkommen Lothars I. (Auszug)

- Lothar I. † 855 ⚭ 1) Ermengard 2) Doda
  - 1) Ludwig II. † 875 ⚭ Engelberga
    - Gisla Äbt. in Brescia † v. 868
    - Ermengard † 896 ⚭ Boso Kg. d. Provence
  - 1) N ⚭ Giselbert Gf. im Maasgau
  - 1) Lothar II. † 869 ⚭ 1) Waldrada 2) Teutberga
    - 1) Hugo † ca. 895
    - 1) Gisla ⚭ Gottfried dän. Hzg. in Friesland
    - 1) Bertha ⚭ 1) Theotbald Gf. v. Arles 2) Adalbert Mkgf. v. Tuscien
      - 1) Hugo v. Vienne † 947
        - Hubert Mkgf. v. Spoleto
        - Alda ⚭ Alberich Patricius d. Römer
        - Lothar † 950 ⚭ Adelheid
      - 1) Boso Mkgf. v. Arles † ca. 936 ⚭ Willa
        - Bertha ⚭ Gf. Boso
        - Willa ⚭ Berengar II. v. Ivrea
      - 1) Teutberga ⚭ Wernarius Gf. v. Troyes
        - Hugo Gf. v. Vienne
        - Manasses Eb. v. Mailand
      - 2) Wido Mkgf. v. Tuscien ⚭ Marozia
      - 2) Ermengard ⚭ Adalbert v. Ivrea
  - 1) Rotrud
  - 1) Karl Kg. d. Provence
  - 2) Karlmann

Nach: K. F. Werner, a.a.O.

VIII. Die Nachkommen Ludwigs des Deutschen (Auszug)

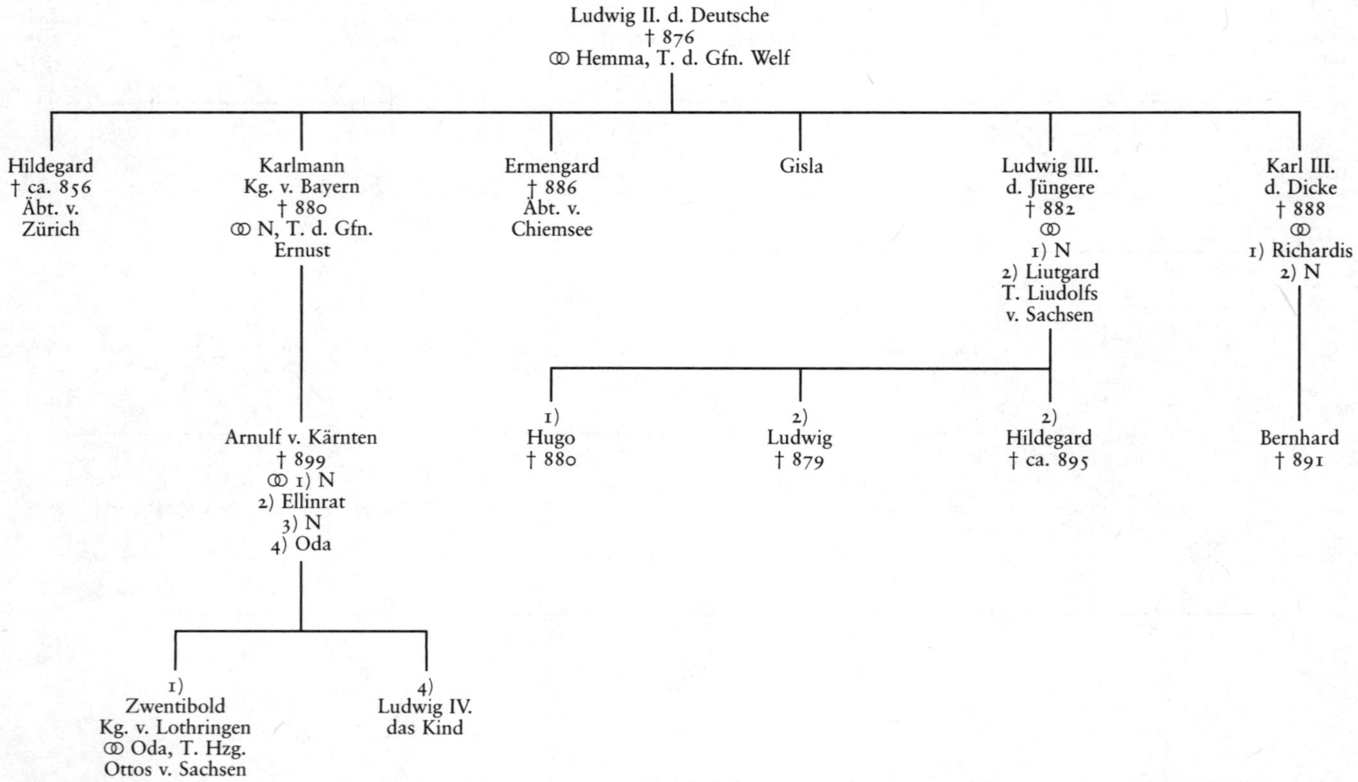

Nach: K. F. Werner, a.a.O.

IX. Die Nachkommen Karls des Kahlen (Auszug)

Karl II. d. Kahle
† 877
⚭ 1) Ermentrud, T. d. Gfn. Odo v. Orléans
2) Richildis, T. d. Gfn. Buwin

- 1) Judith † ca. 870 ⚭ 1) Aethelwulf v. Wessex † 858 2) Aethelbald v. Wessex † 860 3) Balduin I. Gf. v. Flandern
  - 3) Balduin II. † 918 Gf. v. Flandern
- 1) Ludwig II. d. Stammler ⚭ 1) N 2) Ansgard 3) Adelheid
  - 2) Ludwig III. † 882
  - 2) Karlmann † 884
  - 2) Hildegard
  - 2) Gisla ⚭ Robert Gf. v. Troyes
  - 3) Karl d. Einfältige † 929
  - 3) Ermentrud
- 1) Karl d. Jüngere † 866
- 1) Karlmann † 876
- 1) Ermentrud
- 1) Hildegard
- 1) Rotrud
- 1) Lothar, Abt v. S. Germain in Auxerre † 865
- 1) Rothild ⚭ Rotger Gf. v. Maine

Nach: K. F. Werner, a.a.O.

X. Die Nachkommen Karls des Einfältigen (Auszug)

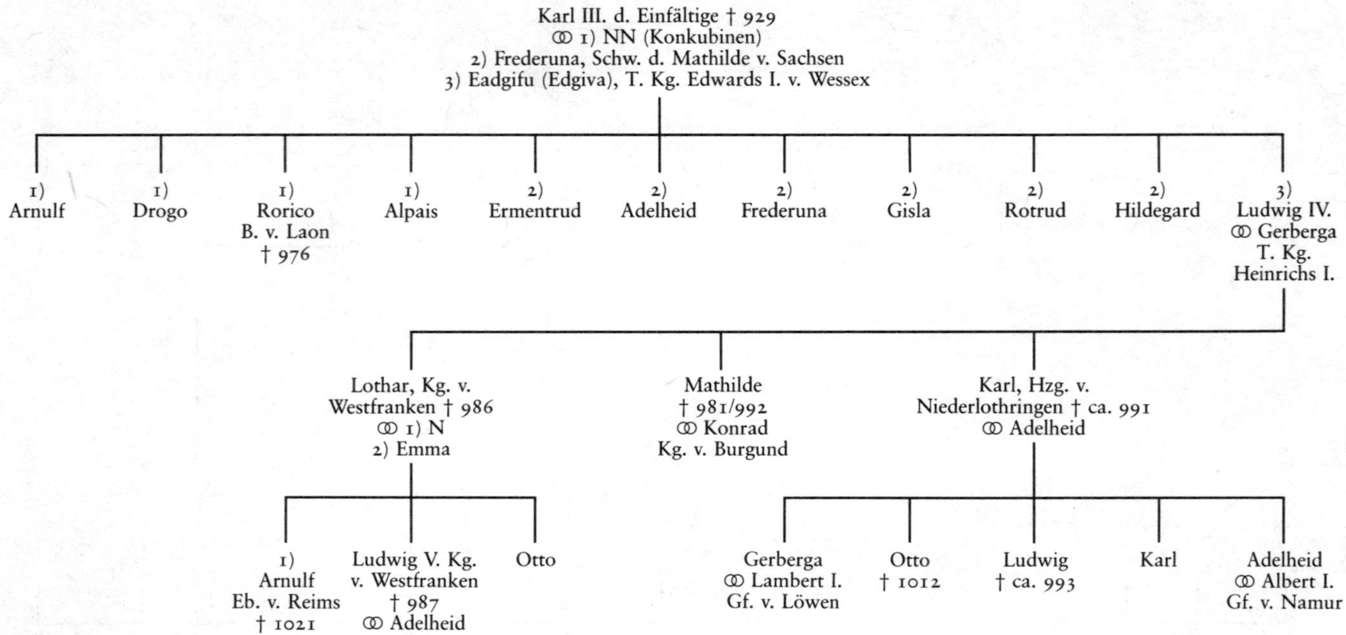

Nach: K. F. Werner, a.a.O.

XI. Stammtafel der Bosoniden

- Boso, Gf. in Italien, † ca. 855, ⚭ Engeltrud/Ingeltrud
  - Richildis ? ⚭ Buwin, Laienabt v. Gorze
    - Boso, Kg. d. Provence, ⚭ Ermengard
      - Ermengard ⚭ Manasses Gf. v. Chalon
        - Giselbert, Hzg. v. Burgund ⚭ 1) Ermengard v. Dijon 2) N, T. Hugos d. Schwarzen
          - 1) Adelais Werra ⚭ Robert Gf. v. Meaux
          - Liutgard ⚭ Otto, S. Hugos d. Großen
      - Engelberga ⚭ 1) Karlmann 2) Wilhelm I. Mkgf. v. Aquitanien
      - Ludwig d. Blinde † 928 ⚭ Adelheid
        - Rudolf † 929
        - Karl-Konstantin † 962 ⚭ Teutberga
          - Richard † 962
          - Hubert † 976
    - Richildis ⚭ Karl d. Kahlen
    - Richard Justitiarius † 921 ⚭ Adelheid
      - Rudolf, Kg.v. Westfranken † 936
      - Hugo d. Schwarze † 952 ⚭ N, T. d. Hzg. Giselbert v. Burgund
      - Boso ⚭ Bertha
      - Ermengard
  - Boso, Gf. in Italien † 874
  - Hukbert Laienabt v. Saint-Maurice d'Agaune
    - Theotbald Gf. v. Arles ⚭ Bertha
  - Teutberga ⚭ Lothar II.

XII. Stammtafel der Robertiner

- Rotbert
  - Ingram, fränk. Gf.
    - Ermengard ⚭ Ludwig d. Frommen
  - Robert, dux i. Haspengau
    - Robert, Gf. im Wormsgau † 822
      - Robert d. Tapfere † 866 ⚭ Adelheid
        - Odo, Kg. 888 † 898
        - Robert ⚭ Beatrix v. Vermandois
          - Emma ⚭ Rudolf, Kg. v. Westfranken
          - Adelheid ⚭ Heribert v. Vermandois
          - Hugo d. Große ⚭ 1) N, T. d. Gfn. Rotger v. Maine 2) Eadhild v. Wessex 3) Hadwig/Hathui, Schw. Ottos I. 4) Raingard
            - 3) Hugo Capet, Kg. v. Frankreich ⚭ Adelheid v. Aquitanien
              - Hadwig/Hathui ⚭ Reginar IV. Gf. i. Hennegau
              - Robert II., Kg. v. Frankreich ⚭ 1) Rozala 2) Bertha 3) Konstanze
            - 3) Otto-Heinrich ⚭ Gerberga
            - 3) Odo † 965 ⚭ Liutgard, T. Hzg. Giselberts v. Burgund
            - 3) Beatrix ⚭ Friedrich Gf. v. Bar
            - 3) Emma ⚭ Richard I. Hzg. d. Normandie
            - 4) Heribert B. v. Auxerre
        - Richildis ⚭ N, Gf. v. Troyes
  - Cancor, Gf. Gründer v. Lorsch
  - Landrada
    - Chrodegang B. v. Metz

XIII. Stammtafel der Welfen

- Welf † ca. 825 ⚭ Heilwic
  - Rudolf † 866, Laienabt v. Saint-Riquier
    - Konrad, Gf. v. Paris, † 882
    - Hugo
    - Welf
  - Judith ⚭ Ludwig d. Frommen
  - Hemma ⚭ Ludwig d. Deutschen
  - Konrad d. Ältere, Laienabt v. St. Gallen ⚭ Adelheid
    - Welf II. † 858
    - Hugo abbas
    - Konrad d. Jüngere
      - Rudolf I. Kg. v. Hochburgund † 912
        - Walrada ⚭ Bonifaz v. Spoleto
          - Willa ⚭ Hubert v. Tuscien
        - Rudolf II., Kg. † 937 ⚭ Bertha v. Schwaben
          - Konrad III., Kg. ⚭ Mathilde
            - Gisela ⚭ Heinrich d. Zänker Hzg. v. Bayern
            - Burchard Eb. v. Lyon
            - Rudolf III., Kg. † 1032
            - Bertha ⚭ 1) Odo I., Gf. v. Blois 2) Robert II. Kg. v. Frankr.
            - Gerberga ⚭ Hermann II. Hzg. v. Schwaben
          - Adelheid ⚭ 1) Lothar 2) K. Otto I.
        - Adelheid ⚭ Ludwig d. Blinden
      - Adelheid ⚭ Richard Justitiarius
      - Judith

Nach: J. Fleckenstein, Über die Herkunft der Welfen und ihre Anfänge in Süddeutschland, in: G. Tellenbach, Studien und Vorarbeiten zur Geschichte des großfränkischen und frühdeutschen Adels, S. 71–136

XIV. Stammtafel der Ottonen und Salier

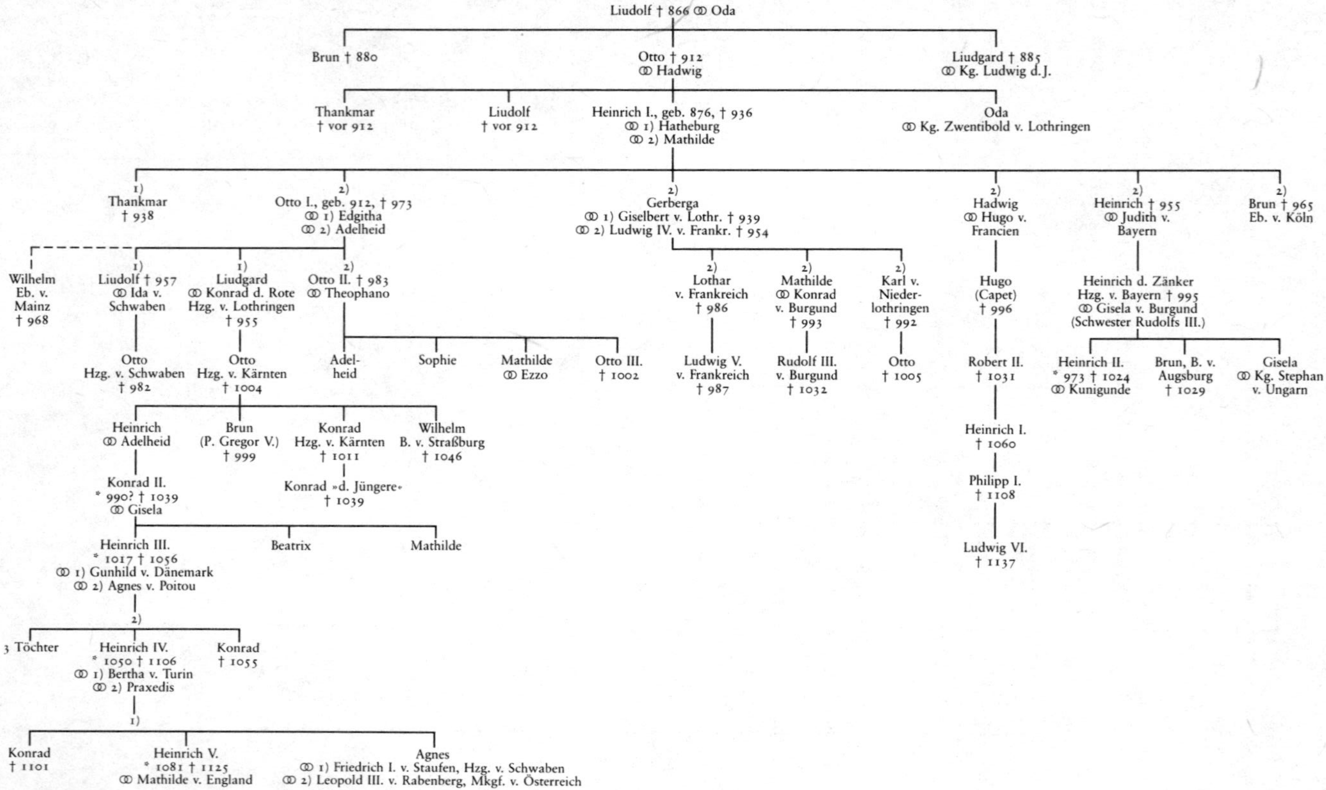

Aus: B. Gebhardt, Handbuch der deutschen Geschichte, Bd. 1, 9. Aufl. 1970, S. 838

Verzeichnis der Kartenskizzen

I. Das Frankenreich und die angrenzenden Gebiete im 8. Jahrhundert
II. Austrien im 8. Jahrhundert
III. Die Bistümer der Kirchenprovinzen Mainz, Köln, Trier, Reims
IV. Pfalzen und Klöster im 8. und 9. Jahrhundert
V. Sachsen, Hessen, Thüringen und die Slawischen Marken (8.–10. Jahrhundert)
VI. Das Karolingerreich
VII. Europa um das Jahr 1000
VIII. Kirchliche und kulturelle Zentren des 10. Jahrhunderts

I. Das Frankenreich
und die angrenzenden Gebiete
im 8. Jahrhundert

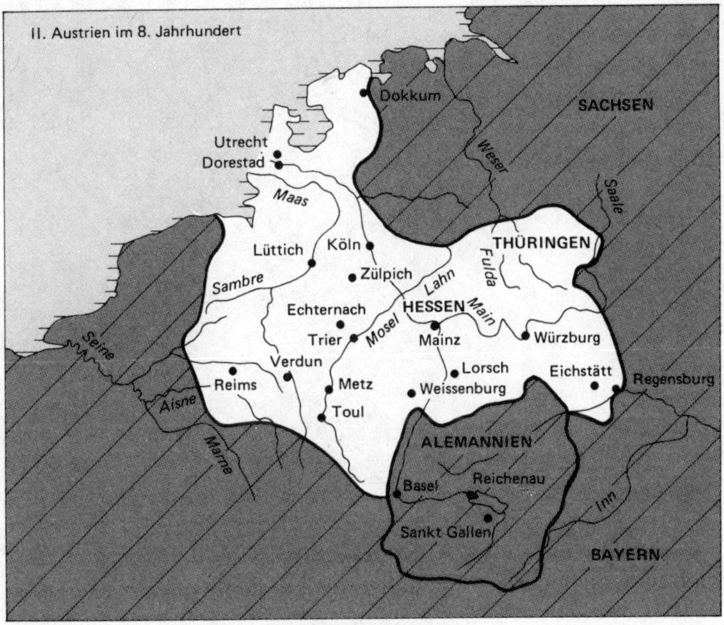
II. Austrien im 8. Jahrhundert
Dokkum
SACHSEN
Weser
Utrecht
Dorestad
Saale
Maas
THÜRINGEN
Köln
Lüttich
Fulda
Zülpich
Sambre
Lahn
HESSEN
Main
Echternach
Mosel
Trier
Mainz
Würzburg
Seine
Verdun
Lorsch
Eichstätt
Regensburg
Reims
Metz
Weissenburg
Aisne
Toul
ALEMANNIEN
Marne
Basel
Reichenau
Inn
Sankt Gallen
BAYERN

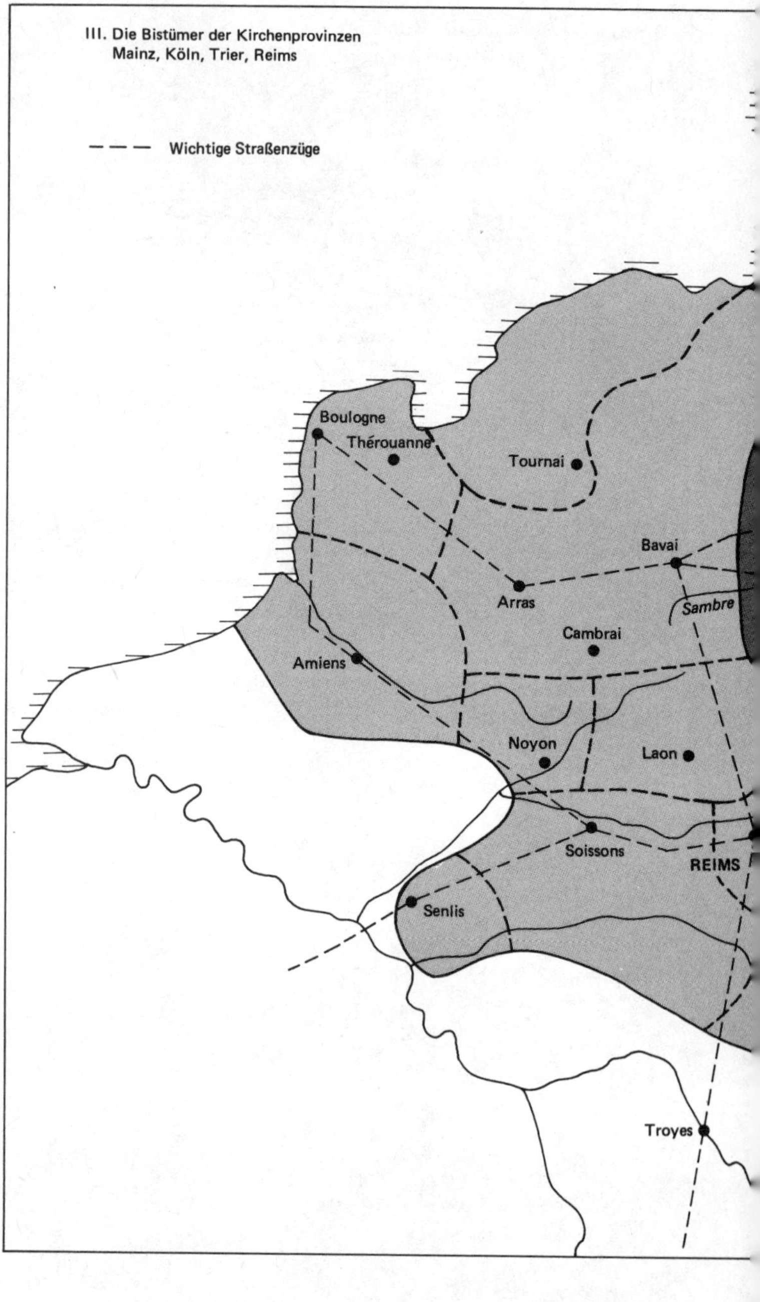
III. Die Bistümer der Kirchenprovinzen
Mainz, Köln, Trier, Reims
Wichtige Straßenzüge
Boulogne
Thérouanne
Tournai
Bavai
Arras
Sambre
Cambrai
Amiens
Noyon
Laon
Soissons
REIMS
Senlis
Troyes

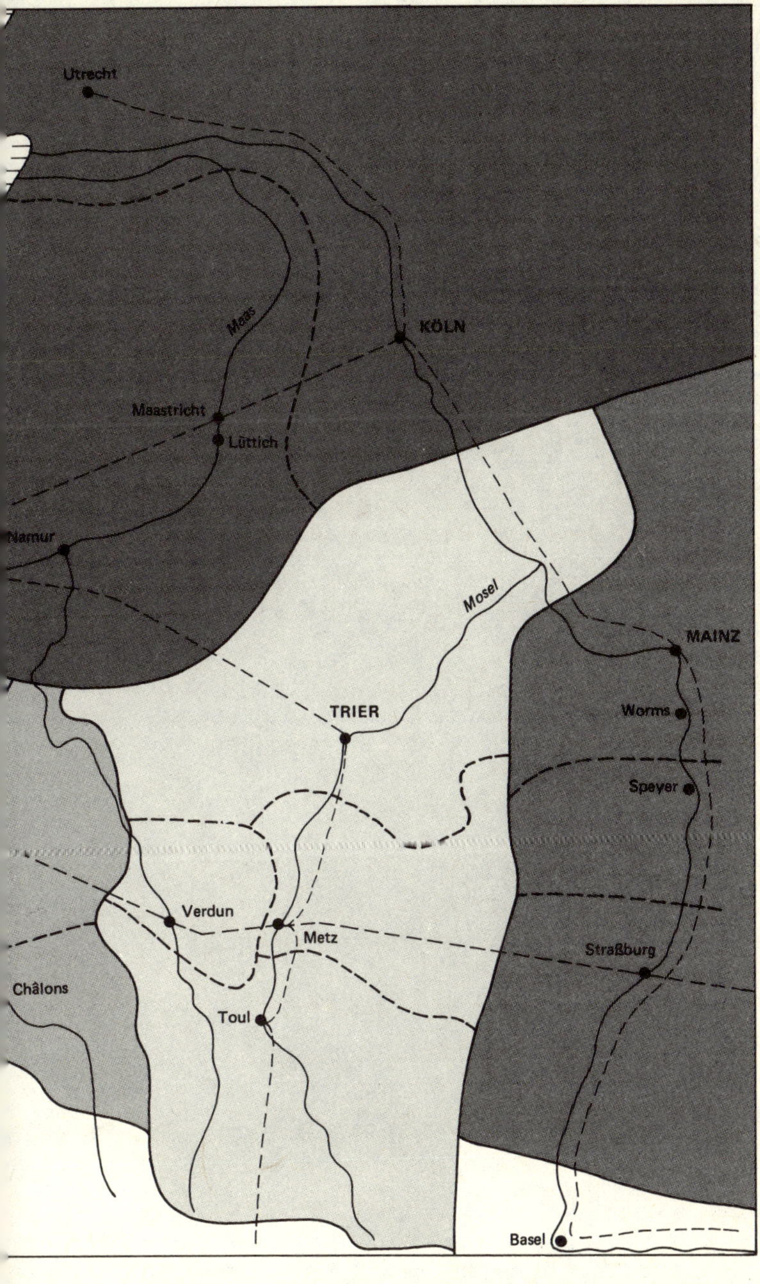
Utrecht
Maas
KÖLN
Maastricht
Lüttich
Namur
Mosel
MAINZ
TRIER
Worms
Speyer
Verdun
Metz
Straßburg
Châlons
Toul
Basel

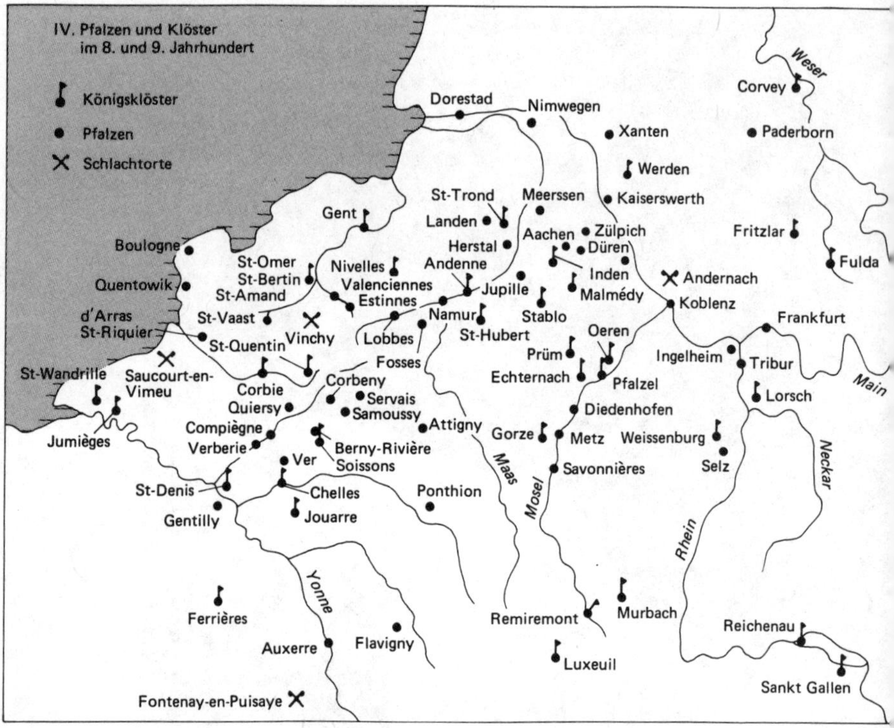
IV. Pfalzen und Klöster
im 8. und 9. Jahrhundert
Königsklöster
Pfalzen
Schlachtorte
Weser
Corvey
Dorestad
Nimwegen
Xanten
Paderborn
Werden
St-Trond
Meerssen
Kaiserswerth
Gent
Landen
Aachen
Zülpich
Fritzlar
Herstal
Düren
Boulogne
St-Omer
Nivelles
Andenne
Inden
Fulda
St-Bertin
Andernach
Quentowik
St-Amand
Valenciennes
Jupille
Malmédy
Estinnes
Koblenz
d'Arras
St-Vaast
Namur
Stablo
Frankfurt
St-Riquier
Vinchy
St-Quentin
Lobbes
St-Hubert
Oeren
Prüm
Ingelheim
Fosses
Tribur
St-Wandrille
Saucourt-en-Vimeu
Corbeny
Echternach
Pfalzel
Main
Corbie
Servais
Lorsch
Quiersy
Samoussy
Diedenhofen
Jumièges
Compiègne
Attigny
Gorze
Metz
Weissenburg
Verberie
Berny-Rivière
Ver
Neckar
Soissons
Savonnières
Selz
Maas
St-Denis
Chelles
Ponthion
Mosel
Gentilly
Jouarre
Rhein
Yonne
Ferrières
Remiremont
Murbach
Reichenau
Auxerre
Flavigny
Luxeuil
Sankt Gallen
Fontenay-en-Puisaye

V. Sachsen, Hessen, Thüringen
und die Slawischen Marken
(8.-10. Jahrhundert)
DÄNEN
Oldenburg
NORDALBINGIEN
ABODRITEN
HAMBURG
WIGMODIEN
Bremen
Havel
Lenzen
Osnabrück
ENGERN
Ems
WILZEN
Verden
Havelberg
WESTFALEN
OSTFALEN
Halle
Teutoburger Wald
Spree
Minden
Hildesheim
Brandenburg
Gandersheim
MAGDEBURG
Münster
Corvey
Werla
Meißen
Lippspringe
Goslar
Lippe
Herstel
Halberstadt
Paderborn
Grona
Quedlinburg
Ruhr
Werden
Gernrode
Merseburg
Büraburg
Fritzlar
Nordhausen
Elbe
Zeitz
Hersfeld
Erfurt
Fulda
Thüringerwald
SORBEN
HESSEN
Erzbistümer
Frankfurt
Bistümer
MAINZ
Würzburg
Kitzingen
Klöster
Pfalzen
Ochsenfurt
Tauberbischofsheim

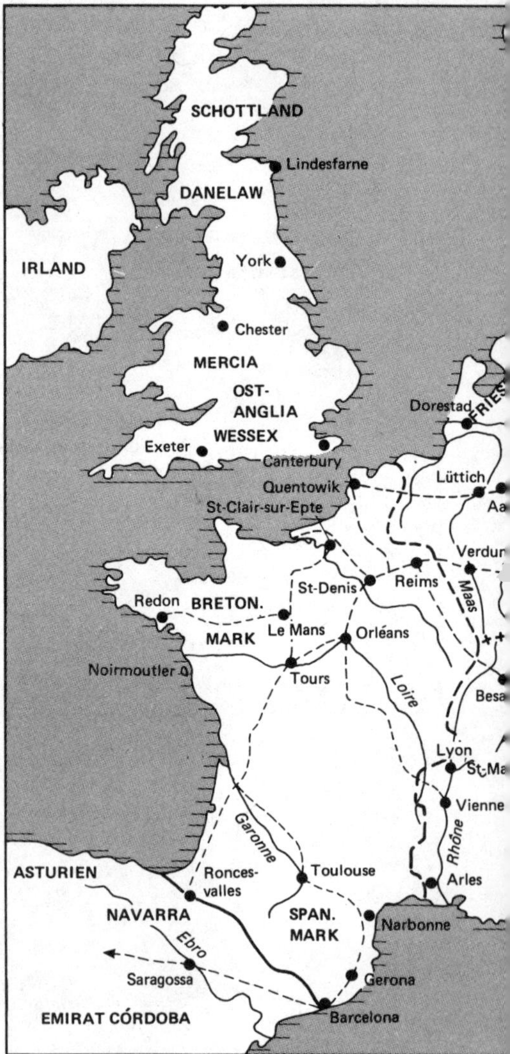

VI. Das Karolingerreich

——— Teilung von 843

++++ Teilung von 855

- - - - Straßenzüge

GÖTAR
GOTLAND
SCHONEN
Haithabu
Hamburg
POMORANEN
ABODRITEN
WILZEN
POLANEN
Magdeburg
Halle
SORBEN
Erfurt
Main
BÖHMEN
Regensburg
Donau
MÄHREN
Inn
AVAREN
FRIAUL
KARANJANIEN
Venedig
Aquileja
Pavia
ISTRIEN
KROATEN
Ravenna
Nin/Nona
Toskana
Spoleto
Benevent
Rom
Monte Cassino
Neapel
Salerno

VII. Europa um das Jahr 1000
Grenzen der lateinischen Christenheit
IRLAND
York
MERCIA
WALES
WESSEX
CORNWALL
NORMANDIE
BRETAGNE
Chartres
MAINE
Bourges
POITOU
Bordeaux
Santiago
Oviedo
León
Pamplona
GASCOGNE
ROUERGUE
Toulouse
NAVARRA
KATALANIEN
Barcelona
Toledo
Córdoba

NORWEGEN
SCHWEDEN
Aarhus
Lund
Ripen
ÄNEMARK
Schleswig
PRUZZEN
Hamburg
Gnesen
Weichsel
Weser
SACHSEN
Oder
POLEN
Magdeburg
SLAW.
MARKEN
Aachen
KRAKAU
FRANKEN
Prag
RINGEN
BÖHMEN
BAYERN
SCHWABEN
Gran
UNGARN
Pavia
Venedig
Kroaten
Serben
SPOLETO
Bulgaren
Rom
BENEVENT
Bari

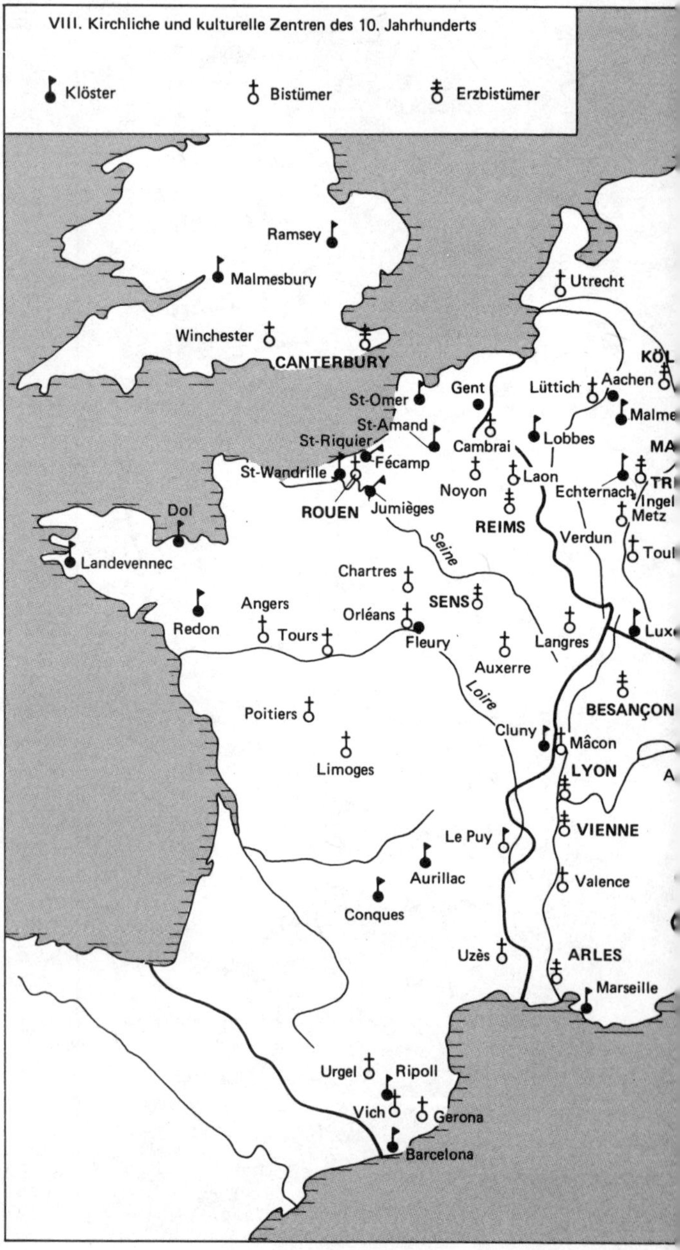

VIII. Kirchliche und kulturelle Zentren des 10. Jahrhunderts
Klöster
Bistümer
Erzbistümer
Ramsey
Malmesbury
Winchester
CANTERBURY
Utrecht
KÖL
Aachen
Lüttich
Gent
St-Omer
St-Amand
Malme
Lobbes
Cambrai
St-Riquier
Fécamp
St-Wandrille
Noyon
Laon
MA
TR
Echternach
Ingel
Metz
ROUEN
Jumièges
REIMS
Dol
Verdun
Toul
Landevennec
Seine
Chartres
SENS
Angers
Orléans
Redon
Tours
Fleury
Langres
Lux
Auxerre
Loire
BESANÇON
Poitiers
Cluny
Mâcon
Limoges
LYON
A
VIENNE
Le Puy
Aurillac
Valence
Conques
Uzès
ARLES
Marseille
Urgel
Ripoll
Vich
Gerona
Barcelona

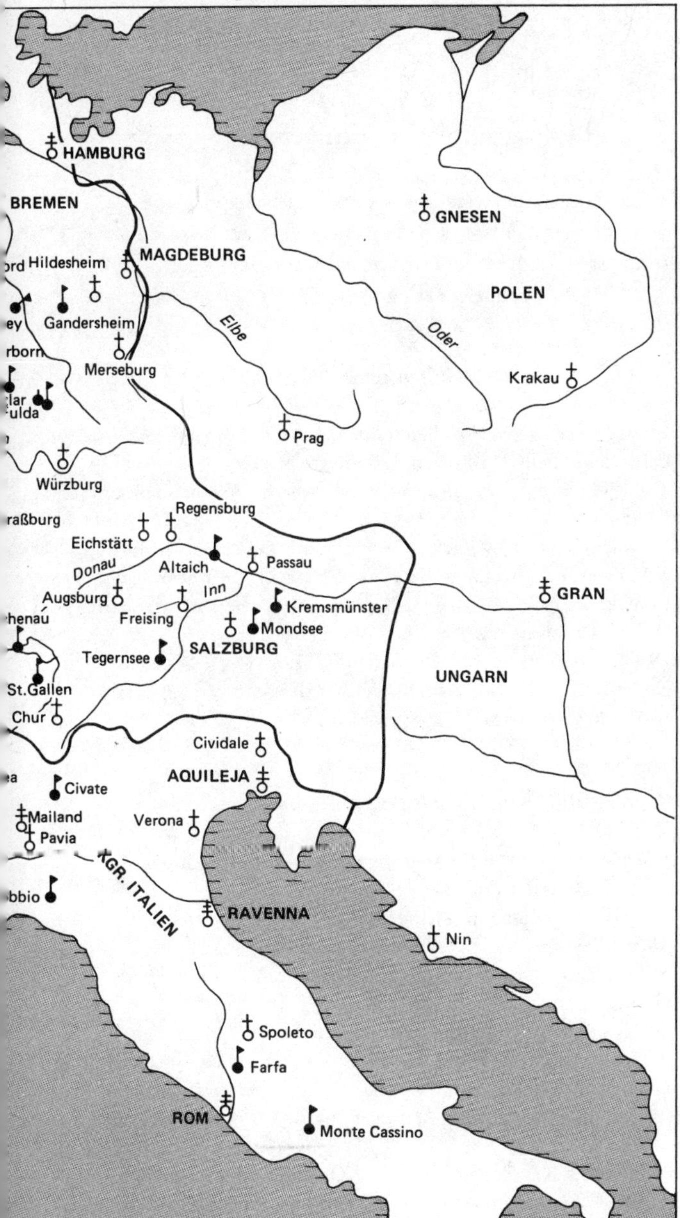
HAMBURG
BREMEN
GNESEN
MAGDEBURG
Hildesheim
POLEN
Gandersheim
Elbe
Oder
Merseburg
Krakau
Fulda
Prag
Würzburg
Regensburg
Eichstätt
Altaich
Passau
Donau
GRAN
Augsburg
Inn
Kremsmünster
Freising
Mondsee
SALZBURG
Tegernsee
UNGARN
St.Gallen
Chur
Cividale
AQUILEJA
Civate
Mailand
Verona
Pavia
KGR. ITALIEN
RAVENNA
Nin
Spoleto
Farfa
ROM
Monte Cassino

Bibliographische Hinweise

Aufgeführt sind überwiegend neuere, deutschsprachige Veröffentlichungen, über deren Literaturverzeichnisse die älteren Standardwerke und Spezialuntersuchungen bequem faßbar sind.

1. *Quellenkunde*

Caenegem, Raoul C. van: Kurze Quellenkunde des westeuropäischen Mittelalters, übs. aus dem Niederländischen, Göttingen 1964

Génicot, Léopold (Hg.): Typologie des sources du Moyen Age occidental, Tournhout 1972ff.

Wattenbach, Wilhelm/Levison, Wilhelm: Deutschlands Geschichtsquellen im Mittelalter. Vorzeit und Karolinger, Heft 1–5, Heft 2–5 neu bearbeitet von Heinz Löwe, Weimar 1952–1973. Beiheft: Die Rechtsquellen, bearb. von Rudolf Buchner, Weimar 1953

Wattenbach, Wilhelm/Levinson, Wilhelm/Schmale, Franz Josef: Deutschlands Geschichtsquellen im Mittelalter. Die Zeit der Sachsen und Salier, 3 Bde., Darmstadt 1967–1971

2. *Atlanten, allgemeine Nachschlagewerke, Handbücher*

Atlas zur Kirchengeschichte. Die christlichen Kirchen in Geschichte und Gegenwart, hg. v. Hubert Jedin u. a., Freiburg i. Br. 1970

Braunfels, Wolfgang: Die Kunst im Heiligen Römischen Reich Deutscher Nation, bisher erschienen Bd. 1–5, München 1979–1985

Gebhardt, Bruno: Handbuch der deutschen Geschichte, hg. von Herbert Grundmann, Bd. 1, Stuttgart ^{9}1970

Grodecki, Louis/Mütherich, Florentine/Wormald, Francis: Die Zeit der Ottonen und Salier (Universum der Kunst Bd. 20), München 1973

Großer Historischer Weltatlas, Teil 2: Mittelalter, hg. v. Bayerischen Schulbuch-Verlag, München ^{2}1979. Erläuterungen, hg. v. Ernst Walter Zeeden, München 1983

Handbuch der europäischen Geschichte, hg. v. Theodor Schieder. Bd. 1, Schieffer, Theodor (Hg.): Europa im Wandel von der Antike zum Mittelalter, Stuttgart 1976 (mit umfassenden Literatur- und Quellenangaben zu

den verschiedenen Teilen des Karolingerreichs sowie zu dessen Nachbarländern)
Handbuch der europäischen Wirtschafts- und Sozialgeschichte, hg. v. Hermann Kellenbenz. Bd. 2: Houtte, Jan A. van (Hg.): Europäische Wirtschafts- und Sozialgeschichte im Mittelalter, Stuttgart 1980
Handbuch der Kirchengeschichte, hg. v. Hubert Jedin, Bd. 2,2 u. 3,1, Freiburg u. a. 1966–1975
Handwörterbuch zur deutschen Rechtsgeschichte, hg. v. Adalbert Erler u. Ekkehard Kaufmann, bisher erschienen Bd. 1–3, Berlin 1971–1984
Hubert, Jean/Porcher, Jean/Volbach, Wolfgang Fritz: Frühzeit des Mittelalters (Universum der Kunst Bd. 12), München 1968
Dies.: Die Kunst der Karolinger (Universum der Kunst Bd. 13), München 1969
Lexikon des Mittelalters, hg. v. Robert Auty, Robert-Henry Bautier u. a., München, Zürich 1977ff.
Lexikon für Theologie und Kirche, hg. von Josef Höfer u. Karl Rahner, 11 Bde., Freiburg ²1957–1967

3. Gesamtdarstellungen und Einzeluntersuchungen

Barni, Gian Luigi/Fasoli, Gina: L'Italia nell'alto medioevo (Societá e costume Bd. 3), Torino 1971
Beumann, Helmut: Das Kaisertum Ottos des Großen, Sigmaringen 1975
Ders. (Hg.): Beiträge zur Bildung der Französischen Nation im Früh- und Hochmittelalter (Nationes Bd. 4), Sigmaringen 1983
Beumann, Helmut/Schröder, Werner (Hg.): Aspekte der Nationenbildung im Mittelalter (Nationes Bd. 1), Sigmaringen 1978
Bloch, Marc: La société féodale, 2 Bde., Paris 1939/1940, dt. Übs. (Die Feudalgesellschaft), Zürich 1982
Boehm, Laetitia: Geschichte Burgunds. Politik, Staatsbildungen, Kultur, Stuttgart 1979
Bosl, Karl: Die Grundlagen der modernen Gesellschaft im Mittelalter. Eine deutsche Gesellschaftsgeschichte des Mittelalters, 2 Bde., Stuttgart 1972
Ders.: Europa im Aufbruch. Herrschaft, Gesellschaft, Kultur in Europa vom 10. bis zum 14. Jahrhundert, München 1980
Boutruche, Robert: Seigneurie et féodalité (Collection historique), 2 Bde., Paris 1959/1970
Braunfels, Wolfgang (Hg.): Karl der Große. Lebenswerk und Nachleben, 5 Bde., Düsseldorf 1965–1968
Brühl, Carlrichard: Fodrum, gistum, servitium regis. Studien zu den wirtschaftlichen Grundlagen des Königtums im Frankenreich und in den fränkischen Nachfolgestaaten (Kölner historische Abhandlungen Bd. 14, 1 u. 2), 2 Bde., Köln – Graz 1968

Brunner, Karl: Oppositionelle Gruppen im Karolingerreich (Veröffentlichungen d. Instituts f. österr. Geschichtsforschung Bd. 25), Wien – Köln 1979
Deutsche Königspfalzen. Beiträge zu ihrer historischen und archäologischen Erforschung (Veröff. des Max-Planck-Institutes für Geschichte Bd. 11, 1–3), 3 Bd., Göttingen 1963–1979
Doehaerd, Renée: Le Haut Moyen Age occidental. Économies et sociétés (Nouvelle Clio Bd. 14), Paris 1971
Donat, Peter: Haus, Hof und Dorf in Mitteleuropa vom 7. bis 12. Jahrhundert (Schriften zur Ur- und Frühgeschichte Bd. 33), Berlin (Ost) 1980
Duby, Georges: Krieger und Bauern. Die Entwicklung von Wirtschaft und Gesellschaft im frühen Mittelalter, übs. aus dem Französischen, Frankfurt/M. 1977
Ennen, Edith: Die europäische Stadt des Mittelalters, Göttingen ⁴1987 (mit umfangreicher Spezialbibliographie)
Fichtenau, Heinrich: Lebensordnungen des 10. Jahrhunderts. Studien über Denkart und Existenz im einstigen Karolingerreich, 2 Bde., Stuttgart 1984
Fournier, Gabriel: L'Occident de la fin du Ve siècle á la fin du IXe siècle, Paris 1970
Fritze, Wolfgang H.: Frühzeit zwischen Ostsee und Donau. Ausgewählte Beiträge zum geschichtlichen Werden im östlichen Mitteleuropa vom 6. bis 13. Jahrhundert (Berliner historische Studien Bd. 6), Berlin 1982
Ganshof, François Louis: The Carolingians and the Frankish Monarchy, London 1971
Goetz, Hans-Werner: Dux und Dukatus. Begriffs- und verfassungsgeschichtliche Untersuchungen zur Entstehung des sogenannten »jüngeren« Stammesherzogtums an der Wende vom 9. zum 10. Jahrhundert, Bochum 1977
Halphen, Louis: Charlemagne et l'Empire carolingien, Neuilly-sur-Seine ²1974
Higounet, Charles: Paysages et villages neufs du Moyen Age (Études et documents d'Aquitaine Bd. 2), Bordeaux 1975 (darin S. 37–63:Les forêts de l'Europe occidentale, du Ve au XIe siècle)
Hlawitschka, Eduard: Lotharingien und das Reich an der Schwelle der deutschen Geschichte (Schriften der MGH Bd. 21), Stuttgart 1968
Ders.: Studien zur Genealogie und Geschichte der Merowinger und der frühen Karolinger, in: Rheinische Vierteljahresblätter 43 (1979) S. 1–99
Ders.: Die Widonen im Dukat von Spoleto, in: Quellen und Forschungen aus italienischen Archiven und Bibliotheken, 63 (1983) S. 20–92
Hodges, Richard/Whitehouse, David: Mohammed, Charlemagne and the Pirenne thesis, London 1983
Jankuhn, Herbert/Wenskus, Reinhard (Hg.): Geschichtswissenschaft und Archäologie (Vorträge und Forschungen Bd. 22), Sigmaringen 1979
Kienast, Walter: Deutschland und Frankreich in der Kaiserzeit (900–1250). Weltkaiser und Einzelkönige, 3 Bde., Stuttgart ²1974/1975

Kuchenbuch, Ludolf: Bäuerliche Gesellschaft und Klosterherrschaft im 9. Jahrhundert (Viertelsjahrschrift für Sozial- und Wirtschaftsgeschichte, Beiheft 66), Wiesbaden 1978

Leyser, Karl: Rule and conflict in early medieval society. Ottonian Saxony, London 1979

Ludat, Herbert: Slaven und Deutsche im Mittelalter (Mitteldeutsche Forschungen Bd. 86), Köln u. a. 1982

Musset, Lucien: Les Invasions (Nouvelle Clio 12, 1 u. 2), 2 Bde., Paris 1965 (Bd. 1 ²1969)

Prinz, Friedrich (Hg.): Mönchtum und Gesellschaft im Frühmittelalter (Wege der Forschung Bd. 312), Darmstadt 1976

Ders.: Grundlagen und Anfänge. Deutschland bis 1056. Die neue deutsche Geschichte Bd. 1, München 1985 (mit umfangreichem Quellen- und Literaturverzeichnis)

Riché, Pierre: Les Écoles et l'enseignement dans l'Occident chrétien de la fin du Ve siècle au milieu du XIe siècle, Paris 1979

Ders.: Die Welt der Karolinger, übers. aus dem Französischen, Stuttgart ²1984

Schneider, Reinhard: Das Frankenreich (Oldenbourg Grundriß der Geschichte Bd. 5), München, Wien 1982 (mit umfangreichem Quellen- und Literaturverzeichnis)

Schneidmüller, Bernd: Französische Lothringenpolitik im 10. Jahrhundert, in: Jahrbuch f. westdeutsche Landesgeschichte 5 (1979) S. 1–31

Störmer, Wilhelm: Früher Adel. Studien zur politischen Führungsschicht im fränkisch-deutschen Reich vom 8. bis 11. Jahrhundert, 2 Bde., Stuttgart 1973

Werner, Joachim/Ewig, Eugen (Hg.): Von der Spätantike zum frühen Mittelalter (Vorträge und Forschungen Bd. 25), Sigmaringen 1979

Werner, Karl Ferdinand: Vom Frankenreich zur Entfaltung Deutschlands und Frankreichs. Ursprünge – Strukturen – Beziehungen. Sigmaringen 1984

Ders.: Les origines (avant l'an mil). Histoire de France Bd. 1, Paris 1984

Zimmermann, Harald: Otto der Große (Wege der Forschung Bd. 450), Darmstadt 1976

Personen- und Ortsnamenregister

Bearbeitet von Klaus Freitag und Reinhold Schamberger

Aachen 109, 115, 123f., 146, 150, 152, 155, 170f., 174f., 180ff., 185, 188f., 191f., 197, 201, 238f., 243, 247, 251, 285, 292, 312, 320, 323, 332, 335, 339, 353, 373, 382, 386, 391, 395, 397ff., 403, 415, 421
Aare 267, 287
Abbasiden 105
Abbasidenreich 154
Abbéville 391
Abbo, Abt v. Saint-Benoît-sur-Loire 346
Abbo, Gf., Stifter des Klosters Novalese 66
Abbo, Mönch v. Saint-Germain-des-Prés 256
Abd al-Rahman I., omajjad. Emir 64, 105, 147
Abd al-Rahman II. 185
Abel, Eb. v. Reims 82f.
Adagisel, dux 33, 35
Adalbero, B. v. Augsburg 271
Adalbero, B. v. Laon 323, 326, 358, 419
Adalbero, B. v. Verdun 324
Adalbero, Eb. v. Metz 322, 324ff.
Adalbero, Eb. v. Reims 322ff., 326
Adalbert, Abt. v. Weissenburg 313
Adalbert, austrjscher Hzg. 196
Adalbert, Eb. v. Magdeburg 319, 350
Adalbert, Gf. im Thurgau 268
Adalbert, Gründer des Klosters Honau 62
Adalbert, Mkgf. v. Ivrea 265, 267
Adalbert, I., Mkgf. v. Tuszien 217, 250, 262, 281
Adalbert, II., »dives«, Mkgf. v. Tuszien 262, 264
Adalbert, Sohn Berengars II. v. Ivrea 314, 317
Adalbert, Sohn Gf. Heinrichs 268
Adalbert Vojtech, B. v. Prag 350f., 416
Adalbertus, Pseudo-B. 79ff.
Adaldag, Eb. v. Hamburg-Bremen 349
Adalgis, Kämmerer Karl d. Gr. 134
Adalgisel, dux 33, 35
Adalhard, Abt 183
Adalhard, Abt. v. Saint Vaast, Stablo, Echternach u. St. Maximin 337
Adalhard, Gf. v. Chalon-sur-Saône 67
Adalhard, Seneschall Ludwig d. Frommen 200f., 228
Adalhard, Sohn Gf. Heinrichs 268
Adalhard, Vetter Karl d. Gr. 114, 167, 128, 170, 180, 402
Adalricus-Eticho, dux 41, 44
Adela, Schwester Plektruds 87
Adela v. Pfalzel, Schwiegertochter Pippins II. 61
Adelchis, Hzg. v. Benevent 263
Adelchis, Sohn Kg. Desiderius' 126, 128
Adelgis I., Gf. v. Parma 217
Adelheid, Gem. Ludwigs d. Blinden 267
Adelheid, 2. Gem. Ludwigs d. Stammlers 249
Adelheid, Gem. Gezas 351
Adelheid, Gem. Rudolfs I. 275
Adelheid, Gem. Konrads I. u. Roberts d. Tapferen 235
Adelheid, Tochter Gf. Hugos v. Tours 185
Adelheid, Gem. Ottos I. 268, 301, 314ff., 325
Adeltrud, Gem. Drogos 43
Ado, Eb. v. Vienne 223, 239
Adventinus, B. v. Metz 238
Ärmelkanal 16, 17, 143
Aethelberth, Kg. v. Kent 17
Aethelwold, Abt v. Winchester 417f.
Afrika 10, 156, 420
– Nordafrika 9, 15f., 193
Agapet II., Papst 307, 315, 344
Agatheus, B. v. Nantes 55
Agaunum 101
Agde 66
Ageltrude, Gem. Widos II. 263
Agilolfinger 19, 32, 49, 63, 72ff., 131f., 166
Agobard, Eb. v. Lyon 190f., 357, 387
Agobard, Gelehrter 148
Ainmarus, B. v. Auxerre 54, 66
Aio, Mkgf. v. Friaul 142
Aisne 171
Aistulf, Kg. d. Langobarden 90, 93–97
Aix-en-Provence
– Bistum 82
– Kirchenprovinz 224
Ajoi-Elsgau 62
Alan I., breton. Adeliger 276
Alan II., Hzg. d. Bretagne 305
Alberich, röm. Senator 287, 315, 416
Alberich II., Sohn Senator Alberichs 282
Alberich, Gf. v. Spoleto 281
Albi 275
Aldeneyck 50
Alderich, B. v. Le Mans 400
Alfons I., Kg. v. Asturien 147
Alfons II. »der Keusche«, Kg. v. Asturien 147
Alfons III. »der Große«, Kg. v. Asturien 275, 420
Alfred d. Große, Kg. v. Wessex 277, 290, 299, 348, 417, 421
Alkuin, Abt v. Saint Martin in Tours 135f., 140–144, 146, 151, 169, 174, 335, 337, 348, 380, 384, 386, 391, 408, 422
Altfried, B. v. Hildesheim 225
Altmühl 120
Amalfi 125
Saint-Amand 36, 89, 230, 252, 305, 341, 368
Amandus, Mönch 36f., 46
Amauvin (Amalvinus), Gf. 275
Amblève 53, 71
Amiens (Gft.) 307
Amöneburg (Kloster) 60
Ampurias (Gft.) 274
Anastasius Biliothecarus, Abt v. Santa Maria in Trastevere 213, 218, 220f., 388, 393
Andenne (Kloster) 42, 50
Andernach 243
Angelomus v. Luxeuil 387
Angers 54, 107, 143, 180, 235, 277
Saint-Aubin 180, 276f., 308

Angilbert, Dichter u. Laienabt v. Saint-Riquier 170, 197, 337, 401f.
Angilram, B. v. Metz 132, 159
Angoulême (Gft.) 232
Angomois 231
Anjac 179
Anjou 235, 308, 323, 407
Ansbert, B. v. Rouen 44
Ansegis, Eb. v. Sens 242
Ansegisel, Sohn B. Arnulfs v. Metz 30f., 35f.
Anselm, Pfgf. 147
Ansgar, B. v. Hamburg 193, 348f.
Ansgard, Gem. Ludwigs d. Stammlers 249
Anskar, Mkgf. v. Ivrea 262
Anskarier 283
Antenor, stellvertretender Hausmeier 45
Antwerpen 59
Aosta-Tal 94
Apt 266
Aquileia 314f., 380
Arbeo, B. v. Freising 113
Arc 66
Archis I., Hzg. v. Benevent 122
Archis II., Hzg. v. Benevent 125, 128f.
Ardennen 41, 53, 269, 292
Ardobert, Eb. v. Sens 83
Arduine 283
Aremorica 143, 383
Argengau 183
Argonnerwald 205
Arles 124, 200, 223, 266, 310
– Bistum 82
– Kirchenprovinz 224, 331
Arminius, Cheruskerfürst 134
Aremorica 202
Arn, B. v. Salzburg 132, 140
Arnulf, B. v. Metz 29ff., 34, 38, 88f.
Arnulf, B. v. Toul 238
Arnulf, Eb. v. Reims 327, 344f.
Arnulf, dux 51
Arnulf I., Gf. v. Flandern 277, 299, 307, 309
Arnulf II., Gf. v. Flandern 309, 407
Arnulf, Hzg. v. Bayern 271, 284, 287, 302
Arnulf d. Böse 269
Arnulf v. Kärnten, Kg. 257f., 260, 263, 267–271, 279f., 292, 395, 408
Arnulfinger 30f., 35, 38, 42, 44, 46, 52
Arnulfinger-Pippiniden 50, 58
Arpaden 319
Arsenius, B. 215
Arsenius, röm. Adeliger 218
Artold, Eb. v. Reims 295, 299, 306f.
Artois 276
Asselt (Elshoo) 255
Asturien 16, 147, 149, 274f.
Athelstan, Kg. v. Wessex 299, 312, 407, 417, 421
Athen 384
Attigny 101, 135, 171, 183, 209, 241, 306, 321, 382
Augsburg 131, 314, 344
Augst-Ammergau 183
Augustinus, Propst 17
Aurillac, Kloster des Hl. Gerald 346, 408
Autchar, austr. Adeliger 87
Autchar, dux 94, 119, 126, 173
Autcherius, Gf. in Alemannien 173
Autun 64, 204, 251, 275
– Gft. 173, 232, 275
Auvergne 46, 99, 236, 273
Avallonais 223
Avignon 66, 239, 266
Avitus II., B. v. Clermont 46
St. Avold 63
Avroy 88
Auxerre 52, 101, 196f., 290, 403
– Gft. 275
– St. Germain d'Auxerre 230, 275, 308, 403

Bagdad 105, 111
Bainus-Benignus, Abt v. Fontenelle 52
Balduin I., Gf. v. Flandern 230, 235, 276, 278, 293
Balduin II., Gf. v. Flandern 276f., 289
Balkan 141, 352
Ballon 234
Balthild, Gem. Chlodwigs II. 40f.
Bamberg 370, 411
Bardas, Regent v. Byzanz 220
Bardowik 370
Barcelona 123, 148, 173, 185, 187, 274, 311
Bari 220, 318
Bar-sur-Seine 370
Basel 287
– Diözese 63
– St. Basle 327, 344ff.
Basileios I., byzant. Kaiser 220
Bastogne 66, 71
Bavai 42
Bayeux 307
Beaujolais 275
Beatrix, Gem. Gf. Friedrichs v. Bar 231
Bechar, Hausmeier 43
Beda Venerabilis 65
Begga, Tochter Pippin d. Ält. 30, 35, 50
Bego, Gf. v. Paris 179
Belgien 202
Bello, Gf. v. Carcassonne 232
Bello v. Conflent 273
Benedikt v. Aniane, Abt v. Inde 167, 179f., 335f., 382, 422
Benedikt III., Papst 212, 218
Benedikt IV., Papst 264
Benedikt V., Papst 317
Benevent 123, 129, 200f., 220, 263, 318
– Hzgtm. 15, 125, 127, 129f., 165, 167, 219
St. Benoît-sur-Loire 231, 344
Beornrad, Eb. v. Sens 144
Berengar I., Mkgf. v. Friaul u. Kg. v. Italien, Kaiser 217, 259, 262–267, 280f., 312, 396
Berengar II., Mkgf. v. Ivrea 283, 314, 317
Bernhard, B. v. Halberstadt 319
Bernhard, Mkgf. 285
Bernhard, Mkgf. v. Septimanien u. Kg. v. Italien 185–191, 197, 230, 293
Bernhard, Onkel Karls d. Gr. 170
Bernhard Plantapilosa 231f., 245, 252, 260, 273, 407
Bernhard v. Gothien 232, 245, 251f., 273f.
Berny-Rivière 109
Berre 66
Berry 46, 251, 273, 308
– Gft. 99
St. Bertin 76, 90, 152, 173, 236, 341, 368, 421
Berta, Gem. Kg. Rudolfs II. 268, 301
Bertha, Gem. Gf. Gerhards v. Vienne 223, 239
Bertha, Gem. Adalberts II. 264, 266
Bertha, Gem. Pippins d. Jüng. 161, 170
Bertha, Tochter Karl d. Gr. 170
Bertold, Hzg. v. Kärnten 302
Bertulf, Freund Theudeberts II. 30
Besale (Gft.) 288
Besançon 331
– Diözese 165
– Kirchenprovinz 331
Bessin 291
Bertrada, Gem. Pippins d. Jüng. 87, 96, 112f., 125

Béziers 66
Biesme 205
Birka 145, 348f.
Birmingham 290
Blaye 65
Blies 88
Blois 278
Bobbio (Kloster) 128, 175, 324, 337, 345, 368, 416
Bode 133
Bodensee 183
Böhmen 116, 124, 226, 270, 285, 287, 313f., 320, 323, 350
Bois-du-Fays 42
Boleslaw, Bruder Wenzel I. 350
Boleslaw I. »Chrobry« 351
Boleslaw II., 350
Bonifatius, Missionar 59–63, 70–79, 81ff., 91, 100, 134, 347
Bonifatius IV., Papst 22
Bonifaz II., Gf. v. Lucca 262
Bonitus, B. v. Clermont 46, 77
Bonmoutier 33
Bonn 292
Bordeaux 64f., 275, 308
– Kirchenprovinz 82, 331
Borell, Mkgf. 311
Borell, Gf. v. Barcelona 408
Boris, Bulgarenfürst 213, 220
Boso, Laienabt v. Moyenmoutier u. Remiremont 297
Boso, Kg. d. Provence 217, 232, 238f., 243, 245, 251ff., 258, 260f., 264, 275, 295, 396
Bouchard I., Vizegf. v. Vendôme 278
Boulogne 146
Bourges 196, 276, 305, 308
– Bistum 101
– Kirchenprovinz 331
Brabant 30, 253, 292
Brandenburg 285
– Bistum 313, 315, 356
Brebona 38
Bremen 138, 205, 376
Brenner 245, 262, 315
Brescia 216, 222
– Mkgft. 262
– San Salvatore 216
Breslau 351
Bretagne 143, 196, 291, 308
– Breton. Mark 167, 217, 234
– Hzgtm. 234
– Fstm. 276
Brioude 232, 276, 310
Brissarthe 235
Britische Inseln 9, 21, 91, 109, 334, 378
Bromberg 370
Brügge 276
Brun, Eb. v. Köln 304, 316, 321ff., 408, 413
Brun, Hzg. v. Sachsen 269
Brunichild, Gem. Sigiberts I. 29f.
Bubo, Hzg. v. Friesland 59
Budapest 351
Büraburg (Bistum) 61
Burchard, B. v. Würzburg 90
Burchard, Mkgf. in Rätien 268, 271
Burchard I., Hzg. v. Schwaben 267f., 271, 284f.
Burchard II., Hzg. v. Schwaben 303
Brunhausen (Kloster) 225
Bulgarien 270, 320, 349
Bulgarenreich 140
Byzanz 16, 69f., 94, 96, 105, 129, 154, 194, 220f., 224, 318, 320, 342, 352, 398
Byzantinisches Reich 67, 94, 122, 150, 156, 220

Carmargue 223
Cambrai 42, 322
– Bistum 80
– Diözese 44
Campania 243, 250
Cancor, Gf. 87, 103
Cannstatt 75
Capua 129, 220, 262, 318
Carcassonne 232
Celestius, Abt v. St. Peter in Gent 55
Centula 401
Cerdana 148
Cerdagne 274, 340
Chalon 124, 191, 403
– Gft. 204, 232
Châlons-sur-Marne 370
Chalon-sur-Saône 374
Chalpaida, Konkubine Pippins II. 51
Champagne 109
Chantilly 413
Chappes 370
Charivius-Herveus, B. v. Le Mans 55
Chartres 107, 290, 308
– Père (St. Pierre) 368
Chasseneuil 179
Château-Salins 88
Châteaudun 278, 308
Chelles 74, 183, 337
Chelles-sur-Marne (Kloster) 41
Cheminot (Kloster) 405
Chèvremont 51, 74
Chiemsee 132
Childebert II., Kg. 29
Childebert III. »der Adoptierte« 39f., 43
Childebrand, Halbbruder Karl Martells 66, 71, 89
Childebrand, Sohn Pippins II. 51
Childerich II., Kg. 40f.
Childerich III., Kg. 76f., 90
Chilperich I., Kg. 29
Chilperich II., Kg. 52, 54
Chinon 305
Chlodulf, Sohn B. Arnulfs v. Metz 30, 32, 38
Chlodwig, Kg. 19, 21, 110, 238, 310
Chlodwig II., Kg. 34, 40
Chlothar I., Kg. 29
Chlothar II., Kg. 20, 30ff.
Chlothar III., Kg. 40f.
Chlothar IV., Kg. 54
Choisy-au-Bac (Oise) 43
Chrodebert-Rupert, B. v. Worms 49
Chrodegang, B. v. Metz 71, 94, 100, 102ff., 108, 173, 235, 332, 401, 421
Chrodegang, B. v. Sées 88
Chrodegang, Ratgeber Pippins d. Jüng. 83, 87
Chrodoald (Agilolfinger) 32, 35
Chur 76, 101, 165
Churätien 227
Cividale 331, 383
St. Clair-sur-Epte 290f., 344, 348
Civitavecchia 218
Clemens, Pseudo-B. 79, 81
Clermont 305
Cloveshoe 81
Cluny 274, 311, 346f., 407, 422
Colmar 88, 189
Columban, Missionar 33, 36f.
Compiègne 43, 52, 99, 101, 105, 109, 171, 190, 250, 252, 278, 305, 393, 399
Corbie 55, 128, 138, 180, 186, 337, 361, 390, 418
Corbeny 109
Corbinian, Missionar 49
Córdoba 65, 105, 147f.
Cornouaille 276
Cornwall 17, 143
Corte Olona 383
Corvey 138, 193, 224f., 286, 348, 376, 383, 403, 412f.
Contentin 291
Coulaines 228f.
Cremona 265, 383, 416
Cudberth, Eb. v. Canterburry 81
Cugnon 37
Cumberland 17
Cuxa (Kloster) 310

Dacien 115
Dänemark 145f., 156
Dänische Mark 146, 285
Dagobert, s. Miezko I.
Dagobert I., Kg. 19f., 31–36, 40, 47, 109, 140
Dagobert II., Kg. 39f., 53, 91
Dagobert III., Kg. 43, 52, 54
Dagulf, Schreiber 391
Dalmatien 115, 156
Damaskus 105
Daniel, B. v. Winchester 61
St. Denis (Kloster) 50, 71f., 88f., 92, 95f., 100, 106, 108–112, 185, 191, 196, 238, 252, 256, 308, 341, 360, 387ff., 392f., 395, 406, 419
Desiderius, B. v. Chahors 36
Desiderius, Kg. d. Langobarden 113f., 117–121, 125–130
Desiderius, Hzg. v. Tuscien 97f., 105
Dettenheim 121
Deutschland 137, 202, 286f., 292, 313, 315, 324, 359, 362, 420
– Süddeutschland 286
Dhuoda, Gem. Mkgf. Bernhards v. Septimanien 185, 187, 198, 231, 393
Dido, B. v. Poitiers 39ff.
Diedenhofen 115, 168, 171, 207, 270, 399
Diemel 134
Dietrich, B. v. Metz 413
Dieuze 88
Dijon 311
Dionysios, Areopagites 106, 387
Dive 290
Dokkum 100
– Erzbistum 234
Domnonee 276
Don 10
Donau 9, 19, 115f., 120, 130ff., 138f., 257, 341, 347, 352, 371, 376
Dora Riparia 66
Dordogne 113
Dorestad 18, 47, 146, 193, 290, 370
Douai 309
Doue-la-Fontaine 179
Dragowit, Oberkg. d. Wilzen 141
Drahomira, Mutter Wenzels I. 313
Drau 131, 193
Drogo, B. v. Metz 182, 191f., 207, 392, 395
Drogo, Sohn Pippins II. 43, 45, 51
Dubrawa, Gem. Mieszkos I. 319
Dudo v. Saint-Quentin 407
Düren 109
Düsseldorf 48
Dugny 201
Dungal, Ire 406
Dunstan, Abt v. Canterburry 417

Eadgifu (Edgiva), 2. Gem. Karls d. Einfältigen 294
Eadhild, Gem. Hugos d. Gr. 306
Eardwulf, Kg. v. Northumbrien 144
Ebbo, B. v. Reims 190f., 212, 348, 401
Ebbo, Milchbruder Ludwigs d. Frommen 392
Eberhard, Hzg. v. Bayern 271, 284, 303
Eberhard, Hzg. v. Franken 303
Eberhard, Mkgf. v. Friaul 216f., 227, 259, 262, 277, 367, 393
Eblaus, Abt v. Saint-Germain-des-Prés 273
Eblaus Manzer 273
Eblaus v. Poitou 290
Ebro 115, 148
Ebroin, Hausmeier 41ff., 46
Ebruiel 179
Eccard, Sohn Childebrands 232
Eccard, Gf. v. Mâcon 393
Echternach 48, 50, 72, 87, 292, 337
Edgar, Kg. v. Wessex 312, 417
Edward I., Kg. v. Wessex 294
Eger 142
Egerland 33
Eggihard, Seneschall Karls d. Gr. 147
Eichstätt (Diözese) 63
Eifel 87
Einhard, Biograph Karls d. Gr. 54, 115, 133, 137, 139, 143, 146f., 154, 166, 169f., 337, 358, 368, 386f., 391, 393f.
Ekkehard I., Abt v. Sankt Gallen 412
Ekkehard II., Abt v. Sankt Gallen 412
Elbe 133f., 137, 141f., 146, 193, 224, 285, 312, 376
Eleutherius, röm. Adeliger 218
Elno (Kloster) 36
Elsaß 33f., 62f., 83, 112, 173, 186, 189f., 222, 235
– Dukat 268
– Oberelsaß 63
Embrun, Kirchenprovinz 224, 331
Emeno, Gf. v. Angoulême u. Périgueux 232
Emilia 97
Emma, Kgn., 295, 322, 325f.
Emmeran, Missions-B. 49
Ems 133, 370
Engelberga, Gem. Kaiser Ludwigs II. 215, 217
Engelberga, Gem. Kaiser Ludwigs d. Frommen 240f., 264
Engelberga, Gem. Gf. Wilhelms d. Frommen 260
Engelsberg 282
England 17f., 47, 143–146, 277, 312, 342, 345, 348, 370, 374, 416f., 420
Enns 19, 130, 140
Épernay 229, 254, 392
Épte 290
Eraclus, B. v. Lüttich 414
Erchangar, alemann. Gf. 225
Erchanger, Hzg. v. Schwaben 268, 271
Erchinoald, Hausmeier 37, 40
Eresburg 133ff., 271
Erfurt 286, 370
– Bistum 61
Erich, Mkgf. v. Friaul 139f., 142, 174
Erispoë, Hzg. d. Bretagne 234, 276
Ermenfred, Mörder Ebroins 43
Ermengard, Gem. Mkgf. Adelberts v. Ivrea 267
Ermengard, Gem. Lothars I. 182, 387
Ermengard, Gem. Kaiser Ludwigs d. Frommen 173, 179f.
Ermengaud, Sohn Odos 275
Ermenrich 388
Ermentrud, Gem. Karls d. Kahlen 200, 237f.
Ermino, Abt v. Lobbes 50
Ernst, Hzg. 227
Etichonen 41, 62, 173, 262
Etschtal 262, 283
Eucherius, B. v. Orléans 55
Eudo, Sohn Roberts d. Tapferen 235
Eudo, Hzg. in Aquitanien 46, 54, 64f.
Eugen II., Papst 184, 383
Eure 290
Eustasius, Abt. v. Luxeuil 33
Everger, Eb. 414
Evreux 307
Ewald »der Weiße«, Missionar 48
Ewald »der Schwarze«, Missionar 48

Fara, Sohn Chrodoalds 35
Fastrada, 3. Gem. Karls d. Gr. 170
Fécamp 341, 374
Fermo 383
Ferrara (Hzgtm.) 128
Ferrières (Kloster) 223, 229, 337, 393
Fézensac (Gft.) 173
Flandern 202, 217, 235, 253, 276, 278, 288, 305, 407, 419
Fleury-sur-Loire 305, 417, 421
Flavigny (Kloster) 67, 204, 337
Flodoard v. Reims, Chronist 286, 289, 299, 413
Florenz 383
Florus v. Lyon 205
Foillan, Bruder Fursas 37
Folcrat, Gf. v. Arles 223
Folkwin, Abt v. Lobbes 414
Fontenelle (Kloster) 44
Fontenoy-en-Puisaye 197
Forchheim 370
Formosus, Papst 250
Fouron 251
Franco, B. v. Lüttich 388
Franche-Comté 204
Frankfurt a. M. 115, 123, 132, 150, 171, 225, 271, 313, 370, 373, 399
Franxinetum 282
Frechulf v. Lisieux, Chronist 388
Fredelo, Gf. v. Toulouse 231
Frederuna, Gem. Karls d. Einfältigen 292, 294
Freising 49, 113, 376
– Bistum 103
– Diözese 132
Friaul 19, 128, 131, 139, 142, 165, 227, 259, 349
– Friaulsche Mark 262, 264
– Mkgft. 173
Fridugis 386
Friedrich, Eb. v. Mainz 303
Friedrich, Eb. v. Salzburg 320
Friedrich, Gf. v. Bar 321 ff.
Friesland 36, 48, 59 f., 83, 100, 112, 122, 124, 138, 146, 159, 164, 192 f., 200, 208, 222, 239, 255, 257, 269, 290, 347, 373
– Nordfriesland 134
Fritzlar (Kloster) 60, 134, 284
Frodebert-Chrodebert, B. v. Tours 40
Fronciacus (Burg) 113
Froumund, Mönch 412
Fulcherius, B. v. Nantes 276
Fulco, Eb. v. Reims 259, 277 f., 289
Fulco I. »der Rote«, Vizegf. v. Angers 277
Fulco II. »der Gute«, Gf. v. Anjou 309
Fulda 100, 226, 235, 242, 385 401 f., 408, 412, 414
– Abt. 83, 134
Fulrad, Abt v. Saint-Quentin 117, 401
Fulrad, Abt v. Saint-Denis 83, 87 f., 90, 95, 97, 100, 109, 114, 159

Gaeta 125, 377
Galicien 147
St. Gallen 19, 75, 109, 120, 184, 226, 339, 382 f., 400, 404, 408 f., 412
Gallia Narbonensis 101
Gandersheim 225, 286, 409
Garigliano 281
Garonne 46, 65, 99
Gascogne 112 f., 115, 164
– Dukat 274
Gastalden, Adelsgeschlecht aus Capua 219
Gatinais 275
Gauciolenus, B. v. Le Mans 55
Gauzfrid (Geofroi), Gf. v. Anjou 322
Gauzhelm, Gf., Bruder Mkgf. Bernhards v. Septimanien 190
Gauzlin, B. v. Paris 252, 256
Gauzlin, Gf. v. Paris 173
Gauzlin, Gf. v. Maine 278
Geilo, B. v. Langres 259
Geilo, Marschall Karls d. Gr. 135 f.
Geismar 60
Gelasius I., Papst 213
Gellone 148
Geltrow (Kloster) 350
Gengenbach (Kloster) 75, 103
Gent 55, 146, 253, 370, 421
– St. Peter u. St. Bavo 337, 341
Gentilly 105, 379
Gerald v. Aurillac 362
Gerberga, Gem. Ludwigs IV. 307, 321, 407
Gerbert, Abt v. Bobbio 324, 326, 344 f., 409 f., 416
Geretrudis, Tochter Pippins d. Ält. 35 ff., 89
Gerhard, austr. Adeliger 87
Gerhard, Gf., Bruder Adalhards 200 f.
Gerhard, Gf. d. Auvergne 323
Gerhard, Gf. v. Paris u. Vienne 173, 196, 223, 239, 253, 345
St. Germain-des-Prés 252, 256, 339, 341, 368
Germigny 398
Gernrode 415
Gero, Mkgf. d. Nordmark 313, 319, 413, 415
Gerold, B. v. Mainz 61
Gerold, Hzg. v. Bayern 166 f., 200
Gerold, Präfekt 122, 132, 139 f.
Gerolde 185
Gerona 148, 274
Gewilib, B. v. Mainz 61, 82
Géza, Ungarnfürst 319 f., 351
Gisela, Äbt. v. San Salvatore in Brescia 216
Gisela, Gem. Mkgf. Eberhards v. Friaul 217
Gisela, Schwester Karls d. Gr. 128, 170
Gisela, Tochter Pippins d. Jüng. 98, 105
Giselbert, Hzg. 320 f.
Giselbert, Hzg., Sohn Reginars I. 292, 297
Giselbert v. Chalon 296, 311
Giselbert v. Lothringen 302, 311
Gisilmar, Sohn Warattos 42
Gnesen 319, 351
Goderam, Abt v. Sankt Michael 415
Godescalc, Schreiber 391
Godinus, B. v. Lyon 45, 54
Godobald, Abt v. Saint-Denis 88
Goericus-Abbo, B. v. Metz 38
Göttrik (Godefred), Dänen-Kg. 146
Gomar, B. v. Gerona 310
Gorze (Kloster) 88, 103, 322
Gotha 61
Gothien 231, 245, 251 f., 273, 275, 288, 335
Goslar 286, 376
Gotland 145
Gottfried, dux 51
Gottfried, Gf. v. Verdun 322, 324
Gottfried, Hzg. d. Alemannen 49
Gottschalk, Mönch 393
Gozpert, Abt v. Tegernsee 412
Graben 121
Grado 194, 331
Gran (Ebm.) 351
Grandval (Kloster) 33
Gregor, B. v. Tours 30, 59
Gregor, B. v. Utrecht 61, 87, 135
Gregor der Große, Papst 16 f., 22, 92, 342 f., 348, 393, 406, 417

Gregor II., Papst 49, 60, 68ff.
Gregor III., Papst 61, 67, 69ff., 93
Gregor IV., Papst 189f., 212, 343, 348
Gregor V., Papst 345
Gregor VII., Papst 343
Grenoble 266
Grifo, Sohn Karl Martells 74, 84, 98
Grimo, Abt v. Corbie 52, 55, 71
Grimo, Eb. v. Rouen 83
Grimoald, Hausmeier 36–42, 50
Grimoald, Sohn Pippins II. 47, 51, 93
Grimoald, Hzg. v. Benevent 130
Grimoald II., Hausmeier 45
Grondeville 253, 292
Großbritannien 374
Guarnegaud (Warngaud), Vizegf. v. Blois 278
St. Guilhelm-du-Desert 148
Gundeland, Abt v. Lorsch 103
Gundoin, dux 34
Gundoine-Chrodoine 32, 41
Gundulf, Hausmeier 30
Guntbald, Mönch 188
Gunzo v. Novara 409
Guttorm, Dänen-Kg. 348
Gurvant 276

Habendum (Kloster) 32
Hadrian, Missionar 18
Hadrian I., Papst 114, 121ff., 126f., 130f., 135, 144, 150f., 342, 391, 406
Hadrian II., Papst 215, 218, 222f., 239f.
Hagano, Gf. 293
Hagenau 00
Halberstadt (Bistum) 138, 193
Halle 376
Hallstadt 370
Hamburg 146
– Bistum 193
– Hamburg-Bremen 313, 332, 349
Harald, Dänen-Kg. 348
Harald Blauzahn, Dänen-Kg. 349
Harduin, Gf. 249
Harlindis 50
Hartgar, B. v. Lüttich 401
Harz 133, 286
Haspengau 30, 38, 87, 217
Hathumar, B. v. Bremen 138
Hatto, Abt v. Fulda 316
Hautvilliers 392
Havelberg (Bistum) 313, 319, 350
Heddo, B. v. Straßburg 63
Hedeby (Haithabu) 145, 285
Hegau 62
Heinrich, Gf. 257, 268, 290
Heinrich, Sohn Gf. Heinrichs 268
Heinrich, Sohn Heinrichs I. 300, 302
Heinrich I., dt. Kg. 269, 271, 284–295, 297, 300ff., 313f., 320, 349
Heinrich I., Hzg. v. Bayern 313f.
Heinrich II. »der Zänker«, Hzg. v. Bayern 324, 411, 415
Heiric v. Auxerre 378, 388f.
Helgoland 145
Helisachar, Kanzler Ludwigs d. Frommen 179f.
Hellweg 133
Helmstedt 138
Hennegau 80, 292, 323
Heribert, Bruder Mkgf. Bernhards v. Septimanien 188
Heribert I., Gf. v. Vermandois 277, 293
Heribert II., Gf. v. Vermandois 293ff., 299, 305, 321
Heriger, Abt. v. Lobbes 414
Heriveus, Eb. v. Reims 293, 348
Heristelli 137
Herlemundus, B. v. Le Mans 55
Hermann, Hzg. v. Schwaben 303
Hermann Billung, Mkgf. 312
Herstal 51, 71, 109, 115, 122f., 137, 171, 292
Hessen 60, 62, 83, 116, 130, 133, 164, 268
Hiereia 96
Hieronymus, Sohn Karl Martells 97
Hilariacum 63
Hilarius 64
Hildebald, B. v. Köln 132, 159, 400
Hildebert, B. v. Thérouanne 44
Hildebrand, Hzg. v. Spoleto 128
Hildegard, Gem. Karls d. Gr. 114, 128, 170
Hildegard, Gem. Gf. Gerhards v. d. Auvergne 232
Hildesheim 225
– Bistum 138, 193, 415
Hilduin, Abt v. Saint-Denis 180, 185, 196
Hilduin, Abt v. Saint-Germain-des-Prés 252
Hiltrud, Tochter Karl Martells 74, 84
Himiltrud, Konkubine Karls d. Gr. 114
Himnichilde, Gem. Sigiberts III. 41
Hinkmar, Eb. v. Reims 209–214, 221, 229, 238, 249, 253, 289, 332, 344, 355ff., 389, 401
Hitherius, Hofkaplan u. Notar Karls d. Gr. 127
Hohenaltheim 272, 344
Hohenburg (Kloster) 62
Honau (Kloster) 62
Hornbach 63
Hrabanus Maurus, Eb. v. Mainz 189, 226, 361, 387
Hrodgaud, Hzg. v. Friaul 128
Hubert, B. v. Lüttich 51
Hucbert, Hzg. v. Bayern 63
Hugo, Abt v. Fontenelle u. Jumièges, B. v. Rouen, Bayeux u. Paris 55
Hugo, Abt v. Saint-Quentin 231
Hugo, Bastard Lothars II. 223, 251, 253, 269
Hugo, Eb. v. Reims 307
Hugo, Gf. v. Arles u. v. d. Provence, Kg. v. Italien 266f., 280ff., 284, 287, 296, 301, 311, 314
Hugo, Gf. v. Nantes 191
Hugo, Gf. v. Tours 173, 182, 184f., 187, 235
Hugo I., Gf. v. Maine 278
Hugo Abbas, Welfe 235, 245, 256, 277
Hugo Capet, Sohn Hugos d. Gr., Kg. 306, 309, 322–327, 344, 408
Hugo der Große, Hzg. 293f., 299, 305–309, 311, 321, 375
Hugo der Schwarze 298, 305, 311
Hukbert, Laienabt v. Saint-Maurice 214, 217, 222, 260, 266
Hunfridinger 268, 303
Hunoald, Hzg. v. Aquitanien 74f., 98

Iberische Halbinsel 10, 64, 142, 146
Ignatius, Patriarch 213
Île de Ré (Kloster) 751
Iller 19
Illyricum 227
Inden (Kloster) 180, 335
Ingelheim 132, 171, 193, 307, 342, 348, 392, 399
Ingram, Gf. 173, 179
Irene, Kaiserin v. Byzanz 129, 150f., 155

Irland 17, 21, 36, 39, 89, 143, 420
Irmina, Äbt. v. Oeren 44
Irmino, Abt v. Saint-Germain-des-Prés 39, 368
Isidor v. Sevilla, Chronist 10, 16
Island 349
Istrien 115, 127f., 194
Itta-Iduberga, Gem. Pippins d. Ält. 30, 35ff.
Itzehoe 146
Ivrea 314, 383

Jarrow (Kloster) 22
Jelling 349
Jerusalem 154, 352, 402
Jesse, B. v. Amiens 190
Johannes, B. v. Ravenna 218
Johannes VIII., Papst 240–243, 249ff., 255, 264, 270, 316, 343, 349, 351, 389
Johannes IX., Papst 264
Johannes X., Papst 265, 272, 281f., 294, 344, 348
Johannes XI., Papst 282, 344, 346
Johannes XII., Papst 315ff., 412
Johannes XIII., Papst 318f.
Johannes XV., Papst 344, 350
Johannes Canaparius, Abt 416
Johannes Philagathos 416
Johannes Tzimiskes, Kaiser v. Byzanz 318
Jonas, B. v. Orléans 185, 406
Jordan, B. v. Posen 319, 351
Jordanes, Chronist 145
St. Josse (Kloster) 229, 337
San Juan de las Abdesus 274
Judith, Gem. Ludwigs d. Frommen 183, 185ff., 191f., 196, 201, 208, 354
Judith, Tochter Karls d. Kahlen 230, 235
Jütland 145, 349
Jumièges 132, 180, 184, 252, 341
Jupille 51, 109
Jura 63, 208, 222
Juvavum 49

Kaiserswerth (Kloster) 48
Kalabrien 70, 94, 115, 125, 410
Kapetinger 235, 358, 422
Karantanien 131
Karl, Hzg. v. Niederlothringen 325ff.
Karl, Kg. d. Provence 208, 223f., 239
Karl III. »der Einfältige«, Kg. 249, 254, 271, 279ff., 288–294, 299, 348, 375, 407, 414
Karl III. »der Dicke«, Kaiser 225, 227, 247, 251–258, 260, 266, 275, 290
Karl V., Kaiser 413
Karl der Große, Kaiser 11, 92, 95–102, 112–175, 182, 188, 203, 206, 211, 227f., 304, 331–336, 347, 356–373, 378–391, 405f., 420ff.
Karl der Jüngere, Sohn Karls d. Gr. 142, 167, 174
Karl der Kahle, Kg. 11, 184, 186–190, 192, 196–204, 207ff., 213, 215, 223, 227–249, 252, 332, 354f., 359f., 364ff., 383, 388, 394f., 420
Karl »das Kind«, Sohn Karls d. Kahlen, Kg. v. Aquitanien 213, 231, 237
Karl Martell 45, 52–73, 77f., 88, 92f., 108, 111, 210, 347
Karl-Konstantin, Sohn Ludwigs d. Blinden 282, 296, 311
Karlmann, Bruder Karls d. Gr. 92, 97, 99, 112, 114, 121, 125f., 168
Karlmann, Abt v. Lobbes, St. Medard, St. Amand, St. Riquier 230
Karlmann, Kg. v. Bayern 227, 241, 245, 251f., 255f., 258f., 269
Karlmann, Sohn Karl Martells 72, 74–84, 90, 95, 100
Karlmann, Sohn Karls d. Gr. 128, 173
Karlmann, Sohn Ludwigs d. Stammlers, Kg. 249, 252f., 254
Kärnten 132, 144ff., 193, 260, 349
Karthago 16
Kastilien 147
Katalonien 148, 164, 231f., 274, 278, 288, 310, 408, 419
Kent 144
Kesterburg 60
Kiew 270, 313, 421
Kitzingen 48, 61
Knuba, Kg. 285
Koblenz 200, 211
– St. Kastor 200, 211
Köln 27, 33, 44, 48, 52f., 83, 132, 215, 243, 332, 347, 351, 370
– Erzbistum 83
– Kirchenprovinz 101, 205, 331, 414
– St. Kunibert 48
– St. Maria im Kapitol 53
Kolberg 351
Konrad, Abt v. St. Gallen 184
Konrad, Kg. v. Hochburgund 311, 314
Konrad der Ältere 268
Konrad I. der Jüngere v. Lothringen, Kg. 270
Konrad »der Rote«, Hzg. v. Lothringen 303, 315, 321
Konrad II., Gf. v. Auxerre 260
Konrad II., Welfe 222, 227, 252
Konstantin, Sohn der Kaiserin Irene 151
Konstantin der Große, röm. Kaiser 151, 157
Konstantin V., Kaiser v. Byzanz 94f., 105
Konstantin VI., Kaiser v. Byzanz 128
Konstantinopel 68, 105, 128ff., 150ff., 156, 173, 220, 313, 320
Korsika 124, 127, 193, 217
Kortrijk 253, 276
Krain 139, 193
Krakau 270, 319, 351, 376
Kral, Kg. v. Ungarn (= Stephan I.) 351
Kremsmünster 113
Kroatien 349
Krum, Kahn der Bulgaren 140
Kunibert, B. v. Köln 33f., 47
Kunigunde, Gem. Konrads I. 271
Kunithard, Neffe Ludwigs II. 216
Kurland 145
Kyrillos, Missionar 226, 349

Lagny 37
Lambert, B. v. Lüttich 51
Lambert, Hzg. v. Spoleto 216, 243, 250, 262
Lambert, Sohn Reginars III. 323
Lambert I., Gf. v. Löwen 327
Lambert III., Gf. v. Löwen 200
Lambert I., B. v. Nantes 196
Lambert II., B. v. Nantes 277
Lando v. Capua 220
Landulf, Gf. 220
Langres 27, 64, 164, 168, 191, 222, 259, 333
– Bistum 275
– Diözese 311
Languedoc 112
Lantfrid, Hzg. v. Alemannien 62, 75
Laon 42, 71, 279, 295f., 299, 308, 310, 323, 326f., 360
– Marienkloster 33
– Notre Dame de Laon 305
Lateran 283

Lauwers 60
Lebus 319
Lech 130f.
Lechfeld 131, 314
L'Estinnes 80f.
Lecho, Hzg. der Böhmen 142
Leidrad, Eb.v. Lyon 165, 381, 400
Le Mans 55, 173, 196, 228, 276, 370, 403
– Dukat 234
Lenzen (Burg) 285
Leo I. der Große, Papst 341
Leo II., Papst 68
Leo III., Papst 123, 151–156, 180, 342, 361
Leo IV., Papst 212, 217f., 343, 362, 383, 416
Leo VIII., Papst 317
Leodgar, B. v. Autun 41, 45
Léon 147
Leon III. »der Isaurier«, Kaiser v. Byzanz 68ff.
Leon IV., Kaiser v. Byzanz 150
Leopolis 218
Leudoin-Bodo, B. v. Toul 33
Leuthar, Hzg. d. Alemannen 35
Leuthard, Gf. v. Fézensac 173
Liboa, Äbt. v. Tauberbischofsheim, Kitzingen u. Ochsenfurt 61f.
Liburnien 115
Liburnische Berge 142
Ligurien 217
Limoges 37
Limousin 99, 273
Lindesfarne (Kloster) 146
Lippe 48, 133
Lippspringe 134
Lissabon 290
Liudgard, 4. Gem. Karls d. Gr. 170
Liudger, Missionar, B. v. Münster 144
Liudolf, Hzg. v. Sachsen 225, 269, 315
Liudolf, Sohn Ottos I. 303
Liudolfinger 225
Liudfrid, Gf.. im Elsaß 222
Liudprand, B. v. Cremona 280, 287, 318, 416
Liudwin, B. v. Trier 50, 55
Liutprand, Kg. d. Langobarden 49, 69f., 90
Liutberga, Gem. Tassilos III. 113, 131
Liutward, Erzkanzler Karls d. Dicken 257
Liverpool 290
Lobbes (Kloster) 50, 230, 368, 414
Loches (Burg) 75
Loire 18, 46, 55, 64, 98, 115, 164, 196, 232f., 235, 254, 273, 277f., 285, 288, 294ff., 299, 306, 360, 367, 396
Lombardei 15, 199, 201, 204, 264
London 290
Lorch 270
Lorsch (Kloster) 103, 403
Lothar, Kg. v. Italien 281, 283, 314
Lothar, Sohn Karls d. Kahlen 230, 237
Lothar, Sohn Ludwigs IV., Kg. 300, 308–311, 322f.
Lothar I., Kaiser 179, 181–184, 186–208, 212, 216, 222–225, 371, 387, 394, 399
Lothar II. 208–210, 213f., 218, 222ff., 235, 237f., 251, 364, 383, 388, 399
Lothringen 38, 88, 208, 211, 214, 222, 224, 237ff., 251ff., 260, 266, 269, 271, 280, 285, 289, 291, 293f., 297, 300, 305, 314, 320 bis 323, 326f., 364, 395, 398, 407, 421f.
St. Loup 337
Lüttich 50, 74, 88, 208, 251, 401, 413f.
– Bistum 80
– Fürstbistum 341
Ludwig, Abt v. Saint-Denis, Erzkanzler Karls d. Kahlen 232
Ludwig, Kg. d. Provence 264ff., 271, 280
Ludwig der Blinde, Kg. 267, 282, 296
Ludwig der Deutsche, Kg. 179–192, 196–205, 208f., 215, 224–227, 229, 233, 237ff., 241f., 269f., 388
Ludwig der Fromme, Kaiser 122, 148, 155, 165–195, 201–212, 224, 226, 234, 290, 316, 335, 340ff., 354, 385, 390–394
Ludwig der Jüngere, Sohn Ludwigs d. Deutschen 225, 227, 243, 251ff.
Ludwig das Kind, Sohn Arnulfs v. Kärnten 292
Ludwig II. der Stammler, Kg. 230f., 234f., 244f., 249ff., 252, 254, 259, 272, 356
Ludwig II., Kg. v. Italien, Kaiser 208–212, 215–224, 238ff., 263
Ludwig III., Sohn Ludwigs d. Stammlers 249, 252ff., 360f.
Ludwig IV. »der Überseeische« 294, 299–302, 306–309, 311, 320ff., 344, 407
Ludwig V. 300, 311, 325
Luitpold, Hzg. v. Bayern 271
Lull, Ratgeber Karls d. Gr. 144
Luna 127
Lunéville 33
Lupus, Abt v. Ferrières 223, 229, 354, 378, 388f., 393
Lupus, dux Wasconum 113
Lupus, Hzg. 46
Lupus Aznar, gascogn. Fürst 296
Luxeuil (Kloster) 32
Lyon 45, 66, 107, 165, 182, 239, 266, 286, 369f., 381, 383
– Bistum 82, 101, 224
– Kirchenprovinz 331
Lyonnais 115, 208, 239, 297, 301, 311
Lys 309

Maas 18, 27, 30, 33, 36, 42, 51, 84, 109, 115, 164, 171, 200f., 215, 239, 255, 269, 285, 297, 370
Maasgau 50
Maastricht 36f., 50, 55, 207, 292, 322
– Diözese 37
– St. Servatius 292, 337
Mâcon 101, 105, 223
– Gft. 204, 232
Maguelonne 66
Magdeburg 142, 301ff., 318f., 350f., 370, 376, 409, 415
Mähren 226f., 270, 285, 372
Mälar 145
Mailand 416
– Erzbistum 283
– Kirchenprovinz 331
Main 19, 61, 120, 268, 271, 371
Maine 170, 235, 277f.
– Dukat 84, 167
Mainz 27, 100, 115, 120, 124, 192, 205, 257, 271f., 319, 347, 362, 370, 387, 414
– St. Alban 316, 414
– Bistum 204
– Erzbistum 83, 100, 414
– Kirchenprovinz 101, 331, 350
Malmedy (Kloster) 37, 53
Manasses, B. v. Arles 283
Manasses, Gfd. 275
Mantaille 224, 252
Mantes 233
Mantua 127, 282

– Bistum 283
Marburg 60
San Marcello 218
Margut an der Chiers 324
Marklo 133
Marinus II., Papst 344
Marmoutiers 235, 308
Marne 254, 306
– Département 205
Marozia, Gem. Alberichs I. u. Widos 281f., 346
Marseille 200
– St. Victor 368
Martin, dux 42
Martin I., Papst 22, 68
Martin v. Tours 351
Matfrid, Gf. v. Orléans 184–187, 191, 227
Mathilde, 2. Gem. Heinrichs I. 300, 302f., 414
Mathilde, Gem. Kg. Konrads I. 311
St. Maurice im Wallis 95f., 101, 214, 222, 260, 266
Mauersmünster 63
Maurienne 245
Maurontus, dux 66
Mayenne 276
Mecklenburg 141
Meerssen 207, 211, 239, 251, 359
Meginfred, Kämmerer Karls d. Gr. 139
Meißen 285, 319, 350, 392
Melle 374
Meppen 376
Mercia 144
Merseburg 286, 319
St. Mesmin 278
Methodios, Missionar 226, 349
Mettlach (Kloster) 50, 55f.
Metz 29–32, 34, 38, 46, 51, 72, 100, 102–105, 108, 159, 172, 191, 210, 214, 237, 239, 276, 292, 321, 388, 398, 400, 404, 414
– St. Arnulf 51, 104, 192, 230, 238
– Bistum 27, 183
– St. Maria Rotonda 104
– St. Peter u. Paul 104
– St. Peter auf der Zitadelle 104, 404
– St. Stephan 102, 400
Meung-sur-Loire 278
Meuse (Départ.) 205
Michael I., Kaiser v. Byzanz 156, 174
Michael II., Kaiser v. Byzanz 194, 387
Michael III., K. v. Byzanz 220
Miezko I. (Dagobert). Kg. v. Polen 319, 351
St. Mihiel 91, 355
Miliduoch, Hzg. d. Sorben 142
Milo, B. v. Reims 56, 82f.
Milo, Gf. 282
Milo v. Saint-Amand 388
Mimigernaford 138
Minden 138
Mikulaice 270
Mittelzell 412
Modena 264f.
Modoald, B. v. Trier 30
Mojomir I., Hzg. v. Mähren 193, 226
Mojomir II., Hzg. v. Mähren 270
Mondsee (Kloster) 113, 132
Monselice 317
Monte Cassino 90, 95, 125, 129, 215, 220, 335
Montfaucon 278
Montmartre 257
Montreuil 229
Mount Cenis 66, 245
Moussais 65
Moutiers-en-Tarantaise (Kirchenprov.) 331
Mouzon 306
Montmacque-sur-Oise 43
Monza 390
Mosel 27, 50, 115, 171, 253
Moyenmoutier 297
München 392
Müstair 406
– St. Johannes Baptista 406
Münster 144, 205
– Bistum 138
Murbach (Kloster) 62f.
Murthagh, Ire 388

Namur 30, 38, 42
Nancy 88
Nantes 201, 217
– Gft. 234
Nanthilde, Gem. Dagoberts I. 34
Narbonne 66, 101, 105, 288, 332, 342, 374
Navarra 148
Neapel 125, 193, 219, 262, 388
Nebridius, Eb. v. Narbonne 387
Neckar 19, 62
Neudingen 20, 257
Neustrien 29, 34, 37, 39–44, 52–55, 71f., 79, 81, 87, 112, 164, 183, 202, 234, 252, 293, 321
Nevers 309
Nibelung, Sohn Childebrands 89
Nicaea 106, 150, 405f.
Niederalteich (Kloster) 113
Niederlande 202
Niedersachsen 133
Nikephoros Phokas, Kaiser v. Byzanz 155f., 318
Nikolaus I., Papst 212–219, 223, 235, 240, 343, 346
Nîmes 66, 275
Nimwegen 36, 171, 186, 292, 364
Nin (Nona) 349
Nithard, Histograph 175, 187f., 191f.,195f., 198, 201, 203, 224, 228, 388
Nivelles (Kloster) 35f., 38
Noisy 43
Notker Balbulus 388
Notker Physicus v. Sankt Gallen 412
Notker v. Sankt Gallen 109, 119f., 256, 382, 414
Nominoë, Bretonenführer 200f., 207, 234
Nonantola 264, 283
Norbert, Gf. v. Paris 43
Norbert, Hausmeier 45
Nordalbingien 133, 137, 141
Nordhausen 409
Nördlingen 272
Nordmark 146
Nordsee 133, 152, 201
Normandie 291, 305, 307, 407, 419, 422
– Hzgtm. 290
Northumbrien 144, 349
Norwegen 145
Novalese 66, 101
Novara 416
Noyon 112

Oberzell 412
Ochsenfurt (Kloster) 61
Octavian, Sohn Senator Alberichs 315
Oda, Gem. Arnulfs v. Kärnten 271
Oda, Gem. Hzg. Liudolfs 225
Odelrich, Eb. v. Reims 322
Oder 312
Odilienberg (Kloster) 50, 62
Odilo, Hzg. v. Bayern 63, 74f., 83f.
Odo, Abt v. Cluny 273, 337, 346
Odo, Gf. v. Paris, Kg. 256 bis 260, 271–280, 288, 356, 408
Odo, Gf. v. Orléans 200
Odo v. Metz, Baumeister 397
Oeren (Kloster) 44, 87
Österreich 140, 314, 405
Offa, Kg. v. Mercia 144, 370, 374

Oise 109, 171
Olga, Gem. Fürst Igors v. Kiew 313
Olaf Tryggvasson, Kg. d. Norweger 349
St. Omer 276, 392
Omurtag, Kahn der Bulgaren 193
Orange 266
Orkney-Inseln 349
Orbe im Jura 209
Orbieu 123
Orléans 54, 66, 185, 196, 207, 231, 276, 278, 327, 346, 374, 381, 406
Oslo 145
Osnabrück 138, 304
Ostanglien 144
Ostmark 140, 167, 314
Ostrevant (Pagus) 217
Ostsee 224, 312, 352
– Küste 141
Oswald, Abt v. Worchester 417
Otranto 125
Ottmarsheim 398
Otto, Erzieher Sigiberts III. 34f.
Otto, Sohn Hugos d. Gr. 309, 311
Otto I., Kaiser 11, 265, 283–304, 307, 311–323, 341, 349ff., 358, 376, 408, 412
Otto II., Kaiser 303, 316, 323f., 359, 408f., 413, 416
Otto III., Kaiser 324, 327, 345, 350f., 362, 376, 391, 410ff., 415, 420
Ottonen 225, 298, 376, 411
Oviedo 64, 147, 420

Paderborn 121, 134, 138, 147, 151, 156, 165, 171, 397
Pamplona 148
Pannonhalma 351
Pannonien 115, 226, 270, 313, 320
Paschalis I., Papst 180, 184, 348
Paschasius Radbertus 186, 233
Paswethen 276
Paris 34, 50, 53f., 105f., 112, 180, 185, 194, 207, 233, 256, 258, 268, 273, 275, 323, 360, 374, 382, 389, 395, 406, 413
Parma 127, 262, 265, 380
Paros 396
Passau 320
– Bistum 63
– Diözese 132
Paul I., Papst 97, 106
Paulinus, Eb. v. Aquileia 174, 348, 380, 386
Paulus Diaconus 380, 386, 388
Pavia 69f., 94, 96f., 107, 119f., 126ff., 132, 167, 216, 241, 243, 251, 255, 259, 263–266, 276, 280, 314ff., 370, 377, 383
– San Giovanni 337
Pentapolis 97
Perigueux 232
Péronne 37, 277, 294
Petrus v. Pisa 380, 386
Pfalzel (Kloster) 50, 87
Photius, Patriarch 213
Pilgrim, B. v. Passau 320, 351
Pippin, Sohn Kg. Bernhards v. Italien 196
Pippin, Kg. v. Italien 122f., 139, 167, 174, 373
Pippin, Kg. v. Aquitanien 179, 181–189, 192, 196–199
Pippin II., Kg. v. Aquitanien 196f., 207, 227, 230f., 275
Pippin der Ältere 30–35
Pippin der Bucklige, illegitimer Sohn Karls d. Gr. 123, 170, 174
Pippin I. der Jüngere 11, 67, 71, 74–112, 121, 131, 164, 326, 337, 342, 364, 369, 372, 379, 387
Pippin II. der Mittlere 41f., 44–52, 64, 327
Pippiniden 35, 39f., 91
Pirmin, Missionar 62, 73, 83, 88, 347
Plattensee 140
Plektrud, Gem. Pippins II. 44
Plélan 396
Piacenza 260, 265, 370, 411
– Gft. 217, 262
Pitres 237, 360, 367, 374
Po 125, 245, 370
Poher 276
Poitiers 64f., 70, 73, 75, 180, 309
Poitou 166, 231
Polen 320, 351, 376
Ponthion 95, 109, 209, 242, 256, 305
Poppo, B. v. Verdun 53
Popponen-Babenberger 268
Porto 218
Posen 319, 350
Pothieres 223
Potsdam (Kloster) 350
Poztupimi (Kloster) 350
Prag 285, 350f., 376
Pribina, mährischer Fürst 226
Primicerius Christophorus 114
Provence 21, 45, 66, 72, 101, 112, 165, 196, 211, 222ff., 239, 250, 260, 265f., 275, 283, 314, 341, 383, 403, 404
Prudentius, B. v. Troyes 229
Prüm (Kloster) 170, 190, 208, 258, 269, 368, 395
Pyrenäen 115, 123, 164, 204, 208, 274, 404, 421

Quedlinburg 286, 320, 409
St. Quentin 42, 230, 277, 293, 407
Quentowik 18, 199, 371, 374
Querzy 99
Questembert 276
Quierzy 71f., 171, 244, 249, 305, 360

Raab 139f.
Radbod, Hzg. d. Friesen 47f., 52, 54, 59
Radelchis, Hzg. v. Benevent 219
Radulf, B. v. Gerona 274
Radulf, dux 34
Radulf, Hzg. v. Thüringen 35
Rätien 186, 268
Raganfred, Hausmeier 55ff., 64
Raganfred, B. v. Rouen 55
Ragnar Lodbrok, Normannenführer 233
Ragnvald, Normannenführer 294, 296
Rainald, Gf. 201
Raimund I., Gf. v. Toulouse 231
Raimund II., Gf. v. Toulouse 275
Raimund III. »Pontius«, Gf. v. Toulouse 296, 305, 309
Raimunde 231
Ramnulf I., Gf. v. Poitou 232
Ramnulf II., Gf. v. Poitiers 258, 273, 278f.
Ramwold, Abt v. Sankt Emmeram 412
Rastislaw, mähr. Fürst 226, 270
Ratchis, Kg. d. Langobarden 90
Rather, B. v. Verona 282, 413f., 416
Ravenna 15, 22, 69, 90, 93, 95ff., 105, 113, 127f., 218, 255, 265, 316, 395, 409, 415
– Erzbistum 127
– Kirchenprovinz 331
Recemund, B. v. Elvira 412
Recknitz 313
Redon (Kloster) 55, 234, 276
Regensburg 49, 63, 113, 131f.,

139, 224, 238f., 270, 304, 370, 376, 412
– St. Emmeran 132, 239, 399, 412
Reggio 264
Regin v. Prüm 256, 258, 332
Reginar I. »Langhals« 271, 292
Reginar III. 320
Reginar IV. 323
Reginfried, B. v. Rouen 82
Reichenau (Abtei) 62, 75, 404, 412, 416
Reims 20, 27, 36, 44, 52, 83, 124, 180, 209, 214, 229, 254, 259, 290f., 293, 295f., 306f., 310, 323, 327, 333, 344, 370, 374, 392, 401, 408, 423
– Erzbistum 56, 82
– Kirchenprovinz 80, 101, 305, 331
– St. Remi-de-Provence 224, 368, 419
Remaclus, Abt v. Solignac, B. v. Maastricht 36, 46
Remedius (Remigius), Sohn Karl Martells 67
Remigius, B. v. Lyon 239
Remigius, B. v. Rouen 102
Remiremont 38, 62, 297
Rennes 143, 276
Reolus, B. v. Reims 42, 44
Rethre 141
Rezat 120
Rhône 64, 192, 200f., 204, 223, 266, 313, 403
– Rhône-Gebiet 297
– Rhône-Tal 66, 224, 243
Rhein 9, 18ff., 36, 46f., 115, 120, 130, 133f., 139, 164, 171, 200f., 224, 227, 235, 242, 285, 287, 321, 367, 370, 376, 422
Riburarien 33, 44, 52
Richard, Mkgf. 290
Richard I., Hzg. d. Normandie 305, 309, 407
Richard Justitiarius, Mkgf. 275, 278, 289f.
Richardis, Gem. Karls d. Dikken 225, 255, 257
Richer v. Reims, Historiker 309, 409
Richildis, Gem. Eccards 232, 238
Richildis, Gem. Karls d. Kahlen 240, 245, 250, 392
Rigobert, B. v. Reims 44, 53, 64
Ringard, Tochter Gf. Teudberts v. Madrie 182
Rieux 276
Rioja 147
Ripoll 274, 408
Ripon (Kloster) 47
St. Riquier 152, 180, 184, 230, 308, 332, 387, 393, 401, 404, 415
Robert, dux 66, 87, 103
Robert, Mkgf. 289f.
Robert, Mkgf. v. Neustrien 293
Robert, Sohn Roberts d. Tapferen 277
Robert der Tapfere 235, 256, 277
Robert II. »Der Fromme«, Kg. 326, 345
Robertiner 173, 231, 235, 278, 341, 360, 408
Roland, Befehlshaber d. breton. Mark 143, 147f., 167
Rollo, Gf. v. Rouen 290–296, 348
Rom
– St. Peter 90, 153, 207, 222, 241, 395, 401
– S. Paolo fuori le mure 207, 241, 392, 416
Romanos I. Lakapenos 281f.
Romarich, Freund Theudeberts II. 30
Roncesvalles 122, 147
Rorgoniden 173, 232, 234, 252, 278
Rorico, B. v. Laon 309, 407
Rorico, Gf. v. Maine 170
Rorico, Gf. v. Le Mans 173
Roscella, Gem. Fulcos d. Roten 277
Rotger, Gf. v. Maine 55
Rothard, austrischer Adeliger 87
Rothard, dux 95
Rothard v. Soissons 332
Rotlind, Tochter Gf. Wilhelms v. Toulouse 173
Rotrud, Gem. Karl Martells 55, 62
Rotrud, Tochter Karls d. Gr. 129, 150, 170, 233
Rouen 18, 55, 102, 199, 290f., 307, 348, 374
– Kirchenprovinz 55, 80, 101, 331
Rouergue 273, 275
Rousillon 288
Rozala-Susanna, Gem. Roberts III. 326
Rudolf, Bruder Judiths 183
Rudolf, Welfe 227, 260
Rudolf I., Kg. v. Hochburgund 265–275, 280, 293–298, 300, 306, 310
Rudolf II., Kg. v. Hochburgund 265–268, 280, 282, 301
Ruhr 48, 134, 137
Rupert, B. v. Salzburg 88
Rußland 352, 421
Ruthard, fränk. Adeliger 75

Saale 19, 115, 133
Saar 55, 88, 141
Saarburg 88
Saargemünd 88
Sabina 243
Sachsen 83, 115, 117, 119f., 122f., 132ff., 140, 146, 159, 164, 171, 224, 227, 253, 269, 271, 285, 287, 292, 303f., 347ff., 415
Saintonge 231
Saintes 100
Salaberga (Sadalberga), Tochter Gundoins 33
Salins 267
Salerno 220, 318, 377
– Fürstentum 219
Salomon, Hzg. d. Bretagne 276
Salomon III., B. v. Konstanz 259, 268, 272
Salzburg 49, 63, 132, 140, 165, 167, 347
– Kirchenprovinz 331
Samo, fränk. Sklaven- u. Pelzhändler, Slawenführer 33
Samoussy 109
Sambre 305
Sancho, Gf. im Baskenland 231
Sancho Garcés, Mkgf. 274f.
Saône 165, 200f., 204, 275, 311, 403
Saragossa 122, 147
Sardinien 124, 193
Sarolta, ungar. Fürstentochter 319
Saucort-en-Vimeu 254, 361
Savaricus, B. v. Orléans u. Auxerre 54, 66
Save 131, 142, 193
Savonnières 210, 383
Schelde 18, 47, 201, 204, 233, 269, 360
– Scheldegebiet 36, 253
Schleswig 285
Schonen 145
Schottland 143
Schuttern 75
Schwaben 271f., 301, 314, 319, 347
– Hzgtm. 225, 227, 268
Schwarzwald 62, 75, 103
Schweden 145, 348
Schweiz 202, 405
Sedulius Scottus 355, 387, 401

Seine 20, 55, 164, 196, 232–235, 275, 277, 288f., 295f., 306, 366, 371
Seligenstadt 337, 402
Seni 276
Senlis 325
Sens 144, 259, 374
– St. Colombe 275
– Gft. 182, 275
– Kirchenprovinz 80, 101, 305
Septimanien 64, 66, 99, 105, 148, 185, 230ff., 351
Sergius, Sohn d. Primicerus Christophorus 114
Sergius I., Papst 22, 48
Sergius II., Papst 207, 212
Sergius III., Papst 282, 346
Seulf, Eb. v. Reims 294f.
Siegbald, B. v. Metz 63
Siegfried, Normannenführer 257
Sigeric, Eb. v. Canterburry 416
Sigibert, Abt v. Saint-Denis 71
Sigibert I., Kg. 29
Sigibert III., Kg. 33–40
Sigiburg 134
Sigonolf 219
Silvester I., Papst 95, 151, 345
Silvester II., Papst 347, 351, 417
Sinesius, Eunuch 105
Sizilien 70, 94, 125, 193, 219
Skandinavien 47, 120, 145, 374, 376
Slowakei 142, 270
Slowenien 349
Smaragdus v. Saint-Mihiel 355
Sobor 351
Soissons 54, 80, 82, 90, 109, 112, 237, 293, 333
– St. Crèpin 305
– St. Médard 109, 190f., 230f., 237, 295, 323, 403
Solignac (Kloster) 37
Somme 20, 277, 306, 308
Soracte 84
Sorbenmark 226
Sornegau 33, 62
Spanien 62, 64f., 105, 123, 146ff., 166, 187, 365, 377, 398, 408, 420f.
Spanische Mark 116, 123, 142, 148, 202, 232, 251
Speyer 304
– Bistum 27, 204
Spoleto 128, 217, 263, 275
– Hzgtm. 15, 69, 125ff., 165, 167, 172, 262, 281, 316
Stablo (Kloster) 37f., 84, 292
Staré Mesto 270
Steinbach 402
Stenay 41
Stephan, Gf. v. Paris 173
Stephan I., Papst 351
Stephan II., Papst 92–97, 100, 102, 109, 112, 250, 401
Stephan III., Papst 113f., 180
Stephan V., Papst 262f.
Stephan VI., Papst 264
Stephan VIII., Papst 344
Stephan v. Novara 409
Stockholm 145
Straßburg 62f., 198f., 205, 211
Sturmi, Abt v. Fulda 113, 134
Süntel 134, 142
Suidbert Missions-B. 48
Suner v. Cuxa, Mönch 310
Sunifred II, Gf. v. Urgel 274
Suppo I., Gf. v. Brescia u. Hzg. v. Spoleto 217
Suppo II., Hzg. v. Spoleto 217
Supponiden 217, 259, 262
Susteren (Kloster) 50
Sussex 144
Sutri 69
Swanahild, 2. Gem. Karl Martells 63, 72, 74
Swatopluk II., Mährenfürst 270
St. Symphorien 275

Tallaght 143
Tarentaise 223
Tassilo III., Hzg. v. Bayern 84, 99, 113, 122, 130ff., 139, 161, 166, 380
Tauberbischofsheim 61
Teodrada 170
Terni 90
Terracina 125
Tertry 42, 327
Tetbald der Ältere, Vizegf. v. Blois 278
Tetbald v. Chartres 305
Tetbald I, »Tricator«, Gf. v. Tours u. Blois 308f.
Teudbert, Gf. v. Madrie 182
Teutberga, Äbt. v. Bonmoutier 33
Teutbert, Gf. v. Avignon 266
Teutsind, Abt v. Fontenelle u. St. Martin in Tours 55
Thaculf, Hzg. d. sorbischen Mark 226
Thankmar, Halbbruder Ottos I. 302
Thegan, B. v. Trier 179
Thegan, Biograph Ludwigs d. Frommen 189
Thekla, Äbt. v. Tauberbischofsheim, Kitzingen u. Ochsenfurt 61
Theiß 138
Theodardus, Eb. v. Narbonne 274
Theoderich, dux 139
Theoderich I., Gf. v. Autun 87
Theoderich II., Gf. in Ripuarien u. Autun 173
Theoderich der Große, Kg. d. Ostgoten 16
Theodo, Hzg. v. Bayern 49, 63
Theodor, Missionar 18
Theodora, Gem. Theophylakts 220
Theodosius, Kaiser v. Byzanz 157, 288
Theodulf, B. v. Orléans 398, 405
Theodulf, Gelehrter (Hispani) 150, 381
Theophanu, Gem. Ottos II. 318, 324, 326, 409, 413
Theophylakt, röm. Senator 281
Theophylaktus, Kaiser v. Byzanz 174
Theotbald, Hzg. v. Thüringen 48
Theudebert II., Kg. 30
Theudoald, Hausmeier 51
Theuderich III., Kg. 42f., 54
Theuderich IV., Kg. 54, 63, 67, 76
Theutgaud, Eb. v. Trier 222
Thietmar, B. v. Prag 350
Thietmar, Mkgf. 285
Thüringen 19, 27, 33f., 62, 72, 112, 115, 130, 133, 141, 164, 227, 269, 271, 286, 303
– Mark 268
Tiber 97, 264, 416
Tirol 131
Togern 36
Toledo 149, 420
Tongern 42
– Diözese 37
Toul 32f., 210, 267, 292
Toulousain 273
Toulouse 173, 207, 230f.
Touraine 235
Tournai 400
Tours 65, 124, 143, 152, 185, 234, 276, 392, 415
– Kirchenprovinz 101, 331
– St. Martin 64, 233, 235, 337, 341, 392, 421
Toxandrien 217
Transjuranisches Dukat 165
Trastevere
– Santa Maria 213, 218
Trebbia 263
Tribur 257, 271
Trient 209, 283
Trier 27, 44, 56, 72, 83, 179f., 214, 269, 304, 321, 391
– Kirchenprovinz 101, 331
– St. Eucharius 413
– St. Martin 308, 413
– St. Maximin 180, 327, 413

St. Trond 38, 66, 87f.
Trondheim 145
Trosly 289
Troyes 229, 251, 275
Trudo, Vetter Grimoalds 38
Tulle 296
Turin 406
Tuscien 97, 217, 262, 283
Tusey 215

Ulrich v. Augsburg 344
Ungarn 270, 319f., 351f.
Ungarische Tiefebene 10
Unni, Eb. v. Hamburg-Bremen 349
Unruoch, Mkgf. v. Friaul 262
Unruochinger 173, 216
Unstrut 19, 286
Uppsala 145
Urban II., Papst 212
Urgel 148f.
Utrecht 36, 47f., 59, 100, 274, 392, 413
Uzes 187

St. Vaast 277, 305, 337
St. Valéry-sur-Somme 308
Vaison 381
Valenciennes 43, 370
Vannes 99
Vatikan 97f., 122, 127, 129, 212, 217, 222, 263
Vechten 47
Vegetius 360
Velay 232
Vendôme 278, 308
Ver 101, 109, 305, 372
Verberie a. d. Oise 71, 109, 305
Vercelli 245
Verden a. d. Aller 135
Verdun 29, 53, 91, 177, 195, 202, 204–207, 230, 307, 321, 324ff., 376, 383, 399
Vermandois 293, 295
Venedig 130, 281, 371
Venetien 156
Verona 126, 265, 370, 383, 416
– Bistum 283
Vézelay (Kloster) 223, 346
Vich 274, 288, 408
Vienne 95, 101, 165, 223, 239, 252f., 266, 275, 287, 296, 311, 400
– Bistum 224
– Kirchenprovinz 331
– St. Maurice 396
Viennois 239, 311
San Vincenzo 125, 220
Vinchy 53, 56, 71
Virgil, Abt v. St. Peter in Salzburg 75
Virgil, B. v. Salzburg 113
Visé a. d. Maas 311, 321
Vitalian, Papst 18
Vitry-en-Perthois 305
Vitry-le-François 95
Vivarais 297
Viviers 239, 266
Vizenca 383
Vogesen 32, 36
Vojomir, Slawenfürst 139
Vulfetrude, Tochter Grimoalds 37

Waifar, Sohn Hunoalds 75, 99
Wala 170, 174, 184–187, 337, 403
Walafrid Strabo 186, 378, 387f., 406
Walcheren 200, 290
Waldebert v. Luxeuil 33
Waldrada, Nebenfrau Lothars II. 214f., 223
Walter (Gautier), Eb. v. Sens 293
Wamba, Kg. d. Westgoten 91
Wando, Abt. v. Fontenelle 52, 55
St. Wandrille (Kloster) 199, 327, 341
Waratto, Hausmeier 42
Warin, Widone 173
Warin, fränk. Adeliger 75, 87
Warin, Gf. v. Mâcon 196, 204, 227, 232
Warnarius v. Loches 277
Warnharius, Gf. 63
Warnow 141
Warthe 319
Wedmore 350
Weichsel 10, 115, 319, 347, 350, 352
Weißenburg 34, 62f.
Welf, Gf. 183
Wenilo, Eb. v. Sens 209
Wenzel I., Hzg. v. Böhmen 285, 313, 350
Werla 286
Werra 19
Weser 27, 54, 133, 137, 225f., 290
Wessex 144, 277
Westfalen 48, 271
Wido, Abt v. Fontenelle u. St. Martin 55
Wido, B. v. Gerona 288
Wido, Mkgf. d. Bretagne 143, 173f.
Wido I., Mkgf. v. Spoleto 258, 275
Wido II., Mkgf. v. Spoleto 262f.
Widonen 55, 63, 143, 259, 277
Widukind, Hzg. d. Sachsen 122, 134f., 137
Widukind v. Corvey, Chronist 133, 284, 286f., 409
Wilfred der Haarige, Gf. v. Urgel, Cerdagne u. Ausona 274
Wien 354, 414
Wienerwald 139f.
Wilfred Borell I. 274
Wigmodien 133f., 137
Wikbert, Missionar 47
Wilfrid v. York, Missionar 47
Wilhelm, Eb. v. Mainz 304, 319, 414
Wilhelm, Gf. v. Arles 310
Wilhelm, Gf. v. Toulouse 148, 167, 173, 185
Wilhelm, Sohn Bernhards v. Septimanien 231, 393
Wilhelm I. »der Fromme«, Mkgf. v. Aquitanien 273, 278, 289, 346, 407
Wilhelm II., Mkgf. v. Aquitanien 274, 296, 336
Wilhelm III. »Werghaupt«, Mkgf. v. Poitou 305, 309
Wilhelm Langschwert, Hzg. d. Normandie 296, 299, 305, 307
Wilhelmiden 87, 173, 273
Willehad, Missionar 134
Willehad, B. v. Bremen 138, 144
Willerich, B. v. Bremen 138
Willibald 91
Willibrord, Missionar 47, 50, 59, 347
Willigis, Eb. v. Mainz 324, 410, 414
Winchester 418
Winterthur 268
Witger, Chronist 407
Witigowo, Abt v. Reichenau 412
Wladimir, Bulgarenfürst 270
Wogastisburg 33
Worms 30, 103, 115, 131, 171, 186, 192, 271, 370
– Bistum 27, 204
Würzburg 304
– Bistum 27, 204
Wulfoald, Gf. 91
Wulfoald, Hausmeier 41, 53

York 47, 144, 380
Yütz 207

Zacharias, Papst 77, 79, 81, 83f., 89f., 92f.
Zeitz (Bistum) 350
Zwentibold, Unterkg. d. Langobarden 269, 292